이승만과 김구

제 5 권

손세일 지음

Chosun Media
조선뉴스프레스

손 세 일 (孫世一)

서울대학교 문리과대학 정치학과를 졸업하고,
미국 인디애나대학교 저널리즘스쿨과 일본 도쿄대학 법학부대학원(국제정치 전공)에서 수학했다.
조선일보사 기자, 동아일보사 신동아 부장과 논설위원, 뿌리깊은나무 편집위원,
(사)서울언론문화클럽 이사장 등 언론인으로 활동하다가
정계에 투신하여 3선 국회의원을 지냈다.

저서로 『이승만과 김구』(1970), 『인권과 민족주의』(1980), 『한국논쟁사(I~V)』(편)(1976) 등이 있고,
역서로 『트루먼 회고록(상, 하)』(1968) 등이 있다.

초판발행   2015년 7월 1일

지은이   손세일
발행   (주)조선뉴스프레스
발행인   김창기
기획편집   배진영
디자인   이민형 한재연 송진원

편집문의   724-6782, 6784
구입문의   724-6796, 6797
등록   제301-2001-037호
등록일자   2001년 1월 9일
주소   서울시 마포구 상암산로 34 DMC 디지털큐브 13층

값 43,000원
ISBN 979-11-5578-372-6 04340

이승만과 김구

제5권

제2부 임시정부를 짊어지고 1919~1945 (III)

손세일 지음

ChosunMedia
조선뉴스프레스

차 례

60장

미일전쟁 경고한『일본내막기』

　이승만은 워싱턴에 도착하자마자 사무실과 살림집을 겸해서 쓸 수 있는 집을 물색했다. 각국 외교공관들이 몰려 있는 16스트리트에서 두 블록 떨어져 있는 노스웨스트 지구 호버트 스트리트(Hobert St. N. W.) 1766번지의 작은 2층 붉은 벽돌집을 쉽게 구할 수 있었다. 국립동물원이 바라다보이는 아늑한 주택가에 있는 집이었다.

　이승만은 사무실과 살림집을 따로 얻어서 집세를 무는 대신에 이 집을 할부로 구입하기로 하고 하와이의 동포들에게 자금지원을 요청했다. 이 정도의 건물이라도 소유하고 있어야 위원부가 운영난으로 문을 닫는 일이 없을 것이었다. 외국공관들이 있는 지역의 집들은 몇만달러씩 주어야 살 수 있었으나, 이 집은 우선 몇백달러만 내고 매달 사무실과 살림집 두 곳의 집세 낼 돈 칠팔십달러씩을 장기할부로 물어 가면 되었다. 외국공관들도 모두 그러한 방법으로 건물을 구입하고 있었다. 이 무렵 미국 정부는 건축회사에 저리 융자로 사방에 집을 짓게 하고 있어서 몇백달러만 선급금을 내면 집을 살 수 있었다. 이승만 내외는 1939년12월30일에 이 집에 입주했다.[1]

　새로 시작한 이승만의 워싱턴 생활은 고독했다. 밤에 동물원 사자들의 울음소리를 들으며 그는 철창에 갇힌 사자들의 좌절에 공감했고, 동물원 주위를 산책하는 것으로 마음의 위안을 삼았다.[2] 그는 1년쯤 자동차를 운전했는데, 난폭운전 때문에 프란체스카와 친지들은 그가 운전하는 것을 한사코 만류했다. 그가 운전하는 도중에 제스처까지 써 가면서 정치문제 이야기에 열중할 때면 마주 오던 자동차들이 아슬아슬하게 비켜가기 일쑤였다. 사람들이 나무라면 이승만은 웃으면서, 일생을 바친 일이 이루어지기

1) 《太平洋週報》 1940년1월20일호, 「워싱턴 외교사무소 이전」, pp.3~5 ; Robert T. Oliver, *Syngman Rhee: The Man Behind the Myth*, Dodd Mead and Company, 1960, p.172.
2) *ibid.*

전에 교통사고 같은 것으로 죽지 않을 테니까 걱정 말라고 말하곤 했다.

이 무렵 그에게 가장 큰 위안을 준 것은 어려서부터 익힌 서예였다. 이승만은 한성감옥서에서 받은 잔혹한 고문 때문에 손가락의 감각을 되찾아 붓을 제대로 놀리기까지는 오랜 시간이 걸렸다. 이승만이 옛날의 붓글씨 솜씨를 완전히 회복한 것은 1939년에 워싱턴에 있을 때였다. 이때부터 서예는 그가 가장 즐기는 여기가 되었다.

이승만은 이때부터 1941년 봄까지 일본 군국주의의 실체를 폭로하고 미국인들의 각성을 촉구하는 책을 저술하는 데 몰두했다. 하와이를 떠나올 때에 이승만은 이원순(李元淳) 등 동지회 간부들로부터 한국 독립운동의 역사에 관한 책을 저술할 것을 권고 받고, 그 작업에 필요한 경비까지 약속받았다. 그러나 막상 워싱턴에 와서 정가의 돌아가는 상황과 여론 등을 볼 때에 필연적으로 다가올 미일전쟁에 대한 미국인들의 무감각과 몰인식을 각성시키는 것이 더 급한 일이라고 판단한 것이었다.

이승만은 세계정세에 대한 해박한 지식과 독립협회 활동 이래로 그의 체질이 되어 있는 선동가의 기질과 오랜 언론활동을 통하여 연마한 문장력으로 집필에 전념했다. 그것이 『독립정신』과 함께 이승만의 대표적인 저술로 평가되는 영문저서 『일본내막기(日本內幕記): 오늘의 도전(Japan Inside Out: The Challenge of Today)』이다. 이승만은 이 책을 1939년 겨울부터 쓰기 시작했는데, 원고를 일단 탈고한 뒤에도 퇴고를 계속한 것은 1941년5월의 사실까지 언급되어 있는 것으로도 짐작할 수 있다. 통계나 그 밖의 자료 수집은 임병직(林炳稷)이 도왔다.[3] 원고는 이승만이 필기해 주는 것을 프란체스카가 타이핑 했고, 출판사에 원고를 넘길 때까지 프란체스카(Francesca Donner Rhee)는 전문을 세번이나 새로 타이핑하느라고 손가락이 짓무르기까지 했다.[4]

---

3) 林炳稷, 『林炳稷回顧錄』, 女苑社, 1964, p.234.
4) 리 푸란세스카, 「새로운 번역판 출간에 붙여」, 李承晩 著, 李鍾益 譯, 『日本軍國主義實像』, 나남, 1987, pp.7~8.

다가오는 전쟁을 산불에 비유하면서 미국인들의 경각심을 일깨운 다음과 같은 머리말은 이승만의 문장력을 잘 보여 준다.

연기하는 것은 해결이 아니다. 산불은 저절로 꺼지지 않는다. 불은 하루하루 더 가까이 다가오고 있다. 몇해 전에는 당신들은 임박한 재난에 대하여 들릴 듯 말 듯한 속삭임을 들었을 뿐이다. 그만큼 불은 멀리 있었다. 그것은 마치 화성이나 다른 행성에서 일어나는 일인 것처럼 여겨졌다. 얼마 뒤에 당신들은 멀리 떨어진 곳에서 올라가는 연기를 보았고, 구름에 비치는 타오르는 불길을 보았으며, 때로는 심지어 불타는 나무들의 툭탁이는 소리까지 들었다. 그러나 그것은 당신들이 걱정하거나 놀라기에는 아직도 먼 곳에 있었다. 이제 모든 것은 달라졌다. 당신들은 벌써 불기운을 느끼기 시작했다. 불길은 당신들의 안락을 해칠 만큼 너무 가까이 다가오고 있다. 당신들은 집이나 일터를 떠나야 한다. 더 이상 무관심하기에는 불이 너무 위험하기 때문이다. 당신들은 동양에 확보한 국제 조계지들을 포기해야 한다. 당신들은 기업투자, 선교부, 대학, 병원, 그리고 그 밖의 당신들 소유의 모든 기관을 잃게 되었다. 당신들은 태평양에서 군사훈련을 계속할 수 없게 되었다. 일본인들이 태평양을 그들의 "뒤뜰"이라고 말하기 때문이다.… 당신들은 아직도 산불이 먼 곳에 있다고 믿을 수 있는가? 당신들은 아직도 "한국인들과 만주인들과 중국인들로 하여금 자신들의 싸움을 하게 하라. 그것은 우리 일이 아니다"라고 말할 수 있는가?…[5]

이러한 선동적 문장은 이 책의 여러 대목에서 쉽게 찾아볼 수 있다. 그러나 이 책은 정치적 선동을 위주로 한 저널리스틱한 내용이 아니다. 그것은 이 책의 구성만 얼핏 보더라도 짐작할 수 있다. 이승만은 일본의 역

---

5) Syngman Rhee, *Japan Inside Out: The Challenge of Today*, Flenning H. Revell Company, 1941, p.10.

사적 전통과 일본이 관계된 중요한 국제정치의 쟁점과 사건을 예견되는 미일전쟁에 대한 효과적인 대비라는 문제의식에서 실증적으로 분석했다.

이 책은 15장으로 나누어 일본 군국주의의 실상을 분석했다. 먼저 제1장에서는 일본인들의 전쟁심리의 기반인 극단적인 국수주의의 특성을 일본의 고대사 기록인『고사기(古事記)』와『일본서기(日本書記)』등에 나오는 건국신화까지 거슬러 올라가서 자세히 설명했다. 이승만의 설명에 따르면, 일본인들은 일본 황제는 유일한 신의 지배자이고 —— 따라서 호칭도 '텐노(天皇)' 곧 하늘의 황제이다 —— 일본은 유일신의 국토이며, 일본민족은 유일한 태양의 자손인 야마토(大和) 민족이라고 믿는다. 그러므로 일본이 세계의 빛이 되지 않으면 안된다. 그리고 전장에서 죽는 군인들이나 천황을 위하여 목숨을 바치는 애국자는 저절로 완전한 신이 되어 극락세계의 신의 가족에 합류하게 된다. 그것이 제국주의 일본의 국가종교이다시피 한 신토(神道)의 기본사상이다. 그리하여 일본인들은 다음과 같은 정신상태가 되어 있다고 이승만은 분석했다.

그들은 이 신토의 신비주의로부터 극단적 애국심과 결합된 특수한 전쟁심리를 점차로 발전시켰다. 국가창건 이래로 섬나라에 갇혀 있었고, 해외에 거점을 확보하려는 수세기에 걸친 모든 시도는 아시아 대륙의 민족들에 의하여 좌절됨으로써, 그들의 유전적인 민족의 야망은 자연히 해외의 군사적 정복이 되었다. 원망(願望)은 사고의 아버지이다. 그들의 원망으로부터 그들은 이 전쟁도발 심리를 발전시키고, 그것이 '사무라이(武士)'라는 긍지 있는 무사계급을 만들어 냈다. 뒷날 서양 열강들과의 교섭을 위한 개국은 그들의 마음속에 서방세계에서 고도로 발달된 민족주의와 애국심의 관념을 가져다주었다. 서양의 모든 생활관념을 채택하면서 그들은 국수주의를 조건없이 받아들였고, 그것은 옛 바쿠후(幕府)시대에 보편적이던 그들의 봉건주군에 대한 충성관념의 자리를 차지하게 되었다.

그런 한편으로 신토의 황제숭배 관념은 "전쟁숭배" 사상을 배양했다. 국가의 팽창이 그 목적이 됨에 따라 무사숭배 관습은 거의 종교가 되었다.[6]

흥미 있는 것은 이승만이 『일본내막기』를 집필하고 있을 무렵 미 국무부의 대표적인 극동문제 전문가인 혼벡(Stanley K. Hornbeck) 박사도 1940년7월에 작성한 한 정책문서에서 일본의 세계정책에 대하여 이승만과 비슷한 인식과 전망을 한 점이다. 혼벡은 일본의 이른바 "대동아공영권(大東亞共榮圈)" 주장에 대해 언급하면서, 일본의 국가목표는 일본제국의 정치적 및 경제적 지배력을 광대한 아시아지역 전역에 확대하는 것이라고 말하고, 이 지배권의 확립은 "하늘이 일본 민족에게 부여한 천명(天命)"을 실현하는 일이며, 이 천명에 따라 일본인들은 먼저 아시아에 광대한 제국을 건설하고, 최종적으로는 '현인신(現人神)'인 천황이 지배하는 세계정복을 꿈꾸고 있다고 기술했다.[7] 이승만은 혼벡과 오랜 교분이 있었으므로 일본인들의 전쟁심리에 대해서도 의견 교환을 했을 수 있다.

해외에 거점을 확보하려는 일본인들의 시도가 좌절되었다는 것은 임진왜란을 지칭하는 것이었다. 이승만은 한국과 중국은 오랜 역사를 통하여 동맹이며 이제 그 동맹관계가 되살아나고 있다고 말하고, 이 두 나라에 충분한 군사장비와 군수물자만 제공된다면 미국은 전쟁을 피할 수 있을 것이라고 주장했다. 그러면서 그는 "내가 이미 35년 전에 그 징조를 간파했고, 근년에는 줄곧 미국인들에게 경고하려고 해온 아마겟돈[Armageddon: 요한계시록 16장 16절에 나오는 세계 종말의 날의 선과 악의 최후의 결전장]은 이렇게 함으로써 피할 수 있을 것이다"라는 말로 이 장을 끝맺었다. 이승만이 35년 전에 아마겟돈의 징조를 발견했다고 한 것

---

6) *Japan Inside Out*, pp.19~20.
7) Stanley K. Hornbeck, "Memorandum", July 12, 1940, 森田英之, 『對日占領政策の形成: アメリカ國務省 1940-1944』, 葦書房, 1982, p.27.

은 1905년에 일본이 한국을 보호국으로 만든 일을 두고 하는 말이었다. 이승만은 일본인의 가치관이나 사고방식이 미국인의 기독교정신과는 완전히 배치되는 신토라는 국가종교와 같은 이데올로기에 입각해 있음을 먼저 강조했다. 그러므로 다가오는 미일전쟁은 기독교와 신토라는 선과 악이 최후의 결전을 벌이는 아마겟돈이 될 것이라는 것이었다.

2

이승만은 제2장에서 유명한 「다나카(田中) 메모리얼(Tanaka Memorial)」을 다루었다. 「다나카 메모랜덤(Tanaka Memorandum)」, 「다나카상주문(田中上奏文)」, 그리고 중국에서는 「다나카주의(田中奏議)」 등으로 불리는 이 문서는 그 진위를 두고 일본과 중국 및 구미제국 사이에서 열띤 논쟁이 벌어졌던 20세기의 대표적인 괴문서이다. 일본 수상 다나카 기이치(田中義一)가 1927년의 동방회의의 비밀결정에 따라 중국침략의 방법과 순서 등을 21개 항목에 걸쳐서 구체적으로 작성하여 천황에게 상주한 비밀문서라는 것이었다. 이 문서는 1929년12월에 상해에서 발행되는 《시사일보(時事日報)》에 중국어 번역문이 게재됨으로써 세상에 알려졌다. 일본정부는 그것이 위조문서라고 강변했지만, 그 뒤에 일본이 취한 행동이 이 문서의 내용과 너무나 일치하기 때문에 그 진위에 관해서는 지금까지도 명확한 해명이 되지 않았다. 「메모리얼」의 골자는 다음과 같은 것이었다.

중국 동삼성[만주]은 동양에서 정치가 불완전한 지방이므로 일본이 스스로를 보전하고 나아가 다른 주민의 보전을 도모하려면 반드시 철혈정책을 취해야만 비로소 당면한 난국을 돌파할 수 있다.
앞으로 중국을 제압하기 위해서는 반드시 먼저 미국의 세력을 타도하지 않으면 안된다.… 그러나 중국을 정복하기 위해서는 먼저 만주와 몽골을 정복하지 않으면 안된다. 세계를 정복하기 위해서는 반드시 먼저 중국을 정복하지 않으면 안된다. 만일 우리가 중국을 완전히 정복한다면 그 밖의 소아시아, 인도, 남양 등과 같은 지역의 민족들은 반드시 우리를 두려워하여 우리에게 항복하고, 세계로 하여금 우리나라의 동양임을 알게 하여, 영구히 감히 우리나라를 침범할 수 없게 될 것이다.…[8]

이승만은 「다나카 메모리얼」을 설명하기에 앞서, 일본이 세계정복을 꿈꿀 수 있게 된 것은 미국이 1882년에 체결한 한미수호통상조약을 파기함으로써 한국이 주권을 상실하게 되었기 때문이라고 역설했다. 한미수호통상조약에 규정된 "거중조정(good offices)"의 의무를 미국이 이행하지 않았기 때문이라는 것이었다. 이승만은 1910년에 일본이 한국을 병탄하기까지의 경위를 간략하게 설명하고 나서, 다음과 같이 썼다.

이 국제적인 강도행위는 필요할 때에는 한국을 돕겠다고 엄숙하게 약속한 세계 문명국가들의 전폭적인 지지와 승인 아래 일본에 의해서 자행되었다. 이들 조약은 먼저 1882년에 미국과 한국 사이에 체결되었다.

그리고는 "거중조정"의 의무를 규정한 조약문 제1조의 전문을 인용한 다음, 미국이 어떻게 그 조약상의 의무를 위반했는지를 다음과 같이 기술했다.

미국에 이어 유럽 열강들도 한국과 통상조약을 체결했다. 이들 조약은 모두 친선조항을 포함하고 있었다. 이들 조약은 폐기되지 않았

---

8) 《中國》 1965년1월호(No.14), 「田中義一の上奏文」, 中國の會, p.6.

고, 그 합법성에 의문이 제기되지도 않았다. 단지 23년 뒤인 1905년에 미국은 조약의 약속대로 한국을 위해서가 아니라, 한국과의 신성한 약속을 공공연히 위반하고 "부정하고 강압적으로" 행동하는 일본을 위해서 "거중조정"을 행사했다.

제1차 세계대전 중에 독일정부는 국제조약을 '휴지조각'이라고 불렀다고 세계적으로 규탄받았는데, 독일은 다만 9년 전에 미국정부가 했던 것을 실천했을 뿐이었다. 이 지구의 먼 귀퉁이에서 발생한 그처럼 작은 불 —— 국제적 부정의 불길 —— 이 그렇게도 빨리 번져서, 동양뿐만 아니라 서양의 여러 나라들도 파멸시키고, 그 밖의 나라들도 같은 운명에 놓일 위험에 직면했다는 사실은 의미심장하다.[9]

이처럼 이승만은 미국이 한국과 맺은 조약상의 의무를 이행하지 않음으로써 한국이 일본의 보호국이 된 것이 제2차 세계대전의 기원이었다고 미국인들에게 되풀이하여 강조했다.

「다나카 메모리얼」이 세계적으로 논란이 된 것은 1931년9월에 만주사변[9·18전쟁]이 발발한 직후부터였다. 중국 국민정부는 일본이 드디어 「메모리얼」의 침략계획을 실천에 옮겼다고 하여 그것을 각종 팸플릿으로 만들어 전국에 살포했다. 그리고 9월24일자 《차이나 크리틱스(The China Critics)》에 실린 영문번역이 미국 시애틀로 보내져서, 그곳 중국인들에 의해 몇 종류로 복사되어 미국 각지의 신문사와 그 밖의 기관에 송부되었다. 「메모리얼」은 모스크바의 코민테른[국제공산당] 기관지에도 게재되었다.

「메모리얼」을 둘러싼 국제적인 공방은 일본의 만주침략 문제를 다룬 국제연맹회의에서 치열하게 전개되었다. 『리튼보고서』가 공표된 직후에 열린 제69차 국제연맹 이사회에서 중국대표 고유균(顧維鈞)과 일본 외

---

9) *Japan Inside Out*, pp.24~25.

상 마쓰오카 요스케(松岡洋右)가 벌인 논쟁은 「메모리얼」의 작성경위를 짐작하는 데 참고가 된다. 「메모리얼」의 진위문제에 대하여 갑론을박을 벌이는 가운데 마쓰오카는 다음과 같이 말했다.

　"나는 그 기록이 북경에 있는 어떤 공사관부 육군무관에 의하여 어떤 중국인의 묵인 아래 만들어진 것이라는 보고를 가지고 있다. … 뒤에 나는 확실히 신뢰할 수 있는 방면으로부터, 어떤 일본인이 동방회의에 참가한 일본인들의 행동계획이 포함되었다는 비밀보도의 보고를 기초(起草)한 것을 알았으며, 오늘까지 그것이 진상이라는 데 추호의 의문도 가지고 있지 않다. 그 기록은 중국인에게 5만달러에 팔렸다. 그것은 사실이며, 나에 관한 한 나는 그것은 진실이라고 믿는다."[10]

　마쓰오카는 「메모리얼」이 일본공사관의 육군무관이 중국인과 결탁하여 작성해 가지고 거액을 받고 중국인에게 팔았다는 것이었다.

　전후에 출판된 『다나카기이치 전기(田中義一傳記)』(1958)는 이 문서가 날조된 것이라고 전제하면서도, 그러나 그 핵심이 된 자료는 일본인에 의해 실제로 작성된 것이었다고 기술했다. 『전기』에 따르면, 일본의 군부, 특히 육군 가운데는 만주와 몽골에 대하여 극단으로 적극적인 정책을 취할 것을 주장하는 인물들이 많았는데, 동방회의에 앞서 이들이 정계와 관계의 일부 적극론자와 협동하여 「메모리얼」의 내용과 비슷한 의견서를 작성했다. 외무정무차관 모리 카쿠(森恪)가 참모본부의 스즈키 테이이치(鈴木貞一), 봉천[奉天: 지금의 瀋陽] 총영사 요시다 시게루(吉田茂), 주미대사 사이토 히로시(齊藤博)의 협조를 얻어 작성한 이 문서는 야당인 헌정회(憲政會)가 다나카 내각을 붕괴시킬 목적으로 장개석(蔣介石)에게 밀송했다. 그러나 문서는 장개석이 북벌로 혼란스러운 중국을 전전하는 동안에 잘못하여 중국공산당의 수중으로 들어갔고, 마침내 신문에

10) 稲生典太郎, 「『田中上奏文』をめぐる二三の問題」, 日本國際政治學會 編, 『國際政治 日本外交史の諸問題 I』, 有斐閣, 1964, p.79.

발표되기에 이르렀다는 것
이었다.[11]

「메모리얼」은 1940년
4월에 열린 미국하원의 해
군위원회에서도 거론되었
다. 예비역 해군소장 토싱
(Joseph K. Taussing)은 「메
모리얼」을 인용하면서 이것
은 참으로 믿을 만한 명확
한 일본의 정책이며, 미 해
군 군비는 이에 끌려가서는
안된다고 말했다. 이에 대해
해군 당국은 그러한 걱정은
없다고 대답했다. 그러자 일
본대사관은 곧 「메모리얼」
의 여섯 가지 중요한 오류
를 지적하면서 그것은 허
위문서라는 담화를 발표했
다.[12]

이승만은 「메모리얼」에
서 볼 수 있는 세계정복의
이념은 새로운 것이 아니라
일본 민족의 전통적인 야망
의 범위를 넓혀 새로운 용어

Japan's Blueprint

By Mark J. Gayn

Of The "Tanaka Memorial" Document

FEW SECRETS of World War II have been guarded with greater zeal than the conversations between blunt, Yankee-hating Yosuke Matsuoka and Europe's three dictators. From Berlin, where he held ten conferences with Hitler and Von Ribbentrop, no hint of the subjects discussed was permitted to escape. From Rome came only the usual blatant—and unreliable — statements of Gayda. Though not blessed with reticence, Matsuoka has confined himself to an expression of best wishes for Axis victory.

Matsuoka's talks, naturally, were on matters of high policy—but whether this policy meant peace or war for the Pacific no one would tell. No one, that is, except a nameless Korean who more than a decade ago stole, copied or forged what has become a blueprint of Japan's long-term policy.

Little is known of the Korean. Three years ago, Chinese political agents in Shanghai told me he was somewhere in Central China hiding from the long arm of the Japanese secret service. If he has not been assassinated since, he must have migrated inland with hundreds of other Korean revolutionaries and soldiers of fortune.

SOME TIME between 1927 and 1931, the Korean served as a clerk in the office of the Japanese premier. Some time in 1931 he approached the Chinese government with the offer to sell a highly confidential Japanese document. Mystery blankets the negotiations—and the price he finally received. But once he received the money, he did not tarry in Japan. This is the story the Korean told, in substance, to the Chinese agents:

Back in July, 1927, Premier Giichi Tanaka—a general, a baron and the head of the all-powerful Seiyukai Party—proceeded to the palace and presented the Emperor with a memorial outlining the course he proposed to follow in establishing Japanese supremacy in Manchuria, China—and farther south.

The memorial was highly secret, but somehow the Korean clerk managed to lay his hands on the document and copy it. A shrewd man, he realized the explosive possibilities of the memorial and decided to capitalize on it. As every Korean, he nursed little love for Japan.

sore spot in the Far East. For the sake of self-protection as well as the protection of others, Japan cannot remove the difficulties in east Asia unless she adopts a policy of 'blood and iron.' but in carrying out this policy we have to face the United States which has been turned against us by China's policy of fighting poison with poison.

"In the future, if we want to control China, we must first crush the United States, just as in the past we had to fight Russia. But in order to conquer China we must first conquer Manchuria and Mongolia. In order to conquer the world, we must first conquer China. If we succeed in conquering China, the rest of the Asiatic countries and the South Sea countries will fear us and surrender to us. Then the world will realize that east Asia is ours and will not dare to violate our rights.

"The Nine Power Treaty is entirely an expression of the spirit of commercial rivalry. It was the intention of England and America to crush our influence in China with their power of wealth. The proposed reduction of armaments is nothing but a means to limit our military strength, making it impossible for us to conquer the vast territory of China. On the other hand, China's sources of wealth will be entirely at their disposal. It is merely a scheme by which England and America may defeat our plans . . .

"If we merely hope to develop trade, we shall eventually be defeated by England and America, who possess unsurpassable capitalistic power. In the end, we shall get nothing. A more dangerous factor is the fact that the people of China might some day wake up . . ."

MATSUOKA may well keep his secret. But the "Tanaka Memorial"—whether true or forged—predicted the conquest of Manchuria and Mongolia, the attack on China proper, and the invasion of Indo-China. For ten years now, the document has been a magician's glass ball in which those who wanted to see could see Japan's next move.

Will the final stage of the memorial—the conquest of India and the fight to "crush" the United States—come similarly true with Matsuoka's return home?

「다나카 메모리얼」을 중국인에게 전한 사람이 한국인이었다고 보도한
1941년4월10일자 《워싱턴포스트》지의 마크 게인의 기사.

---

11) 田中義一傳記刊行委員會, 『田中義一傳記(下)』, 原書房影印版, 1981, pp.668~671.
12) 稻生典太郎, 앞의 글, p.78.

로 표현한 것뿐이라고 설명했다. 그러면서 그는 1941년 4월 10일자 《워싱턴 포스트(*The Washington Post*)》에 실린 마크 게인(Mark J. Gayn) 기자의 「일본의 청사진(Japan's Blueprint)」이라는 기사를 길게 인용했는데, 이 기사는 매우 놀랄 만한 내용을 담고 있다. 게인은 마쓰오카 요스케가 유럽에서 히틀러(Adolf Hitler) 등과 만난 사실을 설명하고 나서, 다음과 같이 썼다.

마쓰오카의 이야기는 자연히 고위정책 문제에 관한 것이었다. —— 그러나 이 정책이 태평양에서의 평화를 뜻하는 것인지 전쟁을 뜻하는 것인지를 말할 수 있는 사람은 아무도 없다. 10여년 전에 일본의 장기 정책 계획서의 하나가 된 문서를 훔쳐서 복사하거나 모작했던 한 이름 없는 한국인 말고는 아무도 없다.

이 한국인에 대해서는 아는 사람이 거의 없다. 3년 전에 나는 그 한국인이 일본 밀정의 눈을 피하여 중부 중국의 모처에 숨어 있다는 말을 상해의 중국 정치정보원들로부터 들었다. 그 뒤에 그가 암살당하지 않았다면, 많은 한국 혁명가들과 일자리를 찾는 사람들과 함께 내륙으로 옮겨가지 않으면 안되었을 것이다. 이 한국인은 1927년에서 1931년 사이에 일본의 수상관저에서 사무원으로 일했다. 1931년 어느 시기에 그는 중국정부에 일본의 고급 비밀문서를 팔 것을 제의했다. 협상은 신비에 싸여 있다. —— 결국 그는 값을 받았다. 그는 일단 돈을 받자 일본에 머무르지 않았다. 이것은 그 한국인이 중국정보원들에게 들려준 사실이다.… 「메모리얼」은 극비에 속하는 것이었으나, 이 한국인 사무원은 그 문서에 손을 대어 복사했다. 이 기민한 한국인은 이 「메모리얼」이 폭발적인 반향을 일으킬 것이라는 것을 알고 그것을 이용하기로 결심했다. 모든 한국인들이 그렇듯이, 그는 일본을 그다지 좋아하지 않았다.… 일본이 만주를 침공한 지 닷새 뒤인 1931년 9월 24일에 중국정부는 그 한국인의 문서를 공표함으로써 다나카의 이름을 세계의 톱기사로 만들었다.「메모리얼」에 설정된 중요한 단계의 하나가 만주의 정복이었기 때문에 그보다 더 좋은 발표 시점이 없었다.

일본인들은 즉각적으로, 그리고 맹렬히 이 문서의 신빙성을 부인했다. 그들은 「메모리얼」이 중국의 선전국에서 위조한 것이거나 한국인 위조자가 중국정부에 매도한 것이라고 말했다. 사실이 오류로 가득 차 있고, "정신적으로 비 일본인"이라는 것이었다.… 중일전쟁이 발발한 뒤에 외국기자들과 외교관들은 「메모리얼」을 다시 들여다보게 되었다. 그들은 그것이 위조문서라는 일본의 말을 받아들일 용의를 아직도 가지고 있었지만, 일본인들의 침략 형태가 「메모리얼」에 적힌 것과 너무나 흡사했기 때문에 그들은 크게 충격을 받았다. 일본의 거대한 전쟁의 수레바퀴가 남쪽으로 굴러 내려올수록, 이 한국인의 문서는 더욱 주목을 받게 되었다. 그 한국인은 문서 위조자였는지 모르지만, 만일 그렇다 하더라도, 보통사람에게는 주어지지 않은 예언의 능력을 타고났던 것이다.…[13]

「메모리얼」을 중국인에게 넘겨준 인물이 한국인이었다는 게인 기자의 주장은 그 뒤에 이 문서의 문제점을 다룬 일본인들의 글에서는 전혀 언급되어 있지 않다. 이승만은 이 기사를 순서를 바꾸는 등 다소 부정확하게 인용했다.

「메모리얼」은 제2차 세계대전이 끝난 뒤에도 국제무대에서 심심찮게 거론되었다. 1946년부터 1948년까지 도쿄에서 실시된 극동국제군사재판에서도 피고인, 변호인, 재판관 사이에 이 문서를 둘러싼 설왕설래가 있었다. 또한 1960년2월26일에 소련 수상 흐루시초프(Nikita S. Khrushchev)는 인도네시아 의회에서 장시간에 걸친 연설을 했는데, 그는 일본정부가 미일안보조약을 조인한 사실을 신랄하게 비난하면서 다

---

13) Mark J. Gayn, "Japan's Blueprint", *The Washington Post*, Apr. 10, 1941.

음과 같이 말했다.

"일본의 지배계급은 또다시 다나카의 신들린 계획을 세상에 드러내려고 하는 것이 아닌가. 정말로 그들은 아주 최근까지 동아시아 국민들을 굴복시키려고 했던 일본 군국주의자들의 침략행위를 이들 국민들이 잊어버렸다고 진정으로 생각하고 있는가."[14]

이러한 사례는 중국뿐만 아니라 미국과 유럽 여러 나라에서도 「다나카 메모리얼」을 신빙성 있는 문서로 인식하고 있었음을 말해 준다.

이승만도 「다나카 메모리얼」의 신빙성을 의심하지 않았다. 그는 그것이 히틀러의 『나의 투쟁(Mein Kampf)』(1925~1927)이 독일에 대해 가진 것과 같은 의미를 일본에 대해 가졌다고 말했다. 그는 "이 두 문서는 앞으로 일어날 사태에 대한 예언서로 쓴 것이 아니라 세계지도를 다시 만들기 위한 청사진으로 쓴 것이다"라고 적었다.[15]

3

이승만은 제3장에서는 1933년과 1934년 무렵에 일본의 조야를 풍미했던 "1935~1936년 위기설"을 자세히 설명했다. 위기설은 1930년 4월에 조인된 런던해군군축조약과 관련하여 생긴 것이었다. 이승만은 그것을 다음과 같이 단정적으로 설파했다.

1935~1936년은 전쟁을 위한 일본의 비밀준비가 절정에 달하고, 일본이 스스로 가면을 벗어 버리고 세계를 놀라게 할 시기가 될 것이었다. 바꾸어 말하면, 여러 해 동안 힘들여 비밀리에 계속해 온 그들의 물질적 준비가 거의 완성되어, 국민들은 이제 때가 왔다는 것을 간파

---

14) 稻生典太郎, 앞의 글, p.73.
15) *Japan Inside Out*, p.27.

할 정신적 준비를 해야 한다는 것이었다. 모든 일본인들은 그것을 분명히 이해하고 기대했다. 그러므로 해군조약의 개정문제는 최종적인 대결에 앞서 예비단계로 제기된 것이었다.[16]

이 시기의 세계 군사력 경쟁은 해군력 경쟁이었다. 1921년에 열린 워싱턴회의에서 조인된 해군조약에서는 미국, 영국, 일본의 해군력 비율을 5 : 5 : 3으로 정했었는데, 1930년의 런던 해군군축회의에서 체결된 해군조약에서는 10 : 10 : 7의 비율로 수정되었다. 제2차 해군군축회의는 1935년 12월에 런던에서 열렸다. 이때는 만주사변[9·18전쟁]이 발발하고, 일본이 국제연맹을 탈퇴하고, 히틀러가 정권을 장악한 뒤에 국제연맹 및 일반군축회의에서 탈퇴하여 재군비를 선언한 뒤였다. 회의는 난항했다.

일본은 드디어 1936년1월15일에 군축회의에서 탈퇴했다. 일본이 탈퇴한 뒤에도 회의는 계속되어 미국, 영국, 프랑스 세 나라 사이에 1936년의 런던해군조약이 체결되고, 1921년의 워싱턴해군조약과 1930년의 런던해군조약은 규정대로 1936년 말로 효력이 상실되었다. 그리하여 일본은 마침내 13년 남짓 유지해 온 태평양 군축시대에 종지부를 찍고, 군비무조약 시대에 돌입하여 무제한의 군비경쟁을 재개했다.

이승만은 이러한 경위를 자세히 설명하고 각국 중요 관계자들의 말과 특히 일본의 군인들과 외교관들의 주장과 신문 논조 등 구체적인 자료를 예시하면서 앞으로의 상황을 전망했다.

이승만은 마지막으로 일본 외상 히로다 고키(廣田弘毅)가 1938년 초에 "열강의 공정심과 정의감에 호소하는 방법을 통하여" 세계 해군력 증강 경쟁을 중지시킬 것을 희망하는 성명을 발표했을 때에 미국정부가 이를 묵살하겠다고 한 사실을 상기시키면서 다음과 같이 썼다.

---

16) *Japan Inside Out*, p.33.

이 교묘한 일본의 선전은 일반 미국인, 특히 미국정부의 수뇌부에 있는 평화주의자들에게 호소하는 것이었다. 런던회의에서 조약상으로 미국과 동등한 지위를 확보하는 데 실패한 일본은 미국과 군함건조 경쟁을 성공적으로 벌일 수 없다는 것을 알게 되었다. 그러므로 미국 국민들에 대한 선전과 그들의 공정심과 정의감에 대한 호소는 그들 정부로 하여금 해군력 증강을 못하도록 작용하게 하기 위한 것이었다. 이러한 전술이 지금까지는 큰 효과가 있었다. 그 방법이 효과가 있는 한 계속해서 사용될 것이다. 미국인들은 다른 국민들과 마찬가지로 감언이설에 약하며, 그들 자신의 정치적 신념을 실천하는 데도 외국 정부를 비판하지 않으려는 경향이 있다. 그러나 그 같은 정치적 신조가 그들 자신의 정부와 그 행동을 비판하는 데에는 극도의 자유를 부여하고 있다. 그리하여 그 정치적 신조를 거스르지 않으려는 태도로 말미암아 미국에서는 일본을 우호국가로 간주하는 것이 관습은 아니더라도 거의 사회적 유행이 되었다. 기민한 일본 외교관들은 그것을 알고 그것을 충분히 활용하고 있다.[17]

제4장에서는 중일전쟁의 발발에 대해 자세히 서술했다. 이승만은 중일전쟁을 세계대전의 일환으로 설명하면서, 중일전쟁을 도발하기에 앞서 일본과 소련의 국경선에서 벌어졌던 전쟁 일보 전의 군사대치와 일본의 이른바 2·26사건 등을 자세히 설명했다.

2·26사건이란 1936년2월26일에 일어난 일본 육군장교들의 쿠데타 사건을 말한다. 장교 20여명과 그들이 지휘하는 하사관 및 사병 1,400명이 수상 오카다 게이스케(岡田啓介)를 비롯한 대신들을 습격하여 세 사람을 즉사시키고 수상관저, 육군성, 참모본부, 경시청 등 정치중심지를 제압했다. 군국주의 정신이 투철한 쿠데타 군인들은 자기들이 왜 거사했

---

17) *Japan Inside Out*, p.43.

는지를 밝히는 「궐기취의서」와 육군대신이 즉시 취해야 할 행동을 요구하는 「요구사항」을 발표했다. 그들은 "소화유신(昭和維新)"의 단행을 요구한 것이었다. 그러나 천황은 이들을 반란군으로 부르면서 단호히 토벌하라고 명령했다. 사흘 뒤인 2월29일에 반란군은 모두 투항했고, 장교 전원이 군형무소에 수용되었다. 장교들은 비밀군법회의에서 재판을 받고 장교 13명과 민간인 6명이 총살형에 처해졌다. 일본정부는 신문의 호외발행을 금지하고 재판내용을 보도하지 못하게 했다. 일본정부는 반란의 목적이 "일본이 5:5:3의 해군 군비율에 계속 묶여 있게 하려는 각료들의 제거"였다고 설명했다.

이승만은 이러한 2·26사건의 판결문까지 자세히 설명하고 나서, "이들 젊은 장교들이 해군력 경쟁국인 미국과 영국 가운데 어느 한 나라나 또는 두 나라 모두와 전쟁을 시작할 때가 아직 아니라고 생각하는 정부 인사들을 축출하려는 의도에서 반란을 일으킨 것은 일본인들의 정신 상태를 이해하는 사람이면 누구나 분명히 알 수 있다"[18]라고 덧붙였다. 그러고는 다음과 같은 말로 이 장을 마무리했다.

1905년에 한국에서 일어난 불의 가장 최근의 사태를 살펴보자. 이불은 만주와 중국, 에티오피아, 오스트리아, 체코슬로바키아, 폴란드, 알바니아, 노르웨이, 덴마크, 네덜란드, 벨지움 및 프랑스로 번져서 이들 나라를 하나하나 허물어뜨리고 말았으며, 아직도 꺼질 기색이 없다. 아주 얼마 전까지도 모든 나라는 그것은 자신들에게 아무런 관계가 없는 것으로 생각했다. 이러한 태도는 이내 "다음은 누구 차례일까?"라는 질문으로 변했다. 그리고 지금은 절반 이상의 유럽국가들이 지도에서 사라지고 말았다. 남아 있는 많지 않은 나라들은 "언제 우리 차례가 올 것인가?"라고 자문하고 있다. 이들 나라는 그 자신들의

---

18) *Japan Inside Out*, p.48.

이기심 때문에 그러한 운명에 놓인 것처럼 보인다. 모든 나라들의 일반적인 경향이 순전히 이기적인 관심에 의한 것이라면 어떤 나라든지 구원받을 수 없을 것이다.

중국인들에게 강제된 전쟁이 자신들까지 겨냥하고 있는 것은 백인들이 아무리 부인하더라도 사실은 조금도 달라지지 않는다. 전쟁이 계속되면, 그 결과로 이 사실을 뚜렷이 나타내게 될 것이다. 이것이 미국인들과 특별히 이해관계가 있는 중일전쟁의 일면이다.[19]

요컨대 중일전쟁의 기원은 일본이 한국을 보호국으로 만든 사실이고 또 그것은 미국이 한미수호통상조약상의 의무를 이행하지 않음으로써 가능했다고 이승만은 거듭 강조한 것이다.

일본 군국주의자들의 침략전쟁에 가장 방해가 되는 것은 외국 신문기자들과 선교사들의 존재였다. 이승만은 제5장과 제6장에서 이 문제를 다루었다. 그는 먼저 일본인들의 외국 신문기자에 대한 인식을 다음과 같이 설명했다.

외국인들에게 조약상의 권리를 계속 누리게 해둔 채 중국의 상업 중심지들을 점령하는 것은 일본인들에게는 사자 떼가 몰려다니는 소 목장을 지키는 것과 같은 일이 될 것이었다. 그러므로 외국인들은 떠나야 한다. 일본인들은 이 목표는 여러 가지 우회적인 방법을 통하여 달성할 수 있고, 따라서 자연히 시일이 걸릴 것이라고 생각한다. 그러나 신문기자들은 당장 나가야 한다. 자유언론의 개념은 일본의 정치 사회제도와는 언제나 배치되는 것이었다.…[20]

---

19) *Japan Inside Out*, p.51.
20) *Japan Inside Out*, p.52.

중국인들의 반항정신을 제압하기 위해서는 고문, 투옥, 학살 등의 잔학행위와 온갖 교묘한 계책을 동원해야 하고, 또 그것은 모두 비밀리에 감행해야 하기 때문에 일본인들에게는 외국 신문기자들이야말로 제일 먼저 추방해야 할 존재였다. 이승만은 일본인들의 외국 신문기자들에 대한 정책을 여러 가지 구체적인 사례를 들어 자세히 설명했다. 이승만은 일찍이 현대 언론사에서 볼 수 없었던 가장 슬픈 비극의 하나라면서, 1940년7월27일에 일본에서 55시간 동안 견딜 수 없는 경찰의 고문을 받고 이틀 뒤에 사망한 영국 로이터(Reuter)통신의 특파원 콕스(Melville J. Cox) 기자의 이야기를 그 부인의 말을 인용하면서 실감나게 적었다. 일본경찰은 콕스가 창문에서 뛰어내려 자살했다고 했지만 콕스 부인은 일본경찰의 고문치사라고 주장했다. 이미 숨진 남편을 일본경찰이 창문으로 내던졌다고 했다. 이러한 이야기를 소개하고 나서 이승만은 다음과 같이 덧붙였다.

콕스 기자가 사망한 뒤에 일본경찰은 "그의 범행에 대한 증거"를 가지고 있다고 말했지만, 아직까지 그의 혐의사실을 밝히지 못했다.
이러한 이야기는 한국인들 사이에서는 흔히 들어 온 것이다. 많은 신문기자들은, 다른 직업의 종사자들과 마찬가지로, 고문과 불법행위의 희생자로서 원인도 모르게 사라져 갔다. 그런데도 그들은 자신들의 슬픔과 불만을 동포들에게 알릴 방법도 기회도 가지고 있지 않다.
언제나 그토록 친일에 눈이 멀었던 영국인들이 그들의 "친구들"에게서 이러한 대우를 받는 것이 이상하지 아니한가? 태평양의 평화는 오직 미국이 그 침략국가와 우호관계를 통해서만 지켜질 수 있다는 신념 아래, 국가방위를 희생해서라도 미국은 일본과 우호관계를 유지해야 한다고 주장하는 사람들이 있다.[21]

---

21) *Japan Inside Out*, p.62.

이승만은 일본인들이 선교사들의 중국체류를 못마땅하게 생각하는 이유로 다음 네가지를 들었다.

첫째 중국인들은 선교사를 자신들뿐만 아니라 일본인들보다도 우월하다고 우러러 본다. 백인종을 포함한 모든 다른 인종들보다 자신들이 우월하다는 것을 전세계에 증명해 보이려는 일본인들에게 이것은 불쾌한 일이다.

둘째 선교사들은 오지에 살면서 어디든지 다닌다. 그들은 일본인들이 저지르는 온갖 일을 목격한다. 자연히 그들은 중국인들에게 동정적이 된다. 일본 군국주의자들은, 다른 모든 군국주의자들과 마찬가지로, 그들의 희생자들의 반항을 분쇄하는 방법은 고문과 방화와 대량학살밖에 없다는 것을 안다. 이 모든 일은 외국인들이 보도록 허용되어서는 안된다.

셋째 서양의 민주주의 정신은 천황중심주의(Mikadoism) 생활에 해독을 끼친다. 선교사들은 민주국가에서는 사람들이 자유를 위하여 목숨을 바친다는 것 등을 가르친다. 이것은 사무라이 체제에서는 결코 용납될 수 없다.

넷째 선교사들이 선교하는 종교는 일본인들의 국가종교인 불교 및 신토와는 전적으로 배치되는 것이다. 기독교인들은 신사참배도 하지 않는다.[22]

이승만은 이어 한국 기독교가 얼마나 일본인들에게 박해를 받아 왔는지를 길게 설명했다. 105인 사건 때에는 자신도 YMCA의 다락방에 숨어서 일본경찰이 혈안이 되어서 찾는 서류를 몰래 불살랐던 일이며, 자기 아버지가 놀라서 찾아왔던 이야기 등을 적었다. 3·1운동 때에 기독교회

---

22) *Japan Inside Out*, pp.63~64.

와 외국 선교사들이 했던 일들도 자세히 기술했다. 그리고는 다음과 같은 말로 미국인들의 각성을 다시금 촉구했다.

다른 대륙의 일에 미국이 참견할 필요가 없다고 생각하는 사람들이 아직도 많다. 많은 사람들은 미국의 전쟁준비는 국가방위만을 위한 것이고, 미국인들은 공격을 당했을 때에만 자신들을 방위할 것이라고 말한다. 이렇게 말하는 사람들은 미국이 이미 공격을 받고 있다는 사실을 알지 못한다.… 중국에서 미국인들을 공격하는 적은 국내의 미국인들을 공격하고 있는 것이다. 그러므로 미국이 아직 공격을 받지 않았다는 말은 진실이 아니며, 미국은 일본과 평화를 누리고 있고 또 동양문제에 대해서는 간여할 필요가 없다는 말은 진실이 아니다.

더구나 미국인들이 진정으로 전쟁에 개입하지 않겠다고 결심했다면, 전쟁이 미국 해안으로 점점 더 가까이 다가오도록 허용하는 대신에 미국 해안에 접근하지 못하게 하는 것이 더 현명하지 않은가? 중국인들과 한국인들에게 가능한 모든 물질적 지원을 제공하여 일본으로 하여금 미국에 도전할 수 없을 만큼 바쁘게 만드는 지혜를 왜 깨닫지 못하는가?… 이제 미국인들은 만일 미국이 짐을 싸가지고 중국을 떠나게 되면 필리핀과 괌과 태평양 상의 다른 영토로부터도 철수하지 않으면 안되리라는 것을 분명히 알았다. 그렇게 되면 미국의 서쪽 제일 방위선은 하와이 군도와 태평양 연안이 될 것이다. 이러한 철수가 평화를 의미하는가? 아니다. 그것은 일본을 더 큰 모험으로 유혹하게 될 것이다. 아직도 이러한 정책을 고집하는 사람들은 위협을 보지 못하는 사람들이다.…[23]

이승만은 미국인들 사이에 제1차 세계대전의 반동으로 나타난 반전

---

23) *Japan Inside Out*, pp.81~82.

의식이 깊은 친일감정과 융합되어 반일정서가 조성되는 것을 저지하고 있기 때문에 일본인들로 하여금 언론과 종교의 자유를 파괴하는 자유를 누리게 해주었다고 설명했다.[24]

4

제7장에서는 중일전쟁이 발발한 뒤에 자행된 일본군의 외국인 공격 가운데 가장 중대한 세가지 사례를 거론했다. 1937년8월에 있었던 주중 영국대사 하거센 경(Sir Hugh K. Hugessen)의 부상, 영국 포함 레이디버드(Ladybird) 호에 대한 공습, 미국 포함 파나이(Panay) 호의 격침에 대한 이야기였다.

하거센 대사는 1937년8월26일에 상해 부근에서 영국기를 단 자동차를 타고 가다가 일본군 비행기의 기총사격을 받고 중상을 입었다. 영국 정부는 사과와 배상 및 같은 종류의 사건의 재발방지 약속을 강력하게 요구했다. 몇차례 회담과 각서교환이 있은 끝에 마무리되었다.

이어 12월12일에는 안휘성(安徽省)의 무호(蕪湖) 부근에서 레이디버드 호가 일본군부대의 총격을 받고 1명이 사망하고 여러 사람이 부상했다. 또 같은 날 비(Bee) 호도 포격을 받았고, 역시 같은 날 남경 방면에서도 영국 군함 크리켓(Cricket) 호와 스카랫(Scarat) 호가 포격을 당했다. 일본정부는 4척의 군함 포격사건에 대하여 주영대사 요시다 시게루를 통하여 영국정부에 사과하는 동시에 외상 히로다 고키가 주일 영국대사 크래기(R. L. Cragie)를 방문하고 유감의 뜻을 표시했다. 일본정부는 이튿날 공문으로 사과하면서 같은 종류의 사건의 재발방지, 사건 책임자의 처벌, 피해에 대한 배상을 약속했다. 영국정부가 12월31일에 일본정부의 제의를 수락함으로써 사건은 일단락되었다.

---

24) *Japan Inside Out*, p.103.

같은 12월12일에 남경 부근의 양자강에 정박해 있는 미국 포함 파나이 호가 일본해군기의 폭격을 받고 침몰하는 사건이 발생했다. 일본군의 공습이 심하여 남경에 주재하던 외국사절들은 한구(漢口)로 이전하거나 양자강에 정박해 있는 포함에 피란하기도 했는데, 미국대사관은 12월7일에 파나이 호에 사무소를 설치하고, 상해의 미국영사관을 통하여 그 사실을 일본군 당국에도 통고했다. 그럼에도 불구하고 12월12일에 일본폭격기가 와서 파나이 호를 포함한 몇척의 미국 선박을 공격하여 침몰시킨 것이었다. 그 공격이 의도적인 것이었는지 오인에 의한 것이었는지에 대해서는 당일부터 의견이 갈렸으나, 일본군의 실책이라는 점에 대해서는 일본의 군부나 신문 논조도 비교적 솔직히 인정했으므로, 일본정부는 대미관계를 결정적으로 악화시키지 않으려고 노력했다. 미국정부도 큰 충격을 받고 대일작전이나 군비확충을 서둘렀으나, 가까운 시일 안에 일본과 전쟁을 하는 것은 되도록 피하겠다는 생각에서 일본정부의 사과를 수용함으로써 사건은 일단락되었다.

이승만은 특히 파나이 호 사건의 처리경위에 관하여, 1938년3월23일에 미국정부가 청구한 배상금 221만4,007달러 전액을 기입한 수표를 일본정부가 4주일 뒤에 보내왔다는 사실까지 자세히 설명하고 나서, 미국인들의 태도를 신랄하게 비판했다.

이 사과문에서 일본인들은 미국의 주장이 옳다는 것을 솔직하게 인정하려고 하지 않았다. 일본의 주장과 미국의 주장은 차이가 너무 많았다. 그러므로 일본인들은 그 차이가 부지불식간에 소멸되기를 노린 것이었다. 그렇게 함으로써 일본 국민들 앞에 그들의 체면을 유지하려고 했던 것이다. 일본은 "우호적인 관계"를 유지하기를 원한다고 말했다. 어떻게? 최근의 사태로 판단할 때에 우호적인 관계란 일본이 계속해서 뺨을 때리더라도 미국은 꾸준히 다른쪽 뺨을 내민다는 상호이해하에서만 계속될 수 있을 것이다.…

이승만은 일본과의 협상에서는 힘을 보여 주는 것보다 더 중요한 것이 없다고 주장했다.

　　무엇보다도 중요한 보장은 이와 같이 난폭한 행위가 앞으로 재발하지 않도록 하는 것이다. 미국인들의 적개심이 고조되는 추세가 완화되기를 바라는 일본인들의 생각을 감안하여, 일본정부는 일찍이 했던 것처럼 엄숙하게 모든 재발 가능성을 방지하겠다고 다시 한번 서약했다. 1938년 이래로 서약은 지켜져 왔는가? 그때 이후로 중국에 있는 일본인들의 미국에 대한 허다한 경멸과 모욕과 미국인들에게 입힌 손실과 위해는 널리 알려진 대로이다. 이 사건의 해결 이후로 사태는 점점 더 악화되었고, 그리하여 미 국무부는 마침내 미일통상조약의 폐기를 선언하기에 이르렀다. 일본인들과의 협상에서는 힘을 보여 주는 것보다 더 중요한 것이 없다는 것을 여기에서 다시 한번 되풀이해 둔다.[25]

이승만은 1937년11월3일에 브뤼셀(Brussels)에서 개막된 9개국회의를 논평한 제9장을 다음과 같은 말로 시작했다.

　　중일전쟁은 미합중국정부를 퍽이나 난처하고 괴로운 입장에 놓이게 했다. 지난 30년 동안, 그리고 지금의 위기에 이르기까지 미국은 일본과 우호적인 관계를 유지해 왔고, 두 나라 국민 사이에는 심각한 의견차이가 없었다. 그러나 이제 미국은 일본의 도전을 받아들이든지 그렇지 않으면 태도를 완전히 바꾸든지, 어느 길을 택할 것인지를 결정하지 않으면 안될 갈림길에 이르렀다. 불안정한 상황은 언제나 괴

---

25) *Japan Inside Out*, pp.97~98.

롭게 마련이다.…[26]

중국정부가 1937년9월13일에 일본의 중국 침략을 국제연맹에 제소한 것은 연맹규약에 규정된 전면적 원조를 바라는 것은 아니지만 우선 연맹의 도의적 지지와 일정한 한도 안에서나마 물자의 원조를 확보하고, 특히 미국의 협력을 얻을 것을 기대했기 때문이다. 국제연맹은 이 사건을 미국도 참가하는 극동자문위원회에 회부했고, 위원회는 일본의 군사행동이 1922년의 9개국조약 및 1928년의 부전조약(不戰條約)에 위배되는 것임을 인정하고, 9개국조약 조인국회의에서 심의할 것을 권고했다. 브뤼셀의 9개국회의는 이렇게 하여 개최된 것이었다. 그러나 회의는 일본이 참가하지 않음으로써 아무런 결정을 보지 못한 채 11월20일에 무기 휴회되고 말았다.

브뤼셀회의가 무위로 끝난 것은 미국이 각국의 기대에도 불구하고 소극적인 태도를 취했기 때문이다. 회의에 참가한 미국 대표 데이비스(Norman Davies)는 본국 정부로부터 미국이 대일제재에 주도적 역할을 할 일체의 행동을 엄금한다는 훈령을 받고 있었다. 국무장관 헐(Cordell Hull)에 따르면, 적극적인 대일행동은 일본의 보복을 초래할 우려가 있고 게다가 미국은 아직 전쟁준비가 되어 있지 않았으므로, 처음부터 강제적 행동은 고려하지 않았다.[27]

그렇기 때문에 브뤼셀회의의 귀추는 처음부터 정해져 있는 것이나 다름없었다. 이승만은 이러한 미국의 태도를 신랄하게 비판했다.

미국정부는 미국이 다른 국제조약뿐만 아니라 중국의 영토보전과 정치적 독립을 보장한 9개국조약의 조인국으로서, 지금 중국이 또 하

---

26) *Japan Inside Out*, p.116.
27) Cordell Hull, *The Memoirs of Cordell Hull*, vol.I., Macmillan Company, 1948, pp.553~554.

나의 조약 조인국인 일본의 공격을 받고 있는 데 대해 조약상의 의무
를 이행해야 할 책임이 있다. 일본의 침략이 시작되었을 때에 중국은
조약 조인국들이 협의하여 어떤 행동을 취해 줄 것을 요구했다. 추축
국[樞軸國: 제2차 세계대전 때의 일본, 독일, 이탈리아 3국] 이외의 전 세계
뿐만 아니라 미국의 여론이 급격히 반일적인 경향으로 바뀌고 있는데
도 불구하고 조약 조인국들은 그렇게 하지 않았다. 문명세계에 대한
일본의 대담한 도전은 일본이 모든 국가에 대하여, 특히 미국에 대하
여 진정한 위협이라는 것을 숨김없이 드러내보였다. 이러한 상황이므
로 미국의 대통령과 국무장관은 미국의 조약상의 의무를 이행할 책임
을 느꼈어야 했다. 미국정부와 미국 국민들이 중국에 차관, 장비, 생활
필수품 등의 물질적 원조를 하고 있는 것은 사실이다. 그러나 초기에
좀더 적극적인 행동을 취했더라면 일본은 발걸음을 멈추었을 것이고,
중국은 쓰라린 고통과 고뇌를 겪지 않아도 되었을 것이다.[28]

이승만은 브뤼셀회의의 결과와 관련하여 다음과 같이 기술했다.

　　각국 대표들은 공공연하게 미국의 "엄정중립" 정책이 극동의 분쟁
을 조정하려는 국제적 노력을 무의미하게 만들었다고 비난했다.
　　영국이 비록 일본의 만주 정복에 항의하고 그 불행한 땅에서의 일
본의 주권을 인정하는 것을 거부하려고 한 스팀슨(Henry L. Stimson)
국무장관의 제창에 따라가지는 못했지만, 9개국회의를 제안했다는
사실은 흥미 있는 일이다.
　　그러나 미국은 비판으로부터 자유롭지 못하다. 만약 미국정부가
침략국가에 대한 강력한 조치를 취하는 데 주도적인 역할을 취하려
하지 않았거나 취할 수 없었다면, 회의에 참석한 것이 아예 잘못이었

28) *Japan Inside Out*, p.116.

다. 그것이 우호적인 제스처에 지나지 않는 것이었다면 회의는 개막되기 전에 이미 실패할 운명에 놓여 있었기 때문이다. 미국 말고는 일본으로 하여금 압력을 느끼게 하기에 충분한 효과적인 도의적 또는 경제적 무기를 사용할 수 있는 나라는 없었다. 그것은 그 당시 세계의 희망이었고, 지금도 그렇다. 동시에 미국인들은 어떠한 관여에도 반대였다는 사실을 잊어서는 안된다. 미국은 아직 모든 것에 대한 불개입 입장을 견지해야 된다고 그들은 믿었다.… 이렇게 하여 회의는 끝났다.[29)]

5

「일본의 정복행군과 그 반향」이라는 제목의 제10장은 1940년 현재의 세계 주요 지역에 대한 일본의 진출 현황과 그 전략적 함의를 분석한 글이다. 1) 상해, 2) 인도차이나, 3) 홍콩, 4) 버마 로드(Burma Road), 5) 네덜란드령 동인도제도[지금의 인도네시아], 6) 타일랜드, 7) 필리핀군도, 8) 괌(Guam), 9) 위임통치 도서, 10) 하와이, 11) 알래스카, 12) 오스트레일리아, 13) 멕시코, 14) 아르헨티나, 15) 우루과이의 15개 지역과 일본의 관계 현황 및 그곳이 일본의 대미관계에서 갖는 전략적 가치를 설명한 것이었다. 비록 간략 간략하게 언급한 것이기는 하지만 현황과 문제점의 핵심을 요령있게 지적하고 있어서 이 시기의 이승만의 세계정세에 대한 식견을 짐작하게 한다.

「상해」항목에서는 일본 괴뢰인 상해시장의 암살사건 등 1940년9월에 공동조계지에서 있었던 파업과 폭행을 보기로 들면서, 외국인들이 철수하기까지의 일본인들의 간교한 공작을 비판했다. 이승만은 또 일본군이 어떻게 인도차이나를 점령했는가를 설명하고 나서 그것이 미국에 얼

---

29) *Japan Inside Out*, p.123.

마나 중요한 의미가 있는지를 다음과 같이 설명했다.

　　많은 미국인들은 일본군의 인도차이나 점령은 우리의 알 바가 아
니라고들 말한다. 그러나 그것은 미국인들이 알아야 할 일이다. 미국
은 자동차 및 그 밖의 산업에 필수적인 천연고무의 공급을 인도차이
나에 의존해 왔다. 일본군이 사용하도록 천연고무 공급의 전량을 인
수하기 위해 1940년10월13일에 일본 경제사절단이 하노이에 도착할
예정이다. 그것은 미국의 산업뿐 아니라 국방에도 필요한 적어도 이
한가지 물질로부터 미국을 단절시킨 것이다.[30]

　　버마 로드는 중국 연안이 일본군에 점령당하자 외부로부터 군수물자
등의 보급을 받기 위하여 중국정부가 1939년에 건설한 도로였다. 버마의
라시오(Lashio)에서 중국 운남성의 곤명(昆明)에 이르는 1,090킬로미터
의 이 길이 1940년10월 이후에는 중국과 바다를 잇는 유일한 수송로가
되었다. 일본군이 인도차이나를 침공한 큰 목적도 이 버마 로드를 폐쇄
하기 위한 것이었다. 이승만은 버마 로드의 폐쇄문제를 둘러싼 영국정부
의 우유부단한 정책을 비판했다. 버마는 영국식민지였다. 이승만은 처칠
(Winston L. S. Churchill) 수상이 1940년7월12일에 자진해서 이 길을 폐
쇄했다가 여론이 악화되자 석달 뒤인 10월17일에 재개한 사실을 지적하
면서, "참으로 세계적 위기에 처하여 가장 실망스러운 것은 영국의 우유
부단이었다"라고 비판했다.[31]

　　네덜란드령 동인도제도는 석유의 보고이다. 일본 군국주의자들이 표
방한 이른바 "대동아공영권"도 이 석유의 독점을 겨냥한 것이었다. 이승
만은 이 석유를 두고 미국과 일본 사이에 전개된 거래의 실태를 설명하

---

30) *Japan Inside Out*, p.130.
31) *Japan Inside Out*, p.132.

고, 다음과 같이 혹평했다.

　　미국은 네덜란드령 동인도제도의 쓴 경험에서 아무것도 배우지 않
겠다고 결심한 것처럼 보인다. 온 세계는 일본이 공격적인 영토확장
을 계속하는 것을 도와주는 것처럼 보인다. 각국 정부는 인류의 이 자
멸적 경향에 박차를 가하고 있는 것처럼 보인다.…[32]

　　이승만은 이어 미국의 1939년 및 1940년의 중요 전략물자의 대일 수
출이 증가한 사실을 지적하고 이렇게 개탄했다.

　　미국인들은 얼마나 더 오래 자신들을 공격할 무기를 일본에 공급
하는 일을 계속할 것인가? 그들은 언제 자멸이 아니라 자위를 위하여
그들의 지능과 생산품을 사용하려 할 것인가? 그들이 지금 머리를 쓴
다면 나중에 무기를 쓰지 않아도 될 것이다.[33]

　「하와이」항목에서는 주로 중일전쟁이 하와이의 주(州) 승격문제에
어떤 영향을 주고 있는지에 대하여 언급하고, 하와이에 거류하는 일본인
과 한국인의 국적과 관련된 여러 가지 문제에 대하여 논평했다. 1940년
의 외국인거류민 등록법에 따라 하와이에서는 미국시민권을 가진 6,500
명을 제외한 한국인 2,276명이 일본인이 아니라 한국인으로 등록되었는
데, 이승만은 그러한 조치가 한길수(韓吉洙)의 청원서에 따른 것이었다
고 밝혔다. 그리고 1940년에 하와이와 미국 본토의 한국인들이 1939년의
국내의 극심한 기근에 대한 구호 캠페인을 벌였을 때에 대통령 부인 엘리
노어 루스벨트(Anna Eleanor Roosevelt) 여사가 적극적으로 협조한 일

---

32) *Japan Inside Out*, p.135.
33) *Japan Inside Out*, p.136.

을 특별히 소개했다. 엘리노어는 그녀의 주례 라디오 방송과 일간지 칼럼을 통하여 고통받는 한국인을 돕자고 호소한 것이었다.

이어 「알래스카」 항목에서는 다음과 같이 기술했다. 미국의 해군 및 공군 전문가들은 마닐라로부터 괌, 하와이, 알래스카에 이르기까지 태평양 상에 멀리 떨어져 있는 미국 영토 가운데 군사적 입장으로 보아서 가장 전략적인 위치에 있는 것이 알래스카라는 데 의견이 일치하고 있는 것 같고, 알래스카와 가장 가까운 아시아의 해안은 25마일[40.2킬로미터]밖에 떨어져 있지 않기 때문에, 충분한 장비만 있으면 미국 군대는 미국 영토 위를 비행하려고 시도하는 소련과 일본의 폭격기들을 이곳에서 저지할 수 있다면서, 미국 조종사들은 알래스카 기지에서 출발하는 것이 다른 어떤 지점에서 출발하는 것보다 훨씬 짧은 시간 안에 일본 열도를 제압할 수 있다고 주장했다.

「오스트레일리아」 항목에서는 다나카가 그의 「메모리얼」에서 "남양의 나라들은 우리에게 굴복할 것이다"라고 했다는 말을 상기시키면서, 1940년8월에 일본과 오스트레일리아가 공사(公使)교환을 하기로 합의한 것에 대해 언급했다.

이 중대한 시기에 오스트레일리아쪽에서 취하는 외교 제스처는 자발적인 것을 뜻하지 않는다. 그것은 런던 정부의 압력 때문이었거나 일본에 대한 두려움 때문이었다. 영연방정부는 정책을 바꾸어 이민 제한을 약간 완화하기로 한 것이다. 일본 외교관들의 "우호적이고 선린적인" 접근을 단호하게 거부하기보다 그렇게 하는 것이 현명하다고 생각했던 것이다. 그것은 일본이 어떻게 백인에 대해서는 그들의 가능한 일체의 문호를 잠근 채로 "백인국가들"의 문호를 개방하도록 강제하는가를 보여 준다. 그럼에도 불구하고, 오스트레일리아의 외교대표 교환에 의한 문호개방은 불길하다. 오스트레일리아의 상황은, 한국이 1976년에 이웃 섬나라로부터 통상관계를 맺기 위한 문호개방

을 강요당했던 때의 경우와 전혀 다르지 않다.…34)

마지막으로 이승만은 1889년 이래 범미회의(Pan American Conference)를 통하여 중남미 나라들과 각별한 정치적 및 경제적 협력체제를 구축하고 우호관계를 맺으려고 일본이 얼마나 노력하고 있는지를 멕시코, 아르헨티나, 우루과이 세 나라의 상황을 보기로 설명했다. 멕시코정부는 미국과의 협력관계를 존중하여 석유를 비롯한 전쟁물자 및 식량의 대일 금수정책을 엄격히 시행해 왔다. 그러나 아르헨티나와 우루과이는 1928년의 아바나 범미회의 때부터 미국에 비협조적이었다. 마침내 일본은 1940년 4월에 아르헨티나와 통상조약을, 우루과이와는 항해조약을 체결했다. 이승만은 이렇게 평했다.

간단히 말해서, 이 시기에 일본이 서반구의 독립국가들과 맺은 경제적 유대는 가장 온건한 말로 표현하더라도 불길하다.

두 대양의 미국 해군을 연결하는 대동맥이 파나마 운하라는 사실을 기억해야 한다. 브라질과 몇몇 다른 남미 국가에 있는 많은 일본인들은 비상시에는 트로이의 목마 구실을 할지 모른다. 오직 그들이 필요한 것은 통상 또는 그 밖의 명목에 의한 유대관계이다. 그래서 "통상조약과 항해조약"이 체결된 것이다. 미국의 서반구 정책은 주로 대서양쪽의 나치스의 활동에 초점이 맞추어져 있어서 일본의 위협을 간과할 우려가 있다.35)

그러면서 이승만은 모든 군국주의자들은 정복의 영광에 취하면 정신병자가 된다는 것을 잊지 말라고 역설했다. 그리고 많은 사람들이 이 정

---

34) *Japan Inside Out*, p.148.
35) *Japan Inside Out*, p.150.

신착란을 너무 오래 방관한 것을 후회한다고 했다.

　이승만은 이어 제11장에서 미국의 해군증강의 필요성과 미국정부의 계획을 분석했다. 그는 시어도어 루스벨트(Theodore Roosevelt) 대통령 이래의 미국정부의 대일 유화정책의 결과를 다음과 같이 비판했다.

　　일본은 오랫동안 태평양을 "일본의 호수" 또는 "일본의 뒤뜰"로 간주해 왔다. 일본이 태평양을 자기 것이나 되는 것처럼 그것에 대한 우선권을 주장할 때마다 미국인들은 모른 척 해 왔다. 아무도 그들의 그러한 말을 반박하지 않았기 때문에, 일본인들은 그렇게 생각하는 것이 차츰 습관이 될 때까지 그것을 되풀이해 왔다. 미국은 무언의 승인을 한 셈이다. 이렇게 하여 일본인들은 그들의 사고방식에 따라 의심할 여지없는 태평양의 지배권을 확립하자, 미국의 모든 태평양에서의 활동은 일본의 세력권에 대한 침범이라고 생각하게 되었다. 이것이 하와이 해역에서의 해군 기동연습, 마닐라의 비행장, 괌의 요새 및 그 밖의 몇 가지 그러한 사업문제가 미국에서 제기될 때마다 일본인들이 언제나 강력한 반대를 제기한 이유이다. 그들의 생각으로는 이러한 행동들은 일본의 허락을 받아야 했다. 일본의 해군력이 어느 단계에 이르면 미국의 이러한 행동은 저지되고 말 것이다. 이것이 다나카 남작이 예언한 바가 아닌가?[36]

　이 장에서도 이승만은 많은 사람들의 말을 소개했다. 그 하나가 캐나다 주재 미국대사였던 크롬웰(James H. R. Cromwell)이 1940년12월 초에 시카고대학교(University of Chicago)에서 한 강연내용이었다. 크롬웰은 일본외상 마쓰오카 요스케가 만일에 미국의 영국 지원이 너무 많다는 결론이 나면 일본은 미국을 공격할지 모른다고 말했다고 했다. 이승

---

36) *Japan Inside Out*, pp.155~156.

만은 마쓰오카의 말을 가리켜 "마쓰오카가 이러한 상황 속에서 미국을 위협하는 것을 주저하지 않는다면, 만일에 영국이 패배하고 미국 함대가 대서양으로 이동하지 않을 수 없게 되어 모든 억지력이 없어지게 되면 어떤 일이 벌어지겠는가?"[37]라고 미국인들의 각성을 거듭 촉구했다.

6

이승만은 제12장에서 「일본의 선전은 억제되어야 한다」는 제목으로 미국인들의 대일 경계심을 흐리게 하는 일본의 선전문제를 논급했다. 1940년5월의 미국 신문보도에 따르면, 일본은 미국에서 선전목적으로 한해에 적어도 500만달러 이상을 쓰는 것으로 미국 정보기관은 추산하고 있었다. 특히 모든 대도시에는 한 사람 또는 그 이상의 일본인 선전원이 주재하고 있다고 했다. 이 활동은 35년쯤 전에 연간 100만달러 이상의 예산으로 공공연하게 시작했다는 것이었다.

이승만은 일본정부가 미국 안의 친일적인 여론조성을 위해 얼마나 간교한 수단을 써 왔는지를, 일본을 방문하는 미국인들에 대한 대우와 같은 구체적인 사례를 들어 자세히 설명하면서 문제의 심각성을 다음과 같이 지적했다.

> 언론의 자유와 관용의 정신은 미국 민주주의의 두가지 가장 큰 원칙인데, 일본인들은 그것을 최대한으로 이용했다. 그러나 한 민주주의국가가 군국주의의 이웃 나라에 의하여 국내 여론이 지배되는 것을 어느 정도까지 허용할 것인가는 미국 국민들이 매우 심각하게 생각해 보아야 할 문제이다.[38]

---

37) *Japan Inside Out*, p.158.
38) *Japan Inside Out*, pp.161~162.

이승만은 친일적인 미국 지식인의 활동의 대표적인 보기로 을사조약이 강제될 무렵에 한국에 왔던 예일대학교(Yale University) 교수 래드(George Ladd)와 케넌(George Kennan)을 들었다. 래드는 이토 히로부미(伊藤博文)의 초청으로 서울에 왔다가 돌아가서 『이토 후작과 함께 한국에서(In Korea with Marquis Ito)』(1908)라는 책을 썼는데, 이승만은 1919년 5월과 6월에 래드와 《뉴욕 타임스(The New York Times)》지상을 통하여 긴 논쟁을 벌였었다. 케넌은 《아웃룩(Outlook)》지의 특파기자로 한국에 다녀가서 일본의 한국점령을 정당화하는 일련의 글을 썼다.

이승만은 미국인들이 극동이나 유럽정세에 대하여 정확한 정보를 얻지 못하고 있다는 사실을 《워싱턴 스타(The Washington Star)》의 "편집자 주"를 들어 설명했다. 1941년 5월 4일자 《워싱턴 스타》지는 일본을 아시아의 맹주국으로, 독일과 이탈리아 두 추축국을 유럽과 아프리카의 지배국으로, 미국을 세번째 등급의 나라로 남게 한다는 전제 아래 평화협상을 하자는 도쿄의 제의를 신중히 검토할 것을 제안한 몰리(Flix Morley)의 글을 실으면서 다음과 같은 "편집자 주"를 달았다.

> 《워싱턴 스타》는 몰리씨의 명제나 결론을 받아들이지 않는다. 그리고 일본이 제의한 내용과 비슷한 의미의 "협상된 평화"는 영국의 경우뿐만 아니라 미국의 경우에도 항복과 같은 것이 될 것이고 추축국들의 명백한 승리가 될 것이다.[39]

《워싱턴 스타》의 이 "편집자 주"는 몰리의 글이 게재되기까지 일본인들이 어떤 공작을 했는지를 짐작하게 한다. 이 무렵 《뉴욕 타임스》는 1면 맨 끝에 "극동이나 유럽에서 보내오는 기사는 현지에서 검열을 받은 것

---

39) *Japan Inside Out*, p.164.

이다"라는 "편집자 주"를 달고 있었다.[40]

이승만은 일본의 이러한 선전활동을 억제하기 위하여 전국 규모의 선전기관을 설립할 것을 제안했다.

지금은 미국의 애국적인 국민들이 정치적 이념이나 종교적 신앙으로부터 독립된, 전국적인 선전기관을 설립하여 모든 비 미국적이고 파괴적인 선전의 영향에 대응해야 할 때이다. 미국이 이러한 부당한 위치에 처해지는 경우 미국의 이익과 제도와 원칙을 보호하기 위하여 힘을 합치는 것은 전시뿐만 아니라 평화시에도 애국적 시민들의 의무이다.[41]

언론기관의 역할을 무엇보다도 중요시하는 이승만다운 제안이었다.

이승만이 『일본내막기』에서 가장 역점을 두고 논단한 것은 많은 미국 정치인들과 지식인 사회에 널리 퍼져 있는 반전론과 중립주의에 대한 비판이었다. 이승만이 『일본내막기』를 집필하게 된 직접적인 동기 내지 목적이 바로 미국의 반전여론을 잠재우고 일본에 대한 선제적인 대응을 촉구하고자 한 데 있었다.[42]

제13장 「미국의 반전주의자들」과 제14장 「반전주의자는 제5열과 같다」에서 이 문제를 집중적으로 다루었다.

이승만은 먼저 자신이 1934년에 뉴욕에 머물면서 《오리엔트 매거진 (The Orient Magazine)》을 편집할 때에 그곳의 한 반전주의자 집에 초대받았던 이야기를 인상적으로 적었다. 이 무렵 이승만은 뉴욕 중심가의 한 호텔에 묵고 있었는데, S. S 박사라는 좋은 친구가 같은 호텔에 머물고 있었다. 그는 평화애호자들인 자기 친구 내외가 어느 날 오후의 커피타임

---

40) *Japan Inside Out*, p.155.
41) *Japan Inside Out*, p.163.
42) 고정휴, 「이승만의 『일본내막기』 집필 배경과 내용 분석」, 송복 외 지음, 『이승만의 정치사상과 현실인식』, 연세대학교출판부, 2011, p.186.

에 이승만과 같이 오라고 초대했다면서 같이 가자고 며칠을 두고 권했다. 그를 따라 찾아간 집은 파크 애비뉴(Park Avenue)에 있는 아름다운 저택이었다. 가구며 장식용 미술품들이 우아하게 배치되어 있는 것이 눈길을 끌었다. 그것은 주인 내외의 품위와 교양을 나타내는 것이었다. 내외는 중년이 좀 넘은 듯했다. 남편은 자신의 소유인 평화잡지를 편집하고 있었다. 자리를 잡고 앉자 주인 신사는 정색을 하고 이승만에게 물었다.

"이 박사께서는 만일 적이 귀국을 침범한다면 무기를 들고 나가서 그들과 싸우시겠습니까?"

이승만은 생각해 볼 필요도 느끼지 않았다.

"예, 그럴 겁니다."

그러자 그 남자는 이승만의 반응을 살펴보기나 하려는 듯이, 허리를 구부려 이승만의 얼굴을 뚫어지게 바라보면서 말했다.

"선생은 군국주의자시군요."

이승만은 이 말에 큰 모멸감을 느꼈다. 잠시 뒤에 그는 양해를 구하고 자리에서 일어났다. 이승만은 이것이 미국 반전주의자와의 첫 대면이었다.[43]

반전주의자들은 미국이 제2차 세계대전에 참전하는 것을 반대했다. 그 가운데 대표적인 세력은 전통적인 고립주의자들(isolationist)이었다. 고립주의자들 가운데는 정치적으로는 공화당에 속하고, 지역적으로는 중서부와 럭키산맥지대 출신 정치인들이 많았다. 고립주의자들은 나치 독일은 미국의 안전에 위협이 되지 않으며, 영국은 민주주의가 아닌 식민지 제국을 지키기 위해 싸우는 것이라고 주장했다. 이들은 언론 재벌 허스트(Hearst)계 신문들의 지지를 받았다.

참전에 반대하는 두번째 그룹은 제1차 세계대전이 끝난 다음 독일에 대한 가혹한 보복 때문에 죄의식에 사로잡혀 있는 진보주의자들

---

43) *Japan Inside Out*, pp.165~166.

(liberals)이었다. 이들은 미국이 제1차 세계대전에 참전하게 된 것은 은행가들과 군수산업가들과 영국정부의 선전 때문이라고 믿었다. 철학자 듀이(John Dewey)와 《리퍼블릭(The Republic)》 잡지도 미국이 철저히 중립을 지킬 것을 촉구했다.

참전을 반대하는 세번째 그룹은 숫자는 적지만 강력한 힘을 가진 친파시스트(pro-fascist) 그룹이었다. 이들은 이탈리아의 무솔리니 정권이 과거의 정권과는 달리 바티칸을 독립국으로 인정함으로써 로마교황청에 자율성을 부여한 데 대해 감사하고 있었다. 히틀러의 반유태주의(Anti-Semitism)를 지지하는 독일계 미국인연맹(German-American Bund)도 이들에 가세했다.

참전에 반대하는 네번째 그룹은 6만명의 당원을 가진 미국공산당[44]이었다. 이들은 미국은 소련의 모범을 따라 중립을 지켜야 한다고 주장했지만, 나치 독일이 소련을 침략하면서부터는 재빨리 참전으로 돌았다. 그러나 트로츠키주의자들은 계속 중립을 고수했다.

참전을 반대하는 다섯번째 그룹은 연합국에 적대감을 가진 소수민족들이었다. 폴란드계 미국인들은 미국이 소련을 원조하는 것이 불만이었고, 아일랜드계 미국인들은 미국이 영국을 원조하는 것이 불만이었다. 그리고 이탈리아계와 독일계 미국인들은 미국이 그들의 모국과 적대관계에 놓이는 것이 불만이었다.[45]

이들에 의한 반전여론은 미국 국민들에게 큰 영향을 끼쳐, 일본의 진주만 공격이 1주일 앞으로 박두한 1941년11월 말의 한 여론조사에 따르더라도 미국 국민 가운데 전쟁 개입에 찬성하는 사람은 20%에 지나지 않았다.[46]

---

44) A. Mitchell Palmer, "The Case Against the 'Reds'", in David B. Davis ed., *The Fear of Conspiracy*, 1971, Cornell University Press, 1971, p.227.
45) 이주영 외, 『미국현대사: 진주만기습에서 클린턴 행정부까지』, 比峰出版社, 1996, pp.36~37.
46) F. 프라이텔 · A.브린클리 저, 박무성 옮김, 『미국현대사 1900~1981』, 문맥사, 1897, p.344.

이승만은 반전주의에 대한 그의 견해를 다음과 같이 피력했다.

나는 종교적인 신념이나 인도주의의 원칙에서 같은 인간에 대항하여 무기를 드는 것을 거부하는 "양심적 전쟁 거부자"들에 대해서는 높이 평가한다. 그러나 그것이 국가의 방위, 국가의 명예, 또는 국가의 독립을 위한 것인지 아닌지를 막론하고 모든 종류의 전쟁을 거부하는 투쟁적 반전론자들은 제5열처럼 위험하고 파괴적인 것이다. 그들의 동기는 차이가 있을 수 있으나 결과는 같은 것이다. 비록 무의식적인 행동일지라도 그들은 국가의 재난을 초래하고 있다. 그들은 전쟁도발 국가들의 침략적인 전쟁을 방지하기 위한 노력은 하지 않으면서, 비침략적인 자기 자신들의 국가가 국방준비를 하는 것도 방해하려 한다. 만일 미국인들이 자기네 나라가 싸워 온 모든 전쟁을 비난한다면, 워싱턴 기념탑이나 링컨 기념물은 파괴되어야 하고 전쟁의 결과로 획득한 고귀한 유산인 자유와 정의를 포기해야 할 것이다. 그러므로 평화주의자라고 하여 자기 나라를 위하여 싸우기를 거부하는 사람에게는 동정할 여지가 없다.[47]

이승만은 미국의 반전주의자들이 자신을 "군국주의자"로 일컫는 데 대한 모멸감을 감추지 않으면서, 개항 이래의 한국의 역사를 길게 서술했다. 그리고 시어도어 루스벨트 행정부의 한국에 대한 배신행위를 주한 미국공사관에 와 있던 스트레이트(Willard Straigt)의 일기를 인용하면서 자세히 설명했다.

이승만은 또한 기독교의 정치적 중립을 내세워 일본의 한국지배를 정당화하는 일부 선교교단이나 선교사들의 태도를 비판했다. 그는 필라델피아의 목사 톰킨스(Floyd Tomkins)의 말을 소개했다. 톰킨스는 한국친

---

47) *Japan Inside Out*, p.166.

우회를 위해서 한 연설에서 "야만적 행위가 있는 한 중립이란 있을 수 없다. 나는 악한이 누이동생을 덮치는 것을 보고 그대로 골방에 들어가서 하나님에게 누이동생을 보호하여 달라고 기도하는 것과 같은 따위의 크리스천이 아니다. 나는 먼저 악한을 때려눕히고 누이동생을 구한 다음에 골방에 들어가서 기도를 올릴 것이다"라고 말했다는 것이었다.[48] 그러면서 이승만은 다음과 같이 썼다.

불은 점점 가까이 오고 있다. 미국인들은 더 이상 그것을 묵살할 수 없다. 미국 안의 어떤 사람들의 공개발언 가운데 어떤 것은 완전히 비미국적 또는 반미국적으로 들리는데, 이러한 사람들이 아직도 자신들을 미국인이라고 부르는 것은 이상하다. 다른 모든 국가들과 마찬가지로 미국도 나라안팎으로 적들이 있고, 그 적들로부터 보호가 필요하고, 국가, 정부체제, 국가의 안전, 국가의 명예를 지키는 것은 시민의 으뜸가는 의무이며, 그리고 만일에 시민들이 그렇게 하는 데 실패한다면 국가는 존속할 수 없다는 생각은 그들에게는 아예 없는 것 같다.[49]

이승만은 이처럼 미국의 반전주의자들에 대하여 일반 미국인 이상의 불신과 증오를 느끼고 있었다.

7

이승만은 마지막 제15장에서 현재의 세계적 위기상황을 「민주주의 대 전체주의」의 대결이라고 규정했다. 그가 비유한 아마겟돈의 결전이란 결

---

48) *Japan Inside Out*, p.183.
49) *Japan Inside Out*, p.187.

국 민주주의와 전체주의의 결전을 뜻하는 것이었다. 그럴 경우 전자는 선(善)의 이데올로기이고 후자는 악의 이데올로기일 수밖에 없다.

그럼에도 불구하고 미국인들이 극도의 개인주의에 빠져서 미국 민주 주의의 힘의 원천인 "1776년의 독립정신"이 무기력해져 있다고 이승만은 개탄했다. 그는 링컨 대통령의 유명한 "인민에 의한, 인민을 위한, 인민의 정부는 멸망하지 않는다"는 말이나 윌슨(Tomas Woodrow Wilson) 대 통령의 "우리는 민주주의를 위하여 세계를 안전하게 만들고자 싸우고 있 다"라는 말을 많은 미국인들이 잊어버린 것 같다고 비꼬았다. 그 결과 외 국의 열강들은 그들의 전체주의 사상을 선전하기에 좋은 토양을 미국에 서 찾는다는 것이었다. 그리하여 지금 미국 민주주의는 전체주의의 바다 가운데 떠있는 하나의 섬이 되어 있다고 다음과 같이 기술했다.

선견지명이 있고 애국적인 지도자들은 전체주의 국가들이 지배하 는 세계에서도 미국은 정치적 및 경제적 독립을 유지할 수 있을 것이 라고 믿는 미국인들을 깨우치기 위해 노력을 배가해야 한다.

미국정부가 외국 정부와 분쟁을 벌일 때에 상당히 영향력 있는 인 사들이 외국 정부에 유리한 발언을 하여 자국 정부의 입장을 약화시 키는 일이 빈번히 일어난다. 그들은 이 같은 일을 하면서 비애국적이 라고는 생각하지 않는다. 그들은 오히려 민주주의적이라고 생각한다. 그들의 생각으로는 민주적 국민들은 전체주의자들처럼 편협한 애국 자여서는 안된다는 것이다. 그러나 그들은 자신들의 요구를 밀어붙 이기 위해서는 권리를 존중하지 않는다. 그들의 입장에서 보면 미국 은 응집력 있는 국가가 아니며, 방위를 위하여 굳게 단합되어 있지 않 다. 그러므로 군사적 정복에 의한 영토의 팽창을 기도하는 국가들의 눈에 비치는 미국 민주주의의 취약점은 참담하게 마련이다.

만일 세계의 모든 국가가 민주화하게 되면 다른 세계가 될 것이다. 일본, 소련, 독일, 이탈리아가 서반구를 제외한 거의 전 세계를 사실상

지배하고 있으므로, 미국 민주주의는 전체주의의 바다 가운데 있는 한 섬이다. 모든 전체주의는 가능하면 평화적 침투라는 익숙한 방법으로, 필요하다면 무력 침략으로라도, 이 대륙에 뿌리를 내릴 가능한 모든 기회를 노리고 있다.[50]

이승만은 미국이 고립주의로 말미암아 국제관계에서 지도적 역할을 하지 못함에 따라 민주주의는 기반을 잃었다고 썼다. 그리고 영국이 미국과 협동하여 두 민주주의의 주도권을 유지하려고 하지 않고 미국과 세계 무역 경쟁을 벌인 것은 민주주의의 불행이라고 주장했다. 아시아인들은 영일동맹을 세계 강국인 대영제국의 쇠퇴의 시작이라고 생각한다는 것이었다.

이승만은 일본, 독일, 이탈리아 세 추축국뿐만 아니라 소련도 전체주의 국가의 범주에 포함시켜서 논리를 전개했다. 그는 미국 민주주의와 소련의 대결문제를 손문(孫文)의 경우를 보기로 들어 설명했다. 일본이 중국에 대하여 이른바 「21개조요구」를 제시하면서 외교침략을 자행하고 있을 때에 손문은 극동에서 민주주의 원칙을 쟁취하려는 중국의 투쟁에 도덕적 지원을 해줄 것을 미국에 호소했었다. 미국 국민들은 중화민국에 대하여 대체로 동정적이었지만, 일본선전의 영향이 더 커서 손문의 요구는 무산되고 말았다. 그러자 소련이 손길을 뻗쳤다. 이때부터 중국에서 공산주의운동이 시작되었다. 그 때문에 손문은 비판을 받았고, 일본은 그것을 선전카드로 활용했다. 이승만은 "손 박사가 좀더 살았더라면 그의 모든 지지자들에게 자기는 마르크스주의를 부정했다는 것을 분명히 밝혔을 것이다"라고 잘라 말했다. 이승만은 손문이 삼민주의를 주창할 무렵에 모리스 윌리엄(Maurice William)의 『역사의 사회적 해석(*The Social Interpretation of History*)』(1922)을 읽었고 그 영향으로 공산주의

---

50) *Japan Inside Out*, pp.189~190.

를 포기했다면서, 그 증거로
크로(Carl Crow)의 다음과
같은 문장을 인용했다.

　미국은 중국과 독특
한 관계에 있다.… 손문
과 모리스 윌리엄 두 인
물을 통하여 참으로 친
밀한 운명이 중국인들과
미국인들을 연결시켰다.
소련 공산주의를 버리고
미국 민주주의를 찬성하
면서 중국인들은 오늘
날 미국식 정부형태를 지
키기 위하여 피를 흘리고
있다.…51)

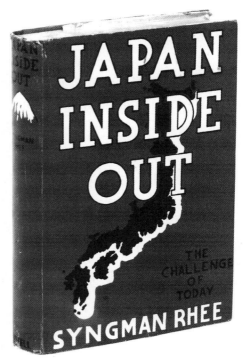

1941년8월에 뉴욕의 플레밍 H. 레벨사에서 출판된 이승만의 영문 저
서 『일본내막기: 오늘의 도전』.

　이승만은 그러나 이러한 사실은 중국의 많은 대중에게는 충분히 알려
져 있지 않고 개중에는 아직도 소비에트 체제를 경제적 구원방법으로 고
수하고 있는 사람들이 많다고 설명하고, 그것은 또 일본의 좋은 선전 구
실이 되고 있다고 지적했다.

　이승만은 "민주주의 국가들이 시기를 놓치기 전까지는 방위 개념만
고집하는 것은 이상한 일이다"라면서, 미국은 영국과 자유 프랑스 및 그
밖의 자유애호국가들과 제휴하여, 제국주의적 대왕이나 독재자로서가
아니라 맏형의 입장에서 지도력을 발휘해야 한다고 강조했다. 그는 그 성

51) *Japan Inside Out*, p.194.

공적인 사례로 남북 아메리카대륙의 21개국이 참가한 범미회의를 들었다. 이승만은 다음과 같은 말로 미국인들을 부추겼다.

일본과 독일은 지금 손에 넣고 있는 자원과 인력으로 머지않아 미국보다 훨씬 강해질 것이고, 그때가 되면 "먼로주의도 죽은 문서이다"라고 말할 것이다. 그들과 협상하는 최선책은 약속을 하지 않는 것이며, 그들의 제의를 아무것도 받아들이지 않는 것이다. 만약 그들이 폭력으로 인접국가로부터 탈취한 모든 것을 토해 놓을 때까지 미국이 그들에게 경제 제재, 수출 금지 또는 전국적 불매운동을 제기할 수 없다면, 미국은 적어도 그들을 공중의 적들로 알려진 사람들을 다루듯이 다루어야 할 것이다.

미국을 행동하게 하자 —— 지금 당장 행동하게![52]

이 책의 「결론」은 명쾌했다. 미일전쟁이 임박했다는 것이었다. 이승만은 자기의 말이 독자들의 극동정세 전망에 희망과 용기를 줄 수 있기 바란다고 말하면서도, "그러나 솔직히 말해서, 미국과 일본이 전쟁을 회피하거나 오래 연기할 수 있을 것 같지 않다"라고 잘라 말했다. 1939년 겨울에 이 책을 쓰기 시작할 때까지만 해도 미국은 일본의 모든 군사적 야심을 한번에 분쇄하기 위하여 적당한 때에 행동을 취할 수 있을 것처럼 보였고, 그것이 미국이 일본과의 전쟁을 회피할 수 있는 유일한 방법이었다고 그는 말했다. 그러나 지금은 이미 때가 늦었다고 다음과 같이 주장했다.

그러나 미국식 사고방식으로는 충돌을 피하기 위하여 힘에 호소하라는 제의는 역설적이고 자가당착으로 들릴 것이다. 미국 국민들은

---

52) *Japan Inside Out*, p.198.

태평양지역에서의 그들의 평화정책은 일본과의 우호가 필요하지 일본에 대항할 힘이 필요한 것이 아니라고 믿도록 계도되어 왔다. 이것이 지난 여러 해 동안 줄곧 미국의 평화정책의 지도원리가 되었다. 그런데 나는 이 책에서 이러한 개념과 전혀 반대되는 생각을 주장하고 있다. 내가 미국인들을 이해하기 어렵듯이 미국인들도 나를 이해하기 어려울 것은 의심할 나위도 없다.…

이승만은 자기가 『일본내막기』의 원고를 탈고할 때까지 일본의 군사적 팽창은 착실히, 그리고 아무런 저항도 받지 않고 모든 방면에서 순조롭게 진행되어 그들의 위협지점이 이전보다 미국 및 태평양 상의 미국 영토에 가까워졌는데도, 미국은 아무런 조치를 취하지 않았다고 주장했다. 그리고 일본인들은 그들 자신을 압도적으로 우월하게 만들어서 미국과 정면충돌을 시작할 때에는 미국인이 그 도전에 효과적으로 대항하기에는 자신들이 너무 약하다는 것을 스스로 깨닫게 하려는 것이라고 설명했다. 이승만은 일본 군국주의의 특성을 다시 한번 다음과 같이 요약했다.

일본은 아시아에서 패권을 잡고 나아가서는 세계를 제패할 장기계획을 세우고 있다. 일본은 전 국민들에게 이 목적을 위하여 이바지할 것을 명령했다. 일본은 국민들에게 군국주의 정신을 배양했으며, 그들은 조물주로부터 특별한 사명이 부여되었고, 신의 후예인 천황에게 충성을 다하면 신들 가운데 한자리를 보상받는다는 신앙을 갖도록 교화되었다. 일본인들의 관점에서 보면, 하늘이 지시한 그들의 계획을 방해하는 일을 내버려 둔다는 것은 있을 수 없는 일이다. 의도가 아무리 순수하더라도 모든 형태의 반대는 의심을 가지고 보아야 하고, 그들의 진로를 가로막는 국가는 파괴해 버려야 한다. 일본에 도전하는 자들은 하늘을 모욕하는 자이다. 오늘날 일본인들의 적의가, 일본의 섬나라 근성의 껍질을 벗기고 현대문명을 소개한 바로 그 나라

를 향하고 있다는 것은 역사의 큰 아이러니의 하나이다.…[53]

끝으로 이승만은 앞으로 독일과 소련이 운명을 건 전투를 계속하는 동안 일본은 두 방향 가운데 한쪽으로 정복군을 진격시킬 것이라고 전망하고, 그것은 시베리아 국경으로부터 군대를 철수하여 남태평양을 공격하는 데 전군을 투입하거나 아니면 시베리아로 침공하여 우랄산맥 동부의 광활한 지역을 점령하는 것일 것이라고 했다. 전자의 방향이 채택된 것은 두루 아는 대로이다.

8

『일본내막기』는 1941년8월1일에 뉴욕의 플레밍 H. 레벨사(Fleming H. Revell Company)에서 출판되었다.[54] 몬태나주의 전인수 등이 출판비를 보조했다.[55] 여러 신문과 잡지에 서평이 실렸다. 서평들은 이승만의 경력까지 곁들여 소개하면서 시의적절한 책이라고 평했다. 서평 가운데 가장 돋보이는 것은 《아시아 매거진(*The Asia Magazine*)》에 실린 펄 벅(Pearl S. Buck)의 서평이었다. 『대지』 3부작으로 1938년에 노벨문학상을 받은 펄 벅은 명성이 절정에 이르고 있는 때였다. 펄 벅은 다음과 같이 썼다.

그것은 무서운 책이다. 나는 그것이 진실이 아니라고 말할 수 있기를 바라지만, 그것이 오직 너무 진실인 것이 두렵다. 사실 이 박사는 일본에 정복된 나라의 한 시민으로서 전반적으로 놀랄 만큼 온건하다. 그는 공포를 설명하는 것이 아니라, 다만 일어나고 있는 사실을 기술하고 증거를 제시하고 있을 뿐이다. 만일 아시아에서 현재 일본이 계

---

53) *Japan Inside Out*, pp.200~201.
54) 《太平洋週報》 1941년9월6일호, 「뉴욕동지회보」.
55) 리 푸란세스카, 「새로운 번역판 출간에 붙여」, 李承晚 著, 李鍾益 譯, 앞의 책, p.13.

획하고 있는 "신질
서(New Order)"
에 대하여 권위 있
게 말할 수 있는 민
족이 있다면 그것
은 한국인들일 것
이다…

나는 이 박사가
미국사람들이 거
의 알지 못하는 사

이승만의 『일본내막기』를 "무서운 책"이라고 평한 노벨문학상 수상 작가 펄 벅.

실, 곧 미국이 1905년에 수치스럽게도 이 조약을 폐기했고, 그럼으로써
일본의 한국 병탄을 허용했다고 말해 준 것을 기쁘게 생각한다. 이 박
사는 "이것이 큰불이 시작되는 불씨였다"고 말하고 있는데, 나는 이 말
에 당연히 두려움을 느낀다. 그것은 만주[사변]보다도 더 일찍이, 역사
상 우리 세대로 하여금 인도에 대하여 불명예스럽게 만든 무자비한 영
토쟁탈의 시작이었다. 미국사람들은 이 사실을 알아야 한다. 왜냐하면
만약 그들이 그것을 알았더라면 그러한 일이 일어나기를 바라는 사람
은 거의 없었으리라고 믿기 때문이다. 그것은 한 나라의 대부분의 국
민들이 모르는 외교의 사악함을 말해 주는 또 하나의 증거이다.…

이 박사는 우리가 나치즘의 필수적인 요소라고 생각해온 술책과 구
실과 망상이 히틀러가 태어나기 전에 일본의 정책이었음을 보여 준다.

이 책은 미국인들이 반드시 읽어야 할 책이다. 왜냐하면 이 책은 그
들을 위하여 집필되었고 지금이야말로 그들이 이 책을 읽어야 할 때이
기 때문이다. 거듭 말하지만 나는 이것이 진실임을 두려워한다.[56]

---

56) 《太平洋週報》1941년9월13일호, 「일본안팎 책에 호평」, pp.4~5; "Publisher's Note", *Japan Inside Out*, pp.3~4.

그것은 이승만이 기대한 이상의 격찬이었을 것이다. 그 자신은 『일본내막기』에 대하여 이렇게 기술했다.

책으로 말하면, 이전 미국 대통령이 일본과 비밀히 조약하고 한국을 없이한 사적을 드러내는 것이 우리 외교에 제일 필요하므로 이 사적을 틈틈이 증거로 설명하야, 오늘 미국이 일인에게 설움당하는 진상을 써낸고로, 미국인들이 많이 보며 선전하니 우리 대업에 다소간 도움이 되기를 바랍니다.…[57]

『일본내막기』는 미국인들로 하여금 일본 군국주의의 실상을 깨우치는 데 영향을 주었을 뿐만 아니라 그들에게 이승만 자신을 알리는 데에도 크게 도움이 되었다. 그리고 그것은 재미동포들 사이에 그의 명망을 새로이 제고시키는 것이기도 했다. 이승만은 이 책을 루스벨트(Franklin D. Roosevelt) 대통령과 부인 엘리노어 여사와 스팀슨(Henry L. Stimson) 육군장관에게는 우편으로 보내고, 헐 국무장관에게는 극동국의 혼벡을 통하여 증정했다. 혼벡은 이 책을 읽고 정정해야 할 곳을 지적해 주었다.[58]

이승만은 이 책을 특히 하와이 동포사회에 많이 보급시키도록 호놀룰루의 동지회 중앙부로 부쳤는데, 도착한 지 1주일 만에 100여권이 팔렸다.[59] 동지회는 《태평양주보(太平洋週報)》표지면에 다음과 같은 글을 싣고 보급에 힘썼다. 그것은 이승만의 이 책 집필동기를 분명히 밝혀 주는 내용이기도 했다.

문: 이 책은 누구를 위하야 쓴 책이오?

57) 리승만, 「한·미협상회 조직」, 《太平洋週報》 1941년9월27일호, p.9.
58) Syngman Rhee to Dr. Hornbeck, Aug. 5, 1941, S. K. Hornbeck to Dr. Rhee, Aug. 13, 1941, in Goodfellow File, Hoover Institute of Stanford University, 고정휴, 『이승만과 한국독립운동』, 연세대학교 출판부, 2004, p.427.
59) 《太平洋週報》 1941년8월16일호, 「리 박사의 영문서책」.

답: 동양문제에 대하야 미국 대중은 몽매해서 일본이 한국을 합방한
　　사기, 만주 병탄, 중국 침략정책을 소상 분면히 알려 주기로 영문
　　세계를 위하야 썼소.
문: 그 책을 보면 감상이 어떠하겠소?
답: 일본의 내용과 대외정책을 자세히 알게 되야 공정한 영미국 공론
　　으로 중국 항일전을 후원하며 한족의 자주독립을 동정케 됨이오.
문: 책의 능효는 얼마치나 되겠소?
답: 우리 사정을 말로 하면 잊을 수 있으되 영문서책은 영구적 역사
　　참고가 되어, 그 책을 얻는 사람마다 미영의 동양정책 변경을 주장
　　하게 됨이오.
문: 누가 사 볼 수 있소?
답: 영어 아는 사람은 누구나 읽을 수 있은즉 부인구제회, 국민보사, 동
　　지회에 청구하여 2달러만 보내시오. 그리하면 책은 곧 송부하겠소.[60]

　　『일본내막기』의 내용에 대해 비판하는 미국인들도 없지 않았다. 일본
을 잘 모르는 미국인들은 "전쟁을 도발하는 망언"이라고 혹평하기도 했
다. 그러나 책이 발행되고 넉달 뒤에 일본의 기습적인 진주만 공격이 있자
이승만은 예언자라는 칭송을 받았다.[61] 『일본내막기』는 진주만 공격이
있기 전에도 두 차례 중간했는데,[62] 진주만 공격이 있자 중간을 거듭하여
이승만은 인세에서 프란체스카의 수고비로 용돈을 줄 만큼 여유가 생겼
다. 프란체스카는 그 돈으로 검은색 예복을 한벌 샀는데, 그녀는 그것을
40년 동안 입었다가 며느리 조혜자(曺惠子)에게 물려주었다. 그 옷은 이
화장(梨花莊)에 전시되어 있다.

60) 《太平洋週報》 1941년8월23일호, 「리 박사 영문서책」.
61) 林炳稷, 앞의 책, p.234.
62) 「李承晩이 李元淳에게 보낸 1941년11월13일자 편지」, 李元淳, 『世紀를 넘어서: 海史 李元淳
　　自傳』, 新太陽社, 1989, pp.236~239.

61장

주석과 주미외교위원장

1. 임시정부 대가족의 중경 이주
2. 해외한족대회 결의로 주미외교위원부 설치

1. 임시정부 대가족의 중경 이주

1

1940년9월17일에 광복군총사령부 성립 전례식을 마친 김구는 이틀 뒤에 중국국민당 조직부장 주가화(朱家驊)에게 광복군의 훈련과 편제 등의 문제를 협의하기 위하여 광복군총사령 이청천(李靑天)과 함께 조만간 방문하겠다면서 장소와 일시를 지정해 달라는 편지를 보냈다. 김구는 이 편지에 「광복군총사령부 직원명단」을 동봉했는데, 이 명단에서 특별히 눈길을 끄는 것은 광복군의 병력으로 60명씩의 4개 특무대 대원 240명과 동북사령 박대호(朴大浩) 휘하에 병력 4,800명의 1로군이 있다고 기술한 점이었다.[1] 그러나 그것은 실제의 병력이 아니라 국민정부 당국자들에게 선전하기 위한 과장된 숫자였다. 그리고 로스앤젤레스의 북미대한인국민회 중앙상무부 앞으로도 "한국독립광복군총사령부 정식성립의 전례는 만족히 거행하였고, 17일로부터 활동을 개시하였으니, 후원금을 보내시오"라고 타전했다.[2] 북미국민회 중앙상무부는 전보를 받은 9월23일 저녁 9시에 중앙부 긴급회의를 열고, 임시정부와 중국정부에 축하전보를 보냈다. 광복군총사령부 성립 사실은 미국에서 발행되는 중문신문들도 앞 다투어 보도했다.[3]

《신한민보(新韓民報)》는 연일 광복군에 관한 뉴스를 크게 다루었다. 광복군총사령부 성립 뉴스는 재미동포들을 크게 고무시켰다. 북미국민회는 10월1일에 중앙연석회의를 열어 각 지부별로 광복군 성립 축하식을 거행하기로 결의하고, 10월5일에는 예치해 둔 자금 가운데서 1,000달러

---

1) 「金九가 朱家驊에게 보낸 1940년9월19일자 편지」, 국사편찬위원회 편, 『대한민국임시정부자료집(22) 대중국외교활동』, 국사편찬위원회, 2008, pp.103~104.
2) 《新韓民報》 1940년9월26일자, 「중경으로부터 날아오는 광복군성립 공전」.
3) 《新韓民報》 1940년9월26일자, 「소년중국특전」, 「금산시보의 전하는 향항 통신」, 「세계일보의 전하는 중앙통신」.

를 임시정부에 송금했다.[4] 광복군 성립 전례식 뉴스를 계기로 광복군 후원금 모집운동은 더욱 활기를 띠었다.

김구는 10월7일 오후 4시에 이청천과 함께 국민당 조직부로 주가화를 방문했다.[5] 김구는 주가화에게 광복군의 성립 사실을 장개석(蔣介石)에게 보고하여 하루빨리 광복군의 편성을 실시할 수 있도록 도와줄 것을 요청했다.[6]

한편 임시정부는 광복군 편성을 위한 독자적인 체제정비를 서둘렀다. 임시의정원은 10월8일에 「한국광복군총사령부 조직조례」를 통과시키고 임시정부는 이튿날로 그것을 공포했다. 「조직조례」는 광복군총사령부를 대한민국임시정부 국무위원회 주석의 직할 아래 둔다고 규정했다(제1조). 이어 11월1일에는 임시정부 국무위원회가 「대한민국임시정부 통수부관제」를 제정하여 공포했다. 「통수부관제」는 대한민국 임시통수부는 군사의 최고 통수권이 있고(제1조), 통수부는 임시정부 국무위원회 주석이 직권을 행사한다고 규정했다(제2조). 통수부는 참모총장과 군무부장과 국무위원 가운데서 선임하는 막료 1명으로 구성하도록 했는데(제3조), 국무위원회는 그날로 조완구(趙琬九)를 막료로 선임했다.[7]

임시정부는 총사령부를 비롯한 중요 군사기구를 전방에 배치한다는 방침에 따라 총사령부를 섬서성(陝西省)의 서안(西安)으로 옮기기로 했다. 옛 한당(漢唐)의 수도였던 서안은 화북지방의 일본군 점령지역에 인접한 전략적 요충지로서 1년 전부터 임시정부 군사특파단이 파견되어 광복군 모집과 선전활동을 하고 있었다. 총사령 이청천과 참모장 이범석(李範奭)만 중국 군사당국과의 군사협정문제를 처리하기 위하여 중경에

4) 《新韓民報》 1940년10월10일자, 「한국광복군 축하에 관한 문건」, 「임정 송금 1천원」.
5) 「朱家驊가 金九에게 보낸 1940년10월4일자 편지」, 『대한민국임시정부자료집(22) 대중국외교활동』, p.105.
6) 독립운동사편찬위원회, 『독립운동사(6) 독립군전투사(하)』, 독립유공자사업기금운용위원회, 1975, p.669.
7) 《大韓民國臨時政府公報 제68호》 (1941년11월1일), 《新韓民報》 1941년2월27일자.

1940년12월26일에 서안(西安)에 설치된 한국광복군 사령부 총무처 직원들. 가운데는 임시정부 군무부장 조성환.

남기로 하고, 황학수(黃學秀)를 총사령 대리, 김학규(金學奎)를 참모장 대리, 조경한(趙擎韓)을 총무처장 대리로 하는 총사령부 잠정부서를 편성했다.[8]

김학규는 11월12일에 중경 국제방송국을 통하여 광복군의 전략과 전술을 종래의 유격전으로부터 대규모의 주력전과 대폭동전으로 전환한다는 등 네가지의 광복군 당면공작을 천명했다.[9]

중경을 떠나 11월17일에 서안에 도착한 황학수 이하 18명의 광복군 간부 일행은 그곳에 있던 군사특파단과 함께 12월26일에 서안시 이부가(二府街)에 광복군총사령부 총무처를 개설했다. 이에 따라 기존의 군사특파단은 해체되고, 특파단장 조성환(曺成煥)은 중경으로 돌아왔다.[10]

---

8) 《新韓民報》 1940년10월3일자, 「社說: 한국광복군조직」; 「臨時議政院會議 제33회」, (1941.10.), 『대한민국임시정부자료집(3) 임시의정원 II 』, 2005, p.18; 金學奎, 「白波自敍傳」, 《한국독립운동사연구》 제2집, 독립기념관 한국독립운동사연구소, 1998, p.598.

9) 「독립운동사(6) 독립군전투사(하)」, pp.202~205.

10) 「臨時議政院會議 제33회」, (1941.10.), 『대한민국임시정부자료집(3) 임시의정원 II 』, p.18; 《新韓民報》 1941년4월17일자, 「국무회의」

서안사령부는 중국어와 국문으로 된 기관지『광복(光復)』을 발행하는 한편 일본군의 점령 아래 있는 지방에 공작원을 파견하여 선전과 청년요원 확보 등의 공작활동을 벌였다.[11]

광복군총사령부는 이준식(李俊植), 고운기(高雲起), 김학규를 각각 1, 2, 3지대장으로 하는 3개 지대를 편성했다. 이어 1941년1월1일에는 나월환(羅月煥)을 대장으로 하는 한국청년전지공작대(韓國靑年戰地工作隊)를 흡수하여 제5지대를 새로 창설했다. 청년전지공작대는 1939년11월11일에 중경에서 나월환을 대장으로 무정부주의 계열 청년 30여명으로 조직되어 독자적으로 활동하던 무장부대였다. 제5지대는 열성적으로 초모(招募)공작을 전개하여 1940년 말까지 100여명의 대원을 확보했는데, 그것은 광복군이 창설 초기에 거둔 가장 큰 성과였다.[12]

임시정부 요인들과 그 가족들의 중경생활은 김구가 "그 고해파란만은 영원히 잊을 수 없다"[13]라고 술회했듯이 고통스러웠다. 임시정부 청사의 형편이 그것을 상징했다. 임시정부는 청사를 네번 옮겼다. 처음에 양류가(楊柳街)라는 곳에 있다가 폭격 때문에 견딜 수 없어서 석판가(石坂街)로 옮겼는데, 여기서도 오래 있지 못했다. 광복군 성립 전례식이 있기 보름 전인 1940년9월2일의 폭격으로 잿더미가 되었기 때문이다. 폭격이 심하여 옷가지 하나 건지지 못했다.[14]

석판가를 떠나서 세번째로 이사한 곳이 화평로(和平路) 오복가(五福街) 오사야항(吳師爺巷) 1호였다. 오사야항은 중경시내의 번화가 교장구(較場區)에서 동북쪽으로 조금 벗어난 곳에 있는 빈민굴 같은 동네였다. 오사야항 1호의 건물은 1900년대 전반기에 지은 전형적인 2층 목조

---

11) 「金學奎와 王俊誠이 朱家驊에게 제출한 備忘錄」, (1941.5.), 國史編纂委員會 編, 『韓國獨立運動史 資料(26) 臨政篇ⅩⅠ』, 國史編纂委員會, 1994, p.62.
12) 《新韓民報》 1941년3월13일자, 「韓國獨立光復軍, 1월1일 제5지대 성립전례 거행」; 『독립운동사(6) 독립군전투사(하)』, pp.207~210; 韓詩俊, 『韓國光復軍研究』, 一潮閣, 1993, pp.151~155.
13) 도진순 주해, 『김구자서전 백범일지』, 돌베개, 1997, p.404.
14) 《新韓民報》 1940년10월3일자, 「광복군조직에 대한 중요통신」; 『백범일지』, p.404.

가옥이었다. 건물 안에는 변소도 없어서 한구석에 칸막이를 쳐서 통을 놓고 용변을 보아야 했다. 건물 안은 햇빛이 잘 들지 않아서 굴속같이 어두컴컴했고 습기가 많았다. 이 무렵 김구는 남목청사건의 후유증으로 고생했는데, 습기가 많고 불결한 곳에서 하루 종일 일을 보려니까 항상 몸이 불편했다.[15] 임시정부는 1945년 새해에 청사를 칠성강(七星崗) 연화지(蓮花池)로 옮길 때까지 4년 넘게 이 험하고 불결한 곳을 청사로 사용했다. 김구는 이곳에서 『백범일지』 하권을 집필했다.

마지막으로 옮긴 연화지의 청사는 언덕배기에 비스듬히 지은 81칸짜리 번듯한 계단식 건물로서, 호텔로 사용하던 곳이었다. 배타성이 강한 사천성 사람인 건물주인은 입주자가 한국인임을 알고 세를 주지 않으려고 하여 임시정부는 그를 설득하는 데 애를 먹었다. 임시정부 청사로 사용하

중경에 와서 세번째로 옮긴 화평로 오사야항 1호의 임시정부 청사. 김구는 이곳에서 『백범일지』 하권을 저술했다. 건물은 원형이 많이 훼손되어 있다.

15) 양우조·최선화 지음, 김현주 정리, 『제시의 일기』, 혜윰, 1999, p.226; 南坡朴贊翊傳記刊行委員會, 『南坡朴贊翊傳記』, 乙酉文化社, 1989, pp.257~259.

게 되면 당신의 이름이 한국독립사에 길이 남게 되고, 한국이 독립된 뒤에 당신이 한국과 무역하는 데 크게 도움이 될 것이라는 등으로 구슬려서 세를 얻을 수 있었다.[16] 임시정부는 이 연화지 청사에서 해방을 맞았다.

2

기강(綦江)에 머물고 있는 임시정부 대가족을 중경(重慶)으로 옮겨 오는 것도 김구의 큰 임무였다. 김구는 임시정부 청사는 중경으로 옮겼으나 대가족을 그대로 기강에 머물게 하고 있는 것이 여간 마음에 걸리지 않았다. 김구는 귀양(貴陽)에서 중경으로 오는 도중에 있는 기강이 좋아 보여서 그곳에 대가족의 임시피란처를 마련했었는데, 일행이 그곳에 머문 지 어느덧 1년6개월이 되었다.

김구는 1939년10월에 박찬익(朴贊翊)을 통하여 국민정부의 전시구호기관인 진제위원회(振濟委員會)에 한국독립당 남녀노소 300여명의 이주경비 지원을 요청했다. 진제위원회는 주택 건축비 1만8,000원, 학교 건축비 1,200원, 의료실 건축비 900원, 건축대지와 채소밭의 임대료 1차분 보조금 420원, 의약품 설치비 2,000원 등 총계 2만2,520원을 보조해 주기로 했으나, 1939년도 예산은 이미 다 집행되었으므로 보조금은 1940년도 예산에서 지급해 주겠다고 했다.[17]

서남내륙 지방인 사천성 분지의 양자강과 가릉강(嘉陵江)이 만나는 곳에 자리잡은 중경은 내륙의 교통과 상업 중심도시였다. 전쟁 전에는 50만도 안 되던 인구가 국민정부의 중앙관서가 옮겨 오면서 100만을 넘어섰다. 그 때문에 주택난이 극심하여 여름에는 길거리에서 자는 노숙자

---

16) 閔弼鎬, 「大韓民國臨時政府와 나」, 金俊燁 編, 『石麟閔弼鎬』, 나남출판, 1995, p.99.
17) 「振濟委員會가 金九·朴贊翊에게 보낸 1939년11월17일자 電報」, 『대한민국임시정부자료집(35) 한국국민당Ⅰ』, 2009, pp.123~124.

가 태반이었다.[18]

임시정부 대가족이 중경으로 옮긴 이후로 중경에 사는 한인수는 시기에 따라서 약간의 차이는 있었지만 대체로 400명가량 되었다. 김구가 1942년12월에 주가화에게 보고한 「재중경 당정기관의 경상비 명세서」에는 중경 부근에 거주하는 한인 총수가 340명으로 기재되어 있다.[19] 이 한인들은 거의가 직접적이든 간접적이든 임시정부와 관련이 있는 사람들과 그 가족들이었다.

중경시내에서 남쪽으로 양자강을 건너서 기강 가는 길의 40리쯤 떨어진 곳에 토교(土橋)라는 조그마한 시골마을이 있었다.[20] 김구는 진제위원회로부터 받은 원조금으로 토교에서 1킬로미터 떨어진 동감(洞坎)의 땅 2,000평가량을 20년 기한으로 조차했다. 토교에는 화탄계(花灘溪)라는 개울과 폭포가 있었는데, 동감은 그 폭포 위쪽에 있었다. 동감마을의 행정구역상의 명칭은 파현(巴縣)의 토문향(土文鄕)이었지만, 흔히 토교라고 불렀다.[21] 토교는 시골이라서 중경보다 주택난도 덜했고 공기도 맑았다. 조선의용대와 민족혁명당 간부들과 그 가족들이 모여 사는 남안(南岸)의 아궁보(鵝宮堡)는 토교에서 멀지 않았다.[22]

김구는 직접 토교를 방문하고 토교향 향공소(鄕公所) 향장(鄕長) 하오(何鰲)를 만나서 토지매입과 주택건설 문제를 상의했다. 하 향장은 향공소 우사[于事: 동사무소장] 왕인걸(王仁杰)이 소개한 장씨라는 미장공이 책임지고 공사를 진행하도록 주선해 주었다. 김구는 동감땅에 똑같은 크기의 반양옥 세채를 남향으로 지었다. 두채는 목조로, 한채는 흙벽으로 된 단층의 큰 기와집들이었다. 그리고 도로변에 있는 2층 기와집 한채

---

18) 『백범일지』, pp.405~406; 정정화, 『녹두꽃』, 未完, 1987, pp.147~148.
19) 「金九가 朱家驊에게 보낸 1942년12월11일자 편지」, 『대한민국임시정부자료집(22) 대중국외교활동』, pp.158~159.
20) 金秉豪·宋志英, 「重慶特信(2)」, 《新韓民報》 1945년11월2일자; 『백범일지』, p.406.
21) 정정화, 앞의 책, pp.142~143.
22) 『백범일지』, p.406; 정정화, 같은 책, p.149.

중경 교외의 토교마을에 건축한 임시정부 가족들 주택.

를 따로 구입했다.[23]

임시정부 가족들이 토교로 이사한 것은 1940년11월13일이었다.[24] 소학교에 다니는 자녀가 있는 가정은 아이들이 소학교를 졸업하는 이듬해 1월까지 있다가 이사했다. 이렇게 하여 토교에는 한국독립당과 임시정부와 광복군에서 활동하지 않는 부녀자들과 아이들을 포함한 여나믄 가구 정도가 보금자리를 마련했다. 그 뒤로 들고나는 가족들이 더러 있었지만, 대부분은 1945년에 귀국할 때까지 5년 동안 그곳에서 살았다.[25] 이때에는 양자강에 다리가 없어서 중경에서 토교로 가려면 반드시 배를 타야 했다. 토교까지는 두세시간쯤 걸렸다.[26] 중경의 동포들은 토교를 "신한

23) 『백범일지』, p.406; 董晏明, 「抗日戰爭時期土橋場에 駐在하고 있던 韓國臨時政府와 僑民」,《九龍文史》第七期, 市政協九龍坡區委員會 文史工作委員會, 1995年9月, pp.40~41.
24) 양우조·최선화 지음, 김현주 정리, 앞의 책, p.136.
25) 정정화, 앞의 책, pp.142~143.
26) 양우조·최선화 지음, 김현주 정리, 앞의 책, p.171; 정정화, 위의 책, p.149.

토교마을에 입주한 임시정부 가족들.

촌(新韓村)", 또는 "한국조계(韓國租界)"라고 불렀다.[27] 그것은 임시정부가 중국정부에 교섭하여 한국인 거류지로 조차해 얻은 땅이기 때문이었다.[28]

김구는 대가족이 중경으로 이사한 뒤의 동포들의 생활을 다음과 같이 기술했다.

식량은 배급제인데, 배급소 문전은 사계절을 가릴 것 없이 장사진을 이루었고, 구타와 욕설 등 허다한 분규가 계속 벌어졌다. 그러나 우리 동포들은 인구 대장을 작성해 중국정부와 교섭하여, 인구 비례에 의해 단체 분량을 한꺼번에 타서 화물차로 운반하였고, 다시 미곡을 도정하여 하인을 부리어 집집마다 배달해 주었다. 쌀그릇은 쥐와

27) 양우조·최선화 지음, 김현주 정리, 위의 책, p.220.
28) 金秉豪·宋志英, 「重慶特信(2)」, 《新韓民報》 1945년11월2일자.

참새의 해를 방비하기 위하여 집집마다 독그릇을 사용했으며, 그 밖의 반찬 등은 돈으로 지급하고 식수까지 하인을 부리어 사용하였으니, 전시임에도 불구하고 동포들의 단체생활은 규율이 있고 안전한 편이었다.

비단 중경뿐만 아니라 남안과 토교에 사는 동포들도 중경과 같이 한인촌을 이루고 중국의 중산계급 정도의 생활수준을 유지하였다. 그러나 곳곳마다 생활이 부족하다는 원성도 있었다. 나는 그 말을 들을 때마다 이곳 생활은 지옥생활인 줄 알고 살아가기 바란다고 말하였다.[29]

임시정부는 국민정부로부터 매달 쌀[공미(公米)] 80석을 무상으로 지급받았다. 쌀 배급을 받게 된 것은 중국 군사위원회에 근무하다가 1940년5월부터 임시정부의 주석판공실장 겸 외무차장이 된 민필호(閔弼鎬)의 교섭에 따른 것이었다. 민필호는 처음 이 문제를 중국국민당 조직부의 변강(邊疆)당무처장 이영신(李永新)과 상의했다. 이영신은 몽골인이었다. 그는 "공미는 외국인에게 주지 않는 것이 규칙이지만 당신들은 다른 외국인들과 다르니까 장 총재에게 한번 공문을 올려 건의해 보는 것이 좋겠다"라고 말했다. 공문을 만들어 조직부장 주가화를 통하여 장개석에게 올렸으나 어렵다는 대답이었다.

이에 민필호와 이영신은 장개석의 결재공문을 알리지 않은 채 주가화를 졸라서 그가 직접 식량국에 가서 상황을 설명하고 쌀을 임시정부 가족들에게 지급하게 하는 데 성공했다. 식량국에서는 중경에 거주하는 한인들의 명단을 작성해 오면 자기들이 직접 한 사람씩 일정량을 배급해 주겠다고 했으나 민필호는 "우리는 중국 기관의 사람들이 아닌데 그들과 똑같이 다루는 것은 외국혁명단체를 돕는 예의가 아니다"라고 주장하여

---

29) 『백범일지』, p.402.

임시정부의 요구대로 한꺼번에 타 와서 임시정부 가족들과 동포 거류민들에게 무료로 나누어 주게 되었다.[30]

김구는 주가화에게 한국독립당의 활동비와 임시정부 가족들의 생활비 지원을 요청하여 1941년12월부터 매달 6만원을 지원받았다. 그리고 1943년5월부터는 인구증가와 인플레이션 등의 요인을 감안하여 14만원을 더 증액하여 매달 20만원의 보조금을 받았다.[31] 이에 따라 임시정부에서 일하는 사람들은 직급과 식구수에 따라 월급을 받았고, '평가미(平價米)'라는 쌀도 배급받았다. 평가미는 일반미에 비해서 질이 떨어졌다. 그나마 배급할 때에 쌀을 빼내고 대신에 물을 부어 무게를 늘려서 배급했기 때문에 약간 발효된 쌀을 먹어야했다.[32]

중국정부의 지원으로 임시정부 가족들의 생활은 피란 다닐 때보다는 안정되었으나, 살림살이가 쪼들리기는 마찬가지였다. 그런 속에서도 임시정부 가족들은 한집안 식구들처럼 지냈다. 토교지방은 아열대성 기후여서 겨우내 영하로 내려가는 날은 며칠뿐이었다. 영하라고 해야 밤에 내린 눈은 해뜨기 전에 녹아 버리고 물독에 살얼음이 어는 정도였다. 토교는 마을 전체가 대나무밭으로 둘러싸여 있고, 그 주위로 사철나무가 우거져 있었다. 화탄계의 물은 이름만큼이나 맑아서 그냥 마셔도 될 정도였다. 그 물에 나가서 빨래도 하고 미역도 감았다.[33] 김구는 이따금 토교에 가서 일꾼들과 같이 도로 수선, 과수 재배, 돌쌓기, 제방공사 등의 일을 하면서 임시정부 가족들의 생활을 보살폈다.[34]

1942년 여름에는 임시정부 가족들이 살고 있는 집에서 멀지 않은 동쪽 언덕에 목조 기와집을 지었다. 공사기간이 양자강의 홍수기간이어서

---

30) 閔弼鎬, 「大韓民國臨時政府와 나」, 앞의 책, pp.101~102.
31) 「金九가 朱家驊에게 보낸 1942년12월11일자 편지」, 『대한민국임시정부자료집(22) 대중국외교활동』, pp.158~159; 「朱家驊가 蔣總裁에게 보낸 1943년5월11일자 편지」, 「朱家驊가 朴贊翊에게 보낸 1943년5월25일자 편지」, 『韓國獨立運動史 資料(27) 臨政篇Ⅻ』, 1994, pp.21~22.
32) 정정화, 앞의 책, p.147, p.160; 양우조·최선화 지음, 김현주 정리, 앞의 책, p.176.
33) 정정화, 위의 책, p.146; 양우조·최선화 지음, 김현주 정리, 위의 책, p.220.
34) 『백범일지』, p.406.

자재들은 양자강에 띄워서 운반했다. 건물이 완성되자 옥상에 태극기를 내걸고 이웃사람들을 초청하여 다과회를 겸한 낙성식을 거행했다. 이 건물을 광복군의 숙소로 사용했다. 광복군은 매일 오전과 오후에 화탄계 강변에 있는 중경 청화중학교의 운동장을 빌려 훈련을 실시했다.[35]

그러나 중경에 있는 임시정부 대가족은 중경의 고약한 기후 때문에 고생이 많았다. 중경은 안개의 도시였다. 1년의 반은 안개가 끼는 날이었다. 김구는 그러한 기후 때문에 큰아들 인(仁)을 잃은 일을 다음과 같이 적었다.

> 중경의 기후는 9월 초부터 다음해 4월까지는 구름과 안개 때문에 햇빛을 보기 힘들며, 저기압의 분지라 지면에서 솟아나는 악취가 흩어지지 못해 공기는 극히 불결하며, 인가와 공장에서 분출되는 석탄 연기로 인하여 눈을 뜨기조차 곤란하였다. 우리 동포 300~400명이 6~7년 거주하는 동안 순전히 폐병으로 사망한 사람만 70~80명에 달하였다. 이는 중경에 거주하는 전체 한인의 1~2할에 해당하는 숫자이니 놀라지 않을 수 없다. 중경에 있는 외국 영사관이나 상업자들이 3년 이상을 견디지 못하는 곳에서, 우리가 6~7년씩이나 거주하다 큰아들 인(仁)이도 역시 폐병으로 사망하였으니, 알고도 불가피하게 당한 일이라 좀처럼 잊기 어렵다.[36]

여름과 겨울이 더 견디기 어려웠다. 여름에는 방바닥 온도가 체온보다 더 높이 올라갈 만큼 무더운 찜통더위 때문에 잠을 제대로 이룰 수 없었다.[37] 겨울에는 지독한 안개 때문에 고생했다. 겨울 안개 속에는 무연탄 연기까지 차 있어서 그 공기를 마시면 목구멍은 언제나 아렸고, 폐병에

35) 董顯明, 앞의 글, pp.41~42.
36) 『백범일지』, p.406.
37) 양우조·최선화 지음, 김현주 정리, 앞의 책, p.166.

걸리지 않은 사람들도 늘 기침을 했다. 그래서 많은 사람들이 폐결핵을 앓았다.[38]

1944년에는 스웨덴 선교회의 지원을 받아서 토교 언덕 위에 기독교청년회관을 지었다. 그곳에서는 동포아이들에게 우리말과 노래를 가르쳤고, 임시정부는 그곳에 주말임시학교를 열어서 아이들에게 한글과 우리나라 역사 등 민족혼을 심어 주기 위한 교육을 실시했다.[39] 이 무렵에 토교를 방문했던 김병호(金秉豪)와 송지영(宋志英)은 토교의 한인사회 모습을 다음과 같이 기술했다.

> 토교만은 완전히 우리나라의 생활양식 그대로 파촉[巴蜀: 四川省의 다른 이름. 巴는 중경지방, 蜀은 成都지방] 하늘 밑에 옮겨 놓은 우리의 마을입니다. 거기는 주로 직접 혁명공작에 참가할 수 없는 부녀자들이며 어린이들이 주민의 대부분으로서, 주택은 따로지만 식사 같은 것은 중앙에 집합소가 있어서 아침저녁 모여서들 한 그릇의 밥, 한 사발의 국일망정 화기가 넘치게 언제나 재미롭게들 식사하고 있으며, 위생과 교육기관 같은 것도 충분하다고는 못 하겠지만 대략 설비되어 있습니다.…
>
> 토교에서 가장 감격한 것은 우리네 어린이들을 양성하는 학원을 찾아갔었는데, 무엇보다도 매일 아침 우리나라의 국기 밑에서 우리나라의 국가를 부른 다음 우리말로서 가르침을 시작하는 그 장면입니다. 오랫동안 국내에서 무지한 손아귀와 발길 밑에 억눌려 생활하여 온 나로서 처음 해외에서 이 광경을 볼 때에 저도 모르게 뜨거운 눈물이 용솟음쳐 흘러내리더군요. 그래서 나는 이 어린이들의 손목을 하나둘 부여잡고 그대들은 참으로 행복스러운 조선의 아들딸들이라고 말

---

38) 南坡朴贊翊傳記刊行委員會, 앞의 책, p.257.
39) 양우조·최선화 지음, 김현주 정리, 앞의 책, p.200, p.225; 金俊燁, 『長征(2) 나의 光復軍時節 (下)』, 나남, 1993, p.469; 정정화, 앞의 책, p.146; 南坡朴贊翊傳記刊行委員會, 앞의 책, p.258.

하였습니다. 국내에 있는 우리의 어린이들은 불쌍하게도 태극기를 모르고 우리나라의 국가를 꿈에도 들어보지 못하는 것이 아닙니까. 가만히 눈을 감고 국내의 어린이들과 토교의 우리 어린 동무들의 광경을 그릴 때에 나는 끝없이 울었습니다.[40]

이때쯤이면 항일전의 승리가 전망됨에 따라 중경 교외의 "신한촌"의 아이들에게도 민족교육이 더욱 활기차게 실시되었음을 짐작할 수 있다.

3

김구는 1941년1월21일에 장개석을 비롯한 중국정부의 유관기관에 전해 달라면서 광복군 편성에 관한 7개항의 요망사항 및 활동방침을 적은 문서를 주가화에게 보냈다. 이 문서는 광복군에 대한 김구의 구상이 집약되어 있어서 눈여겨볼 만하다.

(1) 한국광복군은 이미 승인이 되었으므로 정식 성립을 허가하시기 바람.
(2) 군사인원을 선발 파견하여 조직에 참가할 규례를 청함.
(3) 각지 당, 정, 군의 장관에게 통지하여 가능한 협조를 하도록 청함.
(4) 한국광복군의 각급 간부는 모두 한국의 패망을 구하기 위해 분투하는 혁명청년이요, 장래에 필요한 인원도 모두 한국의 혁명군중이며, 현재 서안부근에 집중해 있는 간부는 2백여명이요 화북 각지에 산재해 있는 옛 부하도 2천여명이나 있어서 곧 연이어 서안 일대로 향하여 집결하고 있으므로 조기에 정식 성립을 허가하여 편성에 편의하게 해주시기 바람.

---

40) 金秉豪·宋志英, 「重慶特信(2)」, 《新韓民報》 1945년11월2일자.

(5) 한편으로 공작을 개시하고 한편으로 계속 한인 청장년을 흡수하여 훈련과 공작을 동시에 병행하는 것을 원칙으로 하고, 점차 확충해 나가도록 할 것이며, 현재 동북[만주]에서 항전하는 한인 무력을 우선 정리하도록 함.

(6) 앞으로의 공작은 유격을 발동하는 것을 기준으로 삼고 서안을 근거지로 삼아 점진적으로 추진하여 화북각성에서 동북에까지 이르게 함.

(7) 한국광복군은 전 민족을 지도하여 혁명추진에 총동원 구왜건국[驅倭建國: 왜구를 쫓고 나라를 세움]하는 한국 국군의 기간부대의 책임을 지며, 한인 각파 무력의 권능을 파악 지도함. 그러므로 대내적으로 한국임시정부의 지휘를 받음. 현재 각 민족의 사상이 복잡한 때를 맞이하여 국군의 근기(根基)를 확립하지 않는다면 전 민족의 항적력량을 지휘 동원하기 매우 어려우므로 이에 특별히 인준해 주시기 바라며, 항전건설이 완성하는 날 곧 덕을 갚고 공을 높이는 때에 이상의 설명이 옳은지 그른지에 삼가 주의를 기울여 주시어 따를 바를 지시해 주시면 감사하겠습니다.[41]

김구는 그 뒤에도 주가화에게 편지를 보낼 때마다 이 요망서를 계속해서 첨부했다.

주가화는 1월24일에 참모총장 하응흠(何應欽)과 중국 군사위원회 판공청주임 상진(商震)에게 김구의 제안을 전달했다.[42] 상진은 2월3일에 주가화에게 광복군의 지휘권을 중국 당국이 확실히 확보하고 있으므로 정식 성립을 인허해 줄 수는 있을 것 같다고 말하고, 다만 이 안건은 군정부

---

41) 「金九가 朱家驊에게 보낸 1941년1월21일자 편지」, 『대한민국임시정부자료집(10) 한국광복군 I』, 2006, pp.33~34.
42) 「朱家驊가 何應欽과 商震에게 보낸 1941년1월24일자 편지」, 위의 책, p.35.

제61장 주석과 주미외교위원장 **81**

에서 주관할 것이므로 군정부와 상의하겠다고 통보했다.[43] 그러나 군정부에 전달된 공문은 그대로 정체되고 있었다. 초조해진 김구는 2월14일에 주가화에게 다시 편지를 보냈다.[44]

김구는 중국정부의 광복군 편성인준이 늦어지자 우선 재미동포들의 자금지원으로 광복군의 활동을 시작하는 방안을 생각했다. 그는 2월16일에 로스앤젤레스의 김호(金乎)에게 그러한 결심을 밝히는 편지를 썼다.

이제 광복군의 기초 공고를 자력, 즉 동포의 혈력(血力)으로 완성하고, 그 위에 우방의 원조를 얻어서 진전하는 것이 우리의 만년대계의 최상책이라 생각한 것은 전자에도 공사간 말씀을 드린 것으로 알기 때문에 상세히 말씀을 않고, 대체로 몇가지를 상의드립니다. 오늘날에 중국의 항전은 영국, 미국, 소련의 원조로 지탱하는 바, 미국이나 소련 어느 한 나라에만 도움을 받는다면 자연히 감독과 지도 등 겸제[鉗制: 자유를 억누름]를 면할 수 없겠으나, 중국이 자력으로 장기 항전의 기초가 튼튼한 것을 보고서 각종 후원을 경쟁적으로 하기 때문에 중국의 자존성은 조금도 손실이 없이 자타의 역량이 항전으로 집중하거니와, 만일 우리 같은 거지로서 광복전쟁을 이웃 어느 한 나라의 도움을 처음부터 끝까지 받는다면, 우리 같은 놈을 제3자가 경쟁적으로 도울 리도 없을 것이고, 따라서 처음부터 독담으로 도와주는 그 주인의 소유물 될 것은 필연의 사실입니다. 가난한 자가 도움을 못얻어 애를 쓰지마는 도움을 주는 자에게 노예될 것을 근심하는 자는 쉽게 볼 수 없습니다. 그러므로 우리 광복군의 기초를 우리 힘으로 건축한 후에는 어느 우방이고 원조를 청하여 얻는다 하여도 자존성을 보존하여 가며 자주독립의 실물을 산출할 수 있는 원리를 굳게 파지

---

43) 「商震이 朱家驊에게 보낸 1941년2월3일자 편지」, 같은 책, p.65.
44) 「金九가 朱家驊에게 보낸 1941년2월14일자 편지」, 『대한민국임시정부자료집(22) 대중국외교 활동』, pp.110~111.

(把持)하고 이를 악물고 우선 반년만 끌고 나가면, 현재에 모여드는 잡색군은 접어두고 순전한 기간 간부로 최소 천명은 모집 훈련하여 놓고 타인의 원조를 받을 결심으로, 지금은 미주와 하와이 한교의 출력으로 광복군의 기초는 확립할 것을 담대하게 선전하고 나갑니다.

이처럼 김구는 우선 "동포의 혈력"으로 최소 1,000명의 광복군기간 간부를 모집 훈련하여 자력의 기초를 마련하고 난 다음에 외국의 원조를 받는 것이 자존성을 보전하는 길이라고 강조했다. 이 편지에는 국민정부와 광복군 지원문제를 교섭하면서 노심초사하는 김구의 고뇌가 역력히 드러나 있다. 김구는 재미동포들의 재력으로 광복군의 기반을 구축할 수 있는 방안으로 세가지를 제시했다.

첫째로 미주와 하와이에서 수합한 본국 한재구제금을 광복군에 넘길 것. 이유는 본국 동포들은 모든 양식을 국가가 가지고 빈부의 소유 양식을 전부 거두어 사람 수를 헤아려서 나누어 주므로 굶어 죽을 수도 없고 살도 찔 수 없이 전국 동포가 아귀지옥의 생활을 하므로 중국으로 물밀 듯이 나오는데, 왜놈에게 그 귀한 돈을 주는 것이 뜻이 없다는 것.

둘째로 흥사단의 저축을 광복군에 사용할 것. 김구는 안창호(安昌浩)가 살아 있어서 지금의 형세를 본다면 자기가 말하지 않더라도 자기 이상으로 용기를 내어 작심할 것이라고 말했다.

셋째로 미주, 하와이, 멕시코의 우리 사람 가운데 약간의 재산이 있는 유지를 동원하여 특종, 즉 일시출연으로 6개월 동안 지탱시킬 것.[45]

김구는 김호를 설득하기 위하여 다음과 같이 애잔한 사연도 적어 보냈다.

저는 중국에 나온 지 23년 동안 상해생활 14년에는 밥도 굶어 보

---

45)「金九가 金乎에게 보낸 1941년2월16일자 편지」,『대한민국임시정부자료집(42) 서한집 I』, 2011, pp.317~318.

왔고 우표 살 돈이 없을 때도 경험하였지마는 삼동에 겹바지저고리만 입고 겉만 솜두루마기만으로 지내기 처음인데요, 돈이 없는 것 아니올시다. 작년에 장(蔣) 부인의 10만원까지 정부수입이 30만원 가까이 되었음은 임시정부 생긴 이래 기록을 깬 것입니다. 돈을 경제하자는 것 아니라 책임 중대한 처지를 생각하여 신체의 한고(寒苦)를 느낄 적마다 광복군을 어찌하면 자력으로 성장시킬 수 있는가 생각하자는 방법으로입니다.…[46]

미주의 내지 한재구제회는 모금한 구제금 가운데 500달러는 미국 구제기관을 경유하여 국내로 보내고, 나머지 모금액은 보낼 통로가 없어서 보내지 못하고 있었는데, 김구의 뜻을 전해 듣고 보관 중이던 1,628달러 64센트를 광복군과 그 가족을 위한 일에 쓰도록 12월5일에 임시정부로 보냈다.[47]

김구가 초조해하고 있는 동안 광복군에 대한 국민정부의 주관부서가 바뀌면서 정식 승인은 계속 지연되었다. 중국 군정부는 2월22일에 광복군 문제를 군사위원회 판공청이 주관하는 것으로 방침을 결정했다.[48]

주가화는 3월6일에 판공청 주임 상진에게 하루빨리 광복군에 대한 정식인준을 해줄 것을 요청하고,[49] 같은 날 김구에게 광복군의 주관부서가 군정부에서 판공청으로 바뀌었다는 사실을 통보했다.[50]

중국 군사위원회 판공청은 3월8일에 광복군문제를 연석회의에 회부하여 토론한 결과, 원칙적으로 시행할 수 있지만 광복군 편제의 보고를 받고 그것을 심의한 다음 그 결과에 따라 파견할 인원을 정한다는 방침

---

46) 같은 편지, 위의 책, p.317.
47) 《新韓民報》 1941년12월11일자, 「내지 한재구제금 임정에 밧처」.
48) 「何應欽이 朱家驊에게 보낸 1941년2월의 전보」, 『대한민국임시정부자료집(10) 한국광복군 I 』, p.70.
49) 「朱家驊가 商震에게 보낸 1941년3월6일자 편지」, 위의 책, pp.73~74.
50) 「朱家驊가 金九에게 보낸 1941년3월6일자 편지」, 같은 책, pp.74~75.

을 결정했다.[51]

4

광복군총사령부가 서안으로 옮겨서 활동을 시작하고 석달쯤 지난 1941년2월 말쯤에 뜻밖의 일이 발생했다. 중국 군사위원회에서 각 전구 사령관에게 광복군의 활동을 엄격히 단속하라는 지시가 하달된 것이었다. 중국 영토에서 군사활동을 하면서 중국군 당국의 협조를 받지 못하는 것은 치명적인 일이었다. 중국군 당국의 의심으로 잘되고 있던 공작이 중단되기도 하고 통행증을 발급해 주지 않아 활동에 큰 불편을 겪기도 했다.[52] 이러한 사태의 배경에는 중국 군사위원회가 광복군을 바라보는 부정적인 시각도 작용했다. 이 무렵 화북, 화중, 화남 일대에 진출한 한국인들 가운데는 일본인들을 끼고 장사를 하거나 일본군의 앞잡이로 일하는 사람들도 있었고, 일본군 속에 조선병사들이 많다는 소문도 있어서 그것이 그러한 불신의 원인이 된 것이었다.[53]

김구는 3월20일에 주가화로부터 판공청 연석회의의 결과를 통보받고,[54] 이청천으로 하여금 「광복군총사령부잠행편제」와 「월별경상비예산표」를 작성하여 중국 군사위원회 판공청에 제출하도록 했다. 중국 군사위원회 판공청은 4월17일에 제2차 연석회의를 열고 이 문제를 심의한 결과, 군사위원회에서 9명의 인원을 광복군에 파견하기로 하고, 「잠행편제」에도 이의가 없으므로 참모총장의 지시가 있는 대로 장개석의 재가를 받

51) 「商震이 朱家驊에게 보낸 1941년3월16일자 편지」, 같은 책, p.75.
52) 「金學奎와 王俊誠이 朱家驊에게 보낸 備忘錄」, 『韓國獨立運動史 資料(26) 臨政篇ⅩⅠ』, p.62; 「金九가 朱家驊에게 보낸 1941년6월13일자 편지」, 『대한민국임시정부자료집(10) 한국광복군Ⅰ』, p.83.
53) 李範奭, 「光復軍」, 《新東亞》 1969년4월호, p.196.
54) 「朱家驊가 金九에게 보낸 1941년3월20일자 편지」, 『대한민국임시정부자료집(10) 한국광복군Ⅰ』, p.75.

아 시행하기로 결정했다.[55] 중국 군사위원회 판공청의 제2차 연석회의 결과를 통보 받은 김구는 4월28일에 다시 주가화에게 하응흠 참모총장이 조속히 광복군 편제를 승인하도록 도와줄 것을 부탁했고, 주가화는 5월 3일에 하응흠에게 다시 편지를 보냈다.[56] 이러한 우여곡절 끝에 마침내 장개석은 1941년5월28일에 광복군총사령부의 정식 편제를 실시하라는 지시를 내렸다.[57]

김구나 임시정부가 광복군에 대한 국민정부의 정식 승인을 받기 위하여 고심한 가장 큰 이유는 말할 나위도 없이 본격적인 항일전을 하루빨리 수행할 수 있는 군대를 편성하기 위해서였다. 정식 승인을 받아야 자금지원을 비롯한 인적 및 물적 지원을 받을 수 있었다. 1938년10월에 중국 군사위원회 정치부의 직할로 창설된 김원봉(金元鳳)의 조선의용대는 이 무렵에는 군사위원회로부터 매달 1만6,000원의 활동비를 지급받으면서 200여명의 대원들이 각 지역에 배치되어 활동하고 있었다.[58]

물론 자금지원뿐만이 아니었다. 임시정부는 광복군이 국민정부의 정식승인을 받게 되면 다음과 같은 영향이 발생할 것으로 기대했다. 첫째로 한국독립운동의 역량 있는 중심조직이 됨으로써 국내 민중을 효과적으로 동원할 수 있고, 둘째로 미국이나 그 밖의 한국에 동정적인 국가들의 승인과 원조를 요청하는 데에도 도움이 되며, 셋째로 세계 약소민족, 특히 아시아의 약소민족들에게 중국의 항전이 피압박 민족의 자유를 쟁취

55) 「賀耀祖가 金九에게 보낸 1941년4월19일자 편지」, 위의 책, p.77.

56) 「金九가 朱家驊에게 보낸 1941년4월28일자 편지」, 『대한민국임시정부자료집(22) 대중국외교활동』, pp.114 ~115; 「朱家驊가 何應欽에게 보낸 1941년5월3일자 편지」, 『대한민국임시정부자료집(10) 한국광복군I』, pp.77~78.

57) 《大韓民國臨時政府公報 제70호》(1941년6월4일), 『대한민국임시정부자료집(1) 헌법·공보』, 2005, p.237; 「金九가 蔣介石에게 보낸 1941년7월28일자 편지」, 『대한민국임시정부자료집(10) 한국광복군I』, pp.91~93.

58) 「徐恩曾이 朱家驊에게 보낸 1941년11월1일자 편지」, 〈朝鮮各黨派의 活動近況報告〉, 『대한민국임시정부자료집(37) 조선민족혁명당 및 기타정당』, 2009, pp.632~636; 金榮範, 「朝鮮義勇隊研究」, 《한국독립운동사연구》 제2집, 독립기념관 한국독립운동사연구소, 1988, p.487.

하기 위한 전쟁이라는 것을 인식시킬 수 있을 것이라는 것이었다.[59] 그러나 김구는 광복군이 중국정부의 어떤 기관에 직속되는 것은 바라지 않았다. 광복군에 관한 7개항의 요망사항에서 김구가 광복군이 대내적으로는 임시정부의 지휘를 받아야 한다고 강조한 것도 그 때문이었다.

장개석의 승인이 나자 중국 군사위원회 판공청은 광복군의 정식 성립을 허가하고 편제도 결정했다. 그 내용은 명칭은 그대로 '한국광복군총사령부'라고 하고, 이청천을 총사령으로 임명하며, 소요되는 참모와 정훈인원은 중국군정부, 군사위원회 정치부, 중앙조사통계국, 군사위원회 조사통계국의 4개 기관에서 협의하여 전원 선정 파견하며, 이와는 별도로 군정부에서 경리인원 1명을 파견하고, 이상 각 기관에서 파견할 인원의 사무는 판공청에서 맡아서 처리한다는 것이었다.[60]

광복군 결성문제로 경황이 없는 속에서도 대미외교를 강화하는 문제는 언제나 임시정부의 으뜸가는 과제였다. 모든 일이 결국은 미국정부의 임시정부 승인 문제에 달려 있었기 때문이다. 1941년2월에 루스벨트(Franklin D. Roosevelt) 대통령의 특사로 커리(Lauhlim Currie)가 중경을 방문하자 임시정부는 커리를 통하여 김구 명의로 루스벨트에게 각서를 보냈다. 2월25일자로 된 장문의 이 각서는 먼저 1882년의 조미수호통상조약으로 두 나라의 국교가 개시되었음을 상기시키고, 한국의 독립문제에 대하여 주의를 기울여 줄 것을 부탁했다. 각서는 임시정부의 정통성을 증명하는 다섯가지 "사실"을 열거했는데, 그 하나로 "지난 30년 동안 일본의 지배에 의하여 비인도적인 압박을 받았고, 중국과 러시아의 혁명으로부터 교훈을 얻었으므로 일본의 멍에를 벗어나려는 우리의 결의는 확고합니다"라고 천명하고 있어서 눈길을 끈다. 러시아혁명으로부터 교

---

59) 「金學奎가 1941년5월에 朱家驊에게 제출한 韓國光復軍問題節略」, 『韓國獨立運動史 資料(26) 臨政篇 XI』, pp.63~65.
60) 「商震이 朱家驊에게 보낸 1941년5월30일자 편지」, 『대한민국임시정부자료집(10) 한국광복군 I』, p.80.

훈을 얻었음을 강조한 것은 기회 있을 때마다 미국의 독립전쟁의 의의나 건국정신을 강조하는 이승만의 주장과는 대조적인 것이었다. 김구는 그러면서 미국정부에 대해 다음과 같은 다섯가지 사항을 요구했다.

(1) 미국정부가 임시정부를 승인할 것.

(2) 그것은 항일전을 전개하는 우리 정부의 외교적, 군사적, 경제적 힘을 강화하는 데 도움이 될 것임.

(3) 우리의 독립전쟁을 더욱 효과적으로 지원하기 위하여 중경주재 미국 대표에게 기술 협력, 경제 원조, 무기 공급이 원활히 되도록 지시할 것.

(4) 지금의 세계대전이 종결되면 미국정부는 한국독립 문제를 평화회의에 제출하고, 모든 회의에 한국대표가 참가하도록 허락할 것.

(5) 지금의 세계대전이 종결된 뒤에 새로운 국제기구가 설립되면 우리 임시정부가 참가하는 것을 허락할 것.[61]

위의 5개항은 그 뒤의 임시정부의 공식문서에서 표명된 요구사항의 기초가 되었는데, 외교부장 조소앙(趙素昻)이 작성한 원문은 내용은 같으나 한결 적극적으로 표현되어 있다.[62]

김구의 이 각서에 대해 미국정부는 아무런 반응도 보이지 않았다. 백악관에서는 이 편지를 4월11일에 국무부로 회부했고, 국무부는 이 문서를 과거의 임시정부 문서들과 같이 아무런 조치를 취하지 않고 문서철에 철해서 보관했다.[63] 임시정부는 5월에 루스벨트 대통령의 아들 제임스 루스벨트(James Roosevelt)가 특사로 중경을 방문했을 때에도 별도의 청원 문서를 수교했고, 7월에도 별도의 편지를 루스벨트에게 보냈다.[64]

---

61) Kim Ku to Franklin D. Roosevelt, Feb. 25, 1941, 白凡金九先生全集編纂委員會 編, 『白凡金九全集(7)』, 대한매일신보사, 1999, pp.53~57.

62) 「致美大統領」, 國學振興研究事業推進委員會 編, 『韓國獨立運動資料集(三) 趙素昻篇』, 韓國精神文化研究院, 1997, pp.817~823.

63) 미국무부문서 FW 895. 01/48 Division of Far Eastern Affairs, Apr. 15, 1941.

64) 미국무부문서 895. 00/729 Joe So-ang to Cordell Hull, Jun. 6, 1941; 「臨時議政院會議 제33회(1941.10.)」, 『대한민국임시정부자료집(3) 임시의정원Ⅱ』, p.17.

2. 해외한족대회 결의로 주미외교위원부 설치

1

　1940년 들어 유럽의 전황은 점점 위기국면으로 치달았다. 영국의 유럽파견군 22만6,000명을 비롯하여 프랑스군과 벨기에군 11만2,000명이 5월28일부터 6월4일까지 프랑스의 덩커크(Dunkirk)에서 극적으로 영국으로 철수하고, 6월14일에는 파리가 독일군에 점령되었다. 마침내 루스벨트 대통령은 6월10일에 버지니아대학교(University of Virginia)에서 행한 연설을 통하여 미국의 정책이 "중립"에서 "비교전국(non-belligerency) 입장"으로 바뀌었다고 선언했다. "비교전국 입장"이란 공공연히 참전은 하지 않지만 한쪽 전쟁 당사국의 교전이유를 지지하고 직접적인 원조를 하는 나라의 경우를 말한다. 그것은 미국의 뿌리 깊은 고립주의 여론에 경종을 울리는 것이었다. 그리고 대영원조가 본격적으로 시작되었다. 7월의 해군증강법에 이어 9월에 미국 역사상 처음으로 「징병법(Selective Training and Service Act)」이 제정되었다.

　11월의 대통령선거에서 전례가 없는 3선을 달성한 루스벨트는 12월20일에는 군수산업을 총괄할 생산관리국을 신설하고, 연말의 노변담화를 통하여 "미국은 민주주의의 병기창(兵器廠)이 되지 않으면 안된다"라고 말했다. 그의 이 "민주주의의 병기창" 구상에 따라 1941년3월에 제정된 것이 유명한 무기대여법(Lend-Lease Act)이었다. 무기대여법의 직접적인 목적은 무기구입 자금이 바닥이 난 영국에 무기를 긴급히 공급하기 위한 것이었다. 1940년9월에 미국은 대서양의 미국 연안에 있는 영국령 섬들에 대한 조차권과 교환으로 노후 구축함 50척을 영국에 양도했는데, 그러나 그것으로는 근본적인 해결책이 될 수 없었다. 무기대여법은 우선 필요한 무기와 군수품을 공급하고 승리한 뒤에 어떤 형식으로든지 상환받는다는 조건이었다. 1941년11월에는 대독전을 전개한 소련에도 무기대여법이 적용되었다. 그리고 미국의 군수생산이 늘어남에 따라 중국과 북유럽 등 피침략국가들과 망명정부의 군대, 파시즘 지하 저항조직 등으로 무기대여법의 적용범위가 확대되었다. 그리하여 제2차 세계대전의 종전까지 무기대여법에 의한 원조액은 500억 달러에 이르렀는데, 그 가운데 절반은 영국에, 4분의 1은 소련에 제공되었다.[65] (1941년3월 11일부터 1945년9월30일까지 대여법원조에 따라 미국이 연합국에 제공한 원조의 총액은 460억4,000만달러였고 이 가운데 65.7%인 302억6,900만달러가 영국에, 23.5%인 108억100만달러가 소련에 제공되었다는 연구도 있다.)[66]

미국정부의 적극적인 전쟁준비 분위기는 재미 한인사회를 한결 고무시켰다. 하와이에서는 1940년10월13일에 6개 한인단체대표들이 모여 미국의 국방 준비를 조직적으로 후원하기 위한 연합한인위원회를 결성했다. 이들은 하와이국민회 총회장 조병요(趙炳堯)와 동지회 중앙부장 손승운(孫承雲)의 연서로 각 섬에 지방위원회를 조직할 것을 촉구했다.[67] 하와이의 연합한인위원회는 1941년의 3·1절 기념행사를 17개 단체가 연합으로 거행하고, 광복군 후원금으로 2,000달러를 모금했다. 또 오아후섬 서부지역 동포들은 국민회와 동지회의 연합기념식을 계기로 광복군후원회를 조직하기로 했고, 그 밖의 지방에서도 3·1절 행사가 연합행사로 거행되어 동포들의 단합기운을 보여 주었다. 그리하여 3월18일에는 국민회와 동지회가 연합한 대한광복군후원금관리위원회가 구성되었다.[68]

로스앤젤레스에서는 북미국민회와는 별도로 1939년8월에 기존의 중

65) Arthur M. Schlesinger, Jr. ed., *The Almanac of American History*, Putnam Publishing Group, 1983, p.482.
66) 山本和人, 「アメリカ貿易政策の變遷: 武器貸與法とその實施過程をめぐって」, 《世界經濟評論》, 世界經濟研究會, 1982年6月号, p.67.
67) 재미한족연합위원회 편, 『해방조선』, 재미한족연합위원회집행부, 1948, p.149.
68) 《太平洋週報》 1941년3월1일호, 「3·1절 경축순서」, 3월8일호, 「3·1절 경축성황」, 3월15일호 「누가 광복군인가」, 3월29일호, 「대한광복군후원금 청연」; 《新韓民報》 1941년3월27일자, 「韓國獨立光復軍: 하와이 6천동포의 힘잇는 후원」.

국 후원회가 해체되고 새로 조직된 조선의용대후원회가 활발한 활동을 벌였다. 의용대후원회는 1940년10월에는 중국인과 미국인들과 함께 일본영사관 앞에서 대대적인 시위운동을 벌이고, 조선의용대 미국후원연합회를 결성했다.[69]

조선의용대후원회의 결성으로 북미국민회의 위상은 상대적으로 위축되었다. 그것은 재미동포들로 하여금 새로운 국면을 맞아 대일 항전계획을 의욕적으로 추진하는 임시정부를 효과적으로 지원하게 하는 데도 지장이 될 것이었다. 그리하여 북미국민회는 하와이국민회와의 통합작업에 나섰다. 북미국민회의 제의에 대해 하와이국민회가 1940년3월10일에 보낸 다음과 같은 회답은 두 국민회의 통합의 필요성에 대한 공감대가 이미 형성되고 있었음을 보여 준다.

전자에 귀회의 공문을 받자옵고 감격무지온 바 다만 총회 임원회의 결의를 기다리느라고 앙답의 시일이 괴히 지체되었사오니 용서하시옵소서.

귀회에서 제의하신 바를 우리 총 임원회에서 일치한 의견으로 찬동하오며, 독립운동에 관한 일반 활동을 임시정부 한 기관 아래 집중하도록 하자는 것이 본회의 연부연래 고집하여 온 바이오며, 귀회에서도 동일한 보조와 논조를 취하시는 줄 대개 앙측하고 동조 동감으로 영적 연락이 이미 심절하오나 그 연락의 물적 실적 발표가 충분치 못하다는 유감이 없지 아니하옵던 차에 이번의 교명을 받자와 더욱 감하하오며, 실제적으로 무슨 좋은 방책을 가르쳐 주시기를 바라옵고, 여간의 재정상 소비가 있더라도 일차 대표적 회집이 있으면 하는 의견이 있사오니 사조 회교하심을 바라나이다.[70]

---

69) 최기영, 「조선의용대와 미주한인사회: 조선의용대 미국후원회를 중심으로」, 『식민지시기 민족지성과 문화운동』, 한울, 2003, pp.305~335 참조.
70) 《新韓民報》 1940년4월11일자, 「國民會總會 공독」.

하와이국민회의 이러한 회답에 대해 북미국민회는 4월 7일에 다시 다음과 같은 정중한 편지를 보냈다.

(귀회가 제의한) 하와이와 미주 양 국민총회의 대표회집 안건을 본기 중집회의에 제출한 바 이를 실행하야 시국부응에 대한 의견을 교환하는 것이 정세연락, 보조일치 무엇으로나 필요한 줄 압니다. 이를 실행하는 방침에 대한 고견을 다시 주사 준비하도록 도와주심을 바라나이다.[71]

처음에는 이처럼 북미국민총회와 하와이국민총회의 합동회의를 열 것을 생각했으나, 이승만을 지지하는 대한인동지회가 참가하지 않는 두 국민회만의 통합작업은 큰 의미가 없을 것이었다. 그리하여 동지회를 포함한 모든 한인단체들의 대표자 회의로 범위를 확대하기로 했다.

북미국민회는 1940년 9월 무렵부터 애국부인회와 합동으로 단일체 결성운동을 전개하는 한편, 9월 2일에 하와이국민회와 동지회에 편지를 보내어 합석회의를 열어 시국대책을 강구하자고 제의했다. 이때는 하와이에서는 이미 하와이국민회와 대한인동지회의 주동으로 연합한인위원회 결성운동이 논의되고 있었다. 그리하여 연합한인위원회가 결성되고 나서 달포쯤 지난 11월 5일에 하와이국민회, 동지회, 북미국민회의 대표자들이 모여 준비위원회를 구성하고 세 단체가 제안한 통합방안을 검토했다.

세 단체의 제안은 입장에 따라 내용이 조금씩 달랐다. 통합운동에 가장 적극적인 북미국민회는 모든 기성단체들을 해체하고 미주와 하와이를 통틀어 단일당을 조직하자고 제의했다. 하와이의 대한인동지회 중앙본부는 재미한족의 연합기관을 설립하여 독립운동과 관련된 정치, 재정,

---

71) 위와 같음.

외교, 선전의 사무를 관장하게 하고, 각 단체는 존속하되 단체 유지에 관한 사무만 다루고 독립운동에 관한 일은 새로 결성되는 연합기관의 지시에 따르게 하자고 제의했다. 그리고 하와이국민회는 우선 미국과 중국에 있는 독립운동단체들의 대표자회의를 소집하여 해외한족대회를 열어 독립운동의 새 방략을 확정하고, 모든 사업은 그 대회의 결의에 따라 진행하기로 하자고 제의했다.[72]

준비위원회는 사흘 동안 다섯 차례의 회의를 거듭한 끝에 다음과 같이 합의했다.

(1) 현하 각 단체의 설립이 그 자체를 해체하고 단일당을 결성하기에 준비되지 않은 까닭에, 해외한인 공동결의로 연합기관을 조직하고 독립운동의 모든 행사를 그 기관에 일임하기로 함.

(2) 각 단체들은 연합기관의 세포기관이 되어서 독립운동에 대한 의무를 분담하되, 다만 그 자체에 관한 일에는 자의로 행사하기로 함.

(3) 각 단체가 이 결의안을 일치 동의하면 해외한족대회를 열기로 함.[73]

각지에 흩어져 있는 해외한인 독립운동단체 대표들이 다 참가하는 대회가 되기 위해서는 중국에 있는 독립운동자들도 초청할 필요가 있었다. 회의를 준비한 사람들은 1923년에 상해에서 열렸던 국민대표회의와 같은 명분의 회의를 상정했던 것이다. 그들은 김구에게 임시정부와 한국독립당 대표를 회의에 참석시켜 달라고 부탁했다.

이 요청에 대해 김구는 북미국민회 총무 김병연(金秉堧)에게 다음과 같이 회답했다.

지금 하와이국민회와 동지회의 공함을 본즉, 귀회대표가 하와이로 와서 3단체회의를 거행하게 되었으니 임시정부와 한국독립당으로

---

72) 재미한족연합위원회 편, 앞의 책, pp.150~151; 金元容, 『在美韓人五十年史』, Reedley, 1959, pp.400~401.
73) 金元容, 위의 책, p.400.

서 대표를 파송하야 참석하여 달라는 요구가 있으나 당, 정, 군의 각
종 사무가 분망하야 인재난을 극도로 느끼는 이때에 또한 전방의 군
비부족으로 전보를 하루에 여러 차례 되는 재정상황에서 미주에 가는
여비를 가졌으면 우선 군비에 소용할 형편이니, 이상 두 가지 원인으
로 대표파송은 불가능일 듯합니다. 그러나 대표 참석이 없다 하여도
근본 3방 회의는 원만한 효과가 있으리라고 신념이 많습니다.…[74]

김구는 또 하와이로는 미국정부의 입국허가 문제와 여비문제로 참가
하지 못한다고 통보했던 모양이다. 주최쪽의 기록에는 "하와이에서 이민
국의 허가를 얻고 비행기회사에 교섭하여 왕래의 편의를 준비하고 다시
청하였으나, 임시정부의 일이 많아서 떠날 수 없다는 대답을 받고, 원동
대표의 참석은 단념하였다"라고 적혀 있다.[75]

2

1941년4월19일부터 29일까지 호놀룰루에서 열린 해외한족대회는
1930년대에 여러 갈래로 추진되어 온 재미독립운동단체들의 통일운동이
제2차 세계대전이라는 급박한 국제정세의 전개 속에서 비로소 결실을 본
획기적인 행사였다. 동지회 기관지『태평양주보(太平洋週報)』의 다음과
같은 권두 논설이 이 대회의 의의를 짐작하게 한다.

수화상극(水火相剋)의 러시아와 일본이 각자 이익을 위하야 중립
협약을 체결하여서 태평양에 대한 일본 위협이 급박하야진 이 비상시
기에 로스앤젤레스국민회 대표 한시대(韓始大), 김호(金乎), 송종익

---

74)「金九가 金秉堈에게 보낸 1941년3월20일자 편지」,『대한민국임시정부자료집(42) 서한집I』,
pp.320~ 321.
75) 재미한족연합위원회 편, 앞의 책, p.151.

(宋鍾翊) 3씨가 하와이국민회, 동지회, 기타 단체대표와 참석하야 국가 대사를 의논키로 하와이를 방문함에 우리는 대표 3씨를 알로하 사랑으로 환영하노라.

민간단체로 우리가 머리를 맞대고 광복운동을 어떻게 어느 방도로 실효천행(實效踐行)할 방략과 정책을 심의해 보기는 이번이 처음이요, 이번 연합회 호성적으로 자조 친선 단결하기를 기대하노라.

단체 성질로는 각각 다르나 연합회 대표제씨는 미주, 하와이, 멕시코 재류 한족을 대표하야 전 민족의 운명 개척할 사명을 가졌은즉, 나랏일이 단체일보다 더 소중한 줄 깨닫고 각자의 주의 주장을 서로 고집하지 말며 순리로 화기 있게 민족의 대경륜과 소망을 (실천하는 데) 성공하기 부탁하며, 다시금 대표 3씨의 하와이 방문을 만강의 열정으로 알로하 하노라.[76]

북미국민회의 대표 한시대, 김호, 송종익 세 사람은 4월16일에 매소니아 호(S. S. Massonia)편으로 호놀룰루에 도착했다. 하와이국민회는 해외 한족대회에 참석할 대표로 안원규(安元奎), 김현구(金鉉九), 김원용(金元容)을 선임했고 동지회는 이원순(李元淳), 안현경(安玄卿), 도진호(都鎭鎬)를 선임했다. 선임된 세 단체 대표들로 대회준비위원회가 구성되었다. 하와이국민회 회장 조병요와 동지회 중앙부장 손승운은 정식대표는 아니었으나, 대표자격으로 참석했다. 해외한족대회에 참가한 단체와 정식대표는 미국 본토의 두 단체(북미국민회, 조선의용대 미주후원회연합회)와 하와이의 일곱 단체(하와이국민회, 대한인동지회, 중한민중동맹단, 대조선독립단, 한국독립당 하와이총지부, 국민회쪽 대한부인구제회와 동지회쪽 대한부인구제회) 대표 15명이었다. 두 국민회와 동지회 이외의 단체에서는 대

---

76) 《太平洋週報》1941년4월19일호, 「라성 국민회대표를 환영」.

1941년 4월 19일부터 29일까지 호놀룰루에서 열린 해외한족대회에 참석한 대표들.

표 한명씩이 참가했다.[77]

대회를 주동한 세 단체가 준비한 의제는 임시정부 기치 아래 대동단결하여 총역량을 집중한다는 목표 아래 첫째 독립전선에 대한 전 민족의 총동원 강화와 그 지도방략, 둘째 정치, 외교, 군사의 3대운동의 현시대적 신방략의 전개, 셋째 독립운동의 강화 실현에 대한 경제적 기초와 운동방략의 세가지였다.[78]

동지회가 해외한족대회에 기대한 가장 중요한 의안은 구미위원부를 정부기구로 인정하고 재미동포단체들이 협력하여 재정지원을 하도록 하는 것이었다. 회의 개막에 즈음하여 이원순은 「우리의 임시정부와 대미외교」라는 글을 발표하여 동지회의 그러한 의사를 분명히 밝혔다. 이원순은 대미외교의 필요성과 구미위원부의 내력, 그리고 만주사변[9·18전쟁]이 일어나자 이승만이 임시정부 명의로 제네바의 국제연맹회의에 가서 활동한 일 등을 상기시킨 다음, "2~3년 전부터는 구미위원부 사무소를 다

---

77) 홍선표, 『재미한인의 꿈과 도전』, 연세대학교출판부, 2011, p.184.
78) 《太平洋週報》 1941년4월5일호, 「해외한족전체대회」; 《新韓民報》 1041년4월17일자, 「3대 단체 대표회의 회의정서」.

시 열고 리 박사께서 평생 활동하시며 동지회와 부인구제회가 그 경비를 전담하야 가는 바이라"라고 설명하고, 다음과 같이 결론을 내렸다.

우리의 모든 일이 이만치 진행되는 이때에 아무쪼록 조직적으로, 또는 통일적으로 일을 하야 사업을 분담하야 가지고 나아가야 할 것이다. 임시정부를 최고기관으로 하여 광복군과 구미위원부를 직접 연락하게 하며 우리 민간단체 등은 그 기관들을 물질적으로 원조를 할 것 같으면 모든 일이 순서적으로 진행되어 갈 것이요, 무슨 일에나 질서를 유지하야 가지고 적극적 운동을 하야 나아가서 이번 기회에 우리의 원하는 독립을 기어코 찾을 것이라 한다.…79)

대미외교사업 문제는 해외한족대회의 준비단계에서부터 임시정부의 큰 관심사였다. 로스앤젤레스에 있는 의용대후원회는 임시정부에 편지를 보내어 자신들의 단체도 인정하고 임시정부를 개조하여 각 장파의 수령들을 망라한 내각을 구성하라는 등 몇가지를 제의했는데, 그 가운데는 한길수(韓吉洙)를 외교대표로 임명하라는 요구도 들어 있었다. 임시정부는 공식답서를 보내지 않고 김구 개인명의로 편지를 보냈는데, 그 내용은 "임시정부는 한길수와 합작하는 개인이나 단체에는 공식문서를 보내지 않는다. 그 이유는 미국 의원단에게 한국의 독립운동은 무력을 쓰지 않고 정신으로 하며, 앞으로 독립청원단을 조직하여 도쿄까지 갈 작정이라, 또는 한미조약 부활을, 또는 알래스카에 극동으로부터 한인 1만명을 이민시킨다는 등등의 광패(狂悖)한 언동으로 국가와 민족에 용납지 못할 죄과를 범한 자와 합작하는 까닭으로이다. 한길수가 사죄서를 발표하지 않으면 필경 정부에서 성토하겠고, 소위 민중동맹단과 후원회는 해

---

79) 리원순, 「우리의 림시정부와 대미외교」, 《太平洋週報》 1941년4월19일호, p.11.

산하는 것밖에 다른 길이 없다"라는 요지였다.[80] 김구의 이러한 강경한 주장은 한길수와 그의 후원자들에 대한 반감뿐만 아니라 그들이 지지하는 김원봉 등의 민족전선연맹에 대한 적개심을 드러내 보인 것이기도 했다.

그런데 의용대후원회에 보낸 김구의 이러한 편지는 아랑곳없이 한길수의 중한민중동맹단은 해외한족대회와 관련하여 다음과 같이 주장했다.

(해외한족대회는) 첫째는 임시정부를 일체로 봉대하여 유력한 정부가 되게 할 것이요, 둘째로는 외교단을 조직하여 이미 외교 선전사업을 시작한 인사들이나 새로 증가되는 인원들이라도 이 범위 안에서 일치한 행동을 취하게 할 것이요, 셋째로는 군사운동이니, 임시정부 명령과 항일전선의 기치를 같이 하야 나아가게 할지니, 이 세가지를 원만히 해결하야 놓으면 이번 대회는 대성공이라 하노라.···[81]

이러한 주장은 중한민중동맹단이 한족대회에 한길수의 활동까지 포괄하는 통합적인 외교기구를 구성할 것을 요구한 것이었다.

김구는 의용대후원회에 편지를 보낸 사실을 북미국민회 총무 김병연에게 알리고, 해외한족대회를 앞두고 북미국민회가 건의한 외교선전대표 문제에 대해서는 이승만을 단장으로 하라고 다음과 같이 잘라 말했다.

귀회에서 고려하는 외교선전의 대표문제는 현하 시사에 비추어 보면 그다지 염려가 안될 듯합니다. 한 사람을 맡겨도 전횡이 불능한 것은 원동력이 임시정부와 광복군에 있은 즉, 전일의 구미위원부 시대와는 판이할 것이오며, 여러 사람에게 맡겨도 쟁공(爭功)을 할지언정 쟁

---

80) 「金九가 金秉堧에게 보낸 1941년3월20일자 편지」, 『대한민국임시정부자료집(42) 서한집Ⅰ』, pp.320~321.
81) 《한중동맹단선전문》 1941년4월18일호(제70호), 「사설: 미포대표회에 대하야」.

권(爭權)은 못할 것이니 이 박사를 단장으로 하고 2~3인 보조를 하게 하면 적당할 듯합니다. 하물며 미주와 하와이의 각 단체가 일치한 주장으로 임시정부와 광복군을 절대 옹호하는 그 배경을 가진 대표들이 감히 딴 생각을 할 리가 없을 듯하외다.…[82]

그러나 이 문제에 대한 임시정부의 방침은 한족대회가 끝날 때까지 명확하게 결정되지는 않았던 것 같다. 그것은 내무부장 조완구가 임시정부를 대표하여 한족대표회에 보낸 다음과 같은 「훈사」로 짐작할 수 있다. 조완구의 이 「훈사」는 공식회의가 시작되기 하루 전인 4월20일에 중경방송국의 단파방송을 통하여 전해졌다. 조완구는 "이미 김 주석의 서함을 받으셨을 터인즉, 정부의 의사를 벌써 알으셨을 줄 압니다"라고 전제하고 나서, 다음과 같이 말했다.

이와 같이 중대한 사명을 유감없이 준행하려면 그 책임을 맡길 인물을 선택하는 것이 첫 일입니다. 우리가 요구하는 인물은 훌륭한 수완과 총명한 재간을 반드시 구비하여야 할 것은 물론이지만 그보다도 더 보귀한 것은 순정한 정신과 인격입니다. 외교기구의 명칭은 대한민국임시정부 주미외교위원회로, 책임자는 3인쯤 임명하는 것이 적당하리라 생각합니다.…[83]

3

하와이 한족대표회는 4월19일 저녁 7시에 국민총회관에서 공개리에 개회되어 대회임원을 선정했다. 의장에 안원규, 부의장에 한시대, 서기에

---

82) 「金九가 金秉堧에게 보낸 1941년3월20일자 편지」, 『대한민국임시정부자료집(42) 서한집 I 』, p.320.
83) 《太平洋週報》 1941년5월31일자, 「재미한족에 대한 임정훈사」, p.10.

김원용, 도진호, 영문서기에 김현구가 선임되고, 대표심사위원으로는 안원규, 이원순, 김호가 선임되었다. 이원순과 김호는 의안수정위원을 겸했다. 이러한 임원구성은 대회가 세 단체의 주동으로 성사되었음을 반영한 것이었다.

4월20일은 일요일이었다. 대표일행은 오전에 한인기독교회에서 예배를 보고, 오후 2시에 국민총회관에서 일반동포들도 참석한 민중대회로 모였다. 대회진행에 대한 설명이 있고 나서 대표들의 연설이 있었다. 이 자리에는 중경임시정부 각원들의 축전과 워싱턴위원부의 이승만과 북미국민총회의 축사가 낭독되었다. 본격적인 의안토의는 4월21일 하오 7시부터 칼리히의 한인기독학원에서 시작되었다.[84]

회의는 4월26일까지 계속되었다. 가장 열띤 토론이 전개된 것은 역시 외교사업을 담당할 대표의 수와 인선문제였다. 이 문제로 사흘 동안 계속 토론이 벌어졌다. 결국 북미국민회의 총회장을 지낸 김호의 다음과 같은 주장으로 이승만을 대표로 천거하여 임시정부의 임명을 받기로 했다. 김호의 주장은 첫째로 미주와 하와이의 지도자들 가운데 자격, 신용, 배경 등을 감안할 때에 40년의 애국 성의를 가진 이승만만 한 인물이 없고, 둘째로 이승만을 반대하는 사람들이 두려워서 그를 외교중심 인물로 내세우지 않았다가 미주 및 하와이동지회의 찬조를 얻지 못하게 되면 이번 대회의 목적인 대동단결의 노력은 실패하고 말 것이며, 셋째로 이승만을 반대하는 사람들은 소수 지식인층인 반면에 그를 신복하는 다수의 민중이 그의 임명을 환영한다는 것이었다.[85]

논란이 벌어지자 중한민중동맹단 대표 등은 대회에서 탈퇴하겠다면서 흥분하기도 했지만, 회의는 침착하게 진행되었다. 김호는 한길수에 대해서도 객관적으로 평가했다. 그는 북미국민회에 대해 활동비를 지원하

---

84) 《太平洋週報》 1941년4월26일자, 「해외한족대회진행」, p.16; 《新韓民報》 1941년5월8일자, 「해외한족대회준비회」.
85) 《太平洋週報》 1941년5월3일자, 「한족대회의 3대 운동」, pp.16~17.

지 않는다고 미국인을 시켜 위협하다시피 했고, 임시정부를 비방했던 일 등을 설명하고 나서 다음과 같이 말했다.

"그의 기능에 들어가서는 우리가 칭찬할 것이 한두가지가 아니외다. 한길수는 풍부한 학식은 없으나 탐보[探報: 정보수집]함에는 경탄할 것이 많으며, 따라서 미국 친구들도 그의 봉사를 어느 정도까지는 신임하며 찬조합니다. 그의 자격과 활동 범위가 미국 국방에 긴절히 소용되는 고로 한씨를 외교원으로 쓰는 것보다 미국정부에 봉사하며 미주 및 하와이 한인사회에 충성을 보이게 하는 것이 오히려 나을 줄 절실히 믿습니다."

이렇게 하여 대회는 한길수를 외교원의 한 사람으로 포함시키기보다 미국 국방공작에 대한 미주 및 하와이 한인사회의 봉사원으로 선정하기로 합의했다.[86] 이러한 조치에 대해 김구는 회의가 끝난 뒤에 김호에게 보낸 편지에서 "이번 대회에서 이 박사를 단독으로 외교대표로 선택한 것과 한길수를 국방봉사원으로 선정하여 민중적으로 감독 지도케 된 것이 모두 지혜스러운 공작이라고 정부동인 등은 찬하(贊賀)하기 마지않습니다"라고 평가했다.[87]

해외한족대회에서 토의된 사항은 4월27일 오후 2시에 센트럴주니어 학교에서 열린 공동대회에 보고되었고, 공동대회의 논평을 거쳐 이틀 뒤인 4월29일에 「해외한족대회결의안」으로 발표되었다. 「결의안」은 역사적인 한족대회의 결의사항을 7개항에 걸쳐서 구체적으로 망라한 것이었는데, 요약하면 다음과 같다.

첫째, 독립전선 통일문제 : (1) 주의와 이론을 초월하여 온갖 역량을 항일전선에 집중하고, (2) 신문, 잡지 및 모든 출판물들의 논조를 통일하며, (3) 표어를 제정하여 정신을 집중하고 행동을 민활하게 한다.

---

86) 《太平洋週報》 1941년5월10일자, 「한족대회 3대 운동」, pp.6~7.
87) 「金九가 金乎에게 보낸 1941년6월18일자 편지」, 『대한민국임시정부자료집(42) 서한집 I』, pp. 318~319.

둘째, 임시정부 봉대문제 : 대한민족과 각 단체는 (1) 임시정부를 절대로 신뢰하며 물질과 정신을 다하여 희생적으로 봉사하고, (2) 임시정부로부터 발표되는 온갖 법령을 절대로 준행하며, (3) 정부의 위신과 기율의 보증을 위하여 임시정부는 민족의 총의적 요구가 아니면 형행 정체를 변경하지 않도록 정부에 요청한다.

셋째, 군사운동 문제 : (1) 각 단체는 우리 국민 전체가 광복군인된 인식을 고취하여 전선출동의 준비적 훈련을 행하기로 하고, (2) 광복군과 의용대는 무조건으로 임시정부 통제 아래 대일항전을 합작하도록 요청한다.

넷째, 외교운동과 그 기관설치에 관한 문제 : 이 항목은 이승만의 활동과 직접 관계되는 항목이므로 자세히 살펴볼 필요가 있다.

(1) 외교위원부를 워싱턴에 설치함. [이유] 미국은 오늘 세계 외교의 중심이 되느니만치 그 수부 워싱턴에 우리의 외교기관을 두어 활동케 하자함.

(2) 외교대표는 위원 한 사람을 두어 전무케 하되, 시국의 전개와 사무의 증가를 따라 인원을 더함. [이유] 재정과 모든 이론의 관계로 위원 한 사람으로 전무케 하고 시국에 어울리며 일이 복잡함을 따라서 인원을 더하자 함.

(3) 외교위원부는 임시정부의 법적 절차를 마친 뒤에 사무를 개시케 함. [이유] 이 외교기관을 민중적으로 하지 않고 정부의 기관으로 실행케 함에는 외교부의 정식 인준을 받는 것이 옳다 함에 터함.

(4) 외교위원부 경비는 재외동포가 부담하기로 함. [이유] 실제상으로 재정은 재미(미주, 하와이, 멕시코, 쿠바) 동포의 수중에 있음에서임.

(5) 대미 외교대표는 이승만으로 택정함.

(6) 이상의 조목을 임시정부에 청원하여 인가를 받은 뒤에 실행하기로 함.

다섯째, 미국의 국방공작을 원조하는 문제 : (1) 해외한족은 어디서든지 직접 간접으로 미국의 국방공작을 원조하라고 권유문을 발포하고, (2) 미국 국방공작 봉사원 1인을 선정하여 적당한 봉사를 하게 하되, 경비는 재미한인이 부담하며, (3) 미국 국방공작 봉사원은 한길수로 선정한다.

여섯째, 독립운동에 대한 재정방침문제 : (1) 독립운동에 쓰는 모든 자금은 '독립금'이라는 이름으로 각 지방단체에서 일치한 방법으로 수납하고, (2) 지금까지 각 단체에서 실행하던 각종 독립운동금의 명칭은 다 폐지하며, (3) 독립운동금은 연예산 2만 달러로 책정하고, 그 가운데 3분의 2는 임시정부로 상납하고 3분의 1은 외교비와 국방공작 원조비로 사용하기로 한다. '재정에 관한 세칙'은 따로 정했다.

일곱째, 연합기관 설치 문제 : (1) 재미한족연합위원회를 설치하기로 한다. (2) 연합회는 의사부와 집행부로 구성하되, 의사부는 하와이에 있는 대표원으로 조직하고 집행부는 미주에 있는 대표원으로 조직하기로 하며, (3) 연합회 규정은 따로 제정하기로 했다.[88]

이처럼 4월19일부터 26일까지 열린 해외한족대회를 통하여 재미한족연합위원회가 결성된 것은 미주와 하와이 동포사회를 총괄하는 새로운 조직의 탄생을 의미했다. 그것은 1909년2월에 대한인국민회가 결성되어 미국 본토와 하와이의 한인사회를 처음으로 하나로 결합시킨 이래 최대의 업적이라고 할 만했다.[89]

「해외한족대회결의안」과 함께 발표된 「재미한족연합위원회규정」은 연합위원회의 목적을 조국의 독립운동과 그 전선을 통일하여 항전 승리를 획득하며 동포사회의 발전향상을 위하여 연락 협조하는 것이라고 천명했다. 또 연합위원회는 재미한족의 정치단체들로 구성하며, 체제는 위원제로 하고, 위원은 해외한족대표회 출석대표 전원과 하와이국민회, 동

---

88) 《太平洋週報》 1941년5월10일자, 「해외한족대회결의안」, pp.7~9; 《新韓民報》 1941년5월15일자, 「해외한족대회결의안」.
89) 홍선표, 앞의 책, p.194.

지회, 북미국민회 수석으로 선출하기로 했다. 운영방식은 정례가 없고 특별한 사정에 따라 의사부와 집행부의 공동결의로 임시로 소집하는 것으로 했다. 눈길을 끄는 것은 각 회원단체는 독립금을 수합하여 본위원회로 납부하는 의무를 각별히 준수하도록 강조한 점이었다. 또한 미국 국방공작의 후원사무 일체를 본회에서 관리하도록 규정한 것은 각 단체와 한길수의 관계에서 있을 수 있는 알력을 최대한으로 방지하고자 한 배려에서 나온 것일 것이다. 워싱턴에 설치될 외교위원부도 행정적으로 임시정부의 직속기관이 될 것이지만 재정은 연합위원회에 의존하게 될 것이므로 경우에 따라서 알력을 빚을 소지가 없지 않았다.

4

해외한족대회를 성공리에 마쳤다는 소식을 듣고 이승만은 《태평양주보》를 통하여 다음과 같은 축하문을 보냈다.

이번에 호놀룰루에서 개최한 해외한족대회 결과를 모든 한족이 다 기뻐할 줄 믿습니다.… 피차 호의로 의사를 교환하고 따라서 민족운동을 합심합력하야 하기로 작정하고 각각 호감을 가지고 일해 나가게 된 것은 과연 축하할 만한 성적입니다.

이 뒤를 계속하야 이 성적이 영구한 결실을 내고 못 내는 것은 각 단체의 인도자들과 또한 일반민중에 달렸나니, 어떤 단체나 어떤 인도자나 이것을 이용해서 자기들의 세력을 세워보기를 경영하는 데가 있으면 아무리 비밀히 하고 아무리 수단 있게 할지라도 스스로 남들이 다 알고 각각 그 정신이 다시 들어와서 서로 분열이 부지중에 생기리니, 이것을 극히 조심할 것입니다. 민족을 이때에 우리 손으로 살려내야 하겠는데, 일편 공심만 가지고 서로 받들어 나가면 스스로 신앙이 생기며 정의가 통해서 몇십 몇백 단체가 있을지라도 다 단합 단결한 민족이 될 것이라.…

그런즉 지금 이후로 어떤 한인이든지 외국인을 대하야 글로나 말로나 한인들이 단합이 못되어서 일하기 어렵다 하는 자가 있으면 이는 곧 거짓말하는 자요 한족의 생활 길을 막는 자로 인정하야 공개 성토할 것이라.… 종금 이후로는 모든 지난 일을 다 잊어버리고 천재일시인 이 기회에 우리 삼천리 금수강산을 회복하자는 목적에 다 살아도 같이 살고 죽어도 같이 죽자는 대의를 지켜서 이 굳은 애국심과 이 굳은 단결로 대업을 성취하도록 나가기 바랍니다.…90)

이러한 문면은 한족대회의 결과에 대한 평가보다는 앞으로의 일을 중시하면서 각 단체 지도자들의 단결을 강조한 것이어서 이 무렵의 이승만의 심경을 느낄 수 있다.

이승만의 이러한 신중한 태도와는 대조적으로 김구는 해외한족대회가 재미동포들의 "독립운동 역사상에 신광채를 표현하는" 쾌거였다고 극찬했다. 해외한족대회의 결의안을 받아본 김구는 6월4일자로 다음과 같은 편지를 북미국민회로 보냈다.

그간 독립당 대표대회를 하와이 대표대회와 동시에 거행하고 임시 정부 국무회의와 광복군 통수부회의를 왜적 비행기의 공습을 피해 가면서 월여를 계속 개회하야 이제야 겨우 마쳤고, 하와이 대표대회가 결의한 모든 중대안건은 생각했던 것 밖으로 원만히 토의결속된 보고를 작일에 받아보고 금일[6월4일] 국무회의를 열고 보고를 의지하야 절차를 행하는 중입니다. 이것은 우리 동포가 미주에서 독립운동 역사상에 신광채를 표현하는 것으로 보아 정부 동인 등은 크게 경하하오며 외교위원 천보도 지금 이 시기에 이와 같이 하는 것이 매우 지

90) 리승만, 「해외한족대표회를 치하」, 《太平洋週報》 1941년5월31일호, p.5.

혜로운 처사로 압니다.[91]

　이승만과 김구의 하와이 해외한족대회에 대한 이러한 평가의 차이는 새로 결성된 재미한족연합위원회의 앞으로의 활동에 대한 기대와 전망의 차이에 따른 것이었다.
　이승만은 한족대회가 열리고 있는 동안 동지회에 대하여 아무런 지시도 하지 않았다. 대회 의장 안원규는 대회결의안을 임시정부에 보내고 이승만을 대미외교대표로 임명해 줄 것을 요청하는 한편 이승만에게도 결의안과 함께 대회의 결의를 수락해 달라는 편지를 보냈다. 이승만은《태평양주보》로 한족대회를 치하하는 글을 보낸 이튿날 안원규의 편지를 받았다. 그리고 그 결정을 사양했다. 그는 5월18일에 안원규에게 다음과 같은 편지를 썼다.

　　경계자. 귀함을 접수하여 해외한족대회결의안을 자세히 보았으며 귀 대회 대성공을 다시 축하하나이다. 그런데 본인을 주미외교대표로 추천하셨다 하니 극히 감사하오나 시기에 응하여 상당한 인격을 택임하시면 본인은 힘껏 협찬하여 수고를 아끼지 않을 터입니다. 이 뜻을 임시정부에 글을 보내어 품고하오니 서량[恕諒: 사정을 살펴어 용서함]함을 열망하오며 민족통일을 위하여 이렇듯 노력하심을 감복하나이다.[92]

　이승만은 안원규에게 편지를 보냈다는 사실을 이원순에게도 알렸다. 이때의 이승만의 사양의 뜻이 얼마나 확고한 것이었는지는 알 수 없으나, 한족대회의 결의에 규정된 외교위원부의 위상이 이승만으로서는 마뜩찮

91)《新韓民報》1941년6월26일자,「임시정부당국은 한족대회를 자랑」.
92) 李元淳,『世紀를 넘어서: 海史 李元淳自敍傳』, pp.233~234.

게 여겨졌기 때문이었을 것은 말할 나위도 없다. 이원순에게 밝힌 외교대 표직 사양의 이유는 한결 심각하게 검토해볼 만한 내용이었다.

내가 연래로 주장하던 바는 각 단체 인도자들이 각각 합동을 대 응하여 단체세력을 확장하려는 고로 합동이 되지 못한다고 주장하여 온 것입니다. 각 단체들이 모든 사상과 신조를 불계하고 합동을 주장 하는 자리에 음연히 중요 책임을 맡고 앉으면 나 개인으로는 전후 모 순이요 민족 전체로는 합동을 무력하게 함이니, 다만 뒤에 앉아서 힘 껏 도울 것이오. 공사양천(公私凉天)이겠기에 이같이 결정하는 것이 며, 여러분이 모든 기를 희생하시므로 이만치라도 개발된 것이니, 일 만 동포의 양해를 바랍니다.[93]

그러나 이러한 설명만으로는 2년 전에 임시정부에 대하여 구미위원부 의 복설을 승인해 줄 것을 요청했던 이승만이 외교대표의 직임을 사양한 이유를 단정적으로 추측하기는 어렵다. 외교위원부의 위상문제와 함께 한길수를 "국방봉사원"이라는 애매모호한 직명으로 선정한 데 대한 불 쾌감도 없지 않았을 것이다. "국방"문제는, 특히 전쟁기간에는 바로 외교 문제였기 때문이다.

그러나 그보다도 더 직접적으로는 재정문제 때문이었을 것으로 판단 된다. 해외한족대회에서 의결된 「결의안」대로라면 외교위원부는 동포들 을 상대로 직접 후원금을 모금할 수 없게 될 것이었다. 그것은 결국 외교 위원부가 해외한족연합회에 얽매일 수밖에 없었다.

구미위원부는 이승만이 한성정부의 집정관총재 자격으로 공포한 「집 정관총재공포문」(제2호)에 근거하여 설립된 기관으로서 하와이, 미주, 멕 시코, 쿠바 재류 동포들을 대상으로 행정권과 재정권을 행사하는 독립적

---

93) 위의 책, p.233.

인 정부기구로 운영되었다. 임시정부는 1925년3월에 이승만의 탄핵과 면직을 결의하면서 구미위원부에도 폐지령을 내렸으나 이승만은 이를 무시하고 동지회와 부인구제회 등 지지자들의 지원으로 1937년까지 워싱턴에 구미위원부 사무실을 유지했고, 재정난으로 문을 닫았다가 1939년 3월에 이승만이 하와이에서 다시 워싱턴으로 가서부터 활동을 재개하고 있었다.

5

해외한민족대회의 요청을 받은 임시정부는 6월4일에 국무회의를 열고 워싱턴에 주미외교위원부를 설치하기로 결의하고 「주미외교위원부규정」을 제정했다. 「규정」은 새로 설치하는 외교기관의 명칭을 "주미외교위원부"라고 명시함으로써 지난날의 구미위원부와는 다른 정부직할의 새 기관임을 분명히 했다(제1조). 그러나 대외명칭은 이승만이 사용해온 대로 "Korean Commission"을 사용하도록 했다. 주미외교위원부에는 위원장 1인을 임시정부에서 임명하여 교섭사무를 전임하게 하고(제2조), 위원장은 수시로 외교상황을 임시정부에 보고하는 것은 물론 중요한 안건은 반드시 임시정부의 지시를 받도록 했다(제3조).[94]

임시정부는 1941년6월4일자로 된 임명장과 함께 국문과 영문으로 된 신임장을 이승만에게 보냈다. 영문 신임장의 문면은 다음과 같은 것이었다.

신임장. 본 대한민국임시정부 주석은 국무회의의 의결로 미국 워싱턴 D.C. 주재 주미외교위원부(The Korean Commission) 위원장 이승만 박사를 합중국 정부와의 모든 외교교섭을 재량에 따라 행사할

---

94 《大韓民國臨時政府公報 제70호》(1941년6월4일), 『대한민국임시정부자료집(1) 헌법·공보』, pp.237~238.

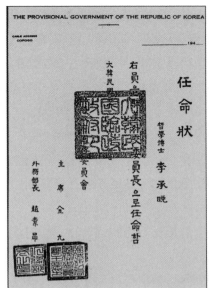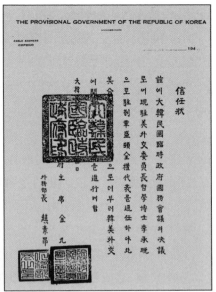

1941년6월4일자로 된 이승만의 주미외교위원장 임명장과 6월6일자로 된 워싱턴 주재 전권대표 신임장.

수 있는 전권을 부여받은 본 정부의 공식대표로 임명하였음을 통보
합니다.

이렇게 하여 임시정부 초창기에 임시대통령과 경무국장으로 시작된
이승만과 김구의 위상은 이제 주석과 주미외교위원장으로 역전되었다.
임시정부는 이러한 이승만의 신임장과 함께 6월6일자로 김구가 루스벨
트 대통령에게 보내는 편지와 조소앙이 헐(Cordell Hull) 국무장관에게
보내는 편지를 동봉하여 이승만에게 보냈다. 두 편지는 모두 1882년의
조미수호통상조약을 거론하면서 두 나라 사이의 우호관계가 재개되기
를 바란다고 말하고, 이승만에게 협조해 주도록 부탁하는 내용이었다.[95]
이승만은 7월14일에 이 문서들을 가지고 국무부로 정치고문 혼백

---

95) 미국무부문서 895.01/49 1/2, Kim Ku to Roosevelt, Jun. 6, 1941, Joe So-ang to Hull, Jun. 6,
1941.

(Stanley K. Hornbeck)을 찾아갔다. 이승만은 이 문서들을 혼벡에게 보이면서 이 문서들을 수신인들에게 보내거나 혼벡이 전해 주기를 원한다고 말하고, 그 이전에 그렇게 하는 것에 대해 혼벡의 조언을 구하고 싶다고 말했다. 혼벡은 임시정부의 도장이 찍히고 봉인지가 첨부된 문서들을 훑어보고 나서 이승만의 소속기관이 그러한 행동을 취할 단계인지는 의심스럽다고 대답했다. 그는 먼저 국무부 동료들과 협의하기 전에는 문서들을 접수할 의사가 없다고 말하고, 만일 이승만이 그 문서들을 잠정적으로 자기에게 맡겨놓고 가겠다면 며칠 안으로 회답하겠다고 말했다. 그러면서 혼벡은 정중하게 말했다.

"나의 마지막 조언이 선생이 생각한 일을 못하게 방해하는 조언이 되지 않을까 두렵습니다."

혼벡은 자기 보좌관이었다가 1937년에 후임 극동국장이 되어 있는 해밀턴(Maxwell M. Hamilton)과 해밀턴의 보좌관 발렌타인(Joseph W. Ballantine), 그리고 국무차관 웰스(B. Sumner Welles) 등 국무부 간부들과 상의했다. 혼벡, 해밀턴, 발렌타인 세 사람은 국무장관 헐이 뒷날 이들 세 사람을 자기의 "주요한 협력자"였다고 술회했을 만큼[96] 국무부의 핵심적인 극동정책 담당자들이었다. 이승만은 1주일 뒤인 7월22일에 혼벡의 연락을 받고 국무부를 방문했다. 혼벡은 문서들을 진지하게 검토했다면서, 이 문서들을 수신인들에게 보내지 말고 이승만이 보관하고 있으라고 했다.

"이 시점에 여기에서 이렇게 접근하는 것은 이 박사의 장년기의 온 생애를 바친 운동을 진전시키는 데 도움이 되지 않을 것입니다."

요컨대 타이밍이 적당하지 않다는 것이었다. 그것은 이승만이 예상한 대답이었다. 그는 혼벡에게 국무부가 진지하게 검토해 주어서 고맙다고 말하고 다음과 같이 덧붙였다.

---

96) Cordell Hull, *The Memoirs of Cordell Hull*, vol. I., pp.894~895, vol. II., pp.988~989.

"적당하고 유리한 기회가 올 것이라는 희망을 가지고 계속해서 국제 상황의 추이를 지켜보겠습니다."[97]

이승만이 기대한 "적당하고 유리한 기회"는 이미 도래해 있었다. 1주일 전인 7월11일에 루스벨트 대통령의 행정명령(Executive Order)으로 발족한 정보조정국(Office of Coordinator of Information: COI)의 활동에 이승만이 참여하게 된 것이었다. COI는 국무부와는 별도로 국가안보와 관련된 정보수집과 분석을 전담하는 기구로 설립되었다. 책임자는 루스벨트 대통령의 친구인 도노반(William J. Donovan) 대령이었다. 제1차 세계대전 때에 뉴욕의 "싸우는 제69부대"의 지휘관이었던 도노반은 월스트리트의 영향력 있는 변호사였고, 공화당원이었다. COI의 발족에 대하여 국무부가 얼마나 위기감을 느꼈는지는 1941년2월에 국무부 안에 설치한 특별조사국(Division of Special Research: SR)의 다음과 같은 내부 메모로 짐작할 수 있다.

그것은 현재의 국내 국외의 모든 문제를 다룰 뿐만 아니라 바람직한 전후처리에 관한 학자들의 권고를 대통령에게 전하는 역할을 할 것이다. 간단히 말하면 도노반의 조직은 결국 윌슨(Thomas Woodrow Wilson) 대통령을 위하여 하우스(Edward M. House) 대령 휘하에 창설되었던 "조사(The Inquiry)"와 비슷한 기구로 발전하려고 하고 있다.…

윌슨은 자기가 신임하는 하우스 대령에게 명하여 정부조직 밖에 "조사"라고 불린 전후계획기관을 설치했고, 하우스는 파리강화회의에도 참가하여 윌슨의 두뇌역할을 했다. "조사"가 왜 옳지 않은 것인지를 이 메모는 다음과 같이 지적했다.

---

97) 미국무부문서 895.00/729 PS/SBH, "Adviser on Political Relations", Aug. 20, 1941.

"조사"의 존재는 강화가 이루어질 때에 국무부의 능률과 위신을 현저하게, 그리고 다른 정부 전체의 그것들도 상당한 정도로 손상시켰기 때문이다.… ("조사"는) 당연하게도 전후에 해산되었고 그 일을 계승하기에 합당한 기관이 만들어지지 않았기 때문에 "조사"의 실제의 성과는 대부분 상실되었다. 이 경험을 다시 한번 되풀이하지 않는 것이 바람직하다.[98]

국무부의 이러한 비판과는 반대로 COI는 제2차 대전 이후에 미국정부 안에서 가장 강력한 기관인 중앙정보국(Central Intelligence Agency: CIA)으로 발전했다.

처음에 설치된 COI의 주요부서는 대외홍보처(Foreign Information Service: FIS)와 조사분석과(Reserch and Analysis: R&A)였다. 셔우드(Robert Sherwood) 휘하의 FIS는 반추축국 선전을 위한 단파 라디오 방송을 주로 담당했고, 박스터 3세(James P. BaxterⅢ) 휘하의 R&A는 공개된 첩보를 수집하고 분석하는 임무를 담당했다. COI는 또 비밀첩보(Secret Intelligence: SI)와 특수공작(Special Operation: SO)의 두가지 사업을 추진했다. 먼저 추진된 것은 비밀첩보 분야의 작업이었다. COI는 중국을 통한 대일정보수집 계획을 추진했는데, 그 임무를 담당할 적임자로 도노반이 선임한 사람이 이승만을 잘 아는 게일(Esson M. Gale)이었다. 게일은 일찍이 이승만이 도미하기 전에 그에게서 세례를 받고 싶어 했을 만큼 옥중의 이승만을 돌보았고, 출옥한 이승만이 1904년에 도미할 때에는 친지들에게 소개장을 써 주었던 캐나다 출신의 장로교회 선교사 게일(James S. Gale, 奇一)의 조카였다.

1908년에 북경주재 미국공사관의 학생통역관으로 임명되었던 게일은 1911년부터 1913년까지는 부총영사로 일했고, 1914년에 염세국(鹽稅

98) 五白旗頭眞, 『米國の日本占領政策(上)』, 中央公論社, 1985, pp.64~65에서 재인용.

局: Chines Salt Tax Services)에 취직한 뒤로, 1927년부터 1932년까지 귀국하여 연구와 교수생활을 한 것 말고는, 1937년에 일본인들에 의해서 출국당할 때까지 23년 동안 그곳에서 근무한 중국통이었다.[99]

COI는 게일 사절단(Gale Mission)의 중국 파견을 위해 1941년9월부터 12월까지 여러 차례에 걸쳐 대규모 부간회의(interdepartmental conferences)를 개최했고, 그해 11월에는 중국 상해를 거점으로 비밀첩보기관을 설치하는 방안을 검토했다.[100]

이승만은 바로 이 회의에 참석함으로써 COI와 관계를 맺게 되었다.[101]

이승만이 이 회의에 참석하게 된 것은 게일뿐만 아니라 COI의 제2인자인 굿펠로(Preston M. Goodfellow)가 이승만과 친분을 맺고 있었기 때문이다. 이승만은 1941년 여름에 게일의 소개로 굿펠로와 알게 된 이래 진주만사건이 나기 전에 여러 차례 만찬을 같이했고, 1942년1월1일에는 자신의 저서 『일본내막기(*Japan Inside Out*)』를 굿펠로에게 증정하기도 했다.[102]

---

99) Clarence N. Weems, "Washington's First Steps Toward Korean-American Joint Action(1941~1943)", 『韓國獨立運動에 關한 國際學術大會論文集』, 韓國獨立有功者協會, 1988, pp.325~326.

100) "Proposals for an Unofficial U.S. Agency in China", Nov. 10, 1941, 『韓國獨立運動史資料 (25) 臨政篇Ⅹ』, 1994, pp.5~13. 이 문서는 작성자의 이름 없이 도노반에게 제출되었다.

101) Clarence N. Weems, op. cit., p.337.

102) 정병준, 『우남 이승만 연구』, 역사비평사, 2005, p.242.

62장

울분 참고 「광복군행동준승」 받아들여

1. 김원봉의 방해로 광복군 편성 지연

1

　민족진선(民族陣線) 3당이 통합하여 1940년5월9일에 기강(綦江)에서 새로 창당한 한국독립당(韓國獨立黨)은 1941년5월에 창당 1주년을 맞아 중경(重慶)에서 제1차 전당대표대회를 개최했다. 대표대회는 5월8일의 예비회의를 거쳐 5월9일부터 홍진(洪震)의 주재 아래 19일까지 열흘 동안이나 계속되었다. 일본군의 공습 때문에 야간회의로 열리기도 했다. 회의의 주된 안건은 광복군 특별당부에서 제의한 의제들이었다. 한국독립당은 중국국민당을 본떠서 광복군 안에까지 특별당부를 결성했다. 광복군 특별당부는 광복군총사령부가 서안(西安)으로 옮긴 직후인 1940년12월13일에 서안에서 결성되었다.[1] 광복군 특별당부는 7개항의 제의를 제출했는데, 그것은 김구를 비롯한 한국독립당 인사들이 광복군을 군사적인 면에서뿐만 아니라 정치적으로 얼마나 중요시했는지를 말해 준다.

　광복군 특별당부가 제출한 첫번째 제의는 임시정부와 광복군이 합법적으로 한국독립당의 「주의」, 「정강」, 「정책」을 실현할 의무와 권리가 있도록 규정하여 "이당치국, 일당전정(以黨治國, 一黨專政)"의 원칙을 실행하는 것이었다. 그러나 이 제의는 한국독립당의 입장에서 원칙적으로 옳지 않은 것은 아니지만 현재의 정세에 비추어 실익은 적고 말썽만 많을 것이라고 하여 다음 대회까지 보류하기로 했다.

　두번째 제의는 1940년의 제1차 중앙집행위원회에서 의결된 「광복군공약」 3개조를 좀 더 구체적으로 개정하여 임시정부로 하여금 빠른 시일 안에 공포하게 하는 것이었다. 이 제의는 채택되었다. 중앙집행위원회는 「광복군공약」 3개조를 다음과 같이 개정하고, 임시정부로 하여금 개정된

---

1) 「韓國獨立黨光復軍特別黨部成立宣言」(1940.12.13.), 『대한민국임시정부자료집(34) 한국독립당 II』, 2009, pp.39~44.

「광복군공약」과 함께 한국독립당은 광복군 내외에 선전하여 특별당부를 조직할 수 있다고 공포하도록 의결했다.

(가) 공약 제1조 "무력적 행동으로 적의 침탈세력을 박멸하려는 한국남녀는 그 주의사상의 여하를 물론하고 한국광복군의 군인이 될 수 있음"이라고 한 조문에서 "군인이 될 수 있음"을 "군인이 될 의무가 있음"으로 개정.

(나) 공약 제2조 "한국광복군의 군인된 자는 정부의 건국방침과 광복군의 지도정신에 위배되는 공산주의나 무정부주의를 군내외에 선전하고 조직할 수 없음"이라고 한 조문에서 "공산주의나 무정부"의 여덟 자를 삭제. 이러한 결의는 이 무렵에 공산주의나 무정부주의 사상이 광복군으로 편성되는 동포청년들 사이에서까지 풍미하고 있었음을 말해 준다. 그리하여 공산주의나 무정부주의는 "정부의 건국방침과 광복군의 지도정신"에 위배되지 않는다고 공식으로 인정한 셈이 되었다.

(다) 공약 제3조 "한국독립당은 한국광복군 내에 그 「당의」, 「당강」, 「당책」을 선전하고 조직할 수 있음"이라는 조문을 "정부의 건국방침과 광복군의 지도정신에 부합되는 「당의」, 「당강」, 「당책」을 가진 당은 군내에 선전하고 조직할 수 있음"으로 개정.

세번째 제의는 이론연구위원회를 조직하여 한국독립당의 「주의」를 속히 체계화하고 통일시키는 것이었다. 이 제의 역시 전쟁 상황에서도 독립운동자들 사이의 이념갈등이 심각했음을 보여주는 것이었다. 이 제의도 채택되어 그 실행을 중앙집행위원회에 위임했다. 중앙집행위원회는 이론연구위원회를 설치하기로 하고 조소앙(趙素昻), 홍진, 최동오(崔東旿) 세 사람을 위원으로 선임하여 곧 작업을 착수하게 했다.

네번째 제의는 위의 이론연구위원회를 광복군총사령부가 있는 서안에 두고 한국독립당의 이론가를 전부 서안으로 집결시켜 이론의 체계화와 통일화를 속히 완성시키는 것이었다. 이러한 제의는 광복군으로 모여드는 여러 부류의 젊은이들에게 이론 무장을 시키는 일이 중요한 과제가

되었기 때문이었다. 이때에 모여드는 젊은이들을 김구가 "잡색군"이라고 했던 것은 앞에서 본 대로이다.[2]

다섯번째 제의는 민족적 총역량 집중방안을 수립하여 곧 실행하도록 노력하는 것이었다. 이 제의도 중앙집행위원회에 위임되었고, 중앙집행위원회는 이론연구위원회에 위임하여 방안을 수립하게 했다.

여섯번째 제의는 한국독립당의 군사위원회를 확대 강화하는 것이었다. 이 제의도 중앙집행위원회에 위임되었고, 중앙집행위원회는 군사위원회에 넘겨 계획서를 작성하여 제출하게 했다.

일곱번째 제의는 한국독립당의 「현단계독립운동 계획대강」을 작성하여 반포하고 실시하는 것이었다. 이 제의도 중앙집행위원회에 위임되었고, 중앙집행위원회는 중앙상무위원회에 넘겨 「계획대강」을 작성하게 했다.

대표대회는 광복군 특별당부 제안의 처리에 이어 또 한가지의 특별제의를 심의했다. 그것은 한국독립당의 「당의」, 「당강」, 「당책」에 근거하여 국내외의 일체의 혁명역량을 임시정부로 집중케 하여 정부의 역량을 강화하는 동시에 당의 지도권을 확보하기 위하여 정치, 군사, 경제, 문화, 사회 및 그 밖의 각종 기관과 단체에 당원을 들여보내어 그들의 활동을 통하여 당의 정책을 실행하도록 한다는 것이었다. 그러나 대회는 이 의안에 대해서는 그것이 「당책」을 중첩하여 설명한 데 지나지 않는 추상적인 것일 뿐 아니라 당 안팎으로 공연히 물의만 일으킬 우려가 있다는 이유로 부결했다.[3]

대회는 이어 1940년도 세입세출 예산안과 결산안, 1941년도 세입세출 예산안, 1942년도 세입세출 예산안을 한꺼번에 상정하여 모두 원안대로

---

2) 「金九가 金乎에게 보낸 1941년2월16일자 편지」, 『대한민국임시정부자료집(42) 서한집 I 』, pp.317~318.
3) 「韓國獨立黨第1次全黨代表大會經過」(1941.5.9.~19.), 『대한민국임시정부자료집(34) 한국독립당 II 』, pp.54~56.

통과시켰다. 1940년도 세입세출 예산안의 경우 총액 4만5,540원으로 계상했었으나, 결산에서 보면 실제 세입세출 총액은 그것의 5분의 1 규모인 세입 8,941원, 세출 8,895.8원에 지나지 않았다. 그럼에도 불구하고 1941년도 세입세출 예산액을 5만2,720원으로 계상했고, 1942년도는 다시 그 두 배가 넘는 11만2,520원으로 계상했다.[4] 이러한 세입세출 규모의 증대는 임시정부도 물론 마찬가지였다. 그것은 급속도로 치솟는 전시 인플레이션을 반영한 것이었다. 재정형편이 이처럼 불안정했기 때문에 임시정부나 한국독립당의 운영은 불안정할 수밖에 없었고, 따라서 김구의 고충은 중경에 정착한 뒤에도 별로 나아진 것이 없었다. 그러한 상황에서 김구는 광복군을 하루빨리 전투력을 갖춘 군대로 편성하여 대일전에 참전하는 일에 노심초사했다.

대표대회는 열흘 동안의 회의를 마치면서「제1차 대표대회선언문」을 발표하기로 하고, 선언문 기초를 조소앙에게 맡겼다. 1년 전의「창당선언문」보다 훨씬 긴 이「대표대회선언문」은 이론가 조소앙의 역사인식을 비롯하여 삼균주의(三均主義)에 입각한 독립운동의 방략에서부터 독립달성 이후의 국가건설 비전에 이르기까지 광범위한 원칙문제를 논리적으로 서술했는데, 그 가운데 가장 특징적인 것은 앞으로의 운동단계를 복국(復國), 건국(建國), 치국(治國), 세계일가(世界一家)의 4단계로 나누어 기술한 점이었다.[5]

같은 시점에 발표된 김구의「중국항전 제5주년을 당하야 국내외동지동포에게 고함」도 비슷한 주장이었다. 김구의 이 글은 한국독립당의「당의」및「당강」과 함께 광복군의 임무를 강조한 것인데, 한국독립당의「당의」를 설명하는 대목에서 "본당은 혁명적 수단으로 원수 일본의 모든 침략세력을 박멸하야 국토와 주권을 완전 광복하고 정치, 경제, 교육의 균

---

4) 위의 책, p.56.
5) 같은 책, pp.116~126.

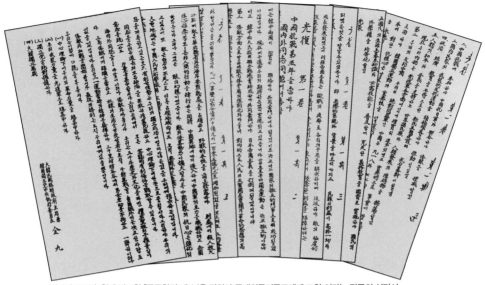

김구가 1941년5월에 발표한 「중국항전 제5년을 당하야 국내외동지동포에게 고함」이라는 장문의 성명서.

등을 기초로 한 신민주국을 건설하야 안으로는 국민 각개의 균등생활을 확보하며 밖으로는 민족과 민족, 국가와 국가의 평등을 실현하고 나아가 세계일가의 진로로 향함"이라고 천명했다.[6] 김구의 이 글도 조소앙의 민족운동단계론을 그대로 천명한 것인데, 그것은 다섯달 뒤인 11월28일에 발표되는 임시정부의 「건국강령(建國綱領)」의 기본이론이 되었다.

위의 기술은 대회의 공식회의록인 「한국독립당 제1차 전당대표대회경과」의 내용이다. 그러나 회의가 열흘 동안이나 계속된 것은 한국독립당 중앙집행위원이자 상무위원이며 임시의정원 의장인 김붕준(金朋濬)과 1년 전에 입당한 손두환(孫斗煥)이 일으킨 분란 때문이었다. 두 사람은 조선민족혁명당의 김원봉(金元鳳)과 결탁되어 있었다.

손두환은 일찍이 김구가 황해도 장련에서 봉양학교 교사생활을 할 때에 그의 상투머리를 잘라 주었던 초립동이 제자였다. 그는 3·1운동 뒤

6) 金九, 「中國抗戰 제5년을 당하야 國內外同志同胞에게 告함」, 《光復》 第1券第3期, 韓國光復軍司令部政訓處, 1941년5월15일호(국한문판), p.3; 『대한민국임시정부자료집(8) 정부수반』, 2006, pp.517~525 참조.

국무위원회 주석 김구와 광복군 총사령 이청천.

에 상해로 건너가서 김구와 함께 임시정부에 참여하여 의정원 의원, 경무국장 등을 역임했고, 모스크바의 중산대학(中山大學)에 유학했다. 중국으로 돌아와 중국 군관학교의 일어교관으로 재직하면서 중일전쟁 발발 뒤에는 민족전선연맹 이사가 되었다. 성도(成都)에 살면서 김구와는 내왕을 끊고 지내다가 1940년 여름의 일본군의 폭격으로 노모와 자부 등을 잃고 복수를 하겠다면서 김구를 찾아왔다. 이때에 김구는 손두환을 보고 다음과 같이 말했다고 한다.

"너의 가족생활은 내가 맡아 줄 터이니 안심하고 복수를 위해 분투하기 바란다. 주의와 사상이 판이하니 네가 나에게 오기는 바라지 않는다. 팔로군(八路軍)으로 가도 좋다. 왜적을 많이 죽여라."

그러나 손두환은 김구를 가까이 모시겠다고 중경으로 왔다고 했다. 그렇게 하여 한국독립당의 당원이 된 손두환이 김붕준을 부추겨 김구에게 반기를 든 것이었다. 그는 김구가 중국 당국으로부터 광복군조직을 인준 받을 때에 반공할 것을 약속했다면서 이것은 매국매족이라고 매도했다는 것이다. 김붕준과 손두환은 당대표대회에 참석할 대표를 조작하여 분란을 일으켰다. 그리하여 김붕준은 중앙상무위원직을 박탈당하고

손두환은 제명되었다.[7]

1941년 5월 28일에 한국광복군을 정식으로 편성시키라는 장개석(蔣介石)의 지시가 있자 중국 군사위원회는 한국광복군 편성문제에 대한 검토작업을 시작했다.

한국광복군 관계 업무는 중국 군사위원회 판공청 군사처장 후성(候成)이 담당했는데, 광복군 참모장 이범석(李範奭)은 후성의 요청으로 5월 30일에 후성을 방문했다.[8] 면담결과는 만족스러웠다. 이어 후성의 요청으로 김구도 그를 방문하여 회담했다. 후성은 김구에게 중국정부는 광복군을 완전한 한국의 국군으로 승인한다고 말하고, 중국 군사위원회가 참모인원을 파견하는 것은 한국의 인재부족문제에 협조하는 것이지 감독이나 지휘를 위한 것이 아니라고 설명했다. 얼마 뒤에 다시 만났을 때에 후성은 김구에게 중한 양국의 필요한 인원은 양쪽이 각각 임명하는 절차를 밟지 말고 광복군사령부가 부서에 따라 임명한 뒤에 명단만 중국 군사위원회에 보고하여 처리하게 하자고 말했다. 후성은 이러한 방법은 한국광복군을 위해 처음으로 시행하는 것이 아니라 중국의 각 집단군 가운데도 그러한 방법을 사용하는 군이 있다고 말했다. 따라서 중국 군사위원회가 파견하는 인원들은 임시정부 군무부장의 임명장을 받고 광복군의 모자표를 달며 광복군의 제복을 입게 하겠다고 했다. 김구는 만족했다.[9]

---

7) 「嚴恒燮이 洪馬에게 보낸 1941년 11월 5일자 편지」(「三十三屆議會에 대한 金朋濬, 孫斗煥, 金若山等의 反亂案分析」), 도산안창호선생기념사업회 · 도산학회 편, 『미주국민회자료집(21)』, 경인문화사, 2005, pp.101~102.
8) 「候成이 李範奭에게 보낸 1941년 5월 28일자 편지」, 『대한민국임시정부자료집(10) 한국광복군 I』, p.79.
9) 「嚴恒燮이 金秉珇과 洪馬에게 보낸 1941년 10월 29일자 편지」(光復軍에 關한 報告), 『대한민국임시정부자료집(11) 한국광복군 II』, 2006, pp.4~11.

김구는 후성과 면담하고 나서 후속조치를 초조하게 기다렸으나 아무런 연락이 없었다. 편지로 물어보아도 회답이 없었다. 이범석을 보내어 회답을 않는 이유를 알아보았다. 뜻밖에도 후성은 태도가 돌변해 있었다. 그는 광복군의 정식 성립이 지연되는 이유를 다음과 같이 설명했다.

첫번째 이유는 김원봉의 방해공작이었다. 후성은 조선의용대의 책임자[김원봉]가 광복군의 정식 성립을 허가해 주지 말라고 요청했는데, 그 이유는 광복군은 한국독립당군이지 각 당의 연합체가 아니기 때문이라고 했다는 것이었다. 그러므로 국민정부 당국이 만일 한국의 무장부대를 준허해 줄 용의가 있다면 먼저 3개당(한국독립당, 조선민족혁명당, 조선민족해방투쟁동맹)의 연합위원회를 조직한 뒤에 연합위원회 관할 아래 무장부대를 편성해야 비로소 일체의 항일공작을 효과적으로 전개할 수 있고, 나아가 한국혁명에도 영도적 지위를 가질 수 있을 것이라고 주장한다는 것이었다. 그러면서 후성은, 주가화(朱家驊) 부장이 광복군의 성립을 장개석 위원장에게 건의하여 준허를 받을 때에 한국 각 당파의 통일이 가장 중요한 조건이었는데, 지금 그와 같은 내부 모순이 발견된 상황에서 실무를 담당하는 사람으로서 앞으로 발생할 수 있는 의외의 일을 막기 위하여 반드시 면밀한 검토를 해야 한다고 말했다.[10]

김원봉은 광복군의 창설이 논의되던 때부터 광복군의 창설을 극력 반대했다. 김원봉이 국민정부가 광복군을 승인하는 것을 반대한 데에는 물론 이유가 있었다. 만약 국민정부가 광복군을 승인하면 중국 군사위원회 정치부에 소속되어 활동하는 조선의용대는 소멸되거나 광복군에 편입될 수밖에 없었다. 그리하여 임시정부의 지위가 더욱 확고해지면서 민족주의자들의 영향력도 자연히 커질 것이고, 그렇게 되면 조선민족혁명당과 자신은 설 땅이 없어질 것이었다.[11] 중국 군사위원회의 실무자들 가운

---

10) 「1941년6월19일자 候成의 談話內容」, 『대한민국임시정부자료집(10) 한국광복군 I 』, p.84.
11) 「嚴恒燮이 金秉墺과 洪焉에게 보낸 1941년10월29일자 편지」, 『대한민국임시정부자료집(11) 한국광복군 II』, p.9.

데는 등걸(藤傑), 강택(康澤) 등 김원봉과 같은 황포군관학교(黃埔軍官學校) 출신들이 많았는데,[12] 김원봉은 그들에게 광복군의 정식 승인을 하지 말도록 종용했다. 조선의용대가 있는데 다시 한국광복군을 창설하는 것은 조선민족을 분열시키는 일이라는 것이었다.[13] 이 때문에 군사위원회 실무자들은 장개석이 인준한 사안이므로 거절하지는 못하고 시간을 끌면서 미루었던 것이다.

엄항섭(嚴恒燮)은 북미국민회의 김병연(金秉堧)과 홍언(洪焉)에게 김원봉의 방해공작 사실을 상세히 적어 보냈다. 엄항섭에 따르면, 김원봉은 광복군의 정식 승인을 반대하는 장문의 글을 군사위원회 군사처 제1과장에게 제출했다. 그 주요 내용은 첫째로 광복군은 일병일졸도 없는 것이 사실인데 노회하고 무례한 늙은이들이 먹고 살기 위하여 협잡적으로 조직하였다는 것, 둘째로 광복군 내부에는 공산당이 많다는 것, 셋째로 임시정부는 광복군을 국군으로 만들려고 중경에서 임시로 조직한 것으로서, 실제로 그것은 토지, 인민, 통치권이 전무한 아이들 장난이라는 것, 넷째로 광복군이라는 기성사실로서 국민정부로 하여금 임시정부를 승인하지 않을 수 없게 하려는 것, 다섯째로 국민정부에서 광복군을 승인하면 도리어 한국혁명 내부에 큰 분규를 일으킬 것이라는 것, 여섯째로 그러므로 국민정부는 임시정부를 문제도 삼지 말고 민족혁명당과 민족해방투쟁동맹과 한국독립당으로 하여금 통일기구를 만들어 그 기구에서 광복군을 지도하도록 해 달라는 것이었다.[14]

후성이 주장하는 두번째 이유는 광복군의 국제법상의 지위문제였다. 광복군은 마치 국제군처럼 자처하지만 그것은 법률상으로 근거가 없다

12) 藤傑, 「三民主義力行社의 韓國獨立運動에 대한 援助」, 韓國精神文化硏究院 編, 『韓國獨立運動史資料集 : 中國人士證言』, 博英社, 1983, pp.63~76; 南坡朴贊翊傳記刊行委員會, 『南坡朴贊翊傳記』, p.251.
13) 「金九가 金乎에게 보낸 1941년8월28일자 편지」, 『대한민국임시정부자료집(42) 서한집 I 』, pp.323~324.
14) 「嚴恒燮이 金秉堧과 洪焉에게 보낸 1941년10월29일자 편지」, 『대한민국임시정부자료집(11) 한국광복군 II 』, p.9.

고 했다. 만약 광복군을 외국지원군 형식, 곧 외국 국적의 중국군 지위로 편성한다면 아무런 고려도 할 필요가 없고 중국군과 다를 것이 없을 것이라고 후성은 말했다. 중국 군사위원회 판공청은 지원군으로 알고 명령을 작성하여 발표하게 할 즈음에 양쪽 의견교환을 통하여 주관상의 차이가 있음을 발견했으므로 이미 작성했던 명령을 공포하지 않고 현재 전문가에게 맡겨 연구 중이라는 것이었다. 그것은 물론 김구를 비롯한 임시정부 인사들과 광복군 관계자들의 생각과는 크게 차이가 있었다. 임시정부나 광복군 관계자들은 광복군이 영국에 있는 각국 군대의 경우와 같은 연합군으로 인정받기를 기대했다.

결론적으로 후성은 결국 광복군문제는 중국국민당 중앙조직부장 주가화와 중국 군사위원회 참모총장 하응흠(何應欽) 사이에 철저한 검토가 있어야 결정할 수 있을 것이라고 했다.[15] 그러나 황포군관학교 출신 군관들에게 둘러싸여 있는 하응흠은, 군사당국은 군사문제만 처리할 수 있을 뿐 국제문제는 처리할 수 없다면서 비협조적인 태도를 견지했다.[16]

김구는 중국 군사위원회의 후속조치를 초조하게 기다리면서 주가화에게 매달리다시피 했다. 주가화는 김구의 부탁을 성실히 들어 주었다. 1941년에 접어들어 김구와 주가화 사이에는 사흘이 멀다하고 편지가 오갔다. 주가화는 한국독립운동자들의 실상과 광복군 활동의 필요성에 대해서 누구보다도 정확히 파악하고 있었다. 중국 군사위원회의 조치가 지지부진하자 주가화는 7월3일에 장개석에게 건의서를 제출했다. 주가화는 한국광복군을 빨리 편성하여 활동하게 하는 것이 중국의 항전에도 유리할 것이라고 말하고, 시간을 내어 김구, 이청천(李靑天), 이범석, 박찬익(朴贊翊) 네 사람을 만나서 격려해 주고, 가능하면 식사초대를 하라고

---

15) 「金學奎가 朱家驊에게 보낸 1941년5월의 韓國光復軍問題節略」, 「1941년6월19일자 候成의 談話內容」, 『韓國獨立運動史 資料(26) 臨政篇 XI』, p.63, p.68.
16) 주 15)와 같음.

건의했다.[17] 장개석은 7월18일에 주가화에게 광복군의 편성은 허가해도 좋으나 마땅히 한도는 있어야 하므로 참모총장 하응흠에게 그 방안을 만들라고 지시했다고 말하고, 김구 등 4명에게는 면담약속을 해도 좋다고 회답했다.[18]

그리고 같은 날 장개석은 하응흠에게 광복군은 원칙적으로 정치상의 운용이므로 법률문제로 구애받을 필요가 없고, 한국인들 내부의 당쟁도 너무 중시할 필요가 없다면서 다음과 같

김구에게 협조적이었던 중국국민당 중앙조직부장 주가화(朱家驊).

은 세가지 원칙에 입각하여 처리하라고 지시했다. 그것은 (1) 중국 군사위원회에 직속케 하여 참모총장이 장악하여 운영하되 군사위원회에서 전문인원을 지정하여 광복군에 대한 지휘 명령과 자금지급 및 무기관리 등의 사항을 관장하게 하고, (2) 원래 정치부에 예속되었던 조선의용대도 마땅히 동시에 군사위원회에 변경 예속하게 하여 참모총장이 통일 운용함으로써 분쟁을 없이 하며, (3) 광복군은 중국인의 병졸을 받지 못하게 하고, 또 임의로 행정관리를 사용하지 못하게 제한해야 하지만, 만일 중국인 문화공작인원을 사용해야 할 경우에는 반드시 보고하고 참모총장이 결정하여 파견하면 된다는 것이었다.[19] 결국 장개석은 광복군이 중국

17) 「朱家驊가 蔣介石에게 보낸 1941년7월3일자 편지」, 『대한민국임시정부자료집(10) 한국광복군 I』, p.86.
18) 「蔣介石이 朱家驊에게 보낸 1941년7월18일자 전보」, 위의 책, p.90.
19) 「蔣介石이 何應欽에게 보낸 1941년7월18일자 전보」, 『韓國獨立運動史 資料(26) 臨政篇 XI』, p.71.

군사위원회의 통괄 아래에서 활동하도록 승인한다는 뜻을 분명히 한 셈이다.

김구는 7월19일에 주가화로부터 장개석과의 면담이 허가되었다는 통보를 받았다. 면담 날짜는 7월26일로 정해졌다. 그런데 하필 그날은 일본군의 공습이 심하여 면담은 8월11일로 연기되었다.[20]

초조한 김구는 7월28일에 장개석에게 광복군이 곧바로 활동을 개시할 수 있도록 조치해 줄 것을 요청하는 편지를 보냈다. 김구는 지금까지 광복군의 승인이 지연된 원인을 다음과 같이 설명했다.

> 금년 5월에 한국광복군총사령부를 정식으로 편제하라는 준허를 또다시 얻었으나, 한인혁명의 역사와 정체에 대하여 중국 군사주관 장관이 정확한 평가를 못할 뿐만 아니라 타인의 중상과 요언[謠言: 뜬소문]에 영향을 받아 지금까지 지연되어 오고 있습니다.…

타인의 중상과 요언이란 말할 나위도 없이 김원봉의 방해공작을 지칭한 것이었다. 김구는 이 편지에서 (1) 한국광복군이 정식으로 항일전에 참가하고 있다는 사실이 일단 세상에 알려지면 3천만 한국 민중이 다같이 호응할 것이라는 점, (2) 한국광복군은 장래 한국 국군의 기간부대로서 대내적으로는 한국 임시정부의 지도를 받고 있다는 점을 지적하고 나서, (3) 영국이 체코, 폴란드, 에티오피아, 네덜란드, 벨기에, 프랑스의 드골을 지원하고, 소련이 독일의 침략을 받은 각국과 새로운 조약을 맺고 그들의 국제적 지위를 승인해 주는 동시에 그들로 하여금 군대를 조직하게 도와주어 연합하여 독일과 싸우게 함으로써 각 민족과 자주독립을 달성하도록 도와주고 있는 것과 같이, 정치적인 방법으로 광복군 문제를

---

20) 「嚴恒燮이 金秉塤과 洪焉에게 보낸 1941년10월29일자 편지」, 『대한민국임시정부자료집(11) 한국광복군 II』, p.10.

처리해 줄 것을 요청했다.[21)

8월11일로 연기했던 김구와 장개석과의 면담예정도 일본군의 격심한 폭격으로 말미암아 또다시 미루어졌다.

3

봄부터 시작된 일본군의 폭격은 날이 맑고 낮 시간이 긴 여름이 되면서 더욱 심해졌다. 김구는 이미 남경과 장사와 광동 등지에서도 일본군의 공습으로 크게 고생한 경험이 있었다. 그러나 중경에서는 그때보다 훨씬 심했다. 김구 자신이 "침식은 짬짬이 하고, 하는 일이란 오직 피란뿐"이었다고 회고할 만큼 끔찍한 공습이었다.[22)

중경은 도시 전체가 거의 경사를 이루고 있어서 방공호 파기가 매우 쉬웠다. 이러한 지형을 이용하여 시내 곳곳에 방공호를 팠다. 그러나 방공호의 수용능력에는 한계가 있었다. 그리하여 방공호 출입증을 발급 받은 사람들만 방공호로 대피할 수 있었다. 방공호 출입증이 없는 사람들은 봄이 되어 공습이 시작될 조짐이 보이면 아예 시외로 소개시켰다.[23) 찜통더위 속에서 날이 밝는 대로 일본군의 폭격이 쉬지 않고 계속되어 매일 처참한 광경이 벌어졌다.[24) 이때의 폭격상황을 김구는 『백범일지』에 자세히 적어 놓았다. 그는 또 하와이의 애국부인회 간부 박신애(朴信愛)에게 보낸 편지에서 이때의 광경을 다음과 같이 적었다.

그간에 편지를 하려고 하였지만 연전에 앓던 각기가 발작이 되어서 고생을 하고, 둘째로는 중경에 공습이 심하여서 방공동으로 피란

---

21) 「金九가 蔣介石에게 보낸 1941년7월28일자 편지」, 『대한민국임시정부자료집(10) 한국광복군 I』, pp.91~93.
22) 『백범일지』, p.403.
23) 정정화, 『녹두꽃』, pp.147~148.
24) 양우조·최선화 지음, 김현주 정리, 『제시의 일기』, p.165.

김구가 하와이의 애국부인회 간부 박신애에게 보낸 편지.

하러 다니고, 또는 더위가 백여도까지 더워서 이때까지 붓을 잡지 못하였소. 그간 집안식구들은 다 무고하신지요. 성경에 이르는 말과 같이 이 세상은 끝날이 도달한 것 같소. 사람의 주검이 산같이 쌓였다는 글은 봤지만, 지난 유월오일에 중경에서 큰 불행사건인 수도에서 숨이 막혀 죽은 시체 수천명의 송장덩이를 나는 친히 보았소. 그때에 우리 동포들도 각각 나누어 몇 군데 방공동에 피란을 했지만 한 사람도 상한 사람이 없으니 만행이라 하겠소. 이제 미국이 참전하는 날이면 세계 대전쟁이 일어나는 날인데, 세계 낙원에서 살던 하와이 동포들도 필경은 우리와 같이 방공동 생활을 하시리라 생각하오. 한가지 부탁할 것은 공습피란하라는 명령이 날 때에는 명령대로 남녀노소를 물론

하고 꼭 피하기를 바라오.[25]

처참한 폭격상황을 겪으면서 김구도 성경에서 말하는 인류의 마지막
날, 곧 이승만이 『일본내막기』에서 강조한 아마겟돈(Armageddon)을 연
상하고 있는 것이 인상적이다. 참혹한 광경 속에서도 김구는 이 전쟁에
미국이 참전하여 세계전쟁으로 발전할 것이라는 희망을 가지고 있었다.
그리하여 김구는 미국이 참전하는 날에는 하와이에도 일본군의 공습이
가해져, 세계낙원인 하와이에 사는 동포들도 지금 자신이 겪고 있는 것
과 같은 방공호 생활을 할 날이 올 것이라고 전망했던 것이다.

그런데 이처럼 경황없이 쓰는 편지에 다음과 같은 말을 덧붙인 것은
김구가 자신과 임시정부에 대한 하와이동포들의 평판에 얼마나 신경을
쓰고 있었는지를 짐작하게 한다.

재(再). 다시 한가지 더 부탁할 것은 그곳 동포들이 우리 정부나
광복군이나 오라비 개인에게나 무슨 비평이나 누이가 듣고 아는 것은
지체 말고 편지로 알게 하여 주시오. 잘하는 것은 더 잘하도록, 못한
다는 비평은 잘하도록 힘쓸 터이오. 그곳에서는 아직도 이 박사를 외
교대표로 선정한 것이 잘못되었다는 편지들이 오는 것이 있으나, 정
부에서는 이번에 대표들의 결정한 것 극력 찬동하고, 지금 이 박사와
정부 사이에는 전보와 비행신이 번개같이 내왕하는 중에 이 박사도
정부에 극단 정성을 다 쓰는 터이고 정부에서도 이 박사를 극히 신임
하는 터인즉 머지않아 좋은 성적을 얻으리라 믿으니, 누이부터 이같이
믿고 지내며[26]

---

25) 「金九가 朴信愛에게 보낸 1941년7월25일자 편지」, 『대한민국임시정부자료집(42) 서한집 I』,
   p.322.
26) 위의 책, p.323.

일본군의 무차별 폭격을 받고 있는 중경(重慶).

6월5일에 대공습이 있었다. 이날 김구는 새벽 1시반에 방공호에 들어
갔다가 오후 3시반에 나왔다. 열네시간 동안이나 방공호 안에서 갇혀 있
었던 것이다. 이때까지의 공습 가운데 가장 오랜 시간의 공습이었다.[27]

폭격이 끝나 방공호에서 나와 보니까 방공호 입구로 들어가는 집이
모두 무너져 있었다. 김구가 사는 집도 대문 입구에 폭탄이 떨어져서 담
장과 기와가 모두 허물어지고 깨졌다. 그날 밤에 김구는 남안의 아궁보
에 있는 동포 서너 사람이 폭격으로 죽었다는 급보를 받고 남안으로 달
려갔다. 신익희(申翼熙)의 조카와 김영린(金永麟)의 처가 사망했다.[28] 신
익희는 이 무렵 아궁보에 살면서 임시정부에 참여하지 않고 있었다. 김구
는 이때의 상황을 로스앤젤레스의 김호(金乎)에게 보낸 편지에서 다음과
같이 적었다.

저는 근자에 매일 석굴 속에서 적기피란을 서너시간씩을 하다가
하루는 머리 위에 폭탄이 떨어져서 부근 방옥(房屋)은 전부 파괴되고

---

27)「金九가 金乎에게 보낸 1941년8월28일자 편지」,『대한민국임시정부자료집(42) 서한집I』, p.323.
28)『백범일지』, p.404.

다른 방공굴에서는 칠팔천명이 질식되야, 주검이 산과 같다는 것을 고서(古書)에 보았는데 실상 물건을 보니 인간의 대비극입니다. 시체 중에서 발견된 돈이 2백여만이요, 시계, 가락지 등이 가경(可驚)할 수에 달했는데, 우리 사람은 하나도 사상(死傷)이 없으니 다행이올시다. 저는 근일에 각기가 재발하야 고생하는 중에 자수(自手)로 집필하지 못하고 대서로 앙정(仰呈)하오니, 용서하심을 바라옵니다.[29]

이 무렵 김구는 6월에 재발한 각기병 때문에 이승만이나 재미동포들에게 보내는 편지도 직접 쓰지 못하고 대필을 시키고 있었다.

이때의 집단참사는 방공호를 경비하는 경관이 방공호 문을 밖에서 잠근 채 혼자 도망가 버려서 방공호 안의 사람들이 질식사한 것이었다. 이 일로 경비사령관 유치(劉峙) 장군이 크게 문책 당했다.

김구는 산같이 쌓아 놓은 시체를 화물차가 마구잡이로 실어 나르는 광경도 보았다. 화물차가 달리다가 흔들릴 때면 시체가 땅에 굴러 떨어지기도 했다. 그런 시체는 화물차 뒤에 목을 달아매고 그냥 달렸다. 많은 수가 밀매음하던 여자들의 시체라고 했다. 참사가 발생한 교장동 부근이 밀매음촌이었기 때문이다. 이런 참극 속에서 뜻밖의 횡재를 하는 사람도 있었다. 방공호 속으로 피란하는 사람들은 모두 귀중품을 휴대하고 다녔다. 경관들이 지휘하여 질식한 사람들이 지니고 있던 귀중품을 모으자 금은 보석 역시 산더미처럼 쌓였다. 그 험한 시체를 운반하기 위해 방공호를 드나들던 인부들 가운데는 질식사한 사람들의 귀중품으로 부자가 된 사람도 있다고 했다.

김구는 일본군의 심한 폭격에도 침착하게 대처하는 중국인들을 보고 그들의 국민성에 새삼스럽게 감탄했다.

---

29) 「金九가 金乎에게 보낸 1941년6월18일자 편지」, 『대한민국임시정부자료집(42) 서한집 I』, p.319.

중경에서 폭격을 당할 때에 중국의 국민성이 위대한 것을 깨달았다. 높고 큰 건물들이 삽시간에 재가 되는데도 집주인들은 한편으로는 가족 중 피살자를 매장하고 다른 한편으로 생존자들은 불붙지 않은 나머지 기둥과 서까래를 모아 임시 가옥을 건설하였다. 그 일을 하는 중에 웃는 얼굴로 비장한 빛을 보이지 않으므로, 나는 그들을 볼 때에 이런 생각을 금할 수 없었다. '만일 우리 동포들이 저 지경을 당하였다면 어떠할까? 화가 나느니 성이 나느니, 홧김에 술을 마신다, 성난 김에 싸움을 일으킨다, 소란만 일으키고 태만하지나 않을까.'[30]

위기상황에 대처하는 중국인들의 여유있는 태도를 보고도 김구의 민족의식은 이처럼 민족적 교훈을 느끼는 데 민감했다.

8월 들어 공습은 절정에 달했다. 중국정부는 8월8일부터 열흘 동안 사천성 각지를 비행기로 소탕해 버린다는 일본 방송이 있으니까 각별히 주의하라는 지시까지 내렸다. 그때까지는 한번에 세대씩 오거나 많아야 이삼십대씩 왔었는데, 이 기간 동안에는 무려 이삼백대씩 와서 연일 중경 시내에 폭탄을 쏟아 부었다. 이렇게 되자 방공호 안에 보따리장사가 생길 정도로 방공호가 일상의 생활공간이 되었다.[31]

김구는 각기병이 심해져서 폭격도 피할 겸 요양을 하러 토교(土橋)로 가서 여름을 지냈다.

---

30) 『백범일지』, pp.403~404.
31) 양우조·최선화 지음, 김현주 정리, 앞의 책, pp.168~170.

2. 중공지역으로 넘어간 조선의용대

1

김구가 토교에 가 있는 동안 주가화는 중국국민당의 당무시찰을 위하여 서안에 다녀왔는데, 그는 서안에서 광복군 관계자들도 만났던 것 같다. 이때에 광복군 총무대리 참모장 겸 제2지대 지대장 김학규(金學奎)는 왕준성(王俊誠)과 공동명의의 「조선의용대 도하입중공경과(朝鮮義勇隊渡河入中共經過)」와 「비망록」이라는 두 보고서와 자기 단독명의로 된 「한국광복군문제절략」이라는 건의서를 주가화에게 제출했다.

「조선의용대 도하입중공경과」에는 조선의용대가 중국공산당 경내로 비밀리에 이동했다는 놀라운 사실이 기술되어 있었다. 이 보고서는 조선의용대는 한국인 적색청년 100여명으로 구성되어 있는데, 그들의 행동이나 이론은 전적으로 소련과 중국공산당에 따라 바뀌어지고, 중국의 항전과 건국에 대한 이론도 중국공산당의 주장에 따르고 있다고 기술했다. 평소에 '중공천당(中共天堂)'으로 가기를 소원하던 그들은 3월 상순에 의용대 제3구대를 중경에서 낙양으로 이동시키고 도하증을 발부받아 황하를 건너서 임현(林縣)에 있는 중국 제40군단 주둔지로 갔다가 한달도 못되어 중국공산당 구역으로 넘어갔다는 것이었다. 그리고 나서 낙양과 노하구(老河口)에 있던 제1 및 제2구대는 중국 군사위원회 정치부의 명령도 없이 6월 하순에 몰래 황하를 건너 중국공산당 구역으로 갔다고 했다.

이 보고서는 조선의용대가 황하를 도하하기 전에 화북지역에 적후공작을 전개한다는 구실로 중국 군사위원회 정치부에 화북 각 전구사령부에 협조하라는 통령을 내려줄 것을 요구하는 한편 중국공산당 구역의 제18집단군, 곧 팔로군의 책임 당국과 결탁했다고 기술했다. 그리고 지금은 중국공산당과 화북조선청년연합회에 참가하여 화북지역에 나와 있는 한국동포들을 상대로 적화공작을 개시했다고 보고서는 기술했다. 그리고는 김원봉은 중국 당국을 기만하기 위해 중경에 조선의용대 본부를 설치해 두고 있고, 낙양과 노하구에는 노약자와 병자 3명 내지 5명이 머물면서 연막전술을 쓰고 있다고 했다. 그러면서 이 보고서는 이와 같은 사실은 조선의용대 대원 가운데 공산당이 되기 싫어서 광복군으로 탈출해 온 여러 사람의 진술이기 때문에 믿을 수 있다고 덧붙였다.[32]

본래 조선의용대의 설립 목적은 활발한 적후공작을 통하여 무장부대를 조직하고 항일전에 참가하는 것이었다. 그러나 이때까지 조선의용대는 중국 군사위원회 정치부에 직속되어 국민정부군의 작전지역내에서 일본군 포로의 심문과 일본군에 대한 선전방송 등의 선전활동을 하는 것이 주된 임무였다. 이 때문에 무장부대를 건설하기 위해서는 동포들이 많이 진출한 화북으로 이동할 필요가 있었다.[33] 실제로 이 무렵 공산주의 사상에 기울어진 많은 젊은 의용대원들은 이른바 '북상병'을 앓고 있었다.[34]

조선의용대가 팔로군 지역으로 이동한 데에는, 김학규의 보고대로, 그곳에서 팔로군의 지원 아래 활동하는 공산주의자들의 적극적인 유인공작도 큰 작용을 했다. 1939년 무렵부터 연안(延安)에서는 일찍이 중국 공산당의 대장정에 참여하고 팔로군총사령부 작전과장과 포병 연대장을 역임한 무정[武亭: 본명 金武亭]을 중심으로 그곳의 한인청년들을 규합하여 팔로군과 함께 항일전을 전개할 계획을 추진하고 있었다. 이러한 상황에서 1939년 말 무렵에 조선의용대 내부에 중국공산당 지하조직이 결성되어 연안과의 연락을 유지하고 있었는데,[35] 무정과 최창익(崔昌益) 등은 국민당 지역에 남아 있던 한빈(韓斌)과 연락하여 조선의용대가 북상하여 팔로군 산하에서 별도의 조직을 결성하기로 합의했다. 무정은

---

32) 「朝鮮義勇隊道河入中共經過」, 『韓國獨立運動史 資料(26) 臨政篇 XI』, pp.59~60.
33) 강만길, 『증보 조선민족혁명당과 통일전선』, 역사비평사, 2003, pp.268~279.
34) 金學鐵, 『최후의 분대장: 金學鐵 자서전』, 문학과지성사, 1995, p.215.
35) 김학철과 강만길 대담, 강만길, 앞의 책, p.286.

1940년5월에 팔로군 부사령 팽덕회(彭德懷)의 승인을 얻어 1941년1월10일에 화북조선청년연합회를 결성했다.[36] 조선의용대의 북상공작도 이들이 주도했다.

조선의용대원이었던 김학철(金學鐵)의 회고에 따르면, 조선의용대가 북상할 때에 팔로군에서 활동하던 연락원이 파견되어 날마다 연락병을 시켜 통행암호를 알려 주는 등 길 안내를 담당했다.[37] 또한 당시 중경에 있던 중국공산당 중경대표단도 조선의용대의 화북행을 적극 공작했다고 한다. 김원봉을 설득하는 일은 김원봉의 개인비서로 활동하면서 의용대의 중국어 간행물의 편집주임을 맡고 있던 사마로(司馬璐)가 담당했다. 사마로는 일본인이 조선인을 화북으로 대량 이민시키려 한다는 사실을 여러 가지 자료를 들어 설명하면서 조선의용대는 화북에서 활동하는 것이 발전성이 있다고 김원봉을 설득했다고 한다. 사마로는 중국공산당 당원이었다.[38]

그러나 조선의용대가 북상하는 직접적인 계기가 된 것은 1941년1월6일에 안휘성(安徽省) 남부에서 발생한 환남사변[晥南事變: 晥은 安徽省]이었다. 환남사변이란 안휘성 남부에 주둔하던 중국공산당 휘하의 신사군(新四軍)의 일부 군인 9,000명이 국민정부 군사위원회의 명령에 따라 양자강(揚子江) 이북으로 이동하다가 안휘성 남방의 무림(茂林)에서 국민당 직계인 고축동군(顧祝同軍) 약 8만명의 포위공격을 받고 14일 무렵까지 거의 전멸한 사건을 말한다. 이때에 신사군 사령관 엽정(葉挺)은 포로가 되었다. 국민정부는 17일에 신사군의 해산을 명령하고 공산당 휘하에 있는 군대에 대한 공격을 시작했다. 중국공산당은 중국국민당과의 전면적인 결전을 피하고 정치적 해결을 시도하는 한편 신사군의 재건을 추

---

36) 鐸木昌之,「忘れられた共産主義者たち: 華北朝鮮獨立同盟をめぐって」《法學研究》 4号, 慶應義塾大學法學研究會, 1984.4., p.43.

37) 金學鐵, 앞의 책, pp.229~230, p.242.

38) 司馬璐,「鬪爭十八年」, 심지연, 『朝鮮新民黨研究』, 1988, 동녘, pp.221~222.

진했다. 그리하여 환남사변은 전시 국공관계의 전환점이 되었다. 중국공산당의 중요한 재원이 되었던 국민정부의 팔로군에 대한 군비지급은 단절되고, 중국공산당은 자력갱생 노선을 취할 수밖에 없게 되었다. 그러나 그것은 다른 한편으로 중국공산당이 국민정부에 구애되지 않고 독자적으로 행동할 수 있는 계기가 되었다.[39]

환남사변이 있고 나서 조선의용대를 적극 지원하던 중국 군사위원회 정치부의 간부진도 바뀌었다. 용공주의자인 부장 진성(陳誠)이 물러난 데 이어 부부장 주은래(周恩來)와 제3청장 곽말약(郭末若)도 해임되고, 하충한(賀衷寒), 강택(康澤) 등 우파 군인들이 정치부를 장악했다.[40]

중국 각 전선에 흩어져 있던 조선의용대 각 지대와 분대원들은 1940년 늦가을 무렵부터 낙양으로 집결하여 부대정비 및 재편성과 재훈련을 한 다음 1941년 봄부터 여름 사이에 4개의 그룹으로 나뉘어 황하를 건너서 팔로군 전방총사령부가 있는 태항산(太行山)으로 이동했다. 태항산에 도착한 이들은 화북조선청년연합회에 가입하고, 자신들의 부대를 조선의용대 화북지대로 개편했다.[41] 130여명의 조선의용대원 가운데 110명이 북상하여 중경에는 김원봉을 비롯하여 본부대원 일부와 그 가족 등 20여명만 남았다.[42]

북상한 의용대원들이 모두 공산주의자들은 아니었다. 공산군에 합류할 것을 거부한 일부 대원들은 결사적으로 탈출하여 서안에 있는 광복군에 합류했다.

39) 井上久士, 「抗戰期の國共關係と國共交涉」, 石島經之·久保亨 編, 『重慶國民政府史の研究』, 東京大學出版會, 2004, pp.92~104.
40) 金榮範, 「朝鮮義勇隊硏究」, 《한국독립운동사연구》 제2집, p.501; 廉仁鎬, 「1940년대 재중국 한인 좌파의 임시정부 참여: 朝鮮民族革命黨 사례를 중심으로」, 『대한민국임시정부수립80주년기념논문집(하)』, 國家報勳處, 1999, pp.544~545.
41) 金榮範, 앞의 글, pp.498~505.
42) 「金九가 朱家驊에게 보낸 1942년5월21일자 편지」, 『대한민국임시정부자료집(22) 대중국외교활동』, pp.144~145.

2

1941년 8월 14일에 루스벨트(Franklin D. Roosevelt) 미국 대통령과 처칠(Winston L. S. Churchill) 영국 수상의 역사적인 공동성명이 발표되었다. 두 사람은 8월 9일부터 12일까지 캐나다의 뉴펀들런드(Newfoundland) 연안에서 함상회담을 갖고 전후 세계질서에 관한 8개 합의사항을 발표한 것이었다. 「대서양헌장(Atlantic Charter)」으로 불리게 된 이 공동선언은 처음에는 민족자결주의를 천명한 윌슨 대통령의 14개조와 뉴딜(New Deal)정책의 기본사상, 그리고 루스벨트 대통령이 1941년 연두교서에서 천명한 "네 가지 자유(Four Freedom)"를 합친 선전용 문서로밖에 받아들여지지 않았다. 그러나 진주만 공격으로 미국이 참전한 직후인 1942년 1월 1일에 「대서양헌장」을 기초로 미, 영, 소, 중 4개국이 파시즘 타도를 위한 상호협력 및 단독불강화를 약속한 「연합국선언」을 발표하고, 이튿날로 망명정부를 비롯한 26개국이 「연합국선언」에 참가하자 반파시즘 및 민주주의 수호라는 연합국의 전쟁목표가 뚜렷해지고 「대서양헌장」은 그것을 표명하는 문서가 되었다.

토교에 가 있던 김구는 8월 27일에 중경으로 돌아왔다. 김구가 중경으로 돌아온 것은 다른 예정된 행사와 함께 두 거두의 공동성명에 대한 임시정부의 대응방안을 논의하기 위해서였다.

이튿날 저녁에 김구는 광복군총사령 이청천, 외교부장 조소앙 등과 함께 중경에 있는 중국 및 외국기자들을 초청하여 간담회를 열었다. 이날은 국치 제31주년 기념일 하루 전날이었는데, 두 거두의 공동성명과 관련하여 국치기념일에 발표할 임시정부의 「대한민국임시정부선언」을 외국신문에 홍보하기 위해 기자들을 초청한 것이었다. 이 자리에서 김구는 다음과 같은 요지의 연설을 했다.

"한국 망명정부는 간난한 만리길을 중국 국민정부를 따라 이곳 중경까지 왔다. 우리가 바라는 것은 중국정부가 영국이 유럽의 망명정부를 대접하는 것과 같이 친절과 부식(扶植)과 애호를 주고 아울러 널리 반침략전선에 소개하야 국제주의를 일으키는 것이다.

이번 거행하는 망국 제31차의 참통한 기념은 특수한 의의 두가지 점을 갖추어 가졌다. 첫번째는 과거 한국독립운동에 종사하던 15개 단체는 일찍이 길을 나누어 나감으로써 역량을 집중하지 못하였으나 지금은 13개 단체가 벌써 통일을 실행하였고 그 밖의 두 단체도 최근에 또한 일치행동에 참가하겠다고 하니 이것이 확실히 기쁜 현상이요, 두번째 루스벨트 대통령과 처칠 수상이 선언을 발표한 뒤로부터 국제형세가 날로 우리 독립운동 전도에 유리하게 나가는 것이 이왕에 비할 것이 아니다. 이 두 점이 있음이 우리로 하여금 31주년 참통한 기념에 대하야 비할 데 없는 흥분을 느끼게 하는 것이다."[43]

김구의 연설에 이어 조소앙과 이청천이 경과보고를 하고 이튿날 미국정부에 보낼 「대한민국임시정부선언」의 취지를 설명했다. 통역은 이범석이 했다.

8월29일에 발표한 「대한민국임시정부선언」은 두 거두의 공동선언의 정신을 적극 지지하며 반침략전선에 서서 침략자에 맞서 공동투쟁을 할 것을 천명했다. 「선언」은 두 거두 공동선언의 조문 가운데 제3항과 제8항과 전문(前文)이 한국인을 특별히 고무시킨다고 말했다. 제3항은 "양국은 모든 나라의 인민이 그 밑에서 생활할 정부형태를 선택할 권리를 존중하며, 주권과 자치를 강제로 박탈당한 사람들에게 주권과 자치가 반환되기를 바란다"라는 것이었고, 제8항은 "양국은 세계의 모든 국민은 정신적인 이유에서뿐만 아니라 실제적인 이유에서 무력의 사용을 포기해야 한다고 믿는다.··· 양국은 한층 광범위하고 영구적인 일반적 안전보장제도의 확립에 이르기까지는 이러한 (침략의 위험이 있는) 나라의 무장해제는 불가결한 것으로 믿는다···"라는 것이었다. 그러면서 임시정부의

---

43) 《新韓民報》 1941년10월2일자, 「한국임시정부의 신문기자 초대기」.

140 제2부 임시정부를 짊어지고(III)

「선언」은 1941년 2월에 임시정부가 루스벨트 대통령에게 제안한 6개항을 다시 열거하고, 임시정부는 자주독립의 근본적인 원칙을 추구할 것이며, 광복군은 세계의 우호적인 나라들과 공동으로 투쟁하겠다고 다짐했다.[44] 중국 각 신문은 이 「선언」을 일제히 보도했다.[45]

한편 조선의용대가 팔로군 지역으로 가버린 뒤의 중경 독립운동자들의 상황과 이에 대한 김구의 고뇌는 9월 12일에 워싱턴의 이승만에게 보낸 그의 편지에 잘 나타나 있다.

저는 지난번 중경의 적기 폭격이 열네시간 계속할 때에 방공호에서 불면불식(不眠不食)으로 지내다가 기진 졸도하고 연하여 본병이던 각기증 후발로 중태에 빠져서 동지들에게 근심을 끼치고 지금도 중경에서 삼사십리 외촌인 토교에서 치료 중이올시다. 성재[省齋: 李始榮] 선생은 제 병을 위하여 노력하심으로 역시 중병에 걸려 고생하시다 지금은 좀 차도가 있습니다.

근일에 소위 조선의용대는 큰 변화가 생겼습니다. 1, 2, 3구대인 전부가 중국정부에는 적 후방공작을 간다고 속이고 팔로군으로 달아났습니다. 공산당 되기 싫은 대원들은 성명서를 발표하고 광복군으로 돌아왔습니다. 김약산[金若山: 金元鳳]부터 중국 당국을 속이고 민족주의자라고 떠들다가 지금은 엄밀 조사를 당하고 체포 감금이 될지도 모르므로 묘계를 내어 임시정부와 한국독립당에 무조건 통일을 제의했습니다. 그 이면에는 의정원으로 쓸어 들어와 다수로 소수를 합법적으로 해결함이 상책이요, 만일 임시정부와 한국독립당에서 문호를 개방치 않는 경우에는 해외한족연합대회 결의를 무시한다고 미주와 하와이에 선전하야 독립금을 임시정부에 상납치 않을 운동을

44) 「대한민국임시정부선언」(1941.8.29.), 「대한민국임시정부자료집(8) 정부수반」, pp.258~259; 《新韓民報》 1941년 10월 2일자, 「社說: 한국임시정부의 선언」.
45) 《新韓民報》 1941년 10월 2일자, 「社說: 한국임시정부의 선언」.

하자는 것이 중책이요, 그도 다 안 되면 쓸어서 팔로군으로 갈 것입니다. 우리 광복군은 벌써 완전 해결되었을 것인데, 그새 장 총재가 만나서 의논하자고 양차나 시간을 정하고 기별한 것이 그 시간에 적기 공습으로 성행을 못하고, 제가 그간 중병으로 아직 면담 요구를 못하였으나 근일은 차도가 있으니 일간 면담코자 합니다.

저나 임시정부에서 좀 곤란은 하겠으나 선생을 그만두시게 하고 한길수로 대미외교의 전권을 임(任)하자는 공산당을 통일의 미명만을 의거하여 임시정부에 들어오게 하는 것은 적극 방비하겠습니다. 의용대는 광복군이 완전 행동하는 날에는 일하잔촉[日下殘燭: 햇빛 아래 남은 촛불]의 세이고 이번에 해산령이 날지도 알지 못합니다.…[46]

이승만은 이 편지를 받고 그것을 하와이에 있는 이원순(李元淳)에게 보내면서 "이런 사실을 공표는 못하나 당국자들은 알고 있어야 하겠기로 대강만 초하여 보내니 아직 변설치 말고 증거될 만한 서류를 얻을 수 있는 대로 얻어 자료를 준비하시오. 못된 분자들이 또 무슨 음해 음모를 할는지 모르나니, 우리는 침묵하고 있다가 민족대업에 영향을 끼치게 되면 상당히 방어하리니 주의하여 보시오"[47]라고 지시했다.

조선의용대의 대원들 대부분이 팔로군 지역으로 간 사실을 중국 군사위원회가 언제 확인했는지는 분명하지 않다. 일본경찰의 정보보고에 따르면, 그 사실을 안 장개석은 조선의용대에 수색명령을 내렸으나,[48] 이미 때늦은 일이었다. 그러나 김구가 말한 것처럼 김원봉이 체포 감금당할 상황은 아니었던 것은, 10월에 발행된 조선의용대 기관지《조선의용대(朝鮮義勇隊)》(제40기)에 장개석이 "자강불식(自强不息)"이라는 축하

---

46) 「金九가 李承晚에게 보낸 1941년9월12일자 편지」, 도산안창호선생기념사업회·도산학회 편, 『미주국민회자료집(21)』, p.129; 李元淳, 『世紀를 넘어서: 海史李元淳自傳』, pp.219~220.
47) 李元淳, 위의 책, p.220.
48) 「朝鮮義勇隊의 分裂」, 《特高月報》 1942년3월号, p.211; 韓洪九, 「華北朝鮮獨立同盟의 조직과 활동」, 서울대학교 석사학위논문, 1988, p.39에서 재인용.

휘호를 보낸 사실로 미루어 짐작할 수 있다.[49]

김원봉의 비서였던 사마로의 말에 따르면 조선의용대 대원들 상당수가 북상했을 무렵에 김원봉은 자신도 북상하겠다는 뜻을 주은래에게 전했다. 그러나 주은래는 허락하지 않았다. 중국공산당은 김원봉이 화북으로 가면 자연히 그가 중공지역 안의 한인청년들에 대한 지도력을 행사할 것이고, 그것은 여러 가지 점에서 바람직하지 않다고 판단했다는 것이다. 그러한 판단에는 오랫동안 자신들과 동고동락해 온 무정에 대한 배려도 작용했을 것이다. 그리하여 중국공산당의 1차 소조회의는 김원봉에 대해 "하나의 소자산계급의 기회주의자요 개인영웅주의자이며, 정치적으로는 신용할 수 없는 사람"으로 결론을 내렸다고 한다.[50] 조선의용대 전투원의 한 사람으로서 태항산으로 가서 항일전에 참가했던 김학철은 김원봉이 남은 이유는 중경에 있는 조선의용대 대원들의 가족과 비전투원 민족혁명당원들의 생활을 돌보기 위한 것이었다고 술회했다.[51]

그러나 이러한 증언은 모두 한 측면만을 말해 주는 것일 것이다. 중국공산당이 김원봉의 북상을 만류한 더 중요한 이유는 그가 중경에 있는 것이 중국공산당과 국민정부의 합작을 유지하는 데 도움이 될 수 있다고 판단했을 수 있다. 또한 임시정부와 한국 독립운동자들을 중국공산당에 우호적으로 만드는 데에도 유용한 역할을 할 것으로 기대했을 수 있다. 그런 점에서 10월26일에 연안에서 개막된 동방 각 민족 반파시스트대회가 루스벨트, 스탈린, 처칠 등 연합국의 지도자들과 중국의 모택동(毛澤東)과 장개석과 함께 "대한민국임시정부 주석 김구"를 대회의 명예주석단의 한 사람으로 추대한 것[52]은 눈여겨볼 만하다.

---

49) 朝鮮義勇隊總隊部, 《朝鮮義勇隊: 朝鮮義勇隊三週年紀念特刊》, 1941년10월(제40기), p.1.
50) 司馬璐, 앞의 글, pp.222~223.
51) 강만길, 앞의 책, p.246.
52) 石源華 編著, 『韓國獨立運動與中國』, 上海人民出版社, 1995, p.334.

3

조선민족혁명당은 5월에 제5계제7차 중앙회의를 열고 창당 이래의 태도를 바꾸어 임시정부에 참여하기로 결정했다. 그렇게 결정하게 된 이유는 국제정세가 민주국가들이 파시스트 집단과 혈전을 벌이면서 프랑스, 폴란드 등의 망명정부를 승인하고 원조하는 실례가 있는 것으로 미루어 보아 아시아의 파시스트국가 일본에 항거하는 임시정부도 민주국가들로부터 승인을 받을 희망이 있고, 항일전을 벌이고 있는 중국정부도 적극 원조할 준비가 되어 있는데, 이러한 외국의 원조는 앞으로 조선혁명에 공헌하는 바가 클 것이기 때문이라는 것이었다.[53]

조선민족혁명당이 임시정부에 참가하기로 한 데에는 4월에 하와이에서 열렸던 해외한족대회의 임시정부 봉대결의도 큰 영향을 끼쳤을 것이다. 앞에서 본 대로 이 회의에는 조선의용대 미주후원회연합회도 참가했고, 대회결의에 따라 재미동포들의 통일기구로 재미한족연합위원회가 결성되었다.

임시정부 참여를 결정한 민족혁명당은 임시정부를 확대하여 각 당파가 고루 참여할 수 있는 기회를 갖게 해야 한다고 주장하고, 그러기 위해 한국독립당과 민족혁명당이 합당하여 임시정부를 공동으로 운영하자고 제의했다. 그리하여 합당을 위한 회의가 열렸다. 그러나 한국독립당은 화북지역으로 간 민족혁명당 당원들은 당원이 될 수 없다고 주장하여 회의는 결렬되었다.[54] 민족혁명당은 다시 임시정부 헌법의 개정, 의정원 의원 선출방법과 의원 임기 규정의 변경, 중국 각지에 거주하는 동포와 광복군으로 11명의 의원 보선 등을 요구했다.[55] 그러나 한국독립당은 민족혁

53) 「朝鮮民族革命黨第六屆全黨代表大會宣言」(1941.12.10.), 『대한민국임시정부자료집(37) 조선민족혁명당 및 기타 정당』, pp.51~52.
54) 「韓國黨派之調査分析」, 秋憲樹 編, 『資料 韓國獨立運動(2)』, 延世大學校出版部, 1972, p.75.
55) 「會見金若山談話紀要」, 秋憲樹 編, 위의 책, p.231.

명당의 제안이 "의용대원이 공산군으로 갔기 때문에 중국의 취체를 견딜 수 없어서 우리 당과 합하야 보호색을 삼으려"는 저의에서 나온 것이라고 보고 거절했다.[56]

8월에 대서양헌장이 발표되자 민족혁명당은 임시정부 참여를 더욱 서둘렀다. 민족혁명당의 이론가 윤징우(尹澄宇)는 대서양헌장의 발표를 계기로 유럽의 망명정부들이 연합국으로부터 정식 승인을 보장받게 됨에 따라 임시정부도 연합국의 승인을 받을 가능성이 높아졌기 때문에 한국의 각 혁명당파들이 임시정부를 옹호할 의사를 표시했다고 주장했다.[57]

중국 외교부장 곽태기(郭泰祺)는 김구와 김원봉을 만나서 임시정부 승인문제를 거론하면서 한국독립당과 조선민족혁명당이 단결합작할 것을 종용했다.[58]

김홍일(金弘壹)에 따르면, 이 무렵 김원봉은 중국인들에게 임시정부는 민족적인 통합정부가 아닌 독립당만의 임시정부에 불과하므로 만약 임시정부를 승인하면 도리어 민족 내부에 혼란만 초래할 것이므로 각 당파가 모두 참여할 때까지 임시정부 승인을 보류하는 것이 좋을 것이라고 주장했다.[59]

곽태기는 오랫동안 주영대사로 근무하다가 1941년4월에 외교부장에 임명되었다.[60] 곽태기는 이승만이 1933년에 제네바의 국제연맹회의에 갔을 때에 중국 대표로 제네바에 있으면서 이승만의 활동을 도왔었다. 중경의 독립운동자들 사이에서는 그가 영국에 있을 때에 영국정부로부터 한국임시정부를 중국이 먼저 승인하면 미, 영, 소도 뒤이어 승인할 것이라는 말을 들었기 때문에 임시정부 승인문제에 긍정적인 생각을 하고 있는 것

56) 「車利錫이 在美韓族聯合委員會에 보낸 1941년10월20일자 편지」, 『미주국민회자료집(21)』, p.127.
57) 尹澄宇, 「韓國臨時政府與韓國各革命黨派」, 《獨立新聞》 1944년8월15일자.
58) 「會見金若山談話紀要」, 秋憲樹 編, 『資料 韓國獨立運動(2)』, p.231; 胡春惠 著, 辛勝夏 譯, 『中國 안의 韓國獨立運動』, 檀國大學校出版部, 1978, p.239.
59) 金弘壹, 『大陸의 憤怒』, 文潮社, 1972, p.355.
60) 李萱·李占領 責任編輯, 『民國職官年表』, 中華書局, 1995, p.521.

처럼 알려져 있었다고 한다.[61]

　김구는 외교부장 조소앙과 함께 9월27일 저녁에 곽태기를 만나서 중국 정부가 임시정부를 빨리 승인해 줄 것을 부탁했다. 곽태기는 임시정부 승인 문제를 영국과 미국정부와 논의하고, 조만간 국무회의에도 제출하겠다는 뜻을 밝혔다고 한다. 곽태기가 김구를 면담한 뉴스는 즉각 중국 신문에 보도되었고, 미국의 중국계 신문에도 전해졌다. 샌프란시스코에서 발행하는 《국민일보(國民日報)》는 "9월28일 중경 라디오가 전파하는 중국정부의 한국임시정부 승인에 관한 큰 소식"이라면서 다음과 같이 보도했다.

　　[28일 중경 라디오]《익세보(益世報)》는 금일 발표하얏으되, 중국 정부는 장차 한국임시정부를 승인하기로 준비한다. 작일 하오에 외교 부장 곽태기는 중경에 있는 한국혁명당 영수를 접견하였고, 그 담화 한 내용은 중국의 한국독립원조는 자못 순리로 진행이 되고 오래지 않은 장래에 실현이 될 터이다.[62]

　중국정부의 임시정부 승인검토 뉴스는 재미동포들을 고무시켰다. 1941년10월2일자 《신한민보》는 《국민일보》의 기사를 1면 머리기사로 그대로 전재하면서, 기사 말미에 "대한인국민총회 중앙상무부는 … 좋은 소식이 올 것을 위하여 일체를 준비하고 있다"고 덧붙였다.[63] 북미국민총회 선전부장 김용중(金龍中)은 10월3일에 곽태기에게 감사 편지를 보내기까지 했다.[64]

　김원봉은 워싱턴의 한길수(韓吉洙)와도 연계되어 있었다. 9월4일에 한길수가 김원봉에게 보낸 편지가 김구쪽에 입수되었고, 김구쪽에서는

61)　金弘壹, 앞의 책, pp.354~355.
62)　《新韓民報》1941년10월2일자, 「중국정부는 한국정부를 승인」.
63)　위와 같음.
64)　「金龍中이 郭泰祺에게 보낸 1941년10월2일자 편지」, 『대한민국임시정부자료집(43) 서한집 II』, 2011, pp. 277~278.

그것을 다시 이승만에게 보냈다.

　　그동안 이곳에 있는 신정부 대표 이승만 박사는 의용대와 중한동맹단의 일이 성공할까 두려워 백방으로 방해하고 있습니다.…
　　지난 주일, 즉 8월25일에 백악관에 말씀을 드려 보았고 오늘도 해군 정탐부장과 한시간가량 토론했는데, 이 박사의 보고로 인하여 해군 정탐부에서는 미일전쟁이 나기 전에는 의용대나 동맹단을 도와줄 수 없다고 합니다. 그러나 백악관에서는 조금 더 기다리라고 하면서도 의용대나 동맹단에서 일본 관리를 죽인 증거를 제시하든지, 아니면 앞으로 그와 같은 일을 실행하면 일이 속히 될 것이라 합니다. 다음과 같은 제의를 하오니 참고하시기 바랍니다.
　　첫째, 김규식(金奎植)씨와 합의할 수 있으면 즉시 토의할 것.
　　둘째, 해군 정탐부나 육군 정탐부와 직접 교섭하지 말고 이곳으로 보내어 교섭할 것.
　　셋째, 한국이나 일본에서 한번 본보기를 보일 것.…

　　이승만은 이 편지를 이원순에게 보내면서 "이 편지는 중경에서 온 것으로서, 후에 소용될 날이 있을 터이니 아직 발표하지 말고 은밀히 하시오. 더 정확한 명분을 얻으면 좋으나 우선 그 허무한 언사가 이러하다는 것만 알려주시오"라고 덧붙였다.[65]
　　그러나 김원봉 그룹의 도전보다도 김구를 더욱 애타게 하는 것은 광복군 편성 문제였다. 9월26일에 김구가 주가화에게 보낸 다음과 같은 편지는 이때의 광복군의 상황이 얼마나 딱한 처지에 놓여 있었는지를 잘 설명해 준다.

　　중국의 원조로 한인이 광복군을 조직하여 항전에 참가한다는 소

---

65) 李元淳, 앞의 책, pp.216~217.

식을 들은 뒤 적후에 산재해 있는 지식분자와 적군에 편입된 한적 사병으로서 자진하여 탈출해 오는 자가 나날이 증가하고 있습니다. 이미 서안 제4전투단에서 훈련을 받고 적후공작에 참가한 300여명 외에 최근에 와서 또 적후인 수원성(綏遠省)과 산서성에서 귀순해 온 한국청년 500여명은 부대를 편성하여 훈련을 받고 무기를 들고 목숨을 바치기를 기다리고 있습니다. 식비 등의 경비는 한인이 자력으로 지탱해 왔으나 계속하기가 어려우리라고 생각됩니다. 하물며 겨울이 곧 닥쳐올 터인데 필요한 겨울옷과 침구는 더욱 구입할 힘이 없으니, 실로 곤란하기 짝이 없습니다. 황하 이북은 날씨가 추워서 더욱 어려움과 고초를 말로 다할 수 없습니다. 만약에 이 명을 기다려 적을 죽이려는 수많은 열혈청년을 굶주림과 추위에 그대로 두고 구조하지 않는다면 사기를 북돋우고 귀순해 오는 것을 격려하기에 부족할 듯합니다. 이에 감히 정에 근거하여 호소하니, 항전하는 장졸을 위로하는 예에 비추어 20만원을 보조하여 유지하는 바탕이 되게 하고 항전에 도움이 되게 해주시기 바랍니다.[66]

주가화는 9월30일에 김구의 이러한 절박한 호소를 장개석에게 그대로 전하면서 20만원을 지원해 줄 것을 건의했고,[67] 장개석은 10월27일에 일본 군대에서 탈출해 오는 한인병사들과 적후방에서 넘어오는 한인청년들의 구제를 위해 10만원을 지급하라고 중국 군사위원회에 타전했다.[68]

66) 「金九가 朱家驊에게 보낸 1941년9월26일자 편지」, 『대한민국임시정부자료집(10) 한국광복군Ⅰ』, p.94.
67) 「朱家驊가 蔣介石에게 보낸 1941년9월30일자 편지」, 위의 책, pp.95~96.
68) 「蔣介石이 朱家驊에게 보낸 1941년10월27일자 전보」, 같은 책, p.77.

3. 「광복군행동준승」과 「건국강령」

1

1941년 10월 15일은 임시의정원의 제33회 정기회의 개원일이었다. 회의장에는 아침부터 긴장감이 감돌았다. 의정원의 개원을 앞두고 임시정부는 10월 7일의 국무회의에서 「임시정부경위대규정」을 채택하고 김관오(金冠五)를 대장으로 한 경위대를 편성하여 이날 임시의정원 회의장에 배치했다. 경위대원들이 새로 보선된 의원이라면서 회의장으로 들어오려는 사람들을 제지하느라고 심한 몸싸움이 벌어졌다. 분위기가 험해지자 의장 김붕준은 자리를 떠났고, 의원들의 요구에 따라 부의장 최동오가 일어나서 개원식을 진행했다.

한국독립당과의 연합을 통하여 임시정부에 참가하려고 했던 김원봉파는 그것이 좌절되자 임시의정원의 의원보선을 통하여 임시의정원을 장악하려는 계략을 세웠다. 의장 김붕준과 손두환이 앞장서서 의원보선 공작을 벌였다. 김붕준은 임시정부가 보선을 실시하지 않고 있어서 자신이 직권으로 선거를 실시한다고 말하고, 또 외국 기자들을 초청하여 그렇게 설명하기도 했다.

김붕준과 손두환의 활동자금은 김원봉이 부담했다. 김원봉은 조선의용대의 인원 대부분이 화북지방으로 가버린 뒤에도 중국 군사위원회로부터 매달 1만6,000원의 활동비를 지급받고 있었기 때문에 자금여유가 있었다. 선거는 비정상적인 방법으로 실시되었으므로 적법성에 문제가 있었다. 그뿐만 아니라 인선에도 문제가 있었다. 장사에서 있었던 김구저격사건에 연루되어 오랫동안 구속되었던 송욱동(宋旭東), 중경에 거주하지도 않는 사람, 5월의 한국독립당 대표대회 때에 소란을 피운 사람, 김붕준의 딸 등도 포함되었다. 이렇게 하여 22명이 의정원 의원으로 보선되었는데[69], 이들은 대부분 민족혁명당 당원이거나 민족혁명당을 지지하는 사람, 그리고 김붕준과 손두환에게 포섭된 사람들이었다. 이 무렵 재적의원이 26명이었던 점을 감안하면 이들 22명은 의정원의 운영을 좌우할 수 있었다.

이때까지 임시정부의 국무위원회나 임시의정원은 모두 한국독립당 인사들로 구성되어 있었다. 한국독립당이 보선결과를 용납할 수 없었던 것은 당연했다. 선거업무를 관장하는 내무부장 조완구는 개원 하루 전인 10월14일에 「내무부공고」 제1호를 공포하고 선거무효를 선언했다. 의정원 의원의 선거는 임시정부 내무부가 선거인명부를 작성하여 시일과 장소를 통지하고 선거인들을 소집하여 선거감독원의 입회 아래 투개표를 실시하는 것인데, 이러한 적법절차를 무시했다는 것이 그 이유였다.[70] 의정원이 개원하기에 앞서 의장 김붕준이 새로 선출된 사람들에게 의원증을 발급한 것도 탈법이었다.

이날의 회의에는 재적인원 26명 가운데 광복군 관계 임무로 전방에 있어서 출석하지 못한 이복원(李復源), 조경한(趙擎韓) 등 4명과 김붕준을 제외한 전원이 참석했다.

개원식은 오전 8시20분에 거행되었다. 최동오의 개회사에 이어 김구는 다음과 같은 짤막한 치사를 낭독했다.

"금번 회의는 예년에 비하야 더욱 중요하외다. 우리 국군의 진전이 가장 급무인 중 정부의 지위가 국제간에 제고될 기운을 맞은 특수시기요 또 신중히 면려해야 할 입장이니, 의원제공은 이에 비추어 민속하고 정확한 견지로써 간난하고 지대한 임무를 심찰(深察)하야 만반을 실제에 적합하도록 결정할 줄로 믿고, 이로써 간단히 치사합니다."

지극히 짤막한 이 치사는 김구가 얼마나 분격에 차 있었는지를 짐작

69) 《大韓民國臨時政府公報 제72호》(1941년10월17일), 『대한민국임시정부자료집(1) 헌법·공보』, p.243.
70) 위의 책, pp.242~246.

하게 했다.

회의는 개원식을 거행한 다음날부터 시작하는 것이 관례였으나, 조완구 등 13의원의 긴급제의로 40분 동안 휴식한 다음 오전 10시에 제1차 회의를 개회했다. 그만큼 급박한 분위기였다. 먼저 엄항섭, 박찬익, 차리석 등 여섯 의원의 긴급제의로 의장 김붕준의 탄핵안이 제출되었다. 탄핵의 사유는 행정기관의 외교권과 행정권과 재무행정을 방해하고 파괴했다는 세가지였다. 송병조(宋秉祚), 조완구, 김학규 세 사람으로 탄핵안 심사위원회가 구성되고, 탄핵안 심사위원회는 그 자리에서 탄핵안을 심사한 결과 위법 사실이 확실하므로 김붕준의 의장직은 면직시키고 의원직은 징계위원회에 회부함이 타당하다고 보고했다. 심사보고서를 투표하자는 김구의 동의로 심사보고서대로 가결되었다.

뒤이어 실시된 의장선거에서는 송병조가 당선되었다. 송병조는 의장되기를 사양했으나, 의원들이 사양의 뜻을 받아들이지 않아 부득이하게 의장이 되었다. 부의장 최동오가 사의를 표명하자 김구가 적극 만류했다.

"이번에 의장이 의정원을 배반하는 행동을 한 반면에 부의장은 공로가 많습니다. 만일 부의장의 알선이 없었더라면 환경이 더욱 악열하였을 것입니다. 그의 노력을 의장이 받아들였더라면 국면이 이렇게 안되었을 것입니다. 원기와 지략이 많은 부의장이 연고기약(年高氣弱)한 노의장을 잘 보좌하시기 바랍니다.…"

김구의 이러한 만류에도 불구하고 최동오가 계속 사의를 표명하자 의원들은 그의 사임을 인정하지 않는다는 결의를 하고 오후 2시에 폐회했다.

이튿날 회의도 오전 8시에 개회했다. 임시의정원은 임시정부의 정무보고를 받은 다음 김붕준을 제명함이 타당하다는 징계위원회의 보고대로 처리하기로 가결했다. 이날의 회의진행도 김구가 앞장섰다. 그는 몹시 분개해 있었던 것이다. 이어「임시정부통수부관제」등 국무위원회에서 제정

탄핵 받은 임시의정원 의장 김붕준.　　　　임시의정원 부의장 최동오.

하여 이미 시행 중인 몇 가지 법률을 추인했다. 그리고 이튿날 1940년도
결산안과 1942년도 예산안을 통과시키고 제33회 임시의정원은 사흘 만
에 폐원했다.[71] 김구는 이때의 상황을 재미한족연합위원회에 보낸 편지에
서 다음과 같이 설명했다.

　　의용대가 팔로군으로 간 이후로 그 간부들은 무슨 모양으로든지
　관내에서 행동하려면 민족주의의 탈을 쓰지 않고는 범사에 극히 불편
　하므로 우리 민족주의자의 진영으로 침입할 기도에서 금년 33회 의정
　원 개회에 자기네가 비법적으로 의원 20여명을 선거해 가지고 의장에
　돌입하야, 한편으로 원무를 방해하며 한편으로 국무위원을 개선, 국
　호를 변경 등등의 음모를 하여 가지고 개원식 벽두에 무리를 지어 입
　장하다가 경위대의 제지를 받아 두번이나 쫓기어 간 후에 염치를 불

71) 「臨時議政院會議 제33회」, (1941.10.), 『대한민국임시정부자료집(3) 임시의정원 Ⅱ』, pp.11~22.

구하고 중국 신문에 발표하기를 자기네가 호법[합법]의원이라고 갖은 패행을 하는 반면에 의정원은 법대로 모든 안건을 처리하고 곧 폐원하였습니다. 그자들의 이 같은 돌발적 행동은 곽 부장이 임시정부를 승인하겠다는 의론을 들은 데서 욕심이 북받쳐서 정권을 탈취하자는 야심으로 (중국)외교부에 가서 한국 임시정부는 불통일정부니 승인말고 김약산 자기 단체가 의정원 의원으로 선거되면 승인하라고 ○○하얏으나, 승임문제는 다소 장애는 불면이나 필경은 사필귀정될 것이니, 미주, 하와이, 멕시코, 쿠바의 한인동포를 총동원하여 안으로는 불순분자를 성토하고 밖으로는 외교방면에 성원할 방법을 별지에 적어 드리오니 참고하심을 무망[務望: 꼭 이루어지기 바람]하나이다.…[72]

이 무렵 재미한족연합위원회는 김구나 엄항섭의 편지와는 별도로 다른 경로를 통해서도 중경의 상황을 파악하고 있었다. 그것은 임시의정원 사건이 있는 뒤에 《신한민보》의 사설이 다음과 같이 논평한 것으로도 짐작할 수 있다.

이 일이 생기기 전 두어달에 중국으로부터 오는 소식을 듣건데 한인 적색분자들이 중국정부의 한국 임시정부의 승인을 기회로 하야 소위 '조선혁명정부' 조직의 계획을 가졌고 이렇게 하려면 먼저 임시의정원의 입법기관부터 탈취하여야 될 터이므로 비법의원을 선거하얏고, 미주재류 동포에게 대해서는 만일 임시정부가 그 계획을 거절하면 "통일파괴"의 죄명을 들씌우고 재미동포의 임시정부 후원을 저희[沮戲: 훼방을 놓아 해롭게 함]할 밀모가 있었다고 하는데, 최근 중국 신문에 발표된 소식을 보건데 그들이 '조선혁명정부'를 조직할 밀모가 있

72) 「金九가 在美韓族聯合委員會에 보낸 1941년10월25일자 편지」, 『미주국민회자료집(21)』, p.128.

은 것까지는 사실이니…[73]

　그러면서 이 사설은 "그러나 공산당이 능히 우리 임시정부를 흔들 수 없고 또 우리 재미한인의 임시정부에 대한 신뢰를 흔들지 못할 것이다"[74] 하고 한국독립당 중심의 임시정부를 지지한다는 입장을 명백히 표명했다.

2

　조선의용대가 화북지방의 팔로군 지역으로 넘어간 사실은 광복군의 편제와 활동에도 결정적인 영향을 미쳤다. 조선의용대의 이동에 충격을 받은 중국 군사위원회는 광복군을 비롯한 나머지 한인 무장병력을 철저히 통제할 필요성을 새삼스럽게 절감했다. 그러한 중국 군사위원회의 방침이 구체적으로 표명된 것이 9개항의 「한국광복군 행동준승(韓國光復軍行動準繩)」이었다. 준승이란 기준 또는 규칙이라는 뜻이다.

　중국 군사위원회 판공청은 11월15일에 광복군총사령 이청천 앞으로 "한국광복군이 본회의 통할과 지휘를 받게 된 뒤로 그 일체의 활동에 대한 준승을 다음과 같이 규정했습니다"라는 통보와 함께 그 실행을 위한 「한국광복군총사령부 잠행편제표」를 같이 보냈다.[75]

　「9개 준승」의 내용은 다음과 같았다.

(1) 한국광복군은 우리나라[중국] 항일작전 기간에는 본회[중국 군사위원회]에 직접 예속되며, 참모총장이 운용을 장악한다.

(2) 한국광복군은 본회의 통할과 지휘에 귀속된 뒤로는 우리나라의 계속

---

73) 《新韓民報》 1941년11월27일자, 「社說: 임시의정원 의장 김봉준 면직사건」.
74) 위와 같음.
75) 「金九가 蔣介石에게 보낸 1942년7월17일자 편지」, 『대한민국임시정부자료집(11) 한국광복군Ⅱ』, pp.31~32.

된 항전 기간 및 한국독립당 임시정부가 한국 경내로 들어가기 이전에는 다만 우리나라 최고통수부의 유일한 군령만 접수하며, 다른 어떤 군령도 접수하지 않음. 혹 다른 정치적 견제를 받더라도 한국독립당 임시정부와의 관계는 우리나라의 군령을 받는 기간에는 여전히 고유한 명의 관계를 보류하도록 한다.

(3) 본회는 한국광복군이 한국 내지를 향하여, 그리고 한국 변경[국경] 지역에 접근하여 활동하는 것을 원조함으로써 우리나라 항전공작에 배합하는 것을 원칙으로 하며, 한국 변경에 들어가기 이전에는 응당 한인을 흡인할 수 있는 윤함구[淪陷區: 점령구]를 주요 활동구역으로 삼으며, 군대의 편성과 훈련기간에는 특별히 우리나라 전구 제1선(군부 이전) 부근에서 조직과 훈련을 할 수 있도록 허락한다. 다만 우리의 당지 최고군사장관의 절제[節制: 지휘]를 받아야 한다.

(4) 전구 제1선 이후의 지구에서는 다만 전구장관 소재지 및 본회 소재지에만 연락통신기관을 설립하도록 허락하며, 초편부대(招編部隊)가 멋대로 주둔하거나 혹은 다른 사정의 활동도 모두 할 수 없다.

(5) 한국광복군 총사령부 소재지는 군사위원회에서 지정한다.

(6) 한국광복군은 윤함구 및 전구를 막론하고 모두 우리 국적 사병을 모집하지 못하며 마음대로 행정관리를 채용하지 못한다. 만약 중국국적의 문화공작 및 기술인원을 채용하고자 할 경우에는 반드시 군사위원회에 신청하고 군사위원회에서 조사하여 파견한다.

(7) 한국광복군의 지휘명령이나 자금과 군기 등의 수령사항은 본회가 지정하는 판공청 군사처에서 처리를 책임진다.

(8) 중일전쟁이 끝나기 이전에 한국독립당 임시정부가 만약 이미 한국 경내에 들어갔을 때에는 한국광복군과 임시정부의 관계는 다시 의정하여 명령으로 규정하되, 계속하여 본회 군령을 받아서 작전에 배합하는 것을 위주로 한다.

(9) 중일전쟁이 끝났으나 한국독립당 임시정부가 여전히 한국 경내에 들

어가지 못했을 경우 한국광복군을 이후 어떻게 운용할 것인가 하는 문제는 군사위원회가 일관된 정책을 근본으로 하여 당시의 정황을 살펴서 독자적으로 처리를 책임진다.[76]

「행동준승」의 각 항목들은 김구와 광복군 관계자들에게 여간 큰 충격이 아니었다. 「행동준승」 가운데 가장 받아들이기 어려운 것은 제1항, 제2항, 제8항의 규정이었다. 이 세 항목은 중국 군사위원회가 광복군을 임시정부의 휘하에서 완전히 분리시켜 가지고 항일전쟁 기간 동안 중국 군사위원회에 종속시켜 항일작전에 이용하겠다는 입장에서 작성된 것이었다. 그러나 그것은 처음부터 한국의 정식 국군으로 광복군을 창설한 임시정부로서는 받아들이기 어려웠다.

광복군을 편성하려는 임시정부의 염원에 대하여 중국군쪽은 원래 동의를 표시하지 않았다. 그 이유 가운데는 법률적인 문제도 있었지만, 관할상의 실제문제가 있었다. 특히 일부의 한국 교민들 가운데는 일본인의 밀정 활동을 하는 사람도 있어서 계통적으로 정규적인 관할과 엄격한 군기가 결여되면 후방사회에 어쩌면 불안과 소요를 가져올 수도 있다고 판단했다.[77] 「한국광복군 9개준승」은 중국군쪽의 이러한 판단을 기초로 한 것이었다.

「행동준승」의 수용문제를 두고 임시정부 내부에서 논란이 벌어졌다. 그러나 중국 군사당국의 광복군에 대한 취체와 재정지원의 지연으로 말미암아 광복군의 활동이 심각한 위기에 직면한 상황에서 임시정부로서는 일단 이를 수용하지 않을 수 없었다. 그러한 사정을 김구는 다음과 같이 썼다.

중국 중앙정부 군사위원회가 한국광복군의 이른바 「9개행동준

---

76) 『軍事委員會辦公廳에서 李靑天에게 보낸 1941년11월13일자 代電抄件』, 『대한민국임시정부자료집(10) 한국광복군 I』, pp.99~100.
77) 胡春惠 著, 辛勝夏 譯, 앞의 책, pp.146~147.

승」을 발표하였는데, 조항 중에는 우호적인 것도 있고 모욕적인 것도 있었다. 그런 까닭에 임시정부와 광복군 간부들은 준승 접수 여부에 의논이 비등하였다. 그러나 그것을 다시 교정하려면 시일만 연기될 뿐이므로 우선 접수하고 불합리한 조건을 시정하기로 하였다.[78]

임시정부는 11월19일의 국무회의에서 「행동준승」을 받아들이기로 결정했다. 국민정부가 한국 독립운동을 진정으로 성원한다면 시정할 수 있다는 생각과 광복군의 기초세력만이라도 만주지역에 만들어지면 중국이 더 이상 야박하게 구속하지는 못할 것이라는 생각으로 울며 겨자먹기로 「행동준승」을 받아들인 것이었다.[79]

임시정부는 11월25일에 이승만과 북미국민총회 앞으로 "중국정부는 한국광복군을 정식 승인하는 공문을 임시정부로 보내었소"라는 특전을 쳤다. 11월27일자 《신한민보》는 "특전. 한국독립광복군 중국정부로서 정식 승인, 한국 국군이 항전에 참가"라는 표제와 함께 장개석과 김구와 이청천의 사진을 크게 싣고, 1면 거의 전부를 할애하여 「광복군행동준승」 통보사실을 중국정부가 광복군을 정식으로 승인한 것이라고 과장해서 크게 보도했다.[80] 재미동포들의 임시정부와 광복군에 대한 간절한 기대가 이렇게 표현되었던 것이다.

국무위원회가 「행동준승」을 받아들이기로 결정한 뒤에도 임시정부와 다른 독립운동자들 사이에서는 논란이 계속되었다. 그리하여 임시정부는 12월에 「임시정부포고문」을 발표하여 "우리 국군으로 하여금 중화민국 경내에서 왜적과 대규모의 혈전을 전개할 기회를 가지게 됨에 성공한 것을 국내외 동포들에게 정중히 포고한다"라고 천명하고, 프랑스에서 프

---

78) 『백범일지』, pp.393~394.
79) 「군사행동에 관한 군무부 군사보고」, (1942.10.27.), 『대한민국임시정부자료집(9) 군무부』, 2006, p.60.
80) 《新韓民報》 1941년11월27일자, 「特電韓國獨立光復軍」.

중국정부가 「광복군행동준승」을 임시정부에 통보해온 것을 중국정부가 광복군을 승인했다고 크게 보도한 1941년11월27일자 《신한민보》 지면.

랑스군과 영국군이 연합작전을 할 때에 영국군이 프랑스 군사최고통수의 지휘명령에 복종했던 사실을 보기로 들면서 다음과 같이 설명했다.

> 우리 광복군도 중화민국 경내에서 대일연합작전을 계속하는 기간에 한하야 중화민국 군사최고통수의 결재를 받게 되었다. 광복군과 본정부의 고유한 종속관계는 의연히 존재하야 대한민국의 국군된 지위는 추호도 동요됨이 없는 것이다.[81]

---

81) 《大韓民國臨時政府公報 제72호》(1941년12월8일), 『대한민국임시정부자료집(1) 헌법·공보』, pp.248~249.

임시정부가 「광복군행동준승」을 받아들임에 따라 광복군에 대한 국민정부의 재정지원이 시작되었다. 이때까지는 광복군총사령부 성립식을 거행하고 나서 송미령(宋美齡)이 중국 부녀위로총회 명의로 10만원을 지원한 것이 전부였다. 장개석이 일본군에서 탈출해 오는 한인병사들과 적후방에서 넘어오는 한인청년들의 구제비로 10만원을 지급한 것은 임시정부가 「행동준승」을 받아들이기 직전의 일이었다. 그때까지는 재미 한인연합위원회가 매달 1,050달러씩 보내오는 자금이 운영비의 전부였다.[82] 임시정부가 「행동준승」을 받아들이자 중국 군사위원회는 1941년 12월에 구제비 명목으로 6만원을 지급하는 동시에 매달 2만원씩 광복군 운영비를 지급하기로 했다.[83]

3

「광복군행동준승」으로 독립운동자들 사이에 논란이 분분한 속에서 임시정부는 1941년11월28일에 국무위원회 명의로 「대한민국건국강령」을 공포했다. 「건국강령」의 초안작성은 5월에 발표한 「한국독립당 제1차 전당대표대회선언」을 기초했던 조소앙이 맡았다.[84] 「건국강령」은 1941년5월의 「한국독립당 제1차전당대표대회 선언」에서 제시한 복국, 건국, 치국, 세계일가의 4단계의 구분을 복국과 건국의 2단계로 줄이고, 한국독립당의 「7개강령」과 「7개당책」을 기초로 하여 구체적인 사항을 열거했다. 그러므로 「건국강령」은 한국독립당의 삼균제도의 이념에 입각하여 광복이후의 건국원칙을 천명한 것이라고 할 수 있다.

「건국강령」은 총강, 복국, 건국의 3장 24개항으로 구성되어 있다. 제

---

82) 「臨時議政院會議 제33회」, (1941.10.), 『대한민국임시정부자료집(3) 임시의정원 II』, p.18.
83) 「金九가 蔣介石에게 보낸 1942년7월17일자 편지」, 『대한민국임시정부자료집(11) 한국광복군 II』, p.32.
84) 《大韓民國臨時政府公報 제72호》(1941년12월8일), 『대한민국임시정부자료집(1) 헌법·공보』, p.247.

1장 총강(7개항)은 먼저 한민족의 정의를 반만년 동안 공통한 말과 글과 국토와 주권과 경제와 문화에 기초하여 형성되고 단결한 고정적 집단의 최고조직이라고 규정했다. 그리고 삼균제도의 역사적 근거를 홍익인간 (弘益人間)과 이화세계(理化世界)의 건국신화에서 찾고, 왕조시대의 공전제(公田制)에 근거를 둔 토지국유제를 실시할 것이라고 천명했다. 이처럼 「건국강령」은 민족의 정의, 삼균제도, 토지국유제의 논리적 근거를 왕조시대의 제도에 둔 것이 특징이다. 그리고 3·1운동으로 우리 민족의 혁혁한 혁명이 시작되었고, 임시정부를 세워 우리 민족의 자력으로써 이족전제(異族專制)를 전복하고 오천년 군주정치의 구각을 파괴하고 새로운 민주제도를 건립하고 사회의 계급을 소멸하는 제1보를 내딛었다고 선언했다. 그리고 1931년4월에 발표한 「대한민국임시정부 대외선언」이 삼균제도의 제1차 선언이었다고 설명하고, 「건국강령」은 그 제도를 더욱 발전시킨 것이며, 임시정부는 삼균제도에 기초하여 복국과 건국의 과정을 실현해 갈 것이라고 선언했다.

제2장 복국은 독립운동 단계에서 시행할 제반임무와 정책을 제시했다. 복국의 단계를 세 시기로 세분하여, 독립을 선포하고 국호를 일정히 하여 행사하고 임시정부와 임시의정원을 세우고 임시약법과 그 밖의 법규를 반포하고 인민의 납세와 병역의 의무를 시행하며 군력과 외교와 당무와 인심이 서로 배합하여 적에 대한 혈전을 계속하는 과정을 제1기로, 일부 국토를 회복하고 당, 정, 군의 기구가 국내에 옮겨 가서 국제적 지위를 본질적으로 취득함에 충족한 조건이 성숙할 때를 제2기로, 적의 세력에 포위된 국토와 포로된 인민과 빼앗긴 정치와 경제와 말살된 교육과 문화 등을 완전히 되찾아 각국 정부와 조약을 체결할 때를 복국의 완성기라고 규정했다(제1~3항). 그리고 복국기에는 임시의정원의 선거로 조직된 국무위원회가 공무를 집행하고(제4항), 국가의 주권은 광복운동자가 대행한다(제5항)고 선언했다. 복국운동의 방법으로는 민족의 혁명역량을 총동원하여 광복군을 편성하여 혈전을 강화할 것(제6항), 대중적 반

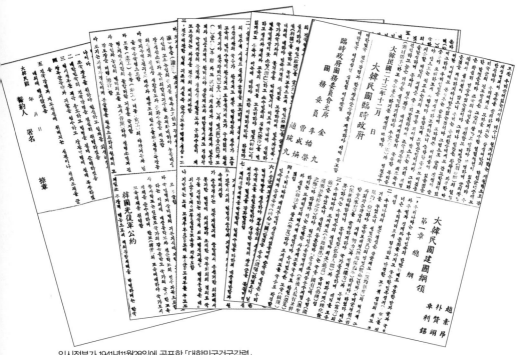

임시정부가 1941년 11월 28일에 공포한 「대한민국건국강령」.

항과 무장적 투쟁과 국제적 외교와 선전 등의 독립운동을 확대 강화할 것(제7항), 적 일본에 항전하는 우방들과 연락하여 항일동맹군의 구체적 행동을 취할 것(제8항) 등을 제시했다. 그리고 복국임무가 완성되는 단계에서 건국임무에 소용되는 인재와 법령과 계획을 준비하고(제9항), 건국시기에 실행할 헌법과 중앙과 지방의 정부 및 의회를 조직할 선거법과 지방자치제도와 군사 외교에 관한 법규는 임시의정원이 제정하여 임시정부가 반포할 것(제10항)이라고 하여 복국 이후의 건국기의 제반임무도 임시정부가 주도할 것임을 천명했다.

제3장 건국은 「건국강령」의 가장 핵심적인 부분이다. 먼저 건국의 단계를 세 시기로 나누어, 일제의 통치기구를 박멸하고 정부와 의회가 구성되어 국가주권을 행사하여 삼균제도의 강령과 정책이 국내에서 추진되기 시작하는 과정을 건국의 제1기로, 삼균제도를 골자로 한 헌법을 실시하여 토지 및 대생산기관의 국유화를 완성하고, 학령 아동과 고등교육의

면비교육을 실현하며, 보통선거제의 실시로 자치조직을 완비하여 극빈계급의 물질 및 정신적 생활수준의 향상이 보장되는 시기를 건국의 제2기로, 건국에 관한 일체의 시설과 제도가 예정된 계획의 반 이상을 성취한 때를 건국의 완성기라고 했다(제1~3항).

이어 건국기의 헌법이 보장해야 할 인민의 기본적 권리와 의무 및 삼균제도에 입각하여 실현할 제반정책을 구체적으로 제시했다. 인민의 권리로는 노동권, 휴식권, 피보험권, 면비수학권, 참정권, 선거권, 피선거권, 파면권, 남녀평등권 및 사회 각 조직에 참여하는 권리 등을 규정했다. 중앙정부는 헌법에 의하여 조직한 국무회의가 최고행정기관으로서 국무를 집행하며, 내무, 외무, 군무, 법무, 재무, 교통, 실업, 교육의 8부로 행정을 분담하도록 했다. 지방은 지방자치를 실시하고 도(道), 부(府), 군(郡), 도(島)에 각각 지방정부와 의회를 설치하도록 했다.

경제정책은 토지와 대생산기관의 국유화를 핵심으로 하여 적이 빼앗았던 관, 공, 사유토지를 비롯한 모든 적산과 부일배의 자본 및 부동산 등을 몰수하여 국유로 한다고 했다. 토지는 자력자경의 원칙에 따라서 농민에게 나누어 주되, 토지의 상속, 매매, 저당 등은 일절 금기하기로 했다. 그리고 대생산기관과 대규모의 농, 공, 상 기업만 국유화하고 소규모 및 중소기업은 사영으로 하도록 했다.

교육제도는 과학적 지식을 보편적으로 균등화한다는 원칙 아래 6세 이상의 초등교육과 12세 이상의 고등기본교육에 대한 일체의 비용은 국가가 부담하고, 학령초과로 교육받지 못한 인민에게는 일률적으로 면비 보습교육을 시행하기로 했다. 지방에는 인구, 교육, 문화, 경제 등의 형편에 따라 교육기관을 설치하되 최소한 1읍 1면에 5개 소학교와 2개 중학교, 1군 1도 1부에 2개 전문학교, 1도에 1개 대학을 설치하도록 했다. 교과서는 편집과 인쇄 및 발행을 국영으로 하여 학생에게 무료로 나누어

주도록 했다.[85]

　이러한 임시정부의「건국강령」은 중국국민당이 1938년의 임시전당대
회에서 채택한「항전건국강령(抗戰建國綱領)」도 참고해서 작성했을 것
인데, 총칙과 외교, 군사, 정치, 경제, 민중운동, 교육의 6개 분야에 걸쳐서
26개항의 당면한 실제적인 정책과제를 천명한 국민정부의「항전건국강
령」과는 큰 차이가 있다. 그것은 임시정부가, 특히 박식한 유토피안 조소
앙이「광복군행동준승」으로 상징되는 고뇌 속에서도, 예상되는 미일전쟁
또는 소일전쟁의 결과로 조국 광복이 머지않아 이루어질 것이라는 희망
을 가지고 꿈꾼 이상적인 공화국의 모습이었다.

　이렇게 제정된「건국강령」은 중경의 독립운동자들과 동포들 사이에
서, 의정원 의원 선거 때에 찬성여부를 묻고 대답에 따라 투표권 부여여
부를 결정할 정도로 강제력을 지닌 임시정부의 정치문서가 되었다.

　「광복군행동준승」을 받아들임으로써 광복군 운영비는 일단 확보되
었으나 날로 치솟는 인플레이션 속에서 임시정부와 한국독립당의 운영
비나 동포들의 생활대책은 갈수록 어려워졌다.

　마침내 일본의 진주만 공격 뉴스가 전해지자 흥분한 김구는 12월10
일에 중국국민당 조직부장 주가화를 찾아갔다.

　"지금까지 우리 임시정부와 독립당 및 광복군의 일체의 비용은 다 미
국과 호놀룰루에 있는 동포들이 매달 3,000달러가량 보내오는 것과 그
밖의 특별 의연금에 의존해 왔습니다. 이제 미일전쟁으로 교통이 두절됨
에 따라 앞으로 임시정부나 한국독립당 및 광복군 경상비가 올 곳이 단
절된 뿐 아니라 중경에 있는 한국교민들의 생활도 바로 문제가 될 것입
니다.… 지금 적은 미국과 영국에 대해 선전포고를 함으로써 그 붕괴시기
는 멀지 않을 것으로 봅니다. 마땅히 공작을 강화하고 항전을 하여 승리
를 쟁취함으로써 복국(復國)해야 할 때입니다. 우리 임시정부와 한국독

---

85) 위의 책, pp.250~254.

립당의 경비와 교민생활비 등으로 매달 6만원이 필요합니다. 장 위원장에게 전하여 도와주시기 바랍니다."

주가화는 그날로 장개석에게 김구의 요청을 그대로 옮기면서 김구의 요청대로 지원하는 것이 타당하다는 건의서를 보냈다.

침략에 반대하는 국가들이 왜구를 포위공격하고 있는 때에 즈음하여 바로 한국지사들이 합력하여 협동작전을 하여 협조해야 합니다. 마땅히 청한 대로 매달 보조를 허락해야 할 것입니다.[86]

장개석은 12월17일에 중국 군사위원회에 주가화의 특별비 명목으로 이 금액을 지급하라고 지시했다.[87]

이렇게 하여 김구는 광복군 활동비와는 별도로 중국정부로부터 매달 6만원씩의 보조비를 지급받게 되었다.

---

86) 「朱家驊가 蔣介石에게 보낸 1941년12월10일자 편지」, 『대한민국임시정부자료집(10) 한국광복군 I 』, pp.105 ~106.
87) 「蔣介石이 朱家驊에게 보낸 1941년12월17일자 전보」, 위의 책, pp.109~110.

63장

워싱턴에서 한인자유대회 열어

1. 헐 국무장관에게 신임장 접수 요구

1

1941년12월7일 일요일 오전 7시55분(현지시간)에 호놀룰루의 진주만(Peal Harbor) 미 해군기지에 대한 일본군의 기습공격이 시작되었다. 마침내 미국 영토에 이승만이 경고해 온 '불'이 붙은 것이다. 전투함 6척을 포함한 함정 19척을 격침하거나 사용불능으로 만들고, 항공기 150여대의 파손과 사망자 2,403명, 부상자 1,178명의 인명피해를 입혔다. 루스벨트(Franklin D. Roosevelt) 대통령은 이튿날 상하 양원 합동회의에서 이날을 "영원히 기억될 치욕의 날"로 규정하면서 대일선전포고를 했고, 상원은 82대 0, 하원은 388대 1로 대통령의 대일선전 포고를 승인했다.[1] 미일전쟁[태평양전쟁]이 시작된 것이었다. 이날부터 "진주만을 잊지 말라!(Remember Peal Harbor!)"라는 구호는 제국주의 일본이 패망할 때까지 미국인들을 단결시키는 슬로건이 되었다.

미일전쟁이 발발한 시점에 루스벨트가 한국과 한국인에 대하여 어떤 인식을 하고 있었는가는 에드거 스노우(Edgar P. Snow)와의 간단한 대화에 상징적으로 드러나 있다. 진주만 공격이 있은 직후의 주례 기자회견이 있던 날이었다. 기자회견이 끝나자 루스벨트는 회견장에 참석한 《새터데이 이브닝 포스트(*The Saturday Evening Post*)》지의 스노우를 찾았다. 스노우는 1936년에 외국기자로는 처음으로 연안(延安)으로 가서 모택동(毛澤東)을 만나고 중국공산당을 서방세계에 알렸다. 그 책이 『중국의 붉은 별(*Red Star Over China*)』(1937)이었다. 루스벨트는 그 책을 알고 있었다. 오프더 레코드를 전제로 루스벨트는 스노우와 허심탄회한 대화를 나누었다. 대화는 루스벨트가 묻고 스노우가 대답하는 형식이었다.

---

1) Arthur M. Schlesinger, Jr. ed., *The Almanac of American History*, p.486.

루스벨트는 중국, 인도, 필리핀 등의 현황과 장래 문제에 대한 스노우의 의견을 묻고 나서, 다음과 같은 질문을 던졌다. 중국인은 결국 민족으로서 일본인을 "흡수"할 것으로 생각하는가? 중국인과 일본인은 실제로 결혼하고 있는가? 중국인이 일본인과 결혼하면 아이는 일본인보다 중국인에 가까운가? 루스벨트는 하와이의 인종혼합에 대해 한참 이야기했다. 그는 젊었을 때에 하와이에 갔었는데, 그곳에서 중국인과 백인의 혼혈이 가장 아름답고 가장 우수한 시민이 된다는 인상을 받았다고 말했다. 루스벨트는 한국인은 중국인과 일본인이 결혼하면 생기는 것 같은 인종일 것으로 생각하고 있었다. 그는 계속해서 물었다. 일본인이 한국인을 흡수하지 못한 사실을 어떻게 생각하는가? 아니면 흡수했는가? 이 전쟁에서 한국인은 일본인을 지지할 것인가? 이 물음에 스노우는 단정적으로 말했다.

"우리가 지금 당장 한국의 독립을 무조건으로 보장한다면 그러지 않을 것입니다. 한국은 어떤 연합국이 손을 대려 하기 전에 우리가 해방시킬 수 있고, 또 그렇게 해야 될 식민지입니다."

"그래, 그렇게 해야 돼요. 일본은 식민지를 포기하지 않으면 안될 거야. 그들이 예상할 수 있는 최소한의 일이지. 일본은 과잉인구를 해결할 다른 어떤 방법을 찾아야 해요. 그것이 일본을 전쟁으로 몰아넣은 한 원인인데, 전쟁이 끝난 뒤에도 이 문제는 남을 것이고, 우리는 그 문제와 맞닥뜨리게 될 거요."[2]

일본군의 진주만 공격은 한국 독립운동자들에게는 3·1운동 이래 줄곧 희망적으로 예측해 온 미일전쟁이 실현되는 운명적인 사건이었다. 이승만을 포함한 많은 사람들은 마침내 임시정부가 국제적 승인을 얻어서 연합국의 일원으로 대일전에 참전할 기회가 왔다고 생각했다.

이승만은 바쁘게 움직였다. 진주만 기습폭격이 있자 그는 바로 김구

---

2) Edgar Snow, *Journey to the Beginning*, Random House, 1958, p.256.

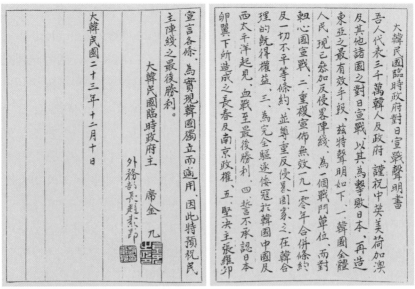

大韓民國二十三年十二月十日

主陣線之最後勝利。

宣言各條、為實現韓國獨立而適用、因此特預祝民

大韓民國臨時政府主

席金　九

外務部長趙素昻

吾人代表三千萬韓人及政府、謹祝中英美荷加澳及其他諸國之對日宣戰、以其為擊敗日本、再造東亞之最有效手段、茲特聲明如下、一、韓國全體人民、現已參加反侵略陣線、為一個戰鬥單位、而對軸心國宣戰。二、重複宣佈無效一九一零年合併條約及一切不平等條約、並尊重反侵略國家之在韓合理的既得權益、三、為完全驅逐倭寇於韓國中國及西太平洋起見、血戰至最後勝利、四、誓不承認日本卵翼下所造成之長春及南京政權、五、堅決主張羅印

김구와 조소앙의 공동명의로 1941년12월10일에 발표한 「대한민국임시정부 대일선전성명서」

에게 임시정부는 대일선전포고를 하고 외무부장 조소앙(趙素昻) 명의로 미국에 가능한 모든 협조를 하겠다는 성명서를 자기에게 전보로 보내라고 타전했다. 임시정부가 연합국의 일원으로 포함될 수 있을지 모른다는 기대에서였다.[3] 그렇게 되면 광복군도 미국 무기대여법(Lend-Lease Act)에 의한 군사원조를 받을 수 있을 것이었다. 임시정부는 1941년12월10일부로 대일선전성명서를 발표했고,[4] 조소앙도 같은 날 루스벨트 앞으로 대일선전성명서와 비슷한 내용의 성명서를 보냈다.[5]

이승만은 진주만 기습사건이 터진 이튿날 먼저 펜실베이니아주 출신의 하원의원 패디스(Charles I. Faddis)를 찾아갔다. 그는 막강한 영

3) Robert T. Oliver, *Syngman Rhee: The Man Behind the Myth*, Dodd Mead and Company, 1960, p.175.
4) 「대한민국임시정부 對日宣戰聲明書」, (1941.12.10.), 『대한민국임시정부자료집(8) 정부수반』, p.263.
5) So Ang Joe to Roosevelt, Dec. 10, 1941, Young Ick Lew et al. ed., *The Syngman Rhee Correspondence in English 1904~1948*, vol.7, Institute for Modern Korean Studies, Yonsei University, 2009, p.111.

향력을 가진 하원 군사위원회 위원이었다. 펜실베이니아주 루이스버그
(Lewisburg)에 있는 장로교회 주임목사 정킨(Reverend E. Junkin)이 면
담을 주선했다. 정킨은 한국에 왔던 장로교회 선교사의 아들로 한국에서
태어난 사람이었다. 정킨은 이승만과 친밀한 교분이 있었던 것은 아니지
만, 그는 이승만을 한국독립의 대변자로 생각하고 있었다.[6] 이승만은 중
국군 대령인 치아 예첸(Zia Yee-Chen) 박사 등과 함께 패디스를 방문했
는데, 패디스는 이승만 일행과의 면담을 마치고 나서 바로 국무장관 헐
(Cordell Hull)에게 편지를 썼다. 그는 이승만의 요구대로 미국의 한국독
립 승인문제를 제기했다. 패디스는 현재 3만5,000여명의 한국인이 중국
군 안에 있고 한국 국내에도 잘 조직된 혁명운동 세력이 있다고 들었다면
서, 한국의 독립과 임시정부를 승인하여 이러한 운동을 고무하는 것이 일
본을 대적하는 데 도움이 될 것이라고 썼다.[7] 헐은 12월17일에 신중히 검
토하겠다는 회신을 패디스에게 보냈다.[8]

　　이승만이 중국군 안에서 활동하는 한국인이 3만5,000여명이라고 한
것은 임시정부의 주장에 근거한 것이었다. 이승만뿐만 아니라 다른 재미
독립운동자들도 그렇게 주장하고 있었다. 김구는 1942년1월3일에 재미
한족연합위원회 집행부 앞으로 "한국광복군 모집은 9,250명에 달하였
고 그 형세가 날로 진전이 되어갑니다"라고 타전했고,[9] 1942년3월5일자
《신한민보(新韓民報)》는 중경발 연합통신을 인용하여 임시정부 산하에
3만5,000명의 군대가 있는 것으로 보도했다.[10] 그러나 이승만과 임시정
부의 이러한 과장된 주장은 이후의 그들 주장의 신빙성을 떨어뜨리는 요
인이 되었다.

　　이승만은 12월9일에 국무부를 방문했다. 먼저 외국인 활동관계국

---

6)　Michael C. Sandusky, *America's Parallel*, Old Dominion Press, 1983, p.70.
7)　미국무부문서 895.01/49, Faddis to Hull, Dec. 8, 1941.
8)　미국무부문서 895.01/49, Hull to Faddis, Dec. 17, 1941.
9)　《新韓民報》 1942년1월8일자, 「韓國獨立光復軍」.
10)　《新韓民報》 1942년3월5일자, 「臨時政府」.

(Division of Foreign Activity Correlation)의 부조정관 호스킨스(Harold B. Hoskins)를 만나서 법무부의 외국인 등록국(Alies Registration Division)이 미주와 하와이에 있는 한국인들이 일본인이 아니라 한국인으로 등록할 수 있게 해달라고 요청했다. 이승만은 전쟁 상황의 관점에서 한국인을 반일본인(anti-Japanese)으로 인정하고 그렇게 대우해야 한다고 강력히 주장했다. 특히 진주만 기습공격 이튿날부터 주정부들이 한국인의 은행계좌를 동결하고 사업을 중지하라는 명령을 내렸다고 로스앤젤레스와 시카고의 동포들로부터 전보와 전화가 빗발친다면서 시정조치를 취해 줄 것을 요구했다. 호스킨스는 이승만에게 그러한 의견을 서면으로 제출하고 사본을 법무부 변호인단의 스미스(L. M. C. Smith)에게 직접 보내라고 말했다. 이승만은 중경에 있는 임시정부가 자유한국위원회(Free Korean Committee)라면서 미국정부가 이 단체에 어떤 지원을 해줄 수 있는지 물었다.[11]

이승만이 언급한 자유한국위원회란 임시정부의 활동이 드골(Charles de Gaulle)의 자유프랑스운동(Free Franch Movement)과 같은 활동임을 강조한 것이었다. 미국 국무부는 한동안 이 "자유한국" 운동에 관심을 나타냈다. 극동국과 정치고문, 국무차관보 사이에 내부문서가 오갔다.[12] 여기서 말하는 "자유"란 해외에 있는 추축국 점령국인들을 뜻하는 말이었다. 그것은 대일전쟁을 수행하는 데 한국인을 활용할 수 있을 것인지의 관심에 따른 검토였다.

이승만은 그날로 호스킨스의 권고대로 그에게 청원서를 보내고 청원서 사본을 법무부에도 보냈다.[13] 같은 날 이승만은 국무부 정치고문 혼벡(Stanley K. Hornbeck)에게, 그의 권고에 따라 그동안 자신이 보관해

---

11) 「Hoskins의 1941년12월9일자 李承晚면담비망록」, 『대한민국임시정부자료집(20) 주미외교위원부 II』, 2007, pp.100~101.
12) 미국무부문서 895.01/60-6/26, Hoskins to Hamilton, Jan. 2, 1942.
13) 「李承晚이 Hoskins에게 보낸 1941년12월9일자 편지」, 『대한민국임시정부자료집(20) 주미외교위원부 II』, pp.101~102.

온 루스벨트에게 보내는 1941년6월6일자 김구의 편지와 헐 국무장관에게 보내는 조소앙의 편지와 자신의 신임장을 동봉하여, 다음과 같은 편지를 전했다.

마침내 피할 수 없는 충돌이 일어났습니다. 이제 우리는 일본을 패배시키기 위해 가능한 모든 노력을 다해야 할 것입니다. 한국인들은 미국의 목적에 협조할 수 있는 모든 기회를 탐색하고 있습니다.

그리고는 편지 끝에 이 문서들을 맡기고 가는데, 혹시 수정할 데가 있는지 검토해 주고, 없다면 대통령과 국무장관에게 전해 주었으면 좋겠다고 덧붙였다.[14] 혼벡은 12월16일에 이승만이 제출한 문서들을 극동국에 넘겨서 검토하게 했다.

12월10일에는 하와이의 재미한족연합위원회(의사부)도 헐 국무장관 앞으로 하와이의 한인들은 미국의 방위를 위해 봉사하기를 원한다는 것과 옛 한미수호통상조약을 고려하여 중경의 임시정부를 승인하기를 요망한다는 전보를 쳤다.[15] 한족연합위원회(의사부)는 또 12월17일에는 루스벨트 대통령 앞으로도 임시정부를 승인해 줄 것을 요망하는 전보를 쳤다.[16]

2

이승만은 12월16일에 육군정보국(Army Intelligence Services)의 무어(Walles H. Moore) 대령을 만났다. 혼벡이 무어에게 이승만을 만나보라고 해서 이루어진 면담이었다. 무어는 중국에서 투쟁하는 한국인들을

---

14) 미국무부문서 895.01/54, Rhee to Hornbeck, Dec. 9, 1941.
15) 미국무부문서 895.01/50, United Korean Committee in America to Hull, Dec. 10, 1941.
16) 미국무부문서 895.01/53, United Korean Committee in America to Roosevelt, Dec. 17, 1941.

지원하기 위하여 자기가 할 수 있는 모든 일을 하겠다고 말했다.[17]

이승만은 12월17일에 다시 국무부를 방문했다. 혼벡을 대신하여 그의 보좌관인 히스(Alger Hiss)가 이승만을 만났다. 이승만은 무어 대령을 만났던 일을 혼벡에게 알리는 12월17일자 편지와 4월의 해외한족대회에서 채택된 「결의안」을 히스에게 전했다.

이승만이 국무부를 찾아간 주목적은 머지않아 일본군에 의해 버마로드(Burma Road)가 폐쇄될 것이므로 그렇게 되기 전에 이 수송로를 통하여 중국에서 활동하는 한국광복군에 군수물자를 지원할 것을 촉구하기 위해서였다. 그는 혼벡 앞으로 쓴 편지에서, 중국정부가 광복군을 정식으로 승인한다는 공문을 보내왔다고 알려온 11월25일자 임시정부 전보문을 소개했다. 이승만은 히스에게 혼벡이 주미 중국대사 호적(胡適) 박사와 워싱턴에 와 있는 송자문(宋子文)에게 중국정부가 임시정부를 승인할 것을 제안하도록 혼벡에게 말해 달라고 부탁했다. 그래야 광복군이 미국의 무기대여법 원조를 받을 수 있을 것이기 때문이라고 이승만은 설명했다.[18] 장개석(蔣介石)의 처남이자 국민정부 재정책임자인 송자문은 1940년6월에 도미하여 국민정부에 대한 미국의 재정원조 교섭을 벌이고 있었는데, 미일전쟁이 발발하자 1941년12월 말에 외교부장으로 임명되어, 워싱턴에 계속 머물고 있었다.

그러나 미 국무부는 이때까지도 임시정부의 승인문제를 구체적으로 검토하고 있지 않았다. 극동국은 이승만의 신임장 처리 문제에 대한 12월20일자 답신서에서 이 문제는 한국의 독립회복문제가 충분히 검토되고 그에 따라 한국에 대한 미국의 확실한 정책이 채택되기까지는 확정적인 결정을 하지 않는 것이 좋겠다고 건의했다. 그리고 한국의 독립회복문제는 중국, 소련, 영국 및 그 밖의 연합국들의 한국독립에 대한 태도를 참

---

17) 「李承晩이 Hornbeck에게 보낸 1941년12월17일자 편지」, 『대한민국임시정부자료집(20) 주미외교위원부 II』, p.103.
18) 「Hiss의 1941년12월18일자 李承晩 면담비망록」, 위의 책, pp.107~108.

작하여 검토되어야 한다고 주장했다. 왜냐하면 독자적이고 개별적인 결정은 뒷날 미국이 개입하지 않는 것이 더 좋았을 사태가 발생하는 경우 그 책임을 떠맡게 될 수도 있기 때문이라는 것이었다. 그러므로 신임장을 대통령에게 제출하는 문제는 실제로 서둘러 결정할 수 없는 사정을 이승만에게 설명하고 그에게 돌려주는 것이 낫겠다고 했다. 극동국은 그러나 국무부가 이승만의 신임장을 접수하는 데에는 그렇게 큰 반대가 없어 보인다면서, 그렇게 할 경우 이승만에게 신임장은 단지 국무부가 접수한 자료문서로서 국무부 파일에 철해서 보관될 것이라는 점을 분명히 해야 한다고 건의했다. 이 답신서는 극동국의 랭던(William R. Langdon)이 작성한 것이었다.[19]

그런데 이 극동국의 답신서에서 눈길을 끄는 것은 극동국은 이 단계에서 이미 한국독립문제는 중국, 소련, 영국과의 협의를 거쳐서 결정할 문제로 간주하고 있었다는 사실이다. 이 답신서는 끝에 참고사항으로 주중대사에게 극비로 한국임시정부와 그 기구 및 추종자들에 대해 알아보라고 훈령한 전보문을 첨부했다. 미국정부가 임시정부의 실체파악과 그에 따른 대책을 검토하기 시작한 것은 이때부터였다.

헐은 12월22일에 중경(重慶)주재 미국대사 고스(Clarence E. Gauss)에게 다음과 같이 훈령했다.

중경에 있다고 주장하는 이른바 대한민국임시정부에 관하여 귀하가 국민정부에 매우 조심스럽게 알아보기 바람. 이른바 정부의 조직과 실질적인 추종자의 범위, 그 정부관할 아래 있는 무장 의용군의 인원수와 작전지역, 한국 및 만주에 있을지 모르는 혁명세력들과 그 정부의 관계, 그 정부에 대한 국민정부의 태도와 관계에 관한 정보가 중

---

19) 「李承晚의 신임장 처리 문제에 관한 Langdon의 1941년12월20일자 답신서」, 같은 책, p.104.

요 관심사임.[20)]

고스는 상해총영사로 근무할 때에 일본인들에게 저항한 것으로 유명한 인물이었다. 그는 또 미국대사관을 중국에서 가장 정보가 풍부한 대사관으로 만든 외교관이기도 했다. 고스의 1942년1월3일자 답전은 부정적이었다. 국민정부는 한국임시정부에 대해 크게 관심이 있는 것 같지 않고, 한국임시정부의 조직과 실질적인 추종자에 대한 정보는 아직 입수되지 않았다고 했다. 그리고 중경 지역에는 한국인이 200명 이상 없는 것으로 보고되었다고 했다. 또한 중국군 안에 있는 한국인 무장 의용군은 소규모 부대이며, 임시정부는 온건한 한국독립당에 의해 지배되고 있는데, 그 세력은 알 수 없고, 좌익인 조선민족혁명당은 만주의 한국인들 사이에 상당한 추종자가 있지만 임시정부에는 자리가 주어져 있지 않다고 한다고 보고했다.[21)]

그러나 고스는 국민정부 외교부장 곽태기(郭泰祺)가 김구와 조소앙을 만나 가까운 시일 안에 임시정부를 승인하는 문제를 검토하겠다고 한 이야기나 국민정부가 광복군을 중국 군사위원회 직속의 한국군대로 결정하여 임시정부에 통보한 사실 등 이미 현지신문에도 보도된 일에 대해서조차 언급하지 않았다. 그가 만난 국민정부 외교부 관리가 이야기를 제대로 해주지 않았기 때문이었을 것이지만, 아무튼 그것은 이 시점의 주중 미국대사관의 한국임시정부에 대한 무관심을 보여 준다.

미 국무부와 주중 미국대사관 사이에 이러한 전보가 오가는 것을 이승만은 물론 임시정부도 짐작할 수 없었다. 이승만은 자신의 비서 장기영(張基永)과 교분이 있는 아이오와주 출신의 질레트(Guy M. Gillette) 상원의원을 찾아보기로 했다. 이승만은 헌신적인 그의 법률고문 스

20) Hull to Gauss, Dec. 22, 1941, U.S. Department of State, *Foreign Relations of United States*(이하 *FRUS*) *1942*, vol. I., p.858.
21) Gauss to Hull, Jan. 3, 1942, *FRUS 1942*, vol. I., pp.858~859.

태거스(John W. Staggers) 변호사와 오랜 친구인《국제 뉴스 서비스(Internations News Servis)》발행인 윌리엄스(Jay Jerom Williams)와 함께 12월22일에 질레트 의원을 그의 사무실로 방문했다. 질레트는 이승만에게 한국임시정부를 승인하도록 미국정부에 요청하지 말라고 충고했다. 미 국무부는 진주만 공격이 있은 뒤에도 한국 독립운동에 대한 어떤 승인이나 지원은 일본을 자극하는 일이 되고, 그 때문에 도쿄(東京)에 있는 미국 외교관들의 안전한 귀국을 더욱 어렵게 만들 것으로 알고 있다고 했다.

"그렇다면 전쟁은 진 것이나 마찬가지입니다. 일본인들을 자극하지 않고 어떻게 전쟁을 할 수 있습니까?"

이승만이 이렇게 반문하자 질레트는 "나는 국무부의 말을 전할 따름입니다"하고 대답했다.[22]

질레트는 1월6일에 헐 장관에게 한국임시정부의 승인을 보류할 것을 권고하는 편지를 보냈다. 이 편지에서 질레트는 새로운 사태와 관련하여 미국의 육군과 해군에 더없이 귀중한 정보를 제공할 수 있는 위치에 있는 정보원들이 일본에 있는데, 그들의 대부분은 한국인이거나 그들의 친지들이라고 썼다. 질레트는 이어 한국임시정부의 26개국협정 가입운동이 계획되고 있고, 미국이 한국임시정부를 독립정부로 승인함으로써 한국임시정부가 연합국조약에 가입하도록 하는 압력을 가할 것을 촉구하는 움직임이 있다고 말하고, 그것이 육군과 해군의 정보원들을 불안에 떨게 하고 있다고 썼다. 현시점에서 한국임시정부가 승인되거나 한국임시정부의 연합국조약 가입이 발표되면 그 정보원들이 격노한 일본정부의 보복을 받게 될 것이기 때문이라는 것이었다.[23] 질레트의 이러한 언설은 한길수(韓吉洙)의 주장을 반영한 것이었다.

---

22) Robert T. Oliver, *op. cit.*, p.176.
23) 미국무부문서 895.01/59, Gillette to Hull, Jan. 6, 1942.

이승만과 함께 질레트 의원을 방문한 스태거스와 윌리엄스는 이튿날 국무부로 극동국 부국장 솔즈베리(Laurence E. Salisbury)를 방문했다. 두 사람은 한국 독립문제에 대한 국무부의 태도를 물었다. 솔즈베리는 개인적으로 "현시점에서 한국의 독립을 기대하는 것은 일본으로 하여금 외교상의 불쾌한 반응을 초래하여 현재 일본에 거주하고 있는 미국 국민이나 또는 일본의 점령지에 있는 미국 국민의 안전에 큰 위험을 불러일으킬 수 있다"라고 질레트 의원과 같은 주장을 했다.

일본의 침략행동을 방해하는 활동에 한국인을 참여시키는 문제에 대해서는 솔즈베리는 "이 문제는 현재로서는 어떤 판단을 내리는 것보다 장차 중요한 고려를 위하여 잠시 유보하는 것이 훨씬 유익하다는 생각이 든다"라고 신중론을 폈다. 스태거스와 윌리엄스는 이승만의 말에 따르면 현재 장개석 휘하에서 싸우고 있는 한국인은 4만명이 넘는다고 말했다.[24]

3

이승만은 부지런히 움직였다. 1941년12월25일자 《신한민보》 1면 머리에는 이승만이 주미외교위원부 위원장 이름으로 발표한 국내외 동포들에게 보내는 「공포서」가 실렸다. 「공포서」는 먼저 미일전쟁의 의의를 다음과 같이 설명했다.

재내 재외 동포 제군. 미일 충돌이 이제 실현되었습니다. 동양천지에서 일인의 야만적 강탈수단에 희생된 우리 한국사람들은 일본의 근본 목적을 미국 관민에게 알려 주려고 장구한 세월을 들였습니다. 이것은 우리가 미국을 친선한 우방으로 생각하기 때문에만 아니라 우리나라가 합중국 정부로 더불어 일찍이 체결한 정중한 조약의 의무가

---

24) 「Salisbury의 1941년12월23일자 대담비망록」, 『대한민국임시정부자료집(20) 주미외교위원부Ⅱ』, p.104.

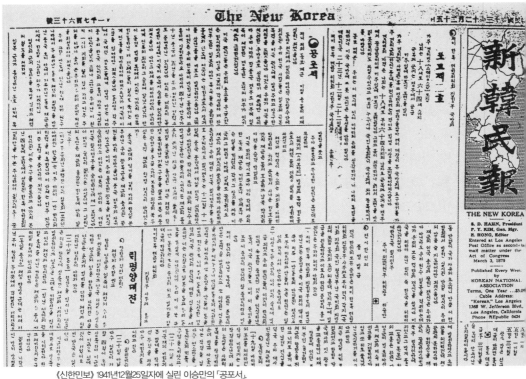

《신한민보》 1941년 12월 25일자에 실린 이승만의 「공포서」

있기 때문에 그러한 것입니다.

　미국 관민들은 우리의 충고를 우금껏은 냉시하얏지마는 지금에야 각성하야 저 잔인무도한 일본의 야만족속들은 음험한 흉계와 인도에 어긋나는 악행으로써 장기를 삼는 줄을 비로소 발견하얏습니다. 그러나 이것은 우리 한족이 반백년 동안이나 고통하며 실험한 바요, 러시아가 사십년, 만주가 십년, 중국이 오년을 두고 치러 낸 경력으로 증명하는 것입니다. 어쨌든 전쟁이 돌발한 이상에는 미국이 반드시 승리를 얻어야만 되겠습니다. 다만 그 자체를 위하야서만이 아니라 세계 인류의 희망이 그 승리에 달렸으니까, 아니 동경, 베를린, 로마에서 미친개같이 난폭 행동하는 저 전제자들이 철사로 묶어 놓은 세계인종을 해방하여야 하겠으니까, 미국이 이 싸움을 이겨야만 되겠습니다. 동서양 각 주에서 국제적 강도들에게 압박받는 나라 중 우리 한국 인민의 고통이 가장 극심하지 않았습니까. 그러나 그만큼 우리는 이 천재일시의 기회를 끌어 잡아 가지고 민주주의를 위하야 출마 분투하고 우리의 생명 재산을 희생하여야 되겠습니다.

이승만은 이어 국내와 일본과 중국에 있는 동포들이 해야 할 "신성한 의무"가 있다면서 다음과 같이 선동했다.

우리 고향 반도에 있는 형제자매, 원수나라에서 주류(駐留)하는 동포, 왜적의 침략을 받는 중국 토지 안에서 거류하는 동포제군은 이 때에 행할 신성한 의무가 여러 가지이니, 일인의 군기공창을 폭파시키고, 왜적의 철도를 파괴하며, 일본 군사가 통행하는 도로 아래에 폭발탄을 묻고, 또 주야 물론하고 무장한 일인은 보는 대로 포살하며, 여러 가지 사보타주 방법과 폭력행동으로서 왜적들의 전쟁설비를 방해하며 파괴시키고, 왜적의 역량이 축소되는 기회를 자세히 탐정하야 가지고 준비해서 사나운 맹호들같이 제군은 동서호응하고 남북약진하야 적을 습격 박멸하고, 미국, 하와이, 멕시코, 쿠바 기타 각지에 산재한 동포제군은 개인으로나 단체로나 무슨 일을 해서든지 각기 그 장기를 따라 미국과 그 연맹나라에 실제로 공헌하시오.…

이승만이 강조한 "신성한 의무"란 이처럼 지금까지 그가 부정해 온 폭력수단이었으나, 전쟁이 발발했기 때문에 이제 그것은 "신성한" 행위가 되는 것이다. 그것은 이미 그 자신도 참여한 도노반(William J. Donovan)의 정보조정국(Office of Coordination of Information: COI)의 활동을 염두에 두고 한 말이었다. 이승만은 이어 임시정부와 광복군의 현황과 미국에서 결성이 추진되고 있는 한미협회에 대해 언급하고 나서 다음과 같은 말로 동포들의 단결을 강조했다.

한인된 이는 누구를 물론하고 다같이 본년 4월에 호놀룰루에서
성립된 한족연합회의 결의안을 십분 주장하여야 될 것이오! 공동단결
이 국가자유의 요소이니만큼 이 연합회에서 발현 실시된 단결정신이
우리의 마음을 늘 지도하여야만 되겠습니다.
제군의 애국충성과 공헌정신은 우리가 다 아는 바요, 우리 원수 일
본을 격파하는 데다가 우리의 모든 역량과 정신을 씁시다. 미국을 위
하야 쓰는 힘이 즉 한국을 위하야 쓰는 것입니다.[25]

4

1941년12월22일에 워싱턴을 방문한 처칠과 루스벨트의 전쟁협력 협
의에 따라 1942년1월1일에 발표된 「연합국선언」은 망명정부를 포함한
26개국이 서명한 역사적인 조약이었다.

이승만은 1월2일에 히스와 면담약속을 하고 국무부를 방문했다. 이
승만이 히스의 사무실에 들어선 지 얼마 지나지 않아 혼벡이 두 사람을
자기 방으로 불렀다. 세 사람은 한시간 이상 한국의 상황을 이야기했다.
이승만은 일본의 패전을 돕기 위하여 한국이 할 수 있는 역할을 자세히
설명하고, 한국임시정부가 승인을 받고 최고사령부의 일반계획에 편입
되면 파괴공작과 게릴라 활동에 동원될 역량을 강화할 수 있을 것이라는
점을 강조했다. 이승만의 설명을 듣는 동안 혼벡과 히스는 이따금 미심
쩍은 부분을 물어보곤 했다.

이승만의 설명이 끝나자 히스는 이승만의 제안은 한국임시정부의 승
인을 전제로 하는 것이기 때문에 미국이 취할 수 있는 조치는 거의 없다

---

25) 리승만, 「공포서」, 《新韓民報》 1941년12월25일자.

고 단정적으로 말했다. 히스는 현 단계에서 한국정부의 독립을 승인하면 북아시아에 큰 이해관계가 있는 소련을 자극할 가능성이 있다고 말했다. 그 지역과 관련된 정치적 문제를 제기하는 것은 시기상조라는 것이었다. 아직은 소련이 대일전에 참가하고 있지 않으므로 그런 문제의 논의에 개입할 수는 없겠지만, 그들의 이해관계를 무시하거나 회피할 수는 없다고 그는 강변했다. 이승만은 막강한 힘을 가진 이 젊은이가 판단을 잘못하고 있다고 생각하면서 자리에서 일어났다. 그러나 히스가 미국의 이익을 위해서가 아니라 소련의 이익을 위해서 일하고 있을지 모른다는 생각은 하지 않았다.[26]

그러나 이때에 히스는 놀랍게도 미국연방정부 안에서 활동하고 있는 소련 간첩이었다. 이 무렵 미국연방정부 안에서 활동하고 있는 소련 간첩은 200명에 이르렀는데, 이들 가운데 태반은 위협을 받았거나 금전욕에서거나 또는 정신적인 이상 상태에서 간첩이 된 것이 아니라 주로 소련에 대한 이데올로기적인 신념과 친근감에서 그러한 행동을 했다. 그들 가운데는 히스 이외에도 재무부 차관보 화이트(Harry D. White), 루스벨트 대통령의 정무보좌관 커리(Lauchlin Currie), 국무부의 라틴아메리카 국장 더건(Laurence Duggan), CIA의 전신인 전략첩보국(OSS)의 경우는 국장 비서관 리(Duncan Lee)를 비롯하여 15명에서 20명에 이르는 소련 간첩이 있었다. 그리고 극비로 추진되던 「맨해튼계획」(원자폭탄개발 프로젝트)의 중추부에도 많은 소련 간첩들이 과학자로서 잠입했다.[27] 거기에는 1933년에 출범한 루스벨트 행정부의 뉴딜 등 사회주의적 정책에 따른 사회분위기의 영향도 컸다.

메릴랜드주 볼티모어에서 태어난 히스는 존스홉킨스대학교(Johns Hopkins University)와 하버드대학교(Harvard University)의 로스쿨

---

26) Robert T. Oliver, op. cit., pp.175~178.
27) John Earl Haynes and Harvey Klshr, Venona: Decoding Soviet Espionage in America, Yale Nota Bene book, 2000, pp.331~333.

미 국무부 안의 거물 소련 간첩 앨저 히스와 그의 아내 프리실라.

을 졸업하고 1933년에 연방정부의 농업조정국(Agricultural Adjust Administration: AAA)에 직장을 얻어 워싱턴으로 이사했다. 히스는 농무부의 자문관으로 일하던 웨이어(Harod Ware)의 토론그룹에 참여했다. 웨이어는 미국공산당의 열성적인 당원이었는데, 이 그룹은 소련의 간첩망이 되었다. 히스는 1934년 무렵부터 소련의 KGB(국가보안위원회)가 아닌 GRU(참모본부정보총국)와 연결되어 미국의 중요기밀을 소련에 넘겨주기 시작했다. 정부 기밀문서는 자기집에 있는 타이프라이터로 히스의 아내가 타이핑해서 GRU에 넘겼다.

히스는 1936년9월에 국무부로 옮겨 무역협정담당 차관보 세이어(Francis B. Sayre)의 특별보좌관으로 일하게 되었고, 1939년에 세이어가 필리핀 고등판무관이 되자 히스는 국무부 극동국의 정치고문인 혼벡의 개인 보좌역이 되었다. 히스는 1950년대에 들어와 기소되었다. 공소시효가 이미 지난 때였으나 위증죄로 5년형의 유죄판결을 받고 1953년3월부터 1954년11월까지 펜실베이니아주의 루이스버그 교도소에서 복역했

다.[28]

제2차 세계대전 기간의 소련 간첩 활동은 1943년부터 미육군에 의하여 '베노나(Venona)'라는 작전명으로 소련 외교전보의 암호 방수와 해독작업이 진행됨으로써 미국정부는 그 전모를 거의 파악하고 있었다. 미국정부가 「베노나문서」라는 이름으로 그것을 공개한 것은 냉전이 끝난 뒤인 1995년의 일이다. 이와 관련된 구소련 비밀문서도 부분적으로 공개되어 히스의 간첩활동을 둘러싼 장기간에 걸친 논쟁은 결말이 났다.[29]

혼벡과 히스와의 면담을 마치고 돌아 나오면서 이승만은 크게 실망했으나 좌절하지 않았다. 이때부터 이승만의 미 국무부를 상대로 한 문서 '투쟁'이 본격적으로 시작되었다. 연방 상원의 원목(院牧)이자 한미협회 이사장인 감리교 목사 해리스(Frederick B. Harris)와 스태거스와 윌리엄스는 공동명의로 「한국상황 (The Korean Situation)」이라는 문서를 작성하여 1942년1월9일에 헐 장관에게 보냈다. 「한국상황」은 2,300만 한국인의 해방은 루스벨트 대통령이 천명한 미국의 전쟁목표이며 미국이 한국의 독립을 승인하는 것은 "회피할 수 없는 도덕적 의무"라고 전제하고, 1882년의 한미수호통상조약과 관련하여 다음과 같이 주장했다.

미국과 한국 사이에는 1882년에 체결된 수호 및 상호방위조약이 아직도 존재합니다. 이 조약은 한국 황제에게 서방 세계와의 무역을 위한 문호개방을 권고했던 미 해군제독의 요청에 따라 우리 국무부에 의하여 체결되었던 것입니다. 이 조약은 1883년에 미 연방의회 상원에서 비준된 이래 폐기되지 않았습니다.

---

28) 이상돈, 「해외서평: 앨저 히스의 거울전쟁」《시대정신》 제27호, 시대정신, 2004 겨울호 및 이주천, 「앨저 히스 간첩사건에 대한 연구사적 검토」《미국사연구》 제22집, 한국미국사학회, 2005.11 참조.
29) John Earl Haynes, Harvey Klehr and Alexander Vassiliev, *Spies: The Rise and Fall of the KGB in America*, Yale University Press, 2009, pp.1~31 참조.

「한국상황」은 이어 한국 국민은 일본의 통치를 수락한 적이 없고, 대한민국임시정부는 현재 정부로서의 기능을 다하고 있다고 말했다. 대한민국임시정부는 중국정부의 지원을 받아 중경에서 활동하고 있고, 특히 한국광복군은 현재 중국군과 함께 공동의 적인 일본과 전선에서 싸우고 있다고 기술했다.

「한국상황」은 또 한국의 목적은 대한민국임시정부의 초대대통령이자 일본에 항거한 3·1운동의 지도자 이승만 박사에 의하여 잘 제시되었다고 말하고, 결론으로 다음과 같이 썼다.

> 많은 미국 시민들은 한국인들의 주장의 정당성을 믿습니다. 이들 미국 시민들은 지금이 가장 중요한 두가지 일을 동시에 해낼 수 있는 기회라고 생각합니다. 그들은 프랭클린 루스벨트 대통령의 지도력 아래 펼쳐질 새로운 시대에는 자신들의 나라가 외국과 맺은 조약의 신성한 의무를 준수하는 도덕성을 실천해야 한다고 생각합니다. 더욱이 그들은 미국의 승인을 받게 되면 2,300만 한국인들은 항일전에서 미국의 강력한 동맹이 될 것이라고 믿습니다.[30]

1882년의 한미수호통상조약과 관련한 문제는 이승만이 오랜 세월에 걸쳐서 되풀이하여 제기해 온 문제였다. 대표적인 것이 『일본내막기(*Japan Inside Out*)』였음은 앞에서 본 대로이다.

하와이군도 출신의 킹(Samuel W. King) 하원의원도 나섰다. 그는 1월16일에 「재미한국인들이 직면한 상황에 대하여」라는 성명서를 발표하고, 미국에 있는 한국인들은 "일본계 외국인"에서 분리되어 "동맹국 외국인"으로 등록되어야 한다고 주장했다. 또한 킹은 미국정부가 정책으로서 한국의 독립을 승인함으로써 2,300만 한국 국민들의 협력을 얻고, 일본

---

30) 「국무장관에게 보내는 한국문제와 관련한 요청서(한국상황)」, 『대한민국임시정부자료집(20) 주미외교위원부 II』, pp.108~109.

의 한국병탄을 묵인했던 과오를 바로잡는 것을 이번 전쟁의 목표의 하나로 인정해야 한다고 주장했다. 이 성명은 UP통신과 AP통신의 전파를 탔고, 킹은 그 사실을 이승만에게 알렸다.[31] 킹은 또 사흘 뒤인 1월19일에는 같은 취지의 편지를 헐 장관에게 보냈고, 헐은 1월28일자로 신중히 고려하겠다는 답장을 보냈다.[32]

이승만은 2월4일에 혼벡을 다시 방문했다. 혼벡은 "이 문서들을 대통령에게 제청하는 것이 시의적절하고 유용한 목적에 도움이 되는 때가 아직 오지 않았습니다"라면서 이승만의 신임장과 김구의 편지 등을 돌려주었다.[33]

화가 난 이승만은 2월7일에 자신의 신임장 및 그것과 관련된 문서들을 헐 장관에게 직접 우편으로 발송했다. 이승만은 서류들을 발송하면서 보낸 편지에서 "이제 우리 정부는 장관께서 실정에 맞는 현명한 판단을 하시도록 이 문서들을 장관에게 공식으로 제출하기를 바랍니다"라고 썼다.[34]

이승만의 편지에 대한 회답을 2월19일에 벌(Adolf A. Berle) 차관보가 보내왔다. 그러나 벌의 답장은 임시정부의 승인이나 신임장 접수에 대해서는 일언반구도 언급하지 않았다.

귀하도 물론 아시는 바와 같이, 국무부는 미국 내 외국 정치지도자들의 활동에 대한 정책성명을 통하여 추축국의 세계지배를 반대하는 전쟁을 돕고자 하는 외국인 조직의 계획과 행동제안에 대한 정보를 환영한다고 천명했습니다. 따라서 국무부는 일본과 그 동맹국들

31) Samuel Wilder King, "In Regard to Situation Facing Korean People in the United States", Jan. 16, 1942, King to Rhee, Jan. 16, 1942, 『韓國獨立運動史 資料(25) 臨政篇 X 』, pp.46~47.
32) 미국무부문서 895.01/63, King to Hull, Jan. 19, 1942, Hull to King, Jan. 28, 1942.
33) 『李承晩이 국무부에 제출한 문건에 대한 Hornbeck의 1942년2월4일자 비망록』, 『대한민국임시정부자료집(20) 주미외교위원부 Ⅱ 』, p.114.
34) 『李承晩이 Hull에게 보낸 1942년2월7일자 편지』, 위의 책, p.117.

을 격파하는 일을 돕는 한국인들의 활동을 알게 된 것을 기쁘게 생각하며, 그러므로 이 문서들은 그들이 관계된 조직의 계획과 목적에 관한 중요한 정보를 알려주시는 것으로 간주하겠습니다. 귀하의 참고용으로, 이러한 종류의 활동과 관련된 국무부의 정책을 밝힌 성명서가 실린 1941년12월10일자 국무부 보도자료의 사본을 동봉합니다.[35]

1941년12월10일자 국무부 보도자료에 실린 성명이란, 나치스 독일에 점령된 유럽 여러 나라 출신의 재미정치지도자들이 벌이는 자유운동(Free Movement)에 대한 미국정부의 지원방법을 밝힌 것을 말하는 것이었다.

5

국무부의 이러한 태도와는 달리 진주만 공격 이후로 이승만이 「공포서」에서 천명한 바와 같은, 한국인들을 대일특수작전 및 정보공작에 활용하자는 제안은 정보조정국(COI)을 포함한 미국정보기관에서 신중하게 논의되었다.

워싱턴의 변호사 체임벌린(Culver B. Chamberlain)이 1941년12월23일에 한국전선(Korean Front)을 결성하여, 블라디보스토크를 통하여 한국으로 침투하는 계획서를 국무부 극동국에 제출했다. 국무부 극동국과 전쟁부 군사정보국은 이 제의를 검토했으나, 실행에 필요한 정보 부족으로 보류되었다.[36] 1942년1월17일에는 브루스터(Francis T. Brewster)가 전쟁부 군정보국 책임자 마일스(Sherman Miles) 준장에게 중국군의 승

---

35) 미국무부문서 895.01/67, Berle to Rhee, Feb. 19, 1942.
36) Chamberlain to Hornbeck, "Memorandum: Diversion of Japanese Offensive by Establishing a Korean Front", Dec. 23, 1941 and Moore to Bratton, "Memorandum: Diversion of Japanese Offensive by Establishing a Korean Front", Jan. 8, 1942, 『韓國獨立運動史 資料(25) 臨政篇 X』, pp.24~29, p.40.

186 제2부 임시정부를 짊어지고(Ⅲ)

리를 위해 한국군을 제5열로 준비할 것을 제안하기도 했다.[37]

한국인 활용문제를 구체적으로 검토한 기관은 COI였다. 게일(Esson M. Gale)은 1942년1월16일에 「미국에 거주하는 한국인 및 그들의 활동」이라는 보고서를 작성했다. 보고서는 이승만과 함께 서재필(徐載弼), 한길수, 안창호(安昌浩), 강용흘(姜鏞訖), 한순교(韓舜敎) 등에 대해서 언급했는데, 이승만에 대해서는 다음과 같이 기술했다.

이 박사의 오랜 기간에 걸친 혁명활동은 의심의 여지없이 풍부한 경험을 가져다주었고, 그것이 그의 급진주의를 원숙하게 만듦으로써 그는 정치가로서의 자질을 갖추게 되었다. 나는 그가 "중화민국의 아버지" 손문(孫文)이 만년에 했던 역할을 한국을 위하여 하고 있는 인물로 간주한다.[38]

게일은 다시 1월24일에 「적후공작을 위한 한국인 고용」이라는 건의서를 도노반에게 제출했다. 그는 일본 본토와 한반도와 만주에 있는 한국인들을 대일정보수집과 사보타주에 활용하는 방안을 건의했다. 게일은 일본 점령지역에서 특수공작을 수행할 민족으로는 한국인이 가장 좋은 조건을 갖추고 있다고 설명했다. 공작 거점은 임시정부가 있는 중경으로 설정했다. 게일은 이 건의서에서 의심스럽기는 하다면서도, 임시정부가 3만5,000명의 병력을 보유하고 있고 그 가운데 9,250명이 중경에 있다는 한국인 소스의 정보를 인용했다. 9,250명이나 3만5,000명이라는 숫자는 김구가 1월3일에 재미한족연합위원회 집행부 앞으로 보낸 전보에서 언급한 것이었다. 게일은 이러한 인적 자원을 대일공작에 활용하기 위

---

37) Brewster to Miles, "Use of Koreans in the Japanese War", Jan. 17, 1942, 『韓國獨立運動史 資料(25) 臨政篇 X』, p.15.

38) Gale to Wiley, "Koreans and their activites in the United States", Jan. 16, 1942, 위의 책, p.50.

하여 미국에서 선발된 요원들을 중경에 보내어 한국청년들을 대상으로 한 특수훈련학교를 설립할 것을 건의한 것이다.[39] 이 건의서는 그날로 도노반에 의해 루스벨트 대통령에게 보고되었다.[40] 사흘 뒤인 1월27일에는 드패스 2세(M. B. Defass Jr.)가 "올리비아(Olivia)"라는 이름이 붙은 구체적인 작전계획서를 도노반에게 제출했다. 대상지역은 한반도, 화북, 양자강, 대만, 인도차이나, 타일랜드, 필리핀 군도, 네덜란드령 동인도[지금의 인도네시아] 등이었다.[41] 한반도가 작전구역의 우선순위에서 첫번째로 꼽힌 것은 COI가 한반도의 지리적 이점과 아울러 이승만과 임시정부의 과장된 선전에 따른 광복군 병력에 대한 기대가 크게 작용했기 때문이었을 것이다.

이러한 상황에서 한미협회의 해리스, 스태거스, 윌리엄스 세 사람은 2월4일에 공동명의로 스팀슨(Henry L. Stimson) 전쟁부[육군부] 장관과 녹스(Frank Knox) 해군부 장관에게 이승만과 2,300만 한국인을 대일전에 동원할 것을 촉구하는 편지를 보냈다. 세 사람은 "우리나라는 지금 군사적 결정을 내리지 않으면 큰 기회를 상실하게 될 것"이라고 전제하고 "우리의 최고사령관인" 대통령에게 전해달라면서 다음과 같이 썼다.

맥아더 장군과 휘하 장병들은 극동지역에서 불타는 용기를 가지고 전초기지를 구축하고 있지만, 이들에 대한 지원이 절실히 필요합니다. 우리는 당장에는 그들에게 적절한 지원을 제공할 능력이 없습니다. 그러나 지원은 우리가 요구하지 않아도 바로 우리 가까이에 있습니다.

---

39) Gale to Donovan, "Employment of Koreans for S. O. Operation", Jan. 24, 1942, 같은 책, pp.58~59.

40) 「Donovan이 Roosevelt에게 보낸 1942년1월24일자 비망록」, 『대한민국임시정부자료집(12) 한국광복군Ⅲ』, 2006, pp.45~46.

41) "Memorandum for Colonel Donovan: Subject-Scheme 'Olivia'", Jan. 27, 1942, 國家報勳處 編, 『NAPKO PROJECT OF OSS: 海外의 韓國獨立運動史料(ⅩⅩⅣ) 美洲篇⑥』, 國家報勳處, 2001, pp.32~33.

그 지원은 아마도 2,300만 한국인이 일본에 대항하여 일으키는 혁명의 형태로 나타날 수 있을 것입니다.

그들의 지도자 이승만 박사는 워싱턴에 있습니다. 그는 미국으로부터 조금만 격려를 받으면 행동에 옮길 준비가 되어 있습니다. 그의 인격, 성실성, 민주주의의 목적에 대한 그의 헌신은 우리에게도 알려져 있습니다. 조국에 대한 그의 능력과 헌신은 적들이 40년 동안 그에게 10만달러의 현상금을 걸고 있을 만큼 유명합니다.

존경하는 장관께서는 저희가 말씀드리는 한국의 상황이 순간적 사태의 진전으로만 생각하지 말아주시기 바랍니다. 한국인들은 이승만 박사가 주창하기 전에 봉기했습니다. 그들은 계속해서 투쟁할 것이며 그렇게 함으로써 동양에서 일본에 대한 강력한 맞불을 놓을 수 있을 것입니다. 우리는 이 기회가 더 이상 지연되지 않도록 거듭 탄원합니다.

편지에는 COI의 요청에 따라 이승만이 국내동포들에게 보낼 단파방송 연설문 등 참고문건들을 동봉했다. 편지는 이어 미일전쟁 발발 이후로 국무부와 접촉한 결과에 대하여 다음과 같이 기술했다.

지난 12월7일 이후로 여러 차례 국무부를 찾아갔지만 분명하고도 결정적인 대답은 듣지 못하고 한국문제는 검토 중에 있다는 이야기만 들었습니다. 우리는 국무부에 조언을 했지만 국무부는 일본에 대해 공세적으로 보일 수 있다면서 행동을 꺼리고 있습니다.

이러한 의견이 국무부의 현재 외교정책에 비판을 가하려는 것은 결코 아닙니다. 외교에서는 신중하고도 조심성이 요구되기 때문입니다. 그러나 외교적인 행위도 전쟁이 시작되면 신속하게 중단해야 합니다. 그 이유는 위대한 하나님마저도 이러한 위기에서는 우리의 육군과 공군이 일본에 대항해서 강력한 물리력을 사용하는 것을 허락하셨기 때문입니다.

　그러므로 이제 외교는 중단되었고 전쟁은 필연이 되었으므로 우리는 각하께 이렇게 호소하는 것입니다.…

　세 사람은 자신들이 보상을 받고 일하고 있는 것이 아니라고 강조한 다음 이승만의 목소리가 국내동포들에게 울려 퍼지게 해달라고 부탁했다.

　우리는 장관께서 이 청원을 무시하거나 지연시키지 말고 신중히 고려하시기를 기대합니다. 한시간, 일분, 일초가 아쉽습니다.

　이승만 박사의 목소리가 한국민들에게 울려 퍼지도록 해주시기 바랍니다. 우리의 국가정책은 언제나 억압받는 사람들을 돕는 것이었습니다. 한 국가로서 우리는 일본의 한국병합을 결코 인정한 적이 없습니다. 사실 우리가 한국과 처음 맺은 조약은 폐기된 적이 없습니다.

　그러나 무엇보다도, 열기에 찬 한국의 혁명에 대처하는 일본인 한 사람이 생기는 것은 태평양 지역에서 열전을 벌이고 있는 미국과 연합국 군대를 공격할 일본인 한사람이 줄어드는 것을 의미합니다. 그것이 바로 지금 군사적 결정을 내려야 하는 이유입니다.[42]

---

42) 「Harris, Staggers, Williams가 Stimson 전쟁부 장관에게 보낸 1942년2월4일자 편지」, 『대한민국임시정부자료집(43) 서한집 Ⅱ』, 2011, pp.283~284; 「Harris, Staggers, Williams가 Knox 해군부 장관에게 보낸 1942년2월4일자 편지」, 『대한민국임시정부자료집(20) 주미외교위원부 Ⅱ』, pp.115~116.

2. 신탁통치안의 원형이 된 랭던보고서

1

미일전쟁이 발발하자 미국정부는 전후처리 계획을 본격적으로 시작했다. 진주만 공격이 있고 3주일 뒤인 1941년12월28일에 루스벨트 대통령은 전후처리 계획의 입안을 위한 기관의 설치를 요구한 헐 장관의 12월 22일자 건의를 승인했다. 그리하여 1942년2월부터 '전후 외교정책에 관한 자문위원회(Advisory Committee on Post-War Foreign Policy)'가 구성되었다. 그것은 전후처리 계획을 두고 OSS(첩보전략국)와 벌인 경쟁에서 국무부가 승리했음을 뜻하는 것이었다. 이때부터 한국의 장래에 대한 청사진도 준비되었다.

맨 먼저 작성된 문서는 2월20일에 제출된 「한국독립문제의 몇가지 측면들」이라는 보고서였다. 이 문서는 극동국장 해밀턴(Maxwell Hamilton)의 지시에 따라 극동국의 한국통인 랭던이 작성한 것이었다. 랭던은 1891년에 터키의 미국인 가정에서 출생한 직업 외교관으로서 1933년11월부터 1936년까지 서울 주재 미국영사로 근무했고, 이어 만주의 대련(大連)과 심양(瀋陽)에서 근무했다가 도쿄 주재 미국대사관으로 자리를 옮겼다. 1941년에 귀국하여 극동국 소속으로 일하던 그는 전후 외교정책 자문위원회가 발족하자 그 위원회의 영토소위원회에 배속되어 전후 대한정책과 관련된 작업에 참여했다.[43] 랭던의 이 정책보고서는 그 뒤의 미국의 대한정책의 뼈대가 된 역사적인 문서로 평가된다.[44]

18페이지에 이르는 장문의 이 보고서는 (1) 한국의 사회구조와 지적

---

43) 森田英之, 『對日占領政策の形成: アメリカ國務省 1940-44』, pp.43~44; 정지민, 「해방전후 랭던의 한국문제인식과 미국의 정부수립정책」, 《韓國史研究》 119, 한국사연구회, 2002. 12., p.163; 고정휴, 『이승만과 한국독립운동』, p.494.

44) James I. Matray, *The Reluctant Crusade: American Foreign Policy in Korea, 1941~1950*, University of Hawaii Press, 1985, p.8.

생활, (2) 한국인의 대일감정, (3) 한국독립문제, (4) 독립절차에 대한 제언, (5) 독립이전의 잠정조치의 5개항으로 구성되어 있다.

(1)항은 서론에 해당하는 부분으로서, 한국인의 특성과 국내외 인구분포, 압도적인 농업사회인 한국사회의 특성과 계층 구조, 교육과 언어, 언론과 출판, 정치적 견해 등에 대해 서술했다.

(2)항에서는 30세 이하의 한국인들은 일본 통치밖에 기억하지 못하고, 특히 만주사변[9·18전쟁]과 중일전쟁[7·7사변]으로 일본이 만주와 중국으로 진출함에 따라 경제적 혜택을 얻음으로써 많은 한국인들은 일본인들에게 동조하고 협력하고 있는데, 그러나 그것은 드러나는 것일 뿐이고 그 밑바탕에는 일본에 대한 울분과 적개심이 깔려 있다고 설명했다. 보고서는 한국민족주의는 여러 가지 방법으로 표출되고 있다면서, 손기정(孫基禎) 선수 사진의 일장기 말소사건을 대표적인 보기로 들었다.

한국 신탁통치안의 원형이 되었다고 일컬어지는 부분은 보고서의 (3)항인 한국독립문제였다. (3)항의 전문은 다음과 같다.

독립이 단지 투표로 결정할 수 있는 문제라면 한국인들은 예외없이 독립을 택할 것이 분명하지만, 한국의 경우 독립은 많은 실제적인 어려움과 고려해야 할 사항들을 수반한다. 이런 어려움과 고려사항들은 정치적, 군사적, 경제적 분야로 분류할 수 있다.

정치적 어려움 —— 한국인들은 37년 동안의 일본통치 아래서 정치적으로 거세당했다는 사실을 염두에 두어야 한다. 오랫동안 중앙과 지방정부의 행정, 외교, 사법, 법률, 경찰, 재정, 은행, 교육, 통신, 해운의 어떤 분야에서도 참여가 배제되어 온 한국인들은 독립이 주어지더라도 국가운영의 경험이 없게 될 것이다.

군사적 어려움 —— 일본인들은 한국인들에게 군복무를 허용하지 않았고 무기소지를 금지해 왔다. 일본인들은 그들에게 자기방위의 방법을 가르치거나 스스로 습득하는 것을 허용하지 않았다. 그리하여 한국인 전체가 소유하고 있는 엽총이 몇십정밖에 되지 않으므로 소총이나 권총을 장전하거나 조준하는 방법을 아는 한국인이 몇십명 이상이 될지 의심스럽다. 더욱이 몇십년 동안 보호를 받아온 한국인 들은 자기방위에 대한 개념이나 굳은 의지가 없다.

경제적 어려움 —— 행정에서처럼, 일본인들은 한국인들을 모든 은행, 대기업, 기계제조, 엔지니어링, 수입 수출, 대량 유통업, 해운업에 서 배제했고, 그 결과 한국인들은 근대경제의 운영에 대한 훈련을 받 지 못했다. 게다가 한국경제는 일본경제에 완전히 통합되어 운영되어 왔기 때문에 한국의 생산품, 특히 황금작물이고 한국경제의 대종인 쌀은 일본의 자유시장과 높은 가격의 덕을 보아왔다. 한국경제가 일 본경제로부터 분리되어 경쟁적 지위에 적응하기 위해서는 어렵고 고 통스러운 과정을 겪게 될 것이다.

그러나 한국경제는 기본적으로 건전한 기반을 가지고 있다. 주변 국가들은 한국의 쌀 없이는 살 수 없고 한국의 쌀은 이런 나라들로부 터 수입하는 물품대금을 지불하는 데 충분할 것이다. 연간 약 5,000 만달러로 평가되는 한국의 금채굴은 —— 한국인 금채굴자들은 아 주 우수하여 일본인들의 도움 없이 거의 현 수준의 금생산을 유지할 것이다 —— 한국 생산품이 다량으로 필요하지 않은 미국과 그 밖의 나라들과의 교역에서 발생하는 적자를 메우기에 충분할 것이다.

한국인들은 정치적 경험부족과 자위력의 결여로 말미암아 우선 그들의 나라를 어떻게 운영할지도 모르고 다시 정복당하지 않기 위하 여 그들의 나라를 방위할 능력도 없으므로, 한국은 근대국가의 지위 를 확립하기까지 적어도 한 세대 동안 강대국들의 보호와 지도와 원 조를 받아야 하는 것이 명백하다. 그렇기는 하나, 한국인들이 보호와 지도와 원조를 받고, 그들이 누리지 못했던 독립을 성취하고, 그들의 독특한 문화에 따라 발전할 기회가 주어진다는 것은 기본적인 정의 라고 할 수 있다.

한국인들은 총명하고, 빨리 그리고 의욕적으로 배우며, 진보적이고, 애국적이므로, 자국의 이해관계를 떠난 보호와 지도와 원조가 주어진다면 틀림없이 그들은 한 세대 안에 그들 자신의 발로 일어서서 세계의 번영과 진보에 기여할 수 있을 것이다.[45]

여기서 말하는 보호와 지도와 원조란 군사적 보호와 정치적 지도와 경제원조를 뜻하는 것임은 말할 나위도 없다. 이 문장이 랭던으로 하여금 "신탁통치의 창안자"[46]로 지목받게 한 것이다.

(4)항에서는 독립하기까지의 절차를 기술했다. 국내에서는 독립운동이 불가능한 상황이므로 독립을 준비할 조직체는 해외에서 결성되어야 한다고 보고서는 주장했다. 그리하여 그 조직체가 독립하기에 충분한 조건, 곧 주어진 여건에서 최대한의 대표성을 확보하고, 한국내의 명망 있는 지도자들의 지지를 받고, 상당한 추종자들이 있고, 연합국의 목적에 효과적으로 기여할 능력을 갖추면, 후원국 정부(sponsoring government)는 한국독립을 연합국의 전쟁목표의 하나로 선포하고 그 조직체를 한국 임시정부로 승인하는 문제를 미국, 영국, 중국 및 소련정부와 협의할 수 있을 것이라고 분석했다. 그러한 임시정부란 중경의 대한민국임시정부를 뜻하는 것이 아니었음을 말할 나위도 없다. 그리고 그럴 경우 적어도 중국과 소련의 찬성은 필수적이라고 말했다. 연합국이 승리한 뒤에는 그 임시정부가 국내에 들어가서 국제위원회(international commission)의 지원 아래 헌법을 채택하고, 그 헌법에 따른 정부가 수립될 때까지 한국을 통치한다는 것이었다. 보고서는 그러나 "후원국 정부"나 "국제위원회"가 어떤 나라와 기구를 지칭하는지는 설명하지 않았다.

---

45) 「Langdon이 작성한 1942년2월20일자 보고서」(「한국독립문제의 몇가지 측면들」), 『대한민국임시정부자료집(20) 주미외교위원부Ⅱ』, pp.126~127.
46) 이정식, 「해방전후의 이승만과 미국」, 『대한민국의 기원』, 일조각, 2006, p.300.

이 문제와 관련하여 보고서는 다음과 같이 결론을 맺었다. 미국은 중국, 러시아, 영국과 협의하고, 적어도 중국 및 영국과 합의하기 전에는 결코 서둘러 한국의 독립을 선포하거나 한국의 어떤 명목만의 조직(any shadow organization)을 임시정부로 승인하는 일에 말려들어서는 안되며, 또 무엇보다도 미국은 대일전에서 어떤 확실한 승리를 거둘 때까지 독립을 약속하는 것은 피해야 한다는 것이었다.

(5)항에서는 독립 이전에 미국이 취할 두가지 잠정조치를 거론했다. 하나는 정치적인 것이었다. 미국은 자유한국을 대표한다는 한국인 그룹으로부터 한국의 독립에 대한 입장표명과 특정그룹을 한국 임시정부로 승인하라는 집요한 요청을 받고 있고 앞으로도 그럴 것이지만, 상황이 분명해질 때까지는 종속국 인민들의 해방이라는 일반문제에 대한 원칙표명 이상의 조급한 언질은 피해야 한다는 것이었다.

다른 하나는 군사적인 것이었다. 자유한국그룹의 전쟁노력과 기여도는 미국 군사당국이 조사해야 할 사안이지만, 그럴 경우 중국에서 활동하는 이른바 한국의용병들을 중요시하는 것은 피해야 한다고 주장했다. 이들 의용병들은 수적으로 보잘것없고, 중국에 있는 한국인들은 거의 부랑자들과 일본군 앞잡이들이기 때문에 신뢰하기 어렵다고 했다. 그들보다는 오히려 만주의 간도(間島)와 안동현(安東縣)에 있는 "반항자들"과 접촉하여 별도의 부대를 재조직하고 무장시켜야 한다고 보고서는 주장했다.

이들은 여러 해 동안 때로는 독립적으로, 때로는 중국 게릴라들과 협동으로 일본군과 '만주국'군을 상대로 싸워온 훌륭한 전사이며 신뢰할 만하다는 것이었다. 보고서는 특히 "반항자들"의 두목으로 김(金)과 최현(崔賢)을 들었다. 랭던은 김의 이름은 알려져 있지 않다고 했으나, 이는 김일성(金日成)을 지칭한 것이었다. 이들의 부대는 각각 3~4백명가량밖에 되지 않지만, 그들의 활동지역이 국경에 가깝기 때문에 한국 국민군을

위한 핵심이 되고 있다고 랭던은 썼다.[47]

그러나 이 보고서가 작성된 시점인 1942년에는 만주에서 활동하는 한인 무장부대는 존재하지 않았다. 김일성부대는 1940년 말에 소련으로 퇴각하여 오케얀스카야 야전학교에서 훈련을 받고 있었다.[48]

랭던의 이 보고서는 "국무부의 모든 관리들, 특히 한국문제와 관계가 있는 사람들이 유념할 만하다고 여겨지는 사실정보가 많이 들어 있다"는 극동국장 해밀턴의 의견서가 첨부되어 웰스(Benjamin S. Welles) 차관에게 제출되었고,[49] 기밀문서로 분류되었다. 그리고 랭던이 이 보고서에서 제안한 내용들은, 만주항일게릴라들을 규합하여 항일부대를 재조직해야 한다는 마지막 부분을 제외하고는, 미국의 대한정책 수립에 거의 그대로 반영되었다.

---

47) 「Langdon의 보고서」, 『대한민국임시정부자료집(20) 주미외교위원부 II』, p.129.
48) 서대숙 지음, 서주석 옮김, 『북한의 지도자 김일성』, 청계연구소, 1989, pp.44~45; 와다 하루키 지음, 이종석 옮김, 『김일성과 만주항일전쟁』, 창작과비평사, 1992, pp.245~248.
49) 미국무부문서 895.01/79, Hamilton to Welles, Feb. 23, 1942.

3. "미일 개전으로 슬픔의 눈물은 끝났다"

1

이승만은 1942년의 3·1절에 맞추어 1919년4월에 필라델피아에서 흥분 속에 개최했던 대한인 총대표회의[제1차 한인회의]와 같은 대중집회를 개최할 계획을 추진했다. 회의는 재미동포단체의 통합기구로 발족한 재미한족연합위원회와 미국인들로 구성된 한미협회(The Korean-American Council)가 공동으로 주최했다.

한미협회는 이승만이 1939년에 워싱턴에 온 뒤로 스태거스와 윌리엄스 등과 함께 지난날의 한국친우회(Leage of the Friends of Korea)를 부활시키려고 노력하다가 진주만사건으로 상황이 급전하자 1942년1월16일에 서둘러 결성한 단체였다. 회장은 이승만이 『일본내막기』에서도 소개했을 만큼 이승만의 활동을 열성적으로 협조하는 전 주캐나다 미국대사 크롬웰(James H. R. Cromwell)이었고, 이사장은 연방 상원의 원목인 해리스 목사였다.[50]

이승만은 1941년8월 하순에 한미협회 결성을 위한 6개월분 활동비로 1,200달러의 예산을 책정하고 한족연합위원회에 지원을 요청했는데, 한족연합위원회 집행부는 9월1일에 특별회의를 열고 이 1,200달러는 예산안 2만달러의 가외지출로 인정하고 그 4분의 1인 300달러를 지불하기로 결정했다.[51]

한미협회를 움직이는 것은 이사회와 전국위원회의 구성원들이었는데, 1943년1월 현재 이사회 명단에는 해리스, 크롬웰, 스태거스, 윌리엄스, 프란체스카(Francesca Donner Rhee)를 포함한 8명이, 전국위원회 명단

---

50) "The Korea-American Council", 『韓國獨立運動 資料(24) 臨政篇 Ⅸ』, pp.354~357.
51) 《新韓民報》 1941년9월4일자, 「재미한족연합위원회 집행부 결의」.

에는 서재필(Philip Jaishon)과 헐버트(Homer B. Hulbert), 그리고 중경에서 활동하고 있는 피치(George A. Fitch) 목사의 부인 등 28명이 들어 있었다. 이들의 직업은 연방 상원과 하원의 의원, 주지사, 외교관, 대학 총장과 교수, 목사, 출판사 회장, 잡지 편집인, 작가, 사회사업가, 현직 군인 등 다양했고, '박사' 칭호를 가진 사람만도 15명이나 있었다. 이사나 전국위원회에 포함된 한국인은 이승만 한 사람뿐이었고, 중국인으로 작가인 임어당(林語堂, Lin Yutang) 박사와 중국군 대령 치아 예첸 박사가 전국위원회에 등재되어 있는 것이 눈길을 끈다.[52] 이러한 한미협회의 임원 구성은 이승만이 미국 지식인 사회에 얼마나 다양한 인맥을 가지고 있었는가를 보여 준다. 한미협회는 「외국대행기관등록법(Foreign Agents Registration Act)」에 따라 대한민국임시정부와 주미외교위원부 사업 대행기관으로 1942년12월7일에 미 법무부에 등록되었다.

COI의 제2인자인 굿펠로는 이 대회에 중경과 하와이에서 참석하는 대표들의 편의를 위해 국무부에 교섭할 만큼 열성적으로 이승만을 도왔다.[53] 그러나 시일이 촉박하여 중경 임시정부대표와 하와이 대표는 참석하지 못했다.

2월27일 저녁에 백악관 근처에 있는 라파예트 호텔(Lafayette Hotel)의 미러룸(Mirror Room)에서 개막된 한인자유대회(Korean Liberty Conference)에는 미주 각 지방에서 온 한인대표 100여명과 워싱턴 정계인사들을 포함한 미국인 내빈 100여명이 참석했다.[54] 라파예트 호텔과 미러룸은 1918년에 폴란드독립대회가 열렸던 곳으로 유명했다. 회의는 영어로 진행되었다. 연사들은 이승만을 비롯하여 크롬웰, 스태거스, 윌리엄스, 헐버트, 피치 부인, 워싱턴주 출신의 커피(John M. Coffee) 하원의원, 하와이 군도 출신의 킹 하원의원 등과 서재필, 김용중(金龍中) 등이었다.

---

52) 고정휴, 앞의 책, pp.429~431.
53) Goodfellow to Donovan, Feb. 17, 1942, 『韓國獨立運動史 資料(25) 臨政篇 X』, p.76.
54) 《新韓民報》 1941년3월12일자, 「한인자유대회의 경과 상황보고」.

의장으로 추대된 재미한족연합위원회 집행위원장 김호(金乎)는 간단한 인사말에 이어 윌리엄스(Jay J. Williams)를 사회자로 소개했다. 개회사는 이승만이 했다.

"우리 한국인에게 이 회의는 매우 엄숙한 행사입니다. 우리는 이 큰 나라의 수도에서 수천만리 떨어져 있는 우리 조국에 대한 의무를 다할 뿐만 아니라 우리에게 보호와 특권과 자유를 제공해 준 이 축복받은 나라 미국에 대한 의무를 다하기 위하여 이 자리에 모였습니다."

이러한 말로 시작된 이승만의 개회사는 웅변이었다. 그는 먼저 이 회의가 재미한족연합위원회와 한국 독립운동을 지원하는 미국 시민들로 구성된 한미협회가 공동으로 개최한 회의라는 것을 강조하고 나서, 회의의 목적을 다음과 같이 설명했다.

"우리는 확실하고 분명한 목적을 가지고 이 회의를 소집했습니다. 첫째로 일본에 항거한 우리의 1919년 혁명을 엄숙하게 기념하는 것입니다. 남녀노소를 불문하고 그토록 많은 동포들이 압제자들의 손과 총과 칼에 의하여 죽음과 고문과 수모를 당한 그해는 길이 기억되어야 할 해입니다.

우리는 한국의 애국지사들이 세계에 선포하고 그들의 피로 신성하게 된 1919년의 독립선언을 재확인하기 위하여 모였습니다. 그 1919년3월1일로부터 23년이 지났습니다. 자유는 아직도 한국인들의 가슴속에 살아있습니다.… 압제자는 자유를 구속할 수는 있을지 모르지만 자유를 말살할 수는 없습니다.

우리는 일본에 대항하는 1942년 혁명을 계획하기 위하여 모였습니다. 금년의 혁명이라니?… 어떤 분은 물으실지 모르겠습니다. 앞에서 말씀드렸듯이 1919년의 혁명정신은 지난 23년 동안 단 하루도 빠짐없이 가슴속에 살아있었고 또 살아있기 때문에 그것은 오직 날짜를 바꾸어 놓는 일일 뿐이라는 것이 한국 애국지사들의 대답입니다. 그 혁명은 자유와 손잡고 진행해 왔습니다. 그리고 여러분이 아시다시피 자유는 결코 죽지 않습니다."

이승만은 이렇게 3·1운동의 혁명정신을 강조하고 나서, 미국정부의 임시정부 승인을 촉구하는 것이 회의의 중요한 목적의 하나라고 천명했다.

"우리는 또한 미국정부에 23년 동안 존속해 온 우리의 정부, 곧 대한민국임시정부를 승인하도록 촉구하기 위하여 모였습니다. 그 정부는 비록 이국땅에서 비밀리에 수립될 수밖에 없었지만, 그것이 어떻게 승인받지 못할 이유가 됩니까? 자유의 비전은 그 정부에 서광을 비추어 그 정부의 신성한 임무를 실천할 용기와 의지를 주고 있습니다.

최근에 우리 정부는 이웃나라 중국의 수도에 피난처를 마련했습니다. 오늘날은 중국의 전시 임시수도 중경에 자리 잡고 정부로서 기능하면서 의무를 다하고 있습니다. 이에 우리는 친절한 중국 국민과 그들의 위대한 지도자 장개석 원수에게 감사를 드립니다. 전선에서는 중국군과 나란히 대일전쟁을 벌이고 있습니다. 우리는 우리의 군대, 한국 국군이 있습니다. 날로 성장하는 한국 국군은 저 섬나라 야만인들을 아시아 대륙에서 축출하는 데 큰 몫을 할 것이라고 나는 여러분에게 단언합니다."

다음으로 이승만은 한국이 「연합국선언」에 참여하는 문제를 언급했다.

"우리는 한국 국민과 우리 정부가 「연합국선언」을 준수할 것을 재확인하기 위하여 이 자리에 모였습니다. 「연합국선언」은 우아하고 고상한 단어로 엮어져 있습니다. 그러나 어떤 미사여구도 그것이 실천되지 않는다면 공허한 것입니다. 자유에 대하여 확고한 신념을 가진 국민들은, 여러분 미국 시민들이 자발적으로 그래왔듯이,… 지구상의 어디에서나 축복을 공유해야 할 것입니다."

이승만은 이 회의를 소집한 마지막 이유로 일본이 내세우는 '아시아의 새 질서'를 검토하기 위해서라고 다음과 같이 역설했다.

"그리고 마지막으로 우리는 이른바 일본의 '아시아의 새 질서'를 검토하고 보고하기 위하여 모였습니다. 우리가, 그 최초의 희생자인 우리가 말할 것입니다. 우리의 죽은 이들이 말할 것입니다. 우리의 고문당한 이들이 말할 것입니다. 그들의 고통과 고뇌의 신음 소리와 절규에서 여러분은 일본 압제자의 포악하고 잔악한 탄압상을 상상할 수 있을 것입니다. 우리는 그가 누구인지 압니다 —— 그는 온 인류의 적입니다."

이승만은 이어 이 회의가 고지기간이 짧았기 때문에 호놀룰루와 중경에서는 대표가 참석하지 못했지만, 그 밖의 각 지방 동포의 대표들이 고루 참석한 회의임을 강조하고 나서 다음과 같이 주장했다.

"나는 적어도 희망의 말 이상의 것을 여러분에게 드릴 수 있을 것 같습니다. 지난 몇달 동안의 급변하는 국제 정세를 보고 나는 감히 이런 말씀을 드리는 것입니다.

그리고 나는 이 기회에 지난 월요일 저녁의 라디오 연설에서 한국 국민에 대해 언급하신 미국 대통령에게 감사의 뜻을 전합니다. 그의 연설은 여러 해 동안 미국의 한 고위 관리가 —— 최고사령관보다 높은 관리는 없습니다 —— 한국 국민에 대하여 언급한 최초의 연설이었고, 우리에게는 가장 고무적인 것이었습니다.

'한국인민(The people of Korea)!' 우리는 이 루스벨트 대통령의 연설에 얼마나 감격했습니까. '인민'이라는 말은 '종족(race)'이라는 말로 바꿀 수도 있을 것이고, 그것은 또 '국민(nation)'이라는 말로 바꿀 수도 있을 것입니다. 그리고 그것은 우리가 누구이며, 4천2백여년의 역사를 가졌다는 것을 인정하는 말입니다.…"

루스벨트 대통령은 2월23일 밤의 조지 워싱턴 대통령의 탄신을 기념하는 라디오 연설에서 이때까지의 전황 보고를 하면서, 한국 인민의 "노예 경험"에 대하여 언급했다. 이승만은 그것을 특별히 강조한 것이었다.

일본군의 진격은 파죽지세였다. 진주만 공격으로 미국의 태평양함대는 항공모함을 제외하고는 한동안 기능을 잃었고, 동남아시아의 영국 해군력도 괴멸되었다. 그리하여 1942년5월까지는 일본은 영국령 말레이시아, 보르네오, 버마, 홍콩, 필리핀, 괌, 네덜란드령 동인도[지금의 인도네시아], 오스트레일리아와 뉴질랜드의 위임통치 제도 등을 점령하고, 프랑스령 인도차이나[지금의 베트남]와 타일랜드를 보호령처럼 만들었다. 태평양전쟁에서 미국이 공세로 전환하는 것은 1942년6월의 미드웨이(Midway)해전에서 승리한 때부터였다.

그러나 이승만은 그러한 일본에 대한 최후의 심판의 날이 다가왔다고 힘주어 선언했다.

"일본은 지난 40년 동안 모든 군사력과 효과적인 선전활동을 동원하여 우리를 말살시키려 했습니다. 그러나 그들은 실패했습니다. 일본은 세계 지도에서 '한국'이라는 이름을 지워버리려 했습니다. 일본은 우리 한국을 일본제국의 한 지방으로 편입시키기 위하여 온갖 노력을 경주했습니다. 일본은 자유민으로서의 우리의 권리와 명예를 말살해왔습니다. 그러나 이제 최후의 심판의 날이 목전에 다가왔습니다.…"

마지막으로 이승만은 "그러나 나는 시간은 얼마 남지 않았는데 할 일은 너무 많이 남아 있다는 말을 해야겠다"면서 미일전쟁 발발 이후의 주미외교위원부의 활동을 다음과 같이 보고했다.

"한국외교위원부는 미국정부에 대해 한국인들의 지위에 관한 진정서를 내고 한국인들을 일본인들처럼 적대국 외국인으로 분류하지 말 것을 요청했습니다. 미국정부는 한국인을 일본국민으로 분류하는 불명예를 한국인들에게 적용해서는 안될 것입니다.

한국외교위원부는 미국정부에 대해 한국인들의 자금의 이른바 '동결'에 관하여 건의했고, 미국정부는 우리에게 이러한 불이익이 주어지지 않도록 할 것을 공표했습니다.

한국외교위원부는 미국정부에 대해 「연합국선언」 조인국의 일원으로 참여하겠다는 희망을 표명했습니다.

한국외교위원부는 국무부에 한국외교위원부가 대한민국 정부의 대표기관임을 인정하라는 요청서를 제출했습니다. 그러나 국무부는 아직도 이에 대한 조치를 취하지 않고 있습니다."

이승만은 한미협회의 활동에 대해서도 설명했다.

"한국외교위원부에 허용되지 않는 일들을 맡아 하고 있는 한미협회는 자체의 계획을 추진하고 있습니다.

한미협회는 한국정부를 승인할 것을 국무부에 건의했습니다. 한미협회는 또 육군부와 해군부에 대해 한국과 연합하여 2천3백만 한국인의 힘을 더하는 것이 군사적으로 이점이 많다는 것도 제의했습니다. 한미협회는 미국정부의 다른 고급 관리들과 기관들에 대해서도 한국인들의 목표의 정당성을 진지하게, 그리고 강력하게 설명했습니다."

이승만은 한인사회가 분열되어 있다거나 승인을 얻으려고 서두르지 말라는 평언들과 관련하여 다음과 같이 역설했다.

"한국인들은 단합되지 못하여, 여러 그룹들이 존재하며, 게다가 서로 불목하고 있다고 말하는 사람들이 있습니다. 이 사람들은 나아가 이러한 상황이 정리되지 않고는 한국문제는 아무런 해결방안도 없을 것이라고 주장합니다.

이제 나는 말합니다. 이 회의가 이러한 문제에 대하여 확실한 대답을 하게 합시다.

이 회의가 그러한 불신자와 회의론자들에게 대답하게 합시다.

이 회의가 한국 국민의 단합을 보여 주게 합시다.

이 회의가 우리의 유일한 정부에 대한 충성심을 보여 줍시다. 우리는 일본인들의 그릇된 통치를 정부로 인정하지 않았습니다.

한국인들 사이에는 분열이 없다는 것을 나도 알고 여러분도 아십니다.

자유의 신성한 목적은 분열을 용납하지 않는다는 것을 나도 알고 여러분도 아십니다.

나는 말합니다. 분열의 모함은 일본인들의 선전입니다. 우리는 이 자리에서, 우리의 행동으로, 그러한 거짓말을 뿌리 뽑아 버립시다.

그리고 '오, 지금 권리를 승인받으려고 애쓰지 마시오. 기다리고 있으면 종전 후에는 당연히 승인을 받을 것입니다'라고 말하는 오도된 사람들에게 대답합시다. 나는 영국의 처칠 수상의 말을 인용하겠습니다.

'그들은 우리를 어떤 사람들이라고 생각하는가?'

그들은 우리가 팔짱을 끼고 앉아서 접시 위에 닭고기가 놓이듯이 독립이 주어지기를 기다리고 있는 사람들로 생각하는 것입니까?…"

이승만은 2차대전 기간 내내 루스벨트와의 외교교섭에서 영국식민지의 해방을 반대하는 처칠(Winston L. S. Churchill)을 몹시 싫어했다.

이승만은 이어 미국이 임시정부를 승인만 하면 한국인들의 힘으로 일본을 무찌를 수 있다고 다음과 같이 역설했다.

"여러분은 우리 한국인들이 지난 37년 동안 무엇을 해왔다고 생각하십니까?… 우리는 일본인들과 싸워 왔습니다. 우리는 아무도 알아주지 않는 고독한 싸움을 해왔습니다. 여러분은 우리만큼 일본인들을 잘 아는 국민이 세계에 또 있다고 생각하십니까? 우리는 일본인들의 약점을 터득했습니다. 우리는 일본인들의 마음속에서 작동하는 괴상하고 야만적인 사고방식을 압니다. 우리는 그들이 어떻게 그들의 동료를 끌어내리고 타락시키려고 획책하는지 압니다. 우리는 그들의 잔학성과 무자비함과 배은망덕을 압니다."

여러분은 일본인들이 여러 세기에 걸쳐서 아시아 대륙을 침범하는 것을 저지한 사람들이 누구라고 생각하십니까? 한국인들이었습니다. 그리고 지금 우리가 요구하는 것은 그들을 그들의 섬으로 돌려보낼 기회입니다.

우리는 그것이 2천3백만 한국인들에게 주는 심리적 효과가 엄청나게 클 것이기 때문에 승인을 요구합니다. 그것이 우리로 하여금 무기와 군수품을 얻을 수 있게 할 것이기 때문에 우리는 승인을 원합니다.

우리는 어느 누구에게도 우리의 독립을 회복시켜 달라고 요구하지 않습니다. 그것을 위해 우리는 싸워야 하며, 우리는 싸울 준비가 되어 있습니다.…"

이승만은 다음과 같은 수사로 그의 힘찬 웅변을 마무리했다.

"동지 여러분! 물결이 일고 있습니다. 그것은 비등하는 여론의 물결입니다. 그것은 어떠한 재산과 피와 땀을 희생해서라도 이 전쟁을 승리로 끝내야 한다는 이 위대한 나라 미국의 여론입니다. 그것은 홍수와 같은 자유의 물결입니다.

한국 인민의 슬픔의 눈물은 끝났습니다. 그들의 기쁨의 눈물이 시작되었습니다. 보십시오! 물결은 해안 가까이 밀려오고 있습니다 —— 인간의 자유와 승리의 해안으로."[55]

공들여 작성했을 이 연설문은 한국인들뿐만 아니라 미국인 참가자들도 감동시키기에 충분했다.

1942년 2월 27일부터 3월 1일까지 워싱턴에서 열린 한인자유대회 회의록.

2

회의는 윈크스(WINX) 방송국을 통하여 중계되었다. 윈크스 방송국의 오웬(J. Owen) 아나운서는 "이들 아시아의 훌륭한 국민은 오랫동안 일본의 학정에 저항해 왔으며, 그들과 그들의 미국친구들은 대한민국의 아버지이자 그들의 명망있는 애국적 지도자인 이승만 박사의 부름에 따라 우리의 공공의 적 일본을 쳐부수는 데 헌신하기 위하여 이 엄숙한 회

---

55) "Address of Dr. Syngman Rhee", *Korean Liberty Conference*, The United Korean Committee in America, 1942, pp.7~13 ; 「이승만 박사의 연설문」, 『대한민국임시정부자료집(20) 주미외교위원부 II』, pp.5~10.

의에 참석했습니다"라는 말로 중계를 시작했다.

이승만의 개회사에 이어 워싱턴주 출신 커피 하원의원을 비롯한 네 사람의 연설이 있었다.

커피 의원은 1882년의 한미수호통상조약상의 의무를 이행하지 않은 미국정부의 아시아정책을 비판하는 것으로 연설을 시작했다. 그는 1939년에 자기가 일본에 전쟁물자 판매를 금지하는 법안을 하원에 제출했을 때에 찬성표가 단 2표밖에 없었던 사실을 보기로 들면서 "진주만사건은 전쟁 전에 취한 우리의 정책이 우매한 것이었음을 입증해 주었다"고 역설했다. 커피 의원은 태평양지역의 전황을 설명하고, 다음과 같은 말로 연설을 마무리했다.

"우리가 당하고 있는 패배는 궤멸적이지만 동시에 중국인들과 한국인들에게는 그들에게 무기만 주어진다면, 황금의 기회가 될 것입니다 ── 그들에게는 인적 자원이 있습니다. 동시에 그것은 우리에게도 무방비 상태의 일본 본토를 궤멸시킬 수 있는 기회입니다. 일본 군대는 대부분 그들의 통신시설을 보호하고 점령국들을 통제하기 위하여 일본 밖으로 나가 있습니다. 이 확대된 통신시설을 절단해야 합니다. 한국인들과 함께 그것을 절단해 버립시다.

나는 자유를 회복하려는 여러분의 노력이 성공하고 여러분 나라의 국기가 다시 한번 세계의 국가 기준에서 정당한 위치를 회복하기를 바랍니다.

우리는 일본인들이 자기민족이 우월하지 않다는 교훈을 배우고 문명이 요구하는 이웃나라들과의 이해와 존경을 이행할 때까지 일본인들을 그들의 조그마한 섬들로 돌려보내야 합니다.

용감한 한국인들의 이러한 제의를 받아들이고, 그들이 우리를 돕듯이 그들을 돕고, 이 그릇된 원칙, 이 지상의 재앙을 종식시키기 위하여 한국의 독립과 대한민국임시정부를 승인합시다."

2월28일 토요일 오전 10시에 개회한 이틀째 회의는 김호 의장의 사회로 진행되었다. 이날 회의는 한국인들만으로 열렸다.

회의는 먼저 몬태나주에서 온 장석윤(張錫潤)이 1919년3월1일에 서울에서 선포한 독립선언서를 낭독하는 것으로 시작되었다.

독립선언서 낭독에 이어 4개항의 대회결의문이 채택되었다. 결의문은 이승만을 위원장으로 한 결문기초위원회가 작성한 것이었다. 결의문은 다음 4개항이었다.

(1) 미주, 로스앤젤레스, 캘리포니아, 호놀룰루에 있는 재미한족연합회 및 한미협회 대표와 한국, 중국, 만주, 시베리아 지역의 애국적 한국인들인 우리는 1942년3월1일에 한자리에 모여 대한민국 독립선언서를 다시 한 번 확인하고, 우리의 자유를 획득할 때까지 계속하여 투쟁할 것을 결의한다.

(2) (…) 우리는 현재 중국의 중경에 있는 대한민국임시정부를 정성을 다하여 지지하고 유지해 나갈 것을 재확인할 것을 결의한다.

(3) (…) 우리는 1942년1월1일에 워싱턴 D.C.에서 26개국이 서명한 「연합국선언」에 대한 지지를 재확인하고, 우리 임시정부가 「연합국선언」의 공식적인 참가국이 되도록 허가할 것을 요망하는 청원서를 미합중국 국무부에 공식으로 제출할 것을 재확인하며 승인할 것을 결의한다.

(4) (…) 우리는 미국 국회에 직접으로나 청원을 통하여 대한민국임시정부의 승인을 요청할 것을 결의한다.[56]

결의문 채택에 이어 장개석과 중국정부, 처칠과 영국정부, 스탈린(Joseph V. Stalin)과 소련정부, 그리고 그 밖의 중요한 나라 정부에 대한민국임시정부의 즉각적인 승인을 요구하는 전문을 보내자는 제의가 있었으나, 이 제의는 유보되었다. 그리고 산회가 선포되었다.

오후 회의는 장소를 옮겨 3시30분부터 아메리칸대학교(American University)에서 열렸다. 회의에 앞서 더글러스(Paul F. Douglass) 총장이 총장관사에서 다과회를 베풀었다. 저녁 7시부터 다시 라파예트 호텔에서

---

56) *Korean Liberty Conference*, The United Korean Committee in America, pp.37~39.

한인자유대회에는 서부지역에 사는 동포대표들도 참석했다.

열린 회의에서는 중경에서 활동하다가 귀국한 피치 부인의 연설이 인상적이었다. 그녀는 1932년의 윤봉길의 홍구공원 폭파사건 뒤에 김구 일행 4명을 자기 집에 숨겨 주었던 사실을 처음으로 공개한다면서 밝히고, 김구의 근황을 이야기했다.

3월1일 오후 3시에 열린 마지막 회의는 이승만이 진행했다. 각처에서 보내온 축전이 낭독되고, 주미 중국대사 호적의 대리로 참석한 중국대사관의 루이 치에(Lui Chie) 영사가 호적의 축사를 대신 읽었다. 해리스 목사, 하와이 출신의 킹 하원의원, 크롬웰, 헐버트, 서재필의 순서로 연설이 이어졌다. 열기 넘치는 분위기 속에서 이승만의 만세 제창으로 회의는 폐막되었다.

마지막 날 회의는 미 국무부에서 혼벡과 랭던이 참관했다. 대회에 대한 랭던의 보고서는 그러나 부정적이었다. 출석자도 많고 언론홍보도 잘되어 있지만, 연설내용들은 한결같이 과거에 관한 이야기들뿐이고, 일본에 대한 저항이나 독립을 위한 어떤 계획이나 조직에 관해서는 한마디도 언급이 없다고 지적했다. 또 자신들의 문제를 스스로 해결하겠다는 의지는 보이지 않고, 1905년에 한국의 독립을 보호하지 못한 미국의 '속죄'를 촉구하는 주장이 많았다고 적었다.[57] 랭던은 「한국 독립문제의 몇가지 측면들」이라는 정책보고서를 제출하고 1주일 뒤에 이러한 한인자유대회 참관기를 쓴 것이었다. 그러나 이러한 보고서는 그가 기본적으로 한국 독립문제나 이승만에 대하여 편견을 가지고 있었음을 보여 준다.

무기대여법에 따른 무기와 군수품 지원만 해주면 무장부대를 국내에 침투시켜 일본군의 보급로를 차단할 목적으로 한국지도 위에 폭파할 철도터널 표시까지 해가지고 주머니에 넣고 다니는 이승만으로서는 랭던이 기대하는 다른 어떤 계획을 세울 겨를도 없었고 그럴 필요도 느끼지 못했을 것이다. 필요한 것은 오직 무기대여법 원조를 가능케 할 임시정부의 승인뿐이었다.

3월2일에 열린 웰스 국무차관의 정례 기자회견에서 한인자유대회에 관한 기자들의 질문이 있었다. 한인자유대회는 연합국선언에 가입하기를 요망했는데, 그것이 실현된다면 미국에 있는 다른 자유운동단체들도 연합국선언에 가입하는 것을 국무부가 지지해야 하지 않느냐는 질문에 웰스는 다음과 같이 대답했다.

"한인자유대회나 다른 모든 자유운동그룹에 대해 최대한의 동정심을 가지고 지켜보고 있다.… 그러한 성격의 각 개별단체나 대회와 관련된 많은 문제들이 있다. 현 시점에서 내가 대답할 수 있는 것은, 제기된 질문을 포함한 모든 문제는 신중히 고려되고 있고 아마 그때그때 발표가 있을 것이라는 것이다."[58]

웰스의 이러한 언급은 2월23일의 루스벨트의 라디오 연설에 이어 두

---

57) 「한인자유대회의 경과에 대한 보고서」, 『대한민국임시정부자료집(20) 주미외교위원부Ⅱ』, pp.134~137.

58) Hull to Gauss, March 20, 1942, *FRUS 1942*, vol.Ⅰ., p.864 ft; U. S. Department of State, *United States Policy Regarding Korea, 1834~1950*, 한림대학 아시아문화연구소, 1987, p.73.

번째로 미국의 고위공직자가 한국문제에 대하여 공식으로 언급한 것이었다.

이승만은 한인자유대회를 통하여 한결 고무되었다. 그는 3월24일에 헐 장관에게 다시 편지를 썼다. 2월7일자 자신의 편지에 대한 벌 차관보의 2월19일자 답장을 반박하는 내용이었다. 그는 자신의 활동은 미국 내 외국정치지도자들의 "자유운동"의 하나가 아니라고 지적하고, 1882년의 한미수호통상조약을 미국정부가 어떻게 인식하고 있는지를 따져 물었다.

"우리 정부는 위에서 언급한 우리 두 나라 사이에 체결된 조약을 미국정부가 어떻게 간주하고 있는지 알려주시기를 희망합니다. 우리 정부는 미국정부가 이 조약이 존재한다는 사실을 밝히기를 희망합니다. 그러지 않으면 그것은 한국인들에 대한 일본정부의 무자비한 침략행위를 용인하는 것으로 간주될 것입니다."[59]

이 편지에 대한 헐의 회답은 없었다. 그것은 미 국무부로서 대답하기가 불가능한 질문이었다.

사흘 동안 워싱턴에서 개최된 한인자유대회는 1919년4월에 필라델피아에서 열린 제1차 한일대회를 주재했던 서재필(徐載弼)의 폐회사에 이어 이승만의 만세로 성공리에 끝났다.

그런데 대회가 끝나고 2주일쯤 지나서 이승만의 가장 신뢰하는 측근인 정한경(鄭翰景)이 뜻밖의 일을 벌여서 이승만을 곤혹스럽게 했다. 정한경은 한인자유대회의 분위기를 감안하여 이승만을 다시 대통령으로 추대할 것을 임시정부에 건의할 것을 제안한 것이다. 정한경은 그러한 의견을 이승만과 함께 회의에 참가했다가 로스앤젤레스로 돌아간 재미한족연합회 집행위원장 김호에게도 보냈다.

---

59) 「李承晩이 Hull에게 보낸 1942년3월24일자 편지」, 『대한민국임시정부자료집(20) 주미외교위원부 II』, p.139.

이승만이 3월17일자로 정한경에게 보낸 편지는 이승만의 임시정부와 김구에 대한 태도가 여실히 드러나 있다.

친절한 편지와 로스앤젤레스의 재미한족연합위원회 측에 보내기 위하여 동봉한 편지의 복사본에 감사의 말씀을 드립니다.

박사가 연합위원회에 제출한 제안을 철회해 줄 것을 요청하고자 급히 이 편지를 씁니다.

(1) 본인은 다시 정부에 들어가기를 원치 않습니다. 현재로서는 본인의 위치를 대신할 사람이 없으므로 최선을 다해 임하고 있지만, 우리 정부가 승인을 받는 대로 사임할 것입니다.

(2) 김구씨는 사심 없는 진정한 애국적 지도자로서, 우리 국민의 신임을 얻고 있습니다. 나는 그를 진심으로 지지하며, 박사도 나처럼 그를 잘 알게 되면 전적으로 지지할 것이라 확신합니다.

중도에 말을 바꾸는 것은 매우 지혜롭지 못합니다. 그것은 도움보다는 피해를 끼칠 것입니다. 이곳과 중경에 있는 일부 한인은 순전히 자신들의 개인적인 목적만을 위해 교묘한 술수를 쓰며 상황을 어지럽히고 있어서 정부 안의 어떤 대안도 우리는 제시할 수 없습니다. 박사도 이에 동의할 것이라 믿습니다.

김호씨에게 이 편지의 사본을 보냅니다.[60]

이승만은 정한경의 제안이 "만만불가의 설"이라고 부정하면서 정한경에게 보낸 편지의 사본을 동봉한 편지를 김호에게 급히 보냈다.[61]

---

60) 「李承晩이 鄭翰景에게 보낸 1942년3월17일자 편지」, 『대한민국임시정부자료집(19) 주미외교위원부 I 』, 2007, p.77.
61) 「李承晩이 金呼에게 보낸 1942년3월16일자 편지」, 위와 같음.

64장

"이 몸을 태평양 물고기 뱃속에…"
『백범일지』 하권 집필

1. 독립운동 회고록으로 쓴 『백범일지』 하권

1

앞에서 본대로 임시정부는 1941년12월10일에 김구와 외무부장 조소
앙(趙素昻)의 공동명의로 「대일선전성명서」를 발표했다. 「성명서」는 중
국, 영국, 미국 등 연합국이 대일선전포고를 통하여 일본을 격멸하는 것
이 동아시아를 새로 건설하는 일이라고 천명하고, 1910년의 합병조약 및
일체의 불평등조약이 무효임을 선언했다. 「성명서」는 한국에 있는 반침
략국가들의 합법적인 기득권을 존중할 것을 약속한다고 천명하고, 대서
양헌장의 각 조항이 한국에도 적용되어야 한다고 주장했다.[1] 같은 날 조
소앙은 루스벨트 대통령에게 대서양헌장을 지지하고 미국의 대일전쟁에
협력할 것을 다짐하는 편지를 주중 미국대사관에 전달했다.[2]

중경의 동포들은 고국으로 돌아갈 날이 가까워졌다는 설레는 가슴
으로 1942년 새해를 맞이했다. 임시정부는 신년 하례식을 성대하게 거행
하고, 음식도 풍부하게 장만하여 축하연을 베풀고 즐거운 하루를 보냈
다.[3]

김구는 1월1일자로 「원단을 맞아 해내외 동포에게 고하는 글」이라
는 장문의 성명서를 발표했다. 김구는 1942년이 3·1운동에 이은 "제2차
대혁명"을 일으켜야 할 해라고 강조했다. 그것은 이승만이 한인자유대회
개회사의 서두에서 3·1운동을 계승한 "1942년의 혁명"을 강조한 것과
일맥상통하는 주장이어서 눈길을 끈다.

세계의 정세가 급변하고 있는 지금 세계를 관찰하고 우리 민족의

---

1) 「임시정부의 대일선전성명서」, 『대한민국임시정부자료집(16) 외무부』, 국사편찬위원회, 2007, p.47.
2) 미국무부문서 895.01/62, Gauss to Hull, Dec. 20, 1941.
3) 양우조·최선화 지음, 김현주 정리, 『제시의 일기』, p.181.

앞날을 내다보니 흥분된 마음을 감출 수 없습니다. 저도 모르게 제1차 대혁명을 일으키기 직전이던 23년 전의 오늘을 떠올리게 됩니다. 당시는 제1차 세계대전이 막 종료되고 파리강화회의가 열리던 때였습니다. 또한 미국대통령 윌슨이 민족자결을 주장하여 이에 호응한 전 세계 피압박민족의 독립과 자유를 쟁취하기 위한 목소리가 세계 구석구석에 메아리치던 시기였습니다. 우리도 이러한 국제적 흐름에 영향을 받아 민족영수 손병희(孫秉熙) 선생의 영도 아래 전 세계를 놀라게 한 대혁명을 일으켰습니다.

세계정세가 급변하고 긴장된 분위기가 넘치는 지금이야말로 우리가 제2차 대혁명을 발동할 절호의 기회인 것입니다.… 중, 영, 미 3국은 아시아대륙과 태평양에서 포악한 적에 타격을 가하기 위해 서로 노력하고 있습니다. 사방에서 공격을 받고 있는 일구(日寇)는 사면초가의 곤경에 빠져 패배가 기정사실화되고 있습니다. 혁명전야 우리 앞에 펼쳐지고 있는 이러한 여러 조건들을 비교 분석해 보면 우리 민족의 앞날이 얼마나 밝은 것인지, 우리에게 지워진 사명이 얼마나 중대한 것인지를 알 수 있을 것입니다.…

김구는 3·1운동 직후에는 열강의 원조를 받지 못해서 한국혁명이 실패했으나 지금은 상황이 완전히 바뀌어 일본이 전 세계 국가와 민족의 공적이 되었기 때문에 일본의 붕괴는 시간문제라면서, 한국독립에 유리하게 돌아가는 객관적 정세의 변화를 설명했다. 김구는 그러나 적의 궤멸이 곧 우리의 승리로 이어지는 것은 아니며, 객관적 조건보다 더욱 중요한 것은 우리 자신의 피와 살로 독립을 쟁취할 수 있는 주체적 역량을 강화하는 것이라고 강조했다. 그러기 위해서는 민족의 통일단결이 필요하다고 역설했다. 김구가 특히 강조한 것은 사상의 통일이었다. 사상의 통일이 그만큼 절실한 현실문제였기 때문이다.

현대는 민족을 본위로 하는 통일시대입니다. 통일된 민족만이 싸울 수 있고 통일되지 못한 민족은 싸울 수 없습니다.… 통일은 다방면에 걸쳐서 이루어져야 합니다. 사상, 행동, 정치, 정당, 군사, 외교, 교육 등 모든 방면이 통일되어야 합니다. 이 가운데 사상의 통일이 가장 어려우면서도 중요한 부분입니다. 사상은 행동의 지침입니다. 공동의 통일된 사상이 없으면 행동은 반드시 분산되고 내부분열이 쉽게 일어나게 됩니다. 상호간에 투쟁과 마찰이 있게 되면 역량이 분산되고 상실됩니다. 통일된 사상을 가지게 되면 방향이 일치되고, 목표가 일치되며, 모두가 한마음 한뜻이 되어 전진할 수 있습니다. 사상이 통일되면 군권의 통일, 정권의 통일 내지는 정당의 통일도 어렵지 않게 실현될 수 있습니다.…

김구는 이어 현재 한민족의 공통의 바람이자 가장 절실한 문제는 민족의 독립과 자유이며, 그것을 완전히 해결해 줄 수 있는 가장 적합한 주의는 민족주의라고 역설했다. 그리고 그것은 "한국민족주의의 통일당"인 한국독립당의 「주의」와 「정책」에 표명되어 있다고 주장했다.

한국독립당의 「주의」와 「정책」은 오늘의 우리에게 꼭 필요한 것일 뿐만 아니라 장래에도 반드시 필요한 것들입니다. 한국독립당의 「주의」와 「정책」은 우리 한국민족을 구해낼 수 있으며 세계 인류의 생존 발전에도 도움을 줄 것입니다. 이야말로 우리가 공동으로 신봉할 유일한 「주의」인 것입니다.

한국독립당과 한국임시정부와 한국광복군은 우리 민족의 당, 정, 군 최고기구입니다. 또한 이 세 기관은 정신적으로 일치된 총체라고도 할 수 있을 것입니다. 이 세 기관은 3천만 민족의 진정한 이익을 대표하며, 민족의 공동임무와 의지를 집행하고 있습니다. 우리 민족의 운명은 완전히 여기에 달려 있습니다. 전국 동포의 정신, 인력, 재력,

물력은 응당 이 총체에 집중되어야 할 것입니다. 전 민족을 쇠와 같이 단단한 하나의 통일체로 조직하여야만 계통적이고 조직적인 전투역량을 발휘하여 우리의 위대한 역사적 사명을 완수할 수 있는 것입니다.…⁴⁾

김구의 이 글은 미일전쟁의 발발로 임시정부의 위상이 그만큼 제고되었음을 보여 준다. 그러나 한국독립당이 "한국민족주의의 통일당"임을 강조하고 한국독립당과 임시정부와 광복군이 계통적이고 조직적인 투쟁역량을 발휘하게 해야 한다는 주장은 중국국민당의 이당치국(以黨治國) 이데올로기를 그대로 본뜬 것이었다. 그리고 그것은 조선민족혁명당과 조선혁명자연맹 등 반대파들에 대한 한국독립당의 단호한 입장표명이기도 했다.

이러한 입장은 뒤이어 발표된 임시정부의 간략한 「임시정부포고문」에 더욱 직접적으로 표명되었다. 「임시정부포고문」은 "(1919년에) 독립을 선언한 이래로 최근까지 우리 민중 가운데 어떤 개인이나 단체의 고의나 과실은 물론하고 지난날의 착오와 범과(犯過)를 일체 탕척[蕩滌: 죄명이나 전과를 사면해 줌]하노니, 국내외 일체 인민은 새로운 정성을 다하야 본정부의 법령을 준수하여 적 일본에 향하야 진공할 일체의 계획과 역량을 정부에 공헌할 것"⁵⁾을 촉구했다.

한편 한국독립당의 반대를 무릅쓰고 무리한 방법으로 1941년10월의 제33회 임시의정원 회의에 참여하려다가 실패한 조선민족혁명당은 진주만사건 사흘 뒤인 12월10일에 제6차 전당대표대회를 열고 임시정부에 참여할 것을 다시 결의했다. 민족혁명당은 임시정부에 대한 국제적 승인 가능성이 높아지고 특히 중국정부의 적극적인 원조가 기대되는 국제정세의

---

4) 金九, 「원단을 맞아 해내외동포에게 고하는 글」, 《光復》 제2권제1기(1942.1.20.), 『대한민국임시정부자료집(14) 한국광복군 V』, 2006, pp.453~459.
5) 「임시정부포고문」(1942.1.), 『대한민국임시정부자료집(8) 정부수반』, pp.263~264.

변화를 고려하여 임시정부에 참여하기로 결정했다고 그 이유를 밝혔다.[6]

2

임시정부의 무엇보다 시급한 과제는 국민정부의 정식 승인을 받는 일이었다. 그러나 한국임시정부의 승인문제는 국민정부가 독단으로 결정할 수 있는 문제가 아니었다.

외교부장 조소앙은 1942년1월7일에 주중 미국대사 고스(Clarence E. Gauss)를 찾아갔다. 고스는 비공식 면담임을 전제로 조소앙을 만났다. 두 사람은 이때가 첫 대면이었다. 조소앙은 고스에게 임시정부에 대한 미국정부의 승인과 재정 및 군사원조를 요청했다. 고스는 조소앙에게 중국정부가 임시정부를 승인했느냐고 물었다. 조소앙은 중국정부의 승인을 얻지 못했음을 시인하고, 중국정부가 한국임시정부를 승인하지 않는 것은 일본이 패망한 뒤에 중국이 한국을 그들의 종주권(suzerainty) 아래 두려는 의도가 있기 때문인 것 같은 느낌이 든다고 말했다. 고스는 조소앙이 다른 사람들에게는 임시정부가 중국정부로부터 곧 승인받을 것이라고 말해 온 점을 상기시켰다. 고스는 또 장개석(蔣介石)으로부터 자금지원을 받고 있다는 이야기를 들었다면서 이에 대해 물었으나, 조소앙은 확인해 주지 않았다. 고스는 또 만주에 있는 과격파 공산주의자그룹과 임시정부의 관계를 물었으나 조소앙은 명확한 대답을 하지 않았다. 조소앙은 지금 한국인들은 모두 독립운동을 위해 단결되어 있고, 임시정부는 한국 독립운동자들의 유일한 조직체임을 강조했다.

임시정부에 대한 미국의 재정지원문제나 군사원조문제에 대한 구체적인 협의는 고스가 피했다. 고스는 조소앙에게 임시정부와 그 관련기관들에 대한 정보를 문서로 제출해 줄 것을 요청했고, 조소앙은 2월4일에

---

6) 「朝鮮民族革命黨第六屆全黨代表大會宣言」(1941.12.10.), 『대한민국임시정부자료집(37) 조선민족혁명당 및 기타 정당』, pp.50~52.

15페이지에 걸친 장문의 문서를 작성해 보냈다. 조소앙은 이 문서에서 대한민국임시정부는 한국 민중의 광범위한 지지를 받고 있고, 특히 국내에서 혁명적 분위기를 조성하기 위하여 천도교, 기독교, 불교, 대종교 등 반일적 성향이 강한 종교계 지도자들과 은밀히 접촉하고 있다고 기술했다. 현재 임시정부는 최소한 2만명의 병력을 보유하고 있고, 외부의 지원만 있으면 병력을 10만명까지 늘릴 수 있다고 주장했다. 그는 또 재미한인들은 정신적, 물질적으로 임시정부를 후원하고 있고, 소련 영내에서 소련군 휘하에 있는 한인부대 2개 사단도 여건만 갖추어지면 임시정부 휘하로 편입시킬 수 있다고 장담했다. 임시정부의 당면과제는 3개 사단 이상의 정예부대를 훈련시켜 대일전에 참여시키는 일인데, 이 문제의 해결은 연합국들의 지원 여부에 달려 있다고 주장했다. 미국이 무기대여법에 따른 원조를 제공한다면 임시정부는 한국인의 잠재적인 혁명 능력에 활기를 불어넣어 태평양전쟁에서 민주진영의 승리를 결정짓는 데 기여할 수 있다고 조소앙은 역설했다.

며칠 뒤에 조소앙은 여권문제로 미국대사관을 다시 방문했다. 조소앙은 국민정부 군사위원단과 함께 미국을 방문할 계획이었다. 고스는 조소앙과의 면담경위를 자세히 적어서 조소앙이 제출한 참고용 문서들과 함께 본국 정부로 송부했다.[7] 조소앙은 또 영국대사관에도 찾아가서 영국정부의 임시정부 승인문제를 협의했다.[8]

김구는 1월30일에 「한국임시정부 승인에 관한 절략(節略)」이라는 공문을 국민정부 외교부장 곽태기(郭泰祺)를 통하여 국민정부 주석 임삼(林森)에게 보냈다.[9] 이 공문에서 김구는 먼저 국민정부가 임시정부를 승인하는 것은 양국의 정치도의로나 이해관계로나 중대한 의의가 있음에

7) Gauss to Hull, Feb. 12, 1942, *FRUS 1942*, vol.I., pp.860~861.
8) Welles to Gauss, Mar. 20, 1942, *FRUS 1942*, vol.I., p.863.
9) 「金九가 郭泰祺에게 보낸 1941년12월의 편지」, 『대한민국임시정부자료집(22) 대중국외교활동』, p.131.

도 불구하고 지금까지 그것이 실현되지 않은 것은 유감천만이라고 말하고, 1920년에 손문(孫文)이 광주(廣州)에서 비상대총통에 취임할 때에 한국임시정부에서 외무총장 신규식(申圭植)을 파견했었고, 손문이 국서를 정식으로 접수하고 신규식을 국사(國使)로 예우했던 일을 상기시키면서 다음과 같이 기술했다.

지금 중국은 모두가 인정하듯이 이미 세계의 4강의 반열에 올라섰습니다. 동방 각 약소민족의 혁명사업을 영도하는 자격으로 중국이 손중산(孫中山) 선생의 약속을 이행한다는 입장에서 솔선하여 한국임시정부를 승인하고, 각 동맹국에도 승인을 촉구해 주기를 청합니다. 정식 승인은 한국임시정부의 국제지위를 제고시키는 데 결정적인 작용을 하게 될 것이며, 국토광복의 목적을 달성하는 데도 긍정적이고 실제적인 작용을 하게 될 것입니다. 한국임시정부가 승인된다면 이는 전체 한인을 고무시킬 뿐만 아니라 세계 각 우방들도 중국을 더욱 찬양하고 칭송할 것입니다. 이로써 신라(新羅)와 당(唐) 이래 지난 2천년간 이어져 온 중한 두 민족의 긴밀한 관계는 앞으로도 영원히 지속될 것입니다.

김구는 이어 중국정부가 임시정부의 승인을 꺼리는 것은 중경에 있는 한인 각파가 통일되지 못한 데 있다고 들었다면서 다음과 같이 썼다.

중국 관내 각지와 중미, 북미 등지에는 원래 15개의 한인단체가 산재해 있었습니다. 7·7항전[중일전쟁]이 개시된 이래 민족주의 진영의 각 당파는 절대적으로 임시정부를 옹호한다는 전제하에 이미 통일을 이루었습니다. 여전히 임시정부의 영도권을 부정하고 이견을 가진 당파는 극소수에 불과한 실정입니다. 중국 각 방면 동지들의 근심과 우려를 자아내고 있는 이색분자의 당파로 현재 중경에서 활동하는 작은 조직은 두개에 불과합니다.… 세계 어느 민족을 물론하고 민족 전체의 절대적인 옹호를 받는 정부는 없을 것입니다. 하물며 오늘날처럼 사상과 계파가 복잡한 시대에 어찌 단 한 사람의 이견을 가진 반대파도 없을 수 있겠습니까!

김구는 영국에 망명중인 폴란드 민족이나 체코 민족 가운데도 사상이나 정치적 견해의 차이로 자신들의 망명정부에 불만을 가지고 반대하는 자가 없지 않을 것인데, 그러나 그렇다고 영국정부가 런던에서 활동하는 폴란드와 체코망명정부에 대한 원조를 꺼린다는 말은 들어보지 못했다고 말하고, 다음과 같은 주장으로 편지를 마무리했다.

모든 일에는 시기가 중요합니다. 지금이야말로 한국임시정부를 승인할 최적의 시기라고 할 수 있습니다. 만약 시기를 놓치면 이색분자들의 난립상이 계속되어 그 화가 계속 이어지고 더욱 깊어지게 될 것입니다. 더구나 장래 소련이 태평양전쟁에 개입하게 되면 시베리아 방면에 분명 적색 한국정부조직이 출현하게 될 것입니다. 현명하신 중국최고당국이 건국정신에 바탕하여 중한 두 나라의 수천년에 걸친 역사적 관계, 지역의 형세, 국제정세의 변화를 잘 판단하여 신속하게 결단을 내려주기 바랍니다. 향후 동아시아의 정국이 전적으로 중국당국의 현명한 판단과 결단에 달려 있다는 점을 결코 잊어서는 안될 것입니다.[10]

소련의 대일참전이 실행되는 경우 시베리아 방면에 공산한국정부가 출현할 것이라고 전망한 점이 눈길을 끈다. 김구는 전후 한국문제처리에서 국민정부와 가장 첨예하게 대립될 나라가 소련이라고 전망하고 있었

---

10) 「金九가 林森에게 보낸 1942년 1월 30일자 편지」, 『대한민국임시정부자료집(22) 대중국외교활동』, pp.136~138.

던 것이다.

김구는 또 2월9일에는 「중국정부의 한국독립원조에 관한 몇가지 절략」이라는 문서를 작성하여 주가화(朱家驊)를 통하여 장개석에게 제출했다. 그것은 북상하지 않은 조선의용대 대원들의 처리문제와 한국광복군의 조속한 편성문제, 그리고 한국의 전후처리 문제를 협의하기 위한 자신과 장개석의 면담을 요망하는 내용이었다.

첫째로 북상을 거부한 조선의용대 대원들을 한국광복군으로 편입시키는 문제에 대해서는 다음과 같이 설명했다.

(1) 조선의용대 제1, 제2, 제3 각 구대원들이 모두 자진하여 북상을 위해 도강(渡江)한 뒤 남은 소수 간부 10여명은 무장세력의 통일을 기하기 위해 본시 혼합조직 형태로 한국광복군에 귀속되어야 마땅합니다. 그러나 근자에 들리는 소문에 의하면 이를 주관하는 중국 군사당국이 조선의용군을 새로 편조(編組)하여 한국광복군과 병행 발전을 추진하고 있다고 합니다. 만약 이것이 사실이라면 이는 한국 무장대오의 통일을 저해할 뿐 아니라 내부 마찰을 일으킬 염려가 다분합니다. 이런 사정을 잘 살피시어 신속하게 소관기관에 통령하여 군령의 통일을 기하기 위해 한국광복군 외에 다른 명의의 무장대오가 존재하지 않도록 조치해 주셨으면 합니다. 그리고 저와 동지들이 책임지고 조선의용대의 잔류 간부인원을 극히 공평한 방법으로 광복군 대오 가운데 상당한 지위를 부여하여 안치시킬 수 있도록 하겠습니다.

둘째는 한국광복군의 정식 편성이 늦어지고 있는 문제였다.

(2) 한국광복군이 정식 편조의 명령을 받은 지 이미 수개월이 지났으나 아직도 사령부를 편제하지 못하고 사병의 훈련도 실시하지 못하고 있습니다. 태평양전쟁이라는 긴급한 상황을 맞았음에도 여전히 언

제 항전의 대열에 참가할 수 있을지 기약이 없어 매우 초조합니다. 이런 사정을 살피시어 중국 군사당국의 주관기관이 신속하게 광복군의 편제와 훈련에 편의를 제공하고 이들을 무장시켜(이미 훈련을 마친 대원) 항전대오에 편입되어 활동을 개시할 수 있도록 조치해 주시기 바랍니다. 아울러 현재 광복군에 편제되어 있는 대원들의 급양에 필요한 경비를 매달 지원하시어 이들이 추위와 굶주림에 허덕이지 않도록 하여 주시기 바랍니다.

셋째로 김구는 다음과 같은 이유로 장개석과의 면담을 요망했다.

(3) 한국광복군의 항전 참가와 전후 한국의 독립과 안정은 새로운 동아시아 질서의 확립에 매우 중대한 문제입니다. 이런 문제들을 위원장을 직접 만나 뵙고 말씀드릴 수 있기 바랍니다. 이 기회를 통하여 중국 최고영수이자 동아시아의 맹주이신 위원장의 원대한 계획을 국내외 전체 한국 민중에게 알림으로써 항전 전선에 총동원시킬 수 있을 것입니다. 이는 민주전선의 승리와 우리 한국의 독립자주 쟁취라는 최종목표의 완수를 위해 꼭 필요한 것입니다. 저의 충심을 살피시어 속히 뵐 수 있는 기회를 마련해 주시기를 간곡히 청합니다.[11]

주가화는 이 문서를 장개석에게 보내면서 김구의 요청이 모두 타당하고 필요한 것이라고 말하고, 김구에 대하여 다음과 같이 언급하고 있어서 눈길을 끈다.

김구 군은 혁명을 위해 30년을 몸바쳐왔습니다. 나라를 위한 충성심은 칭찬받아 마땅할 것입니다. 총재님과의 면담을 요청한 일도 가

---

11) 「金九가 蔣介石에게 보낸 1942년 2월 9일자 문서」, 『대한민국임시정부자료집(11) 한국광복군 Ⅱ』, pp. 15~16.

능하시면 기회를 주시는 것이 좋을 듯합니다.…12)

3

미일전쟁 발발을 전후하여 김구가 개인적으로 심혈을 기울인 일은
『백범일지』하권의 집필이었다. 상권을 쓰고 나서 13년이 지난 때였다. 상
권 집필 때와는 달리『백범일지』하권은 집필을 시작한 때와 끝난 때를
적어 놓지 않아서 언제 집필을 시작하여 언제 끝냈는지는 정확하게 알 수
없다. 상권을 집필하는 데는 1년2개월이 걸렸는데, 하권은 상권 분량의 3
분의 1정도밖에 되지 않고 또 김구의 일정이 상권을 집필할 때와는 비교
가 되지 않을 만큼 바빴으므로 긴 시간을 들이지는 않았을 것이다. 다만
하권을 탈고하고 나서 적은「백범일지 하권 자인언(白凡逸志下卷自引
言)」에 "하권은 중경(重慶) 화평로(和平路) 오사야항(吳師爺港) 1호 임
시정부 청사에서 67세 때 집필"이라고 적어 놓은 것으로 보아 1942년에
집필을 마친 것은 확실하다. 1942년2월25일에 사망한 임시의정원 의장
송병조(宋秉祚)의 장례이야기가 기술되어 있고「자인언」이 1942년3월22
일에 있었던 중국 입법원장 손과(孫科)의 연설회에 대해 언급한 것으로
보아, 본문의 탈고시점은 1942년2월 말에서 3월 중순 사이였을 것으로
판단된다.

　『백범일지』하권은 김구가 1919년4월에 상해에 도착하여 경무국장으
로 일하기 시작할 때부터 임시정부를 중경으로 옮기고 광복군을 창설할
때까지의 사실을 기술했다. 따라서 내용도 상권의 그것과 중복되는 것이
많다. 상권의 경우 탈고한 뒤에도 여러 차례 퇴고하면서 적절한 중간제목
들을 달았는데, 하권에는 중간제목이 첫머리의「상해도착」이라는 것뿐이
다. 집필을 끝낸 뒤에 손질할 겨를이 없었던 것이다.『백범일지』하권을 집

---

12)「朱家驊가 蔣介石에게 보낸 1942년2월11일자 편지」, 위의 책, pp.17~18.

필할 때의 사정을 김구는
다음과 같이 적었다.

　전후 정세를 논하
면, 상권을 기술하던
때의 임시정부는 외국
인은 고사하고 한인도
국무위원들과 10여명
의 의정원 의원 이외에
찾아오는 사람이 없었
으니, 당시 일반의 평판
과 같이 임시정부는 이
름만 있고 실체가 없었
다. 그런데 하권을 쓸
무렵에는 의정원 의원
과 국무위원들의 얼굴

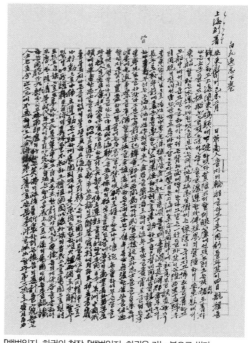

『백범일지』 하권의 첫장. 『백범일지』 하권은 가는 붓으로 썼다.

에서 수심에 찬 기색도 싹 가시고 내무, 외무, 군사, 재정 등 4부 행정
이 비약적으로 진전되었다.[13]

　집필동기도 상권을 쓸 때와 하권을 쓸 때와는 큰 차이가 있었다. 상
권은 고국에 돌아가 있는 어린 두 아들에게 남기는 유서의 성격이 강했
기 때문에 주로 개인사에 초점을 맞추어 기술했다. 특히 상권을 탈고하
고 난 뒤에 원고를 베껴서 재미동포에게 보내면서 자식들에게 전해지기
이전에는 회사창고에 넣어두고 공표하지 말아 달라고 한 편지로도 알 수
있듯이, 상권은 공개되지 않는 것을 전제로 집필했다. 그러나 하권은 처

13) 『백범일지』, p.296.

음부터 여러 사람에게 읽히기를 바라고 썼다.

그 후 이봉창(李奉昌)의 동경의거와 윤봉길(尹奉吉)의 홍구의거 등이 진행되어 천만다행으로 성공하였으므로 쓸모없는 이 몸[臭皮囊: 늙고 냄새 나는 가죽 주머니]도 최후를 고할까 하여, 본국에 있는 자식들이 성장하여 해외로 나오거든 반드시 전해 달라는 부탁으로 상권을 등사하여 미국, 하와이에 있는 몇몇 동지에게 보냈다. 그런데 하권을 쓰는 지금에는 불행히도 비천한 목숨이 잠시 보존되고 자식들도 이미 성장하였으니 상권을 등사하여 부탁한 것은 문제가 없게 되었다. 지금 하권을 쓰는 목적은 내가 50년 동안 분투한 사적을 기록하여, 숱한 과오를 거울삼아 다시는 이같은 전철을 밟지 말라는 것이다.[14]

이처럼 『백범일지』 하권은 임시정부를 중심으로 한 김구 자신의 활동과 함께 주변 인물들의 행적에 관해서도 비교적 소상히 기술한 독립운동사의 성격이 짙은 회고록이다. 따라서 『백범일지』 하권에는 독립운동사에 대한 김구 자신의 입장이 확실하게 표명되어 있다. 특히 임시정부 수립 초창기부터 격렬하게 대립했던 공산주의자들에 대한 비판이 여러 가지 에피소드를 곁들여 자세히 서술되어 있는 점이 눈여겨볼 만하다.

경무국장 시절에 국무총리 이동휘(李東輝)가 같이 공산주의운동을 하자고 권유하는 것을 크게 나무라면서 공산주의에 대한 논쟁을 벌였던 이야기도 상권에는 서술하지 않았던 것인데, 20여년이 지나서 쓰는 하권에서 자세히 기술했다. 그 뒤의 일들도 마찬가지이다. 1923년에 상해에서 열린 국민대표회의나 뒤이은 한국유일당운동, 1930년대의 좌우익진영의 협동전선운동과 조선민족혁명당 결성 등에 대해 반대입장을 취했고,

---

14) 위와 같음.

1940년대에 들어서도 중국 국민정부의 강력한 합동종용에도 불구하고 김원봉(金元鳳)이 공산주의자이기 때문에 임시정부에 받아들일 수 없다고 주장하면서 반대한 일 등을 솔직하게 적었다. 공산주의에 대한 김구의 이러한 인식과 대응은 이승만의 그것과 일치하는 것이어서 꼼꼼히 톺아볼 가치가 있다.

이를테면 김구는 만주지역의 무장독립운동이 분열하게 된 근본 원인도 공산주의자들의 책동 때문이었다고 다음과 같이 기술했다.

> 공산당들은 상해의 민족운동자들이 자기의 수단에 농락되지 않음을 깨닫고 남북 만주로 진출해서, 상해에서보다 십백배 더 맹렬하게 활동하였다. 이상룡(李尙龍)의 자손은 살부회(殺父會)까지 조직하고 있었다. 살부회에서도 체면을 생각해서인지 회원이 자신의 손으로 직접 아비를 죽이는 것이 아니라, 너는 내 아비를 죽이고 나는 네 아비를 죽이는 것이 규칙이라 하였다.
>
> 남북 만주의 독립운동단체로 정의부(正義府), 신민부(新民府), 참의부(參議府) 외에 남군정서(南軍政署), 북군정서(北軍政署) 등 각 기관에 공산당이 침입하여 각 기관을 여지없이 파괴, 훼손하고 인명을 살해하였다. 백광운(白狂雲), 정일우(鄭一雨), 김좌진(金佐鎭), 김규식(金奎植) 등 우리 운동계에 다시 없는 건강한 장군들을 다 잃어버렸고, 그로 인하여 내외지 동포의 독립사상이 날로 미약해져 갔다.[15]

여기서 언급한 김규식(1880~1931)은 조선민족혁명당의 김규식과는 동명이인으로서 청산리전투에도 참가했던 만주 무장단체의 지휘관이었다. 그리고 김구가 언급한 공산주의 테러리스트 집단인 살부회의 존재를

---

15) 『백범일지』, p.314.

확인할 만한 다른 자료는 아직도 발견되지 않는다.

　김구는 만주지역의 무장단체들과 임시정부의 관계가 제대로 발전하지 못한 것도 공산주의자들과 민족주의자들의 알력 때문이었다고 적었다.

　　동북 3성의 정의, 신민, 참의부와 임시정부의 관계는 어떠하였던 가. 임시정부가 처음 조직되었을 때에 이 3부는 임시정부를 최고기관으로 인정하고 추대하였다. 그러나 그 뒤 3부가 점차 할거하여 군정, 민정을 합작하지 않고 세력을 다투어 서로 전쟁까지 하였다. "스스로를 업신여기면 다른 사람도 나를 업신여기게 된다"고 함은 바로 이를 가리킨 격언이라 할 수 있다.…

　　종전의 정의, 참의, 신민 3부 중 참의부가 임시정부를 시종일관 추대하였다. 그런데 3부가 통일하여 정의부로 되자 서로 짓밟아 종막을 고하게 된 데에는 공산당과 민족당의 충돌이 중요한 요인으로 작용하였다. 그리하여 공산진영이나 민족진영의 말로는 같은 운명으로 귀결되었다.[16]

　그런데 만주의 무장세력들의 활동이 중단된 이후의 정세변화를 설명하면서 1930년대 후반의 항일무장부대의 활동에 대해 다음과 같이 서술한 것이 눈길을 끈다.

　　정세로 말하면 동북 3성[만주] 방면에 우리 독립군이 벌써 자취를 감추었을 터이나, 30여년(독립선언 이전 근 10년 신흥학교 시대부터 무장대가 있었다)이 지난 오늘까지 오히려 김일□(金一□)[17] 등 무장

16) 『백범일지』, p.315.
17) 판독이 어려운 金九의 親筆을 1948년의 筆寫本은 「金一靜」으로, 그 밖의 직해본도 「金一擇」 등으로 적었으나 그 뒤의 직해본이나 번역본들은 「金一聲」으로 판독하고, 그것이 金日成의 별칭이라고 했다.

부대가 의연히 산악지대를 의거하고, 압록 두만을 넘어 왜병과 전쟁을 할 수 있는 데는 중국의용군과도 연합작전을 하며 러시아의 후원도 받아서 현상을 유지하는 정세이고, 관내 임시정부 방면과의 연락은 극히 곤란하게 되었다.[18]

그러나 김구가 『백범일지』 하권을 집필할 때에는 김일성 부대는 시베리아로 이동한 뒤였고, 만주에는 한인 무장부대가 없었다.

영양실조 때문에 각기병을 앓기도 한 김구는 오사야항 1호의 어둡침침한 임시정부 청사에서 생명의 위협과 갖은 고난을 감내하면서 살아온 67년의 생애를 회고하고 처연한 감회를 느꼈다. 그는 상해시대를 "죽자꾸나 시대"였다면 중경시대는 "죽어가는 시대"였다고 묘사했다. 그는 『백범일지』 집필을 끝내고 나서 쓴 「자인언(自引言)」에서 다음과 같이 썼다.

> 어떤 사람이 나에게 "어떻게 죽기를 원하는가?" 물으면, 나의 최대 소원은 독립이 성공한 후 본국에 들어가 입성식을 하고 죽는 것이며, 작은 소망은 미주, 하와이 동포들을 만나보고 돌아오다 비행기 위에서 죽으면 시신을 아래로 던져, 산중에 떨어지면 짐승들의 뱃속에, 바다 가운데 떨어지면 물고기 뱃속에 영원히 잠드는 것이다.[19]

이러한 서술은 평생을 통하여 쇠처럼 단련된 그의 애국심뿐만 아니라 그의 진솔한 문장력을 실감하게 하는 대목이다.

김구는 『백범일지』 상권은 펜으로 썼으나, 하권은 전문을 다 가는 붓으로 썼다. 이 무렵 임시정부와 중국 국민정부가 주고받는 공식문서

---

18) 『金九自敍傳 白凡逸志』, 集文堂親筆影印本, 1994, pp.185~186.
19) 『백범일지』, p.298.

는 모두 붓글씨로 작성했으므로 김구는 세필에 그만큼 숙달해 있었던 것이다.

장개석은 김구가 2월9일자 「절략」에서 밝힌 요망사항을 하응흠(何應欽) 군사위원회 참모총장에게 심의하여 보고하라고 지시했다.[20] 그러나 김구의 면담 요청에 대해서는 아무런 반응도 없었다.

---

20) 「蔣介石이 朱家驊에게 보낸 1942년5월8일자 편지」, 『대한민국임시정부자료집(11) 한국광복군Ⅱ』, pp.20~21.

2. 중국의 임시정부 승인을 미국이 반대

1

이승만이 1942년2월27일 저녁에 한인자유대회의 개회사에서 특별히 언급한 2월23일의 루스벨트 대통령의 라디오 연설은 미국 대통령이 한국 독립문제를 처음으로 공식적으로 거론한 것이라는 점에서 눈길을 끌었다. 이날 루스벨트는 라디오 연설 도중에 지나가는 말투로 "한국과 만주의 인민들은 일본의 가혹한 독재정치를 몸소 겪고 있습니다"라고 말했다. 그리고 연설 뒷부분에서 다음과 같이 언명했다.

"「대서양헌장」에 천명된 침략자들의 무장해제와 민족자결주의와 네가지 자유는 대서양 연안지역뿐만 아니라 세계의 모든 지역에 적용됩니다."[21]

이러한 루스벨트의 말에 민감한 반응을 보인 것은 중국 국민정부였다. 루스벨트의 연설 내용이 전해지자 국민정부 행정원 정무처장 장정불(蔣廷黻)은 2월25일에 외국기자회견을 열고, 중국은 일찍이 한국의 독립을 승인하려 했는데, 이제 루스벨트 대통령의 연설을 보고 중국은 미국이 즉시 이와 같은 사실이 실현될 수 있도록 촉구하기 바란다는 담화를 발표했다.[22]

이러한 분위기 속에서 3·1절이 다가오자 임시정부는 3·1절 기념행사를 성대하게 거행하기로 했다. 참가할 수 있는 지방에 있는 지방의 동포들은 모두 참가시키고 중국의 당, 정, 군 간부들을 비롯하여 중경 주재 각국 외교사절들과 신문기자들을 초청하여 임시정부의 승인을 촉구하는 대중집회가 되게 하고자 한 것이다. 이를 위하여 임시정부는 3·1절 기

---

21) U.S. Department of State, *United States Policy Regarding Korea, 1834~1950*, p.73.
22) 胡春惠 著, 辛勝夏 譯, 『中國안의 韓國獨立運動』, p.273.

념대회를 초당파적으로 준비했다.

1월26일의 국무회의는 3·1절 기념대회를 준비하기 위한 주비위원 8명을 선임했는데, 한국독립당의 차리석(車利錫), 엄항섭(嚴恒燮) 등과 함께 조선민족혁명당의 윤기섭(尹琦燮), 최석순(崔錫淳), 김규광[金奎光, 본명 金星淑], 박건웅(朴建雄) 등과 조선민족해방동맹 인사들까지 주비위원에 포함시켰다. 그리고 1월29일에 열린 주비위원회 첫모임에서는 민족혁명당의 원로 윤기섭을 주비위원회 주석으로 선임했다.[23]

임시정부가 3·1절 기념대회 준비로 한창 분주할 때에 한달 전부터 복막염으로 고생하던 임시의정원 의장 송병조(宋秉祚)가 2월25일 오전 6시에 토교(土橋)에서 사망했다. 임시정부는 긴급 국무회의를 열고 김구, 이시영(李始榮) 등 23명을 치상위원(治喪委員)으로 선임했다. 장례식은 이튿날 오전 11시에 토교에서 거행되었다.[24] 김구는 송병조의 죽음을『백범일지』에 다음과 같이 썼다.

1942년2월25일에 토교에서 사망한 임시의정원 의장 송병조의 장례식.

23) 《大韓民國臨時政府公報 제74호》(1942년2월10일), 『대한민국임시정부자료집(1) 헌법·공보』 p.257.
24) 위의 책, p.258.

그는 임시의정원 의장으로 한국독립당 중앙집행위원과 임시정부 고문 겸 회계검사원 원장이었다. 그는 일찍이 7인의 국무위원들이 대부분 직을 버리고 남경 의열단이 주창하는 5당 통일에 동조했을 때에 차리석 위원과 단 둘이서 정부를 고수한 공로자였다. 그런 그가 임시정부의 국제적 승인 문제가 떠오르는 이때에 천추의 원한을 품고 영영 돌아올 수 없는 먼 길을 떠나 토교에 한줌 흙으로 남은 것은 오랜 세월 동안 영웅들에게 눈물로 옷깃을 적시게 할 일이다.[25]

오랜 세월 동안 영웅들에게 눈물로 옷깃을 적시게 한다는 말은 이동녕(李東寧)이 사망했을 때에 이승만이 인용했던 두보(杜甫)의 시 「촉상(蜀相)」의 마지막 구절이다. 김구는 자신이 윤봉길의 홍구공원 폭파사건으로 한동안 임시정부를 떠나 있을 때에 어렵사리 임시정부를 지킨 송병조의 공로를 강조한 것이었다.

3·1절 기념대회는 3월1일 오전 10시에 중경시내의 상청사(上青寺) 광파대하(廣播大廈)에서 거행되었다. 이날의 기념대회는 임시정부가 상해를 탈출한 뒤로 가장 성대하게 거행되었다. 대회에는 임시정부와 한국독립당의 간부 및 그 가족들과 함께 김원봉 등 조선민족혁명당과 조선민족해방동맹 인사들도 참석했다. 행사에는 일반 동포들과 내빈들을 포함하여 400여명이 모였다.

주요 내빈은 중국 군사위원회 시종실 주임 하요조(賀耀組), 중앙당 조직부 부부장 마초준(馬超俊), 정치부 대표 황소곡(黃少谷) 등 중국인사들과 영국대사관 대표, 피치(George A. Fitch) 목사 등이었고, 중국 신문기자들과 《런던 타임스(The Times)》, 《타스(TASS)통신》 등 중경에 와 있는 외국 특파원들도 참석했다.[26]

---

25) 『백범일지』, p.390.
26) 양우조·최선화 지음, 김현주 정리, 앞의 책, p.183.

김구는 치사를 통하여 세계
대전이 발발한 매우 중요한 시
기에 3·1혁명을 기념하는 것은
중대한 의의가 있다고 말하면
서, 광복군은 임시정부의 지휘
하에 현재 완전히 통일되었으
며, 미국의 수도 워싱턴에서 한
인자유대회가 2월27일에 소집
되어 미국 대통령에게 임시정
부를 먼저 승인해 줄 것을 요
구했고, 미국 대통령이 최근의
연설 중에 한국 독립문제를 언
급했으며, 장개석이 한국의 조
속한 독립을 희망한다고 연설

한국임시정부의 즉각 승인을 주장한 국민정부 입법원장 손과(孫科). 이승만은 이 사실을 미 국무부에 알리고 손과에게 감사전보를 쳤다.

한 사실 등을 보고했다. 김구의 치사에 이어 홍진(洪震)의 한국 역사보고
와 조소앙의 기념사가 있었고, 이어 마초준 등 중국 내빈과 각국 외교사
절들의 축사가 있었다.

기념대회는 재중한국인 전체 명의로 중국, 미국, 영국, 소련 각국 원수
에게 임시정부의 승인과 한국을 27번째의 태평양선언 동맹국으로 가입시
켜 줄 것을 요구하고, 워싱턴에서 열리고 있는 한인자유대회에 메시지를
보낼 것 등의 결의문을 채택했다. 기념식은 세시간이나 계속되어 오후 1
시에 끝났다.[27]

한편 국민정부는 3월에 이르러 한인병력의 활용과 그와 관련된 임시
정부의 승인문제를 본격적으로 검토했다. 국민정부 고위인사로서 임시
정부의 승인문제를 맨 먼저 공식으로 제기한 사람은 손문(孫文)의 아들

---

27) 《新韓民報》 1942년3월5일자, 「한국임시정부 승인청구」; 「韓國革命記念大會」, 秋憲樹 編, 『資料 韓國獨立運動(1)』, p.281.

인 입법원장 손과(孫科)였다. 손과는 3월22일에 중국의 국민외교협회, 동방문화협회, 국제반침략회 중국지회가 공동으로 주최한 한국문제 강연회에서 대서양헌장에 따라 한국은 당연히 독립되어야 하고 중국은 마땅히 임시정부를 승인해야 한다고 주장했다. 손과는 "우리는 한국의 독립을 주장할 뿐만 아니라 한국의 독립을 촉구하도록 원조할 것을 요구한다.… 그리고 우리가 지금 한국의 독립을 원조하려는 데 가장 중요한 것은 한국임시정부를 승인하는 것이다"라고 역설했다.[28]

중국에 있는 한국 독립운동자들은 손과의 연설을 듣고 감격했다. 대회에서는 조소앙도 연설을 했는데, 김구는 이날의 연설회 상황을 그날로 이승만에게 다음과 같이 타전했다.

입법원 원장 손과 박사는 오늘 많은 청중들 앞에서 한국의 절대적 독립과 대한민국임시정부의 즉각적인 승인을 주장하였습니다. 대한민국임시정부의 외무부장 조소앙은 국가 재건에 대해 연설하였고, 또한 일본을 패배시키는 데 연합국이 한국으로 하여금 제몫을 다하기를 기대한다면 중경, 워싱턴, 런던, 모스크바의 대한민국임시정부에 관한 승인이 이루어져야 한다고 주장하였습니다.[29]

김구의 전보를 받은 이승만은 바로 재미한족연합회 집행부 앞으로 "손과와 조소앙이 한국독립 승인을 요구하였다는 소식을 받았소. 만일 못 받았으면 본 건을 보내 드리오리다"라고 타전하고, 3월23일에 김구의 전보를 미 국무부의 혼벡(Stanley K. Hornbeck)에게 전했다.[30] 그리고 3월25일에는 손과에게 다음과 같은 감사 전보를 쳤다.

28) 胡春惠 著, 辛勝夏 譯, 앞의 책, p.273; 「韓國獨立問題」, 秋憲樹 編, 앞의 책, pp.532~536;《新韓民報》1942년3월26일자, 「한국임시정부 승인을 중국요인 孫科가 주장」.
29) 「金九가 李承晩에게 보낸 1942년3월22일자 전보」, 『대한민국임시정부자료집(20) 주미외교위원부Ⅱ』, p.137.
30) 「李承晩이 Summerfield에게 보낸 1942년2월23일자 편지」, 위와 같음.

손과 선생

재미한인과 또 재미한인의 친구들은 중국정부로서 속히 한국임시
정부를 승인하려 하는 일에 대하여 충심으로 동심협력하여 그 일을
촉진할 터이올시다. 정치상에서 멀리 보는 우리가 믿기를 한국임시정
부 승인을 중국이 먼저 인도하면 미국이 따라 갈 터이오, 이 일이 만일
늦게 되면 그만 한 손해가 있을 터이올시다.[31]

손과의 연설은 중국정부가 임시정부 승인문제를 본격적으로 검토하
는 실마리가 되었다. 국민정부는 4월6일에 국방최고위원회를 열고 한국
임시정부 승인문제를 정식으로 논의했다. 국방최고위원회는 한국임시정
부를 즉시 승인하자는 손과의 제의를 듣고 세시간 동안 토론을 벌였으
나 결론이 나지 않아 최종결정을 장개석에게 위임했다. 이때에 장개석은
송미령(宋美齡)과 동반하여 인도를 방문 중이었다.

때를 같이하여 워싱턴에 머물고 있던 중국 외교부장 송자문(宋子文)
은 3월25일에 루스벨트 대통령을 만나서 한국의 독립운동과 임시정부
승인문제에 대한 중국정부의 의견을 밝힌 각서를 수교했다. 송자문은 연
합국, 특히 태평양전쟁협의회(the Pacific War Council) 참가국들이 한국
의 독립을 촉성하고자 한다면 두가지 조치를 취해야 한다고 제의했다.
하나는 중국에 있는 한국의 두 혁명정당을 통합시키고 5만명 규모의 한
국인 비정규군(유격대)을 조직하여 화북지방에 배치하는 것이며, 다른 하
나는 태평양전쟁협의회가 적당한 시기에 한국의 독립을 성취시킬 것을
선언하고, 그와 동시에 또는 그 뒤의 적당한 시기에 대한민국임시정부를
승인하는 것이었다.

송자문은 각서에서 소련은 시베리아에 있는 극동군에 몇해 동안 2개
내지 3개의 한국인 연대를 편입시켜 놓고 있다고 지적하고, 그러나 소련

31) 《新韓民報》 1942년3월26일자, 「림시정부 주미외교위원회의 전보」 및 4월2일자, 「리승만 박
사의 보낸 전보」.

의 대일참전이 개시되기 전에 이들의 활동이 격렬해지지는 않을 것이라고 말했다. 그것은 소련이 대일전쟁에 참가하게 되면 소련극동군 안의 한국인 병력이 한반도에서 큰 활동을 하게 될 것을 경계한 것이었다.[32]

루스벨트는 4월8일에 송자문의 각서를 웰스 국무차관에게 보내면서 14일까지 검토보고를 하라고 지시했다. 루스벨트는 그 다음 주에 송자문과 회담하기로 되어 있었다. 웰스는 4월13일에 검토보고서를 제출했다. 웰스는 보고서에서 연합국, 특히 태평양전쟁협의회 회원국들이 한국인 비정규군의 조직과 무장을 지원하자는 제의에 찬성하며, 중국이 그러한 활동을 효과적으로 수행할 중심지가 될 수 있다고 기술했다. 그러나 중경에 있는 경쟁적인 두 혁명정당만을 통합시켜 한국임시정부를 승인하는 것이나 태평양전쟁협의회가 한국의 독립을 보장하는 성명을 발표하는 것은 현 시점에서는 적절하지 않다고 썼다.[33]

태평양전쟁협의회는 미국, 영국, 중국, 오스트레일리아, 뉴질랜드, 네덜란드, 캐나다의 대표들이 태평양지역에서의 대일전략에 대하여 의견을 교환하기 위하여 결성된 기구로서, 1942년4월1일부터 워싱턴에서 회의를 열기로 되어 있었다.[34] 4월15일에 열린 태평양전쟁협의회에서 의장 루스벨트는 송자문의 각서와 웰스의 보고서를 같이 낭독했다. 그러나 더 이상의 논의는 없었다.

중국정부는 장개석이 인도 방문을 마치고 귀국한 뒤에 이 문제를 다시 검토하여, 4월10일에 한국임시정부를 지체없이 승인하기로 결정하고, 미국의 의향을 타진했다. 외교부 차장 부병상(傅秉常)은 고스 대사에게 중국정부의 이러한 결정은 중국정부가 한국뿐만 아니라 타일랜드와 버마 등의 나라들에 대한 영토확장의 의사가 전혀 없다는 것과 중국이 대

---

32) Roosevelt to Welles, Apr. 7, 1942, "Memorandum by the Chines Minister for Foreign Affair(Soong)", *FRUS 1942*, vol.I., pp.867~869.
33) Welles to Roosevelt, Apr. 13, 1942, *FRUS 1942*, vol.I., pp.870~872.
34) Robert E. Sherwood, *Roosevelt and Hopkins: An Intimate History*, Harper & Brothers, 1950, pp.515~517.

서양헌장의 원칙을 준수하고 있다는 증거가 될 것이라고 설명하고, 아울러 장개석 총통은 이 문제에 대하여 미국정부가 조속히 입장을 표명해 줄 것을 원한다고 말했다.[35]

2

그러나 미국정부는 중국정부의 한국임시정부 승인 움직임에 대하여 반대했다. 루스벨트와 회담하고 난 송자문은 4월16일에 장개석에게 전보로 다음과 같이 보고했다.

> 루스벨트 대통령도 한국 독립의 승인은 인도문제의 완전한 해결을 기다려 동시에 선포하려고 하며, 이제 인도의 일이 중단되고 일본의 세력이 창궐할 때에 단독으로 한국 독립을 승인하도록 제안하는 것은 적절하지 못한 것이라고 운운함. 대통령의 뜻은 잠시 이 일을 우리 정부에 넘겨 수시로 적합하게 처리하도록 하였으며, 만일 우리가 승인 시기가 적당한 시기에 도달했다고 생각되면 다시 토론하자고 함.[36]

한편 미 국무장관 헐은 중국정부에 보낼 회답을 고스에게 훈령하기에 앞서 4월29일에 루스벨트에게 제출하면서, 중국정부가 한국임시정부를 승인하려는 동기를 다음과 같이 분석했다.

> 소련정부도 한국문제에 대해 각별한 관심을 가지고 있다. 소련이 아직 대일전쟁에 참여하지 않은 상황에서 한국임시정부의 승인문제를 가지고 소련에 접근하면 소련정부는 당혹스러워할 것이다. 중국정

---

35) Gauss to Hull, Apr. 18, 1942, *FRUS 1942*, vol. I., pp.872~873.
36) 胡春惠 著, 辛勝夏 譯, 앞의 책, p.274.

부가 중경에 있는 한국임시정부를 승인할 경우 소련은 그들과 이념적으로 결합된 다른 어떤 한국인 그룹을 지원할 가능성이 있다. 중국정부가 한국임시정부를 승인하려는 의도는 소련이 지원하는 한국인 그룹의 발전을 미연에 방지하기 위한 동기에서 나온 것일지 모른다. 한국의 독립과 한국임시정부의 승인문제는 많은 복잡하고 델리케이트한 측면이 있다.[37]

이처럼 미국정부는 중국이 자국의 영향력 아래 있는 한국임시정부를 승인함으로써 소련이 그들이 지원하는 한국인 그룹을 한반도에 투입하는 것을 미연에 방지하려 한다고 보았던 것이다.

헐은 5월1일에 중국정부에 회답할 한국임시정부 승인문제에 대한 미국정부의 입장을 고스에게 훈령했다. 회답 내용은 미국은 한국임시정부의 승인을 찬성하지 않는다는 것이었다. 미국정부는 한국의 독립을 옹호하는 것과 어떤 특정 그룹을 한국임시정부로 승인하는 것은 별개 문제라고 생각하며, (1) 한국 독립운동 그룹 사이에 통합이 결여되어 있고, (2) 한국 국외에 있는 그룹들과 국내 한국인들의 연결도 거의 없을 가능성이 있는 점 등을 고려하여 한국의 어떤 특정 그룹을 즉시 승인할 의사가 없음을 중국정부에 분명하게 알리라고 훈령한 것이다. 또한 헐은 미국은 독립이나 일본군 점령지역 인민들이 자신들이 원하는 정부를 선택하고 수립할 수 있는 완전한 자유를 박탈할지도 모를 어떤 조치도 원하지 않는다는 원칙에 입각해 있다는 점을 강조했다.

그러나 헐은 한국문제가 지리적 및 인종적 요인으로 미국보다는 중국에 더 직접적인 관심사일 것이라는 점을 인정하고, 만일 중국정부가 한국임시정부를 승인한다면 미국정부도 지금의 입장을 재검토하겠다는 뜻을 중국정부에 전하라고 했다. 헐은 또한 미국정부는 미국으로부터 정부

---

37) "Memarandum by the Secretary of State to President Roosevelt", Apr. 29, 1942, *FRUS 1942*, vol. I., p.873.

로서의 공식승인을 바라는 미국 안의 다른 자유운동에 끼칠 파급효과 때문에 한국상황에 대해 특별한 주의를 기울이지 않으면 안되는 특수 사정을 아울러 중국정부에 설명하라고 훈령했다.[38]

고스는 본국 정부의 훈령을 전달하기 위하여 5월6일에 부병상 차장을 만났는데, 이때는 이미 중국정부가 한국임시정부의 승인을 보류하기로 방침을 정해 놓고 있었다. 부병상은 고스에게 루스벨트 대통령과 송자문 외교부장 사이에 있었던 최근의 논의에 따라 그 사안은 그곳에서 재검토되고 있고, 승인은 적어도 좀더 유리한 시점까지 연기될 것 같다고 말했다.[39] 그리하여 미국정부는 물론 영국정부도 안심했다는 것이다.[40]

이처럼 국민정부가 임시정부 승인을 간단히 포기한 데에는 이유가 있었다. 임시정부의 집요한 요구에도 불구하고 승인을 미루어 온 국민정부가 승인문제를 적극적으로 검토하게 된 것은 미국정부가 주중 미국대사관을 통하여 임시정부의 존재와 국내외 동포들에 대한 영향력 등을 문의해 온 것이 계기가 되었던 것 같다. 국민정부는 미국정부의 그러한 관심이 임시정부에 대한 승인을 전제로 한 것이라고 판단했던 것이다. 그렇기 때문에 임시정부의 승인을 서둘렀고, 그러한 움직임을 미국정부가 제지하고 나오자 쉽사리 태도를 바꾸어 버린 것이다.[41]

국민정부가 소련이 한국문제에 개입하는 것을 의식하여 한국임시정부의 승인문제를 적극적으로 검토했던 것은 국민당 조직부장 주가화가 6월18일에 장개석 총통에게 보낸 건의서에 구체적으로 표명되어 있다. 주가화는 소일전쟁이 아직 발발하지 않은 이 시기에 국민정부가 한국임시정부를 승인하는 것이 옳을 것 같다면서, 그 이유로 다음 네가지를 들었다.

38) Hull to Gauss, May 1, 1942, *FRUS 1942*, vol.I., pp.873~875.
39) Gauss to Hull, May 7, 1942, *FRUS 1942*, vol.I., p.875.
40) U.S. Department of State, *United States Policy Regarding Korea, 1834~1950*, pp.70~71.
41) 이정식, 「열강의 한국임시정부에 대한 태도, 1937~1945」, 『대한민국의 기원』, pp.85~86.

첫째로 우리는 항전을 개시한 지 벌써 5년이 지났습니다. 아시아 문제에 있어서만큼은 우리가 내놓는 의견에 대하여 맹방은 분명 이를 중시하여 반대하지 못할 것입니다.

둘째로 소련은 지금 미국과 영국의 원조를 애타게 기다리고 있습니다. 비록 일본과는 중립협정을 맺은 상태이지만 자신들의 의견을 공개적으로 표시하지는 못할 것입니다.

셋째로 우리가 앞장서 대한민국임시정부를 승인하게 되면 일본과의 전쟁이 발발한 뒤에도 소련은 한국소비에트정부를 세울 수 없을 것입니다. 소일전쟁이 발발하면 결국 소련은 우리의 뒤를 좇아 대한민국임시정부를 승인하지 않을 수 없을 것입니다.

넷째로 듣는 바로는 소련은 한국인들을 모아 이미 몇개 사단의 군대를 훈련시켰다고 합니다. 장래 일본과 전쟁이 있게 되면 소련은 분명 한국소비에트정부를 건립하고 각국에 승인을 요청할 것입니다. 지금 우리가 솔선하여 우리와 역사적으로 긴밀한 관계를 맺어온 대한민국임시정부를 승인하지 않는다면, 장래 해결하기 쉽지 않은 여러 문제가 발생하게 될 것입니다.

이상 네가지 이유에 근거하여 대한민국임시정부 승인을 기정사실로 정하고, 장래 외교적으로 이 문제를 운용할 필요가 있을 것입니다.…[42)

이 건의서에는 다음과 같은 외교부의 의견이 첨부되어 있어서 4월의 루스벨트와 송자문의 회담내용을 짐작하게 한다.

대한민국임시정부 승인문제와 관련하여 지난 4월무렵 외교부 송자문 부장의 전보가 있었습니다. 즉 루스벨트 대통령은 인도문제가

---

42) 「朱家驊가 蔣介石에게 보낸 1942년6월18일자 편지」, 『대한민국임시정부자료집(25) 중국의 인식』, 2008, pp.98~100.

완전히 해결되면 이와 동시에 한국독립 승인을 선포하려 하였으나, 인도문제가 해결되지 않은 현재 상태에서 대한민국임시정부를 승인하는 것은 시기상조라는 견해를 피력하였다는 것입니다. 송 부장의 전보가 있은 뒤 위원장의 지시에 따라 이 문제를 외교부에 넘겨 연구토록 했습니다. 외교부의 두 차장과 국방최고위원회 왕량주(王亮疇) 비서장은 대한민국임시정부 승인문제는 잠시 보류하는 것이 좋겠다는 연구결과를 내놓았습니다. 다만 언제가 대한민국임시정부 승인을 위한 적당한 시기인지 면밀히 주시하고 연구하여 결정한 뒤에 다시 미국쪽과 협상을 진행할 것이라고 하였습니다. 주 부장의 건의에 대해서는 "현재 외교부에서 연구검토 중"이라고 대답하는 것이 좋을 듯합니다.[43]

그러나 미국은 중국의 이러한 태도가 소련을 자극하여 한국문제를 더욱 어렵게 만들 것으로 판단했다. 그리고 미국으로서 더욱 중요한 고려사항은 대일전 수행을 위해 소련의 도움이 절실하다는 것이었다.

그 뒤에도 임시정부의 승인문제에 대하여 미 국무부는 국민정부가 미국정부와 공동보조를 취하도록 외교적 압력을 행사했다. 미 국무부는 표면적으로는 "중국정부의 정책에 맞추어" 대한정책을 추진하는 듯했으지만, 실제로는 중국이 미국과 사전에 의견을 교환하지 않고는 임시정부 승인과 관련된 어떠한 조치도 취할 수 없게 했다.[44]

---

43) 「朱家驊가 蔣介石에게 보낸 1942년6월18일자 편지」, 위의 책, pp.98~100.
44) U.S. Department of State, *United States Policy Regarding Korea, 1834~1950*, p.82.

3. 조선의용대를 광복군 제1지대로

1

임시정부는 1942년 4월 10일 오후 3시에 가릉빈관(嘉陵賓館)에서 임시정부 수립 23주년 기념식을 성대하게 거행했다. 이날의 기념식에는 입법원장 손과, 중국국민당 조직부장 주가화, 중국국민당 중앙당부 비서장 오철성(吳鐵城), 국방최고위원회 상무위원 우우임(于右任)과 백숭희(白崇禧), 위원 풍옥상(馮玉祥) 등 많은 중국 명사들을 비롯하여 중경 주재 각국 대사관 대표, 각국 신문기자 등 300여명이 참석했다. 미 정보조정국 사절단 대표 게일(James S. Gale)도 참석했다. 김구는 기념사에서 "한국 민중은 이미 반추축국 전쟁에 참가하였으며, 한국인이 바라는 것은 중국 정부가 최단기간에 한국임시정부를 승인하는 것"이라고 강조했다. 또한 김구는 한국은 "총동원령을 내려 3천만 인구를 책동하여 침략에 대항하여 세계가 진정한, 그리고 영구적인 평화를 누릴 때까지 싸울 것"이라고 다짐했다. 중국국민당 비서장 오철성은 "중국의 항전은 다만 잃어버린 땅을 회복하기 위할 뿐 아니라 또한 침략에 반항하기 위함이므로 우리가 최후 승리를 얻는 날이 즉 한국이 해방되는 때이다"라는 요지의 연설을 했다.[45]

가릉빈관에서 외국인을 초대하여 기념식을 거행한 이튿날 임시정부는 중경에 있는 동포들이 모두 참석한 별도의 기념식을 거행했다. 이날의 기념식에는 한국독립당 인사들뿐만 아니라 김원봉, 윤기섭, 최동오(崔東旿) 등 민족혁명당 인사들과 신익희(申翼熙) 등 임시정부에 참여하지 않고 있는 인사들까지 참석하여 축사를 했다. 이들은 축사에서 임시정부에 절대로 충성하며 김구 주석의 영도 아래 모든 역량을 집중하여 다같이 독

---

45) 石源華 編著, 『韓國獨立運動與中國』, p.365; 《新韓民報》 1942년 4월 16일자, 「한국임시정부」

립자유의 대도로 매진하자고
역설했다.[46] 임시정부는 이어
4월20일에 제28차 국무회의
를 열고 조선의용대를 한국광
복군에 편입시키기로 결의했
다.[47]

중국 군사위원회 참모총장 하응흠(何應欽).

　김구의 「절략」에 대한 장개
석의 검토지시를 받은 중국 군
사위원회의 하응흠 참모총장
은 여러 차례 김원봉을 만나
광복군과 조선의용대의 통합
문제를 상의하고 나서, 김원봉
은 자신이 광복군 부사령에 취
임하고 조선의용대는 광복군
의 1개 지대로 개편하는 조건
으로 광복군과 합병할 것을 수
락했다고 보고했다. 그러나 김
구가 광복군에 무기와 급양을
지원해 줄 것을 요청한 것에 대
해서는, 광복군은 현재 총사령부만 성립되고 아직 부대편성이 이루어지지
않았으므로 당장 무기를 공급해 줄 필요는 없을 것이라면서, 장래 간부에
대한 훈련이 성숙되고 부대편성이 완료된 때에 다시 책정하겠다고 보고했
다. 그리고 급양과 경비 등은 지금도 매월 지급하고 있으므로 편제가 확정

---

46) 石源華 編著, 위의 책, p.365.
47) 《大韓民國臨時政府公報 제75호》(1942년8월20일), 『대한민국임시정부자료집(1) 헌법·공보』,
　　p.260.

된 뒤에 실제 상황에 맞추어 지급하겠다고 했다.[48] 이처럼 하응흠은 김원봉에게 호의적이었다.

김구는 중국 군사위원회가 조선의용대를 광복군의 1개 지대로 편입시키고, 김원봉을 광복군 부사령으로 임명하는 방안을 검토하고 있다는 사실을 박찬익(朴贊翊)을 통하여 알았다. 문제는 김원봉을 부사령으로 임명하는 것이었다. 부사령은 광복군 편제에 없는 직책이었다. 그뿐만 아니라 중국 군사위원회의 논의는 임시정부 입장에서 볼 때에 광복군 통수권자의 인사권 침해가 아닐 수 없었다. 김구가 5월1일에 주가화에게 보낸 편지에는 그의 곤혹스러운 심정이 그대로 드러나 있다.

최근 군사위원회 방면에서는 조선의용대를 한국광복군의 일개 지대로 편입시키고, 조선의용대 대장인 진국빈[陳國斌: 金元鳳]에게는 한국광복군 부사령이라는 새로운 자리를 마련해 줄 것이라는 정보가 있다는 부장의 말씀 전해 들었습니다. 조선의용대를 한국광복군에 편입시키는 문제에 대해서는 한국임시정부 내부에서도 전혀 반대가 없습니다. 오히려 모두들 찬성하는 입장입니다. 다만 현재의 한국광복군 편제상 부사령이라는 명의가 없을 뿐 아니라 광복군 총사령부 예하 3개 처에도 적당한 인재가 없어 비워둔 자리가 적지 않습니다. 위인설관이라는 나쁜 선례를 만든다면 앞으로 혁명사업을 진행하는 과정에도 적지 않은 악영향을 끼치게 될 것입니다. 통일단결을 도모하기 위하여 조선의용대를 한국광복군에 편입시키는 것이니 만큼 마땅히 사사로운 욕심이나 감정은 버리고 서로 양보하는 태도로 대의를 좇아야 할 것입니다. 하물며 한국광복군 총사령부 직원 가운데 한적 인원의 임용은 전적으로 한국 측에서 신중히 선발하여 한국광복군 총사령이 중국 군사위원회에 보고한 뒤 결정하기로 되어 있

---

48) 「蔣介石이 朱家驊에게 보낸 1942년5월8일자 편지」, 『대한민국임시정부자료집(11) 한국광복군 Ⅱ』, pp.20~21.

지 않습니까. 이상 각항에 대한 우리의 의견을 잘 살펴보시고 한국혁명의 전도를 위해 신중하게 판단하고 결정할 수 있도록 도와주시기 바랍니다.[49]

그러나 이러한 김구의 의견은 국민정부에서 신중하게 받아들여지지 않았다. 장개석은 하응흠의 보고를 타당하게 생각하고 5월8일에 주가화에게 하응흠의 보고대로 처리하라고 지시했고,[50] 주가화는 5월11일에 장개석의 지시사항을 김구에게 통보했다.[51]

광복군에 대한 중국정부의 지원이 절실히 요구되는 상황에서 임시정부는 중국 군사위원회의 결정사항을 거부할 수 없었다. 임시정부는 군사위원회의 결정에 따르기로 하고, 5월13일에 국무회의를 열어 한국광복군에 부사령 직제를 증설하기로 결의했다.[52]

이로써 조선의용대가 광복군으로 편입됨과 동시에 김원봉을 부사령 겸 제1지대장으로 임명할 수 있는 법적 근거가 마련되었다. 김구는 5월17일에 하응흠에게 편지를 보내어 국무회의 의결사항을 알리면서 다음과 같이 썼다.

우리 한국임시정부 국무회의는 김약산을 한국광복군 부사령 겸 제1지대장으로 파견하기로 결정하였습니다. 이에 특별히 편지로 알려 드리니 참고하시기 바랍니다. 다음으로 말씀 드릴 내용은 인사에 관한 것입니다. 한국광복군 총사령부 소속 인원 가운데 한적 인원의 임

---

49) 「金九가 朱家驊에게 보낸 1942년5월1일자 편지」, 『대한민국임시정부자료집(22) 대중국외교활동』, pp.141~142.
50) 「蔣介石이 朱家驊에게 보낸 1942년5월8일자 편지」, 『대한민국임시정부자료집(11) 한국광복군 II』, pp.20~21.
51) 「朱家驊가 金九에게 보낸 1942년5월11일자 편지」, 『대한민국임시정부자료집(22) 대중국외교활동』, p.143.
52) 《大韓民國臨時政府公報 제75호》(1942년8월20일), 『대한민국임시정부자료집(1) 헌법·공보』, p.260.

면은 마땅히 우리 측에서 결정한 뒤 한국광복군 총사령이 중국 군사위원회에 보고하면 될 것입니다. 이는 주권국가가 우방이 편조한 독립군 혹은 혁명군을 원조하는 상례이기도 합니다. 우리의 의견을 잘 살펴주시기 바랍니다.[53]

김구는 또 이튿날에는 중국 군사위원회 시종실 주임 하요조에게도 국무회의의 의결사항을 알리고, 한국광복군 총사령부의 한국인 인원의 임면권에 대한 임시정부의 입장을 거듭 밝혔다.

한국광복군은 장래 신한국의 건국군대가 될 집단입니다. 중국 경내에서 항전에 참가하는 기간에는 중국 최고통수부의 지휘와 절제를 받는 것이 당연하나, 한국광복군의 성격은 분명 현재 중국 항전에 참가하고 있는 각국의 지원병이나 의용대와는 다른 것입니다. 따라서 한국광복군 총사령부 소속 인원 가운데 한국인 인원의 임면은 마땅히 우리쪽에서 결정한 뒤에 한국광복군 총사령이 (중국) 군사위원회에 보고하여 처리하는 것이 마땅할 것입니다. 장 위원장님께 전해 주시기 바랍니다.…[54]

그러나 중국 군사위원회는 김구가 정중하게 요구한 "주권국가"에 대한 최소한의 '관행'도 허락하지 않았다. 김구는 여간 불쾌하지 않았지만 참을 수밖에 없었다. 불필요한 마찰은 피해야 했다. 김구는 5월21일에 주가화에게 광복군 부사령 임명문제로 분란이 일어나지 않게 조정해 줄 것을 부탁하는 편지를 썼다.

---

53) 「金九가 何應欽에게 보낸 1942년5월17일자 편지」, 『대한민국임시정부자료집(11) 한국광복군 Ⅱ』, p.23.
54) 「金九가 賀耀祖에게 보낸 1942년5월18일자 편지」, 위의 책, pp.23~24.

2

그러나 하응흠은 하응흠대로 김구와 한국임시정부의 태도가 못마땅했다. 중국 군사위원회는 5월25일자로 김구의 주장을 반박하는 공문을 보내 왔다. 김구의 주장은 「광복군행동준승」에 위반되는 주장이라는 것이었다.

아시다시피 본 위원회는 한국광복군에 대해 이미 「행동준승 9개항」을 규정하여 1941년11월에 이의 준수를 통령한 바 있습니다. 또한 한국광복군도 「행동준승 9개항」을 준수하겠다고 본 위원회에 약속하였습니다. 따라서 선생께서 보내신 편지에 적혀 있는 여러 내용들은 「행동준승」 제2항 "한국광복군이 본 위원회의 통할 지휘를 받은 후에는 중국이 항전을 계속하고 있는 기간 및 한국독립당과 한국임시정부가 한국 경내로 진출하기 이전에는 오직 중국 최고통수부의 유일한 군령에 따르며, 어떠한 기타 군령 혹은 기타 정치세력의 견제도 받지 않는다. 한국광복군이 중국의 군령을 받는 기간 한국독립당 혹은 한국임시정부와의 관계는 단지 고유의 명의관계만 유지한다"는 규정에 저촉되는 것입니다. 인사와 편성 및 조직은 군령의 중요한 부분으로서 규정에 따르는 것이 합당할 것입니다. 상부의 이런 의견을 받아 한국광복군과의 접촉을 담당하고 있는 군사처 명의로 답장을 보내오니 살펴보시기 바랍니다.[55]

김원봉도 중국 군사위원회의 일방적인 명령이 불만이었다. 중국 군사위원회의 광복군 편입 통고를 받은 5월15일 저녁에 김원봉은 밤새워 술

---

55) 「軍事委員會辦公廳軍事處가 金九에게 보내는 1942년5월25일자 公函」, 같은 책, p.25.

을 마시며 울었다고 한다.[56] 그리하여 김원봉은 광복군 부사령과 지대장에 취임하지 않고 미루다가 12월5일에 가서야 취임했다.

조선의용대의 광복군 편입은 중경에 남은 간부들을 중심으로 이루어졌는데, 1942년10월27일에 개최한 제34차 임시의정원회의에 군무부장 조성환(曺成煥)이 제출한 「군무부 군사보고」의 편제표에 보면, 광복군 제1지대로 편입된 조선의용대는 모두 30명이었다.[57] 그런데 이 명단에는 이미 팔로군 지역으로 넘어간 박효삼(朴孝三), 이익성(李益星), 왕자인(王子仁), 양민산(楊民山), 조열광(趙烈光) 등의 이름도 들어 있어서 실제로 중경에 남은 조선의용대 대원수는 이보다 적었을 것으로 판단된다.

임시정부가 「행동준승」을 받아들인 이후 중국 군사위원회는 한국광복군 기구를 대폭 축소하고, 부족한 인재를 보충한다는 명목으로 중국인을 광복군에 파견했다. 그것은 광복군 간부를 중국군으로 임명하여 광복군의 통할을 확고하게 하겠다는 의도에서 나온 조치였다. 중국 군사위원회는 3월13일자로 참모장 이범석(李範奭) 대신에 중국 군사위원회 고급참모인 윤정보(尹呈輔)를 임명한 것을 비롯하여 광복군 각 부서에 중국군 장교를 간부로 임명했고, 이들은 4월1일부터 광복군에서 근무했다.[58] 그리고 9월에는 중국 군사위원회의 지시에 따라 서안에 있던 광복군 총사령부를 중경으로 다시 옮겼다. 제34차 임시의정원회의에 조성환이 제출한 「총사령부 잠행편제표」에 따르면, 조선의용대가 광복군에 편입된 뒤의 광복군 총사령부 간부인원은 45명이었는데, 이 가운데 한국인은 12명이고, 나머지 33명이 중국인이었다. 3개 참모부서 가운데 참모처와 정훈처에는 거의 중국인이 배치되었고, 사상교육을 담당하는 정훈

56) 조동걸, 『독립군의 길따라 대륙을 가다』, 지식산업사, 1994, p.267.
57) 「군사행동에 관한 군무부 군사보고」(1942.10.27.), 『대한민국임시정부자료집(9) 군무부』, pp.64~66.
58) 韓詩俊, 『韓國光復軍硏究』, pp.118~119.

처는 전원이 중국인으로 임명되었다.[59] 이처럼 중국 군사위원회는 중국군 장교 파견을 통하여 광복군의 작전권, 운영권, 인사권, 정훈사업 등 모든 분야를 통제하고 간섭할 수 있었다.

이러한 상황에서 광복군이 독자적인 활동과 발전을 도모한다는 것은 사실상 불가능했다. 이를 시정하기 위하여 군무부는 (1) 광복군을 우방 군대로 인정하거든 한국인 임용은 우리 정부의 임명으로 상당하게 수용할 것을 간섭하지 말 것, (2) 정훈사무는 한국인이 주관할 것, (3) 군수물자는 국제차관으로 중국의 역량껏 공급할 것의 3개항의 요구사항을 중국 군사위원회에 제출했다.[60] 이 무렵에 이승만이 김구에게 광복군을 미국당국의 지휘 아래 두자고 제의하는 편지를 은밀히 보낸 것은 특별히 눈길을 끈다.

---

59) 「군사행동에 관한 군무부 군사보고」(1942.10.27.), 『대한민국임시정부자료집(9) 군무부』, pp.61~64.
60) 「군사행동에 관한 군무부 군사보고」(1942.10.27.), 위의 책, p.60.

4. 연안의 한인공산주의자들이 화북조선독립동맹 결성

1

중국 군사위원회의 주동으로 중경에 남아 있는 조선의용대 대원들이 한국광복군 제1지대로 편입된 뒤에도 광복군 편제 문제는 제대로 진척되지 않았다. 광복군 부사령 겸 제1지대장으로 임명된 김원봉은 독단적인 행동으로 총사령 이청천(李青天)과 알력을 빚었다. 김원봉은 제1지대장 자리를 자신의 심복인 송수창(宋壽昌)에게 넘겨주면서 이청천의 동의도 받지 않았고, 이에 맞서 이청천은 조소앙의 동생 조시원(趙時元)을 제1지대의 정치지도원으로 임명한다고 발표했다. 그러자 김원봉과 송수창은 이청천이 자기들의 의견을 물어보지도 않고 발표한 인사명령을 받아들일 수 없다고 반발했고, 송수창은 제1지대장직을 사임했다.[61] 김구는 이러한 일들이 광복군에 대한 중국 군사위원회의 일관성 없는 정책과 함께 김원봉과 가까운 중국 군사위원회 인사들이 그를 두둔함으로써 내부분열을 조장하고 있다고 비판했다.[62]

그러나 그보다도 더 절박한 문제는 자금문제였다. 위기상황일수록 자금조달 능력은 지도자의 결정적 요건이다. 김구는 6월9일에 주가화에게 편지를 보내어 국민정부로부터 미화 50만달러의 신용차관을 주선해 줄 것을 요청했다. 김구는 6월14일이 연합국 기념일임을 상기시키면서, 중국정부가 앞장서서 한국임시정부를 승인하고 함께 이날을 축하한다면 더욱 의미가 깊을 것으로 생각된다고 말하고, "신용차관이 성사된다면 이는 한국독립운동의 역량을 강화시키고 추진력을 증대시키는 호재로 작용하게 될 것입니다. 백척간두에 서 있는 심정으로 부탁드립니다"

---

61) 「총사령 李青天에 대한 불만에 관한 情報」, 『대한민국임시정부자료집(11) 한국광복군 II』, p.28.
62) 「金九가 蔣介石에게 보낸 1942년7월17일자 편지」, 위의 책, pp.33~34.

하고 호소했다. 김구는 차관의 효과를 다음과 같이 설명했다.

중국정부가 솔선하여 한국임시정부에 실제적인 원조의 손길을 보
낸다면 여타 동맹국들도 그 뒤를 따라 더욱 많은 원조를 제공할 것으
로 믿습니다. 중국정부에서 우리에게 미화 50만달러의 신용차관을 제
공해 주시기를 청합니다. 전쟁이 끝난 뒤 화폐제도를 개혁 정리하기
위해 중국정부에서는 지금 달러 저축을 장려하고 있는 것으로 압니
다. 이런 이유로 우리도 달러 차관을 청하는 것입니다. 사정을 살피시
어 일이 성사되도록 부장께서 알선해 주시기를 청합니다.[63]

주가화는 행정원 부원장 겸 재정부장 공상희(孔祥熙)에게 김구의 부
탁내용을 전하면서 협조를 부탁하고 나서, 김구에게 공상희를 공관으로
가서 만나보라고 했다.[64] 그러나 김구는 공상희와 한번도 만난 적이 없었
고, 공상희가 김구 자신에나 임시정부에 대하여 어떻게 생각하는지도 전
혀 알 수 없었다. 김구는 6월24일에 주가화에게 다시 편지를 보내어, 초
면에 중요한 문제를 꺼내면 공상희가 귀담아 듣지 않을 우려가 있어서
망설여진다면서 주가화가 직접 공상희를 만나서 상의해 주기를 부탁했
다. 그러면서 김구는 임시정부 승인문제와 광복군 편성문제가 난관에 봉
착한 상황에서 느끼는 자신의 괴로운 심정을 다음과 같이 적었다.

지난 수년간 애써왔던 한국광복군 문제는 이제 더 이상 일이 진척
되지 못하고 교착상태에 빠져 있습니다. 내외의 기대가 헛되지 않을
까 심히 걱정스럽습니다. 또한 한국임시정부 승인문제도 언제 실현될

---

63) 「金九가 朱家驊에게 보낸 1942년6월9일자 편지」, 『대한민국임시정부자료집(22) 대중국외교활
동』, p.147.
64) 「朱家驊가 金九에게 보낸 1942년5월18일자 편지」, 『대한민국임시정부자료집(10) 한국광복군 I 』,
pp.127~128; 「朱家驊가 孔祥熙에게 보낸 1942년6월27일자 편지」, 『대한민국임시정부자료집(22)
대중국외교활동』, pp.149~150.

지 현재로는 요원한 것 같습니다. 이 밖에 대내외적인 활동도 물자의 결핍 등 악조건으로 인하여 아무런 진전도 보이지 못하고 있습니다. 이렇게 앉아서 절호의 기회를 날려 보내는 것이 아닌가 자책도 해봅니다. 조국을 위해 아무 일도 할 수 없는 무능함이 부끄러워 곧 일선에서 물러나기로 결심했습니다. 그래도 물러나기 전까지는 최선을 다해야 한다는 생각에 가장 신뢰하는 선생께 우리가 나아갈 길을 인도해달라는 의미에서 이렇게 하소연합니다.[65]

김구는 이처럼 임시정부의 주석직을 사퇴할 것까지 심각하게 고민해야 했다. 이러한 김구의 편지를 받은 주가화는 직접 공상희를 방문하여 김구와의 면담을 주선했다.[66] 김구는 1942년7월16일 정오에 공상희의 공관을 방문하여 임시정부에 대한 물자지원문제를 상의했다. 이 자리에는 중국국민당 비서장 오철성도 동석했다. 그러나 두 사람은 서로 책임을 미루었다. 김구는 결국 장개석의 확실한 지시가 없는 한 중국정부의 지원을 받기란 현실적으로 불가능하므로 방법은 장개석을 면담하는 길뿐이라고 결론을 내렸다. 이튿날 그는 주가화에게 편지를 보내어, 지금 한국혁명운동은 최대의 위기에 직면해 있고 이런 상태로는 앞으로 중국과 한국 두 민족의 공존공영도 기대할 수 없는 형편이라고 말하고, 지금의 상황을 타개하는 길은 오직 중국 최고영수이신 장 위원장의 결단과 분명한 의지에 달려 있다면서 장개석과의 면담을 주선해 줄 것을 다시 한번 부탁했다.[67]

김구는 같은 날 장개석에게도 직접 편지를 썼다. 편지는 비록 표현은 완곡했지만 광복군 편성이 지연되고 있는 데 대해 강력한 항의를 담은 것

65) 「金九가 朱家驊에게 보낸 1942년6월24일자 편지」, 『대한민국임시정부자료집(22) 대중국외교
　　활동』, p.149.
66) 「朱家驊가 金九에게 보낸 1942년6월27일자 편지」, 위의 책, p.150.
67) 「金九가 朱家驊에게 보낸 1942년7월17일자 편지」, 같은 책, p.151.

이었다. 김구는 「한국광복군의 성립경과와 활동상의 장애요소」라는 장문의 문서를 작성하여 편지에 동봉했다. 1940년 봄에 자신이 광복군 창설계획을 중국정부에 제안한 이래 지금까지 겪었던 중국 군사위원회의 조령모개식이고 부당한 처사를 14개 항목에 걸쳐서 비판한 것이었다. 김구는 또한 「광복군 9개행동준승」의 가혹한 속박을 신랄하게 비판하고, "이번 세계대전 기간에 미국, 영국, 소련 세 나라가 맹방을 도와 군대를 조직하고 이들이 참전한 실례는 매우 많습니다. 그러나 세 나라 가운데 어느 나라도 자국의 도움을 받는 맹방을 속박하는 조건을 두고 있다는 말을 듣지 못했습니다"라고 썼다.[68] 그러고는 미국은 미일전쟁을 시작한 지 6개월밖에 되지 않았는데도 금년 4월에 로스앤젤레스에서 한국인 지원병을 편성훈련하며 완전무장시킨 인원이 80명에 이른다고 맹호군의 성립을 크게 강조했다.

마지막으로 김구는 광복군의 성립 자체가 중국정부의 동의와 원조에 의해 이루어진 것인 만큼 군사상의 작전과 지휘 및 이동 등 군령 부분은 중국 최고통수의 지휘와 통할 아래 두는 것은 당연하지만, 그 밖의 정훈, 인사, 경비 등의 문제는 광복군에 맡겨서 책임지게 해야 한다고 말하고, 다음과 같은 세가지 방안을 제시했다.

(1) 정훈공작은 한국인이 주관하되 중국은 상당한 인원을 파견하여 협조하고 감시한다.

(2) 한적 인원의 임용은 한국인이 선정하며 광복군 총사령을 통하여 중국 군사위원회에 보고한다.

(3) 한국광복군의 경비는 국제신용대부의 예에 따라 1년에 한번 또는 두차례 일시에 지급함으로써 공작의 신속성을 제고하도록 한다. 특수한 상황이 발생한 경우를 제외하고 중국은 경비 운용에 간섭하지 않는다.[69]

---

68) 「金九가 蔣介石에게 보낸 1942년7월17일자 편지」, 『대한민국임시정부자료집(11) 한국광복군 Ⅱ』, pp.28~35.
69) 「金九가 蔣介石에게 보낸 1942년7월17일자 편지」, 위의 책, pp.34~35.

김구의 이러한 주장은 한국독립운동자 사회의 새로운 정세변화를 의식한 것이기도 했을 것이다. 새로운 정세변화란 연안(延安)에 있던 한국인 공산주의자들이 화북조선독립동맹(華北朝鮮獨立同盟)을 결성한 사실이었다.

　　한편 공상희는 김구를 만나본 다음 주가화에게 "한국독립당의 현재 상황과 처지에 대해 깊은 동정을 표합니다. 그러나 항전 건국에 전념하고 있는 우리나라도 지금 외화가 절실히 필요한 시점입니다. 한국독립당이 달러가 필요하다면 직접 미국정부와 접촉하여 차관을 얻는 것이 좋을 것입니다"라는 편지를 보내왔고, 주가화는 7월23일에 공상희의 편지 내용을 그대로 김구에게 전했다.[70] 이렇게 하여 달러 차관 교섭은 무산되었다.

２

　　1942년7월11일부터 14일까지 태항산[太行山] 기슭에서 열린 화북조선청년연합회 제2회 대회는 화북조선청년연합회의 명칭을 화북조선독립동맹으로 바꾸고, 조선의용대 화북지대를 조선의용군 화북지대로 개편하여 독립동맹 산하에 편입시켰다.[71] 이로써 형식상으로나마 남아 있던 김원봉의 조선의용대 화북지대에 대한 지휘권은 완전히 없어졌다.

　　독립동맹은 중경에서 간 김두봉(金枓奉)을 주석으로 추대하고, 최창익(崔昌益)과 한빈(韓斌)을 부주석으로, 무정(武亭), 허정숙(許貞淑), 박효삼(朴孝三), 박일우(朴一禹), 이춘암(李春岩) 등을 집행위원으로 선임했다. 그리고 무정을 조선의용군 총사령으로, 박효삼과 박일우를 부사

---

70) 「朱家驊가 金九에게 보낸 1942년7월23일자 편지」, 『대한민국임시정부자료집(22) 대중국외교활동』, p.152.
71) 《解放日報》 1942년8월29일자, 「華北朝鮮獨立同盟成立」, 『海外의 韓國獨立運動史料(Ⅴ) 中國篇 ①』, 1992, p.253.

령으로 임명했다. 정당의 체제를 갖추었음에도 불구하고 독립동맹이 조직명칭에 "정부"나 "당"을 사용하지 않고 굳이 "동맹"을 표방한 것은 민족혁명당이나 임시정부와의 직접적인 대결을 피하기 위한 의도에서였을 것으로 짐작된다. 또한 독립동맹에 참여한 인물들 가운데는 중국공산당 당원이나 조선민족혁명당 당원들도 많이 있었기 때문에 정당을 표방함으로써 초래될 2중 당적의 문제를 피하고자 한 의도도 있었을 것이다. 그리하여 김두봉, 김세광(金世光), 박효삼 등은 조선민족혁명당을 탈당하지 않고 독립동맹에 참여할 수 있었다.[72]

　독립동맹의 성격과 정치노선은 결성 당시에 채택된 「선언」과 「강령」에 잘 드러나 있다. 독립동맹은 「강령」으로 일본 제국주의의 통치를 전복하고 독립 자유의 조선민주공화국의 수립을 목적으로 천명하고, 보통선거제 실시, 국민기본권 확보, 남녀평등, 대기업의 국유화와 토지분배, 8시간 노동제, 의무교육제 실시 등을 표방했다.[73] 독립동맹의 주동자들은 공산주의자들이었지만, 독립동맹의 강령은 이처럼 한국독립당이나 조선민족혁명당 및 임시정부의 「건국강령」 등이 표방한 내용과 크게 다를 것이 없었다. 요컨대 독립동맹의 강령은 이 무렵의 우파 민족주의자도 주장하고 있던 이념을 표방한 것이었다고 할 수 있다.[74] 주목되는 것은 독립동맹이 자신들의 존재를 독립운동 세력의 대표기관임을 자임하지 않고 조선독립을 쟁취하기 위한 하나의 "지방단체"로 규정하고 있는 점이다.[75] 이는 이 무렵 중국공산당이 지방정부를 자임하면서 국민정부와 합작하던 상황을 반영한 것이었다. 그러나 독립동맹은 임시정부를 통일전선의

72) 廉仁鎬, 「朝鮮義勇軍硏究」, 국민대학교 박사학위논문, 1994, pp.109~111.
73) 《解放日報》 1942년8월29일자, 「華北朝鮮獨立同盟成立」; 「華北朝鮮獨立同盟綱領」, 金正明 編, 『朝鮮獨立運動(Ⅴ) 共産主義運動篇』, 原書房, 1968, p.992. 鐸木昌之, 「忘れられた共産主義者たち」, 《法學研究》 4号, p.53.
74) 鐸木昌之, 위의 글, p.54; 韓洪九, 「華北朝鮮獨立同盟의 조직과 활동」, 서울대학교 석사학위논문, pp.16~17.
75) 《解放日報》 1942년8월29일자, 「華北朝鮮獨立同盟成立」; 「華北朝鮮獨立同盟綱領」, 金正明 編, 『朝鮮獨立運動(Ⅴ) 共産主義運動篇』, p.992.

대상으로는 생각했으나 정부로서의 정통성을 인정하지는 않았다.[76]

독립동맹의 성격은 참여한 그룹들의 정치적 성향에서도 잘 드러난다. 독립동맹 결성에는 중국공산당 관할 구역에서 활동하던 무정을 중심으로 한 한인공산주의자들과 최창익, 한빈, 허정숙, 박효삼, 김학무(金學武) 등 국민정부 관할지역에서 활동하다가 넘어간 공산주의자들을 주축으로 하여, 일본군을 탈출해 온 한인청년들, 화북지역의 토착 한국인, 모스크바 동방노동학교(東方勞動學校) 출신의 한인공산주의자 등 다양한 경력의 인물들이 참여했다.[77] 독립동맹이 결성됨으로써 그동안 이합집산을 거듭하던 중국 관내의 한국독립운동자들은 이제 국민정부가 지원하는 임시정부와 중국공산당이 지원하는 화북조선독립동맹이라는 두 그룹으로 재편되었다.

독립동맹의 결성과 관련하여 가장 주목을 받은 것은 한글학자로 알려진 김두봉이 동맹의 주석으로 추대된 사실이었다. 3·1운동에 참여했다가 상해로 망명한 김두봉은 잠시 임시의정원 의원으로 활동하기도 했으나, 임시정부 사료편찬위원과 인성학교 교장 등을 역임하면서 한글연구에 정력을 쏟았다. 그가 상해에서 몰두했던 작업은 우리말사전 편찬이었다. 그는 1916년에 국내에서 펴낸『조선말본』을 수정 보완하여 1922년에 상해에서 『깁더 조선말본』을 출판했다. 이 책은 글자 그대로 이전에 펴낸『조선말본』의 모자라는 부분을 깁고 더 보태고 하여 펴낸 것이었다. 『깁더 조선말본』은 상해에서는 별로 주목을 받지 못했으나《동아일보(東亞日報)》가 "이 책은 아본(我本)을 망각치 아니하려는 인사로서는 일독치 아니치 못할 귀중한 책"이라고 소개했을 만큼 국내에서는 주목을 받았다. 동아일보사는 그의 한글연구에 대한 공로를 높이 사서 1930년에 그를 표창했다.[78]

---

76) 심지연, 『잊혀진 革命家의 肖像: 金枓奉研究』, 인간사랑, 1993, p.77.
77) 韓洪九, 앞의 논문, p.18.
78) 심지연, 앞의 책, p.52.

김두봉은 1921년에 이동휘(李東輝)가 상해에서 조직한 고려공산당에 참여하여 중앙위원이 되었다는 기록이 있으나, 공산주의자로서 어떤 활동을 했는지는 알려진 것이 없다. 1929년에 임시정부의 지주정당으로 한국독립당이 결성되었을 때에는 김두봉은 비서장에 선출되었고, 1932년에 대일전선통일동맹이 결성될 때에는 한국독립당 대표로 참여했다. 통일동맹에 참여한 단체들을 기반으로 하여 조선민족혁명당이 결성되자 내무 겸 선전부장으로 선출되었다. 민족혁명당이 분열된 이후에도 김두봉은 그대로 당에 남았으나 별다른 활동을 하지 않았다. 중경에 가서도 민족혁명당 인사들과 같이 남안의 아궁보(鵝宮堡)에 살면서 행동을 같이했다. 그러던 그가 1942년 봄에 중경을 떠나서 4월에 팔로군 지역인 태항산에 도착했다.[79)]

그의 연안행은 비밀리에 추진되었기 때문에 임시정부관계자들은 그 사실을 몰랐던 것 같다. 독립동맹의 주석으로 추대된 김두봉은 독립동맹이 간부양성을 위하여 설립한 조선혁명군정학교(朝鮮革命軍政學校)의 교장직을 겸임했다. 상해 동포사회에서 보수주의자로 알려져 있던 김두봉이 독립동맹의 주석이 되었다는 사실은 중경에 있는 동포들에게 어지간히 충격적인 사건이었다.[80)]

김두봉이 연안으로 떠난 뒤에 중경의 동포들 사이에서는 두가지 풍설이 나돌았다. 하나는 연안에서 김두봉에게 밀사를 보내어 한글연구소를 차려 주겠다고 하는 유혹에 넘어가서 연안으로 갔다는 것이었다. 생각에 잠겨 길을 걷다가 전신주에 이마를 부딪히기도 했다는 일화가 있을 만큼 김두봉은 "언제나 학구에 몰두하여 세상 돌아가는 것도 제대로 모르는" 학자로만 알려져 있었기 때문에 그러한 소문이 그럴듯해 보였다.

다른 하나의 소문은 김두봉이 딸에 대한 좋지 못한 소문을 피하기 위

79) 《解放日報》 1942년5월22일자, 「朝鮮革命領袖金白淵先生抵太行山」, 『海外의 韓國獨立運動史料 (Ⅴ) 中國篇①』, p.247.
80) 정정화, 『녹두꽃』, pp.166~167.

하여 중경을 떠났다는 것이었다. 그에게는 상엽(象燁)과 해엽(海燁)이라는 두 딸이 있었는데, 큰딸 상엽은 아주 영리하고 예뻤다. 상엽이 성장하자 이런저런 소문이 나돌았고 그러한 소문이 나도는 것을 김두봉은 여간 창피하게 생각하지 않았다. 그리하여 수원(綏遠)에 있는 광복군 전진기지로 가서 일을 하겠다고 자청했다는 것이다. 그런데 수원으로 가자면 팔로군 지역을 통과해야 했다. 그리하여 연안에 도착한 김두봉을 팔로군이 극진히 대접하여 주석자리에 모셨다는 것이다.[81] 그 밖에도 임시정부 요인들의 푸대접에 반발하여 홧김에 자포자기의 심정으로 좌익이 되어 연안으로 갔다고 보는 사람도 없지 않았다.[82]

그러나 태항산에 도착한 김두봉에게 팔로군 부총사령 팽덕회(彭德懷)가 성대한 환영연을 열어 주었다는 사실과,[83] 그가 연안에 도착한 지 3개월 뒤에 창설되는 화북조선독립동맹의 주석으로 추대된 사실 등을 고려하면, 그의 연안행은 중국공산당이나 연안에 있던 한인공산주의자들과의 긴밀한 연락 속에서 이루어졌던 것으로 판단된다. 화북조선청년연합회 회장인 무정 대신에 김두봉을 독립동맹의 주석 자리에 추대한 것은 독립동맹 주동자들이 동맹의 성격을 공산주의자들의 정치조직보다는 좌우를 통합한 통일전선으로 표방하기 위한 것이었다고 한다.[84]

---

81) 정정화, 위의 책, p.167; 金弘壹, 『大陸의 憤怒』, p.352.
82) 심지연, 앞의 책, pp.68~74.
83) 《解放日報》 1942년5월22일자, 「朝鮮革命領袖金白淵先生抵太行山」, 『海外의 韓國獨立運動史料(Ⅴ) 中國篇①』, p.247.
84) 鐸木昌之, 앞의 글, p.35.

65장

단파방송으로 국내외 동포에게 봉기 선동

1. 장석윤을 OSS 최초의 한국인 요원으로

1

국무부 관리들과의 반목과는 달리 이승만은 도노반(William J. Donovan)의 정보조정국(Office of Coordinator of Information: COI)과는 계속해서 협력관계를 유지했다. 미일전쟁이 발발하기 전에 조직되었던 COI의 게일사절단(Gale Mission)은 1942년2월8일에 뉴욕을 출발하여 3월8일에 중경에 도착했다. 그리고 8월까지 다섯달 동안 중국에 머물렀다. 게일(Esson M. Gale)은 중경에 머무는 동안 김구를 비롯한 임시정부 인사들과 접촉하면서 그들에 대한 지지의사를 공개적으로 표명하곤 했고,[1] 임시정부도 게일에게 임시정부의 국내공작과 관련된 정보를 제공했다.[2]

그러나 게일사절단의 활동은 여러 가지 장애요인으로 말미암아 벽에 부딪쳤다. 장애요인이란 첫째로 중국 안에서 한국인들을 미국 첩보활동의 요원으로 활용한다는 계획이 중국 정계의 실력자로서 정보기관인 조사통계국 국장을 맡고 있는 대립(戴笠)의 강력한 반발을 산 점, 둘째로 이승만을 중국 내 대리인으로 설정하여 대립이 지원하는 임시정부 및 광복군쪽을 배제한 점, 셋째로 주중 미국대사 고스(Clarence E. Gauss)와 게일 사이의 경쟁과 대립, 넷째로 영국 비밀정보기관 SOE(Special Operations Executive)와 밀착함으로써 영국의 식민주의를 혐오하던 중국을 자극한 점, 다섯째로 미국 정보처 명함을 가지고 다닌 게일의 개인적 실수 등이었다.[3]

이 무렵 미국과 중국 사이에는, 장개석(蔣介石)이 중국의 장래와 다대

---

1) 方善柱, 「대한민국임시정부와 미국」, 『대한민국임시정부와 독립운동: 대한민국임시정부수립 80주년기념 국제학술회의 논문집』, 1999, pp.31~32.

2) Provisional Government to Gale, Jun. 19, 1942, "Dear Dr. Gale", Jul. 30, 1942, 『韓國獨立運動史 資料(25) 臨政篇X』, p.122, pp.133~137.

3) Maochun Yu, *OSS in China: Prelude to Cold War*, Yale University Press, 1996, pp.12~26.

한 관련이 있는 작전 결정에 대해 미국이 아무것도 알려 주지 않는다고 불만을 표명한 데서 보듯이, 대일작전에서 긴밀한 협력체제가 이루어지고 있지 않았다. 한편 고스 미국대사는 국민정부의 통솔능력과 경제정책을 비난하는 보고를 본국 정부에 보내고 있었다.

게일은 7월 중순에 그의 공작요원인 캉팅(T. H. Kangting)에게 "워싱턴 COI의 전면적인 재조직으로 말미암아 우리가 전에 논의했던 모든 계획은 취소되어야 한다"라고 타전했다.[4] COI는 6월22일에 합동참모부 산하의 전략첩보국(Office of Strategic Services: OSS)으로 재조직되었고,[5] 굿펠로(Preston M. Goodfellow)는 8월에 대령으로 승진하면서 OSS의 부국장이 되었다.[6] 게일은 8월에 워싱턴으로 돌아왔다.

COI는 비밀첩보 활동을 목적으로 게일사절단을 중경에 파견한 데 이어 특수공작(SO)활동을 위한 중국파견단도 준비했다. 드패스(M. B. Defass Jr.)가 제안한 「올리비아 계획(Olivia Project)」을 구체화하여 최초의 특수작전부대를 창설한 것이었다. 부대는 먼저 중국과 한반도에서 활동하다가 최종적으로는 일본에 침투하는 것이 목적이었다. 그것은 이승만을 비롯한 재미한인들의 집요한 요구와 건의의 결과였다. 굿펠로는 중국, 버마[현재의 미얀마], 인도 전구 미군사령관이자 장개석 연합군총사령관의 참모장으로 중국에 파견되어 있는 스틸웰(Joseph W. Stillwell) 장군과도 협의하여 하와이에 있는 아이플러(Carl F. Eifler) 대위를 이 부대의 지휘자로 임명하고, 1942년3월에 제1기 훈련생 21명을 선발했다.

이승만은 몬태나에 있는 유학생 장석윤(張錫潤)을 이 부대의 대원으로 추천했는데, 장석윤은 선발된 대원 가운데 유일한 외국인이었다. 장석윤은 강원도 횡성군 출신으로서, 1923년에 도미하여 밴더빌트대학교

---

4) Gale to T. H. Kangting, 『韓國獨立運動史 資料(25) 臨政篇 X』, p.131.
5) Maochun Yu, op. cit., p.264.
6) Donovan to the Adjutant General, War Department, "Recommendation for Promotion", May 5, 1945, 國史編纂委員會 編, 『大韓民國史資料集(28) 李承晚關係書翰資料集 I (1944~1948)』, 國史編纂委員會, 1996, pp.25~27.

(Vanderbilt University)를 졸업하고 같은 대학 대학원 재학 중에 제2차 세계대전이 발발하자 독립운동에 헌신하기로 결심하고 학업을 중단했다. 장기영(張基永)의 연락을 받고 몬태나주 대표로 워싱턴 한인자유대회에 참석했던 그는 3·1절 전날 밤에 이승만의 지시에 따라 장기영과 이문상(李文相)과 함께 워싱턴의 일본대사관 정문에 태극기를 내달았고, 대회에서는 기미독립선언서를 낭독했다. 대회를 마치고 몬태나로 돌아갈 때에 이승만이 그를 불렀다.

장석윤(왼쪽)과 컬럼비아대학교에 유학중이던 전 《동아일보》 주필 장덕수. 1929년의 사진이다.

"자네 아무데도 가지 말고 기다려 주게."

장석윤은 내용은 물어보지도 않고

"쓸 수 있는 기회가 있으면 아무 때고 불러 주십시오"

하고 대답하고 헤어졌다. 건장한 체구의 장석윤은 서른여덟살이었다. 장기영은 장석윤에게 이승만이 미국정부와 무엇인가 교섭을 벌이고 있다고 귀띔해 주었다. 몬태나의 농장으로 돌아가 있는 장석윤에게 이승만의 전보가 도착한 것은 열흘 뒤였다.[7]

훈련생들은 메릴랜드주의 격리된 산중 캠프에서 강도 높은 훈련을 받았다. 이 캠프는 뒷날 캠프 데이비드(Camp David)로 이름이 바뀌었다. 훈련은 정보첩보에 관한 것에서부터 폭탄, 무기, 통신의 이론과 사용법,

---

7) 張錫潤, 『먹구름이 일고 간 뜻을 깨닫고: 장석윤(張錫潤)의 격랑 한 세기의 증언』(未刊行組版本), pp.53~54.

게릴라 전법, 사보타주, 선무, 탈주와 도피 등 파괴공작에 필요한 모든 분야에 걸친 것이었다.

훈련을 마친 대원들의 임무는 중경에 가서 한국독립청년단을 조직하고 이들을 훈련시키는 일이었다. 그리고 장석윤의 사명은 미군의 전세가 호전될 때를 기다렸다가 이들을 인솔하고 한국으로 잠입하는 것이었다. 또 한가지 미국정부에는 알리지 않고 이승만과 김구 사이에 연락을 취하는 것도 그의 중요한 임무였다.[8]

4월 말에 교육을 마친 부대원들은 5월 말에 극동으로 출발하라는 명령을 받았다. 이들은 COI의 특수부대 101지대(Special Unit Detachment 101: SUDET 101)라는 이름으로 불렸으나, 정식명칭은 기동부대 5405-A(Task Force 5405-A)였다. 101지대는 미군함 편으로 대서양을 건넜고, 아프리카를 거쳐 7월8일에 인도의 뉴델리에 도착했다. 아이플러는 중경으로 가서 8월 내내 그곳에 머물면서 김구와 조소앙(趙素昻) 등을 만났다. 한국에 침투하는 루트를 개척하는 데는 8,000달러의 경비와 4개월의 시간이 소요될 것으로 예상했다.

그러나 101지대도 중국에 정착할 수 없었다. 게일사절단의 경우와 마찬가지로 중국 조사통계국장 대립이 반대했을 뿐만 아니라 COI에 대항의식을 느끼고 있던 해군 중국파견단(Naval Group China: NGC)의 마일스(Milton Miles) 해군소령의 막후작용과 스틸웰의 거부 등 때문이었다. 미해군 비밀사절단으로 1942년4월에 중국으로 파견된 NGC는 1943년3월에 대립을 총사령관, 마일스를 부사령관으로 하는 중미합작기구(Sino-American Cooperative Organization: SACO)로 개편되었다. 그리하여 101지대는 버마의 산악지대로 들어가서 일본군을 상대로 유격전, 심리전, 정보전, 파괴공작 등의 활동을 벌이게 되었고, 소속도 COI의 직할부대에서 스틸웰의 지휘통제 아래로 편입되었다. 이 부대는 1943년까지 버마

___
8) 위의 책, p.59.

김구에게 광복군을 미군의 관할 아래 두자고 제의한 사실을 굿펠로에게 알리는 이승만의 친필 편지.

와 중경을 오가며 특수 공작활동을 벌였다.[9]

아이플러 부대의 활동에 대해서는 이승만뿐만 아니라 김구를 비롯한 임시정부 인사들의 기대도 컸다. 이승만이 1942년6월 무렵에 굿펠로에게 보낸 편지는 이 무렵 이승만은 광복군의 지휘권을 미국 당국의 관할 아래 두는 것이 낫겠다고 판단하고 있었음을 보여준다.

굿펠로 대령 귀하

나는 김구씨에게 한국군을 미국 당국의 지휘 아래 두는 문제를 이청천(李靑天) 장군과 극비로 의논해 달라고 편지를 썼습니다. 그리고 만일 그들이 동의한다면 아이플러 소령을 통하여 곧바로 나에게 알려 달라고 했습니다. 그리고 아무에게도 알리지 말라고 했습니다.

이승만[10]

9) 정병준, 「해제 II 한미공동작전」, 『대한민국임시정부자료집(12) 한국광복군 III』, pp.14~15.
10) Rhee to Goodfellow, 『NAPKO PROJECT OF OSS: 海外의 韓國獨立運動史料(XXIV) 美洲篇⑥』, p.41.

이승만이 김구에게 보낸 편지는 장석윤이 지참하고 갔을 개연성이 크다. 그동안 이승만과 김구 사이에 오가는 편지나 전보는 국민정부 특무기관에서 검열하고 차단하는 경우가 많았다. 8월12일에 중경에서 스틸웰 장군이 전쟁부에 보낸 기밀전보에는 "김구 장군은 이승만 박사의 5월19일자, 6월1일자, 6월12일자 전보를 받지 못했다고 함. 아이플러가 굿펠로 중령에게 전해 달라는 요망사항임. 김구는 전심전력으로 협력할 것을 다짐함. 단 이곳의 정치상황을 고려하여 서서히 진행하려고 함"이라는 내용이 있는데, 그것은 아이플러가 미국을 떠나기 전에 이승만이 김구에게 전보를 친 날짜를 알려주었음을 시사한다.[11] 김구는 아이플러를 위해 애국적인 청년 15명을 엄선하여 훈련시키게 하겠다고 했고, 이청천은 아이플러 소령의 계획에 전적으로 협조하겠다고 약속했다.[12]

---

11) 方善柱, 「아이플러機關과 在美韓人의 復國運動」, 『解放50周年, 世界속의 韓國學 : 仁荷大學校40周年紀念 第2回 韓國學國際學術會議 論文集』, 仁荷大學校韓國學硏究所, 1995, p.166.
12) 위의 글, p.167.

2. 한미협회의 "공격적 캠페인"

1

1942년5월 들어 이승만은 주미외교위원부 대신에 한미협회를 전면에 내세워 미 국무부에 대하여 "공격적인 캠페인"을 벌였다. 이승만은 2월 중순에 국무부의 호스킨스(Harold B. Hoskins)와의 전화통화에서 앞으로 더욱 공격적인 캠페인을 벌일 것이라고 예고했었다.[13]

한미협회 회장 크롬웰(James H. R. Cromwell)은 5월5일에 헐(Cordell Hull) 국무장관에게 편지를 보내어, 한국인들이 참고 견디는 데도 한계가 있다고 말하고, 대한민국의 사실상의 정부를 승인하는 것은 세계의 모든 인민들에게 대서양헌장이 말뿐이 아니라 실행임을 입증하는 절호의 기회라고 주장했다. 그러한 조치는 2,300만 한국인이 "일본의 뒷마당에 화톳불을 지피는" 군사적 이익을 더하게 될 것이라고 크롬웰은 썼다. 한국인은 모든 준비가 되어 있는데, 미국이 대한민국임시정부를 승인하지 않음으로써 그것이 지연되고 있을 뿐이라는 것이었다. 크롬웰은 다음과 같이 역설했다.

그러나 한국 애국지사들의 봉사는 값싼 것이 아닙니다. 그들은 연합국의 앞잡이로 이용당할 수 있는 용병들이 아닙니다. 한국 젊은이들은 전쟁터로 뛰쳐나가려고 안간힘을 쓰고 있으나 이승만 박사는 놓아 주지 않고 있습니다. 국무부가 대한민국의 사실상의 정부를 승인함으로써 미합중국 대통령과 영국 수상이 "자신들의 주권과 자치를 강제로 박탈당한 민족들에게 그것이 반환되는 것을 보고 싶다"고 한 약속이 이행될 때까지 이 박사는 그들을 놓아 주지 않을 것입

---

13) 미국무부문서 895.01/72, Hoskins, "Memorandum of Conversation", Feb. 12, 1942.

니다.[14]

헐은 5월20일에 크롬웰에게 답신을 보냈다. 헐은 먼저 루스벨트 (Franklin D. Roosevelt) 대통령이 2월23일의 라디오 연설에서 한국인에 대해 언급한 사실을 상기시킨 다음, 한국의 독립운동 그룹들뿐만 아니라 추축국의 점령 아래 있는 나라의 망명그룹들이 저마다 대표성을 주장하고 있지만, 미국정부의 희망은 이 나라들이 해방되었을 때에 국민들이 자유로운 선택에 의하여 정부가 수립될 수 있도록 하는 것이라고 말했다. 헐은 모든 망명그룹들이 그들의 능력범위 안에서 전쟁의 승리를 위하여 투쟁할 때에 미국을 비롯한 연합국들은 그것에 상응하는 지원을 할 수 있다고 강조했다.[15] 그것은 크롬웰이 대일투쟁의 전제조건으로 강조한 임시정부의 승인을 거부한 것이었다.

크롬웰은 6월3일에 다시 헐에게 편지를 보냈다. 그는 먼저 대일전을 치르는 지난 6개월 동안 우리는 귀중한 한국동맹자들에게 그들이 우리에게 간절히 요망한 실질적인 지원을 하지 않았다고 지적하고, 이러한 지연정책이 미국과 일본의 어느 쪽에 이익이 되겠느냐고 물었다. 크롬웰은 "우리의 목적은 명백하고 단순합니다. 한국이 우리를 도울 수 있도록 그들을 도와주기를 원할 따름입니다"라고 썼다. 크롬웰은 미국이 대한민국임시정부를 승인하고 실질적인 원조를 해준다면 한국 안에서 "잘 조직된 혁명운동"이 쉽게 진전될 수 있을 것이고, 결과적으로 대일전에서 승리하는 데 기여할 것이라고 주장했다.[16] 그러면서 크롬웰은 자료 두가지를 첨부했다. 하나는 한국에 장기간 체류했던 미국인들의 증언집이었고, 다른 하나는 임시정부의 역사를 기록한 장문의 문서였다. 증언자 16명은 길게는 41년, 짧게는 13년 동안 한국에 거주했던 것으로 미루어 이들은

---

14) 미국무부문서 895.01/123, Cromwell to Hull, May 5, 1942.
15) 미국무부문서 895.01/123, Hull to Cromwell, May 20, 1942.
16) 미국무부문서 895.01/149, Cromwell to Hull, June 3, 1942.

거의가 선교사들이었을 것이다.[17] 이 자료들은 임시정부와 이승만의 대표성을 부각시키는 데 초점이 맞추어져 있었다. 장기간 체류했던 미국인들의 증언은 다음과 같은 종류의 내용이었다.

이승만 박사만이 한국의 일반 대중에게 알려져 있다. 나는 한국에 30년 남짓 있다가 지난여름에 귀국했다. 나는 아주 드물게 평범한 한국사람들과 가까이 지낼 수 있었고, 따라서 그들이 무슨 생각을 하는지 안다고 생각한다. 내가 아는 한 이 박사를 제외하고는 그들에게 알려졌거나 그들이 신뢰하는 사람은 없다. 이 박사의 이름은 일반사회에서 자연스럽게 회자되고 있다.[18]

헐은 크롬웰에게 다시 답장을 썼다. 그는 크롬웰이 정부가 정책결정에서 고려해야 할 다양한 요소들을 무시하고 불충분한 정보에 근거한 자기의 주장만 내세워 한미협회가 국무부와 논쟁을 벌이려는 듯한 인상을 준다고 비판했다. 그는 한국임시정부의 승인문제는 적절한 상황에서 처리되어야 하며, 특정한 그룹의 요청은 추축국들의 지배 아래 있는 국가들을 대변하는 책임을 맡고 있는 "모든 그룹에 대한 정책을 감안하여" 검토되어야 한다고 썼다. 헐은 또한 대한민국임시정부의 승인을 고려할 때에는 중국과 영국 및 다른 국가 정부의 태도를 반드시 감안해야 한다는 점을 강조했다. 그러면서 헐은 편지 끝에 국무차관보 벌(Adolf A. Berle)을 만나서 이야기하라고 했다.[19]

벌은 크롬웰과의 면담에서 실질적으로 자신들의 영토를 소유하지 않은 정부들을 승인하는 것에 관해서는 많은 문제가 있고, 승인은 중대한

---

17) 고정휴, 『이승만과 한국독립운동』, p.437.

18) 미국무부문서 895.01/149, Exhibit A. "Testimony of Former American Residents of Korea".

19) 미국무부문서 895.01/149, Hull to Cromwell, June 23, 1942.

사안이며, 또 어떤 정부가 다른 정부를 승인하는 경우에는 감당해야 할 일정한 책임이 뒤따른다는 점을 설명했다.[20]

그러나 한미협회는 임시정부를 승인하라는 압력을 늦추지 않았다. 한미협회는 8월14일에 대서양헌장 선포 1주년을 맞아 미 국무부의 대한정책을 신랄하게 비판하는 보도자료를 발표했다. 이어 한미협회는 미국정부가 임시정부를 승인하도록 공개적인 압력을 가하는 홍보활동을 벌일 목적으로 한 광고회사와 교섭했다. 그러나 이 광고회사는 국무부 관리를 만나 본 뒤에 한미협회의 제의를 받아들이지 않기로 결정했다.[21]

이승만은 8월14일에 로스앤젤레스의 재미한족연합위원회 집행위원장 김호(金乎)에게 편지를 보내어 미 국무부와의 "우호적"인 교섭이 끝난 지난 3월 중순 이후로 한미협회가 미 국무부와 접촉한 완벽한 기록을 모았고 이제 그것을 일반에 공개할 준비가 되어 있다고 말했다. 다음 단계는 전국적인 캠페인을 벌이는 일인데, 그것을 위하여 최소한 5,000달러가 소요된다면서 지원을 요청했다. 그렇게 함으로써 임시정부의 승인을 얻어 낼 수 있을 것으로 믿는다고 그는 적었다.[22] 이승만은 또 하와이의 재미한족연합위원회 의사부에도 같은 내용의 전보를 쳤다.[23] 이승만이 말한 완벽한 기록이란 크롬웰과 헐이 주고받은 편지와 첨부자료들이었다. 이승만은 그것을 모아 『한국은 왜 승인을 받지 못하는가(*Why Isn't Korea Recognized?*)』라는 팸플릿을 발간했다. 팸플릿은 「요약」에서 다음과 같이 주장했다. 첫째, 국무부는 "여러 한인그룹들"이 존재하고, 이들 가운데 어느 그룹을 승인할지 결정할 수 없다는 이유로 임시정부에 대한 승인을 거부하고 있다. 둘째, 한미협회는 그러한 그룹들의 존재를 부인해 왔고, 따라서 국무부에 임시정부에 대한 충성을 거부하는 그룹의 이름을 제

---

20) 미국무부문서 895.01/72, Berle, "Memorandum of Conversation", June 30, 1942.
21) U.S. Department of State, *United States Policy Regarding Korea, 1834~1950*, p.78.
22) 독립기념관 소장문서 A00893, 도893-1, Rhee to Kim, Aug. 14, 1942.
23) 미국무부문서 895.01/177, Rhee to United Korean Committee, Honolulu, Aug. 13, 1942.

시할 것을 요구했다. 셋째, 국무부는 이러한 질의에 대하여 답변을 하지 않고 있다. 결론적으로 한미협회는 국무부가 임시정부에 대한 불승인 이유를 밝히기를 거부하는 한 더이상의 의견교환은 시간낭비일 뿐이라고 단정했다.[24]

2

이승만은 집요했다. 다음 단계로 그가 구상한 방안은 미국의회를 통하여 국부무와 대통령에게 압력을 넣는 일이었다. 이승만은 6월13일 오전에 워싱턴에 체류하고 있는 국민정부 외교부장 송자문(宋子文)을 방문했다. 이날은 《미국의 소리(Voice of America)》 단파방송을 통하여 국내외 동포들을 상대로 한 이승만의 연설이 방송되기 시작하는 날이었다. 송자문과의 회담은 국민정부의 스위스주재 대사 겸 국제연맹 상주대표로 제네바에서 활동하던 호세택(胡世澤)의 주선으로 이루어진 것이었다. 호세택은 이승만이 1933년에 만주사변[9·18전쟁]문제를 다루는 국제연맹회의에 참석하기 위하여 제네바에 갔을 때에 호의를 가지고 협조해 주었다. 호세택은 12월에 외교부 상무차장으로 임명되기에 앞서, 워싱턴에 와서 미 국무부와 태평양전쟁협의회 등을 상대로 외교활동을 하고 있었다. 학자인 주미대사 호적(胡適)은 9월에 귀국하기로 되어 있었다.[25] 중국국민당 조직부장 주가화(朱家驊)는 김구의 요청에 따라 5월25일에 송자문과 호적 및 주미군사대표단장 웅식휘(熊式輝)에게 이승만을 소개하면서 앞으로 이승만의 미국정부에 대한 요구조건을 사전에 긴밀히 협조하고 상호 신뢰와 우의를 표하라고 타전했다.[26]

이승만은 주미외교위원부의 서기 정운수(鄭雲樹)를 대동하고 중국대

24) "Summation", *Why Isn't Korea Recognized?*, United Korea Committee, 1942.
25) 徐友春 主編, 『民國人物大辭典』, 河北人民出版社, 1991, pp.562~563, pp.566~567.
26) 石源華 編著, 『韓國獨立運動與中國』, p.371.

대미교섭을 위하여 장기간 미국에 체류하고 있던 국민정부 외교부장 송자문(宋子文).

사관을 찾아갔다. 약속시간은 오전 10시였다. 대기실로 안내된 두 사람을 호세택이 맞이했다. 안으로 들어서자 송자문이 정중하게 인사하며 자리를 권했다. 이승만은 송자문에게 중국과 한국은 언제나 친구이며 동맹국이었고, 또 한국인들은 중국인들을 맏형으로 존중하고 있다고 말했다. 그래서 우리는 중국의 모든 지도자들이 힘자라는 대로 우리를 도울 것으로 기대한다고 말했다. 그러자 송자문이 "호 대사에게 몇차례 선생을 뵙고 싶다는 말을 했습니다"

하고 말문을 열었다.

이승만은 제네바에서 호 박사를 알게 되어 기뻤으며 최근에 그와 흥미 있는 대화를 나누었다고 말하고, 송자문과의 면담이 너무 늦게 이루어진 것에 대해 유감을 표명했다.

"좀더 일찍 뵙고 싶었습니다. 우리는 부장께서 미국에 한국정부를 승인하도록 권고해 주시라고 부탁하려고 생각했습니다. 왜냐하면 미국이 한국정부를 승인하면 우리는 적과 한결 효과적으로 싸울 수 있을 것이기 때문입니다. 그러나 이미 때가 너무 늦지 않았나 염려됩니다. 이제 승인을 받은들 무슨 효력이 있겠습니까?"

"나라를 위하여 싸우는 데에 너무 늦은 때란 없는 법입니다. 한 나라의 생명은 개인의 생명과는 다릅니다. 루스벨트 대통령은 한국에 대해 매우 동정적이며 그 주장 등에 대해 깊은 관심을 가지고 있습니다.…"

이승만은 송자문의 말을 가로챘다.

"말씀 도중에 실례입니다만, 루스벨트 대통령은 부장에게 한국 상황을 조사해서 태평양전쟁협의회의 다음 회의에 보고하도록 요청했을 정도로 훌륭한 분입니다. 그러나 부장께서 우리에게 불리하게 보고하신 것을 보고 크게 놀랐습니다."

이승만은 송자문이 보고서에서 중국에 있는 한국 독립운동자들이 두 그룹으로 분열되어 있다고 기술한 것을 지적한 것이었다. 이승만의 항의에 대해 송자문은 다음과 같이 말했다.

"예, 제가 여러분의 주장을 해치지 않으려고 했다는 것을 알아 주셨으면 합니다. 제가 작성한 보고서는 중국인들과 미국인들 사이에서는 잘 알려진 사실입니다. 저는 사실을 말해야 했습니다."

이승만은 미소를 머금으면서 말했다.

"이른바 '다른 그룹'이란 몇몇 무책임한 개인들뿐입니다. 한국 국민들은 그들이 누구이며 어떤 사람들이라는 것을 밝힐 것입니다. 승인을 거부하기 위한 구실로 이러한 자들을 이용하려는 사람들은 지금까지 자신들이 얼마나 우스꽝스럽게 오도되어 왔는지 알게 될 것입니다. 더구나 조선의용대는 이청천 총사령 휘하의 한국광복군과 통합했습니다.…"

이번에는 송자문이 이승만의 말을 가로챘다.

"분열은 있었지요. 만일에 분열이 없었다면 어떻게 그들이 통합할 수 있습니까? 하지만 저는 그에 대한 기록을 보고 싶군요."

송자문은 중경에 있는 조선의용대 잔류 대원들이 중국 군사위원회의 종용에 따라 한달 전에 광복군에 편입된 사실을 모르고 있었다.

"부장께서는《차이니스 뉴스 서비스(*Chinese News Service*)》의 중경 발 특신을 못 보셨습니까?"

송자문도, 호세택도 그것을 보지 못했다. 송자문은 이승만에게 그 기사를 보게 해달라고 거듭 부탁했다. 이승만은 그렇게 하겠다고 약속하고 자신의 말을 계속했다.

"크롬웰 대사를 대표로 한 우리 미국인 친구들이 전국적인 홍보 캠페인을 시작할 계획을 세우고 있습니다. 우리는 전쟁이 끝날 때까지 손놓고 앉아서 보고만 있지는 않을 것입니다."

"크롬웰씨와 선생의 다른 친구분들이 얼마 전에 저를 만나러 왔었습니다."

이승만이 일어서려고 할 즈음에, 정운수가 송자문을 보고 당돌하게 말했다.

"한국인들의 분열을 말씀하십니다만, 중국인들 가운데는 왕정위(汪精衛: 汪兆銘)와 그 밖의 사람들이 있습니다. 그러한 비애국적인 인사들을 어떻게 중지시킬 수 있습니까?"

왕정위는 1940년3월에 남경(南京)에 일본의 괴뢰정권인 또 하나의 '국민정부(國民政府)'를 세우고 일본군에 협력하고 있었다. 1943년에는 일본과 동맹조약도 맺었다.

송자문은 매우 놀라는 눈빛으로 정운수를 바라보고는 아무 대답도 하지 않았다. 이승만은 얼마쯤 당황해하면서 일어섰다. 송자문과 정중하게 악수를 나누고 방을 나왔다. 호세택이 따라 나오면서 말했다.

"저는 선생이 송 부장을 이렇게 우호적인 방법으로 만나실 것으로 생각했습니다. 우리는 다시 만날 수 있을 것입니다. 중경에 있는 의용대의 통합에 대한 정보를 알려 주십시오. 한길수(韓吉洙)는 질레트(Guy M. Gillett) 상원의원을 통하여 의회 회의록에 실린 자기의 라디오 연설문을 우리에게 보내왔습니다. 그러고 나서 그는 우리에게 편지를 보냈는데, 거기에는 선생이 개인적인 원한도 없는데 자기를 선생 그룹에 받아들이기를 거부했다고 씌어 있었습니다. 만일에 한국 국민들이 한길수에 대한 것을 폭로하는 성명을 내면 더 좋을 것입니다. 선생 때문에 다른 말썽이 생기면, 그것은 그에 대한 선생의 개인적인 원한문제로 간주될 것입니다."

한길수는 5월27일이 조미수호통상조약 체결 60주년이 되는 날인 것을 계기로 미국인들에게 그 조약에 따른 미국의 도덕적 의무를 강조하는 방송 연설을 했다. 그는 한국임시정부가 중국에 수립되어 있다고 말하고, 한국이 27번째의 대서양조약국으로 가입해야 한다고 주장했다.[27] 이승만도 한족연합위원회로부터 300달러를 지원받아 한미수호통상조약 60주년을 선전하는 특별활동을 벌였다.[28] 이승만은 호세택에게 뉴스와 전문 보고를 보내기로 다시 약속하고 작별했다. 이승만은 송자문과의 회견내용을 영문으로 정리하여 임시정부로 보내면서 자필로 "극비(Strictly Confidential)"라고 표시했다.[29]

3

한길수는 1942년1월14일부로 미국 국방공작봉사원직을 사임한 뒤에 이승만에 대한 공격을 더욱 적극적으로 펼쳤다. 그가 미국 국방공작봉사원직을 사임한 것은 재미한족연합위원회 집행부의 결의에 따른 것이었다.

한길수의 행동에 대해서는 미일전쟁이 발발한 뒤로 동포사회에서 더욱 논란거리가 되었다. 그리하여 1941년12월28일에 소집된 국민회 북미총회 대표대회는 한길수가 한족연합위원회의 월급을 받고 다른 단체의 일을 하고 있으므로 그를 해임시킬 것을 한족연합위원회에 건의하기로 결의했고,[30] 한족연합위원회 집행부는 1월16일에 한시대(韓始大)와 송헌주(宋憲澍)를 워싱턴에 파견하여 이승만과 한길수의 사무진행과 권한획정 및 외교방략의 구체적인 계획 등을 상의하게 했다.[31]

---

27) 독립기념관 소장문서 도1235, "Congressional Record", May 25, 1942.
28) 《新韓民報》 1942년5월14일자, 「재미한족연합회 제1차전체위원회 결의안」.
29) Syngman Rhee, "Memorandum of The Conversation with Dr. T.V.Soong", June 13, 1942, 『韓國獨立運動史資料集(三) 趙素昻篇』, pp.668~690.
30) 《新韓民報》 1942년1월1일자, 「대한인국민회 제6차 대표대회 의안」.
31) 《新韓民報》 1942년1월1일자, 「재미한족연합회 집행부 중요결의」 및 1942년1월8일자, 「雜報: 연합회대표 한시대 송헌주 양씨, 중요한 사명을 띠고 미경으로 전왕」.

워싱턴을 방문하고 돌아온 두 사람은 1월29일에 열린 한족연합위원회 집행부 특별회의에서 한길수와 관련된 소문들의 진상을 보고했다. 조사한 사항은 다섯가지였는데, 그것은 두 사람이 한길수를 만나서 확인한 것이었다. 한길수는 하와이 동지회와 국민회가 폐쇄되었다는 이야기를 듣고 로스앤젤레스에 있는 조선의용대 미국후원회에 전보로 알린 것과, 로스앤젤레스에 있는 국민회와 한족연합위원회 집행부를 미국 관헌이 조사한다는 말을 듣고 이를 전보로 의용대후원회에 알린 사실은 시인했다. 그리고 이승만이 미국 관헌에게 체포되었다가 보증금을 걸고 석방되었다는 소문을 퍼뜨렸다는 의혹에 대해서는 부인했다. 그러면서 다만 어떤 곳에 편지할 때에 이승만이 1931년 무렵에 하와이 해군부와 어떤 계약을 한 일이 있었는데, 그 계약위반으로 벌금을 물게 되었던 사실을 말한 것뿐이었다고 말했다. 또한 한길수는 시애틀에 있는 한국인 두 사람이 체포되었다는 말을 듣고 전보로 알렸다는 것은 시인했다. 그리고 한국인 다수가 친일파라고 말했다는 소문에 대해서는 그런 적이 없다고 부인했다. 이러한 보고와 함께 두 사람은 한길수가 뉴욕에 있는 동포들에게 자기는 한족연합위원회로부터 한달밖에 월급을 받지 못했다고 하여 뉴욕동포들이 140달러를 거두어 주었는데, 나중에 그렇지 않다는 것을 알고 뉴욕동포들 사이에서 말썽이 되고 있다고도 보고했다.[32]

한길수는 한시대와 송헌주에게 하와이에 간다는 핑계로 사임청원서를 제출했는데, 두 사람의 보고를 받은 이날의 연합위원회 집행부 회의는 그의 사임청원을 수리하기로 결의하고, 그에게 보내는 매달 150달러의 활동비 지급도 중단했다.[33] 한길수는 1월14일에 연합위원회 집행위원장 김호에게 사임을 통보하는 편지를 보냈다. 이 편지에서 그는 "만일 내가 잘못 썼다면 나를 떠밀어 지옥에 보내주십시오. 나는 강제로 왜놈이라고

---

32) 《新韓民報》 1942년2월5일자, 「재미한족연합회 집행부 중요회록」.
33) 위와 같음.

공식적으로 분류되기보다는 지옥에 있는 것이 더 행복할 것입니다"라고 썼다.[34] 그것은 그가 일본의 이중첩자였다고 알려진 데 대한 항의였다.

한길수가 사임하자 그를 지원하던 중한민중동맹단과 조선의용대후원회도 한족연합위원회를 탈퇴하여 연합위원회는 결성 이후 처음으로 분열되기 시작했다.[35]

한길수는 4월20일에 헐 국무장관에게 미국과 중국에 있는 한국지도자들의 합동방안을 제의하는 장문의 편지를 보냈는데, 이 편지에서 그는 이승만의 반공주의에 대해 사실을 왜곡하면서 맹렬히 비난했다. 한길수는 이승만과 그의 추종자들은 1920년대 후반까지 실패를 거듭한 뒤에 새로 젊은 무력투쟁자들이 등장하자 이들을 공산주의자와 반역자로 낙인찍었다고 말했다. 조선의용대 대장 김원봉을 이승만이 공산주의자라고 하여 임시정부에서 배제하고 있다는 것이었다. 또 안창호(安昌浩)도 공산주의자로 몰렸고, 박용만(朴容萬)은 이승만의 추종자에게 살해되었다고 적었다. 그래놓고도 이승만 자신은 소련의 자금지원과 승인을 받기 위해 1934년에 모스크바에 갔다고 했다. 그러면서 한길수는 1941년 이후로 미국이 히틀러와 싸우도록 소련을 돕는 것을 두고 루스벨트와 미 국무부 관리들을 공산주의자라고 할 수 있겠느냐고 물었다. 그는 또 이승만이 김규식(金奎植)을 모스크바를 방문했고 김원봉과 협력한다고 하여 공산주의자로 몰아 임시정부에서 몰아내었다고 주장하기도 했다.

한길수는 또 자신들은 한국과 일본과 만주에서 활동하는 공작원 1,500명을 두고 있다고 호언했다. 그리고는 하와이와 미국 본토에 있는 한국인 단체들이 공동전선을 형성할 수 있도록 5명으로 구성되는 위원회를 설치할 것을 제의했다. 이승만과 이승만쪽의 한 사람, 자기와 자기쪽의 한 사람, 그리고 미국 관리 한 사람이 위원장으로 참가하게 하자는

---

34) "Killsoo Haan to Visit L. A.", *The New Korea*, Feb. 26, 1942.
35) 홍선표, 『재미한인의 꿈과 도전』, p.315.

것이었다. 그리고 중경의 임시정부도 이러한 방법으로 새로 조직해야 된다고 그는 주장했다. 임시정부의 국무위원은 12명으로 제한하되, 중경에 있는 독립운동자들 가운데 이승만과 김구가 지명하는 6명과 김원봉과 김규식이 지명하는 6명으로 구성하고, 중국관리 2명을 고문으로 참여시키자고 했다. 그러고는 만일 현재의 이승만과 김구 그룹이 유임한다면 나머지 여섯 자리는 김원봉과 김규식의 리더십 아래 있는 군인들에게 주어져야 한다고 주장했다.[36]

이러한 제안을 물론 이승만이나 김구가 받아들일 턱이 없었다. 한길수도 그러한 사정을 충분히 알고 있었다. 그것은 실추된 자신의 위신을 만회하려는 선전에 지나지 않았다. 한길수 개인에 대해서 그다지 신뢰하지 않고 있던 미 국무부 관리들은 그의 이 제안에 대해 실현 가능성을 의심하면서도 일단 검토해 볼 만한 것으로 받아들였다.

국무부의 호스킨스 보좌관은 한길수의 편지를 보고 나서 COI의 굿펠로 대령을 만나 COI의 한길수에 대한 평가를 물어보았다. COI는 얼마 전에 한길수를 태평양연안 군사지역의 일본인 상황을 조사하도록 보낸 일이 있었는데, 굿펠로는 한길수의 보고는 거의 가치없는 것이었다고 말했다. 한길수는 인터뷰와 연설에 더 신경을 썼는데, 그것도 허황한 내용들이었다는 것이었다. 그는 한 연설에서 4월 중순쯤에 일본이 서부해안을 공격할 것이라고 말했다. 그러나 실제의 상황전개는 정반대였다. 4월19일에 미 공군기에 의한 최초의 도쿄폭격이 있었기 때문이다.[37]

헐 장관은 극동국 고문 혼벡(Stanley K. Hornbeck)의 의견에 따라 5월6일에 고스 대사에게 한길수의 편지내용을 알리면서, 국무부는 이승만에게 한두명의 국무부 관리와 함께 한길수를 비공식적으로 만날 용의가 있는지 타진할 것을 고려중이라고 말하고, 그의 제안에 대한 중국정부의

---

36) 미국무부문서 895.01/102, Haan to Hull, Apr. 20, 1942.
37) 미국무부문서 895.01/102, Harold B. Hoskins, "Memorandum" Apr. 23, 1942.

반응을 알아보도록 훈령했다.[38] 고스의 보고는 부정적이었다. 중국 외교부 차장 부병상(傅秉常)은 고스에게 중국정부도 두 그룹을 통합시키려고 노력했으나 양쪽의 사소한 비타협적 태도로 말미암아 실패했던 일을 설명하면서, 미국정부의 통합노력도 문제를 해결하기보다는 오히려 더 혼란스럽게 만들지 모른다고 말했다는 것이었다.[39] 이때 이후로도 미국정부는, 재미 한국독립운동자들의 통합의 필요성을 계속 강조하기는 했지만, 더 이상 그것을 직접 시도하지는 않았다.[40]

한길수는 이승만에 대한 비방을 멈추지 않았다. 5월6일자로 된 「여러분 앞에 드림」이라는 한글 전단에는 이승만이 워싱턴에서 열었던 한인자유대회에서 장개석이 조선의용대를 신용할 수 없다는 이유로 해산시켰다고 연설했다는 등의 내용이 담겨 있었다.[41] 그것은 물론 사실이 아니었다. 이승만은 이러한 한길수의 착살스러운 행태에 대해 몹시 괘씸해하고 있었기 때문에, 한국 독립운동자들의 분열을 거론하는 송자문의 말에 신경질적인 반응을 보였던 것이다.

---

38) 미국무부문서 895.01/102, Hull to Gauss, May 6, 1942.
39) 미국무부문서 895.01/114, Gauss to Hull, May 13, 1942.
40) U. S. Department of State, *United States Policy Regarding Korea, 1834~1950*, pp.72~73.
41) 독립기념관 소장문서 도1224, 「여러분 앞에 드림」, 1942년5월9일.

3. "나는 이승만입니다!"

1

이승만은 COI의 요청에 따라 1942년6월13일부터 7월에 걸쳐 개국한 지 얼마되지 않은 《미국의 소리》단파방송을 통하여 여러 차례 국내외 동포들에게 우리말과 영어로 육성방송을 했다. 내용은 진주만 공격이 있은 직후에 발표한 주미외교위원장 명의의「공포서」의 내용과 비슷한 것이었다.

《미국의 소리》 방송은 샌프란시스코에 위치한 COI의 대외홍보처의 후신인 전시정보국(Office of War Information: OWI)이 담당했는데, 5월에 한국에서 미국간첩 혐의로 체포되어 20여일 동안 감금되었다가 추방되어 귀국한 선교사 쿤스(Edwin W. Koons, 君芮彬)가 한국어 방송을 감독했다. 한국어 방송 아나운서는 한국인 유학생들 가운데서 선발했는데, 뒤에 메릴랜드주립대학교(University of Maryland) 도서관에 근무하던 유경상(劉慶商, Kingsley K. Lyu)과 황성수(黃聖秀, S. S. Whang) 목사 등이 담당했다.[42] 1903년에 북장로교회 선교사로 내한했던 쿤스는 1913년부터 서울의 경신학교(敬信學校) 교장으로 근무하다가 조선총독부의 신사참배 강요에 반대하여 교장직을 사퇴한 반일적인 선교사였다.[43] 쿤스는 귀국하자마자 한국사정에 관한 장문의 보고서를 작성했고, OWI의 해외부 태평양국 한국과의 고문이 되었다.[44]

6월13일에 《미국의 소리》 전파를 타고 국내에 전해진 이승만의 목소리는 예순일곱살의 나이에 어울리지 않게 힘차고 또랑또랑했다. 그리고

---

42) 俞炳殷 著, 『短波放送連絡運動: 日帝下京城放送局』, KBS文化事業團, 1991, p.61.
43) 김승태·박혜진 편, 『내한선교사 총람 1884~1984』, 한국기독교역사연구소, 1996, p.334.
44) Edwin W. Koons, "Some Items to be Kept in Mind in Preparing Korean Propaganda", 『韓國獨立運動史 資料(25) 臨政篇 X』, pp.209~219.

선동적이었다. 내용은 여러 가지를 면밀하게 배려하여 준비한 것이었다. 이승만은 먼저 자신이 전하는 말이 2천3백만 민족의 "생명의 소식"이라고 강조했다.

나는 이승만입니다. 미국 워싱턴에서 해내 해외에 산재한 우리 2천 3백만 동포에게 말합니다. 어데서든지 내 말 듣난 이는 잘 들으시오. 들으면 아시려니와 내가 말허랴는 것은 제일 긴요하고 제일 기쁜 소식입니다. 자세히 들어서 다른 동포에게 일일이 전하시오. 또 다른 동포를 시켜서 모든 동포에게 다 알게 하시오.

나 이승만이 지금 말하는 것은 우리 2천3백만의 생명의 소식이요 자유의 소식입니다. 저 포학무도한 왜적의 철망 철사 중에서 호흡을 자유로 못하는 우리 민족에게 이 자유의 소식을 일일이 전하시오. 감옥 철창에서 백방 악형과 학대를 받는 우리 충애남녀에게 이 소식을 전하시오. 독립의 소식이니 곧 생명의 소식입니다.

이승만이 자신의 방송을 "생명의 소식"이라고 한 것은 무엇보다도 일본의 패망을 확언한 메시지였기 때문이었다. 그는 머지않아 일본에 '벼락불'이 쏟아질 것이라고 다음과 같이 말했다.

왜적이 저의 멸망을 재촉하느라고 미국의 준비 없는 것을 이용해서 하와이와 필리핀을 일시에 침략하야 여러 천명의 인명을 살해한 것을 미국정부와 백성이 잊지 아니하고 보복할 결심입니다. 아직은 미국이 몇가지 관계로 하야 대병을 동하지 아니하였으매 왜적이 양양자득[揚揚自得: 뜻을 이루어 뽐내며 거들먹거림]하야 왼 세상이 다 저의 것으로 알지만은 얼마 아니해서 벼락불이 쏟아질 것이니, 일황 히로히토(裕仁)의 멸망이 멀지 아니한 것을 세상이 다 아는 것입니다.

이승만은 이어 임시정부와 광복군의 활동상황을 다음과 같이 설명했다.

　우리 임시정부는 중국 중경에 있어 애국열사 김구, 이시영(李始榮), 조완구(趙琬九), 조소앙(趙素昻) 제씨가 합심 행정하여 가는 중이며, 우리 광복군은 이청천, 김약산(金若山: 金元鳳), 유동열(柳東說), 조성환(曺成煥) 여러 장군의 지휘하에서 총사령부를 세우고 각방으로 왜적을 항거하는 중이니, 중국 총사령장 장개석 장군과 그 부인의 원조로 군비 군물을 지배하며 정식으로 승인하야 완전한 독립국 군대의 자격을 가지게 되었으며, 미주와 하와이와 멕시코와 쿠바의 각지의 우리 동포가 재정을 연속 부송하는 중이며, 따라서 군비 군물의 거대한 후원을 연속히 보내게 되리니, 우리 광복군의 수효가 날로 늘 것이며, 우리 군대의 용기가 날로 자랄 것입니다.

　고진감래(苦盡甘來)가 쉬지 아니하나니, 37년간을 남의 나라 영지에서 숨어서 근거를 삼고 얼고 주리며 원수를 대적하던 우리 독립군이 지금은 중국과 영미국의 당당한 연맹군으로 왜적을 타격할 기회를 가졌으니, 우리 군인의 의기와 용맹을 세계에 드러내며 우리 민족의 정신을 천추에 발포할 것이 이 기회에 있다 합니다.

국무위원들의 이름을 들면서 김구에 대해서도 "주석"이라고 별도로 호칭하지 않고 "애국열사"라고 뭉뚱그려서 같이 거명한 것이 눈길을 끈다. 그리고 광복군을 지휘하는 장군들로 이범석의 이름을 생략하면서도 김원봉을 거명한 것은 김원봉 휘하의 조선의용대가 5월 말에 광복군 제1지대로 편입된 상황과 한길수 등 김원봉과 연계되어 있는 미주동포들을 의식한 데서 나온 것이었음을 말할 나위없다.

이승만은 이어 국내와 아시아 각지의 동포들에게 일본군의 군기창과 철도를 파괴하라고 힘주어 외쳤다.

우리 내지와 일본과 만주와 중국과 시베리아 각처에 있는 동포들은 각각 행할 직책이 있으니,

왜적의 군기창은 낱낱이 타파하시오!

왜적의 철로는 일일이 파상하시오!

적병의 지날 길은 처처에 끊어 바리시오!

언제든지, 어디서든지 할 수 있난 경우에는 왜적을 없이 해야만 될 것입니다.

이순신(李舜臣), 임경업(林慶業), 김덕령(金德齡) 등 우리 역사의 열렬한 명장 의사들의 공훈으로 강포무도한 왜적을 타파하야 적의 섬 속에 몰아넣은 것이 역사에 한두번이 아니었나니, 우리 민족의 용기를 발휘하는 날은 지금도 또다시 이와 같이 할 수 있을 것입니다. 내지에서는 아직 비밀히 준비하야 숨겨 두었다가 내외의 준비가 다 되는 날에는 우리가 여기서 공포할 터이니, 그제는 일시에 일어나서 우리 금수 강산에 발붙이고 있는 왜적은 일제히 함몰하고야 말 것입니다.

우리 역사상의 "열렬한 명장 의사"의 대표적 인물로 임진왜란 때의 명장 이순신과 함께 많은 설화를 남긴 임진왜란 때의 김덕령과 병자호란 때의 임경업을 들고 있는 것이 흥미롭다.

이승만은 끝으로 자신의 활동 결과로 미국정부가 임시정부를 승인할 날이 가까워 왔다고 다음과 같이 강조했다.

내가 워싱턴에서 몇몇 동포와 미국 친구 친우들의 도움을 받아 미국정부와 교섭하는 중이매, 우리 임시정부의 승인을 얻을 날이 가까워 옵니다. 승인을 얻난 대로 군비 군물의 후원을 얻을 것입니다. 그러므로 이 희망을 가지고 이 소식을 전하니, 이것이 즉 자유의 소식입니다.

미국 대통령 루스벨트씨의 선언과 같이 우리의 목적은 왜적을 파한 후에야 말 것입니다.

우리는 백배나 용기를 내야 우리 민족성을 세계에 한번 표시하기로 결심합시다.

우리 독립의 서광이 비치나니, 일심합력으로 왜적을 파하고 우리 자유를 우리 손으로 회복합시다.

나의 사랑하는 동포여, 이 말을 잊지 말고 전파하며 준행하시오.

일후에 또다시 말할 기회가 있으려니와, 우리의 자유를 회복할 것이 이때 우리 손에 달렸으니, 분투하라! 싸워라!

우리가 피를 흘려야 자손만대의 자유기초를 회복할 것이다.

싸워라, 나의 사랑하는 2천3백만 동포여![45]

이승만은 얼마 지나지 않아서 한 다른 방송에서는 다음과 같이 김구를 특별히 추어올리고 있어서 눈길을 끈다.

여러분은 여러분 자신들을 위하여 일하는 여러분의 정부를 가졌습니다. 여러분의 정부에는 강력한 인사들이 있습니다. 비열한 왜적과의 투쟁을 쉬지 않았던 영웅적이고 애국적인 김구씨가 지금 중국 중경에 있는 그 정부를 이끌고 있습니다. 그리고 그 밖에 이시영, 조소앙, 조완구, 차리석(車利錫) 등 저명한 애국열사들이 김구씨를 돕고 있습니다.…[46]

2

이승만의 단파방송은 국내에 큰 파장을 불러일으켰다. 제국주의 일본은 1940년2월에 이른바 창씨개명을 강제하고, 1942년4월27일부터는

---

45) 李承晚 육성 녹음테이프.
46) 『韓國獨立運動史 資料(24) 臨政篇Ⅸ』, 1993, p.42.

방송전파관제를 실시하여 일반인
은 물론 외국인 소유의 단파수신
기도 모두 압수했다.[47] 그리고 8월
10일에는 《조선일보(朝鮮日報)》
와 《동아일보(東亞日報)》를 폐간
했다.

　미국 선교사들이 가지고 있던
단파수신기도 압수되었다. 선교
사들은 한국에 올 때에 본국 소식
과 세계정세를 알기 위해 단파수
신기를 생활필수품의 하나로 가

이승만의 단파방송 내용을 국내의 지도급 인사들에게 전
파한 《동아일보》 기자 홍익범.

지고 왔다. 선교사들의 집은 대개 비교적 높은 지대에 자리 잡았고, 옥상
에는 단파수신용 안테나가 가설되어 있었다. 선교사들은 단파방송에서
들은 뉴스를 지도적인 한국기독교인들에게 이야기해 주었다.

　《동아일보》 정치부 기자 홍익범(洪翼範)도 그러한 사람 가운데 한 사
람이었다. 홍익범은 1897년에 함경남도 정평에서 태어나, 서울의 경신학교
를 거쳐 1925년에 일본 와세다(早稻田)대학을 졸업하고, 1926년에 도미하
여 1930년에 오하이오 주의 데니슨대학교(Denison University)를 졸업한
뒤에 컬럼비아대학교(Columbia University) 대학원에 진학하여 외교학 전
공으로 석사학위(MA)를 받고, 1932년 11월에 귀국했다.[48] 홍익범은 미국
에 유학하는 동안 이승만의 대한인동지회 활동에도 참가했다. 국가보훈
처의 『독립유공자공훈록』에는 1924년에 시카고 동지회 회장으로 일했다
고 했으나,[49] 그가 도미한 것이 1926년이었으므로 이는 오류이다.

　홍익범은 귀국하자 1933년 10월에 동아일보사에 입사하여 《동아일

---

47) 韓國放送史編纂委員會, 『韓國放送史』, 한국방송공사, 1977, pp.55~56.
48) 《東亞日報》 1932년 11월 26일자, 「在美苦學生前途는 暗澹…錦衣還鄕한 洪翼範氏談」.
49) 國家報勳處 編, 『國家有功者功勳錄(9)』, 國家報勳處, 1991, pp.528~529.

보》가 폐간될 때까지 정치부 기자로 활동했다. 홍익범은 입사 직후부터 국제관계 해설기사를 여러 편 기명기사로 썼다. 그는 《동아일보》가 폐간된 뒤에도 경신학교의 쿤스 선교사 등과 교류하면서 선교사들이 가지고 있는 단파수신기를 통하여 중일전쟁과 태평양전쟁에 대한 정보를 수집하고 이를 지도층 인사들에게 은밀히 전달했는데, 단파수신기가 압수되자 홍익범은 전황 정보를 수집하는 일이 어려워졌다. 외국 선교사들이 추방되면서 그들이 사용하던 단파수신기는 모두 몰수되어 경성방송국을 비롯한 지방방송국과 방송소에 비치되었다.

홍익범은 아동문학가로서 경성방송국의 방송원고를 쓰고 있던 송남헌(宋南憲)과 접촉했고, 그를 통하여 방송편성원 양제현(楊濟賢)을 알게 되었다. 양제현은 중경 임시정부에서 활동하는 양우조(楊宇朝)의 사촌동생이었다. 양제현은 경성방송국의 단파수신기로 청취한 중경방송국의 한국어 방송과 샌프란시스코의 《미국의 소리》 방송내용을 송남헌을 통해 홍익범에게 알려 주었다. 홍익범이 이승만의 방송내용을 얼마나 정확하게 전해 들었는지는 분명하지 않으나, 그는 이렇게 입수한 정보에다 자기의 재미 시절의 이승만과의 경험과 시국전망 등을 곁들여서 전 동아일보사 사장 송진우(宋鎭禹)와 백관수(白寬洙), 전 편집국장 함상훈(咸尙勳), 전 영업국장 국태일(菊泰一), 항일 변호사 허헌(許憲), 김병로(金炳魯), 이인(李仁), 그리고 윤보선(尹潽善) 등에게 정보를 제공했다.50)

조선총독부 경찰과 검찰조사기록에 따르면, 홍익범이 이승만 등 해외 독립운동자들의 근황과 전황의 추이에 대한 이야기를 전하는 상황은 홍익범과 허헌의 대화내용에 잘 드러나 있다. 홍익범은 1942년8월에 허헌을 삼청동 집으로 찾아갔다. 허헌은 동아일보사의 감사, 취체역[이사] 등을 역임했다. 홍익범은 허헌에게 "미국에 있는 이승만 일파가 미국의 원조 아래 조선임시정부를 조직하고, 연합국의 승인을 얻어 조선독립운동을 하

50) 俞炳殷, 「日帝末 「短波盗聽事件」의 全貌」, 《新東亞》 1988년 3월호, pp.588~589.

고 있는데, 이번 독립운동은 반드시 성공할 것이므로 우리도 호기를 잃지 말고 궐기할 준비를 해야 한다"고 말했다. 허헌 역시 "서전에서는 미국이 불리하나 미국은 물질이 풍부하고 실력이 있기 때문에 승리는 미영 연합국쪽에 있다. 이번 전쟁이 끝나면 연합국의 힘에 의해 조선은 독립에 이르게 될 것이다"라고 맞장구를 쳤다. 허헌은 9월쯤에 소련에서 중경을 거쳐 국내에 침투한 정헌국(鄭憲國: 鄭三得)을 통하여, 현재 러시아에 한국인 의용군 4만명이 있고 소련과 일본 사이에 전쟁이 발발하면 이들이 조선으로 진격할 것이라는 말을 들었고, 그것을 홍익범에게 전했다. 홍익범은 12월20일쯤에도 허헌에게 이승만의 조선임시정부가 미국의 경제적 원조를 받는 한편, 군사동맹을 체결하고 적극적으로 활동 중이라고 전했다.

홍익범이 1943년1월에 의사 경기현(景祺鉉)과 나눈 대화는 더욱 놀라운 내용이었다. 홍익범은 다음과 같이 말했다.

"미국에 있는 이승만 일파는 미국정부의 원조를 얻어 그곳에 조선임시정부를 수립하고, 미국과 군사동맹을 체결하여 조선독립운동을 하고 있다. 그러므로 이번 대전이 반추축국의 승리로 종식되면 조선은 반드시 독립국이 된다. 이번 독립은 제3국의 힘에 의해 실현되는 것이고, 조선 전체의 실력에 의한 것이 아니므로 국내에서는 이를 위해 비밀결사를 조직하여 위험을 무릅쓸 필요는 없다."

경기현이 국내에서도 미리 독립에 대비한 비밀결사를 조직하여 이승만이 임시정부를 이전할 때에 이와 합류하는 것이 필요하지 않느냐고 하자 홍익범은 그럴 필요 없다면서 다음과 같이 말했다.

"나는 미국 유학 당시부터 이승만과 알고 있는데, 이승만 일파가 국내에 들어와서 조선독립을 단행할 때에 국내거주 한인 가운데 정치적 인물을 소개하여 정부조직에 참가케 하려고 내가 이미 우량한 정치가를 물색 중이므로 하등 염려할 필요가 없다."[51]

51) 정병준, 『우남 이승만 연구』, pp.415~416에서 재인용.

이처럼 홍익범의 활동은 이승만의 임시정부가 국내에 들어올 때를 대비하여 국내의 정치인들을 포섭하는 작업이었던 것이다.

허헌은 홍익범에게서 들은 이승만에 관한 이야기를 12월 하순에 청진동에 있는 친구 변호사 한영욱(韓永煜)의 사무실에서 한영욱과 조선일보사 영업국장을 지내고 광산업에 종사하는 문석준(文錫俊)에게 전했다. 문석준은 허헌과 같은 함경남도 함주군 출신으로서 동경고등사범학교를 졸업할 무렵부터 공산주의에 경도해 있었다. 허헌은 다음과 같이 말했다.

"신문의 보도에 의하면 전쟁은 일본군이 대승하고 있는 것 같지만 사실은 그렇지 않다. 특히 이승만으로부터 온 정확한 대일방송에 의하면 재미 이승만일파가 미국 원조하에 조선임시정부를 조직하여 이승만이 대통령이 되고 조선독립운동을 하고 있는데, 미국과 군사동맹을 체결해 미국을 위해 활동하는 동시에 미국으로부터는 적극적인 비호를 받고 있다. 이번 대전이 미영측의 승리가 되어 종식되면 반드시 독립하게 되는 고로 재선동포는 조선의 독립을 기대하여 일본의 전쟁수행에 협력하지 말고, 호기가 도래하면 궐기하라고 방송했다."[52]

문석준은 허헌에게서 들은 이승만에 관한 이야기를 동향 친구들과 제자인 공산주의자들에게 전했다. 1943년4월쯤에는 함흥공립학교 교원생활을 할 때의 제자였던 한설야(韓雪野)와 함흥의 이증림(李增林)에게 전했다. 한설야는 대표적인 좌익 문인이고, 이증림은 고려공산당 중앙위원과 조선공산당 제3차대회 중앙집행위원을 지낸 인물이었다. 허헌과 이증림은 모두 대표적인 좌파 정치인 여운형(呂運亨)과 밀접한 관계를 맺고 있었다.[53]

여운형은 별도로 이승만의 활동에 관한 뉴스를 파악하고 있었다. 여

---

52) 위의 책, pp.407~408에서 재인용; 鄭晋錫, 「日帝末短波放送事件으로 獄死한 신문기자 文錫俊·洪翼範」, 《月刊朝鮮》 2007년4월호, pp.372~383 참조.
53) 정병준, 앞의 책, pp.409~410.

운형은 1942년 들어 두 차례나 일본을 방문했는데, 조선총독부 검찰기록에 따르면, 두번째 방일을 마치고 돌아온 뒤인 8월 말에 친구인 홍증식(洪增植)에게 다음과 같이 말했다.

"일본이 인도와 버마를 해방시킨다는 취지를 성명한 데 대해 미국 루스벨트 대통령이 미국은 조선을 독립시킬 것이라는 취지로 방송하는 것을 들었는데, 만약 대동아전쟁(大東亞戰爭)에서 일본이 패하면 조선이 독립되는 것이 판명될 것이다. 이승만은 미국에서 조선독립운동을 하고 있으며 조선대통령의 대우를 받고 있다. 나도 중경이나 미국에 거주하면 조선독립운동을 하고 있을 것이다."[54]

동아일보사와 조선일보사의 영업국장을 역임한 홍증식은 제1차 조선공산당 사건 때에 4년 형을 선고받은 공산주의자였다.

여운형이 일본에서 이승만의 육성방송을 직접 들었는지는 알 수 없다. 그러나 그가 이승만이 미국에서 조선대통령의 대우를 받으면서 독립운동을 하고 있는 것으로 알고 있었다는 사실은, 앞에서 본 허헌의 인식과 함께, 꼼꼼히 톺아 볼만한 가치가 있다. 왜냐하면 두 사람은 해방 직후에 이승만을 주석으로 추대한 조선인민공화국을 조직한 주동자들이었기 때문이다.[55]

단파수신기로 전해지는 이승만과 중경 임시정부에 관한 뉴스를 접하고 있던 사람들은 지도층 인사들뿐만이 아니었다. 중앙과 지방의 방송국과 방송소에 고급 단파수신기가 비치되어 단파방송으로 교신하게 됨으로써 방송국의 한국인 직원들은 단파수신기 조작에 익숙해졌다. 개중에는 단파수신기를 만드는 사람도 생겨났다. 단파수신기를 만들어 해외 독립운동 소식을 맨 먼저 청취한 사람은 경성방송국 기술자 성기석(成基錫)이었다. 그가 처음 들은 것은 임시정부에서 주관하는 중경방송국

---

54) 위의 책, pp.403~404에서 재인용.
55) 같은 책, p.404.

의 우리말 방송이었다. 흥분한 성기석은 중경방송을 들은 이야기를 저녁
에 부친 성희경(成禧慶)에게 말했다. 성희경은 자리에서 벌떡 일어나면서
"아니 뭐라고!"하고 놀랐다. 그러고는 아들에게 물었다.

"총통은 이승만이라고 하더냐?"

"김구 주석"이라고 하더라고 아들은 말했다.

보성전문학교를 졸업하고 교편생활도 하고 금융계에서 일했던 성
희경은 이인, 김병로, 조병옥(趙炳玉), 이범승(李範昇) 등과 교유가 있었
다.[56]

단파방송 비밀청취 내용은 방송국을 중심으로 입에서 입으로 퍼져 나
갔다. 그리하여 일반국민들 사이에서는 거의 잊혀지다시피 했던 이승만
에 대한 정보는 단파방송을 계기로 좌우 정치지도자들과 여론주도층, 교
회 등을 통하여 실제 이상의 새로운 설화가 되어 퍼져 나갔다.

그렇지만 그러한 상황이 오래 지속될 수는 없었다. 1942년12월27일
부터 단파방송 비밀청취와 관련된 대대적인 검거선풍이 불어닥쳤다. 경
성방송국의 한국인 기술자, 아나운서, 편성원 등 40여명이 체포된 데 이
어, 부산, 이리 등 여러 지방 방송국으로까지 확대되어 150명 가까운 방
송인들이 검거되거나 조사를 받았다. 이밖에도 지도급 인사들과 민간인
으로 체포되거나 조사받은 사람들도 150여명에 이르러 모두 300명가량
이 사건에 관련하여 수난을 당했다.[57] 이들 가운데 41명이 일본의 육군형
법, 해군형법, 조선임시보안법, 무선전신법 등의 위반으로 유죄판결을 받
은 것이 확인된다.[58]

단파방송 수신사건은 조선어학회사건이 있은 지 두달 만에 발생한
민족수난의 상징적 사건이었다. 두 사건은 잔혹한 고문으로도 악명이 높
았다. 홍익범과 문석준은 각각 2년과 1년2개월의 형을 선고받았다. 심한

---

56) 俞炳殷, 앞의 글, p.591.
57) 鄭晋錫, 앞의 글, p.375.
58) 俞炳殷, 앞의 책, pp.288~391 참조.

고문의 후유증으로 문석준은 병으로 보석된 이튿날 새벽에 사망했고, 홍익범은 병보석되어 요양생활을 하다가 1944년에 사망했다. 두 사람은 해방도 보지 못하고 희생된 것이다.

4. OSS에 한국인 훈련생 50명 추천

1

1942년6월 하순에 이르러 이승만은 그가 강력히 주장하고 기대해 온 중요한 일을 본격적으로 착수할 수 있게 되었다. 그것은 국내와 일본 등지로 파견할 한국인 공작원을 비밀리에 모집하여 특수훈련을 시키는 일이었다. 그의 추천으로 COI의 101지대원이 된 장석윤은 버마의 밀림지대에서 일본군을 상대로 활동하고 있었다. COI가 해체되고 6월22일에 새로 조직된 전략첩보국(OSS)은 6월 하순에 이승만에게 한국인 청년 50명을 추천해 줄 것을 요청했다. 이때의 작업내용은 전모가 밝혀져 있지 않으나 수취인 이름이 없는 이승만의 7월17일자 영문 "비밀편지"로 대충 짐작할 수 있다.

무엇보다도 먼저, 내가 알려드리려는 것은 군사사항이며 아시다시피 전시에는 군사에 관한 것은 무엇이든 철저히 비밀이 지켜져야 한다는 것을 말씀드려야 하겠습니다.

우리는 전쟁에 참가하기를 원하는 20세에서 44세까지의 한국인 50명이 필요합니다. 다른 조건만 갖추어지면 미국 시민권자나 연령제한은 문제되지 않을 것입니다. 이들 50명 가운데 10명은 무선통신을 위한 훈련을 받을 것입니다. 다른 10명은 해상전술훈련을 받을 것이고, 나머지 30명은 여러 가지 중요한 작전을 지도하고 관리하는 일을 맡게 될 것입니다.

이 지원용지의 공란을 채워서 가능한 한 빨리 주미외교위원부로 보내 주십시오. 지원자들은 선발되면 훈련장으로 보내어지고 모든 경비는 미국정부가 부담하여 훈련을 받을 것입니다. 훈련은 2개월쯤 걸리고 복무준비가 끝나는 대로 각자는 미국, 중국, 한국 또는 그 밖의 지역에 배치되어 종신고용으로 복무하게 될 것입니다.

각 지원자들은 주미외교위원부가 추천합니다. 외교위원부가 심사에서 매우 중요시하는 것은 지원자의 이력, 인적 관계, 그리고 무엇보다도 애국심입니다. 우리는 우리가 신뢰할 수 없는 사람은 보증할 수 없습니다.

우리는 이 일이 시작에 지나지 않는다는 조언을 받고 있습니다. 이 일이 성과가 만족스러우면 한국인들은 이 전쟁에서 큰 역할을 하게 될 것입니다. 한국인들이 원하는 것은 그들의 역할을 가장 효과적으로 수행할 수 있는 기회입니다. 그 기회가 우리에게 주어졌습니다. 우리는 그것을 최대한 이용해야 합니다.…[59]

이승만은 이처럼 새로운 작업에 흥분했다. 그는 이어 7월28일에는 한족연합위원회 집행부 부위원장 김병연(金秉堧)에게 다음과 같은 공문을 보냈다.

한인 적임자를 천거하기 위하야 사용할 영어로 만든 청원서 30매를 우편으로 지난 7월24일에 부송하였사오니, 그 청원서를 받는 대로 속히 매 개인이 두벌씩 기록하야 즉시 이곳으로 회송하여 주시기 바랍니다. 인선문제에 있어서 애국적 정신이 풍부하고 재능이 있는 분들로서 주의하야 천거하시기를 바라나이다. 청원서를 더 청구하였사오니, 오는 대로 또 부송하겠습니다. 청원서가 50명이 거진 다 차가니, 할 수 있는 대로 속히 부송하여 주시기 바랍니다.

전쟁시기라 군사적 행동을 민간에 발표할 수 없으므로 자세한 말씀은 못합니다. 애국적 정신과 지도적 정신과 재능이 있고 조국과 연합국을 위하야 군사적 행동에 공헌하겠다면 적재적소에 임명이 될 줄

---

59) 독립기념관 소장문서 A01148, Letter of Syngman Rhee, Jul. 17, 1942.

아나이다.[60]

7월28일자 편지의 문면으로 보거나 이 편지와 앞의 영문편지가 다 재미한족연합위원회 문서에 들어 있는 점으로 보아 앞의 편지도 연합위원회 집행부에 보낸 것이 틀림없다.

위험이 따르게 마련인 특수임무를 수행할 인물을 선발하는 기준으로 애국심을 특별히 강조한 것은 당연한 일이었을 것이다. 이승만은 워싱턴에 와 있던 임병직(林炳稷)을 9월에 대령 계급의 주미외교위원부 무관으로 임명하여 로스앤젤레스로 다시 파견했다.[61] 임병직은 워싱턴으로 오기에 앞서 5월30일에 샌프란시스코와 오클랜드에 있는 한국인 20여명이 샌프란시스코 한인경위대(韓人警衛隊)를 결성하는 데 앞장섰다.[62] 그보다 앞서 2월에는 로스앤젤레스에 78명이 참가한 로스앤젤레스 한인경위대가 결성되었다. 두 한인경위대는 캘리포니아주 국방경위군의 요청에 따라 재미한족연합위원회가 군사운동의 일환으로 결성한 것이었다.[63] 그리하여 한족연합위원회 집행부는 3·1절행사 때에는 한인경위대의 관병식을 대대적으로 거행하는 한편 임시정부에 그 관리권을 요청하여 3월31일자로 허가를 받았다.[64] 그것은 임시정부가 한인경위대를 광복군 산하의 군사조직으로 인준한 것이었다.

캘리포니아주 국방경위군은 한국인들뿐만 아니라 중국인들과 필리핀인들에게도 경위대를 조직하게 했다. 4월26일에 거행된 인준식에서 세 나라 경위대는 캘리포니아주정부의 인가증을 받고 캘리포니아주 국방경위군의 부속군대로 정식으로 편성되었다. 이날 한인경위대는 맹호휘장의

---

60) 독립기념관 소장문서 도1186, 「재미한족연합회 부위원장 김병연에게 보낸 1942년7월28일자 주미외교위원부 공문」.

61) Syngman Rhee to Colonel C. T. Harris, Sept. 29, 1942, 『韓國獨立運動史 資料(25) 臨政篇 X』, p.196.

62) 《新韓民報》 1943년4월1일자, 「재미 한인경위대 맹호군」.

63) 홍선표, 앞의 책, pp.286~287.

64) 《新韓民報》 1943년4월30일자, 「임시정부의 한인경위대에 대한 전보」.

1942년4월에 캘리포니아주정부의 인증을 받은 한인경위대(맹호군).

연대기를 받으면서 "맹호군(The Tiger Brigade)"으로 불리게 되었다.[65] 7 월에는 하와이에서도 80명가량의 동포들로 맹호군이 조직되었다.[66]

이처럼 군사활동에 대한 열기가 고조되는 분위기 속에서 이승만의 OSS훈련생 모집은 쉽사리 동포청년들의 호응을 얻었다.

한편 한길수의 이승만 공격은 집요했다. 그는 한미협회의 활동을 비판하고 나섰다. 꼬투리는 한미협회 회장 크롬웰이 헐과 주고받은 편지문제였다. 그는 「반드시 알아야 할 것」이라는 조선민족혁명당 명의의 전단을 만들어 헐이 크롬웰에게 보낸 5월20일자 답신을 소개하면서 다음과같이 썼다.

크롬웰씨에게 보낸 미 국무경 헐씨 글을 보면 조선민족은 누구나

65) 《新韓民報》 1943년4월30일자, 「의기가 하늘에 닿은 한·중·미 3국인 경위대 관병식의 장관」.
66) 《新韓民報》 1943년9월24일자, 「맹호군인」.

씨를 좋은 낯으로 대하기는 어렵게 되었다. 그 글의 내용을 살펴보면 외교위원부의 정책을 헐씨는 손살같이 꿰뚫고 한 편지일다. 헐씨의 글을 읽고 그 뜻을 바로 해석할진대 크롬웰씨는 외교위원부에 출입할 면목이 없을 터일다. 따라서 외교위원부니 한미협회니가 미국정부를 향하여 외교를 하고저함이 최고의 목적인 바 헐씨의 글을 보면 다시는 무슨 면목으로 대할 수가 없이 되었다. 그런즉 외교위원부와 한미협회는 워싱턴에서 문을 닫치고 행장을 수습해 가지고 차라리 다른 나라로 옮아가는 것이 상당한 일일다. 동포여러분, 헐씨의 글을 보고도 그냥 외교위원부의 현 책임자들을 후원하며 발전을 도모하시렵니까?[67]

여러 가지 이유를 내세워 임시정부의 승인을 거부하는 미국정부 책임자에게 전직 대사였던 미국인이 임시정부 승인을 촉구하는 편지를 보낸 것을 한길수는 이승만의 큰 실책인 것처럼 비난한 것이다. 전단에는 그밖에도 이승만에 대하여 예의에 벗어나는 비아냥도 있었다.

한길수는 이어 7월3일에는 헐에게 크롬웰과 이승만을 비난하는 편지를 보냈다. 그는 특히 크롬웰이 "한국 젊은이들은 전쟁터로 뛰쳐나가려고 안간힘을 쓰고 있으나, 이승만 박사는 미국정부가 사실상의 한국정부를 승인할 때까지 그들을 놓아 주지 않을 것이다"라고 한 대목을 지적하면서, 한국인들은 이 유치한 성명에 반대한다고 썼다.[68] 그러나 한길수의 이러한 행동은 곧 동포들의 반감을 불러일으켰다. 미국 각지의 동포뿐만 아니라 멕시코, 쿠바 등지에 있는 동포들도 한길수의 전단을 보고 분개했다.[69]

---

67) 독립기념관 소장문서 도1244-2, 조선민족혁명당, 「반드시 알아야 할 것」.
68) 독립기념관 소장문서 도1231, Haan to Hull, Jul. 3, 1942.
69) 《新韓民報》 1942년7월16일자, 「社說: 지방동포의 분개한 여론」 및 「하바나 지방회는 미주의 반전선을 보고」; 《태평양주보》 1942년6월10일자, 「독립운동과 방해자」.

　미국정부의 임시정부 불승인정책을 확인한 이승만은 새로운 계획을 구상했다. 그것은 한미협회를 중심으로 하여 미국인들을 상대로 전국적인 선전캠페인을 벌이는 일이었다. 이 일을 성과 있게 추진하기 위해서는 5,000달러의 비용이 필요할 것으로 계상했다. 이승만은 8월 들어 하와이의 한족연합위원회 의사부 위원장 이원순(李元淳)과 동지회기관지《태평양주보(太平洋週報)》의 주필이면서 의사부 재정검사를 맡고 있는 김영기(金永基), 그리고 로스앤젤레스의 연합위원회 집행위원장 김호에게 자기의 구상을 밝히고 지원을 요청했다. 5,000달러를 우선 연합위원회가 빌려주면 한미협회가 모금운동을 벌여서 갚겠다고 했다. 이승만의 생각으로는 그 정도의 자금은 의사부와 집행부가 절반씩 부담하면 될 수 있을 것이었다.

　하와이의 연합위원회 의사부는 이번 일이 앞으로 동포사회의 반감을 초래할 수 있을지 모른다면서 단념해 달라고 요청했다. 그러나 이승만은 일이 이미 시작되었고 또 반감을 초래할 사안이 아니라고 주장하면서 자신을 믿어 달라고 했다. 의사부는 또 집행부와 협의해서 일을 추진하기를 원한다고 했으나, 이승만은 외교위원부는 민간단체의 간섭을 받지 않을 것이며 집행부 때문에 정부 일을 지연시킬 수 없다면서 곧 송금해 줄 것을 요구했다. 의사부는 마침내 2,500달러를 송금하기로 결정했다. 그러나 집행부는 그만한 거액을 마련할 수 없다는 이유로 이승만의 계획을 일단 반대했다. 그리고는 중경특파원으로 선정되어 워싱턴으로 가는 길에 로스앤젤레스에 들른 의사부의 전경무(田耕武)에게 외교위원부의 재정과 활동상황을 조사해 줄 것을 요청하고, 그 결과에 따라 이승만의 요구를 재검토하겠다고 의사부에 통보했다.[70] 그러나 그것은 이승만과 한

---

70) 홍선표, 앞의 책, p.345.

족연합위원회 집행부의 협력관계가 결딴나는 실마리가 되었다.

한족연합위원회의 중경특파원 파견계획은 4월3일부터 개최된 제1차 전체위원회에서 결의된 사안이었다. 전체위원회는 하와이 의사부 대표로 참석한 이원순과 조병요(趙炳堯)가 4월8일부터 5월3일까지 미국 본토를 순방하는 동안 정회했다가 5월4일부터 나흘 동안 속개했는데, 정회하는 동안 이원순과 조병요는 워싱턴에 와서 이승만을 만나고 갔다.

그런데 연합위원회의 중경특파원 파견목적이 이승만이 추진하던 OSS 요원 훈련계획과 거의 비슷한 내용이어서 의아스럽다. 그것은 북미주에서 미국정부가 정하는 한인대표자 서너명을 중경에 파견하여 임시정부의 지도 아래 한국, 일본, 만주 등지에서 정탐, 파괴, 선전 등의 활동을 할 비밀단을 조직하게 한다는 것이었다. 이러한 활동에 필요한 비용은 미국정부와 교섭하고, 교통 등의 편의는 다른 연합국들의 협조를 얻게 하며, 중국 영토 안에 있는 한국인들로 비밀기관을 조직하게 하겠다고 했다. 연합위원회는 7월10일자 공문으로 그러한 계획을 이승만에게 알리면서 그의 의견을 물었는데,[71] 이 시점은 이승만이 OSS에 추천할 지원자 50명 모집에 열중하고 있을 때였다.

한족연합위원회 제1차 전체위원회는 또 주미외교위원부에 위원 두 사람을 증원하기로 하고, 3·1운동 무렵에 이승만과 함께 활동했던 정한경(鄭翰景)과 연합위원회 집행위원장 김호를 추천했다. 그 사실을 통보받은 이승만은 두 사람을 비공식으로 추천한 것을 진심으로 환영한다고 말하면서도 다음과 같은 다섯가지 조건을 못박았다.

(1) 이번 추천이 전례가 되지 않을 것.

(2) 외교위원부에서 일정한 정책을 가지고 일을 진행하는데, 이 정책이나 사무처리에 장애나 모순이 있는 경우에는 부득이 해임해도 이를 감수할 것.

---

71) 독립기념관 소장문서 도1198, 「李承晚에게 보낸 韓族聯合會執行委員部의 1942년7월10일자 公文」.

(3) 외교나 선전 등의 사무 가운데 공개하지 않아야 할 일은 이를 어떤 개인이나 단체에 알리지 못함.

(4) 임시정부와 외교위원부의 위신을 높이는 것이 우리 일반의 책임이므로 다른 주의나 단체를 대표하여 이 책임과 모순이 되거나 혹 반대분자와 혼잡되어 우리 정책에 손해되는 등 폐단이 없도록 할 것.

(5) 양씨의 월봉은 각각 매월 200달러로 하되 이곳에 도착하여 일을 보는 날로 위시하여 시무하는 동안 계속함.[72]

　이승만은 같은 내용의 공문을 하와이의 의사부에도 보냈다. 이승만은 이 공문에서 외교위원부가 직접 동포들에게 재정지원을 요청하면 필요한 자금을 조달할 수 있을 것인데, 한족연합위원회와의 협동을 위하여 할 일을 못하고 앉았으려니까 자신들의 사업을 전폐하고 헌신하는 미국친구들 보기가 민망하다고 적었다. 이것은 연합위원회가 외교위원부의 활동비를 제대로 지원하지 못하면 언제든지 직접 모금활동을 벌이겠다는 뜻을 내비친 것이었다. 1941년6월15일부터 1942년5월30일까지의 주미외교위원부의 「재정보단」을 보면 수입총계가 7,307.41달러, 지출총계가 7,112.90달러였고, 그 가운데 사업비라고 할 수 있는 것은 한미친우회경비 1,915.53달러뿐이었다. 나머지는 사무실 임대료 등 사무실 유지비와 봉급이었다. 이승만은 봉급으로 2,504.58달러를 받았는데, 그것은 한달에 200달러에 해당하는 돈이었다.[73]

　이승만은 한번 결심하면 바로 실행하는 성품이었다. 그는 우선 동포들을 상대로 한길수의 선전 전단 등에 대처할 통신매체의 필요성을 절감했다. 그리하여 9월10일부터 1주일 또는 열흘에 한번씩《주미외교위원부통신》을 한글타자 등사판으로 발행하기 시작했다. 그것은 지난날의《구미위원부통신》과 체제가 같은 것이었다. 그는《주미외교위원부통신》을

---

72) 독립기념관 소장문서 도888, 「李承晩이 金平에게 보낸 1942년6월10일자 公文」.
73)《태평양주보》1942년8월5일자, 「주미외교위원부의 재정보단」.

발행하는 목적을 이렇게 설명했다.

　　그동안 몇해를 내가 침묵하여 온 것은 첫째로 도울 사람이 없었으므로 시간을 얻지 못한 것이 큰 이유이고, 또는 미주 하와이와 한인 각 단체가 연합하야 정부를 받치기로 한 이후로 중간에 불량분자들이 나서 내외국 인심을 혼란시키기에 이르매 내가 침묵하고 있으면 민중의 공론으로 정돈되기를 믿고 있는 것인데, 지금에 보면 민중을 지도하는 이가 없으매 어떤 것을 따를지 알 수 없다는 비평이 많으니, 내가 책임을 가지고 나서서 우리 일반민중이 어떻게 해야 광복을 속성하겠다는 한찰(翰札)을 계속적으로 발표하는 것이 옳다는 생각으로 이 글을 쓰기 시작합니다.…

이승만은 또 《외교위원부통신》을 영문으로 발행하지 않고 한글로 발행하는 이유를 다음과 같이 설명했다.

　　이 글을 국문으로 쓰나니, 그 이유가 첫째는 영문을 못 보는 동포도 다 볼 수 있게 하기를 위함이오, 둘째로는 우리의 토의하려는 사건은 대부분이 우리 한인내정에 관계되는 것이니, 영문으로 발간하야 외국인의 이목에 들어가게 할 필요가 없는 것입니다. 물론 우리 한인의 속옷을 내어걸어서 세인에게 광고하려는 한인들도 없지 않겠지마는 이는 민족을 욕되게 함으로써 저희 사사 영광을 도모할까 하는 무지몰각한 무리들의 행위지마는 애국애족하는 한민으로서는 결코 못 하는 것입니다.…74)

이처럼 이때의 《외교위원부통신》은 동포들을 상대로 주로 반대파들

---

74) 《주미외교위원부통신》 (제1호), 1942년9월10일자, 「광복을 속성하자」.

의 주장을 논박하기 위하
여 단단히 벼르고 발행하
기 시작한 것이었다. 《외
교위원부통신》의 원고도
자신이 직접 썼는데, 거기
에는 이승만의 저돌적 기
질이 남김없이 드러나 있
다. 그리하여 얼마 지나지
않아서 한족연합위원회
는 《외교위원부통신》의
발행을 중지할 것을 요
구했다. 새로 외교위원으
로 추천된 정한경은 9월
21일에 워싱턴에 도착했
다.75)

1942년9월부터 친구이자 보좌역으로 이승만을 도운 올리버 교수와 함께.

9월15일 점심시간에 스태거스(John W. Staggers)와 함께 외국기자클
럽에 갔던 이승만은 거기에서 국무부 극동국 고문 혼벡을 만났다. 세 사
람은 자연스럽게 만나 이런저런 대화를 나누었다. 이 자리에서 스태거스
는 혼벡에게 한미협회는 국무부에 대한 공격을 중단하기로 결정했다는
사실을 알렸다.76)

3

이승만이 펜실베이니아주 루이스버그 장로교회 목사 정킨(Reverland

75) 《주미외교위원부통신》 (제3호), 1942년9월28일자, 「인사소식」.
76) 미국무부문서 895.01/165, Hornbeck, "Memorandum", Sept. 15, 1942.

E. Junkin)의 소개로 올리버(Robert T. Oliver)를 만난 것은 그의 일생에서 더없는 행운이었다. 앞에서 보았듯이, 정킨 목사는 이승만에게 펜실베이니아주 출신 하원의원 패디스(Charles I. Faddis)를 소개해준 사람이었다. 루이스버그에 있는 바크넬대학교(Bucknell University) 교수였던 올리버는 교수직을 한동안 휴직하고 워싱턴에 와서 식량관리계획처(Food Conservation Program)의 책임자로 일하고 있었다.

9월 중순의 어느 날 이승만은 백악관과 옛 국무부에 인접한 라파예트 공원 광장을 바로 벗어난 코네티컷 애비뉴의 아래쪽에 있는 숄스 콜로니얼 카페테리아(Sholl's Colonial Cafeteria)로 올리버를 점심에 초대했다. 이 카페테리아는 급한 점심을 들면서 의견교환과 정책비교를 하는 중급 관료들에게 인기가 있었다.

올리버는 한국에 대하여 별로 알지 못했다. 그러한 그에게 이승만은 4천년에 걸친 한국의 역사에 대하여 설명했다. 이승만은 한국은 유럽보다 훨씬 앞서서 금속활자와 나침반과 4절지 112권의 백과사전을 사용했고, 중국문자나 일본문자와는 전혀 다른 스물여섯자의 문자를 발명한 사실 등을 들었다. 그리고 러일전쟁 뒤에 일본에 강제로 점령당하고, 한국인들은 자기네 말도 사용하지 못하고, 심지어 그들 자신의 이름, 그들의 문화, 그들의 행동, 그들의 사고방식까지 일본식으로 하도록 강요되었다고 설명했다.

올리버는 이승만에게 매료되었다. 그는 이때의 이승만의 모습을 다음과 같이 적었다.

그는 잘 선택되고 흠잡을 데 없이 분명한 단어를 구사하면서 힘들이지 않고 분명하게 말을 이어 나갔다. 그러나 그 낱말들도 그의 온몸으로 나타내는 표현에는 미치지 못했다. 그의 용모는 표정이 풍부하고, 눈은 빛났으며, 눈과 입 언저리의 주름은 멋진 유머와 열의를 나타내고 있었다. 내가 받은 가장 큰 인상은 억제된 위엄 —— 단호하되 완강하지 않은 침착과 자신감이었다. 나는 '그는 자기 자신을 다스리면서 남을 다스리는 사람이다'라는 생각이 들었다. 그는 또한 다른 사람의 말을 경청했고, 나의 반응의 본질을 파악하는 것이 중요한 목적인 것처럼 하는 그의 말은 확신을 나타내면서도 확인의 성격을 띠고 있었다. 그는 의사소통에 신경을 쓰고 있는 것이 분명했다. 그리고 그는 그것이 아주 능숙했다.[77)

붐비는 카페테리아의 식탁에 앉아서 이승만의 이야기를 듣고 있던 올리버는 큰 소리로 말했다.

"왜 이런 이야기를 써서 출판하지 않으십니까? 미국인들이 알기만 하면 도와줄 것입니다."

그제서야 이승만은 올리버를 만나고자 한 속내를 드러냈다.

"나는 저술가가 아닙니다. 당신이 그 일을 해주면 어떻겠습니까?"

이때부터 올리버는 23년 뒤에 이승만이 세상을 떠날 때까지 이승만의 가장 특별한 친구이자 보좌역이 되었다. 그의 저서 『이승만 —— 신화에 가려진 인물(Syngman Rhee: The Man Behind the Myth)』(1960)은 이승만의 구술을 토대로 하여 저술된 대표적인 이승만 전기이다.

이승만의 집념은 그가 할 수 있는 모든 방법을 총동원하게 했다. 9월 22일에는 그의 초청으로 에비슨(Oliver R. Avison, 魚조信)이 워싱턴에 왔다. 일찍이 이승만의 상투를 잘라준 것을 비롯하여 미국식 민주주의 생활방식에 대한 이승만의 눈을 뜨게 해주었던 에비슨은 세브란스의전과 연희전문학교 명예교장직을 마지막으로 43년 동안의 한국 선교생활을 마치고 1935년에 미국으로 돌아와 있었다.[78) 이승만은 에비슨을 앞세워

77) Robert T. Oliver, *Syngman Rhee and American Involvement in Korea 1942~1960*, Panmun Book Company, 1978, pp. 3~4.
78) 이광린, 『올리버 알 에비슨의 생애: 한국근대서양의학과 근대교육의 개척자』, 연세대학교출판부, 1993, pp. 290~295.

한국에 파견되었던 선교사들을 중심으로 한미협회와는 별도의 기독교인 친한회(The Christian Friends of Korea)를 조직하기로 했다. 이승만은 이 단체를 새로 조직하는 이유를 다음과 같이 설명했다.

한국독립을 위하야 힘써야 하겠다는 주의가 종교관념으로 발생되어 한인들과 합작하야 임시정부를 도와 미국 각 교회 중에 유력한 단체를 조직하야 후원이 되어야 지금 승인얻는 데도 도움이 되려니와, 전쟁이 필한 후에도 한국에 대하야 불공정한 일이 있거나 혹 한인들에게 억울한 사정이 생길 때에는 항의와 변론으로 극력 옹호하자는 목적이다.[79]

이처럼 이승만은 전후에 전개될 상황까지 염두에 두면서 기독교인 친한회 결성의 필요성을 강조했다. 에비슨은 이미 82세의 고령이었음에도 불구하고 이승만의 부탁을 받아들였다. 그는 "친애하는 친구들에게(Dear Friend)"라는 장문의 편지를 써서 선교사 등 한국에서 생활한 경험이 있는 미국인 600명에게 발송했다. 에비슨은 이 편지에서 아시아에 기독교 문명을 전파하는 일은 일본의 지배에서 해방된 한국에 의해서만 가능하다고 말하고, 또 한국인들의 대다수는 이승만을 그들의 지도자로 신뢰하고 있다고 썼다.[80]

이렇게 하여 조직된 기독교인 친한회의 1943년2월 현재 집행부는 아메리칸대학교(American University) 총장 더글러스(Paul F. Douglass)가 회장이고, 에비슨은 서기 겸 재무를 맡았다. 서기는 피치(George A. Fitch) 부인이고, 재무는 윌리엄스(Jay Jerom Williams), 법률고문은 스태거스였다. 이처럼 에비슨 말고는 모두 한미협회의 간부들이었다. 이승만

---

79) 《주미외교위원부통신》 제35호(1943.6.16), 「기독교한인친한회」.
80) O. R. Avison, "Dear Friend" Oct. 5, 1942, 『OSS(Office of Strategic Service): 海外의 韓國獨立運動史料(30) 美洲篇⑧』, 2008, pp.351~353.

은 한미협회의 이사장 해리스(Frederich B. Harris)와 함께 이사로 참가했다. 이사진에는 연방대법원 판사 머피(William F. Murphy) 등 저명인사들이 포함되었다.[81]

4

그러나 이승만이 선전캠페인보다도 더 열성을 기울인 것은 극동지역에 침투시킬 게릴라 부대를 조직하는 일이었다. 이승만은 10월 초에 OSS가 요청한 한국인 청년 훈련지망자 50명의 명단을 OSS에 제출했다. 이어 10월10일에 굿펠로에게 편지를 보내어 자기가 작성한 미국 본토 및 하와이의 한국인 청년 훈련계획서를 합동참모본부 회의에 제출해 달라고 부탁했다. 훈련이 끝나면 극동전역사령부와 한국광복군 사이에서 연락공작을 하게 하겠다는 것이었다. 그러면서 그는 이 계획이 미 국무부와의 협의를 거쳐 무기대여법(Lend-Lease Act) 원조당국의 승인을 획득했다고 덧붙였다.

또한 이승만은 이미 추천한 50명 이외에 지원자가 500명도 될 수 있다고 말했다. 그리고 극동에서는 게릴라 전술에 익숙한 한국군 2만5,000명을 극동전역사령부에 배치하는 것도 가능하다고 장담했다. 그는 이 계획이 승인되면 자기는 한미협회의 크롬웰과 함께 인도의 캘커타로 가겠다고 했다. 그곳에서 광복군 총사령 이청천과 임시정부 주석 김구 및 그밖의 필요한 사람들을 캘커타로 오게 하여 스틸웰 중장에게 제공할 정확한 사실을 검토하겠다고 말했다.[82] 요컨대 임시정부는 중국에 있는 한국인 청년들로 게릴라부대를 조직하여 미국의 지휘 아래에서 운영하고, 워싱턴의 주미외교위원부는 휘하에 재미한국인들로 구성되는 한국군사사

---

81) 고정휴, 앞의 책, pp.431~432.
82) Rhee to Goodfellow, "Offer of Korean Military Resources to U.S. Military", Oct. 10, 1942, 『韓國獨立運動史 資料(24) 臨政篇IX』, pp.147~148.

절단(Korean Military Mission)을 조직하여 미군과의 연락을 담당하겠다는 것이었다. 이승만은 극동의 게릴라부대 창설계획은 'A계획'이라고 하여 필요한 장비와 무기의 목록까지 자세히 적고, 한국군사사절단 설치계획은 'B계획'이라고 하여 필요한 인원과 한달 운영비 3,190달러의 예산명세까지 자세히 계상하여 제출했다.[83]

이승만의 제안을 두고 굿펠로, 크롬웰, 윌리엄스, 이승만 네 사람이 협의를 가졌다. 이승만과 크롬웰이 먼저 캘커타와 중경에 다녀오기로 의견이 모아졌다. 그러나 육군의 협조가 없이는 항공여행이 불가능했으므로 크롬웰이 육군의 마셜(George C. Marshall) 장군을 만나서 교섭하기로 했다. 크롬웰은 도중에 해군의 레이히(William D. Leahy) 제독을 먼저 만나 보기로 했다. 크롬웰은 10월24일에 레이히의 보좌관 프리즈먼(Freeseman) 중령을 장시간 만났다. 프리즈먼은 이승만의 제안에 대해 결론을 내릴 수 있는 사람은 스틸웰 장군뿐이라는 것이 레이히 제독의 생각이라고 전했다. 이승만의 제안은 OSS의 권고와 지원에 따라서 스틸웰이 결정할 문제라는 것이었다. 그리하여 두 사람은 캘커타와 중경행을 단념할 수밖에 없었다.[84]

OSS는 이승만이 추천한 50명 가운데 12명을 선발하여 워싱턴으로 보냈다. 12명 가운데 1명은 신체장애로 탈락되고, 나머지 11명은 12월7일부터 훈련에 들어갔다.[85] 이들 가운데 소정의 훈련과정을 마친 사람은 9명이었다.

12월7일은 일본군의 진주만 공격 1주년이 되는 날이었다. 이날 이승만은 루스벨트 대통령에게 편지를 보내어, 금년의 12월7일은 미 육군부에 의하여 한국 국민들이 대일전을 위한 훈련을 시작한 날로 기록될 것이

---

83) Syngman Rhee, "Confidential Memorandum", 『韓國獨立運動史 資料(25) 臨政篇 X』, pp.242~243.
84) Cromwell to Goodfellow, "Dr. Synman Rhee' Letter", Oct. 26, 1942, 위의 책, p.232.
85) Devlin to Potter, "Weekly Report, FE-6", Dec. 8, 1942, 『OSS(Office of Strategic Service) 海外의 韓國獨立運動史料(30) 美洲篇⑧』, p.542.

므로 이 "치욕의 날"에 각하에게 깊은 감사의 뜻을 보낸다고 썼다. 비록 그 수는 적지만 목적은 아시아에 있는 한국의 방대한 인적 자원을 활용하여 섬나라의 야만인들을 쳐부수는 데 있다고 이승만은 기술했다.[86] 이승만은 귀국하는 호세택의 요청으로 작성한 자신의 각서의 사본을 동봉하면서 읽어 주기 바란다고 덧붙였다.

호세택은 국민정부 외교부 사무차장으로 발령받아 귀국하면서 이승만에게 한국 임시정부의 목적을 문서로 작성해 줄 것을 요청했다. 이승만은 호세택에게 제출한 각서에서 임시정부의 당면 목적은 대일전쟁에서 연합국을 적극적으로 지원하는 일이라고 말하고 (1) 한국광복군을 전쟁무기로 적절히 무장시키고, (2) 극동지역의 한국인 인력자원을 활용하여 독립군을 증강시키며, (3) 적에 대항하여 효과적인 파괴공작과 혁명활동을 착수할 수 있는 첩보부대를 국내와 국외에 설립하는 것이 필요하다고 적었다. 그리고 임시정부의 궁극적인 목표는 일본의 군국주의 체제의 완전한 해체라고 말하고, 그 다음에는 아래와 같은 조치들이 뒤따라야 한다면서, (1) 현재 한국에 거주하는 일본인들의 추방, (2) 일본에서 노역에 동원되고 있는 한국인들의 송환, (3) 일본인들이 약탈해 간 서적, 문서, 예술품의 반환, (4) 일본인들의 어업, 운항(항해 및 항공), 상업의 제한, (5) 대마도(對馬島)[87]의 반환, (6) 지난 37년 동안의 약탈과 앞으로 있을 군사행동으로 발생할 파괴에 대한 배상의 여섯가지를 들었다.

이처럼 이승만은 이 시점에서 전후 일본과 교섭할 항목을 정리해 놓고 있었다. 이 요구사항들은 뒷날 국교정상화를 위한 한일회담 때에 대부분 한국정부가 요구한 기본항목들이었는데, 대마도를 한국 고유의 영토에 포함시킨 것이 특히 눈길을 끈다. 이승만은 해방되고 귀국한 뒤에 대마도 영유권문제를 여러 차례 거론했다.

---

86) 미국무부문서 895.00/841, Rhee to Roosevelt, Dec. 7, 1942.
87) 李承晩은 대마도를 'Satsuma Island'라고 표기했으나 이는 'Tsushima Island'의 오기이다.

이승만은 또 전후에 새로 등장할 세계에서 한국은 극동의 평화를 보장하는 데 가장 영향력 있는 나라의 하나가 될 것이라고 각서에 적었다. 그는 지금도 기독교인이 100만명이 넘는 한국은 동양에서 가장 큰 기독교 요새라고 말하고, 앞으로 유교의 교리와 그리스도의 가르침을 함께 융합하는 큰 용광로의 역할을 할 것이라고 역설했다.[88]

이승만은 12월31일에 헐에게 다시 짤막한 편지를 보내어 만나고 싶다는 뜻을 겸손하게 전했다.

> 저는 거의 13개월 동안 귀부가 2,300만 한국인의 전쟁잠재력을 이해하도록 설득하려고 노력해 왔습니다. 지금 개인적으로 장관을 찾아뵙고 설명드릴 수 있겠습니까?[89]

장관실에서는 이승만에게 전화를 걸어 헐은 격무로 만나기 어려우므로 벌 차관보나 혼벡을 만나라고 통보해 왔다. 그것은 이승만이 중경특파원 파견문제로 재미한족연합위원회와 갈등을 빚고 있는 상황을 고려하여 갈등이 해소될 때까지 장관의 면담을 보류하는 것이 좋겠다는 극동국의 건의에 따른 것이었다.[90]

---

88) Rhee to Hoo, Dec. 5, 1942, 『韓國獨立運動史資料(25) 臨政篇 X』, pp.248~249.
89) 미국무부문서 895.01/209, Rhee to Hull, Dec. 31, 1942.
90) 미국무부문서 895.01/209, Salisbury to Hull, Dec. 31, 1942.

66장

임시정부의 좌우합작

1. 임시정부 지원할 중한문화협회 결성

1

　화북조선독립동맹의 결성에 대하여 임시정부나 국민정부가 어떻게 생각했는가는 정확히 알려진 것이 없다. 그러나 독립동맹이 결성된 직후부터 국민정부가 한국 독립운동 지원방침을 전면적으로 재검토하기 시작한 것을 보면 독립동맹의 결성이 어떤 면으로든지 영향을 끼친 것이 틀림없다.

　국민정부는 1942년7월에 접어들면서 승인문제와는 별도로 한국임시정부의 지원방침에 대하여 심도 있게 논의하기 시작했다. 장개석의 지시에 따라 중국 군사위원회는 7월에 한국원조의 원칙과 방침을 정리한 「대한국재화혁명역량부조운용 지도초안(對韓國在華革命力量扶助運用指導草案)」을 의결했다. 「총강」과 3항15개조로 된 이 「지도초안」은 먼저 「총강」 부분에서 손문(孫文)의 유훈을 강조한 다음 「요지」와 「방법」으로 나누어 한국독립운동지원의 기본원칙과 구체적인 운영방법을 규정했는데, 「방법」 가운데 특별히 눈길을 끄는 것은 다음과 같은 (3)항과 (4)항의 내용이었다.

　(3) 한국임시정부에 대해서는 정권을 개방하도록 촉구하고 중국에 있는 모든 한인당파를 받아들여 민주정치를 실행케 함. 현재로서는 김구를 정치영수로 보고 그를 도우지만 그가 실행하는 정책은 반드시 우리쪽이 정한 규정의 원칙에 부합할 수 있어야 함.
　(4) 중국안의 한국광복군은 중국 군사위원회가 발한 「행동준승9개항」을 지도준칙으로 하는 이외에 잠시 군사위원회에 직접 예속시키고 참모총장이 장악 운용하며, 또한 일부의 중국쪽 참모와 정훈인원을

공작에 참여시킴.[1]

그것은 대한민국임시정부도 좌우합작 정부를 구성하고, 국민정부의 기본이념인 삼민주의를 건국이념으로 받아들여야 한다는 뜻이었다.

7월20일에 열린 중국국민당 제206차 중앙상무위원회는 한국문제에 대한 장시간의 토론 끝에 한국문제를 전문적으로 다루기 위하여 대전현(戴傳賢: 戴季陶), 하응흠(何應欽), 왕총혜(王寵惠), 진과부(陳果夫), 주가화(朱家驊), 오철성(吳鐵城), 왕세걸(王世杰) 7명을 위원으로 하고 오철성과 왕총혜를 소집인으로 하는 전문위원회를 조직하기로 결의했다.[2] 이 일곱 사람은 국민정부의 핵심인물들이었다. 대전현은 원로정치가로서 국가정책에 상당한 발언권을 가지고 있고, 하응흠은 중국 군부에서 장개석 다음가는 영수로서 군사위원회 참모총장을 맡고 있으며, 외교부장 출신의 왕총혜는 국방최고위원회 비서장이었다. 일찍이 중앙조직부의 실질적인 책임자였던 진과부는 남의사(藍衣社) 등을 운영하는 가장 힘있는 장개석의 참모였다. 주가화는 중국국민당 중앙조직부장이고, 상해 시장과 광동성 주석을 역임한 오철성은 중앙당부 비서장이었다. 왕세걸은 국민참정회(國民參政會)의 비서장으로서 국제정세 전문가였다.[3] 이러한 막강한 인물들로 한국문제전문위원회를 결성한 것은 이 시점에서 국민정부가 한국문제를 새로운 문제의식에서 검토하게 되었음을 말해 준다.

전문위원회는 8월1일에 제1차 회의를 열고 군사위원회가 작성한 「지도초안」을 검토했다. 출석 위원들은 첫째로 한국 독립운동을 지원하는 최고원칙은 무엇이며 어느 기관이 책임을 맡아 통일적으로 집행할 것인가, 둘째로 중국에서 20여년이나 유랑한 한국임시정부를 승인할 것인가,

---

1) 胡春惠 著, 辛勝夏 譯, 「中國 안의 韓國獨立運動」, p.97.
2) 위의 책, pp.91~92; 「本月二十日中央第二零六次常會討論」 中央研究院近代史研究所 編, 「國民政府與韓國獨立運動史料」, 中央研究院近代史研究所, 1988, p.570.
3) 胡春惠 著, 辛勝夏 譯, 앞의 책, pp.91~92.

승인한다면 가장 적절한 시기는 언제인가 하는 문제를 집중적으로 논의했다. 회의는 몇 차례의 토의를 거쳐 (1) 한국에 관한 최고의 지도원칙은 군사위원회에서 작성한 「지도초안」을 주로 하고, 문구를 수정한다. (2) 한국임시정부의 승인에 대해서는 원칙적으로 다른 나라보다 먼저 승인하되 시기는 정부가 결정하여 택한다. (3) 한국임시정부의 승인을 표면화하기 전에는 상대방을 단지 하나의 단체로서 승인한다. (4) 차관문제는 당에서 관대와 자유의 정신을 원칙으로 하여 처리한다는 방침을 결정했다.

이어 8월17일에 열린 제2차 회의에는 전문위원들 이외에 입법원장 손과(孫科), 행정원 부원장 공상희(孔祥熙), 장개석의 핵심막료인 진포뢰(陳布雷)도 참석했다. 회의는 (1) 중국에 있는 한국의 당, 정, 군의 지도와 접촉은 군사방면만 군사위원회에서 책임을 지고 그 밖의 당, 정 방면은 중앙당부가 통일 책임을 맡는다. (2) 먼저 차관방식으로 한국임시정부의 경비 100만원(법폐)을 대여하고 그 활동의 추진을 협조한다. (3) 적당한 시기에 한국임시정부를 승인하고, 그 시기는 장개석 총재에게 보고하여 결정케 한다는 세가지를 결정했다. 오철성은 8월22일에 한국전문위원회의 두 차례에 걸친 회의내용을 7월의 군사위원회의 「지도초안」의 「요지」와 함께 장개석에게 보고했다.[4]

두 차례에 걸친 한국전문위원회의 토의 내용에서 주목되는 것은 국민정부가 지금까지 김구와 한국독립당을 중심으로 한 임시정부와 김원봉 그룹의 두 갈래로 나누어 실시하던 한국 독립운동단체에 대한 지원방법을 전면적으로 수정하고 있는 점이다. 그것은 한국 독립운동단체에 대한 지원을 김구와 임시정부로 단일화시키되, 임시정부로 하여금 문호를 개방하여 김원봉(金元鳳)의 조선민족혁명당을 비롯하여 이때까지 임시정부에 참여하지 않았던 모든 정파를 임시정부에 참여시키도록 압력을 행사하는 것이었다.

---

4) 위의 책, pp.91~98.

이러한 전문위원회의 건의와는 별도로 주가화는 9월12일에 「한국문제처리에 관한 의견」이라는 건의서를 작성하여 장개석에게 보고했다. 주가화는 이 건의서에서 먼저 광복군문제가 가장 중요한 것이라고 지적했다. 그는 자신이 한국문제를 맡아서 처리한 지 3년이 넘었는데도 불구하고 여전히 광복군문제가 제대로 처리되지 못한 원인으로 세가지를 들었다. 첫째는 의용대를 광복군에 합병시킨 것은 원칙적으로 타당하지만 광복군의 두 통솔자, 곧 이청천(李靑天)과 김원봉이 서로 융합할 수 없는 다른 사상을 대표하는 인물들이기 때문에 광복군의 역량을 모으고 군령을 통일하기가 어렵고, 둘째는 광복군을 지원하는 중국국민당의 관련기관의 견해가 일치하지 않아 광복군의 운용과 지도에 개인적인 감정이 개입됨으로써 국가시책에 부합되지 못하고 은연중에 광복군의 내부 분규를 조장하거나 그들의 업무를 방해했으며, 셋째는 광복군의 편제가 너무 소규모이고 매달 경비도 2만원밖에 되지 않아 그것으로는 생활을 유지하기도 어려운 형편이므로 제대로 활동할 수 없다는 것이었다.

주가화는 한국문제를 처리하기 위해서는 군사와 당파와 정치의 세가지 문제를 서로 유기적인 관계에서 접근해야 하며, 이를 위해서는 반드시 사상통일을 준칙으로 삼아야 한다고 말하고, 당파문제, 정치문제, 군사문제의 세가지로 나누어서 구체적인 처리원칙을 건의했다.

먼저 당파처리문제에 대해서는 김구가 영도하는 한국독립당을 지원하는 것을 원칙으로 해야 한다고 다음과 같이 기술했다.

한국의 각 당파는 원래 그 통일을 강제로 요구할 필요는 없으나 다만 우수한 당을 택하여 부식(扶植)하여 독립운동을 영도하게 하는 것이 마땅합니다. 생각건대, 한국 각 당파 가운데 김구가 영도하는 한국독립당이 가장 우수한데, 그 당은 한국국민당, 한국독립당, 조선혁명당이 합병하여 성립된 것으로서 범위가 가장 넓고 역사가 가장 오래되었습니다. 오늘날이나 옛날을 막론하고 당의 「강령」으로 내건 것이 모두 민족주의 색채가 풍부하여 본당의 혁명 취지와 같습니다. 간부인원의 다수가 일찍이 본당의 혁명에 참가하였거나 혹은 본당을 동정하고 있으며, 아울러 일찍이 동맹회(同盟會)에 가입한 자(예를 들어 박찬익(朴贊翊) 등)도 있었습니다. 그러므로 본당이 한국독립당을 부식하는 것은 극히 자연스러운 일입니다. 김약산(金若山: 金元鳳)이 영도하는 조선민족혁명당의 당「강령」은 "토지 혁명", "노동시간 단축", "언론집회의 자유", "반침략국가와의 연합" 등을 표방하고 있어서 정치 색채가 국제적 노선인 것은 이미 뚜렷하게 볼 수 있습니다. 조선민족혁명당 소속 조선의용대는 지난번 섬서 북부로 진출하여 간위[奸僞: 공산당]에 투신한 자가 1백20여인에 이르고, 나머지 수십인은 또한 다수가 '조선전투동맹(朝鮮戰鬪同盟)'에 속하는 이중당적자들입니다. 이런 종류의 사람은 수는 매우 적지만 신념은 각각 다릅니다. 사상이 복잡하고 다단한 당파는 공산당에 이용되는 것을 방비해야 하며, 그 발전을 조장해서는 안될 것입니다.

둘째로 정치문제 처리에 관해서는 적당한 시기에 한국임시정부를 승인하여 내부의 정쟁을 없애는 것이 바람직하며, 그렇게 하면 김원봉도 임시정부에 복종하게 되어 내부갈등도 자연스럽게 사라질 것이라고 썼다.

살펴건대, 한국임시정부 승인 문제는 본년 6월 18일에 상세히 말씀드린 적이 있습니다. 이 일은 한국내부의 단결을 촉진하는 점에서 논하자면 또한 지극히 필요합니다. 김구가 영도하는 한국임시정부는 이미 23년의 역사를 가지고 있습니다. 김약산의 반대는 의정원(議政院) 임시회의를 소집하자는 그의 건의를 접수하지 않았다는 것이 이유인데, 실은 영도권을 쟁취하려는 것입니다. 이러한 내부 정쟁은 지나치게 중시할 필요는 없을듯하나 다만 대책을 마련하여 제거해야 합니다. 우리쪽에서 만일 적절한 시기에 임시정부를 승인한다면 김약산은 그 임명을 복종하는 외에 그밖의 정당한 길은 따를 수 없을 것 같기에 내부의 모순은 이로 인해 제거되고 형적도 없을 것입니다.

셋째로 군사문제 처리에 대해서는 광복군의 고급인사를 조정하여 의지를 집중하고 군령을 통일해야 된다고 다음과 같이 건의했다.

현재 광복군은 이청천과 김약산이 공동으로 통솔하는 책임을 맡고 있으나, 두 사람은 사상도 같지 않고 신념도 서로 다릅니다. 이 때문에 한국광복군 내부에 때때로 마찰이 발생하여 일체 군령이 관철을 기대하기 매우 어렵습니다. 정돈하기 위한 계책으로는 오직 고급인사를 조정하는 것밖에 없습니다. 대체로 김구와 김약산 두파는 당, 정 방면에서 합작을 하게 할 방법이 없는데, 군사영도권상에서 타협을 얻기를 요구하는 것은 더욱 불가능합니다. 그러므로 금후로는 임시정부 계통 하에서 한국광복군의 역량을 배양 부식하며, 이청천에게 중심을 두어 한국광복군 인사의 중심이 되게 하는 것이 마땅합니다. 또 이청천의 영도하에 있는 한적 군관 가운데 중앙군관학교 출신자가 이무웅(李無雄), 왕형(王衡: 安椿生) 등 20여인이 있으나(많게는 30인?) 김약산이 훈련한 청년은 품류(品類)가 복잡하고 사상이 혼란하므로 한국임시정부에서 참작하여 공작을 하게끔 하고, 우리쪽에서 다시 여하한 원조를 할 필요는 없습니다.

주가화는 마지막으로 지난 여름에 제기된 이래 계속해서 연기되고 있는 김구, 이청천, 조소앙(趙素昻), 박찬익의 장개석 면담요청을 허락해 줄 것을 다시 한번 건의했다.[5]

---

5) 朱家驊, 「韓國問題處理에 관한 意見」 (1942.9.12.), 『대한민국임시정부자료집(10) 한국광복군 I』, pp.130~133.

2

전문위원회의 의견과 주가화의 보고에 근거하여 장개석은 1942년10월9일에 한국원조에 관한 다섯가지 처리원칙을 오철성에게 지시했다.

(1) 당, 정, 군(한국)은 사실상 불가분의 관련을 가지고 있어서 통일 운용 및 지도를 하도록 해야 하며, 하응흠 총장 이외에 한두 사람을 더 참가시켜 맡도록 할 수 있음. 이후 한국문제에 관하여는 당, 정 혹은 군사를 막론하고 이 위원회의 다수가 협의하여 처리하고, 소집인이 보고하기를 희망함.

(2) 다른 나라보다 먼저 한국임시정부를 승인하는 원칙에 따라 처리할 것을 확정함.

(3) "단지 하나의 단체를 상대방으로 승인"하는 문제는 이와 같이 고정시킬 필요가 없을 것으로 보이며, 함천시육대전(陷川侍六代電)에서 지시한 "한국 내부의 당쟁을 지나치게 중시할 필요가 없으며 하나의 정당만을 고집하지 말고 원조한다"는 요지를 참조하여 적당히 운용할 것.

(4) 한국독립단체에 관한 차관은 한국임시정부에만 제한하지 말고 마땅히 복국 역량이 있으며 우리의 항전에 관계가 있는 단체인가를 중시하고 당에서 접촉하고, 먼저 100만원을 지급하여 그 진도를 협조하고 처리할 것.

(5) 이상의 원칙에 따라 원래의 지도방안을 수정하고 또한 문구를 정리하여 결재받기 바람.[6]

장개석의 지시는 전문위원회가 합의한 내용보다 융통성이 있었다. 장

---

6) 胡春惠 著, 辛勝夏 譯, 앞의 책, p.98.

개석은 국민정부가 한국 독립운동자들 사이의 주도권을 김구 그룹에게 집중시킴으로써 문제가 더 복잡해질 수 있다고 판단했던 것이다. 장개석은 자신이 교장일 때에 황포군관학교(黃埔軍官學校)에서 교육받은 김원봉 그룹의 김구에 대한 견제역할의 필요성도 고려하고 있었던 것으로 여겨진다. 장개석의 지시를 받은 오철성은 왕총혜, 하응흠, 주가화 등과 다시 의논하여 장개석의 지침을 토대로 하여 12월15일에 새로 「부조조선복국운동 지도방안(扶助朝鮮復國運動指導方案)」이라는 지원지침을 확정했다. 장개석은 12월27일에 이 「지도방안」을 최종적으로 승인하면서 하응흠, 주가화, 오철성 세 사람을 주관자로 지명했다. 이 「지도방안」은 국민정부의 한국 독립운동 지원방침이 당의 공식적인 정책으로 제도화되었음을 의미하며, 이 문서는 이후 국민정부가 한국임시정부를 지원하는 기준이 되었다. 「지도방안」은 이전에 논의되었던 국민정부의 한국문제 처리방침을 대부분 그대로 채택하고 있으나, 중국 군사위원회가 작성한 「지도초안」과 몇가지 점에서 차이가 있었다. 조문이 비교적 전보다 간략하게 정리되어 중복되는 내용이 없고, 「초안」에서와 같은 강제규정이 비교적 완화되었으며, 문구상에서도 한국인의 자존심을 존중하라는 표현이 추가되었다. 그러나 확정된 「지도방안」도 한국 독립운동단체를 지원하기 위한 원칙상의 규정일 뿐, 구체적인 업무는 12월27일에 장개석이 지명한 세 사람이 책임지고 주관하도록 정식으로 결정되었다.[7]

한국광복군과 임시정부 지원문제에 대한 기본정책을 확정한 국민정부는 바로 한국 독립운동단체들의 통합작업에 나섰다. 7당통일회의나 5당통일회의를 종용했다가 실패한 경험이 있는 국민정부 인사들은 이번에는 자신들도 직접 참가하는 연합단체를 결성하기로 했다. 그것이 중한문화협회(中韓文化協會)였다. 10월11일 오전에 중경방송국 빌딩에서 열린 중한문화협회 성립 전례식에는 국민정부의 임시정부 승인을 공식적으

---

7) 위의 책, pp.99~102.

로 제창한 입법원장 손과를 비롯하여, 오철성, 왕총혜, 우우임 (于右任), 곽말약(郭末若), 풍옥상(馮玉祥) 등 국민정부 간부들과 김구, 조소앙, 이청천, 김원봉, 박찬익, 최동오(崔東旿) 등 한국독립당 및 임시정부 지도자들을 포함한 400여명이 참가하여 성황을 이루었다. 양국 애국가 봉창과 중국 전몰장병과 한국 순국열사에 대한 묵념에 이어 손과 입법원장이 개회를 선언했다. 손과는 개회사에서 한국 국민의 분투와 희생정신에 대하여

하응흠(何應欽), 주가화(朱家驊)와 함께 장개석(蔣介石)이 한국문제 주관자로 지명한 중국국민당 비서장 오철성(吳鐵城).

경의를 표한다고 말하고, 자기 선친이 창안한 중국의 삼민주의 건국이념을 강조했다. 이어 임시정부 외교부장 조소앙과 풍옥상 장군 및 중국 국제위원회 주임 아이버스(Ivers) 박사가 한국독립과 한중합작의 필요성을 강조하는 연설을 했다.

장개석은 "중한 양국 인사들은 그 문화를 지키고 독립과 자유를 반드시 회복해야 한다. 민족발전의 기본으로 전통문명을 발양하는 데 노력해야 한다. 그렇게 함으로써 국민의 자존심과 자신을 진작시킬 수 있다. 우리는 동아시아의 왕도문화(王道文化)를 간성으로 삼아야 하고, 세계 반침략전쟁의 최종 목표도 민족 자유와 인류 평등을 완수하는 데 있다"라는 축하전문을 보냈다.[8]

전례식에서는 31조로 된 「장정」의 채택에 이어 이사와 감사진을 선정

---

8) 楊昭全等 編, 『關內地區朝鮮人反日獨立運動資料匯編(下)』, 遼寧民族出版社 1987, pp.1590~1591; 石源華 編著, 『韓國獨立運動與中國』, p.393.

했는데, 선정된 인사들의 면면을 보면 중한문화협회가 사실상 국민정부의 산하기관으로 결성되었음을 알 수 있다. 이사로는 중국쪽에서 손과, 오철성, 주가화가, 한국쪽에서는 각 정파를 망라한 박찬익, 김규식(金奎植), 신익희(申翼熙), 김성숙(金星淑), 김원봉, 엄항섭(嚴恒燮), 유자명(柳子明)이 선정되었고, 감사로는 중국쪽에서 왕세걸과 마초준(馬超俊)이, 한국쪽에서 최동오와 박건웅(朴建雄)이 선정되었다. 그 밖에 중국인 16명과 한국인 8명의 저명인사들을 명예이사로 추대했는데, 중국인으로는 장치중(張治中), 곽말약, 주은래(周恩來) 등이 포함되었고, 한국인으로는 이청천, 조소앙 등뿐만 아니라 미국에 있는 이승만과 서재필(徐載弼)까지 포함되었다.

전례식은 마지막으로 국민정부 주석 임삼(林森)과 장개석, 그리고 루스벨트(Franklin D. Roosevelt)와 처칠(Winston L. S. Churchill)과 스탈린(Joseph V. Stalin)에게 보내는 메시지를 채택했다.[9]

이날 채택된 「장정」에 따라 중한문화협회는 이사장(회장)에 손과를 선임하고 부회장에는 조선민족혁명당의 김규식을 선임했다. 그리고 이두 사람과 오철성, 주가화, 박찬익을 상무이사로 선임했다. 이사회 아래 조직, 선전, 연구, 연락, 총무의 5개조를 두고 곤명(昆明), 성도(成都) 등지에 분회를 설치했다.

중한문화협회의 결성에 대해서는 재미동포들도 크게 환영했다. 중한문화협회가 결성되었다는 사실을 알리는 엄항섭의 전보를 1면 머리기사로 크게 보도한 《신한민보(新韓民報)》는 사설란에서 다음과 같이 논평했다.

중한문화협회는 10월11일에 중경에서 정식 성립되었다고 하였으

---

9) 《新韓民報》 1942년10월22일자, 「중한문화협회 설립 전례」; 호춘혜, 「중한문화협회의 창립과 한국의 항일독립운동」, 대한민국임시정부 옛 청사관리처 편, 김승일 역, 『중국항일전쟁과 한국독립운동』, 시대의 창, 2005, p.208.

니, 이는 전시 한중 양국의 합작에 가장 중요한 소식이요 이왕으로부터 진중한 한중 양국의 우의가 이로 말미암아 더욱 진중할 터이매, 우리 재미 한국 1만 동포는 이 소식을 듣고 다같이 기뻐 축하하는 것이다. 문화협회의 공작을 간단히 말하면 예술합작 즉 정신합작이요 군사합작을 힘쓰는 이 시기에 있어 예술합작을 제창하는 것은 정신합작으로 들어가서 무력합작을 강화하여 대일전쟁의 승리를 촉진하자는 것이다.…10)

중한문화협회가 결성되고 보름 뒤인 10월25일에 제34회 임시의정원 정기회의가 열렸다. 20여년 동안 한국독립당 인사들만으로 운영되었던 것과는 달리 이때의 임시의정원 회의는 한국독립당뿐만 아니라 조선민족혁명당, 조선민족해방동맹, 조선혁명자연맹 등 중경에 있는 좌우익의 모든 정파가 참여한 역사적인 의회였다. 그러나 그것은 김구가 또 다른 험난한 도전을 겪는 정치무대가 되었다.

---

10) 《新韓民報》 1942년10월22일자, 「社說: 중한문화협회 성립을 축하함」.

2. 좌우합작으로 치열해진 권력투쟁

1

　제34회 임시의정원 정기회의가 다가오면서 중경의 독립운동자들 사이에서는 조선민족혁명당의 임시정부 참여문제가 중대한 현안이 되었다. 그동안 한국독립당 간부들은 조선민족혁명당 등 좌파의 임시정부 참여 요구를 완강하게 거부해 왔었는데, 중한문화협회 등을 통한 국민정부의 압력 때문에 한국독립당으로서도 마냥 버틸 수 없게 된 것이었다.

　온갖 고난을 겪으면서도 20여년 동안 임시정부의 간판을 지켜 온 한국독립당 원로들은 갖은 방법으로 임시정부 활동을 폄훼해 온 조선민족혁명당이 임시정부에 들어오면 임시정부가 어떤 곤경에 빠질지 모른다고 우려했다. 그러나 이미 조선의용대가 광복군에 편입되고 김원봉이 광복군 부사령으로 임명된 상황에서, 민족혁명당의 임시정부 참여를 배제하는 것은 오히려 편협한 배타주의로 인식될 수밖에 없었다. 한국독립당 간부들은 민족혁명당 인사들이 임시의정원에 들어오더라도 한국독립당이 과반수 의석을 차지할 수 있고, 임시정부에 참여하고 있지는 않지만 임시정부에 대해 호의적인 태도를 취해 온 몇몇 인사들의 협조를 얻는다면 반대파를 충분히 제압할 수 있다는 판단 아래 조선민족혁명당의 임시정부 참여를 허용하기로 했다.

　민족혁명당의 임시정부 참여를 허용한다는 것은 임시정부 주관으로 임시의정원 의원 보궐선거를 실시하고, 민족혁명당에도 선거에 참여할 기회를 준다는 뜻이었다. 이때의 임시의정원은 정원 57명(경기, 충청, 경상, 전라, 함경, 평안 각도와 중국령, 시베리아 교민대표 각 6명, 강원도, 황해도와 미주교민대표 각 3명) 가운데 재적의원은 23명이었다.

　임시정부는 임시의정원 의원 보궐선거에 대비하여 「임시의정원의원

선거규정」을 제정하고 8월4일에 공포했다. 임시정부가 「임시의정원의원 선거규정」을 제정한 것은 이때가 처음이었다. 의원 정원 57명은 3·1운동 직후에 국내외로 독립열기가 넘치던 1919년4월에 제정한 「임시의정원법」에 규정된 것이었는데, 그때는 국내 또는 해외 동포들이 의정원 의원들을 직접 선거해서 보내오는 것을 전제로 하고 있었으므로 특별히 선거규정을 제정하지 않았다. 「임시의정원법」에는 의원의 임기가 2년으로 규정되어 있었지만, 이 규정은 사문화된 지 오래였다. 임시의정원이 한국독립당 간부들인 민족주의 인사들만으로 운영되어 오는 동안 국무위원들이 임시의정원 의원을 겸하는 것도 불가피했다. 이때에 김구는 국무위원회 주석이자 미주지역 대표의 의정원 의원이었다. 그런 점에서 1942년의 임시의정원 의원 보궐선거는 단순한 보궐선거가 아니라 법률적으로는 임시정부의 정통성을 한결 강화하고 정치적으로는 좌우합작에 의한 항일통일전선 구축이라는 의미가 있었다. 그러나 실제로는 좌우익의 대립에 의한 치열한 권력투쟁의 성격이 더 강했다.

임시정부가 제정한 「선거규정」은 선거권과 피선거권의 범위를 "임시정부의 법령을 준수하는 사람"으로 제한했는데, 이에 따라 정부에서 반포한 법령을 준수하지 않는 자, 정부나 의정원을 비법적으로 변경코자 하는 행위가 있는 자, 언론이나 행동으로 정부나 의정원을 위해하거나 파괴하는 자, 적과 내통한 혐의가 있는 자 등은 선거권과 피선거권이 없었다.[11]

한국독립당은 9월20일에 제2차 전당대표대회를 소집하여 임시의정원의 문호를 개방하기로 결의하고, 임시정부 주관으로 각 선거구의 형편에 따른 보궐선거를 실시하기로 했다.[12] 한편 민족혁명당은 조선의용대

11) 《大韓民國臨時政府公報 제75호》(1942년8월20일), 『대한민국임시정부자료집(1) 헌법·공보』, pp.265~266.
12) 양우조·최선화 지음, 김현주 정리, 『제시의 일기』, p.192; 趙擎韓, 『白岡回顧錄 國外篇』, 韓國宗教協議會, 1979, p.328. 趙擎韓은 대회의 명칭을 한국독립당의 임시중앙집행위원회라고 했으나, 1941년5월의 제1차 전당대표대회 이후 1943년5월의 제3차 전당대표대회 기록만 보존되어 있고 제2차 전당대표대회에 관한 기록이 발견되지 않는 것으로 보아 양우조의 일기대로 이 대회를 한국독립당 제2차 전당대표대회로 보는 것이 타당할 것이다.

의 주력이 화북으로 넘어간 뒤로 약화된 당세를 임시정부 참여를 통하여 만회하려고 총력을 기울였다. 민족혁명당은 한국독립당에서 탈당하여 한국독립당 통일동지회를 조직한 김붕준, 손두환, 김철남(金鐵男) 등과 조선민족해방투쟁동맹의 이정호(李貞浩) 등과 연대하여 임시의정원 선거에 참여했다.[13] 그리하여 10월20일부터 23일까지 11개 선거구 가운데 경기도와 시베리아를 제외한 9개 선거구에서 실시된 보궐선거에서 모두 23명의 의원이 보선되었다.[14] 경기도는 결원이 없어서 선거를 실시하지 않았고, 시베리아 대표는 사람이 없어서 한명도 선출할 수 없었다. 이로써 지금까지 23명이던 의원수는 두배인 46명으로 늘었다.

23명의 의원보선은 1923년1월에 개원한 제11회 임시의정원회의 때의 의원보선 26명에 이어 두번째로 많은 숫자였다. 그러나 1919년의 임시정부 초창기에 헌법제정 작업을 담당했고, 그 뒤에도 내무총장, 외무총장 등으로 활동했던 신익희는 경기도가 보궐선거지역이 아니었으므로 선거에 참여하지 못하고 방청석에서 회의진행을 지켜보아야 했다.

선거과정은 자세히 밝혀져 있지 않으나, 한국독립당과 조선민족혁명당은 서로 상반된 주장을 했다. 내무부장 조완구(趙琬九)는 내무부 정무보고에서 선거에 앞서 인구조사를 실시했고, "이번 선거결과는 양호하다고 생각합니다"라고 하여 선거과정에서 별다른 문제가 없었다고 보고했으나,[15] 처음으로 의정원 의원이 된 김원봉은 "이번 의회에 신의원을 보충않을 수 없어 보충시키는데, 우리파 인사의 보선을 온갖 방법을 다하야 보선되지 않게 했다"[16]면서 한국독립당의 선거방해공작이 심했다고 주장했다.

---

13) 「韓國黨派之調查與分析」, 「朝鮮民族革命黨第7次代表大會」, 秋憲樹 編, 『資料 韓國獨立運動(2)』, p.70, p.212.
14) 《大韓民國臨時政府公報 제76호》(1942년11월30일), 『대한민국임시정부자료집(1) 헌법·공보』, pp.268~269.
15) 「臨時議政院會議 제34회」(1942.10.~11.), 『대한민국임시정부자료집(3) 임시의정원Ⅱ』, p.33.
16) 「金元鳳이 韓吉洙에게 보낸 1942년11월18일자 편지」, (저자 소장).

이렇게 하여 오랫동안 한국독립당 소속의원들만으로 운영되어 온 임시의정원은 한국독립당 이외의 다양한 정파들이 참여하게 되었다. 「당선의원 명단」에 따르면, 조선민족혁명당이 8명[김원봉, 송욱동(宋旭東), 이인홍(李仁洪), 김상덕(金尙德), 최석형(崔錫淳), 신영삼(申榮三), 왕통(王通: 金鐸), 이해명(李海鳴)]으로 가장 많고, 그 다음으로 한국독립당 6명[심광식(沈光植), 김현구(金玄九), 강홍주(姜弘周), 김관오(金冠五), 조성환(曺成煥), 민필호(閔弼鎬)], 한국독립당 통일동지회 2명[손두환, 김철남], 해방동맹 2명[박건웅, 김재호(金在浩)], 조선혁명자연맹 2명[유자명, 유림(柳林)], 광복군 2명[이정호, 한지성(韓志成)], 기타 1명[이연호(李然皓)]이 당선되었다.[17] 민족혁명당 당선자들은 김원봉을 비롯한 당내 원로와 조선의용대 소속으로 광복군에 편입된 젊은 간부들이었다. 광복군으로 당선된 한지성이 민족혁명당원이었고, "초보적 합작"으로 선거에 임했던 통일동지회 소속의 손두환, 김철남 두 사람과 광복군으로 당선된 이정호가 1943년2월에 민족혁명당에 입당하는 것으로 보아 민족혁명당 계열의 세력은 처음부터 당선자 수보다 컸었음을 알 수 있다. 김원봉은 한길수(韓吉洙)에게 보낸 편지에서 이때의 보궐선거에서 민족혁명당원 13명이 당선되었다고 적었다.[18]

2

10월25일 오전 8시에 오사야항(吳師爺巷) 1호의 임시정부 청사에서 열린 제34회 임시의정원 회의 개원식에는 중경에 있던 의원 19명과 새로 선출된 의원 23명 전원이 참석했다. 김학규(金學奎), 안훈(安勳: 趙擎韓), 이복원(李復源) 등 광복군 관계로 다른 지방에 파견된 의원들은 참석하지 못했다. 부의장 최동오의 개회사는 이 무렵의 한국 독립운동자들의 시

---

17) 「報告」(1942년10월17일), 『대한민국임시정부자료집(6) 임시의정원 V』, 2005, p.45.
18) 「金元鳳이 韓吉洙에게 보낸 1942년11월18일자 편지」.

大韓民國第三十四回議政院議員一同紀念撮影

좌우합작으로 새로 구성된 제34회 임시의정원이 1942년10월15일에 개원했다.

국인식과 그에 따른 감회가 어떠했는지를 보여 준다.

　"작년 우리의 희망이 이번 의정원 회의는 국내에 들어가서 개회한다는 것이었는데, 오늘날 또다시 이곳에서 열게 되어 마음속으로 대단히 유감으로 생각합니다. 그러나 이번 세계대전이 날로 긴장미를 더하고 있는 동시에 민주전선도 점차 강화되고 있습니다. 우리도 광복군을 건설한 후로 나날이 그 지반이 견고해지고 우리의 임시정부도 국제무대에까지 올라 우리의 앞날에도 서광이 비쳐지는 오늘입니다.… 오늘 이 모임은 1919년 우리 임시정부 설립 이래 최초로 성왕을 이루게 된 것으로 느껴집니다.… 금번에 당선되신 신도의원(新到議員)은 과거 오랫동안 투쟁전선에서 씩씩하게 싸워 왔던 투사이며 그 투쟁 가운데서 얻으신 경험이 풍부하시므로 이번 이 회의에 많은 공헌과 도움이 있을 줄 믿습니다.…"[19]

---

19) 「臨時議政院會議 제34회」, (1942.10.~11.), 『대한민국임시정부자료집(3) 임시의정원Ⅱ』, p.24.

최동오의 개회사에 이어 고사(告辭)에 나선 김구는 단결을 강조했다.

"나는 본래 말주변이 없기 때문에 나의 마음 가운데 있는 말을 다 표현해 낼 수가 없습니다. 그러나 오늘의 이 회의가 성왕을 이루게 되어 마음속 진심으로 기쁨을 이기지 못하는 바입니다. 우리 운동은 3·1운동 이래 많은 분열 상태로 오늘 이곳에까지 오게 되었습니다. 오늘 우리가 부르짖고 있는 통일문제는 그리 간단한 문제가 아닙니다. 이것은 우리가 정성으로 임무를 다하는 데서 해결될 것입니다. 내가 오늘 이곳에서 느끼는 바는 이번 새로 선거된 신도의원이 다 지사로서 망라되어 퍽이나 성왕을 이루게 된 것을 기쁘게 생각하며, 더욱 나의 임무상으로 보아 기쁨을 마지않는 바입니다.

우리가 이 회의에서 참 좋은 결과를 얻으려면 두가지를 해야 합니다. 첫째 대내로 정성 단결할 것, 둘째 대외로는 우리의 통일문제는 우리의 정성 합심으로써 국제적 지위를 획득해야 되겠다 하는 것입니다.…"[20]

의원을 대표하여 답사에 나선 조소앙은 이제 지난날의 무수한 방법의 대립, 단체의 대립, 각 당파의 대립이 임시의정원으로 통합되었다고 새로 구성된 임시의정원의 의미를 강조했다.[21] 이튿날 의정원은 사망한 송병조(宋秉祚) 후임으로 홍진(洪震)을 의장으로 선출한 다음 10월27일 회의에서는 4개 분과위원회를 설치하기로 하고, 10월30일 회의에서 각 당파를 망라한 20명의 상임위원을 선출했다. 이어 의정원과 임시정부 각부의 정무보고를 접수하고, 10월31일 회의부터 대정부 질문이 시작되어 의원 보선과 「선거규정」에 관한 문제, 대미외교와 관련된 한길수와 이승만문제, 「건국강령」 개정문제, 「광복군행동준승」 취소문제, 임시약헌 개정문제 등 현안에 대한 열띤 질의응답이 벌어졌다. 제34회 임시의정원 회의부터는 비교적 잘 정리된 속기록이 보존되어 있어서 회의내용을 자세히 살펴볼 수 있다.

---

20) 「臨時議政院會議 제34회」, (1942.10.~11.), 위의 책, pp.24~25.
21) 「臨時議政院會議 제34회」, (1942.10.~11.), 같은 책, p.25.

한길수에 대한 논란은 10월31일의 외교문제 질의시간에 벌어졌다. 민족혁명당의 젊은 이론가 왕통 의원이 먼저 한미협회 회장 크롬웰(James H. R. Cromwell)과 헐(Cordell Hull) 국무장관 사이에 오간 편지문제를 들고 나왔다. 한길수의 문제제기가 임시의정원에서까지 논란을 불러일으킨 것이었다. 한길수는 자기가 발표하는 글들을 김원봉에게 보내고 있었다.

조소앙은 크롬웰은 우리에게 호의를 가지고 미국시민 자격으로 국무장관과 논쟁을 벌인 것뿐이므로 우리에게는 아무런 문제가 없고, 이것을 가지고 파동을 일으킨 것은 우리 내부의 대립적 단체의 소행인 것 같다고 답변했다. 그러자 한길수의 활동에 대한 다른 의원의 질문이 이어졌다. 조소앙이 답변을 애매하게 하자 김구가 직접 나섰다.

"한길수의 신분에 대하여 계통적으로 보충을 하겠습니다. 그 사람은 하와이에서 일본영사관에서 공작하다가 미국의원단이 하와이에 왔을 때에 일본인의 비밀을 폭로했습니다. 무엇을 원하느냐는 미국의원단의 물음에, 그는 독립을 원하는데 화평적 수단으로 동경에 가서 청원해서 하겠다고 했습니다. 워싱턴으로 간 뒤에 한길수의 사진까지도 파는 상점이 생기게 되었고, 그 뒤에 그가 중한동맹단을 조직했는데, 이것은 자기 자신이 차모 등과 합하야서 조직한 바, 9개 단체가 연합해서 활동하며 로스앤젤레스와 워싱턴 등 각지에 지부를 두고 사무를 보게 해서 그를 국방봉사원이라고 했습니다. 한길수는 이것으로 인하여 출풍□(出風□)를 하게 되어 곧 국방봉사원의 명의를 취소당했습니다. 이 한길수란 사람은 국제적 제5종대라고도 할 수 있습니다."

한길수에 대한 김구의 이러한 인식은 이승만의 설명에 따른 것이었을 것은 말할 나위도 없다.

"국제적 제5종대"란 국제간첩이라는 뜻이다. 왕통이 김구의 말을 반박했다.

"한길수에 대하여 좀 더 자세히 금후에 말하겠소이다. 재미한인들이 불연합 관계로 물론 분규가 있었으나, 그는 현재나 과거에나 광복노력을 하고 있는 이상 좀 더 신중히 말하면 좋겠습니다.”

그러자 엄항섭이 김구의 말을 보충했다.

“미주에서 온 통신을 보면 한길수는 임시정부 승인을 방해하였고 각 신문에도 그 사람의 사실을 폭로하여 겨우 미주한교 중 1백분의 2가 그를 지지한다고 하였고, 또 한길수는 일본 스파이이며, 그밖에 금년에 각 신문상에 발표된, 즉 우리 국내 폭동, 도조 히데키(東條英機) 암살 건 등 모호한 사실을 발표한 것이 있습니다. 또 마초준이 저더러 한길수가 발표하는 소식은 중국쪽 정보에 의하면 불확실하니 곧 부인을 발표하라고 요구한 적도 있었소.”

마초준은 중국국민당의 중앙조직부 부부장이었다. 왕통이 다시 발언에 나섰다.

“방금 1백분의 2 인민이 지지한다고 했는데, 엄 의원이 가보지 못한 이상, 또한 피차 서로 불리한 점을 말하는 만큼 그것에 대해서는 좀 더 연구해 봅시다.”

“1백분의 2라는 숫자는 잡지에 의하여 말한 것입니다.”

엄항섭의 말에 이어 민족해방동맹의 박건웅(朴建雄)이 발언했다.

“우리는 한길수의 인격을 승인 불가능한 것입니다.”

논란이 계속되자 조소앙이 정부에서는 한길수에 대한 조사가 불충분하므로 앞으로 다시 알아보겠다고 말했다. 그러나 왕통은 물러서지 않았다.

“한길수가 임시정부 승인을 방해했다는 사실은 잘 조사해야 하겠고, 제5종대라는 말은 신중히 합시다. 한길수가 제5종대라면 우리도 동일하오.”

같은 민족혁명당의 최석순(崔錫淳)이 왕통의 말을 거들었다.

“한길수는 한 개인인 만큼 정부와 관계가 없으니 의회에서 거론할 바가 못됩니다. 과거에 이 박사의 맨데토리[위임통치] 문제로 분열이 있었으니, 곧 개인문제는 정지합시다.”

조완구가 한길수가 제5종대라면 우리도 같다고 한 왕통의 말을 즉각 취소하라고 요구했다. 왕통은 다음과 같이 말하면서 취소했다.

"한길수도 광복운동자의 한 사람인 이상 우리도 역시 광복운동자입니다. 그러나 의장이 실언이라고 결정하니 본 의원은 이를 취소하는 바입니다."[22]

이러한 논란은 이승만과 한길수의 관계가 그대로 중경 독립운동자사회에 연계되어 있었음을 보여 준다.

3

이승만의 대미외교가 논란된 것은 이틀 뒤인 11월2일 회의에서였다. 김원봉이 문제의 크롬웰의 편지와 관련하여 이승만의 외교정책을 거론했다. 그는 은근히 조소앙을 추어올리면서 말했다.

"외교부의 보고에 근거하여도 정부의 외교성적을 잘 알 수 있고, 또 중한문화협회 할 때에 중국 각 요인은 한국임시정부를 사실상 승인했다고 했습니다. 이것을 보더라도 우리 외교의 성공이요 또 조 부장의 공로라고 할 수 있습니다. 그러나 미주에서는 이승만 박사가 크롬웰과 상의하여 미국 헐 국무장관에게 보낸 서신중에 '미국이 한국정부를 승인하기 전에는 한국은 연맹국과 함께 작전하지 않겠다'는 의사의 어구로 인하여 헐의 소위 '경고'가 통신사를 통하여 전세계에 선포되었으니, 이것은 우리 외교상 일대 잠시적 좌절입니다. 또 이 박사는 임시정부를 대표하여 미국에서 활동하면서 개인적인 말로나 혹은 《태평양주보》에 비폭력주의를 주장하고 있습니다. 이와 같은 이 박사에 대해 정부는 무슨 보장이 있다고 생각합니까?"[23]

김원봉의 질의에 대한 조소앙의 답변은 요령부득이었다.

---

22) 「臨時議政院會議 제34회」, (1942.10.~11.), 같은 책, pp.35~37.
23) 「臨時議政院會議 제34회」, (1942.10.~11.), 같은 책, p.49, p.86.

"만일 이 박사가 이 편지를 발표하였든지 혹 이 박사가 크롬웰을 시켜 그와 같은 편지를 보내게 했다면 물론 정부는 이 박사를 견책하여야지요. 물론 이 박사의 정견은 나도 반대하는 바입니다. 만일 그가 총사령이 된다면 나는 반대하겠지요. 그러나 외교관 되는 데에는 별 관계가 없다고 생각합니다."

크롬웰과 헐 사이의 편지에 대해 한길수의 왜곡된 선전은 임시의정원에서까지 이처럼 엉뚱한 논쟁을 불러일으켰다. 그리고 실상에 대하여 확신이 없는 조소앙은 이렇듯 답변을 얼버무릴 수밖에 없었다.

이어 손두환이 질의했다. 초점이 빗나간 질의응답이 계속되었다.

"크롬웰 서신의 내용이 한국인과 우리 정부의 의사가 아니라는 것을 해내외에 선포했습니까?"

"헐에게는 전보로 성명했습니다."

"비폭력주의를 신앙하는 이 박사로서 어떻게 무기대여법에 의한 원조를 요구할 수 있습니까?"

그러자 엄항섭이 나섰다.

"이 박사는 최근에 와서 확실히 사상이 바뀌었고, 또 '화평의 멸망'이라는 제목으로 문장을 발표한 일이 있습니다."[24]

민족혁명당 의원들이 가장 역점을 두고 제기한 문제의 하나는 「건국강령」개정문제였다. 민족혁명당 의원들은 먼저 「건국강령」을 임시의정원의 결의 없이 국무위원회가 일방적으로 공포한 것은 위헌이 아니냐고 따졌고, 「건국강령」의 기초자인 조소앙은 그것은 약헌 제26조에 규정된 국무위원회의 직권의 하나인 "광복운동방략과 건국방안의 의결"에 속하는 일이라고 응수했다. 「건국강령」 문제가 민족혁명당 의원들의 심기를 불쾌하게 만든 것은 보궐선거를 실시할 때에 「건국강령」의 준수를 후보자 등록조건으로 강제한 것이었다.

---

24) 위와 같음.

그러나 민족혁명당도 「건국강령」의 폐지를 주장하지는 않았다. 그 필요성은 인정하나, 일부 내용을 개정하고 임시의정원의 결의를 거쳐서 시행해야 한다는 것이었다. 민족혁명당이 「건국강령」의 내용 가운데서 문제삼은 것은 삼균주의에 기초한 사유재산보호와 토지국유화 문제였다. 1941년11월에 임시정부가 공포한 「대한민국건국강령」은 대생산기관과 토지 및 광산 등을 국유로 하고 소규모 또는 중등기업은 사영(私營)으로 한다고 규정했다. 그런데 제34회 임시의정원 회의에서 있었던 이 문제에 대한 논란의 쟁점은 명확하지 않다. 속기록에 따르면, 손두환 의원과 조소앙 정부위원 사이에 다음과 같은 질의응답이 있었다.

　손 "토지국유문제와 같은 중대문제는 확실히 의회를 통과해야 하겠소."

　조 "임시약법을 본다면 토지국유한다는 것이 없으나, 조국을 광복하고 사회를 개혁할 책임이 있는 것은 아직 우리 약법에 있음을 알아야 되겠소."

　손 "약법상 평등은 법률상 적용할 것이요, 토지국유는 정부에서 프로그램식으로 한다면 불법이오."

　조 "물론 그렇습니다. 실행시에 대내 대외 정세 여하에 의하여 실행될 것입니다. 건국방안은 광복 후에 할 것이고 약법은 외지운동 당시에 적용되는 것이오."[25]

이처럼 쟁점이 부정확한 논쟁은 속기록의 부정확성 때문이기도 하겠지만, 본질적으로는 기간산업과 토지의 국유화 문제에 대한 민족혁명당의 정책이 불분명한 점 때문이었다. 이때의 의정원 회의를 속기록으로 보도했던 조선민족혁명당 기관지 《우리통신(通信)》도 손두환과 조소앙의 이때의 질의응답은 생략했다.[26]

25) 「臨時議政院會議 제34회」, (1942.10.~11.), 같은 책, pp.44~45.
26) 《우리通信》 제8호, 같은 책, pp.85~86.

조선민족혁명당은 1935년7월의 창당 때에 발표한 「강령」에서 "토지는 국유로 하여 농민에게 분급한다"[27]라고 하여 토지국유화의 원칙을 분명히 천명했다. 그러나 조선의용대의 주력이 화북으로 넘어간 뒤에 열린 1941년12월의 제6차 전당대표대회에서 발표한 「강령」은 "토지혁명을 힘써 행하며 장차 경작지를 소작농민에게 분급한다"[28]라는 말로 토지국유화 항목을 대체했다. 그리고는 1943년2월의 제7차 전당대표대회에서 발표한 「강령」이나 1945년의 제2차 세계대전 종결 직후에 발표한 「강령」은 1941년의 「강령」을 바꾸지 않았다.[29] 민족혁명당이 1941년 「강령」에서 왜 토지국유화정책을 삭제했는지는 분명하지 않았다. 다만 제34회 의정원 회의가 끝난 직후에 열린 약헌개정위원회 회의석상에서 민족혁명당 소속의 신영삼 의원이 「건국강령」의 토지국유화 항목에 대해 "토지국유 강령은 전 민족의 동원에 방해됩니다"라고 주장하고, 이에 대해 조소앙이 "자본주의사회를 건설한다면 따라올 사람이 하나도 없어요"라고 반박한 사실[30]은 엄밀히 분석해 볼 만한 대목이다.

11월3일 회의에서 이연호 등 16명의 의원이 「광복군9개조항조건 취소안」을 제출하자 여야당을 막론한 열띤 토론이 벌어졌다. 조선민족혁명당은 「광복군행동준승」을 접수한 정부의 책임을 추궁했다. 조소앙도 정부의 역량이 불충분하여 그렇게 되었다고 시인하고, 의회와 정부의 협동이 필요하다고 강조했다. 광복군 총사령 이청천은 남의 땅에서 군사 활동을 해야 하는 어쩔 수 없는 정세에서 부득이하게 접수한 사실을 설명하고 나서, "9개 조항은 확실히 가혹한 조항이기 때문에 이번 의회에서 결정되면 고칠 수 있다"고 말했다. 다시 책임문제가 거론되자 토론을 지켜

---

27) 「一九三五年の上海を中心とする朝鮮人の不穩策動狀況」, 金正明 編, 『朝鮮獨立運動 民族主義 運動篇Ⅱ』, 1967, p.541.

28) 「朝鮮民族革命黨第六屆全黨代表大會宣言」, 秋憲樹 編, 『資料 韓國獨立運動(2)』, p.209.

29) 「朝鮮民族革命黨第7次代表大會」, 「朝鮮民族革命黨綱領及政策」, 秋憲樹 編, 위의 책, p.213, p.252.

30) 「約憲修政委員會會議錄」, (1942.11.~1943.6.), 『대한민국임시정부자료집(3) 임시의정원Ⅱ』, p.123.

보던 김구가 책임을 자임하고 나섰다.

"나는 며칠 동안을 참으로 흥미 있고도 기쁘게 됩니다. 다시 주석의 책임으로 말합니다. 본 제안 문제의 책임은 하늘을 보고 땅을 보아도 본 주석에게 있습니다. 현재 광복군9개항을 취소하여야 되겠다는 것은 전 의원 의견이 동일할 줄 믿습니다. 제가 혁명운동에 참가한 이래 민족을 해하려고 해본 적이 없다는 것은 여러분도 잘 아실 것입니다. 그러나 국가대계를 불완전하게 한다면 공의 여하를 막론하고 책임져야 할 것입니다. 이것을 세상에 발표하여 가지고 다시 좋은 광복군을 성립시킴이 좋겠소."[31]

이처럼 「광복군행동준승」 취소의 필요성에 대해 한국독립당과 민족혁명당의 의견이 일치된 가운데 이연호 의원 등 16명이 제출한 「9개준승 취소안」을 수정하기로 하고, 김상덕, 손두환, 안훈, 유자명, 공진원(公震遠) 5명을 수정위원으로 선출했다. 그리하여 11월9일 회의에서 다음과 같은 수정안이 채택되었다.

임시정부는 중화민국 국민정부에 향하야 현하 중화민국 국민정부 군사위원회에서 한국광복군에 잠용(暫用)하는 소위 「행동준승9개조항」을 최단기간에 폐기하고 국제간 절대평등과 호조(互助)의 입장에서 우의적으로 적극 원조하기를 요구할 것이며, 또한 중국 영토 내에서 침략국가에 대하야 공동작전을 계속하는 기간 내에는 광복군의 지휘를 임시로 태평양전구 중국군사령장관에게 위임할 것.[32]

이처럼 중국 군사위원회의 우격다짐에 따라 울며 겨자 먹기로 받아들인 「광복군행동준승」에 대한 모멸감은 좌우파를 막론한 한국 독립운동자들의 공통된 것이었다.

---

31) 「臨時議政院會議 제34회」, (1942.10.~11.), 위의 책, p.53.
32) 《大韓民國臨時政府公報 제76호》 (1942년11월30일), 『대한민국임시정부자료집(1) 헌법·공보』, p.270.

　제34회 임시의정원 회의에서 가장 격심한 논쟁을 벌인 안건은 임시약
헌 개정문제였다. 11월4일 회의에서 최동오, 엄항섭 등 26의원이 약헌 개
정위원 9인을 선출하여 약헌을 개정하게 한 뒤에 차기[명년] 의회에 개정
안을 제출하게 하자고 한 제의를 중심으로 토론이 전개되었다. 한국독
립당에서 약헌 개정문제를 먼저 제의한 것은 민족혁명당이 이 문제를 들
고 나올 것이 틀림없으므로 기선을 제압하기 위한 것이었다.[33] 한국독립
당은 현행 약헌이 현실에 맞지 않는 점이 많은 것은 인정하면서도 약헌을
단시일 안에 고치기는 어려운 일이기 때문에 기초위원을 선정하여 충분
히 논의한 다음에 내년에 고치자는 것이었다. 그러나 민족혁명당은 약헌
개정문제가 "우리 운동을 앞으로 발전시키고 군중과 연계를 확보하느냐
아니하느냐"를 판가름하는 핵심문제라면서 반드시 올해 안에 고쳐야 한
다고 주장했다.[34]

　민족혁명당이 요구한 약헌 개정의 핵심은 임시약헌 제2장 제4조제2
항(내지 각 선거구에서 선거할 수 없을 때에는 각 해당 선거구에 원적을 두고 임
시정부 소재지에 교거하는 광복운동자가 각 해당 구 선거인의 선거권을 대행할
수 있음)을 고치는 문제였다. 이 조문에서 규정한 "광복운동자"의 개념도
모호한데다가, 선거는 중경에 거주하는 동포들이 그들의 원적지에 따라
실시해야 하기 때문에 중경 이외의 전방과 후방, 미주 등에 있는 광범위
한 동포와 광복운동자, 무장대는 선거에 참여할 수 없었다. 그러므로 이
규정을 폐지해야 한다는 것이었다. 대안으로 민족혁명당은 (1) 세개의 선
거구(전후방 적후에 있는 각종 무장대를 위한 군대특별선거구, 임시정부 소재
지 특별선거구, 미주와 시베리아 등의 보통선거구) 설치, (2) 각지 선거인의 등

---

33) 趙擎韓, 앞의 책, p.330.
34) 「臨時議政院會議 제34회」, (1942.10.~11.), 《우리通信》 제10호, 『대한민국임시정부자료집
　　(3) 임시의정원Ⅱ』, pp. 61~62, p.93.

록, (3) 의원 임기 규정의 제정을 제안했다. 또한 민족혁명당은 정부의 기구에 각 당파의 인사를 고루 참가시켜 임시정부를 실제 정형에 맞도록 개편하고, 부장제를 위원제로 고칠 것을 주장했다.[35]

약헌 개정문제를 두고 한국독립당과 민족혁명당 사이에 열띤 논쟁이 벌어졌다. 그런데 임시약헌 개정안이 제출된 11월4일 회의의 속기록을 끝으로 임시의정원 속기록이 중단되어 있다. 속기록이 중단된 이유는 분명하지 않으나, 약헌 개정문제를 둘러싸고 한국독립당과 민족혁명당의 의견이 첨예하게 대립된 것으로 보아 속기록을 작성하지 못했을 개연성이 크다. 그리하여 11월5일부터 11월19일의 폐원식까지의 회의 경과는 민족혁명당의 기관지《우리통신》에 실린 "회장 속사(會場速寫)"의 기록과 《대한민국임시정부공보》를 통하여 짐작할 수밖에 없다.

한국독립당은 시간적으로 이번 의회에서 약헌을 개정하기는 어렵다고 주장했으나 민족혁명당은 그것은 이유가 되지 않는다고 반발했다. 이번 의회 중에 약헌을 개정해야 내년 의회에 만주나 미주에서 신헌법에 의거하여 선거된 의원들이 참여할 수 있고, 그렇게 해야 비로소 임시정부는 인민의 토대 위에 건립될 수 있다는 것이었다. 민족혁명당은 명년에 약헌을 수정하자는 것은 내명년까지 임시정부가 중경에서 유망생활을 계속할 것을 상정하는 비관주의적 태도라고 비난했다.[36]

11월10일은 제4274주년 단군건국기원절이었다. 이날의 휴회를 이용하여 중한문화협회가 의정원 의원 전원을 초청하여 다과회를 열었다. 좌우합작을 이룬 임시의정원이 화합적으로 운영되기를 바라는 뜻에서였다. 이 자리에는 중국쪽에서도 손과, 풍옥상, 오철성, 마초준, 주은래 등 많은 인사들이 참석했다. 손과 회장은 임시의정원 의원을 비롯한 임시정부 요원들을 초청한 것은 한국 혁명동지들이 합작 단결하여 하루속히 독립과 해방을 획

35)《우리通信》제6호,《우리通信》제10호, 위의 책, pp.81~82, pp.94~95.
36)《우리通信》제9호, 같은 책, p.92.

득하기를 바라기 때문이라고 전제하고, 중국이 최근 5년 동안 항전할 수 있는 것도 국민당과 공산당이 단결했기 때문이라면서 한국 독립운동 단체들의 단결을 촉구했다. 또한 주은래는 한국인민은 중국을 위해서는 용감히 피를 흘렸으면서도 정작 조선혁명과 복국과 같은 자신들의 문제에 대해서는 방법의 차이로 합작을 하지 못하고 있다고 뼈있는 말을 했다.[37]

김구, 홍진, 조소앙 등이 차례로 답사를 했다. 김구는 한국 임시의정원 회의 정신은 넉넉히 한국의 통일을 표시할 수 있다고 주장했고, 조소앙은 "분열하면 망하고, 단결하면 존재한다"는 격언을 인용하면서 한인의 단결을 역설했다.[38]

중국 인사들의 단결촉구는 효력이 있었다. 11월11일에 속개된 회의에서 홍진 의장은 어제 다과회에서 한 중국 인사들의 연설을 상기시키면서 "뼈에 사무치고, 마음에 찔리는 이 말을 들은 우리 의원들은 누구 하나 스스로 반성하고 결심하지 않은 자 없었다"라면서 단결을 호소했다. 홍진 의장의 간곡한 연설로 회의장은 숙연해졌다.[39]

회의는 약헌 개정기초위원 9인을 선출하여 앞으로 6개월 이내에 개정안을 작성한 뒤에 임시의회를 소집하여 통과시키기로 타협하고, 11월18일 회의에서 조소앙을 위원장으로 하는 9명의 약헌 개정위원을 선출했다.[40] 이들을 당파별로 보면, 한국독립당 4명(조완구, 조소앙, 차리석(車利錫), 안훈), 민족혁명당 3명(최석순, 김상덕, 신영삼), 조선민족해방동맹 1명(박건웅), 조선혁명자연맹 1명(유자명)으로 정당별로 고루 안배되었다.

37) 《우리通信》 제9호, 같은 책, p.92; 楊昭全等 編, 앞의 책, p.1592.
38) 《新韓民報》 1942년11월19일자, 「중한문화협회는 한국의정원 의원을 환영」; 石源華 編著, 앞의 책, p.396.
39) 《우리通信》 제12호, 『대한민국임시정부자료집(3) 임시의정원 Ⅱ』, p.102.
40) 《大韓民國臨時政府公報 제76호》(1942년11월30일), 『대한민국임시정부자료집(1) 헌법·공보』, p.288; 《우리通信》 제14호, 『대한민국임시정부자료집(3) 임시의정원 Ⅱ』, pp.102~104, p.110.

3. 임시정부를 미국으로 옮기기로

1

중경에 있는 한국 독립운동 단체들이 모두 임시의정원에 참여함에 따라 임시정부는 초창기의 상해임시정부를 방불케 할 만큼 인성만성했다. 그러나 그럼에도 불구하고 임시정부의 고초는 이렇다 하게 개선된 것이 없었다. 그러한 임시정부를 이끄는 김구는 문득문득 좌절감에 빠졌을 것이다. 그것은 국민정부의 임시정부에 대한 태도에 기인하는 것이기도 했다. 그리하여 김구를 비롯한 임시정부 간부들은 여러 가지 사정을 감안하여 임시정부를 미국으로 이전하는 문제를 두고 심각하게 고민했다.

임시정부 이전문제가 임시의정원 회의에 정식으로 상정된 것은 1942년11월14일 회의에서였다.[41] 이날 회의는 방청을 금지하고 속기록 작성을 생략한 가운데 오전과 오후에 걸쳐서 공식 좌담회로 열렸다. 일요일인 15일의 휴회에 이어 16일과 17일에도 비공식 좌담회로 논의된 것을 보면 많은 이야기가 설왕설래했음을 알 수 있다.[42] 계속해서 방청을 금지하고 속기록 작성도 생략했기 때문에 상세한 회의내용은 알 수 없지만 회의 분위기가 얼마나 심각했는가를 짐작하게 한다. 김원봉은 미주의 한길수에게 보낸 편지에서 한국독립당이 임시정부를 미국으로 옮기자고 주장한 이유를 다음과 같이 설명했다.

현 국무위원으로는 중국 당국에 대하여 외교가 실패이다. 중국 당국은 삼민주의를 접수해야 임정을 승인하겠고 금전도 1,000만원을 공급하겠다 한다. 그러니 우리 국무위원으로는 이것을 접수할 수 없

---

41) 《大韓民國臨時政府公報 제76호》(1942년11월30일), 『대한민국임시정부자료집(1) 헌법·공보』, p.273.
42) 《우리通信》 제13호, 『대한민국임시정부자료집(3) 임시의정원 Ⅱ』, pp.106~107.

고, 이런 요구를 접수하지 않고는 중국의 원조를 쟁취할 방법이 절대적으로 없다. 그러나 임정을 미국으로 옮긴다면 미국은 자유의 나라이니 이런 요구도 없을 것이요, 또 화평회의가 개최될 시는 워싱턴이 중심지가 될 것이니 정부가 그곳에 가서 미리 활동하는 것이 좋다는 것이며, 정부를 옮기는 방법은 이곳에 있는 임정 국무위원이나 의정원 인원은 가지 않고 이번 의정원에서 재미동포 중 국무위원을 선출해서 전보로 그곳 연합회에 통지해서 그곳서 정부를 조직케 하고, 그곳 지시에 의하야 이곳에는 군사기구만을 두자는 주장입니다.…

김원봉은 한국독립당이 이런 주장을 하는 동기를 자신들의 대중국외교의 실패에 따른 감정적 대응이라고 설명했다. 조선의용대가 광복군에 편입된 뒤에 중국군 당국에서 총사령인 이청천이나 광복군 제2지대보다 부사령인 자신과 조선의용대원으로 구성된 제1지대를 더 중시하고, 민족혁명당도 한국독립당과 똑같이 원조하게 되자, 종래와 같이 민족혁명당을 공산당이라고 공격하던 것이 더 이상 효력을 발휘할 수 없게 되어 이를 모면하고 도피하기 위한 방안으로 제안했다는 것이었다. 또 하나는 제34회 임시의정원 회의에서 민족혁명당이 대행선거제를 폐지하고 직접선거를 주장하자, 이론적으로는 그것을 반박할 수 없게 되고 장차 직접선거를 실시하게 되면 한국독립당이 보선될 희망이 적다는 우려에서 자신들의 세력이 우세한 미국으로 정부를 옮기자고 주장한다고 김원봉은 적었다.[43)]

한편 김구는 11월3일에 이승만에게 다음과 같은 전보를 쳤다.

우리는 임시정부의 이전에 대해 조사하고 있습니다. 이 문제가 해

---

43) 「金元鳳이 韓吉洙에게 보낸 1942년11월18일자 편지」.

결될 때까지 김호(金乎)와 전경무(田耕武)가 와서는 안 됩니다.[44]

　재미한족연합위원회 전체위원회의 결의에 따라 중경 특파원으로 선정된 연합위원회 집행위원장 김호와 하와이 의사부의 전경무는 이때에 미국정부에 출국허가를 교섭하기 위하여 워싱턴에 가 있었다.

　조소앙도 12월2일에 미국대사관 직원을 만나 중경에서는 한국인들의 활동에 대한 제약이 심해서 정부를 워싱턴으로 이전할 것을 고려하고 있다고 말했다.[45] 중국국민당은 임시정부 이전문제의 도화선이 된 것은 「광복군행동준승」 문제라고 파악했다. 국민정부와 「행동준승」 철폐교섭이 제대로 안 되면 현 집행부는 인책사퇴하고 이승만에게 연락해서 정부를 이전하는 형식으로 그곳에서 임시정부를 새로 조직하게 한다는 것이었다.[46] 그러나 한편으로 임시정부가 미국 이전문제를 제기한 것은 「광복군행동준승」을 폐기시키기 위해서 취한 김구 그룹의 일종의 충격요법이었다는 설도 있다. 중국국민당과의 교섭실무를 담당했던 박찬익의 전기는 다음과 같이 설명했다. 중국 군사당국의 실무자들을 설득하기에 지친 김구는 박찬익과 함께 주가화를 찾아가서 불쑥 서류 봉투를 내밀었다. 여권신청서류였다. 놀라면서 만류하는 주가화에게 김구는 다음과 같이 말했다.

　"중국은 여러 해 동안 항일전쟁을 수행하느라고 수요가 막대하지 않습니까? 거기에 우리 임시정부가 많은 독립운동 자금을 지원해 달라고 요청하기가 우리로서도 부담스럽습니다. 그래서 미국으로 건너가서 독립운동 자금을 요청해 보려고 합니다. 미국에는 우리 동포들도 많으니까 모금도 가능할 줄 압니다."

---

44) 「金九(Kingstone)가 李承晚에게 보낸 1942년11월3일자 전보」, 『대한민국임시정부자료집(19) 주미외교위원부 I 』, p.118.
45) Gauss to Hull, Dec. 9, 1942, *FRUS 1942*, vol.I., p.880.
46) 「臨政의 美國移轉에 關한 消息」, 秋憲樹 編, 『資料 韓國獨立運動(1)』, p.393.

주가화는 말했다.

"꼭 미국에 가셔야만 합니까? 제가 힘을 써서 좋은 결과가 있도록 노력해 보겠습니다. 조금만 더 기다려 보십시다."

이 일이 있은 뒤 중국정부와 외교가에는 임시정부가 미국으로 건너가려 한다는 소문이 퍼졌다. 얼마 뒤에 주가화로부터 연락이 왔다. 중국정부에서 한국 독립운동에 필요한 자금을 충분히 제공하고, 임시정부쪽이 불만을 가지고 있는 「광복군행동준승」을 폐지하기 위한 실무교섭을 진행하라는 장개석의 지시가 있었다는 것이었다.[47]

임시의정원에서는 여러 날 격론을 벌이다가 결국 제34회 임시의정원 회의 마지막 날인 11월18일 회의에서 임시정부 이전문제는 보류하기로 결의했다.[48]

2

조선민족혁명당을 비롯한 여러 정치집단이 임시의정원에 참여함에 따라 임시정부의 조직도 확대되었다. 11월6일 회의에서는 이복원 등 5명의 의원이 제출한 임시정부의 각부 부서에 차장제를 채용하자는 의안이 가결되고, 11월12일 회의에서는 이시영(李始榮) 등 12의원이 제출한 국무위원 4인 증설안이, 11월13일 회의에서는 현재의 5부 이외에 학무, 교통, 선전, 생계의 4부 증설안이 가결되었다. 그리고 11월18일 회의에서 김규식, 유동열(柳東說), 장건상(張建相), 황학수(黃學秀) 네 사람을 국무위원으로 선출했다.[49] 김규식은 이때까지도 사천성 성도대학(成都大學)의 영어교수로 재직하고 있었다.

---

47) 南坡朴贊翊傳記刊行委員會, 『南坡朴贊翊』, pp.264~265.
48) 《大韓民國臨時政府公報 제76호》(1942년11월30일), 『대한민국임시정부자료집(1) 헌법·공보』, p.273.
49) 「臨時議政院紀事」, 《大韓民國臨時政府公報 제76호》(1942년11월30일), 위의 책, pp.272~273; 《우리通信》 제13호, 『대한민국임시정부자료집(3) 임시의정원 Ⅱ』, p.106.

일찍이 이르쿠츠크파 고려공산당에 가담하여 1921년에 모스크바에서 열린 코민테른 제3차 대회에 참석하고 의열단 고문으로 활동했던 장건상은 1939년에 상해에서 일본경찰에 체포되어 국내로 압송되었다. 그는 3년 동안 옥고를 치르고 석방된 뒤에 다시 국내를 탈출하여 만주와 상해를 거쳐 1941년 가을에 홍콩에서 항공편으로 중경에 왔다. 장건상이 중경에 나타나자 김구는 일본경찰의 감시망을 어떻게 피해 왔느냐면서 그를 의심했다가, 장건상이 자신의 탈출과정을 소상히 설명하자 오해를 풀었다. 장건상은 김규식과 함께 좌파와 우파 양쪽에서 신뢰받는 인물이었으므로 한국독립당과 민족혁명당의 중재를 위해 노력했다.[50]

임시정부 국무위원에 선임된 김규식이 부인과 함께 중경에 도착한 것은 1943년1월10일이었다. 중경에 도착한 김규식은 다음과 같은 요지의 담화를 발표했다.

> 내가 늘 느끼는 것은 재미한인이다. 재미한인은 이왕부터 충성을 다하야 임시정부를 봉대하였고 지금까지 변치 않고 임시정부를 봉대하니, 이것이 내가 재미한인을 느끼는 것이다. 나는 항상 재미한인을 생각하고 잊지 아니한다.
> 나는 이제 교편을 던졌고, 나의 여생을 나라에 바치고 임시정부에 충성을 다하기로 결심하였다. 일체의 과거사를 다 쓸어버리고 임시정부에 들어와 모든 동지들과 합작하기를 원하며, 재미한인에게 대해서는 임시정부를 위하야 더욱 노력하기를 바란다. 나는 정식 임명을 받기를 기다려 다시 공중에 대한 발표가 있을 터이다.[51]

김규식은 1921년에 임시정부를 떠난 지 20여년 만에 임시정부에 복귀

---

50) 이정식 면담·김학준 편집해설, 『혁명가들의 항일회상』(수정증보판), 민음사, 2005, pp.243~251; 정정화, 『녹두꽃』, pp.159~160, p.162.
51) 《新韓民報》 1943년1월21일자, 「최근 중경에 온 김규식의 담화」.

한 것이었다. 김규식이 중경에 도착한 뒤에 김구는 몇 차례 그를 은밀하게 만났다. 김규식이 통일문제에 힘써 줄 것을 기대했기 때문이다. 마지막 회담을 끝내면서 김규식은 한길수에 관한 이야기를 했다. 중한민중동맹은 상해에서 조직되어 자기를 주미대표로 임명했는데, 미국에 갔다가 돌아오면서 한길수를 자기가 없는 동안의 대리로 임명했으나, 지금은 그 조직은 존재하지 않는다고 말했다. 김구는 김규식이 한 이야기를 이승만에게 자세히 알렸다. 김구는 김규식이 한 말을 길게 인용하면서 그대로 보도하기 바란다고 적었다.

저는 김규식 박사가 도착한 이래로 우리의 전체 활동을 가속화시키기 위한 가장 효율적인 방법을 찾기 위한 목적 하에 그와 여러 차례의 비밀 회담을 가졌습니다. 지난번 회담의 말미에 김 박사께서 통일에 대한 다음과 같은 생각을 개진해 주셨습니다.

"제 개인적인 생각으로는 한길수나 김약산 모두 그다지 중요하지 않습니다. 제 생각에는 저와 김 주석, 그리고 이승만 박사 사이의 지속적이고 진실한 협조가 미국인과 중국인들에게 한국인들이 정말로 단합되어 있다는 점을 설득하는 데 필수적이라고 생각합니다. 따라서 우리 세 사람은 우리가 초당적인 관계라는 것과 오직 우리 정부와 조국의 이익을 위해 복무한다는 점을 증명하기 위해 최선을 다하여 모든 계파적인 차이를 묵인하여야 할 것입니다.

한길수는 더 이상 존재하지 않는 중한민중동맹단의 명의로 활동을 하고 있습니다. 동맹단은 상해에서 창설되었고 당시 저를 미국대표단으로 임명하였습니다. 그 동맹단은 제가 중국으로 돌아온 후 해체되었고 더 이상 존재하지 않습니다. 한길수는 자신을 더 이상 존재하지 않는 조직의 대표라고 칭하고 있습니다. 김호에 관해서는, 그는 저의 예전 학생입니다. 저는 두 사람이 우리의 단합을 저해하는 추가적인 행위를 하지 않도록 설득할 수 있을 것이라 확신합니다!'"

김구는 편지 끝에 "다음 호에서 즉시 보도하기 바람"이라고 썼는데,[52] 그것은《주미외교위원부통신》을 통하여 재미동포들에게 널리 읽히게 하기를 요망한 것이었다. 김구는 김규식의 이러한 말이 한길수의 행동을 견제하는 데뿐만 아니라 김규식을 임시정부에 적극적으로 참여시키는 데 도움이 될 수 있을 것으로 기대했을 것이다.

12월16일의 국무회의는 새로 당선된 국무위원 4명으로 하여금 증설된 4개부의 부장을 분담하도록 결의하고, 황학수를 생계부장으로 선임했다. 이어 1943년1월20일의 국무회의에서 김규식을 선전부장, 유동열을 교통부장으로 선임하는 한편, 3월4일의 국무회의에서 내무부장이 학무부장을 잠시 겸임하기로 결의했다.[53] 또 3월4일의 국무회의에서는 각부 부장의 추천에 따라 내무부 차장에 김성숙, 외무부 차장에 신익희, 군무부 차장에 윤기섭(尹琦燮), 법무부 차장에 이현수(李縣洙), 재무부 차장에 신환(申桓), 교통부 차장에 김철남, 학무부 차장에 유흥식(柳興湜)이 각각 선임되었다.[54] 생계부 차장은 이보다 앞서 1942년2월25일의 국무회의에서 양우조(楊宇朝: 楊墨)가 선임되었다. 이렇게 하여 임시의정원에 이어 임시정부도 한국독립당 일색에서 벗어나서 좌우합작 정부를 구성했다.

그러나 이때에 이승만은 김구에게 편지로 이들 공산주의자들을 임시정부에 받아들이지 말 것을 권고했다. 이승만은 김구가 자신의 권고를 듣지 않은 것은 그가 고립되고 있었기 때문이었을 것이라고 1945년6월

---

52) 「金九가 李承晚에게 보낸 1943년2월15일자 편지」,『대한민국임시정부자료집(43) 서한집Ⅱ』, pp.332~333.
53) 《大韓民國臨時政府公報 제77호》(1943년4월15일),『대한민국임시정부자료집(1) 헌법·공보』, p.275;《新韓民報》1943년1월28일자,「임시정부중요관원 서임」.
54) 「國務委員會重要紀事」,《大韓民國臨時政府公報 제77호》(1943년4월15일),『대한민국임시정부자료집(1) 헌법·공보』, p.277.

11일자 일기에
다음과 같이 적
었다.

1942년 12
월7일에 김구
는 중경의 임
시정부 내각
에 일부 공산
주의자들을
받아들였다.
그때에 나는
김구에게 그
렇게 하지 말
것을 권고했
으나, 그는 아
마 이를 저지
할 수 없었던
것 같다. 이
무렵 장개석
은 중국 공산

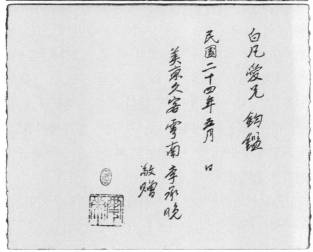

이승만이 1942년5월에 김구에게 보낸 내외사진. 뒷면 글씨는 이승만의 친필이다.

주의자들의 합작요구를 미국이 지지함으로써 큰 난관에 봉착해 있었
다. 송자문(宋子文)을 포함하여 실권을 쥔 중국의 고위관리들은 장개
석에게는 불안한 사태를 조성하고 있었다.… 그 결과 중국정부 안에서
의 장개석과 한국정부 안에서의 김구 양인은 고립되고 있었다.55)

55) Robert T. Oliver, *Syngman Rhee: The Man Behind the Myth*, p.210.

민족혁명당은 제34회 임시의정원 회의결과에 대해 "원만한 결과를 획득하였다"[56]라고 자평하고 임시정부 옹호의 입장을 명확히 밝혔다. 김원봉은 12월1일에 중경 라디오 방송을 통하여 국내외 동포들에게 독립군에 가담하여 조국의 해방을 위해 분투할 것을 호소한 데 이어, 12월5일에는 김구 등이 배석한 가운데 그동안 취임을 미루던 광복군 부사령에 정식으로 취임했다.[57]

민족혁명당은 쇠퇴해 있는 당세의 만회를 위하여 힘을 결집했다. 1943년2월15일부터 20일까지 열린 조선민족혁명당 제7차 전당대표대회는 「4개당통일협정안」을 통과시키고 조선민족혁명당을 개조하는 형식으로 이정호, 김인철(金仁哲) 등의 조선민족해방투쟁동맹, 김붕준, 손두환 등의 한국독립당 통일동지회, 문일민(文逸民), 신기언(申基彦) 등의 조선민족당 해외전권위원회의 세 군소그룹을 흡수하여 '4당통합'을 했다. 대회에서는 또 앞으로의 공작방침으로, 1) 민족운동의 통일, 확대, 공고화, 2) 국내 및 적후 공작 강화, 3) 임시정부 옹호, 4) 광복군 확대 등을 결의하고, 김규식, 김원봉 등 17명을 중앙집행위원으로 선출했다. 이어 2월24일에 열린 중앙집행위원회 회의는 김규식을 주석으로, 김원봉을 총서기로 추대했다.[58]

대회는 민족혁명당의 성격을 민족 자유, 정치 자유, 경제 자유, 사상 자유를 지향하며 민족해방을 주장하는 공, 농, 소자산계급에 기초를 둔 정치연맹이라고 규정하고, 12개항의 강령을 발표했다. 강령은 1941년12월의 제6차 대표대회가 채택한 11개 강령과 거의 같은 것이었으나, "조국 독립 후 1년 이내에 국민대표대회를 소집하여 헌법을 제정하고 보통선거를 실시한다"(제2항)는 조항을 신설하여 해방된 뒤의 정권수립 과정에 대

---

56) 「朝鮮民族革命黨第7次代表大會宣言」, 秋憲樹 編, 『資料 韓國獨立運動(2)』, p. 212.
57) 《新韓民報》 1942년12월10일자, 「김약산 장군의 취임과 선서」, 「김약산 장군의 연설」.
58) 《大公報》 1943년2월26일자, 「朝鮮革命運動進入統一階段」, 秋憲樹 編, 『資料 韓國獨立運動(2)』, pp. 215~216.

비하고 있는 것이 눈길을 끈다. 이러한 조항은 "임시정부를 국내외 혁명집단과 혁명군중의 기초 위에 확립하여 전 민족독립사업을 총 영도하는 혁명정권기구로 발전하도록 하고 아울러 각국이 최단기간 내에 우리 임시정부를 승인하게 하며, 전후 우리나라의 완전독립을 위해 노력하도록 한다"는 것을 「정책」의 하나로 천명하면서도,[59] 해방 이후의 정부수립 과정에서 임시정부가 일정한 역할을 하는 것은 부정하고 있음을 뜻하는 것이었다.

이렇듯 이 단계의 임시정부의 좌우합작은 효율적인 항일투쟁을 위한 거국내각이라기보다는 국민정부의 강력한 종용에 따른 오월동주(吳越同舟)의 '합작'이었다.

---

59) 「第7次代表大會宣言」, 「韓國獨立運動史 資料(3) 臨政篇 Ⅲ」, 1973, p.212.

67장

주석직 사퇴하고 토교로

1. OSS의 한인게릴라부대 창설계획 중단

1

이승만이 추천한 한인청년 12명이 1942년 겨울에서 이듬해 봄까지 미국 전략첩보국(Office of Strategic Services: OSS)의 한국인 게릴라부대 창설계획에 따라 특수작전훈련을 받은 것은 비록 그가 1942년10월에 굿펠로(Preston M. Goodfellow) 대령을 통하여 미국 합동참모본부(Joint Chiefs of Staff: JCS)에 제출한 내용보다는 규모가 크게 축소된 것이기는 했으나, 대일전 수행을 위한 미국과 한국 사이의 군사협력의 효시였다는 점에서 특기할 만한 일이었다. 그것은 OSS의 극동부장 레머(Charles Remer)의 승인 아래 「FE-6 프로젝트」라는 이름으로 추진되었다. 이승만은 OSS의 특별작전과장 데블린(Francis T. Devlin)의 요청에 따라 지원자 60명 가운데서 24명을 선발하여 1942년11월17일에 통보했다. 데블린 대위는 이들 가운데서 다시 12명을 선발했는데, 이들은 특수작전훈련을 받은 뒤에 "코리언 프로젝트의 핵심"으로 중경으로 파견될 계획이었다.[1] 그곳에서 「FE-6」 및 극동 OSS 국장의 지휘 아래 궁극적으로는 한국으로 진입할 그 기관의 교관 겸 핵심역할을 하게 한다는 것이었다.[2] 이들은 오랫동안 이승만의 비서로 활동해 온 장기영(張基永)을 비롯하여 로스앤젤레스의 피터 현, 이순용(李淳鎔), 이문상(李文相), 조종익, 현승염, 황득일(黃得逸) 등 이승만이 신뢰하는 사람들이었다.[3] 워싱턴으로 소집된 12명 가운데 한 사람이 신체적 이유로 탈락되고, 나머지 11명이 12월7일부터 강도 높은 훈련에 들어갔다.

---

1) Capt. F. T. Devlin to Lt. Warwick Potter, Nov. 17, 1942, 『OSS(Office of Strategic Service): 海外의 韓國獨立運動史料(30) 美洲篇⑧』, p.521.
2) 위의 책, p.526.
3) 張基永, 「OSS의 韓國人」, 《新東亞》 1967년9월호, pp.263~264.

이승만은 12월10일에 이 사실을 한글타자 등사판 통지문으로 지지자들에게 알리면서 소문이 나지 않도록 조심하라고 다음과 같이 적었다.

주의할 사실

금번에 12인 피선된 데 대하야 소문이 많이 나지 아니할수록 우리 일에 좋은 것입니다. 그러므로 이에 극히 주의하야 이 일에 대하야는 함구하시기를 바랍니다.

우리 독립운동에 가장 위험한 분자는 임시정부와 외교위원부를 은근히 갖은 수단을 쓰며 반대하는 한인들이니, 무슨 일이든지 잘 되어가는 것을 저들이 알면 백방으로 음해할 것입니다. 그러므로 한인 사이에 더욱 조심하여 이 일에 대한 비밀을 지키시기를 바라나이다.[4]

이승만은 이 통지문을 지원자 모집에 협조해 준 한족연합위원회 간부들에게도 보냈던 것 같다. 이승만은 또 탈락된 지원자들에게도 위로의 말과 함께 대기하고 있으라는 편지를 썼다.[5] 그러므로 이 통지문은 자신의 활동을 홍보하는 효과도 없지 않았다.

OSS는 훈련을 받는 한국청년에게 그들이 어떤 일을 하게 될 것인지에 대해 정확하게 알려주지 않았고, 이승만에게도 공개해도 좋다는 OSS 당국의 결정이 있을 때까지 비밀을 지킬 것을 요구했다. 이처럼 엄격한 비밀 속에 추진되는 작업이었으므로 이승만의 통지문은 OSS 내부에서 문제가 되었다. 조사분석과(Research & Analysis Section: RA) 극동그룹의 조지 매큔(George M. McCune)이 이 통지문과 관련하여 이승만을 비판하는 기관 내부용 문서를 배포했기 때문이다. 매큔은 1905년에 교육선교사로 내한하여 1936년에 신사참배 거부로 추방당할 때까지 평양을 중심

---

4) 독립기념관소장문서 도1182-2, 「주의할 사실」, 1942년12월10일.
5) 독립기념관소장문서 도1182, "Syngman Rhee to Choon Har Kim", Dec. 2, 1942.

으로 활동했던 선교사 매큔(George S. McCune, 尹山溫)의 큰아들로 한국에서 태어나서 옥시덴털대학교(Occidental University)와 버클리대학교(The University of California at Berkely)에서 공부한 다음 1942년2월부터 OSS에서 일하고 있었다.[6]

미국정부에서 대표적인 한국전문가로 꼽히는 그는 이승만에 대하여 비판적이었다. 그는 워싱턴을 방문한 한족연합위원회의 김호(金乎)와 전경무(田耕武) 두 사람의 초대로 1942년10월22일 저녁에 동생 샤논 매큔(Shanon McCune)과 함께 그들을 만나고, "김호와 전경무는 재미한국인 다수를 대표하고, 한국인들로부터 훌륭한 지도자이며 대변자로 인정받고 있다"라는 보고서를 작성하기도 했다.[7] 매큔이 서울의 많은 선교사들과는 달리 이승만에 대해 비판적이었던 것은 한국 민족운동의 두 주도세력인 기호파와 서북파의 해묵은 대결의식이 선교사들에게까지 영향을 미치고 있었기 때문이기도 했다. 김호와 전경무는 홍사단 단원으로서 서북파의 대표적 인물들이었다. 매큔은 또한 독립운동자들 가운데서도 좌파들에게 동정적이었다. 그는 1944년5월에 국무부의 일본과로 자리를 옮겼는데, 소련의 유일한 학술잡지인 《태평양(*Tikhii Okean*)》지에 1937년에 실린 라파포르트(V. Rappaport)의 김일성(金日成)에 관한 글을 일본의 패망 직전의 시점에 번역시켜 국무부 관리들에게 읽히기도 했다.[8]

매큔이 1942년10월22일에 작성한 「한국인 훈련생 선정의 정치적 반응」이라는 제목의 문서는 이승만이 이 작업을 자신의 정치적 이익을 증진시키기 위하여 이용했고, 어느 정도는 그 프로젝트를 위장하기 위하여,

6) An, Jong-chol, "Making Korea Distinct: George M. McCune and His Korean Studies", *Seoul Journal of Korean Studies*, vol.17, Seoul National University, 2004.12., pp.162~169 및 안종철, 「식민지시기 평양지역 윤산온(George S. McCune) 선교사의 활동과 그의 가족의 한국학 연구」, 《한국기독교역사연구소 소식》 제70호, 한국기독교역사연구소, 2005.4.2., pp.35~40 참조.

7) G. M. McCune to C. F. Remer, "Conversation with Korean Leaders", Oct. 29, 1942, 『OSS(Office of Strategic Service), 海外의 韓國獨立運動史料(30) 美洲篇⑧』, p.4.

8) Bruce Cumings, *The Origins of the Korean War*, vol.I., *Liberation and the Emergence of Separate Regimes 1945~1947*, Princeton University Press, 1981, p.37.

그리고 어느 정도는 자기 명성을 제고시키기 위하여 자기의 임무를 그릇 활용했다고 비판했다. 매큔은 샌프란시스코와 로스앤젤레스의 한국인 7명이 "특수공작"에 응모하여 워싱턴으로 갔다는《신한민보(新韓民報)》의 기사를 증빙자료로 문서에 첨부했다. 매큔은 과장되거나 사실과 다른 이야기를 열거했다. 이승만은 한국지도자들에게 미국정부로부터 한인 부대의 핵심이 될 50명의 명단을 제출해 달라는 요청을 받았다고 말하면서 일을 추진하기 위한 특별자금으로 5,000달러를 요구했고, 한국지도자들이 의아해하자 OSS가 이 일에 관심이 있다고 말했다고 썼다. 또이승만이 11월에 OSS로부터 훈련생 12명의 선발요청을 받은 뒤에 자기가 한국 프로그램을 위해 무기대여법자금(Lend-Lease fund)을 확보했다고 말했다고도 썼다. 매큔은 이승만의 통신문도 소개하면서 추종자들 600명가량에게 그것을 보낸 것으로 전해진다고 했다.

매큔은 결론으로, 한국인들이 "특수임무"를 위한 훈련을 받고 있고 그 기관이 OSS라는 사실이 널리 알려졌으며, 이승만에게 선발과 통지의 임무를 맡겼기 때문에 한국인 정치무대는 혼란에 빠졌고, 이러한 상황을 빚은 원인들이 제거되지 않는 한 장래의 발전은 난관에 봉착하게 될 것이라고 했다.[9]

한국인 훈련생들이 자기네를 훈련시키는 기관이 OSS라는 사실을 안 것은 1943년1월2일이었다. 훈련생들이 캠프를 떠날 때에 지시사항이 들어 있는 봉합된 봉투를 주었는데, 훈련생들 가운데 한 사람인 이순용이 봉투를 뜯어보고 OSS라는 문자를 처음 보았다. 그는 그 문자의 뜻을 몰랐기 때문에 동료에게 물어보았고,[10] 그것이 훈련생들이 OSS를 알게 된 계기가 되었다.

2월5일 아침에 OSS의 데블린이 주미외교위원부 사무실에 예고 없이

<hr>

9) McCune to Allman, "Political repercussion of choosing Korean trainees", Dec. 24, 1942,
   『OSS(Office of Strategic Service), 海外의 韓國獨立運動史料(30) 美洲篇⑧』, pp.528~532.
10) Rhee to Goodfellow, Feb. 9, 1943, 『韓國獨立運動史 資料(25) 臨政篇 X』, p.271.

나타났다. 그동안 데블린은 소령으로 승진해 있었다. 이승만은 훈련지망자들에게 보낸 자신의 전보 사본을 데블린에게 보여 주었다. 데블린은 이승만의 전보에 잘못이 없음을 확인하고 돌아갔다.[11]

주미외교위원부 사무실을 오가면서 이승만과 단 둘이서만 작업을 추진해 온 데블린 소령은 1943년 1월 9일자 기관 내부용 문서로 작업추진 과정과 현황을 밝히면서 매큔이 제기한 문제점들을 해명하고, 매큔의 주장을 반박했다. 그러나 OSS가 한국인 특수작전훈련의 책임기관이라는 사실이 노출되는 것에 대해서는 그 역시 심각한 우려를 표명했다.[12]

OSS 안에서 이승만에 대한 논란이 계속되자 굿펠로는 1월 28일에 데블린에게 이승만만이 한국인을 대변할 수 있다면서 이승만을 적극적으로 옹호하는 편지를 썼다. 그는 한국상황을 어렵게 만드는 것은 미국정부 기관들이 각기 다른 인물을 통하여 한국문제를 다루어 왔기 때문이라고 말하고, 한길수(韓吉洙)의 경우를 보기로 들었다. "한국인들 탓으로 돌리는 혼란은 수프를 휘젓는 쿡들이 너무 많은 이 나라의 우리가 만들어낸 혼란이다"라고 굿펠로는 썼다. 그는 이승만이 중경의 한국임시정부와 재미한국인들의 일반적인 지지를 받고 있고, 재미한족연합위원회는 한국인들의 모금을 통과시키는 깔때기 같은 단순한 기관이라고 말했다. 그러므로 미국 정부기관들이 계속해서 이승만을 인정하는 것이 다른 어떤 방법보다 빨리 여러 의견을 달리하는 파벌들을 결속시킬 것이라고 그는 주장했다.[13]

한국인 훈련반은 1943년 1월 6일에 기초훈련 과정을 마쳤다. 훈련을 마친 11명 가운데 3명이 탈락하고, 나머지 8명은 계속해서 고급반 훈련

---

11) Rhee to Goodfellow, Feb. 5, 1943, 위의 책, p.270.

12) Capt. F. T. Devlin to, R. Davis Halliwell, "McCune report on Korean political repercussion", Jan. 9, 1943, 『OSS(Office of Strategic Service), 海外의 韓國獨立運動史料(30) 美洲篇⑧』, p.540.

13) Col. Goodfellow to Major Devlin, "Attached J. I. C. Recommendations", Jan. 28, 1943, 『韓國獨立運動史 資料(25) 臨政篇 X』, p.269.

을 받았다. 고급반 과정에 1명이 추가되어 9명이 2월6일에 소정의 훈련을 모두 마쳤다.[14] 이들이 고된 훈련을 마친 것을 축하하기 위하여 윌리엄스(Jay Jerom Williams)는 2월13일 저녁에 알링턴의 자기 집에서 만찬회를 베풀었다. 만찬회에는 이승만 내외를 비롯하여 스태거스(John W. Staggers), 피치(George A. Fitch) 목사 내외 등이 참석했다.[15] 중경에 있는 피치는 잠시 워싱턴에 다니러 와 있었다. 그동안 피치는 줄곧 이승만의 연락창구 역할을 하고 있었다. 훈련을 마친 한국인 특별학생들은 3주가량 휴가를 받아 각지로 흩어졌다가 워싱턴으로 돌아왔다.[16]

이승만은 2월9일에 굿펠로에게 자기가 특수훈련을 지원한 12명을 잘못 다루었다고 보고한 사람이 누구인지 알고 싶다는 편지를 썼다.

> 친애하는 대령. 나는 정적들이 한국인들뿐만 아니라 나의 평판을 떨어뜨릴 언행을 일삼는 미국인들 사이에도 많다는 것을 유념해 주시기 바랍니다. 나는 실수를 하지 않는다는 말이 아닙니다. 만일 내가 어떤 잘못을 저질렀다는 보고가 있으면 그 잘못을 시정하거나 잘못 보고된 그 오류를 반증할 기회를 갖도록 꼭 알려 주셨으면 합니다.[17]

이 편지는 이때에 이승만이 얼마나 당혹했는지를 짐작하게 한다.

2

이승만은 2월16일에 헐(Cordell Hull) 국무장관에게 다시 편지를 썼

---

14) Francis T. Davlin to Major Henry Painter, "Weekly Report, F. E.-6", Feb. 8, 1943, 『OSS (Office of Strategic Service), 海外의 韓國獨立運動史料(30) 美洲篇⑧』, p.559.

15) 《주미외교위원부통신》(제24호), 1943년2월22일자, 「소식통신」.

16) 《주미외교위원부통신》(제28호), 1943년3월22일자, 「소식」.

17) 「李承晚이 Goodfellow에게 보낸 1943년2월9일자 편지」, 『대한민국임시정부자료집(19) 주미외교위원부 I』, pp.138~139.

다. 그는 일찍이 클리블랜드 (Stephen G. Cleveland) 행정부 때의 그레셤(Walter Q. Gresham) 국무장관이 조선 공사를 만나서 1882년의 조미 수호통상조약에 따른 거중조정을 강력히 요구하는 공사의 말을 경청했던 선례를 들면서, 만나서 이야기할 수 있는 기회를 달라고 거듭 면담을 요청했다. 그는 이 조약은 결코 파기되지 않았다고 말하고, 우리는 지난 15개월 가까이 공동의 적

하원의원과 상원의원을 거쳐 1933년부터 1944년까지 미국무장관을 지낸 코델 헐.

에 대항하여 싸우는 동안 미국정부로부터 한마디의 격려나 어떠한 원조나 우리와 의견을 같이하거나, 우리를 돕겠다는 의사나, 심지어 우리의 협조 제의를 받아들이겠다는 의사도 들은 적이 없다고 유감을 털어놓았다. 이승만은 다음과 같이 못박았다.

저는 이 편지에서 1년 전에 저와 미국인 한국친우회원들이 한국에 소비에트 공화국을 수립하려는 러시아의 의도를 보도한 간행물을 가지고 함께 국무부를 방문하고 다음과 같이 이야기를 나누었던 것을 공식적으로 언급하고자 합니다. 우리는 미국정부가 민주주의의 이상을 목표로 수립된 대한민국임시정부를 부인하는 조치나 부인함으로써 야기될 결과는 공산국가의 탄생을 초래할 것이라고 경고했습니다.

제가 장관을 사석에서 만나서 이야기를 나눌 기회를 재차 간청해

도 되겠습니까?[18]

이승만은 또 이튿날 스팀슨(Henry L. Stimson) 전쟁부[육군부] 장관에게 편지를 썼다. 그는 1942년2월4일과 3월6일에 자신이 스팀슨에게 편지를 썼고 그때마다 관심을 표명하는 회답을 받았던 일을 상기시킨 다음, 그때의 진지한 관심이 아직도 존재하는지, 그렇다면 전쟁부의 어떤 조치가 있을 것으로 기대해도 좋은지 물었다. 그는 OSS의 「FE-6 프로젝트」에 대해서는 언급하지 않은 채 1942년10월10일에 자신이 제출한 계획서에 대하여 합동참모본부가 아무런 조치도 취하지 않고 있어서 그것을 장관에게 직접 보낸다면서 동봉했다. 그리고 전날 헐 국무장관에게 보낸 편지도 동봉했다.[19]

스팀슨 장관의 회답을 기다리는 동안 이승만은 굿펠로로 하여금 전쟁부 정보참모부에 재촉 비망록을 보내도록 부탁했다.[20] 이승만은 스팀슨으로부터 2월25일부로 자신이 제출한 한국인 게릴라부대 창설계획은 신중한 연구와 검토의 대상이 되고 있다는 회신을 받았다.[21]

한편 헐 국무장관은 3월1일에 벌(Adolf A. Berle Jr.) 차관보를 통하여 이승만의 면담요청을 정중히 거절하면서 벌이나 국무부의 다른 사람을 만나라고 회답했다. 벌은 이 편지에서 그동안 미국정부가 재미한국인에 대하여 취한 여러 가지 조치 등을 길게 설명했다.[22]

그러나 재미한국인 청년들을 무슨 방법으로든지 대일전에 참가시키고자 하는 이승만의 집념은 집요했다. 그는 3월16일에는 전쟁부의 매클

---

18) 「李承晩이 Hull에게 보낸 1943년2월16일자 편지」, 『대한민국임시정부자료집(20) 주미외교위원부Ⅱ』, pp.207~208.
19) 「李承晩이 Stimson에게 보낸 1943년2월17일자 편지」, 위의 책, pp.208~209.
20) Goodfellow to the Chief of Japan-Manchuria Branch, "Memorandum", Feb. 23, 1943, 『韓國獨立運動史 資料(24) 臨政篇Ⅸ』, p.234.
21) Stimson to Rhee, Feb. 25, 1943, 위의 책, pp.244~245.
22) 「Berle이 李承晩에게 보낸 1943년3월1일자 편지」, 『대한민국임시정부자료집(20) 주미외교위원부Ⅱ』, pp. 210~212.

로이(John J. McCloy) 차관보에게 다음과 같은 전보를 쳤다.

차관께서는 하와이군도와 미국 본토에 재류하는 한국인 인력을 군사작전에 활용하는 이점을 고려해 보지 않겠습니까? 한국인들은 일본말을 할 수 있고 쓸 수 있으며 동시에 일본인으로 통할 수 있습니다. 그들은 세계에서 가장 일본인들을 증오하는 민족입니다. 미국에서 성장하고 훈련받은 한국인부대는 동양에 있는 미군 또는 연합군에 헤아릴 수 없는 도움을 줄 수 있을 것입니다.[23]

전쟁부는 이승만의 제안을 꽤 구체적으로 검토했던 것 같다. 매클로이는 3월20일에 그러한 부대의 조직은 결국 인력의 비효율적인 사용이 될 것이라는 견지에서 바람직하지 않다고 이승만에게 회답하고 나서,[24] 군사정보국의 검토보고를 토대로 하여 3월25일에 다시 구체적으로 문제점을 들어 이승만의 제안을 정중하게 거절하는 회답을 보냈다.[25] 미국 정보당국의 인구조사에 따르면, 1940년 현재 하와이 거주 한국인 인구 6,851명 가운데 군에 입대할 수 있는 적정연령(18~44세)의 남자 인구수는 1,027명(시민권 가진 사람 928명, 시민권 없는 사람 99명)이고, 미국 본토의 경우는 연령별 통계는 없으나 한국인 인구 1,711명 가운데 입대 가능한 인구는 300명쯤으로 추산되었다. 그런데 통상 신체검사 합격자 비율이 55%였으므로 실제로 군에 입대할 수 있는 적격자 수는 하와이와 미국 본토를 통틀어 600명쯤밖에 되지 않았다. 소모병력 등의 보충 등을 예상할 때에 이러한 규모의 인력으로는 한국인 대대의 창설은 물리적으로 불가능했다. 그뿐만 아니라 부대원의 유지, 모병, 훈련의 전문화와 전개대

---

23) 「李承晩이 McCloy에게 보낸 1943년3월16일자 전보」, 『대한민국임시정부자료집(19) 주미외교위원부 I 』, p.144.
24) 「McCloy가 李承晩에게 보낸 1943년3월20일자 편지」, 위의 책, pp.145~146.
25) 「McCloy가 李承晩에게 보낸 1943년3월25일자 편지」, 같은 책, pp.146~147.

상지역의 제한 등을 고려할 때에 이러한 부대의 창설은 합당하지 않다는 것이 군사정보국의 검토보고 내용이었다.[26]

매클로이는 3월25일자 편지에서 한국인들을 한 부대로 활용할 길은 없더라도 전쟁부는 미군에 입대했거나 앞으로 입대할 한국인들이 정보 분야에서 하게 될 특별한 자격을 중요하게 생각한다고 덧붙였다.

이승만은 OSS의 한국청년 특수훈련과 관련된 말썽 때문에 부심하면서도 3·1절을 맞이하여 두 가지 행사를 계획했다. 하나는 3월1일에 참가자들이 검은 예복을 입고 백악관과 국무부 앞에서 '추도행진'을 하는 것이었고, 다른 하나는 미국 상하원 의원들에게 편지쓰기운동을 벌이는 것이었다. 그것은 미국 의회를 통하여 임시정부를 승인하도록 미국정부에 압력을 넣기 위한 방안으로 착안한 것이었다. 그러나 추도행진은 한족연합위원회의 반대로 실현되지 못했다. 연합위원회는 그러한 시위는 미국 정부의 반감을 살 것이라면서 반대했다.[27]

편지쓰기운동에는 기독교인친한회가 주동적으로 참여했다. 친한회 회장인 아메리칸대학교(American University) 총장 더글라스(Paul F. Douglass)와 서기인 에비슨(Oliver R. Avison, 魚丕信) 목사는 2월9일에 「친우들에게」라는 공동명의의 편지에서 조선총독부가 선교사들에게 추방명령을 내린 사실을 지적하면서 한국에서 기독교가 말살되고 있다고 말하고, 동양의 기독교는 자유 한국이 필요하고 한국은 미국 여론의 즉각적인 지지가 필요하다고 강조했다. 운동 방법은 한국임시정부의 승인을 위하여 자기 지역 출신의 상하 양원 의원들에게 편지나 전보를 보내는 것이었다.[28]

---

26) War Department Military Intelligence Service, "Memorandum for the Chief, Far East Unit", "Subject: Koreans in the United States and Hawaii", Mar. 19, 1943, "Subject: Korean Troops Units", Mar. 22, 1943, "Memorandum for Mr. McCloy", "Subject: Korean Troops Units", Mar. 22, 1943, 『韓國獨立運動史 資料(24) 臨政篇IX』, pp.279~283.

27) 독립기념관소장문서 도1074, United Korean Committee to Korean Commission, Feb. 13, 1943, 도1084, United Korean Committee to Korean Commission, Feb. 19, 1943.

28) 미국무부문서 895.01/230, Douglass and Avison, "Dear Friend", Feb. 9, 1943.

미시간주 출신의 민주당 소속 오브라이언(George D. O'brien) 의원이 3월31일에 임시정부 승인에 관한 상하 양원 합동결의안(H. J. Res. 109)을 하원에 제출했다. 결의안의 내용은 "미합중국 상원과 하원의 의원들은 의회에 회집하여 미합중국정부가 대한민국임시정부를 승인할 것을 결의한다"[29]라는 것이었다.

4월22일에는 위스콘신주 출신의 와일리(Alexander Wiley) 의원이 같은 내용의 결의안을 상원에 제출했다. 이 두 결의안은 각각 하원과 상원의 외교위원회에 회부되었는데, 이러한 일은 워싱턴 정가에서의 이승만의 영향력을 보여 주는 또 하나의 보기였다. 이승만은《주미외교위원부통신》을 통하여 재미동포들에게 이 사실을 알리면서 다음과 같이 당부했다.

이상과 같이 미국 국회 상하의원들과 미국인으로 한국 친우들이 우리 한국임시정부 승인문제를 위하야 적극적으로 운동하고 있다. 이에 한족으로서의 우리는 책임이 중차대한 것이다. 그러므로 우리의 할 일은 우리의 정성과 물질을 이에 기울여야 할 것이다. 이에 대하야 첫째로 우리 한인은 각각 시기를 놓치지 말고 즉시 편지나 전보로 상하의원 외무위원장 톰 커널리(Thomas T. Connally) 각하와 솔 블룸(Sol Bloom) 각하에게 공개토론 청문회(public hearing)를 속히 시작하여 주기를 요청하는 동시에 임시정부가 속히 승인되게 하여주기를 요청할 것이다. 둘째로 우리 한인은 각각 자기의 미국 친우들에게 동봉한 영문 원문들을 보이는 동시에 그들에게 편지나 전보 한장을 위의 두 상하의원에게 하여 주는 것이 우리 임시정부 승인문제에 대하야 큰 도움이 된다는 것을 역설 설복하야 그들의 협조를 얻어야 될 것이다.…[30]

---

29) 미국무부문서 895.01/232, "Joint Resolution", Mar. 31, 1943.
30) 《주미외교위원부통신》(제34호), 1943년5월10일자.

동포들은 열성적으로 호응했다. 익명을 요구한 어떤 지방의 한 동포는 혼자서 근방으로 다니면서 1,300명의 서명을 받아 그 지방 출신의원에게 보냈다.[31] 이승만은 이처럼 미국 의회의 공개청문회를 통하여 임시정부 승인문제가 미국 지식인 사회에서 공론화되기를 기대했던 것이다.

이승만은 미국 의회가 임시정부 승인결의안을 채택하도록 하는 캠페인을 벌이느라고 자동차도 과속으로 몰고 다녔다. 그러다가 교통법규위반으로 2월16일에 컬럼비아 지방법원에서 재판을 받았다. 이승만은 자신은 외교사절이라고 주장하여 재판은 연기되었다. 담당 판사는 4월7일자로 국무부에 이승만이 면책특권이 있는 등록된 외교관인지 조회하는 공문을 보냈는데,[32] 그 뒤의 관련문서가 보이지 않는 것으로 보아 재판은 흐지부지되었던 것 같다.

이승만의 난폭운전은 오래된 습성이었다. 이승만은 운전 도중에 자신이 교통법규를 위반하고도 상대쪽 운전자가 잘못했다고 고집하기도 했다. 달리는 차 안에서 추월하는 운전자를 보고는 소리를 지르며 야단치기 일쑤였다.[33]

미국 상하 양원의 외교위원회는 한국임시정부 승인에 대한 결의안을 심의하기에 앞서 국무부의 의견을 조회했다. 전쟁기간 동안 미국 의회는 전시 초당외교를 표방하고 행정부의 외교정책에 적극적으로 협조하고 있었다. 헐 장관은 현 시점에서 그러한 결의안이 의회를 통과한다는 것은 효과적인 목적에도 부합되지 않고 미국의 대외정책에 혼란과 오해만 초래할 뿐이라고 단호하게 반대했다.[34] 국무부의 이러한 태도 때문에 결의안은 본회의에 상정되지 못했다.

---

31) 《주미외교위원부통신》 (제40호), 1943년9월3일자, 「미국의회에서 한국승인문제」.
32) 미국무부문서 895.01/241, "The Municipal Court for the District of Columbia to Department on Diplomatic Community", Apr. 7, 1943.
33) 李元淳, 『世紀를 넘어서: 海史李元淳自傳』, pp.257~258.
34) 미국무부문서 895.01/232, Hull to Bloom, Apr. 15, 1943, 미국무부문서 895.01/263, Hull to Connally, Jun. 18, 1943.

2. 대한인동지회의 한족연합위원회 탈퇴

1

이승만은 모든 상황과 계기를 동포들의 애국심을 일깨우고 한국과 한국인들에 대한 미국인들의 동정적인 여론을 불러일으키는 일에 활용했다. 그러기 위해서 그는 온갖 이벤트를 궁리해 냈다. 1943년 4월 8일에 임시정부수립 24주년 기념행사로 아메리칸대학교 교정에 벚꽃나무를 심은 것은 미국인들에게 매우 인상적인 이벤트였다.

워싱턴을 끼고 흐르는 포토맥(Potomac) 강변은 벚꽃나무 가로수로 장려한 경관을 이루고 있었다. 1909년과 1912년에 도쿄시장 오자키 유키오(尾崎行雄)가 미일 우호의 상징으로 벚꽃나무 묘목을 보내어 심은 것이라고 하여 "재패니스 체리 트리"로 불렸다. 진주만 공격이 있자 미국인들 가운데는 흥분한 나머지 이 벚꽃나무를 도끼로 찍는 사람들이 있었다. 미국 내무부는 국민감정은 이해하나 나무가 무슨 죄가 있느냐면서 도끼질을 못하게 하고 나무를 경비했다.

이승만은 벚꽃의 원산지가 제주도와 울릉도이며 삼국시대에 한반도에서 일본으로 건너가서 문화를 전해주고 지배층으로 군림한 한국인들이 옛 일본의 수도 나라(奈良)에 벚꽃나무를 심어서 일본 열도에 퍼지게 된 것으로 알고 있었다. 그리하여 1942년에 한미협회를 통하여 내무부 장관에게 "재패니스 체리"는 원래 "코리언 체리"라면서 그렇게 이름을 고칠 것을 제의했다. 그러나 내무부 장관은 확실한 근거가 없이는 이름을 고치기 어렵다고 대답했다. 이승만은 주미외교위원부에서 일하는 정운수(鄭雲樹)와 한표욱(韓豹頊)에게 벚꽃나무의 원산지를 확인해오게 했다. 두 사람은 미국 국회도서관에서 일본 백과사전을 뒤졌다. 백과사전에는 일본의 겹사쿠라의 원산지가 울릉도라고 씌어 있었다. 이승만은 이 자료를 들고 내무부를 찾아갔다. 내무부는 얼마 있다가 "코리언 체리"는 곧

이승만은 1943년4월8일에 대한민국임시정부 수립기념식을 갖고 아메리칸대학교에 벚꽃나무를 심었다. 이승만의 왼쪽은 아메리칸대학교 총장 더글라스.

이승만이 심은 벚꽃나무의 2014년 현재의 모습.

란하고 그 대신에 "오리엔탈 체리"로 부르기로 했다고 통보해 왔다.

이승만이 섭섭해 하자 아메리칸 대학교 총장 더글라스가 "우리 학교 교정에 코리언 체리를 심읍시다"하고 제의했다.[35]

임시정부수립 24주년 기념식과 "코리언 체리" 트리 기념식수는 주미외교위원부와 한미협회와 기독교인친한회가 공동으로 준비했다. 행사에 앞서 3월29일에 몬태나주 출신의 랭킨(Jannette Rankin) 의원이 하원에서 "재패니스 체리" 트리를 "코리언 체리" 트리로 고쳐 부를 것을 주장하는 연설을 했다. 랭킨은 미국 역사상 첫 여성의원이었다.

---

35) 리 푸란체스카 지음, 조혜자 옮김, 『대통령의 건강』, 촛불, 1988, pp.81~82; 한표욱, 『이승만과 한미외교』, 중앙일보사, 1996, p.31.

4월8일 오전 10시부터 거행된 기념식에는 300명가량의 사람들이 모였다. 날씨는 맑고 포근하여 옥외행사를 하기에 안성맞춤이었다. 워싱턴에 있는 동포들은 말할 나위도 없고 뉴욕, 펜실베이니아, 디트로이트 등 동부지역과 멀리 로스앤젤레스에서도 동포들이 참석했다. 부인들은 한복을 일매지게 차려입고 나와서 이채를 띠었다. 특히 하와이에서 온 한족연합위원회 의사부 위원장 이원순(李元淳)과 서기 김원용(金元容)이 참석하여 행사를 한결 돋보이게 했다. 참가자들 가운데는 미국정부 관리들도 많았다. 국무부의 정치고문 혼벡(Stanley K. Hornbeck)은 부인을 대신 보냈고, 타일랜드 공사와 체코슬로바키아 공사 부인 등도 참석했다. 벚꽃나무는 네그루를 심었는데, 그것은 하와이 대한인 부인구제회가 기증한 것이었다. 식수를 끝내고 이승만과 한미협회 회장 크롬웰(James H. R. Cromwell)의 연설이 있었다. 이 이채로운 행사에는 신문기자들도 많이 몰려왔다.[36]

이원순과 김원용은 하와이의 재미한족연합위원회 의사부 대표로 제2차 전체위원회에 참석하기 위하여 로스앤젤레스로 와서 3월17일부터 나흘 동안 열린 준비회의에 참석한 다음 이승만과의 협의를 위하여 3월26일에 워싱턴에 와 있었다. 1941년4월에 모든 재미한인단체의 연합기구로 발족한 이래 2년 가까이 중경의 임시정부를 매개로 하여 협조관계를 유지했던 이승만과 한족연합위원회는 이제 심각한 갈등을 빚고 있었다. 연합위원회 집행부의 주축을 이루는 북미국민회는 1월21일에 열린 대표대회에서 외교위원장 이승만의 소환을 임시정부에 요청할 것을 연합위원회에 제의했다. 이유는 외교 실패, 권리 남용, 인심 소란이라는 것이었다. 북미국민회의 이러한 결의는 워싱턴에 갔다 온 연합위원회 집행위원장 김호(金乎)와 하와이 의사부의 선전부장 전경무(田耕武)의 보고

---

36) 《주미외교위원부통신》(제30호), 1943년3월3일자, 「긴급통첩」 및 《주미외교위원부통신》(제31호), 1943년4월8일자, 「임시정부 24주년기념」; 《國民報―태평양주보》, 1943년5월19일자, 「임시정부 24주년기념」; 李元淳, 앞의 책, pp.277~278.

에 따른 것이었다.[37]

이에 대응하여 이승만 지지자들은 1월16일에 로스앤젤레스와 디뉴바(Dinuba)에서 각각 민중대회를 열어 이승만 지지를 결의하고, 문제가 해결될 때까지 독립금을 민중대회에서 수봉하여 임시정부와 외교위원부에 직접 보내기로 결의했다. 대회는 외교위원부 지원을 위해 그 자리에서 독립금 3,000달러를 모금했다. 민중대회는 또 김호와 전경무의 중경방문을 반대하기로 결의했다.[38]

이승만과 한족연합위원회의 관계가 결렬되기에 이른 데에는 세가지 중요한 이유가 있었다. 첫째는 주미외교위원부와 한족연합위원회의 법률적 및 현실적 지위에 대한 인식의 차이에 따른 갈등이었다. 이승만에 따르면, 주미외교위원부는 임시정부를 대표하는 정부기관이고 연합위원회는 거류민단과 같은 재류동포들의 민간단체였다. 따라서 연합위원회의 주된 임무는 동포들로부터 독립금을 거두어 임시정부와 외교위원부를 지원하는 일이었다. 1942년 가을에 워싱턴을 방문한 김호, 전경무 두 사람이 외교위원부의 확충문제를 비롯한 사업보고와 《주미외교위원부통신》의 발행중지 등을 요구했을 때에 이승만이 그 전제조건으로 한족연합위원회가 먼저 민간단체임을 동포들에게 밝힐 것을 요구한 것도 그것을 확인시키기 위해서였다.[39]

그러나 한족연합위원회는 이승만의 이러한 주장을 받아들일 수 없었다. 연합위원회의 입장에서 보면, 주미외교위원부는 1941년의 해외한족대회의 결의에 따라 설립되었고, 그 대회에서 사흘 동안의 논란 끝에 이승만을 외교위원부 대표로 선정했다. 임시정부가 「주미외교위원부규정」을 제정하고 이승만을 주미외교위원장으로 임명한 것은 사후적인 조치에

---

37) 《新韓民報》 1943년 1월14일자, 「대한인국민회 제7차대표대회 입안」.
38) 《북미시보》 1943년 2월호, 「라성에서 민중대회를 개최하고 3천원의 독립금 당석에서 것쳐」; 『韓國獨立運動史 資料(23) 臨政篇Ⅷ』, pp.463~471.
39) 《주미외교위원부통신》 (제17호), 1943년 1월4일자, 「연합회대표와 그 사실 전말」.

지나지 않았다. 그리고 현실적으로 주미외교위원부의 경비는 연합위원회의 자금지원으로 충당되고 있었다. 그러므로 주미외교위원부의 활동에 연합위원회가 관여하는 것은 당연한 일이었다.

이승만은 연합위원회의 이러한 주장이나, 특히 김호와 함께 워싱턴에 온 하와이의 전경무가 1942년12월에 연합위원회에서 이미 배제한 한길수와 '임시연합선언'을 발표하고 중한민중동맹의 연합위원회 재가입 등을 천명한 것은[40] 도저히 용납할 수 없는 일이었다. 이승만은 해외한족대회가 열리기 전에 하와이의 대한인동지회를 중심으로 한 지지자들의 지원을 받아 워싱턴에 와서 구미위원부의 활동을 재개하고 있었으므로 연합위원회가 자신을 외교위원부의 대표로 선정한 것에 대해 큰 의미를 두고 있지 않았다.

둘째는 역시 재정문제를 둘러싼 알력이었다. 실제로는 그것이 더 심각한 쟁점이었다. 1941년의 해외한족대회는 각 단체가 여러 가지 명목으로 개별적으로 의연금을 모금하던 것을 일체 폐지하고 '독립금'으로 통합하여 1년에 2만달러를 수봉하기로 하고, 수봉한 금액의 3분의 2는 임시정부에, 3분의 1은 외교위원부에 보내기로 결정했다. 이승만은 동지회나 그 밖의 지지자들로부터 직접 자금지원을 받을 수 없게 된 것이 크게 못마땅했으나 동포들의 화합이라는 대의명분에서 그러한 방침에 따르고 있었다. 그런데 하와이의 의사부는 약속한 자금을 제때에 송금했으나, 로스앤젤레스의 집행부는 편지와 전보로 독촉해야 겨우 보내주어 외교위원부의 운영이 여간 궁색하지 않았다. 또한 이승만이 "어떤 특별활동" 비용이라면서 5,000달러의 차대를 요청했을 때에도 하와이의 의사부는 2,500달러를 보내왔으나, 로스앤젤레스의 집행부는 이를 거절했다. "어떤 특별활동"이란 비밀리에 추진하던 김구, 조소앙(趙素昻), 안원생(安原

---

40) 한국학중앙연구원소장문서 970036-2, J. Kyuang Dunn, Kilsoo K. Haan, "Joint Tentative Memo", Dec. 1942.

生) 세 사람의 워싱턴 방문비용이었다.[41]

한편 워싱턴을 방문하고 돌아간 김호는 각지에서 연설을 하면서 여러 사람이 워싱턴을 내왕하면서 1만여달러를 허비했으나 이승만이 협의에 응하지 않아 실패했다고 말했는데,[42] 이승만은 이 발언을 문제 삼아 연합위원회가 공금을 낭비하면서 재정보고도 공포하지 않는다고 공박했다.[43] 캘리포니아주의 민중대회가 독립금을 거두어 직접 임시정부와 외교위원부에 보내기로 결의한 것도 그러한 상황을 반영한 것이었다. 그러자 연합위원회 집행부는 1월22일에 403달러63센트를 보낸 것을 끝으로 주미외교위원부에 대한 재정지원을 완전히 중단했다.[44]

셋째로 분쟁의 직접적인 도화선이 된 것은 한족연합위원회의 중경특파원 파견 추진이었다. 중경특파원 파견계획은 1942년4월의 연합위원회 제1차 전체위원회의 결의에 따른 것이었다. 그러나 "원동특파원 2인을 선출하여 대내활동과 대외선전을 힘써 행하기로"한다[45]는 결의안의 문면에서 보듯이, 중경특파원 파견계획은 목적이 애매했다. 로스앤젤레스의 집행부 위원장 김호와 함께 중경특파원에 선정된 하와이 의사부의 전경무가 1942년6월13일에 국무장관 헐에게 보낸 편지에는 자신들의 중경방문 목적을 영어로 임시정부 외무부 일을 돕고 중국과 만주에서 일본과 싸우는 한국인 전투력의 조직을 더욱 확충하고 강화하는 것이라고 했고,[46] 김호가 7월10일에 이승만에게 보낸 공문에는 미국과 중국정부의 협조를 얻어서 임시정부의 지도 아래 국내와 일본과 만주 등지에 파견할 비밀단을 조직하겠다고 기술했다.[47] 그러나 이때는 이미 이승만이 OSS의 특수훈련

41) 한국학중앙연구원소장문서 970036-3, Letter from Syngman Rhee to Won Soon Lee, Jan. 5, 1943.
42) 《북미시보》 1943년2월호, 「워싱턴 여행비 1만여원」.
43) 《주미외교위원부통신》 (제18호), 1943년1월11일자, 「재정상 급한 문제」.
44) 《주미외교위원부통신》 (제22호), 1943년2월8일자, 「통신소식」.
45) 《新韓民報》 1942년5월14일자, 「재미한족연합회 제1차 전체위원회 결의안」.
46) 한국학중앙연구원소장문서 970036-3, Jacob Kyuang Dunn to Cordell Hull, Jun. 13, 1942.
47) 독립기념관소장문서 도1198, 「한족연합위원회 집행부 위원장이 李承晚에게 보낸 1942년7월10일자 공문」.

을 받을 한국인 청년들을 은밀히 모집하여 OSS에 50여명의 명단을 제출한 뒤였다.

이승만은 처음에는 이들의 중경 방문이 의례적인 것으로 생각하고 미 국무부에 중경특파원에 대한 편의제공을 부탁하는 등 협조적이었으나,[48] 김구로부터 특파원 파견을 보류하라는 통보를 받고, 또 워싱턴에 온 두 사람을 만나 본 결과 이들의 중경방문 목적이 임시정부와 주미외교위원부의 기존의 관계를 손상시킬 소지가 있다고 판단하여 특파원 파견은 불필요한 재정낭비라고 반대했다.[49]

2

중경특파원 파견문제로 빚어진 연합위원회와의 분쟁에 대한 이승만의 태도는 단호했다. 그는 다음과 같이 적었다.

우리의 관찰로는 이번 풍파가 한두 개인의 자동적으로 발생된 것이 아니고 일부분 인사들이 뒤에 앉아서 은근히 선동하는 결과로 된 것인데, 그 인사들로 말하면 우리 독립에 대한 열성은 없지 않을 터이나 다만 자기들이 주장(主掌)해야만 된다는 사상이 뼈에 박혀서 어디서나 한인의 상당한 기관이 있는 것을 보면 그것을 기어이 주장하거나 파괴하기로 주장한다. 그분들이 남의 단체에 들어가서 기능과 지혜로 성적을 보이면 중인의 신망을 받아서 스스로 그 단체의 주권을 잡을 수 있을 것이거늘 이렇게 생각을 못해서 휼계[譎計: 간사하고 능청스러운 꾀]나 위력으로 주권을 빼앗으려 하는 고로 번번이 풍파를 내어 자기들도 성공치 못하고 민족 전체에 영향을 주게 되니 과연 가

48) 「李承晩이 Hull에게 보낸 1942년6월30일자 편지」, 『대한민국임시정부자료집(20) 주미외교위원부 II』, pp.173~174.
49) 《주미외교위원부통신》 (제17호), 1943년1월4일자, 「연합회대표와 그 사실 전말」.

1943년4월에 로스앤젤레스에서 열린 제2차 한족연합위원회 대표회의의 참석자들. 앞줄 왼쪽에서 세번째가 샌프란시스코의 집행위원회 위원장 김호, 네번째가 하와이의 의사부 위원장 이원순.

석 가탄할 일이다.…

　　그분들의 관찰에는 위원부를 그저 두고는 자기들의 목적을 이룰 수 없는 고로 위원부를 장악하거나 위원부를 없이하거나 해야만 될 줄로 알고 처음은 조용히 시험하여 보다가 되지 못하매 필경은 공개적으로 공격을 시작한 것이다. 그래서 앞장선 몇몇 인사들이 망언망동을 시작하다가 일반 동포의 공분을 일으켜서 캘리포니아의 민중대회에서 성토하기에 이르매, 그분들은 또다시 뒤에 물러앉고 과녁빼기로 내세운 이들이 모든 죄를 짊어지고 나갈 것이다.

　　그런즉 이번에 선후방침을 연구하시는 일반 인도자들은 일시 무마적이나 화평주의로 어름어름 해놓고 물러앉으면 얼마 후에 일이 있을 때에는 이분들이 또 이런 풍파를 양성할 염려가 없지 아니하니, 이번에는 상당히 조사하야 그 속에서 은근히 고취하는 분들은 완전히 사상이 변한 것을 공중이 인정하게 될 때까지는 어떤 중요한 단체에 들어가서 주권의 간섭을 못 하도록 공개적으로 마련하고 나는 것이

일후 폐단을 막는 지혜로운 정책이 아닐까 한다.[50]

이승만이 지적한 풍파의 배후세력이란 흥사단을 중심으로 한 대한인
국민회 인사들을 지칭하는 것이었다.

이원순과 김원용이 워싱턴에 왔을 때에는 이승만은 이미 대한인동지
회만으로 외교위원부를 운영하고 임시정부에 대한 재정지원도 하겠다고
결심하고 있었다.[51] 그러므로 이승만과 연합위원회의 관계를 정상화시키
기 위한 두 사람의 노력은 아무런 성과가 없었다. 이승만은 오히려 두 사
람에게 외교위원이 되어 자기의 일을 도우라고 설득했다. 두 사람이 다
위원이 되든지 어느 한 사람만 되든지 원하는 대로 결정해서 외교사무를
도우라고 했다. 두 사람은 연합위원회 인사들과 상의해서 결정하겠다고
말하고 로스앤젤레스로 돌아갔다.[52]

한족연합위원회 제2차 전체위원회는 1943년4월28일부터 5월8일까
지 로스앤젤레스에서 개최되었다. 회의는 북미국민회가 요구한 외교위
원장 이승만의 소환문제를 두고 사흘 동안 갑론을박을 벌인 끝에 외교
위원부의 정리 및 확장 문제는 당분간 하와이의 의사부에 맡겨서 교섭하
기로 했다. 대회는 또한 중경특파원의 사명을 재확인하고 특파원 파견을
신속히 추진할 것을 결의했다. 이에 대해 김원용은 5월9일에 열린 민중대
회에서 다음과 같이 설명했다.

"중경특파원은 민중의 의사를 대표하야 이곳에서 생각한 우리 작전
계획에 도움이 될 만한 재료를 가져다가 임시정부에 드리고 원동에 가서
본 우리 작전계획의 가능성과 재료를 가져다가 작전계획을 작성하야 이
나라(미국) 정부에 참고로 제공하야 우리의 독립전쟁에 실제원조를 얻자

<hr>

50) 《주미외교위원부통신》(제22호), 1943년2월8일자, 「이번 풍파의 원인」.
51) 李元淳, 앞의 책, p.254.
52) 《주미외교위원부통신》(제92호), 1944년10월25일자, 「외교위원부 개조에 대하야」.

는 것이올시다."[53]

그러나 그것은 구차한 설명이었다. 그러한 활동이란 이승만이 임시정부와 연락하면서 미국정부를 상대로 벌이고 있는 활동과 다른 것이 없었다. 연합위원회 전체위원회 의장 한시대(韓始大)와 하와이 대표 이원순과 김원용 이름으로 5월7일에 김구에게 친 전보는 연합위원회가 중경에 특파원을 파견하고자 하는 의도를 다음과 같이 설명했다. 곧 특파원의 목적은 첫째, 임시정부와 한족연합위원회의 협력을 한층 긴밀히 하고 서로의 문제를 이해함으로써 임시정부에 대한 지원을 강화하고, 둘째, 한국인의 전쟁노력을 조정하며, 셋째, 전후계획을 수립하고, 넷째, 임시정부에 대한 미국의 태도를 전달하는 일이라는 것이었다.[54] 요컨대 한족연합위원회는 재미동포들의 대표기관으로서 승전과 그에 따른 한국의 독립이 확실히 되는 상황에서 전후계획을 중경의 지도자들과 구체적으로 논의하기를 희망했던 것이다. 그리하여 연합위원회 자체에도 전후계획연구부를 설치하고 우선 3,600달러의 예산으로 작업을 착수하기로 했다.[55]

그러나 임시정부는, 뒤에서 보듯이, 때마침 권총도난사건과 김구에 대한 공금횡령 모함사건 등으로 극심한 혼란을 겪고 있었으므로 연합위원회 대표들의 중경 방문이 달가울 수 없었다. 임시정부로부터 회답이 없자 연합위원회 집행부는 7월22일에 외무부장 조소앙에게 만약 임시정부가 연합위원회의 특파원 파견에 대하여 반대 입장을 가지고 있다면 그 이유를 분명히 설명해 달라고 타전했다.[56] 그러나 임시정부는 계속 묵묵부답이었다. 이때는 임시정부가 국민정부로부터 재정지원을 받고 있었기 때문에 오로지 재미동포들이 보내는 자금에만 의존하는 상황은 아니었다.

캘리포니아 지방 한인사회의 이러한 동향을 미국 정부기관이 주시하

---

53) 《新韓民報》 1943년5월13일자, 「제2차 전체위원회 경과보고」.
54) 독립기념관소장문서 도1122, Telegram from Sidai Hahn, Won Soon Lee and Wonyong Kim to Kim Koo, May 7, 1943.
55) 《新韓民報》 1943년5월13일자, 「재미한족연합위원회 제2차 전체위원회 결의안」.
56) 독립기념관소장문서 도1131, Telegram from L.A. UKC to Tjosowang, Jul. 22, 1943.

는 것은 당연했다. OSS의 샌프란시스코 지부는 3월17일부터 20일까지 비공개로 열린 연합위원회 제2차 전체위원회 준비회의에 대하여 상세한 보고서를 작성했는데, 거기에는 매우 주목할 만한 내용이 들어 있었다. 보고서의 결론은 다음과 같았다.

이승만 박사의 장기간에 걸친 공헌과 한국 독립운동과 관련된 그의 명성이 어떻게든지 계속 유지되는 것이 중요함에도 불구하고, 또 전투적인 한족연합위원회 지도자들의 이 박사에 대한 격심한 비난 가운데 어떤 것은 그가 받을 만한 것이 아님에도 불구하고, 25년에 걸친 한국 독립운동의 전 역사는 두 개의 간단한 결론으로 귀결되는 것으로 보인다.

(가) 이 박사와 그의 측근 그룹은 그가 일반 재외한국인들로부터 새로운 소명을 부여받지 않고는 한미협력을 효과적으로 수행할 수 있는 공식통로가 될 수 없다.

(나) 책임 있는 미국정부 당국의 현명한 조언이 도움이 될 수는 있겠으나, 한국인들이 자체적으로 현재 실질적인 힘을 가진 이 박사를, 필요하다면 교체하고, 국부(國父: founding father)로서의 그의 위신을 회복시키기 위한 방책을 강구하는 일이 필수적이다. 임시정부 선거가 이 문제 및 그와 관련된 문제들을 공정하고 실제적으로 해결하는 수단이 될 수 있을지 모른다.…

그럼에도 불구하고 어떤 예기치 못한 사태로 말미암아 이 박사가 활동무대에서 제외되지 않는 한 한국인 대외기관의 기반을 확충하고 장애를 제거하는 데에는 1년쯤이 소요될 것이다.…[57]

---

57) "A Report on the Progress of the Free Korean Movement, as reflected in the Preliminary Session of the 1943 Annual Meeting of the United Korean Committee in America, held in Los Angeles, Mar. 17~19.", Mar. 24, 1943, 『韓國獨立運動史 資料(23) 臨政篇 Ⅷ』, p.435.

이러한 판단은 OSS 샌프란시스코 지부와 서부지역의 이승만 반대파들은 정보를 교환하는 동안 서로 영향을 주고받고 있었음을 짐작하게 한다. OSS 워싱턴본부의 극동 전문가인 매큔이 이 보고서가 한국인 사회 내부의 근황에 대한 세부정보를 정확하게 제시하고 있어서 매우 귀중하고 당장 활용가치가 있다고 평가한 것도 그러한 보기였다.[58] 5월7일부터 6월14일까지 네 차례에 걸쳐서 열린 정보기관 실무자들의 한국문제에 대한 연속회의는 그러한 인식을 토대로 하여 열린 것이었다.

3

「FE-6 프로젝트」의 특수작전훈련을 마친 장기영 등 9명은 4월15일에 중경으로 파견하기로 되어 있던 애초의 계획이 중지되었다는 통고를 받았다. 시설부족 때문이라는 것이었다. 그러면서 그들은 민간인으로 돌아갈 수도 있고 미군에 입대할 수도 있다고 했다. 한 사람도 빠짐없이 입대를 희망했다. 그리하여 그들은 워싱턴 근교의 캠프에서 다음 조치를 기다렸다.[59]

「FE-6 프로젝트」가 중지된 데에는 몇가지 이유가 있었다. 기본적으로는 미국의 대일군사전략의 전환이었다. 일본은 최후까지 버틸 것이기 때문에 미군은 일본 본토에 진공해야 한다는 것이 미국의 전략구상이었는데, 1943년에 이르면 태평양 전구의 전황이 유리해져서 미군은 중국에 상륙할 필요 없이 섬들을 연결하여 일본 본토를 공격할 수 있는 상황이 된 것이었다.

둘째는 OSS의 도노반(William J. Donovan) 국장과 중미합작기구

---

58) G. M. McCune to C. F. Remer, "Coment on report from San Francisco office", Mar. 27, 1943, "Progress of the Free Korean Movement", Mar. 31, 1943, 『韓國獨立運動史 資料(23) 臨政篇 Ⅷ』, p.480.
59) Rhee to Colonel Karl T. Gould, Jun. 11, 1943, 『韓國獨立運動史 資料(25) 臨政篇 Ⅹ』, p.332.

(Sino-American Cooperation Organization: SACO), 특히 SACO의 부사령관인 미 해군 중국파견단(Naval Group China: NGC) 단장 마일스(Milton Miles) 소령 사이의 알력 때문이었다. 마일스가 OSS의 전신인 정보조정국(Coordinator of Information: COI)의 101지대가 중국 안에서 활동하는 것을 강력히 반대했던 중국 조사통계국의 대립(戴笠)과 협의하여 해군 중국파견단을 중미합작기구로 개편한 것은「FE-6 프로젝트」의 훈련이 막 끝난 1943년3월이었다. 대립이나 마일스가 OSS의 훈련을 마친 한인청년들이 "코리언 프로젝트의 핵심"으로서 중경에 파견되는 것을 반대했을 것은 당연하다.

셋째로 매큔이 OSS의 한국인 활용계획을 이승만이 정치적으로 이용한다고 문제를 제기한 것을 계기로 도노반을 비롯한 OSS 간부들로부터 이승만이 적지 않은 불신을 사게 된 것도「FE-6 프로젝트」의 처음 계획의 중단을 결정한 원인으로 작용했을 수 있다. 아무튼 이렇게 하여 이승만과 OSS의 협력관계는 공식적으로 중단되고 말았다. 그러나 OSS의 부국장 굿펠로와의 개인적인 신뢰와 친분관계는 계속 유지되었다.

5월7일부터 6월14일까지 네 차례에 걸쳐서 연방정보기관 실무책임자들의 한국문제에 대한 연속회의가 열렸다. 회의는 해군정보국(Office of Naval Intelligence: ONI)의 데이비스(Donald M. Davise) 대위가 소집한 것인데, 비록 비공식 회의이기는 했지만 미국정보기관 대표들이 처음으로 한자리에 모여 재미한인들의 활용문제와 전후 한국의 지위문제를 집중적으로 논의한 매우 중요한 회의였다.

5월7일에 해군부에서 열린 첫 회의에는 육군정보국(Military Intelligence Service: MIS) 동양담당 콜드웰(A. B. Caldwell) 대위와 그린웨이(George Greenway) 대위 및 극동과의 키니(Robert Kinney), OSS 조사분석실 극동그룹의 매큔, 연방수사국(Federal Bureau of Investigation: FBI)의 틸먼(Fred G. Tillman)이 참석했다. 의장을 맡은 데이비스는 한국문제는 두가지 실질적인 이유에서 미국의 중요한 관심사

라고 말했다. 하나는 한반도 주변에서 미군이 최후로 작전을 전개하게
될 경우 한국인들을 어느 정도 군사적으로 활용할 수 있는가 하는 것이
고, 다른 하나는 전후 한국에 대한 방침, 곧 적이 철수한 뒤의 정치적 공백
지대에 미국에 우호적으로 잘 조직되고 효율적으로 기능하는 현지인 기
관을 준비하는 일이라는 것이었다. 회의는 미국정부가 상당한 기간 동안
미주지역에서의 한국인들의 정치운동을 관찰하고 조사하고 분석했음에
도 불구하고 재미한인들을 동원하기 위한 아무런 조치도 취하지 않았다
고 비판했다. 결론은 만일에 한국인들이 (1)미국의 안보에 위협적이지 않
고 (2)그들을 정치적으로나 군사적으로 활용할 수 있다면, 미국정부는
한국문제를 가지고 시간낭비를 해서는 안 된다는 것이었다.

첫번째 문제에 대하여 참석자들은 모두 재미한인사회가 미국의 안보
에 위협이 아니라는 데 동의했다. 그러나 두번째 문제에 대해서는 그다지
낙관적이지 않았다. 먼저 한인 당파들이 통합할 필요가 있다는 점이 지적
되었다. 참석자들은 모든 재미한인들을 대표할 특별기관의 결성을 지지
했는데, 그러나 한길수는 분열을 조장하는 인물이므로 배제되어야 한다
고 했다. 매큔과 키니는 이승만은 새로 결성될 재미한인 특별기관의 의장
이라는 명예직을 갖고, 실질적인 집행권은 더 젊고 책임감이 있고 훌륭한
성품을 지닌 공격적인 한국인에게 넘겨야 한다고 주장했다.[60] 아무튼 미
국정보기관대표들의 회의에서 재미한인들을 대표할 새로운 기관을 설립
할 필요가 있다는 데 의견일치를 보았다는 점이 눈길을 끈다.

두번째 회의는 6월7일에 열렸다. 참석자들은 같은 멤버였다. 이날의
회의에는 국무부 극동국의 솔즈베리(Laurence E. Salisbury)도 초청되었
으나 그는 다른 일로 참석하지 못했다. 회의에서는 대일전에 한국인들을
효과적으로 활용하는 문제와 관련하여 한국인들 사이의 트러블 메이커
들, 특히 한길수의 처리문제가 집중적으로 논의되었다. 참석자들은 한길

---

60) Donald M. Davise, "Memorandum: Conference on Korean Situation", Jun. 8, 1943,
『OSS(Office of Strategic Service) 海外의 韓國獨立運動史料(30) 美洲篇⑧』, pp.11~14.

수의 선전과 행동은 일본정부가 바라는 것과 같은 것이며, 그는 한국인들 사이에 혼란과 분열의 씨를 뿌리고 연합국의 목적을 지지하는 한국인 운동의 효과적인 제휴를 방해하고 있다는 데 의견을 같이했다. 그러나 그에 대하여 당장 취할 수 있는 조치는 없어 보였다. FBI의 틸먼은 법무부는 한길수를 기소할 만한 확실한 근거를 가지고 있지 않다고 말했다. 한길수는 아마도 상황을 이용하여 돈벌이를 하는 교활한 선동가 같다는 것이 그의 의견이었다. 참석자들은 한길수를 추방해도 별 문제가 없을 것이라는 데 의견을 같이했다. 매큔은 중국에 있는 한국지도자들이나 재미한국인 8,000명 가운데 60명쯤밖에 되지 않는 좌파들도 한길수를 완전히 신뢰하지 않는다고 말했다.

회의에서는 당연히 이승만도 논의의 대상이 되었다. 한길수가 추방되고 이승만을 설득하여 한국 독립운동의 "원로"라는 얼마쯤 명예적인 지위로 '은퇴'하게 한다면, 더 젊고 유능한 한국인들이 재미한국인들의 운동을 더욱 효과적으로 지도할 수 있을 것이라는 것이 대체적인 의견이었다. 회의에서는 또한 동북아시아지역에 산재한 한국인들을 선전활동에 활용하는 문제가 심도 있게 논의되었다.[61]

6월11일에 열린 세번째 회의에는 OSS의 작전과장 호프먼(Carl O. Hoffman) 대위와 국무부의 솔즈베리도 참석했다. 이날의 회의에서는 OSS 작전과와 국무부의 관심사가 논의의 초점이 되었다. 호프먼 대위는 (1) 일부 한국인들이 높은 계급을 따는 데만 너무 집착하여 군대생활에 만족스럽게 적응하는 데 문제가 있다는 점과 (2) 그보다 더 중요한 것으로, 중국 국민정부는 중국인들에 의하여 훈련되고 통제받고 있는 한국인들과 함께 작전하는 것을 더 선호한다는 점을 강조했다. 그러므로 미국이 훈련한 한국인들을 앞으로 동북아시아에서 비밀임무에 활용하기 위해서는 중국의 전폭적인 협력을 얻을 수 있는 협상이 필요하다고 말했다.

---

61) Robert A. Kinney, "Memorandum for the Chief, Japan Branch", "Subject: Conference on Koreans and Korean Situation, Jun. 7, 1943.", Jun. 9, 1943, 위의 책, pp.15~17.

솔즈베리는 한국 독립운동에 대한 미국의 정책은 미국은 추축국의 점령 아래 있는 모든 국민들을 지원할 것이라고 한 1942년7월의 헐 국무장관의 포괄적인 성명에 포함되어 있다고 설명했다. 그는 또 미국의 대한정책은 앞으로 아시아 전체의 구도라는 더 넓은 관점에서 검토되어야 한다고 말했다. 특히 미국은 중국과 러시아와 협의하기 전에 한국독립을 보증하는 일은 피해야 한다고 주장했다.

6월14일에 열린 마지막 회의는 연합국의 전쟁노력에 한국계 미국인들을 어떻게 활용할 수 있고, 궁극적으로 재외한국인들을 어떻게 활용할 수 있을 것인가 하는 문제를 결정하는 회의였다. 미국 안에서 통합된 한국인 전선을 구축하는 것이 아무리 바람직하다고 하더라고 그 사람들의 본성이 그러한 시도를 '다이너마이트'로 만들 것이고, 그렇게 되면 정부의 다른 부처와 마찬가지로 국무부를 곤혹스럽게 만들 수 있다는 데 참석자들의 의견이 일치했다. 호프먼 대위는 OSS가 한국인들에게 특수작전 훈련을 실시했던 경험을 설명하면서, 한국인들을 활용하는 모든 계획이 중국에서 실시되어야 한다면 미국계 한국인들을 훈련시킬 필요가 없을 것이라고 말했다. 왜냐하면 첫째로 중국인들이 그들을 불신하고 있기 때문에 그들의 작전은 제약을 받을 것이고, 둘째로 중국에는 풍부한 한국인 공급인력이 있으므로 이들 가운데 중국인들의 신뢰를 받는 사람들을 미국이 중국에서 전문적으로 훈련시키면 된다는 것이었다. 호프먼은 한국인 대표자들이 많은 수의 한국계 미국인들을 훈련시키기 위하여 여러 가지 "거래" 제의를 못하게 하는 데 큰 어려움을 겪었고, 또 자기들이 훈련시킨 한국인들은 언제나 특진을 요구했으며, 그들은 다루기 좀 어려웠다고 덧붙였다.

호프먼은 위와 같은 회의내용을 도노반에게 상세히 보고하면서 다음과 같이 건의했다.

지금까지 있었던 일들을 말씀드리는 것은 국장께서 앞으로 한국인들에 관한 결정을 하시는 데 그러한 일들이 영향을 줄 수 있기 때문입니다. 제 생각으로는 국무부와 MIS(육군정보국)와 ONI(해군정보국)는 당분간 "방관(hand off)"정책이 바람직하다고 믿습니다. 한국인 지도부가 구성되었을 때에, 그리고 추종세력들 사이의 통합을 이룰 수 있다면 그러한 지도부와의 협력은 바람직할 것입니다.[62]

도노반이 중국지역에 투입할 한국인 게릴라부대의 창설계획을 중단한 것은 이러한 정보기관들의 공통된 의견과 같은 맥락의 판단에서 취해진 것이었다.

4

로스앤젤레스에서 열린 한족연합위원회 제2차 전체위원회가 끝나자 김원용은 하와이로 돌아가고 이원순은 5월 하순에 전체위원회 결의를 실현할 사명을 띠고 다시 워싱턴으로 왔다. 이승만은 이원순에게 워싱턴 근방의 여러 명소들을 안내했다. 남서쪽 교외의 알링턴 국립묘지에 갔을 때였다. 앞서 가던 이승만이 크고 잘 꾸며진 묘 앞에 이르자 발걸음을 멈추고 이원순을 불렀다. 그는 싱긋이 웃으면서 생뚱맞은 소리를 했다.

"여기 잠들어 있는 분이 나의 조상일세. 이 비석을 보게."

비석에는 "로버트 에드워드 리(Robert Edward Lee, 1807~1870)"라고 새겨져 있었다. 그것은 남북전쟁 때에 남군의 총사령관으로서 남부의 영웅으로 숭앙받는 리 장군의 묘였다.

어느 날 두 사람은 공원에 산책하러 갔다가 동물원까지 둘러보게 되었다. 이곳저곳을 구경하다가 프레리 도그[prairie dog: 미국의 대초원 지대에 사는 다람쥐과의 동물] 우리 앞에 이르렀다. 조그마한 동물들이 모였

---

62) Hoffman to Donovan, "Memorandum," "Subject: Korean Situation", Jun. 15, 1943, 『NAPKO PROJECT OF OSS: 海外의 韓國獨立運動史料(ⅩⅩⅣ) 美洲篇⑥』, pp.85~86.

다가는 흩어지곤 하면서 뛰놀고 있었다. 이승만은 한참 동안 동물들을 들여다보고 섰다가 말했다.

"글쎄 말이야, 저것들이 지금 회의를 하고 있지 않은가. 그런데 얼마나 질서정연하게 회의를 하는지 모르겠단 말이야. 우리도 집회를 할 때에 저것들처럼 질서정연하면 얼마나 좋겠나."[63]

그것은 뼈있는 말이었다. 이렇듯 그는 이 중대한 시기에 어깃장을 놓고 있는 반대파들에 대한 울분이 가슴에 응어리져 있었다.

이렇게 같이 시간을 보내면서 이승만은 이원순을 설득하여 그를 외교위원으로 임명하게 되었다. 이원순은 가족들을 워싱턴으로 불러들이기로 했다. 가족들은 살림을 정리하고 미국 군용선의 편의를 얻어 9월에 샌프란시스코에 도착했다. 이원순은 가족들을 마중하기 위하여 샌프란시스코에 가서 몇 주일 동안 머물다가 8월30일에 로스앤젤레스로 갔다. 그리고 이튿날 저녁에 연합위원회 집행부 사람들을 만나서 워싱턴에 갔던 일이 "실패했다"고 보고했다. 로스앤젤레스에는 이원순이 도착한 8월30일에 중경으로부터 "외교위원부의 요구에 응하여 8월19일에 정한경, 이원순 양인을 외교위원부 위원으로 임명함"이라는 전보가 와 있었다.[64] 이원순은 김호로부터 이 전보를 전달받고 처음으로 자기가 외교위원으로 임명된 사실을 알았다고 했으나,[65] 8월3일자 《주미외교위원부통신》이 두 사람의 위원임명을 공표하면서, 이원순은 가족들을 워싱턴으로 이사시키기로 하고 샌프란시스코에 가서 기다린다고 전한 것을 보면,[66] 이원순은 워싱턴에 머무는 동안 이승만의 요청을 수락했다.

이원순의 주미외교위원 임명으로 이승만과 하와이 의사부의 관계도 악화되었다. 이원순이 연합위원회 제2차 전체회의에 참석하기 위하여 자

---

63) 李元淳, 앞의 책, p.257.
64) 《新韓民報》 1943년9월9일자, 「연합회를 대표하야 워싱턴에 갔던 이원순씨의 보고」
65) 李元淳, 앞의 책, pp.254~255.
66) 《주미외교위원부통신》(제36호), 1943년8월3일자, 「위원부 새 위원 서임」

리를 비우는 동안 의사부 위원장을 대리하던 부위원장 안원규(安元奎)는 7월27일에 이승만에게 편지를 보내어 지난 3~4개월 동안 독립금 수봉이 극히 저조하다고 말하고, 외교위원부가 보관하고 있는 1,500달러를 송부해 줄 것을 요청했다. 김구 일행의 워싱턴 방문경비로 보냈던 2,500달러 가운데 1,000달러는 김호가 연합위원회 집행부에서 외교위원부에 보낼 부담금으로 어음을 쓰고 차대하여 외교위원부는 나머지 1,500달러만 보관하고 있었다. 안원규는 독립금 수봉이 저조하게 된 이유는 첫째로 외교위원부와 연합위원회 집행부 사이의 알력, 둘째로 외교위원부가 이른바 민중대회의 직접 송금을 받고, 동지회 기관지 《북미시보》와 《민중시보》가 통일반대 선전을 하는 것, 셋째로 동지회가 한미협회 및 그 밖의 명목으로 특별단원을 모집하고 가외의 송금을 공작하는 것 때문이라고 주장했다. 그리고 앞으로 이러한 일이 계속되면 임시정부에 보고하여 임시정부가 직접 결정하여 지도하도록 요청하겠다고 말했다.

격분한 이승만은 8월3일에 새로운 결심을 보여 주는 회신을 보냈다. 먼저 임차금 1,500달러 송금문제는 독립금 수봉이 저조할수록 외교위원부는 적어도 한두 달치라도 예비가 있어야 할 것이므로 그대로 두라고 말하고, 독립금 수봉이 저조한 이유 가운데 첫째는 인정하나 둘째와 셋째는 근본적 원인이 아니라고 잘라 말했다. 그는 현재의 난국을 정돈하기 위한 방안으로 다음과 같이 천명했다. 곧 (1) 해내외의 한족통일은 임시정부 명의로 성취함. (2) 태평양 이쪽은 정부 대표기관인 외교위원부를 중심으로 삼아 책임과 권위를 집중케 함. (3) 정부의 모든 공납은 다 외교위원부에서 주장케 하되 사사단체나 개인의 간섭을 불허함. (4) 연합위원회 의사부가 이 정책을 성심 준행하기로 결정하면 하와이 지방위원으로 공금 수봉하는 책임을 겸대하여 집행케 함.[67]

요컨대 앞으로는 재미동포들의 임시정부와 외교위원부에 대한 공납

---

67) 《주미외교위원부통신》(제43호), 1943년9월, 「외교위원부와 연합회의 관계」.

금 수봉을 외교위원부가 직접 하겠다는 것이었다. 이러한 주장은 이승만은 이제 주미외교위원부가 지난날의 구미위원부의 직권을 행사해야겠다고 결심했음을 보여 주는 것이었다. 실제로 이승만은 구미위원부 시절에 각 지방에 설치했던 것과 같은 지방조직을 부활시키기로 하고 책임을 맡길 인물들을 물색하는 등 의욕을 보였다.[68] 안원규가 9월7일자 답신에서 이승만의 제의를 거부하자 이승만은 하와이 동포들이 "민간단체를 정부 위에 두려는 것이냐"라고 힐책했다.[69] 이승만은 9월8일에 임시정부에 보낸 전보에서 미국과 하와이 동포들에게 즉시 훈시하여 모든 공금은 다 외교위원부를 통하여 납부하라고 지시할 것을 요청했다.[70]

하와이 의사부는 10월4일에 이승만을 임시정부의 외교고문으로 승차[陞差: 윗자리의 벼슬로 오름]시키고 외교위원부를 재조직할 것을 임시정부에 요청하기로 결의하고, 10월6일에 임시정부에 통보했다.[71] 의사부의 결의를 통보받은 로스앤젤레스의 집행부도 이튿날 임시정부로 이승만을 소환하자는 북미국민회 요구에 동의하는 뜻의 전보를 쳤다.[72] 그러자 12월5일에 개최된 대한인동지회 대표회는 12월23일에 한족연합위원회에서 탈퇴하기로 결의하고, 1942년1월19일부터 하와이의 대한인국민회 기관지《국민보(國民報)》와 함께 신문형태로 발행해 오던 동지회 기관지《태평양주보(太平洋週報)》도 분리하여 발행하기로 결의했다.[73] 그리하여 재미동포사회는 대한인국민회를 중심으로 한 한족연합위원회와 대한인동지회로 또다시 분열되었다. 그것은 카이로회담을 계기로 독립이 확실히 예상되는 종전 이후의 정국운영을 둘러싼 때 이른 권력투쟁이었다.

---

68) 《주미외교위원부통신》(제36호), 1943년8월3일자, 「지방위원 설치」.
69) 위와 같음.
70) 《주미외교위원부통신》(제41호), 1943년9월14일자, 「화부소식」.
71) 《國民報·태평양주보》 1943년10월20일자, 「외교부에 대한 제의안」.
72) 《新韓民報》 1943년10월14일자, 「재미한족연합위원회의 소환전청」.
73) "Dong Ji Hoi withdraws from UKC and Recalls Pacific Weekly Publication", *The Korean National Herald-Pacific Weekly*, Dec. 29, 1943.

384 제2부 임시정부를 짊어지고(Ⅲ)

「FE-6 프로젝트」의 중단으로 난감해하고 있는 이승만에게 1943
년6월4일에 눈이 번쩍 뜨이는 편지 한통이 날아들었다. 미네소타주 새
비지(Savage)의 군사정보단 언어학교(Military Intelligence Service
Language School)의 인사부장 굴드(Karl T. Gould) 중령이 보낸 편지였
다. 이 학교에서 한국계 미국인부대를 편성하고 있는데, 적합한 사람들
을 추천해 달라는 것이었다. 자격요건은 한국어가 유창하고 일본어를 웬
만큼 사용해 본 경험이 있어야 한다는 것이었다. 학교에서는 자격이 있어
보이는 147명에게 편지를 보냈으나 응답자가 20명도 되지 않았고, 게다
가 거의 대부분이 장교지망자라는 것이었다.[74] 그것은 물론 불가능한 일
이었다.

이승만은 OSS의 「FE-6 프로젝트」의 특수작전훈련에 응모했던 60명
가운데서 30명의 명단을 작성하여 6월11일에 굴드 중령에게 보냈다. 명
단을 보내면서 이승만은 필요하다면 자신이 그들에게 사전에 알려 주겠
고, 더 많은 사람이 필요하다면 알려 달라고 썼다. 이승만은 미일전쟁이
발발한 뒤로 많은 한국인들과 한국계 미국인들이 자기에게 대일전에 참
가할 길을 열어 달라고 해서 스틸웰(Joseph W. Stillwell) 중장 휘하에 한
국인부대를 창설할 계획서를 전쟁부에 제출했지만, 그 계획서는 서랍 속
에 잠자고 있다고 말하고, 「FE-6 프로젝트」의 자초지종을 자세히 설명
했다. 그는 하와이에는 7,000명의 한국인이 있는데, 하와이를 포함한다
면 군사정보단 언어학교에서 원하는 자격자는 얼마든지 충원할 수 있으
니까 부디 계획을 포기할 생각은 하지 말라고 신신당부했다.[75]

한편 굿펠로는 6월9일에 「FE-6 프로젝트」의 특수작전훈련을 받

---

74) 「Gould가 李承晩에게 보낸 1943년6월4일자 편지」, 『대한민국임시정부자료집(19) 주미외교위
    원부 I 』, pp.151~152.
75) 「李承晩이 Gould에게 보낸 1943년6월11일자 편지」, 위의 책, pp.153~154.

은 장기영, 피터 현, 이순영, 조종익, 윌리엄 B. 권 5명이 포함된 27명의 명단을 군사정보단 언어학교 입학 자격자로 전쟁부의 에드워드(W. B. Edwards) 소령에게 보냈다.[76] 이승만도 30명의 명단에 장기영, 피터 현, 조종익, 이순용 네 사람을 포함시켰다. 이승만은 6월28일에 다시 굴드에게 이 네 사람을 강력히 추천하는 편지를 썼다.[77] 이때에 군사정보단 언어학교에 입학했던 장기영은 6개월 훈련코스를 마친 다음 메릴랜드주에 있는 특수군사정보훈련소에서 다시 훈련을 받고 호놀룰루에 있는 부대에 배치되어 태평양전쟁이 끝날 때까지 괌, 사이판 등 태평양의 격전지에서 정보요원으로 활동했다.[78] 해방과 함께 귀국한 그는 정부수립 뒤에 제2대 체신부 장관을 지냈다.

이승만은 한족연합위원회와의 치열한 쟁투를 벌이는 동안에도 국내에 침투시킬 한국인 게릴라부대를 창설하는 일에 집착했다. 그는 9월29일에 무기대여법 원조관리처(Office of Land-Lease Administration)의 크로울리(Leo T. Crowley)에게 편지를 보내어 한국인 부대를 창설하는 데 필요한 50만달러의 자금지원을 요청했다. 중경의 임시정부 휘하에서 500명 내지 1,000명의 한국인 부대를 조직하고 미국에서도 한국인 요원을 양성하겠다면서 상세한 명세서를 첨부했다. 중국의 광동성(廣東省)과 산동성(山東省)을 통하여 한반도와 일본에 공작원들을 침투시켜 첩보와 전복파괴활동을 전개하겠다는 것이었다. 그것은 군의 관할에 속하는 문제라는 무기대여법 원조관리처의 회답을 받은 이승만은 전쟁부 장관에게 다시 편지를 썼다. 그러나 전쟁부는 주미 중국대사관 육군무관에게 계획서를 제출하라면서 그의 제의를 거절했다. 이승만은 중국대사관 육군무관에게 편지를 썼다. 중국대사관 무관부의 쇼 중령은 11월3일에

---

76) Goodfellow to Major W. B. Edwards, Jun. 9, 1943, 『韓國獨立運動史 資料(25) 臨政篇 X』, pp.327~329.
77) 「李承晚이 Gould에게 보낸 1943년6월28일자 편지」, 『대한민국임시정부자료집(19) 주미외교위원부 I 』 pp.156~157.
78) 張基永, 「李博士와 함께한 半生」, 『激浪半世紀 1 』, 江原日報社, 1988, pp.206~207.

호의적으로 검토하겠다는 해답을 이승만에게 보내고는 귀국했다.[79]

이승만은 모든 기회에 온몸으로 부딪히고 있었다. 10월28일부터 31일까지 뉴욕의 멕칼펀 호텔에서 열린 제2회 자유세계대회는 식민지 국가 및 소약국 민간대표들이 모여 이 나라들의 전후처리 문제를 토의하는 회의였다. 이승만은 한국대표로 이 대회에 참석했다. 10월31일에 있었던 "아시아의 장래"를 주제로 한 회의에서는 중국, 인도, 버마의 대표들과 함께 이승만도 "한국의 장래"라는 제목으로 연설을 했다.[80]

이승만은 한인 게릴라부대 창설에 대한 집념을 포기할 수 없었다. 그는 무기대여법 원조처에 제출했던 계획서를 11월8일에 합동참모본부 의장 마셜(George D. Marshall) 장군에게 보냈다. 이승만의 제안은 합동참모본무와 OSS에서 검토되었는데, 한 일본 정보전문가는 미국은 이승만의 기관에 의존할 것이 아니라 더 많은 한국인들을 활용할 계획을 세워야 한다고 제안했다. OSS의 도노반 국장은 만약 미국이 이승만의 외교위원부를 활용한다면 이승만과 그 그룹은 미국정부로부터 승인받은 것처럼 해석하고 이용할 우려가 있다면서 이승만의 제안을 냉혹하게 거부했다.[81] 그러나 이승만은 12월9일에 루스벨트(Franklin D. Roosevelt) 대통령에게 같은 내용을 제의하는 전보를 쳤고, 17일에 다시 독촉 전보를 쳤다.[82]

---

79) 方善柱, 「美洲地域에서 韓國獨立運動의 特性」, 《한국독립운동사연구》 제7집, 독립기념관 한국독립운동사연구소, 1993, p.505.

80) 《주미외교위원부통신》(제47호), 1943년10월28일자, 「자유세계회의」; 《주미외교위원부통신》(제48호), 1943년11월4일자, 「자유세계대회」.

81) C. Leonard Hoag, *American Military Government in Korea: War Policy and the First Year of Occupation 1941~1946* (draft manuscript), Department of the Army, 1970, pp.8~9. 번역문은 C. L. 호그 지음, 심복룡·김원덕 옮김, 『한국분단보고서(상)』, 풀빛, 1992, pp.33~34.

82) 위의 책, 주 12) 참고; 方善柱, 앞의 글, p.505.

3. 권총도난사건과 김구의 주석직 사퇴

1

1942년10월에 조선민족혁명당 등 좌익인사들이 임시의정원에 참여함으로써 임시정부는 어렵사리 좌우합작을 이루기는 했으나 임시정부의 주도권을 둘러싼 권력투쟁은 미국에 있는 독립운동자들의 경우보다도 훨씬 치열했다.

중경의 독립운동자들이 신탁통치문제로 어런더런한 속에서 한국독립당은 지도부에 이변이 일어나 김구는 중앙집행위원장 자리에서 물러나게 되었다. 1940년5월에 김구를 중앙집행위원장으로 하여 출범한 한국독립당은 조선민족혁명당 등이 임시정부에 참여하면서 합작문제를 둘러싸고 두 파로 갈렸다. 김구를 중심으로 조완구(趙琬九), 박찬익(朴贊翊) 등은 기존의 단일당을 주장하면서 다른 당파와의 합작을 반대했으나, 홍진(洪震), 유동열(柳東說), 조소앙 등은 당의 문호를 개방하여 다른 당파와 합작할 것을 주장했다. 중국국민당 문서는 김구계를 국수파(國粹派)로, 조소앙계를 합작파(合作派)로 분류했다.[83] 다른 당파에서는 합작파의 주장을 크게 환영하고 당내에서도 합작파가 청년층의 지지를 받으면서 양파의 대립은 더욱 심각해졌다.

이러한 상황에서 1943년5월8일에 열린 한국독립당 제3차전당대표대회에는 홍진, 유동열, 조완구, 조소앙, 김의한(金毅漢), 양소벽(楊少碧: 楊宇朝), 이상만(李象萬), 김자동(金紫東), 안훈(安勳: 趙擎韓), 이준식(李俊植), 정정화(鄭貞和), 송면수(宋冕秀) 등 17명이 참석했다.[84] 그런데 이 대표대회에 김구를 비롯하여 이시영, 박찬익, 엄항섭 등 김구계의 핵심인

---

83) 「韓國黨派之調査與分析」, 秋憲樹 編, 『資料 韓國獨立運動(2)』, p.70.
84) 《獨立新聞(中文版創刊號)》 1943년6월1일자, 「韓國獨立黨第三次全黨代表大會開幕」.

사들이 참석하지 않은 것을 보면 김구파는 대회 자체에 대하여 소극적이었음을 알 수 있다. 대회에서는 당, 정, 군에 대한 토론을 하고, 전 민족의 단결문제에 대한 방법에 대해서도 논의했다.[85] 대회는 「각 당파의 통일 혹은 연합 방식으로 혁명전선을 공고히 하는 안」을 결의했다고 하는데, 그것은 조소앙을 중심으로 하는 통일파가 제안한 것이었을 것이다.

대회는 이어 조소앙, 홍진, 최동오, 송면수, 조시원(趙時元), 채원개(蔡元凱), 유동열, 조완구, 박남파, 김의한, 양소벽, 안훈, 이준식, 김구, 이청천 15명을 중앙집행위원으로 선출했다. 김구와 이청천의 이름이 맨 끝에 올려져 있는 것이 눈길을 끈다.

대회에서 가장 이채로운 것은 중앙집행위원장 선거에서 조소앙이 김구를 누르고 위원장에 당선된 것이었다. 중국국민당의 보고문은 「금번 대회의 의의」를 다음과 같이 기술했다.

한국독립당 내부는 본시 전체 한국혁명단체의 통일을 통해 임시정부의 기초를 공고히 하고 한국 독립운동을 추진하자는 통일파와 이런 주장에 반대하는 반통일파로 나뉘어져 있었다. 전자는 홍진(현 임시의정원 의원), 조소앙(현 임시정부 외교부장), 유동열(현 임시정부 참모총장 겸 교통부장) 등이 영도하고, 후자는 김구, 조완구, 박남파(복순) 등이 영도하였다.

이번 한국독립당 전당대표대회에서 「각 당파의 통일안」이 결의되고 반통일파의 제안이 부결되었을 뿐만 아니라, 조소앙을 중앙집행위원장으로(전 위원장은 김구) 개선한 것은 반통일파의 고립을 의미하는 것이다. 이로 인하여 반통일파는 당내의 영도지위를 상실하게 되었다. 그러나 통일파는 세력기초가 튼튼하지 못한 데다 경제권도 갖지 못하고 있다. 한편 여전히 임시정부를 조종하고 경제권을 장악하고

---

85) 위의 기사; 「韓國獨立黨全黨代表大會 개최 및 중앙집행위원회 개선에 관한 보고」, 『대한민국임시정부자료집(34) 한국독립당Ⅱ』, pp.138~139.

있는 반통일파는 퇴세를 만회하기 위해 사태의 발전을 예의주시하고 있다.[86]

임시정부 내부에서 분쟁거리가 된 것은 중국정부로부터 받게 된 차관자금의 사용문제였다. 김구가 1942년5월에 중국국민당 조직부장 주가화(朱家驊)를 통하여 국민정부에 요청했던 미화 50만달러의 신용차관 문제는 9월에 이르러 국민정부가 우선 200만원을 지급하기로 하여 일단 결말이 났다.[87] 그러나 자금의 지급방법이 문제였다. 국민정부는 먼저 100만원을 차관해 주되, 임시정부와 한국독립당과 조선민족혁명당 등에 나누어 지급하겠다는 것이었다. 차관은 어디까지나 정부와 정부 사이의 업무이다. 분개한 김구는 1943년1월21일에 차관의 책임을 맡은 중국국민당 비서장 오철성(吳鐵城)에게 편지를 보내어 차관은 오직 임시정부를 상대로 지급되어야 하고 다른 모모정당 명의의 분배방식으로 지급하는 것은 내부적인 분열상태를 조장하는 것이라면서 유의해 줄 것을 요망했다.[88] 같은 날 박찬익도 같은 내용의 편지를 마초준(馬超俊)을 통하여 오철성에게 보냈다.[89]

김구의 요망에도 불구하고 국민정부는 임시정부에 60만원, 한국독립당과 조선민족혁명당에 각각 20만원씩 지급하기로 결정했다. 그러자 한국독립당 안에서는 이 차관분배방식은 당파 간의 분열과 대립을 책동하는 제국주의적인 분할지배(devide and rule)정책의 독소가 포함되어 있다는 등의 성토가 분분했다. 김구가 3월3일에 오철성에게 100만원 차관의 지불을 당분간 보류할 것을 요망한 것을 보면 한국독립당 내부의 분

---

86) 「韓國獨立黨第三次全黨代表大會 개최 및 중앙집행위원회 개선에 관한 보고」, 위의 책, p.139.
87) 「金九가 朱家驊에게 보낸 1942년9월10일자 편지」, 『대한민국임시정부자료집(22) 대중국외교활동』, p.153.
88) 「金九가 吳鐵城에게 보낸 1943년1월21일자 편지」, 秋憲樹 編, 『資料 韓國獨立運動(1)』, p.377.
89) 「朴贊翊이 馬超俊에게 보낸 1943년1월21일자 편지」, 『대한민국임시정부자료집(22) 대중국외교활동』, p.160.

위기가 예사롭지 않았음을 짐작할 수 있다.[90] 4월 초에 열린 국무회의는 차관문제를 둘러싸고 격심한 논란이 벌어졌다. 중국쪽에 신용차관을 요청할 때에 임시정부 명의를 사용했는가 한국독립당 명의를 사용했는가 하는 질문에 대해 김구는 한마디로 잘라 말했다.

"이번 차관은 확실히 임시정부 명의를 사용해서 교섭한 것이다."

김구의 답변에 이어 김원봉(金元鳳)에게 질문이 돌아갔다.

"이번에 중국쪽이 한국에 차관을 제공하면서 취하고 있는 배분방법은 제국주의의 분할정책의 독소가 뚜렷이 포함되어 있는데, 어떻게 이를 감수하고 받아들이는가?"

이에 대해 김원봉은 다음과 같이 대답했다.

"중국 당국이 차관을 민족혁명당에 분급하려는 목적도 한국혁명을 원조하는 데 있다. 한국혁명을 원조하는 차관을 어떻게 우리가 거절함으로써 우방의 호의를 저버릴 수 있겠는가?"

그러자 누군가 "저 비열한 놈"하고 소리쳤다.

내무부장 조완구는 100만원 차관을 중국정부로부터 받으면 전액을 군사비로 사용하고 다른 항목으로 전용해서는 안 된다고 주장했다. 그러면서 그는 정부요인의 생활비는 별도로 중국 당국에 교섭해야 한다고 주장했다. 이에 내무부 차장 김규광(金奎光: 金星淑)이 반론을 제기했다. 김규광의 발언은 이 무렵의 임시정부 인사들의 차관문제에 대한 인식이 어떤 것이었는가를 짐작하게 한다.

"만약에 정부 인원의 생활비용을 별도로 중국쪽에 교섭을 벌인다면 이러한 방법은 민족독립 자존심을 잃는 것이 분명하다. 지금 우리가 광복군 인사임면권과 재정지배권을 교섭하고 있는 이때에 임시정부 인원의 생활비건으로 또 별도로 중국쪽에 교섭을 벌인다는 것은 남에게 약점을 보이는 것을 원하고 한국쪽은 도리어 중국의 우의적 원조를 받을 방법이

---

90) 「金九가 吳鐵城에게 보낸 1943년3월3일자 편지」, 秋憲樹 編, 『資料 韓國獨立運動(1)』, pp.377~378.

없는 것이라 믿고 있으니 정말 가소롭다. 우리는 마땅히 중국쪽에 신용차관, 이를테면 한국의 철도 및 각종 전매세입을 담보로 하는 차관을 교섭해야 된다. 차관의 용도 및 관리방법에 대해 만약에 중국이 안심할 수 없다고 한다면 중국전문가를 초빙하여 고문직을 맡게 하든가 아니면 감리를 하든가 하여 신중을 기할 수 있도록 해야 한다."

그리하여 국무위원 전원이 만장일치로 앞으로 정부가 자금을 마련할 때에는 국제신용차관 방식을 취하기로 결의했다.[91] 이러한 결의는 국민정부의 자금지원의 실상에 대해 한국 독립운동자들이 느끼는 불만과 모멸감을 보여 주는 것이었다.

그러나 이들 독립운동자들을 비롯하여 그 가족 등 중경과 그 인근에 거류하는 340명가량의 한국동포들의 처지는 그러한 불만과 모멸감보다도 훨씬 절박했다. 그리고 그러한 곤경을 해결해야 할 책임은 김구의 두 어깨에 지워져 있었다. 주가화에게 보낸 다음과 같은 편지는 그의 고충을 여실히 보여 준다.

한국독립당과 한국임시정부 활동경비 및 당원과 권속의 생활비 마련을 위해 항상 애써주셔서 무어라 감사의 말씀을 드려야 할지 모르겠습니다. 지난해 겨울부터 한국임시정부 예하 기구가 확대되고 물가가 등귀하면서 어려움이 적지 않았습니다. 그러던 차에 마침 부장께서 몇달치 보조비를 앞당겨 지원해 주셔서 그나마 현상을 유지할 수 있었습니다. 그러나 지금 우리 형편은 여전히 내일을 걱정해야 할 처지입니다. 뭔가 특별한 해결방법이 없다면 앞으로 이 난관을 어떻게 헤쳐 나가야 할지 암담할 따름입니다. 당장 월말을 맞아 각종 비용이 만만치 않게 소요될 터인데 걱정입니다. 이에 부끄러움을 무릅쓰고 다시 부장께 도움을 청하고자 합니다. 자세한 말씀은 직접 뵙고 드리

---

91) 「韓國臨時政府國務會議爭辯之內容」(1943년 5월 3일), 秋憲樹 編, 위의 책, p.394.

도록 하겠습니다.[92]

김구는 주가화를 통해 중국정부가 지급하는 6만원 이외에 추가로 매달 14만원을 더 지급해 줄 것을 요청했다. 김구가 청구한 세부항목과 금액은 다음과 같았다.

청구 항목

• 임시정부 직속 가옥월세	8,000원
• 임시정부 정무비	50,000원
판공, 교제, 위생, 교육 및 임시 각비	
• 임시정부 재외공작비	60,000원
선전, 정보, 통신 등	
• 임시정부 직원 생활비	15,000원
모두 102명 가운데 겸직자 42명은	
따로 지급하지 않고 그 외 60명에	
대해서는 기본생활비 외에 일인당	
250원을 더 지급함.	
• 각 단체 보조비	32,000원
한국독립당	15,000원
민족혁명당	15,000원
청년회	1,000원
애국부인회	1,000원
• 중경 부근 거주 전체 한교 생활비	79,500원
318명(일인당 250원)	

김구가 청구한 총액은 24만4,500원이었다. 김구는 이 가운데 미주동포가 보내오는 보조금 평균 매달 2,000달러(중국돈 4만원 상당)를 빼고

---

92) 「金九가 朱家驊에게 보낸 1943년4월24일자 편지」, 『대한민국임시정부자료집(22) 대중국외교활동』, p.164.

도 매달 20만원이 필요하므로 14만원을 추가로 지급해 줄 것을 요망한 것이었다.[93] 주가화는 김구의 이러한 자금청구 사실을 5월11일에 장개석(蔣介石)에게 보고하면서 1941년에 비해서 몇배나 오른 물가를 감안할 때에 김구가 요청한 14만원의 생활비 증액요청은 타당하다는 의견을 덧붙였다.[94] 장개석은 이를 승인했고, 주가화는 이 사실을 5월25일에 박찬익에게 통보했다. 그러나 주가화가 마침 중국 동남 각 지방 순시를 떠나는 바람에 6월에 지급하기로 약속한 보조비는 제때에 지급되지 않았다.[95]

2

1943년5월15일에 발생한 임시정부 경위대원 박수복(朴守福)의 권총도난사건은 임시정부를 걷잡을 수 없는 혼란으로 몰아넣었다. 임시정부 경위대가 발표한 사건 개요는 다음과 같았다.

조선민족혁명당 소속 의정원 의원 왕통(王通: 金鐸)과 임시정부 국무위원회 비서 황민(黃民: 金勝坤)이 결탁하여 임시정부 경위대원 박수복을 매수했다. 박수복은 지급받은 권총을 감추고는 경위대장 김관오(金冠五)와 대원 송복덕(宋福德)이 훔쳐갔다고 뒤집어씌웠다. 그러고는 권총을 왕통에게 전달하여 김구, 이시영, 조완구, 박찬익, 조성환(曺成煥), 엄항섭 등 임시정부 간부들의 암살을 기도했다. 암살음모에는 왕통, 황민, 박수복뿐만 아니라 민족혁명당 간부들과 한국독립당 소속 광복군 제2지대원들도 가담했다. 이들은 김구 등을 암살한 뒤에 임시의정원 의장 홍진, 부의장 최동오, 민족혁명당 총서기 김원봉, 민족혁명당 중앙집

---

93) 「朱家驊가 蔣介石에게 보낸 1943년5월10일자 편지」, 『韓國獨立運動史 資料(27) 臨政篇 XII』, pp.21~22.
94) 위와 같음.
95) 胡春惠 著, 辛勝夏 譯, 『中國안의 韓國獨立運動』, p.126.

행위원 겸 선전부장 손두환(孫斗煥), 그리고 전 임시의정원 의장으로서 임시의정원에서 탄핵되었다가 민족혁명당 중앙집행위원이 된 김붕준 등으로 국무위원을 대체하려고 했다. 그러나 이 계획은 사전에 내무부장 조완구에게 발각되어 황민과 박수복 등이 체포됨으로써 실패했다는 것이었다.[96)]

조선의용대원이었던 황민은 조선의용대가 화북으로 넘어갈 때에 광복군쪽으로 탈출했다가, 조선의용대 잔류부대가 광복군에 편입될 때에 같이 광복군 제1지대원으로 편입되었다. 그는 1942년10월에 전방공작 중이던 조완구의 설득으로 중경으로 와서, 1943년3월30일에 국무위원회 비서로 임명되었다.[97)] 황민은 6월10일에 사건의 경위를 자세히 밝힌 「진정서」를 경위대에 제출했다.[98)]

그러나 민족혁명당은 이 사건을 민족혁명당을 음해하려고 날조한 음모라고 주장했다. 민족혁명당은 사건 경위를 다음과 같이 설명했다.

내무부장 조완구는 5월15일에 내무부 소속 경위대원 박수복이 권총한 자루를 분실한 사건을 조사하기 위하여 박수복과 황민 두 사람을 구금했다. 황민은 6월8일에 탈출하여 임시정부 외무부 비서 이정호(李貞浩)의 집으로 도망쳤다. 그는 조사받을 때에 조완구와 엄항섭으로부터 고문을 받으면서 다음과 같은 사실의 자백을 강요당했다고 주장했다. 황민 등이 민족혁명당원들과 한국독립당원들로 암살단을 조직하고 김구 등을 암살하기 위하여 박수복을 매수하여 권총을 얻어내고 이를 왕통에게 전달했다고 말하라는 것이었다.

6월10일 아침에 임시정부 경위대원 4명이 왕통을 체포하기 위해 권총

---

96) 「手槍盜失事件顚末書」(1943.6.), 『白凡金九全集(5)』, 1999, pp.243~248; 胡春惠 著, 辛勝夏 譯, 앞의 책, pp.124~125; 石源華 編著, 『韓國獨立運動與中國』, pp.423~424.

97) 「朴精一, 趙琬九 等 反統一派侵呑公款捏造 '金九等暗殺事件' 眞相」, 『國民政府與韓國獨立運動史料』, p.154; 《大韓民國臨時政府公報 제77호》(1943년4월15일), 『대한민국임시정부자료집(1) 헌법·공보』, p.277.

98) 黃民, 「眞正書」, 『白凡金九全集(5)』, pp.225~231.

을 들고 민족혁명당 사무실에 난입했다. 그러나 민족혁명당은 왕통을 미리 피신시켰다. 민족혁명당은 6월11일에 조완구에게 편지를 보내어 심문 과정에서 고문과 같은 불법행위로 얻은 진술은 믿을 수 없으므로 법정에서 공개적으로 심판받도록 할 것을 요구했다. 6월21일 오후에 중경시 경찰국 외사경찰 오삼민(吳森民) 등 3명이 민족혁명당 사무실에 와서 황민과 박수복을 연행했다. 6월24일에 민족혁명당은 중경시 경찰국에 사람을 보내어 황민이 임시정부에서 심문받을 때에 고문을 이기지 못하여 허위로 자백한 것이며, 권총을 왕통에게 전해주려 했다는 말은 모두 조완구의 날조라고 주장했다. 그리고 6월28일에 조선민족혁명당의 비서처 주임 신기언(申基彦)이 중경시 경찰국의 요청으로 왕통과 함께 경찰국으로 가서 왕통과 황민과 박수복이 권총분실에 관해서 3자 대질을 했다. 황민은 왕통에게 권총을 준 일이 없다고 진술했다. 그는 「진정서」도 고문으로 그들의 요구대로 작성한 것이라고 말했다.[99]

사법관할권이 없는 임시정부는 황민과 박수복을 중경시 경찰국으로 이첩했으나, 결국 증거 불충분으로 사건은 종결되었다.[100] 그러나 이 사건은 민족혁명당이 자기들에게 지급되는 중국정부의 지원금을 김구파가 횡령했다는 공격과 맞물리면서 임시정부의 위신을 크게 손상시켰다.

주가화의 동남 각 성 시찰로 중국정부의 보조금 지급이 지연되고 있는 상태에서 동포들 사이에는 보조금이 이미 임시정부에 지급되었다는 소문이 퍼졌다. 민족혁명당은 김구에게 여러 차례 보조금 지급 사실을 문의했으나, 김구는 그런 사실이 없다고 부인했다. 민족혁명당은 6월19일에 주석 김규식과 총서기 김원봉 명의로 중국국민당의 오철성 비서장에게 보조비 지급사실을 문의하는 전보를 보냈는데,[101] 오철성은 6월26일

---

99) 「朴精一, 趙宛九 等 反統一派侵吞公款捏造 ‘金九等暗殺事件’ 眞相」, 『國民政府與韓國獨立運動史料』, pp.149~165.
100) 石源華 編著, 앞의 책, pp.423~424.
101) 胡春惠 著, 辛勝夏 譯, 앞의 책, pp.125~126; 石源華 編著, 위의 책, p.429.

에 다음과 같은 답전을 보내왔다.

　　귀국 임시정부의 경비와 교민생활 보조비에 관하여 원래 매월 지급하던 6만원 이외에 14만원을 추가해 주기로 금년 5월에 재가를 받았습니다. 그 안에 귀당 보조비 1만5,000원과 중경시 귀국 교민생활비 7만9,500원도 포함되어 있습니다. 그 금액은 김구 주석이 조직부 주부장으로부터 함께 수령하여 지급해 주기로 되어 있으므로 직접 상의하여 처리하시기 바랍니다.[102]

　　그것은 분란을 유발할 소지가 있는 회답이었다. 이러한 회답을 받은 민족혁명당은 김구파가 중국정부의 보조금을 수령해놓고도 자기네 몫으로 지급된 자금을 지급하지 않고 있다고 판단했다. 민족혁명당은 7월 11일에 김구에게 대표를 보내어 중국정부가 김구에게 보조금을 지급한 사실을 확인했다면서 즉시 발급하라고 요구했다. 그러나 김구는 거듭 부인할 뿐만 아니라 찾아간 대표를 오히려 헛소문을 퍼뜨린다고 홀닦아 세웠다.

　　민족혁명당은 자신들을 두둔하는 듯한 오철성의 말만 믿고 김구와 한국독립당의 처사를 맹렬히 비난하고 나섰다. 민족혁명당은 7월12일에 당무회의를 열어 임시정부 인사 가운데 공금을 횡령한 죄상이 있다고 단정하고 이 사실을 공표하기로 하는 한편, 김규식으로 하여금 국무회의 석상에서 오철성의 답신을 낭독하고 한국독립당의 원로들을 비난하게 했다.[103] 이어 7월14일에 김규식과 김원봉 명의로 오철성, 주가화, 하응흠 세 사람 앞으로 전보를 쳐서 김구가 6월치 한국교포 생활비를 가로챘다고 주장하면서, 김구가 보조금을 나누어 주도록 특별히 조처해 줄 것을

---

102) 「金奎植과 金若山이 吳鐵城, 朱家驊, 何應欽에게 보낸 1943년7월14일자 전보」, 『韓國獨立運動史資料(27) 臨政篇 XII 』, p.23; 胡春惠 著, 辛勝夏 譯, 앞의 책, p.126.
103) 「臨政의 動態」(1943.10.12.), 秋憲樹 編, 『資料 韓國獨立運動(1)』, p.398.

요청했다.[104] 오랫동안 독립운동자 사회에서 떠나 있던 김규식은 임시정부에 참여하면서 김구와 했던 약속과는 달리 이처럼 김원봉의 일방적인 의사에 좇아 행동하고 있었다.

드디어 민족혁명당은 7월20일에 중앙집행위원회 명의로 『박정일(朴精一: 朴贊翊), 조완구 등 반통일파의 공금착복 및 '김구 암살음모사건'의 진상 날조』라는 팸플릿을 인쇄하여 배포했다. 그리고 그 팸플릿을 영문으로 번역하여 중경주재 각 동맹국 영사관과 통신사에 배부하기까지했다.[105] 그것은 오해에 따른 것이기는 했지만, 결과적으로 임시정부의 위신을 크게 손상시키는 모략이 아닐 수 없었다.

3

8월 초에 주가화가 지방여행에서 돌아오자 김구는 서둘러 주가화에게 편지를 보내어 그동안의 경과를 설명하고 증명서를 보내줄 것을 부탁했다. 민족혁명당의 처사를 그냥 넘길 수 없었기 때문이다.

조직부에서 한국임시정부에 지원하는 보조비 14만원 증액과 관련한 분란이 있어서 이렇게 연락드리게 되었습니다. 보조비 증액 소식을 접한 김약산 등은 암중 오철성 선생의 이름을 팔아가며 금년 5월부터 이미 증액된 보조비가 지급되었다는 등 헛소문을 퍼트리고 있습니다. 이런 분란을 바로잡기 위해서라도 사실을 증명할 필요가 시급합니다.

지금 김약산 등은 우리가 공금을 횡령하였다며 날조한 죄목을 열거한 성토문건을 작성하여 유관기관에 돌리는가 하면, 이것을 영문

104) 「金奎植과 金若山이 吳鐵城, 朱家驊, 何應欽에게 보낸 1943년7월14일자 전보」, 『韓國獨立運動史 資料(27) 臨政篇 XII』, pp.23~24; 石源華 編著, 앞의 책, p.432.

105) 「朴精一, 趙宛九 等 反統一派侵吞公款捏造 '金九等暗殺事件' 眞相」, 『國民政府與韓國獨立運動史料』, pp.149~165; 「金九가 朱家驊에게 보낸 1943년8월9일자」, 『韓國獨立運動史 資料(27) 臨政篇 XII』, p.25.

으로 번역하여 중경에 주재하는 각 동맹국 외교공관과 통신사에까지 배포하고 있습니다. 저들의 행태로 보아 분명 다른 의도를 지니고 있는 것이 분명해 보입니다.

부장께서도 아시다시피 증액된 보조비는 6월분부터 지급하기로 되어 있습니다. 그러나 마침 부장께서 공무로 중경을 떠나 계시는 바람에 7월 중순에 이르러서야 6월분 보조비를 수령할 수 있었습니다. 저들도 분명 이런 전후사정을 알고 있을 터인데 당치도 않은 헛소문을 퍼트려 우방의 웃음거리를 만들고 있으니 통탄할 노릇입니다. 죄송스러우나 이런 사정을 살피시어 우리의 결백을 증명할 수 있는 편지라도 한장 보내주셨으면 합니다.[106]

김구의 이러한 절박한 편지를 받은 주가화는 바로 다음과 같은 답장을 보내왔다.

지방순시를 마치고 방금 돌아와 선생이 보내신 편지를 받아보았습니다. 금년 6월분부터 한국임시정부에 대한 보조비를 기존 매달 6만원에서 14만원을 증액하여 20만원씩 지원하기로 하였습니다. 그러나 제가 호남성과 강서성의 지방당무를 시찰하기 위하여 출발한 관계로 6월분 보조비를 7월 중순에야 지급하였는데 이미 수령하셨으리라 믿습니다. 7월분 보조비 지급절차가 마무리되었으니 사람을 보내어 수령하시기 바랍니다.[107]

주가화는 김구에게 편지를 보낸 그날 하응흠에게도 같은 내용의 편

---

106) 「金九가 朱家驊에게 보낸 1943년8월9일자 편지」, 『대한민국임시정부자료집(22) 대중국외교활동』, pp. 166~167.
107) 「朱家驊가 金九에게 보낸 1943년8월11일자 편지」, 위의 책, p. 167.

지를 보내어 보조금 지급이 지연된 사유를 알렸다.[108]

주가화로부터 회답을 받은 김구는 국무회의를 소집했다. 8월17일에 열린 국무회의는 민족혁명당의 그동안의 행동과 관련하여 다음과 같이 결의했다.

조선민족혁명당에서 공표한 문서는 그 내용이 사실이 아닐 뿐 아니라 그 문서를 공표한 결과는 우리 독립운동에 큰 손해를 준 것이요, 더욱이 우리 독립운동의 중추기관인 임시정부에 큰 손해를 준 것이므로 우리 독립운동 내부의 정세와 국제적 사정을 고려하야 이 문제를 다시 거론하지 말고 조선민족혁명당으로 하여금 스스로 취소 성명케 하기로 함.[109]

이 결의안을 의결할 때에 민족혁명당의 김규식과 장건상 및 한국독립당 소속이었으나 김구와 조완구에게 불만이 많았던 유동열 세 사람은 기권했다.[110]

주가화는 8월 하순에 김규식을 만났다. 그는 김규식에게 조선민족혁명당이 오철성의 편지를 공개하고 또 임시정부가 공금을 횡령했다고 공격하는 것은 자기와 직접 관련 있는 일인데 왜 자기를 만나서 확인해 보지도 않고 그 같은 행동을 했느냐고 나무랐다. 그러면서 이렇게 말했다.

"당쟁은 중국에도 있습니다. 그러나 집안싸움을 밖으로 드러내지 않아요. 이 문제는 진상을 선포할 것인데, 시간과 장소를 고려하고 있습니다."

그러자 김규식은 다음과 같이 변명했다.

---

108) 「朱家驊가 何應欽에게 보낸 1943년8월11일자 편지」, 『大韓獨立運動史 資料(27) 臨政篇 XII』, p.26.
109) 《大韓民國臨時政府公報 제78호》(1943년8월4일), 『대한민국임시정부자료집(1) 헌법·공보』, p.294.
110) 「金九等七人離去主席暨國務委員等職」, 『白凡金九全集(5)』, p.289.

"이 문제는 김약산이 주동하여 일으킨 것입니다. 부장께서 김약산을 만나서 상의하셔야 할 것입니다."

그것은 김규식의 지도자답지 않은 책임회피였다. 화가 난 주가화는 김규식에게 다음과 같이 면박을 주었다.

"선생은 민족혁명당의 주석입니다. 스스로 책임져야 마땅합니다. 나는 김약산을 만나고 싶지 않습니다."[111]

그러나 민족혁명당은 국무회의의 결정을 받아들이지 않았다. 그들은 반대로 "민족혁명당의 위신을 위하여, 우리 스스로의 양심을 위하여, 또한 한국 자자손손을 위하여 7월12일에 본당이 선포한 문서는 취소할 수 없다"라고 선언했다.[112] 그들은 국민정부의 고위 당국자의 해명도 믿지 못하겠다고 억지를 부린 것이다.

이러한 선언을 보고 김구와 한국독립당 국무위원들은 민족혁명당과의 협상과 합작은 끝났다고 생각하고, 최후의 수단으로 국무위원직을 사직하기로 했다. 김구는 이시영, 조성환, 황학수(黃學秀), 조완구, 박찬익, 차리석(車利錫) 여섯 국무위원과 함께 8월31일에 국무위원회에 사직서를 제출했다. 그리고는 동포들이 모여 사는 토교(土橋)로 갔다.[113] 그것은 국민정부 안의 김원봉 두둔 인사들에 대한 항의표시였다. 실제로 중국국민당의 한 정세보고서는 김구 그룹의 사직서 제출은 국민정부에 대한 협박이라고 기술했다.[114] 이로써 임시정부는 국무위원 11명 가운데 7명이 사직하는 비상사태가 발생한 것이다. 새로 한국독립당 중앙집행위원장이 된 조소앙도 김구 등과 함께 사직하기로 약속했지만, 민족혁명당에 대해 상대적으로 호의적인 그는 사직서를 제출하지 않았다.

김구 등이 토교로 가던 날 엄항섭은 김구가 사직 이유를 밝힌 성명서

111) 「臨政의 動態」(1943.10.12.), 秋憲樹 編, 『資料 韓國獨立運動(1)』, pp.397~398.
112) 위와 같음.
113) 《大韓民國臨時政府公報 제79호》(1943년10월8일), 『대한민국임시정부자료집(1) 헌법·공보』, p.295; 「大韓民國25年度 臨時議政院院務報告書」, 『韓國獨立運動史 資料(1) 臨政篇 I』, 1970, p.619.
114) 「金九等七人離去主席暨國務委員等職」, 『白凡金九全集(5)』, pp.284~291.

를 이승만과《신한민보》로 타전했다.

　　나는 우리의 운동에 임하야 완전한 지도권을 소유키 불능하다. 근
자 조선민족혁명당은 …… 내용으로 한 작은 책자를 배부하였는데,
개인의 위신뿐 아니라 우리 전체 독립운동을 극히 훼손하였다. 그러
므로 한국임시정부는 조선민족혁명당에 항하야 그 작은 책자를 취소
하라고 명령하였으나, 조선민족혁명당은 주지하는 바와 같이 반항하
였다. 한국임시정부는 질서의 문란이 없이, 또는 우리 민족에 부끄러
움이 없이는 조선민족혁명당을 처벌할 수 없는 처지에 이르렀으므로,
나는 시국을 처리할 수단이 없으므로 완전히 책임을 사면하야 써 우
리 운동의 완전을 구하고자 한다. 다른 각원들도 역시 사면하였으나
김규식, 장건상, 유동열, 조소앙 등이 남아 있어 책임지고 오는 의정원
회의까지 임시정부의 직능을 유지할 것이다. 자세한 것은 편지로 하겠
다.115)

　　재미동포들은 크게 놀랐다.《신한민보》는 김구의 성명서 전문을 1면
머리기사로 보도하면서도 아무런 논평은 하지 않았다. 재미한족연합위
원회 집행부 집행위원장 김호는 "나로서는 현재에 할 말이 없다. 자세한
것은 편지로 한다 하였으니 그 편지를 기다리기 전에는 무어라 말할 수
없다"라고만 말하고 말을 삼갔다.116)

　　김구 등은 토교에서 9월6일에 임시의정원 의장 홍진 앞으로 사직청원
서를 제출했다.117) 김구 등이 사퇴하자 국무회의는 정족수 미달로 회의도
열 수 없게 되었고, 임시정부의 모든 기능은 정지되었다. 긴급한 경비지출

---

115)《新韓民報》 1943년9월9일자, 「대한민국임시정부 주석 김구씨 사직」.
116) 위와 같음.
117) 「大韓民國臨時議政院 往復文書類(對政府·對外關係)」, 『韓國獨立運動史 資料(1) 臨政篇 I』, pp.431
　　~432.

이 중단됨으로써 동포들의 생활문제도 심각한 곤경에 빠졌다. 여러 단체와 개인들이 김구에게 사직을 취소할 것을 요청했다. 미국에서도 한족연합위원회나 그 밖의 단체들과 개인 명의로 절대 옹호한다면서 사직하지 말고 적극 분투하기 바란다는 전보를 쳤다.[118]

김구 등의 사직에 앞서 국민정부는 한국독립당과 민족혁명당 간부들을 초청하여 화합을 촉구하는 자리를 마련하기로 하고 그 날짜를 9월2일 오후 6시로 정했었는데, 김구 등 국무위원들이 사직서를 제출하는 사태가 벌어지자 모임을 최소했다.[119]

김규식 등 나머지 국무위원 네 사람은 임시의정원 의장 홍진, 부의장 최동오와 협의하여 9월12일에 임시의정원의 비공식좌담회를 열고 10월9일의 임시의정원 정기회의 때까지 남아 있는 국무위원들과 의장이 책임지고 국면을 유지하기로 했다. 그런데 이튿날 사직청원서를 제출한 국무위원 가운데 조성환과 차리석이 국무위원회에 출석하여 업무를 보겠다는 의사를 표시함으로써 국무위원회는 기능을 회복하게 되었다.[120]

김구와 다른 국무위원 네명은 사태의 추이를 지켜보다가 9월21일부터 다시 직무에 복귀했다. 이승만은 아무 언급도 하지 않고 있다가 김구 등이 9월에 직무에 복귀하자 《주미외교위원부통신》을 통하여 다음과 같이 논평했다.

1919년에 전국이 일어나서 충애남녀의 무한한 피를 흘리고 임시정부를 세워서 우리 재외동포의 피땀 흘려 버는 돈푼을 모아서 24년 동안을 신성히 옹대하여 오는 중인데, 소수 반대분자들이 어떻게 방해와 치욕을 심히 하였든지 천신만란을 무릅쓰고 정부를 지켜오던 각

118) 《大韓民國臨時政府公報 제79호》(1943년10월8일), 『대한민국임시정부자료집(1) 헌법·공보』, p.297.
119) 「吳鐵城이 朱家驊에게 보낸 1943년8월27일자 편지」 및 「吳鐵城이 朱家驊에게 보낸 1943년 9월1일자 편지」, 『韓國獨立運動史 資料(27) 臨政篇 XII』, pp.27~28.
120) 《新韓民報》 1943년9월30일자, 「김구 주석과 내각원 복직, 9월21일부터 집무」; 「大韓民國25年度 臨時議政院院務報告書」, 『韓國獨立運動史 資料(1) 臨政篇 I』, pp.619~620.

원들이 견딜 수 없어 총사직을 하기에 이르렀으니, 우리 민중의 애국심 부족한 것을 우리는 각각 자책할 일이다.…[121]

그것은 적극적으로 김구를 두둔하는 말이었다. 업무에 복귀하면서 김구는 이승만에게 다음과 같이 타전했다.

격려해 주셔서 감사합니다. 저와 제 동료 6명은 의정원을 비롯하여 조선민족혁명당(KNRP)을 제외하고 이곳과 미국에서 활동하는 여러 단체와 개인들의 요청에 의하여 지난 21일에 다시 업무를 시작하였습니다.[122]

김구는 10월1일에 각당 대표들을 초청하여 좌담회를 열고, (1) 각 당파의 의견을 수렴하여 합작을 강력히 추진하고, (2) 외교권을 집중하여 대외교섭의 일원화를 기하며, (3) 재정권을 통일하여 분배의 균등화를 추진하고, (4)「광복군9개행동준승」을 수정하는 법률을 제정하겠다는 네 가지 방침을 밝혔다.[123]

이승만은 김구의 사퇴파동과 관련하여 민족혁명당을 다음과 같이 비판했다.

아직도 어떤 단체 하나이 정부 반대하는 태도를 고치지 않는다 하니, 그 단체는 무슨 중대한 관계가 있는지 모르거니와 우리 한족 전체에 대하야는 독립 회복하는 일보다 더 큰 일은 다시 없을 것이다. 우리는 그 단체가 애국심을 발하야 정부를 복종함으로써 통일이 속성되

121) 《주미외교위원부통신》(제44호), 1943년9월30일자, 「애국심의 관계」.
122) 「金九가 李承晚에게 보낸 1943년9월24일자 전보」, 『대한민국임시정부자료집(19) 주미외교위원부 I 』, p.168.
123) 「金九主席의 辭職」(1943.10.5.), 秋憲樹 編, 『資料 韓國獨立運動(1)』, p.370; 石源華 編著, 앞의 책, p.442.

기를 충고하노니, 만일에 자기들의 사욕을 고집하야 민족 전체를 반항할진대 이는 불충불의의 극함이니 그제는 해외 한인 전체가 한 소리로 그 죄상을 성토할 것이다.…[124]

그러나 날로 격심한 권력투쟁에 몰두하는 중경 독립운동자들에게 이러한 경고는 태평양 건너에서 들려오는 한가닥 마이동풍(馬耳東風)에 지나지 않았다.

4

10월9일로 예정된 임시의정원 제35회 정기회의는 임시정부의 좌우합작 이래 두번째 맞는 정기회의로서 한국독립당과 조선민족혁명당의 격돌이 예상되었다. 먼저 10월2일부터 5일까지 의원 보궐선거를 실시하여 민필호(閔弼鎬), 안원생 등 6명(한국독립당 4명, 조선민족혁명당 1명, 민족해방동맹 1명)의 의원을 새로 선출했다. 10월9일에 거행된 개원식에는 보선 의원 6명을 포함한 재적 의원 50명 가운데 48명이 참석했다.[125]

이번 정기회의의 가장 큰 과제는 임시약헌 및 「광복군9개행동준승」의 개정과 임기가 만료되는 주석과 국무위원들의 개선이었는데, 개원하자마자 민족혁명당은 정부탄핵안을 제출했다. 탄핵의 사유는 첫째로 정부가 공금 20만원을 횡령한 일, 둘째로 위병이 무기를 잃은 것을 비인도적으로 엄형으로 다스린 일, 셋째로 「광복군행동준승」 취소 외교의 실패, 넷째로 약헌개정 불이행이었다.[126] 이때의 임시의정원 회의는 해를 넘겨 1944년4월15일까지 무려 6개월 동안에 56차례나 회의가 열려 임시의정원 역사상 가장 논쟁이 치열했다. 그러나 회의속기록은 나흘치(11월12

---

124) 《주미외교위원부통신》 (제44호), 1943년9월30일자, 「애국심의 관계」.
125) 《大韓民國臨時政府公報 제80호》 (1944년4월15일), 『대한민국임시정부자료집(1) 헌법·공보』 p.300.
126) 「臨時議政院 混亂의 經緯」, 秋憲樹 編, 『資料 韓國獨立運動(1)』, p.351.

일, 11월15일, 11월28일, 12월7일)밖에 보존되어 있지 않아서,[127] 김구의 지도력이 가장 격심한 도전을 받았던 회의의 구체적인 내용을 알 수 없게 한다.

탄핵의 첫번째 사유로 든 정부가 공금을 횡령했다는 주장은 민족혁명당이 1942년의 의정원 결의에 따라 납부해야 될 교민생활비 1만6,000원을 납부하지 않아서 민족혁명당에 지급할 8월분 활동비 1만5,000원을 지급하지 않은 것을 지칭하는 것이었고, 둘째의 위병 엄벌 건은 그 위병의 인맥에 얽힌 문제였다. 셋째의 「광복군행동준승」 문제는 1942년의 임시의정원 회의에서 논란된 뒤 임시정부가 「중한호조군사협정초안(中韓互助軍事協定草案)」을 마련하여 국민정부와 재교섭을 벌이고 있는 중이었다.[128] 「초안」의 핵심은 "광복군은 한국임시정부에 예속되며, 중국 영토 안에서 대일작전을 하는 광복군의 지휘권은 태평양전구의 중국군 최고군사장관에게 귀속된다"(제2조), "한국광복군 소속 인원의 임면과 정치훈련은 한국임시정부에서 주지(主持)한다"(제3조), "한국광복군의 필요한 경비와 무기는 신용차관 및 군화조차법(軍火租借法) 등의 방식으로 쌍방의 협상을 거쳐서 시행한다"(제8조)라는 것이었다.[129] 이러한 조항들은 기존의 불평등한 「행동준승」을 폐기하고 평등 호조의 정신에 입각하여 새로운 군사협정을 체결하자는 임시정부의 의지를 나타내 보이는 것이었다.

조소앙은 1943년2월4일에 국민정부 외교부의 호경육(胡慶育) 차장을 방문하고 「중한호조군사협정초안」을 제시했다. 그러나 호경육은 지금까지 국민정부와 한국임시정부가 정식으로 접촉한 일이 없고, 국민정부가 한국임시정부를 승인하기 전에는 어떤 문서도 접수할 수 없다면서 문서접수조차 거절했다. 조소앙은 할 수 없이 2월20일에 송자문 외

---

127) 《大韓民國臨時政府公報 제80호》(1944년4월15일), 『대한민국임시정부자료집(1) 헌법·공보』 p.300; 「臨時議政院會議 제35회」(1943.11.), 『대한민국임시정부자료집(3) 임시의정원Ⅱ』 p.144~167.
128) 《大韓民國臨時政府公報 제77호》(1943년4월15일), 『대한민국임시정부자료집(1) 헌법·공보』 p.276.
129) 「韓中互助軍事協定草案」(1943.2.20.), 『대한민국임시정부자료집(10) 한국광복군Ⅰ』 pp.143~144.

교부장 앞으로 「한국광복군9개행동준승 폐지제의서」와 함께 「중한호조군사협정초안」을 우편으로 보냈다.[130] 중국 외교부는 임시정부의 공문을 접수하지 않은 채 이 문제를 중국 군사위원회와 중국국민당 비서처로 넘겼고,[131] 군사위원회와 비서처도 지금은 임시정부를 승인할 적당한 시기가 아니라는 구실로 임시정부의 요구를 받아들이지 않았다.[132] 김구를 비롯한 임시정부 간부들은 그 뒤에도 기회 있을 때마다 중국 당국자들에게 「행동준승」의 폐지와 새로운 협정체결을 촉구했다. 그러자 중국 군사위원회는 이에 대응하기 위해 5월과 7월의 두 차례에 걸쳐서 광복군의 일제 점검을 실시했다.[133] 이러한 경위는 민족혁명당도 알고 있었다. 그럼에도 불구하고 그들은 그것을 정부탄핵의 사유로 들고 나온 것이었다.

넷째의 약헌개정문제는 제34회 임시의정원 회의에서 구성된 개정안 기초위원회가 1942년11월27일부터 1943년6월18일까지 무려 22차의 회의를 열고 약헌개정 초안을 마련해 놓고 있었다.[134] 그러므로 민족혁명당의 정부탄핵 사유는 정치공세에 지나지 않았다.

제35회 임시의정원 회의에서 가장 논란이 된 것도 「행동준승」 폐지문제와 약헌개정문제였다. 「행동준승」 문제는 임시정부쪽에서 일방적으로 폐기하자는 강경론이 대두되고 여러 차례의 수정안이 제출되는 등 논란을 벌이다가, 12월8일에 이연호(李然皓), 박건웅(朴建雄) 등 4명의 의원이 제출한 다음과 같은 수정안이 통과됨으로써 일단락되었다.

「광복군9항준승」을 주권평등의 원칙에서 3개월 내에 개정하기 위

---

130) 「임시정부의 韓國光復軍九個行動準繩 폐지 제의서」(1943.2.20.), 위의 책, pp.140~143.
131) 胡春惠 著, 辛勝夏 譯, 앞의 책, pp.168~169.
132) 「韓中互助軍事協定 체결요구를 받아들이기 곤란하다는 公函(1943.3.31.)」, 『대한민국임시정부자료집(10) 한국광복군 I 』, p.145.
133) 韓詩俊, 『韓國光復軍硏究』, pp.121~122.
134) 「約憲修改委員會議錄」, (1942.11.~1943.6.), 『대한민국임시정부자료집(3) 임시의정원 II 』, pp.117~143.

하여 적극 노력하되 이 기간 내에 개정되지 못할 때에는 즉시 「9항준승」을 폐기함을 내외에 성명하고 광복군에 대한 선후문제는 국무위원회에서 재결정할 것.[135]

그러나 제35회 임시의정원 회의의 가장 실질적인 관심사는 국무위원 개선문제였다. 조선민족혁명당의 정부탄핵안도 국무위원선거에서 김구와 한국독립당 국무위원들에게 타격을 주기 위한 계략에서 나온 것이었다. 그리하여 한국독립당은 온건한 태도로 각 당파와의 타협을 시도했다. 그러나 민족혁명당은 한국독립당의 불만 인사들을 당에서 이탈하도록 은밀히 설득하여 김구, 조완구, 박찬익을 몰아내고 임시의정원 의장 홍진을 국무위원회 주석으로 옹립하려고 공작했다.[136] 마침내 유동열, 채원개, 김자동, 최덕신, 이준식 등 17명이 당내에 통일을 원하지 않는 분자가 있다는 이유로 한국독립당을 탈당했다. 한국독립당을 탈당한 유동열은 조선혁명자통일동맹을 결성했다.[137]

국무위원 개선을 둘러싼 쟁점은 한국독립당과 조선민족혁명당의 인수배분문제였다. 민족혁명당이 임시정부의 주도권을 장악하기 위해서는 자당 소속의 국무위원 수를 늘리는 것이 무엇보다도 중요했다. 그리하여 주석 이외에 한국독립당과 조선민족혁명당 각 4석, 그 밖의 군소정당 2석을 요구했다가 한국독립당이 거부하자 다시 한국독립당 5석, 조선민족혁명당 3석, 그 밖의 군소정당 2석을 요구하고, 그 대신에 한국독립당의 조완구와 박찬익을 국무위원에서 제외할 것을 요구했다. 그것은 물론 한국독립당이 받아들일 수 없는 요구였다. 반대로 한국독립당은 탈당한 유동열의 국무위원 선임을 반대했다. 이처럼 국무위원 선출문제로 양당

---

135) 《大韓民國臨時政府公報 제80호》(1944년4월15일), 『대한민국임시정부자료집(1) 헌법·공보』, p.304.
136) 「臨時議政院混亂의 經緯」, 秋惠樹 編, 『資料 韓國獨立運動(1)』, pp.350~351.
137) 「탈당성명서」, 『대한민국임시정부자료집(34) 한국독립당Ⅱ』, pp.147~148.

이 팽팽히 맞서면서 임시의정원 회의는 공전을 거듭했다.[138]

    이처럼 격심한 길항과 혼란 속에서 임시정부는 역사적인 카이로선언을 맞았다.

---

138) 「會見金若山談話紀要」, 秋憲樹 編, 『資料 韓國獨立運動(2)』, pp.231~232.

68장

"'적당한 시기'는 5년도, 50년도 될 수 있어…"
카이로선언의 즉시 독립 유보 규정

1. 중국은 "네 사람의 경찰관"의 하나

1

1942년2월에 전후외교정책자문위원회(Advisory Committee on Post-War Foreign Policy)가 발족하고, 그 산하에 많은 소위원회가 설치되면서 미 국무부의 전후 국제질서구상이 구체적으로 연구되었다. 위원회는 국무부의 관리들이나 외교관뿐만 아니라 국회의원, 학자, 언론인 등 여러 분야의 전문가들이 참여했다. 이 기구의 가장 중요한 연구과제는 「대서양헌장」에 표명된 식민지주의 청산원칙의 구현과 새로운 국제평화기구의 설립 방안이었다.

미일전쟁의 발발 이후로 특히 아시아 태평양지역 식민지들의 장래 지위문제가 강조되었는데, 그것은 민주주의나 인도주의의 원칙에서만은 물론 아니었다. 제국주의의 질곡 아래 있는 아시아인을 해방시킨다는 것은 우선 연합국의 전쟁목표를 고양시키고 그럼으로써 "아시아인의 해방"이라는 일본의 전쟁목표 선전에 대항하여 아시아의 여러 지역 주민들을 연합국쪽으로 끌어들일 수 있을 것으로 기대했기 때문이다. 그리고 그것은 미국의 전통적인 대아시아정책인 문호개방정책을 세계적 규모로 확대시킴으로써 미국의 국가이익에도 부합될 수 있었다. 곧 식민지의 해방으로 이들 지역을 시장과 자원공급지로 개방시키고 대국협조에 의한 평화질서를 수립함으로써 무기대여법(Lend-Lease Act) 등으로 크게 확대된 미국 경제를 전후에도 그대로 유지하여 미국의 국제적 주도권을 확보할 수 있다고 판단한 것이었다.

아시아태평양지역의 식민지 처리문제에 대한 미국정부의 구상이 연합국 정부에 처음으로 표명된 것은 1942년5월에 방미한 소련 외상 몰로토프(Vyacheslav M. Molotov)와 루스벨트(Franklin D. Roosevelt) 대통령과의 회견에서였다. 몰로토프는 5월29일에서 6월1일까지 사흘 동안 잇

스탈린과 2차대전 기간에 소련을 대표했던 부수상 겸 외상 몰로토프. 뒤는 부외상 비진스키이다.

달아 백악관을 방문하여 루스벨트와 회견했다. 루스벨트는 전후의 세계는 미국, 영국, 소련, 중국 4대국이 "네 사람의 경찰관"이 되어 세계 평화질서를 유지하기 위하여 공헌하게 될 것이라고 말하고, 프랑스령 인도차이나, 타일랜드, 말레이시아, 네덜란드령 인도[지금의 인도네시아]를 거명하면서 이들 지역은 자치정부를 획득하기까지 각각 다른 준비기간이 필요할 것이지만 모두가 독립을 지향하고 있는 것은 의심의 여지가 없고, 장기적으로 보아 백인국가들이 이들 지역을 언제까지나 식민지로 계속 보유하는 것은 불가능할 것이라고 말했다. 그는 이어 장개석(蔣介石) 총통은 이들 지역이 자치정부의 준비를 완료할 때까지 어떤 형태의 국제신탁통치제도를 설립하는 아이디어를 가지고 있다고 장개석을 빙자하여 식민지 제국이 완전히 독립할 때까지 국제신탁통치제도를 실시하는 방안을 거론했다. 그러면서 그는 미국은 필리핀이 자치정부를 준비하게 하는 데 42년이 걸렸지만 이들 지역은 20년이면 될 것이라고 덧붙였다.[1]

국제신탁통치제도를 "장개석 총통의 아이디어"라고 내세우는 데서 보듯이, 이때의 회담에서 주목되는 것은 루스벨트가 중국을 4대국의 하

---

1) "Memorandum of Conference Held at the White House", by Samuel H. Cross, Interpreter, May 29, May 30, Jun. 1, 1942, *FRUS 1942*, vol. Ⅲ., 1961, p.573, pp.578~581.

나로 부각시키고 있는 점이다. 중국을 "네 사람의 경찰관"으로 대우하려는 루스벨트의 정책에 대해서 처칠(Winston L. S. Churchill)은 반발했으나, 그것은 반식민지적인 중국에 신탁통치의 임무를 맡김으로써 영연방 제국과도 협력하게 하는 한편 중국이 반서양적인 단독행동을 취하지 않도록 감시하려는 루스벨트의 책략이기도 했다.[2] 그러나 장개석의 국민정부를 중국의 유일한 합법정부로 인정하고 국민정부 통치하의 중국을 4대국의 하나로 간주하는 데에는 미국정부 안에서도 우려하는 사람들이 없지 않았다. 부임 당시부터 국민정부에 비판적이었던 주중 미국대사 고스(Clarence E. Gauss)는 1942년에 들어서는 더욱 강경하게 장개석 정부의 통솔력과 경제정책을 비난하는 보고서를 보냈다. 미일전쟁이 발발하자 루스벨트는 장개석을 중국전구 연합군 총사령으로 하고, 장개석의 참모장으로 스틸웰(Joseph W. Stillwell) 장군을 중국에 파견했는데, 스틸웰도 장개석에 대해 비판적이었다. 그는 일찍부터 중국공산당에 관심을 가지고, 미국의 원조물자는 중국국민당보다 항일전에 더 의욕이 있어 보이는 연안의 중국공산당 진영에도 지급되어야 한다고 생각했다.[3]

강대국 중국을 축으로 하는 루스벨트의 전후 아시아 구상은 1942년 12월에 국민정부 고문 래티모어(Owen Lattimore) 교수가 기초하고 자신이 가필하여 장개석에게 보낸 메시지에 잘 표명되어 있다.

프랑스령 인도차이나의 위도쯤에서 일본의 위도쯤까지의 서태평양지역에 대한 중요 관계 대국은 중국과 미국이라는 것은 각하와 마찬가지로 대통령도 확신하고 있습니다. 이번 전쟁이 끝난 뒤에 우리는 중국, 미국, 영국, 그리고 소련을 세계의 "네 사람의 경찰관"이라고 생각하지 않으면 안될 것입니다.… 광대한 서태평양 지역에서는 중국

---

2) 入江昭, 『日米戰爭』, 中央公論社, 1978, p.79.
3) 위의 책, p.73.

과 미국이 최대의 책임을 지는 나라의 자격이 있는 것은 명백합니다. 그러나 미국의 영토가 시베리아, 한국, 일본에 인접한 북태평양에서는 한국의 독립과 같은 문제에서 소련을 배제하는 것은 바람직하지 않을 것입니다. 세계의 이 지역에서 소련을 고립시키는 것은 긴장을 완화시키기는커녕 그것을 더 증대시킬 것입니다. 한국 이남에서 중국과 미국이 서태평양의 평화를 유지하기 위하여 건설할 구체적인 기지문제는 차후의 검토과제로 남겨두고자 합니다.[4]

이렇게 하여 동아시아에서는 태평양을 사이에 두고 미국과 중국을 주축으로 하는 새로운 질서의 구도가 확실해졌다.

2

전후외교정책자문위원회가 한국처리문제와 관련된 논의를 구체적으로 시작한 것은 1942년8월1일에 열린 정치문제 소위원회(the Subcommittee on Political Problems)에서였다. 사회를 맡은 국무차관 웰스(Benjamin S. Welles)는 "극동에 평화를 가져오기 위해서는 일본이 침략에 의하여 획득한 영토는 모두 원래의 상태로 되돌려놓게 해야 한다"고 주장했는데, 웰스의 말에 반대하는 사람은 아무도 없었다. "침략에 의하여 획득한 영토"가 무엇을 뜻하는지는 명확하게 규정되지 않았지만, 웰스와 국무부 정치고문 혼벡(Stanley K. Hornbeck), 극동국장 해밀턴(Maxwell Hamilton) 등은 대체로 청일전쟁 이전의 국경선까지 소급할 것을 상정하고 있었다. 따라서 일본은 한국을 비롯하여 남사할린, 대만 (臺灣), 그리고 태평양에 있는 위임통치령을 포기해야 한다는 것이었다. 반면에 "안전보장상의 견지에서 지장이 없는 한" 일본의 오가사와라(小

---

4) "Draft of Letter From Mr. Owen Lattimore to Generalisimo Chang Kai-shek", Dec. 18, 1942, *FRUS 1942 China*, 1956, pp.185~186.

笠原)제도, 류큐(琉球) 및 쿠릴열도[Kuril Islands: 치시마(千島)열도]의 보유는 인정해야 된다는 것이 회의 참가자들의 일반적인 의견이었다. 이러한 조치는 전후의 아시아태평양지역에서 다시는 제국주의 일본의 세력이 등장하지 못하게 영토적으로 일본을 징벌하는 것이었다. 그리고 그것은 또한 소련의 동북아시아 진출을 예상한 것이기도 했다. 사할린의 처리에 대해 혼벡은 "소련도 연합국의 하나이므로 이 지역은 아마도 소련에 귀속될 것이다"라고 말했다. 소련은 당연히 러일전쟁 당시까지 소급하여 북쪽에서 일본을 견제하는 대국이 될 것이라고 상정한 것이었다.

정치문제 소위원회의 10월12일 회의에서는 한국은 미국, 소련, 중국의 신탁통치 아래 두어야 한다는 권고가 정식으로 채택되고, 동시에 북태평양지역 전체를 이 세 나라의 관리 아래 두기 위하여 지역적인 관리위원회를 설치해야 한다고 권고했다.[5]

한국을 일본으로부터 분리하여 독립을 전제로 국제신탁통치 아래 둔다는 것은 전후외교정책자문위의 발족단계부터 내부적으로 논의되던 아이디어였는데, 시간이 지나면서 이 기구에 참여한 인사들을 통하여 정부 밖에서도 거론되었다.[6]

1942년4월에 미국의《포춘(Fortune)》,《타임(Time)》,《라이프(Life)》 등의 잡지에 한국의 독립문제 해결방안으로 국제신탁통치문제가 거론되었고, 7월에는《아시안 매거진(Asian Magazine)》에도 같은 논지의 글이 실렸다. 또 남캘리포니아대학교(University of Southern California)의 국제학회에서 주최한 한 토론회에서도 참가자들은 한국은 아직 독립의 자격을 갖추지 못하였다고 말했다고 보도되었다.

이러한 보도들에 대해 임시정부 외교부장 조소앙(趙素昻)은 1943년2월1일자《대공보(大公報)》에 긴 반박문을 발표했다. 임시정부의 대표적

---

5) 入江昭, 앞의 책, pp.116~118.
6) 정용욱, 『해방 전후 미국의 대한정책』, 서울대학교출판부, 2003, pp.41~42.

이론가인 조소앙은 1915년에 프랑스에서 소집된 약소민족 대표회의의
「민족권리 선언」, 윌슨(Thomas Woodrow Wilson) 대통령의 민족자결
주의, 1917년의 소련의 민족자결 선언, 그리고 1919년의 3·1독립선언 등
의 사례를 들어 국제신탁통치론은 민족자결의 원칙에 위배되는 것이라
고 반박했다. 그런데 부당성의 근거로 든 여섯가지 이유 가운데 다음과
같은 문장은 중경(重慶)에 있는 한국 독립운동자들의 국제정치 인식의
한계를 보여 준다.

위임통치와 같은 구식제도로 전후 약소민족 문제를 해결하려 하
는 것은 결코 미국의 대표적인 여론이라 할 수 없으며, 또한 중국, 소
련, 영국 등 다른 나라가 인정하려 하지 않을 것이다. 이 나라들은 태
평양전쟁이 마무리된 뒤 최대문제는 원동의 정세를 안정시키는 문제
이며, 이를 위한 유일한 방안은 바로 한국과 중국의 완전한 독립을 회
복하고 영토의 완정(完整)을 보장하여 자유롭게 발전할 기회를 제공
하는 길뿐이라는 사실을 잘 알고 있기 때문이다.[7]

조소앙이 시일이 많이 지나서 반박문을 쓰게 된 것은 임시정부 내부
의 이러한 분위기를 반영한 것일 것이다.

---

7) 「戰後韓國의 國際共管에 대한 조소앙의 반대담화」 (1943년2월1일), 『대한민국임시정부자료집(16)
외무부』, pp.51~52.

2. 카사블랑카회담에서 "무조건항복" 방식 결정

1

1943년은 연합국의 전후 세계구상이 결정되는 과정에서 매우 중요한 의미를 지니는 해였다. 4대국 수뇌회담에서 한국의 독립이 보장된 것은 그러한 결정의 대표적인 것이었다. 그러나 한국독립의 보장은 뒷날 한국의 운명을 크게 뒤흔들게 되는 "적당한 시기에(in due course)"라는 유보조건이 붙은 것이었다.

1943년1월에 북아프리카의 카사블랑카(Casablanca)에서 루스벨트와 처칠이 회담하고 1월24일의 기자회견 자리에서 루스벨트가 연합국은 적이 "무조건항복"을 할 때까지 싸울 의지가 있음을 천명했는데, 이 "무조건항복" 방식은 미국과 영국 양국이 독일이나 일본과 적당한 타협을 하지 않고 적을 완전히 궤멸시킬 때까지 싸울 결의라는 것을 소련과 중국에 보장함으로써 추축국[樞軸國: 독일, 이탈리아, 일본]들이 연합국 사이를 이간시키지 못하게 하기 위한 것이었다.

한국의 독립과 과도적인 신탁통치문제에 대한 강대국 사이의 공식 논의가 세계적인 뉴스가 된 것은 1943년3월에 영국 외상 이든(Robert Anthony Eden)이 미국을 방문했을 때가 처음이었다. 루스벨트는 3월27일에 이든과 가진 회담에서 전후에 중국을 4대국의 하나로 역할을 하게 하는 문제의 토의에 이어 극동과 태평양의 영토문제에 대해서 언급했다. 만주와 대만은 중국에 반환하고, 남사할린은 소련에 반환하며, 태평양에 있는 일본의 위임통치 섬들은 국제연합의 신탁통치 아래 둔다는 것이었다. 이러한 대화에 이어 루스벨트는 한국과 프랑스령 인도차이나의 국제 신탁통치에 대하여 거론했다. 루스벨트가 한국의 신탁통치국으로 거명

한 나라는 미국과 소련과 중국 세 나라였다.[8]

루스벨트와 이든의 회담에서 한국을 독립시키기 전에 잠정적으로 국제신탁통치 아래 둘 것을 논의했다는 뉴스는 4월27일자《시카고 선(*The Chicago Sun*)》지에 런던발 통신 기사로 보도되어 중경의 각 신문에 보도됨으로써 중경의 한국 독립운동자들을 아연 긴장시켰다. 임시정부는 곧바로 긴급 국무회의를 소집하여 대책을 숙의하고, (1) 외무부로 하여금 중국 외교부에 사실의 유무를 알아보고 아울러 반대의사를 표시할 것, (2) 미국, 영국, 소련의 각국 원수에게 반대전보를 보내는 한편 중국에서는 당국자에 대하여 정식으로 반대 성명을 내고 그것을 신문지상에 발표하도록 요구할 것, (3) 선전부는 한국 간행물과 외국 간행물을 이용하여 반대하는 논문을 발표하고 아울러 반대의사를 널리 전파할 것, (4) 당, 정, 군 각 수뇌자를 소집하여 그 진상을 보고하고 대책을 토론케 할 것을 결의했다.[9]

조소앙은 5월11일자로 주중

1943년3월에 미국을 방문하여 루스벨트와 회담한 이든 영국 외상.

---

8) Anthony Eden, *The Eden Memoirs: The Reckoning*, Cassell & Company LTD, 1965, pp.377 ~378.
9) 《大韓民國臨時政府公報 제78호》(1943년8월4일), 『대한민국임시정부자료집(1) 헌법·공보』, pp. 290~291.

미국대사에게 편지를 보내어 동봉한 루스벨트에게 보내는 전보를 전해 달라고 부탁했다. 이 전보에서 조소앙은 한국인은 절대 독립을 원하며, 검토되고 있는 전후의 국제 감호(international guardship)는 「대서양헌장」에 위배되는 것이라고 주장했다.[10] 조소앙은 이 전보를 이승만에게도 보내어 루스벨트에게 전하게 했다. 김규식(金奎植)도 선전부장 명의로 "우리는 한국의 국제적 공동 관리를 반대한다"라는 긴 성명을 발표했다.[11]

이승만은 5월15일에 루스벨트에게 조소앙의 전문을 동봉한 편지를 보냈다.

> 저는 지금이 지난 38년 동안 미국이 한국민과 그들 나라에 행사해 온 과오와 부정을 시정할 때라는 사실에 대하여 각하의 관심을 환기시키고자 합니다. 각하께서 알고 계시는 바와 같이, 미국은 1882년의 조미조약을 위반하여 일본이 1905년에 한국을 점령하고 1910년에 그 나라를 병탄하는 것을 묵인했습니다. 각하께서 공중연설에서 정중하게 말씀하신 바와 같이, 한국 민족은 그 이후로 세계의 모든 피정복 민족들보다 더 심하고 더 오랫동안 고통을 겪어왔습니다.…

이렇게 시작한 이승만의 편지는 이어 한국의 파멸은 일본의 정복 행진의 시작에 지나지 않았다고 말하고, 진주만 공격 이래 문명과 민주주의를 구하기 위하여 얼마나 많은 미국인들의 생명과 자금을 희생했는가라고 물었다. 그러면서 다음과 같이 단언했다.

> 이러한 모든 불상사는 서방 정치가들이 독립된 한국이 동양평화

---

10) 미국무부문서 895.01/256, "Vincent to Hull", May 11, 1943.
11) 金奎植, 「我們反對國際共管韓國」, 《獨立新聞(中文版創刊號)》 1943年6月1日字.

의 보루로서 얼마나 중요한지를 인식하지 못하는 데에 기인한 것입니다. 이들 서방 정치가들은 한국인들이, 오직 한국인들만이 지난 몇 세기 동안 거듭하여 자행된 일본의 침략을 물리쳤다는 역사적 사실을 간과했습니다. 이들 서방 정치가들은 한국이 강직한 독립국가가 될 수 있도록 도와주는 대신에 일본제국이 세계적 위협을 조성시키는 데 그들의 도덕적 및 물질적 지원을 아낌없이 제공했습니다.…

이승만은 지금이 미국이 한국에 대한 그릇된 관념을 고칠 때라고 강조했다. 그러한 관념은 일본의 선전기관의 영향으로 형성된 것이라고 그는 주장했다. 만일 미국 정치가들이 이러한 사실을 깨닫지 못한다면 전후처리는 또 다른, 어쩌면 지금의 세계적인 '큰불'보다도 더 큰 재앙의 길을 열어 놓을지 모른다고 주장했다.

이승만은 끝으로 미국정부의 한국임시정부에 대한 불승인정책을 다음과 같이 경고했다.

진주만 사건 이래 —— 거의 1년 반 동안 우리는 국무부에 가장 오래된 망명정부인 대한민국임시정부를 승인할 것을 요청해 왔습니다. 그러나 우리가 받은 회답은 불합리한 변명뿐이었습니다. 지금 우리는 한국에 소비에트공화국을 수립하는 것이 러시아의 계획임을 보여 주는 보고서들을 가지고 있습니다. 이러한 보고서들이 근거 없는 문서들이기를 진심으로 바랍니다. 그와 동시에 40년 전에 미국이 그토록 걱정하고 두려워했던 극동에서의 러시아의 팽창위협이 완전히 사라지지 않았다는 것을 염두에 두어야 할 것입니다.…12)

그것은 2월16일에 헐 장관에게 보낸 편지에서 한 경고와 비슷한 것이

---

12) 「李承晚이 Roosevelt에게 보낸 1943년5월15일자 편지」, 『대한민국임시정부자료집(20) 주미외교위원부 II』, pp. 217~218.

었다. 백악관은 5월17일에 이 편지의 처리문제를 국무부로 넘겼고,[13] 국무부는 대통령이 회답하는 것은 적절하지 않고 백악관 비서관 이름으로 회신하는 것이 바람직하다면서 회신초안을 적어 보냈다.[14] 백악관의 왓슨(Edwin W. Watson) 소장 명의의 회신은 극히 의례적인 짤막한 것이었다.[15]

한국 독립운동자들의 흥분에 대하여 중국 인사들도 빠른 반응을 보였다. 5월9일에는 중한문화협회 주최로 "전쟁 후의 한국독립 문제"를 주제로 한 좌담회가 열렸는데, 이 자리에는 임시정부를 대표하여 김규식, 조소앙, 장건상(張建相) 등과 중국정부와 학계를 대표하여 사도덕(司徒德), 호추원(胡秋原), 정희맹(程希孟), 사인쇠(謝仁釗) 등 70~80명이 참석하여 한국독립의 필요성과 국제 공동관리를 반대하는 연설을 했다. 호추원은 일제에 나라를 빼앗긴 뒤에 수십년 동안 반일투쟁을 전개하고 임시정부를 수립한 것은 한국인민이 남의 노예가 되지 않기를 원하는 증거라면서, 한국에 국제공동관리를 실시하는 것은 부당하다고 주장했다. 사인쇠는 한국이 자유를 얻지 못하면 중국은 영원히 남의 나라의 침략을 받을 것이며, 영국과 미국이 한국을 국제관리하자는 것은 일본에 침략기회를 주는 잘못된 관점이라면서, 중국인들은 그러한 잘못된 관점을 결코 찬성하지 않으며 마땅히 그러한 잘못된 관점을 바로잡아야 한다고 주장했다.[16]

5월10일에는 중경에 있는 한인단체들이 합동하여 재중국 자유한인대회를 열었다. 대회에는 300여명의 동포들이 모였다. 중경일원에 사는 동포들이 거의 전원이 모인 것이었다. 연설에 나선 인사들은 한결같이 "한국은 완전한 독립을 요구하며 어떤 형식의 외래 압박이나 간섭도 반대한

---

13) 「McINtyre가 국무부 관계자들에게 보낸 1943년5월17일자 편지」, 위의 책, p.218.
14) 미국무부문서 895.01/257, Adolf A. Berle, Jr. to General Watson, May 26, 1943.
15) 미국무부문서 895.01/257, Edwin W. Watson to Rhee, May 26, 1943.
16) 《獨立新聞(中文版創刊號)》1943年6月1日字, 「中韓文化協會擧行 戰後韓國獨立問題座談會」.

1943년5월10일에 중경에서 열린 재중국 자유한인대회. 앞줄에 다리를 뻗고 앉아있는 사람이 김규식이다.

다"고 역설했다. 대회는 한국독립당, 조선민족혁명당, 조선민족해방동맹, 조선무정부주의자총연맹, 한국애국부인회, 한국청년회의 명의로 「선언문」과 4개 조항의 「결의문」을 채택하고, 대회명의로 각 동맹국 영수들에게 전보를 쳐서 한국인의 간절한 독립의지와 요구를 밝혔다.[17]

2

미 국무부의 한국 전후처리에 대한 구체적인 검토는 1943년6월부터 전후외교정책자문위원회의 영토문제 소위원회(the Subcommittee on Territorial Problems)에서 시작되었다. 국무부는 외교정책자문위원회를 발족시키기에 앞서 1941년2월에 국무부 안에 특별조사국(Division of Special Research)을 신설했는데, 1942년에는 이 특별조사국도 확충되어 극동반(Far Eastern Unit)이 설치되었다. 일본처리계획이나 그에 따른 한

---

17) 《獨立新聞(中文版創刊號)》 1943年6月1日字, 「在中國自由韓人大會」.

국처리계획은 이 기구에서 기본적인 연구가 진행되었다. 그리하여 1943년5월에 4건의 중요한 정책문서가 작성되었다. 「T316 한국: 영토와 국경문제, 1943.5.25.」, 「T317 한국: 경제발전과 전망, 5.25.」, 「T318 한국: 국내정치 구조, 5.19.」, 「T319 한국: 독립문제, 5.26.」이라는 일련의 문서였다. 6월부터 7월까지의 영토소위원회의 한국문제 토의는 이 정책문서들을 놓고 진행되었다. 문서의 작성자는 극동반의 보턴(Hugh Borton)이었다. 일본 전문가로서 특별조사국에 참가한 컬럼비아대학교(Columbia University) 조교수 보턴은 선구적인 국제관계전문가인 클라크대학교(Clark University) 교수 블레이크슬리(George H. Blakeslee)와 함께 극동반의 두 중심인물이었다.

보턴이 작성한 정책문서들은 기본적으로 1942년2월에 극동국의 랭던(William R. Langdon)이 작성한 한국보고서의 주지를 발전시킨 것이었다. 「한국: 경제발전과 전망」에서는 토지소유의 편중과 농가부채 등의 실상을 보기로 들면서 한국의 경제가 완전히 일본의 경제구조에 편입되어 있기 때문에 갑자기 일본경제와 단절되는 경우 신생 정부의 존재 자체를 위협할 수 있다고 분석했다. 또한 독립운동 지도자들은 산업과 토지의 국유화를 주장한다고 말하고, 그러나 그것은 자본과 기술 인력의 공급부족 때문에 현재의 생산을 유지할 수 있을지 의문이라고 주장했다. 그러므로 국제신탁통치제도 수립이 한국의 경제 부흥문제를 해결할 수 있는 현실적 방법이 될 것이라는 것이었다.[18]

4건의 정책문서 가운데 가장 중요한 것은 "독립문제"를 다룬 문서였다. 이 문서는 카이로선언이 있기 6개월 전에 미 국무부가 작성한 한국독립과 관련된 정책문서라는 점에서 자세히 살펴볼 가치가 있다. 이 문서는 먼저 "모든 국민은 그 밑에서 생활할 정치체제를 선택할 권리"가 있고, "주권과 자치정부를 강탈당한 국민이 그것을 회복하는 것"을 지지한

---

18) Notter Papers, Box 63, "T317 Korea: Economic Development & Prospects", (1943.5.25.).

다고 천명한 「대서양헌장」 제3항이 연합국의 공약임을 상기시킨 다음, 4대국의 입장을 요약해서 분석했다. 한국과 인접해 있고 역사적으로 가장 가까운 문화적 유대를 가진 중국의 태도는 매우 중요한데, 특히 일본과 연합국 사이에 전쟁이 발발한 뒤로 장개석을 비롯한 많은 중국정부 요인들은 한국의 독립회복을 옹호한다고 기술했다. 그러나 한국의 독립이 실현되어야 할 시기에 대해서는 입법원장 손과(孫科) 이외에는 확실한 의견이 없고, 과도적인 신탁통치를 주장하는 인사도 있다고 했다. 영국은 한국문제에 관하여 공식성명을 발표한 적이 없다고만 기술했다. 소련은 한국과 국경을 맞대고 있어서 한국의 정치적 지위에 지극히 중요한 이해관계를 가졌을 뿐만 아니라, 한국은 연해주와 블라디보스토크로 연결되는 남쪽 통로라는 중요한 전략적 위치를 차지하고 있다고 지적했다. 그러나 소련이 1941년4월에 일본과 체결한 불가침조약을 준수하는 한 한국 독립과 관련한 어떤 성명을 발표하기는 불가능하다고 판단했다. 미국은 영국과 마찬가지로 한국의 독립에 관한 공식성명을 발표하지 않았지만 여러 부처의 행정명령은 한국인들에 대해 특별대우를 하고 있다고 기술했다. 그러면서 법무부가 1940년의 「외국인등록법」에서 그들을 "한국인"으로 등록할 수 있도록 허용한 것, 법무장관이 1942년2월9일에 한국인들에게는 적대적 외국인들에게 실시되는 규제조치들을 면제한다고 발표한 것 등의 사례를 들었다.

이 문서는 이어 한국독립운동단체들의 실상을 설명했다. 먼저 국내에서는 일본의 엄중한 통제 때문에 혁명이나 독립운동이 진행되지 못했다고 말하고, 현재 가장 활동적인 재외 독립운동 그룹은 중경에 있는 대한민국임시정부라고 기술했다. 또한 이 문서는 임시정부는 한국의 유일한 진정한 정부라고 주장하면서 이승만을 공식 주미대표로 임명했지만 미국의 승인을 받지 못했다고 썼다. 이 문서는 또 1942년의 임시정부의 좌우합작, 한국독립당과 광복군, 조선민족혁명당과 조선의용대의 활동을 설명하고, 최현(崔賢, Tsui Hsien)과 김(金)이라는 혁명가의 지도 아래 압록강 상류와 간도(間島)지방에서 활동하는 무장부대에 대해서도 언급했다. 그것은 랭던의 보고서에 기술된 내용과 같은 것이었다. "김"이란 김일성을 지칭하는 것임은 앞에서 본 바와 같다. 이 문서는 이승만이 주도하는 한미협회의 활동을 비중 있게 설명하고, 한길수(韓吉洙)의 중한민중동맹에 대해서도 언급했다.

이 문서는 이어 한국 독립의 국내적 및 국제적 장해요인을 설명했다. 일본은 식민통치기간 동안 일체의 독립운동을 억압했고 실권 없는 지방정치를 제외하고는 한국인들에게 자치정부의 경험을 허용하지 않았기 때문에 재외 독립운동자들과 국내의 일반국민들과는 정치의식에서 큰 차이가 있다고 기술했다. 재외거주인사들은 미국에 있건 중국에 있건, 민주주의 원칙과 민주적 정부형태를 추구한다고 평가했다. 또한 국제적으로는 한국은 중국, 러시아, 일본 사이의 교차로에 위치해 있어서 어떤 강력한 외국세력이나 효과적인 국제기구의 지지가 결여된 독립국가를 수립한다면 국제적 압력과 음모의 대상이 될 가능성이 있다고 분석했다.

이 문서는 전후의 한국 처리방안으로서 첫째로 대한민국임시정부를 공식으로 승인하는 문제를 검토했다. 그러나 그러한 행동은 미국이나 그밖의 연합국들이 한국인 자신들의 신뢰를 획득하는 데 실패한 정부를 지지하는 결과가 될 수 있다고 기술했다. 그리고 소련은 장개석 정부의 옹호 아래 세워진 한국 "정부"를 승인하는 데 주저할 개연성이 있다고 했다. 그리하여 이 문서는 두 번째 방안으로 연합국은 종전 즉시 또는 종전에 임박하여 한국을 종전과 더불어 자유롭고 독립될 권리가 있다는 것을 공식으로 승인하고, 잠정적인 기간 동안 감독 또는 신탁통치하의 제한적 자치정부를 거쳐 실질적인 독립을 실현시키는 방안을 제시했다. 다만 그럴 경우 어떤 방식으로 과도기간의 통치를 시행하느냐가 문제였다. 하나의 가능성은 연합국의 이름으로 중국이나 미국, 또는 소련이 단독으로 전후 한국의 잠정적인 관리책임을 맡는 것이었다. 그러나 그러한 방법은 한국 국내와 국제적으로 완충국(buffer state)과 같은 오래된 쟁점을 부활시키는 등 논란이 예상된다고 했다. 또 하나의 방안은 중국, 소련, 미국 세 나라에 의한 공동관리인데, 그럴 경우에는 세 나라가 각기 한국 국내의 세력과 결탁하여 자국의 영향력을 확대하려고 할 것이고 또한 공동 관리국에서 제외된 영국이나 네덜란드와 같은 나라의 불만도 예상된다고 기술했다. 이 문서는 세 번째 방안으로 관리이사회(Supervisory Council) 산하의 국제행정기구를 설치하여 한국의 독립을 촉성하는 방안을 제시하고, 이것이 비교적 바람직하다고 제안했다.

영토소위원회는 보턴의 설명을 듣고 두 번째 방안, 곧 연합국은 종전 즉시, 또는 종전에 임박하여 한국은 종전과 더불어 자유롭고 독립될 권리가 있음을 공식으로 승인하고 잠정적 기간 동안 감독 또는 신탁통치의 제한적 자치정부를 거쳐서 실질적인 독립을 실현시킨다는 방안을 지지했다. 국제관리의 방식에 대해서는 전후에 재건이 예상되는 일반적 국제기구가 담당하면 된다는 의견도 제시되었다. 그러나 보턴은 국제연맹이 만주문제를 두고 효과적인 조치를 취하지 못했던 사실에 비추어 실제로 관계가 있는 나라들에 의한 태평양지역이사회 같은 기구를 설치하는 것이 나을 것이라고 주장했다. 거기에 참가할 나라들의 범위에 대해서는 중국과 미국이 관여하는 것에는 아무도 의문을 갖지 않았다. 극동국의 발렌타인(Joseph W. Ballantine)은 전쟁 말기에 한국이 그 "지리적 위치로 보아 마지막으로 일본으로부터 해방될" 때에 "러시아는 틀림없이 극동에서 참전해 있고", "한국에 진입할 최초의 나라가 될 것"이라고 경고했다. 따라서 신탁통치를 담당할 나라로 미국, 중국, 소련 세 나라는 변동할 수 없고 그 밖의 나라에 대해서는 확대해야 한다는 주장과 제한해야 한다는 주장이 맞섰다. 다만 될 수 있는 대로 국제관리를 단기간에 그치고, 가능하면 처음부터 기한을 설정하여 한국의 독립을 조기에 달성하는 것이 바람직하다는 데 의견이 일치했다.[19]

---

19) 五百旗頭眞, 「カイロ宣言と日本の領土」, 《廣島法學》 第4券第3·4合倂号, 廣島大學法學會, 1981年3月, pp. 76~77.

3. "가능한 가장 빠른 시기"에서 "적당한 시기"로

1

미 국무부의 전후 한국 처리연구 작업과는 직접적인 관계없이, 전쟁종결 이후에 한국은 미국, 중국, 소련의 국제신탁통치 아래 둔다는 루스벨트의 방침은 장개석을 대신하여 루스벨트의 초청으로 1942년11월부터 1943년6월까지 워싱턴을 방문한 장개석의 부인 송미령(宋美齡)을 통하여 국민정부에도 통달되었다. 1943년2월26일 오후에 중국대사관에서 송미령의 환영파티가 열렸을 때에는 각국 외교사절들과 함께 이승만 내외도 초대되었다.[20] 송미령은 루스벨트를 비롯하여 각료들과 각계 지도자들을 만나고, 화교대표들도 만났다. 송미령은 미국 상원과 하원에서 연설을 했는데, 신문들은 연설문 전문을 게재했다. 송미령의 의회연설은 영국에서도 방송되었다.

송미령은 루스벨트와 여러 차례 회담하고 미중 협력과 전후처리문제에 대하여 의견을 교환했다. 전후처리문제에 대하여 루스벨트는 류큐(琉球)열도[지금의 오키나와(沖繩)]와 만주, 대만은 앞으로 중국에 반환되어야 하고, 한국의 독립은 중국과 미국 두 나라가 보장한다는 등의 계획을 밝혔다. 6월24일의 귀국인사를 겸한 마지막 회담에서 루스벨트는 송미령에게 전후에 대련(大連), 여순(旅順), 대만을 중국과 미국의 해공군이 공동 사용하는 데 동의하며, 한국은 잠시 중국, 미국, 소련 세 나라가 공동 관리할 계획이라고 언명했다. 송미령은 회담내용을 6월26일에 중경으로 보고했다.[21]

임시정부와 국민정부 사이에서 신탁통치문제가 공식으로 논의된 것

---

20) 《주미외교위원부통신》 (제25호), 1943년3월1일자, 「소식통신」.
21) サンケイ新聞社, 『蔣介石秘録(14) 日本降伏』, サンケイ新聞社, 1977, pp.52~60.

은 7월26일에 있었던 장개석과 한국임시정부 간부들의 회담 때였다. 이 회담은 장개석과 김구의 회담약속이 일본기의 중경폭격으로 두차례나 연기된 끝에 어렵사리 이루어진 것이었다. 회담은 이날 오전 9시부터 중국 군사위원회 2층 응접실에서 진행되었다. 김구로서는 윤봉길(尹奉吉)의 상해 홍구공원(虹口公園) 폭파사건 뒤에 남경에서 만난 이래 무려 11년만에 얼굴을 마주하는 자리였다. 임시정부에서는 김구를 비롯하여 외무부장 조소앙, 선전부장 김규식, 광복군 총사령 이청천(李靑天), 부사령 김약산(金若山: 金元鳳)이 참석했다. 회담에는 중국국민당 비서장 오철성(吳鐵城)이 배석했고, 통역은 임시정부의 안원생(安原生)이 했다.

장개석은 임시정부 간부들에게 다음과 같이 말했다.

"중국혁명의 최종목적은 한국과 태국[泰國: 타일랜드]의 완전한 독립을 실현하는 데 있습니다. 목적을 이루는 과정은 쉽지 않을 것입니다. 그러나 한국혁명동지들이 진심으로 단결하고 협조하여 함께 노력한다면 조국광복의 뜻을 이룰 수 있을 것입니다."

장개석이 임시정부 간부들을 만나자마자 "단결"과 "협조"를 강조하는 것이 눈길을 끈다. 독립국이던 타일랜드는 이때에 일본군의 점령 아래 있었다.

임시정부의 초미의 관심사는 신탁통치에 관한 문제였다. 김구와 조소앙은 뉴스의 진상을 따져 물었다.

"전후 한국의 지위문제에 대해 영국과 미국은 국제공동관리와 유사한 방법을 채용할 것을 주장하고 있는 것으로 압니다. 중국방면에서는 어떤 생각을 갖고 계신지요. 우리의 독립주장이 관철될 수 있도록 중국이 지지해 주시기를 희망합니다."

장개석은 그것이 영국과 미국에서 논의되고 있는 문제라고 얼버무리면서 "한국혁명진영 내부"의 단결 통일을 되풀이하여 강조했다.

"영국과 미국 방면에서 이런 논의가 있는 것은 분명합니다. 이 문제를 둘러싸고 앞으로 많은 논란이 있을 것으로 예상됩니다. 중국의 의지가 반영되기 위해서는 한국혁명진영 내부의 단결통일과 더불어 실제 공작방면에서도 뭔가 내세울만한 성과가 필요할 것입니다."

오철성이 작성한 것으로 보이는 회담기록에는 "이들은 한국임시정부의 조직 및 활동상황에 대해 총재께 보고하였다. 김구 등의 보고를 받은 뒤 총재께서는 한국내에서 벌어지고 있는 한인에 대한 일구(日寇)의 압박상, 중국에 거주하는 한교들의 생활상 등에 대해 자세하게 탐문하였다"라고만 간략하게 적어 놓았다.[22]

또한 임시정부 인사들은 이날의 회견에서 장개석에게 (1) 대한민국임시정부를 곧 승인해 줄 것과 (2)「한국광복군 행동준승」을 적당히 개정하여 광복군을 원만히 발전시켜 공동작전에 참가하게 해줄 것과 (3) 경제상 원조를 늘려 줄 것 등을 요구했다.[23]

전후 한국에 대한 국제신탁통치 구상은 이제 미국의 언론에서도 공공연히 거론되었다. 오하이오주에서 발행되는 《타운미팅(The Town Meeting)》이라는 주간지의 경우도 그러한 보기의 하나였다. 《타운미팅》은 오하이오의 한 라디오 방송사가 1주일에 한번씩 미국과 영국의 저명인사가 국제전화를 통하여 함께 출연하는 방송 프로그램을 내보내고, 그 내용을 인쇄하여 발행하는 잡지였다. 《타운미팅》의 10월7일호에 한국의 신탁통치 문제에 대한 기사가 실렸다. 격분한 이승만은 《주미외교위원부통신》을 통하여 "한국을 몇 나라 통치하에 두자는 망언망설이 있으니, 모든 애국동포는 이 통분한 욕을 각국 친구들에게 설명도 하며 친구들을 권하야 미 하원의원 저드(Walter Judd)씨에게 편지하야 교정하도록 힘쓰시오"라면서 라디오에 출연하여 미국의 신탁통치안을 설명한 미네소타주 출신 하원의원 저드에게 항의편지를 보낼 것을 촉구했다.[24] 이

22) 「蔣介石과 한국임시정부 요인의 담화회 기록」, 『대한민국임시정부자료집(22) 대중국외교활동』, p.166.
23) 《大韓民國臨時政府公報 제78호》 (1943년8월4일), 『대한민국임시정부자료집(1) 헌법·공보』, p.293.
24) 《주미외교위원부통신》 (제49호), 1943년11월12일자, 「한국을 신탁통치하에 두자는 망설」.

승만은 신탁통치의 부당성을 다음과 같이 역설했다.

　　혹은 몇나라가 합해서나 한 나라가 혼자 담보로나 몇해 연한을
정하야 그 기한에는 독립을 주기로 하고 그동안은 우리를 보호하며
도와준다면 그다지 반대할 필요가 없다고 생각할 이도 있을는지 모
르겠으나, 우리는 이것을 결단코 반대하여 완전 독립을 찾고야 말 것
이다.

　　반만년 누려 오던 금수강산을 잃은 것이 우리 자격이 없어서 잃은
것이 아니요 임금과 부패한 정부가 타국의 약조를 의뢰하다가 왜적의
간교 수단에 빠져서 싸움도 할 여지가 없이 만들어 놓아 전국이 눈뜨
고 도적맞은 것이요, 이때까지 참고 온 것은 미일전쟁이 오기를 기다
린 것이지 남의 노예라도 되어서 살라고 한 것은 아니다.

　　지금은 미일전쟁이 왔은즉 왜적은 좌우간 결단나고야 말 터이니,
이때에는 우리가 많은 피를 흘려서라도 우리 조상의 유업을 찾아서
완전독립을 회복하여 우리 부여민족이 남의 보호나 지도를 의뢰하야
살려는 민족이 아닌 것을 한번 더 세상에 표명하자.…[25]

2

이승만은 10월18일에 주중 미국대사 고스에게 편지를 썼다. 그것은
카이로회담을 앞두고 저명한 러시아 전문기자 듀런티(Walter Duranty)
가 모스크바에서 보낸 10월13일자 기사를 보고 쓴 것이었다. 기사의 내
용은 스탈린(Joseph V. Stalin)은 만주에 독립된 소비에트 공화국이 수립
되고 한국에도 비슷한 공화국이 수립되는 것을 바라고 있다는 것이었다.
이승만은 고스에게 보낸 편지에서 미국과 중국은 러일전쟁 뒤에 일본이

---

25) 《주미외교위원부통신》 (제50호), 1943년11월18일자, 「한국통치문제 반항」.

한국을 점령하는 것을 용인했듯이, 이번 전쟁 뒤에 소련이 한국을 점령하는 것을 용인할 것이냐고 묻고, 두 나라는 왜 한국임시정부의 승인과 무기대여법 원조를 거부하느냐고 항의했다.

이승만은 또 소련정부에 의하여 훈련되고 유지되는 한국 공산군은 일본본토가 불안해지기만 하면 즉시, 한국정부가 진입할 수 있기 전에 한국에 투입되어 한국과 중국과 마찬가지로 미국에도 심각한 상황을 조성할 것이라고 경고했다. 그는 이러한 위기를 피하기 위하여 한국임시정부를 즉각 승인하여 지위를 강화시키고 군대를 건설할 수 있게 해야 한다고 역설하고, 자신의 호소를 대통령에게 알려서 즉각적인 조치를 취하게 하라고 촉구했다.[26] 고스는 12월6일에 이승만의 편지사본을 헐 국무장관에게 보내면서, 자기는 이승만에게 회답은 하지 않겠다고 보고했다.[27]

10월19일부터 모스크바에서 열리는 3대국(미국, 영국, 소련) 외상회의를 앞두고 10월5일에 헐 장관 이하 6명의 국무부 간부들과 레이히(William D. Leahy) 합동참모본부 의장이 백악관에서 대통령의 전후구상을 들었다. 중요한 논점은 소련이 아직 찬성하지 않고 있는 국제기구 설립에 관한 4개국 공동선언안과 독일분할 문제였다. 그리고 그 밖의 여러 가지 문제들이 개괄적으로 논급되었다. 마지막인 일곱번째로 신탁통치 문제가 거론되었는데, 루스벨트가 언급한 지역 가운데는 국무부가 작성해 놓은 지역별 정책문서의 내용과 다른 점도 있었다. 그것은 이 시점까지 국무부의 정책문서들이 루스벨트에게 보고되지 않았음을 뜻한다. 루스벨트의 말에 대해 아무도 이의를 제기하지 않았다. 국무부 안에서는 루스벨트와 동문인 웰스 차관이 전후처리문제를 총괄해 왔는데, 웰스를 못마땅하게 여겨온 헐 장관은 루스벨트에게 강박하여 한달 전에 그를 해

---

26) 「李承晚이 Gauss에게 보낸 1943년10월18일자 편지」, 『대한민국임시정부자료집(20) 주미외교위원부Ⅱ』, pp.225~226.
27) "Gauss to Hull", Dec. 6, 1943, *FRUS 1943*, vol.Ⅲ., pp.1095~1096.

임한 뒤였다.[28]

모스크바 외상회의는 10월19일부터 10월30일까지 열려, 이탈리아에서 파시즘을 분쇄하고 이탈리아 민주주의를 옹호하는 「이탈리아에 관한 선언」, 오스트리아를 독일의 지배로부터 해방하고 자유롭고 독립된 오스트리아의 재건을 천명한 「오스트리아에 관한 선언」, 독일의 전쟁범죄인 처벌을 선언한 「독일의 잔학행위에 관한 선언」, 4대국이 평화와 안전을 위한 국제기구의 수립과 유지에 협력을 계속할 것을 천명한 「전반적 안전보장에 관한 4개국선언」을 발표했다. 그 가운데 가장 중요한 것은 네번째 선언으로서 그것은 전후에 설립된 국제연합(United Nations)의 기본협정이 되었다. 소련은 중국이 4대국에 포함되는 것에 반대하여 외상회의에 초청도 하지 않았지만, 헐이 완강히 주장하고 이든도 동조하여 중국을 서명국에 포함시킴으로써 이 선언은 「4대국공동선언」이 되었다. 중국을 대표해서는 주소대사 부병상(傅秉常)이 서명했다.

모스크바 3개국 외상회의가 끝나가는 10월28일에 루스벨트는 장개석에게 다음과 같이 타전했다.

모스크바 회의는 현재까지는 훌륭한 진전을 보이고 있고, 회담의 결과는 모든 점에서 유익하리라고 기대됩니다. 나는 중국, 영국, 소련, 미국의 완전한 단결을 촉진하려고 생각합니다. 아직 스탈린과 만날 수 있을지 어떨지는 확실하지 않지만 어차피 나는 각하와 처칠과 11월20일부터 25일까지의 적당한 빠른 기회에 만나고 싶습니다. 장소는 알렉산드리아(이집트)가 좋으리라고 생각합니다.…[29]

그러나 스탈린은 장개석을 포함한 4개국 회담을 거부했다. 그리하여

---

28) 五百旗頭眞, 『米國の日本占領政策(上)』, 中央公論社, 1985, p.157.
29) 『蔣介石秘錄(14) 日本降伏』, p.111.

스탈린과는 별도의 3개국 수뇌회담을 갖기로 했다.

카이로회담은 이처럼 중국이 "네 사람의 경찰관"의 하나라는 대전제 위에서 이루어진 것이었다. 루스벨트는 중국이 전후에 동아시아의 중심세력으로서 일본 처리에 주도권을 행사해야 한다고 생각했다. 그러므로 카이로회담에 관한한 장개석의 의향을 존중하고 웬만한 것이면 그의 요구를 들어 준다는 태도를 취했다. 이 점은 국무부 안의 일본 전문가들의 의견과도 배치되는 것이었다. 카이로회담에 앞서 루스벨트는 국무부에 조언을 구하지 않았다. 카이로회담이 군사적 성격의 회담이라는 이유로 국무부 관계자들은 아무도 참가시키지 않고 군인들만 대동했다. 영국에서는 이든 외상이 참가했는데도 루스벨트는 헐 국무장관까지 배제했다. 주소대사 해리먼(William A. Harriman)이 모스크바에서 합류했지만 그는 국무부 사람이라기보다 루스벨트의 개인적 대리인으로서 중요한 전시외교를 담당하고 있었기 때문에 참석한 것이었다. 그 밖의 정치가로서는 루스벨트의 분신으로 일컬어지는 특별보좌관 홉킨스(Harry L. Hopkins)와 전쟁부 차관 매클로이(John C. McCloy)뿐이었다.

카이로회담을 앞두고 전후 중국의 국제적 위상에 대한 루스벨트의 구상과 관련하여 두가지 상반되는 변화가 나타난 것은 매우 흥미 있는 일이었다. 하나는 1943년 봄까지도 중국을 대국으로 만들려는 루스벨트를 빈축하는 발언을 되풀이해 온 영국 지도자들이 여름부터 중국을 대국으로 인정하는 입장을 분명히 한 것이었다. 7월 들어 이든 외상은 거듭 극동의 안정을 위해 "강력하고 통합된 중국"을 영국은 바란다고 말했고, 8월의 제1차 퀘벡(Quebec)회의 때에 헐 장관이 국제기구 수립을 위한 「4대국성명」 초안을 제시했을 때에도 영국은 이의를 제기하지 않았다.

다른 하나의 변화는 반대로 미국정부 관리들의 장개석 정권에 대한 비판의 목소리가 높아진 것이었다. 중국에 주재하는 외교관들은 장개석 정부를 비밀경찰과 강권에 의하여 지탱되는 부패한 일당독재 정권이라고 비판했다. 진보적 중국 전문가들 사이에서는 장개석보다 모택동(毛

澤東)이 건전한 중국을 대표한다는 견해가 확산되었다. 주중 미국대사관의 데이비스(John Davies, Jr.)는 6월24일자 장문의 보고서에서 중국공산당의 노선은 원래의 공산주의와는 다른 유연성을 보이고 있고, 오히려 "농본민주주의자(agrarian democratic)"라고 부를 만하다고 적었다.[30] 그리하여 1943년 후반에는 루스벨트 자신도 장개석 정부의 부패와 비능률과 민중의 참상에 대한 무감각을 비난하는 발언을 하곤 했다. 그러나 장개석 정부의 장래에 대한 기대에는 변함이 없었다.[31]

3

제1차 카이로회담은 1943년11월22일부터 26일까지 진행되었다. 회담 직전인 11월19일에 루스벨트와 군 수뇌부는 카이로로 향하는 신예 전함 아이오와(*Iowa*) 함상에서 합동기획참모부가 작성한 회담의제 시안을 중심으로 제반 문제를 검토했다. 회의록에는 다음과 같이 기술되어 있다.

시안 A의 1항(b) 곧 "소련의 참전과 중국의 태도"에 이르러 마셜 (George C. Marshall) 육군참모총장은 이 문제를 장개석과 토의하는 것이 과연 타당한가 하는 문제를 제기했다. 그러자 루스벨트는 다음과 같이 대답했다.

"중국은 외몽고에서 소련과 동등한 권리를 원한다. 장개석은 만주를 반환받기를 원한다. 이 항목의 토의는 틀림없이 분규를 일으킬 것이다. 그러나 이 문제는 '자유지역(free zone)' 방식으로 처리될지 모른다. 장개석 총통은 한국에 대하여 소련과 중국과 미국이 신탁관리국으로 관리하는 신탁통치를 실시할 것을 원한다."

---

30) "Memorandum by the Second Secretary of Embassy in China", Jun. 24, 1943, *FRUS 1943 China*, p.260.
31) 五百旗頭眞, 앞의 책, pp.159~160.

이에 마셜 장군은 소련은 일본과 가까운 쿠산(Kuzan: 釜山?)을 원한다고 말했고, 킹(Ernest J. King) 제독은 소련은 큰 양항(良港)과 대련(大連)과의 연결을 바란다고 말했다.[32]

루스벨트가 한국의 전후처리문제에 대하여 장개석은 소련과 중국과 미국이 신탁관리국으로 관리하는 신탁통치를 실시할 것을 원한다고 말한 것은 눈여겨볼 만하다.

중국은 1943년11월14일을 전후하여 카이로회담에 대한 예비의안을 작성했다. 군사위원회 참사실과 국방최고위원회 비서청과 미국의 중국관구 참모장 스틸웰이 각각 의안초안을 작성했는데, 군사위원회 참사실과 국방최고위원회 비서청은 주로 전후처리문제와 관련된 정치문제를, 스틸웰은 대일작전문제와 관련된 군사문제에 대한 의안초안을 작성했다.[33]

이 의안초안을 검토했을 장개석은 카이로회담에 참석하기 위하여 이집트로 가는 도중 인도의 아그라(Agra)에 머물렀던 11월18일의 일기에 다음과 같이 간단히 적어 놓았다.

이번 루스벨트와 처칠과의 회담에서는 아래 문제를 가장 중요하게 다룰 것이다. (1) 국제정치 조직, (2) 극동위원회 조직, (3) 중국, 영국, 미국 3국의 연합참모단 조직, (4) 점령지 관리방안, (5) 버마 반격을 위한 총계획, (6) 한국 독립, (7) 동북[만주] 및 대만의 중국귀속 문제.[34]

---

32) U.S. Department of State, "Minutes of the President's Meeting with the Joint Chiefs of Staff", Nov. 19, 1943, *FRUS Conferences at Cairo and Teheran 1943*, 1961, p.257.
33) 조덕천, 「카이로회담의 교섭 및 진행에 관한 연구」, 『대한민국임시정부와 카이로선언: 대한민국임시정부 수립 제95주년 기념학술회의 논문집』, 단국대학교, 2014, pp.71~72.
34) 『蔣介石日記』1943년11월18일조, 『대한민국임시정부자료집(25) 중국의 인식』, p.288.

카이로회담에 참석한 3국 수뇌와 수행간부들. 앞줄 왼쪽부터 장개석(蔣介石), 루스벨트, 처칠, 송미령(宋美齡).

장개석이 루스벨트와 처칠을 만나 "가장 중요하게 다룰" 문제의 하나로 한국의 독립문제를 꼽고 있는 것이 돋보인다.

루스벨트와 처칠이 장개석을 직접 대면한 것은 카이로회담 때가 처음이었다. 카이로회담의 중요부분은 군사적 토의였다. 11월23일 오전에 열린 3거두가 참가하는 전체회의에서는 버마작전문제가 집중적으로 토의되었다. 버마작전이 일본 타도를 위해 가장 중요하다는 장개석의 주장과 그 작전에 많은 함정을 동원할 수 없다는 처칠의 의견이 팽팽히 대립했다.[35]

카이로회담 동안 한국문제는 11월23일 저녁에 루스벨트가 장개석 내외를 초청한 만찬회담에서 논의되었다. 만찬회담은 저녁 7시30분에 시작하여 11시까지 계속되었다. 루스벨트는 이러한 자유로운 분위기의 회담

---

35) "Plenary Meeting", Nov. 19, 1943, *FRUS Conferences at Cairo and Teheran 1943*, pp. 311~315.

을 좋아했다. 만찬회담에는 미국쪽에서 루스벨트와 그의 특별보좌관 홉킨스, 중국쪽에서 장개석 내외와 중국국민당 국방최고위원회 비서장 왕총혜(王寵惠)가 참석했다.

그런데 이때의 회담내용에 대하여 홉킨스는 기록을 남기지 않았다. 간행된 미국 외교문서에 수록되어 있는 회의록은 왕총혜가 작성한 중문 회담 요지의 영문번역문이다. 반면에 중국기록은 장개석의 『일기』를 비롯한 다양한 기록들이 전해지고 있다. 왕총혜가 작성한 회담 요지 10개항 가운데 한국문제 논의는 제7항으로 정리되어 있다.

(7) 한국, 인도차이나, 타일랜드에 대하여 —— 루스벨트 대통령은 중국과 미국은 한국, 인도차이나, 타일랜드와 그 밖의 식민지들의 장래의 지위에 대하여 상호 이해에 도달하는 것이 어떠냐는 의견을 제시했다. 장 총통은 이에 동의하면서, 한국에 독립을 부여할 필요성을 강조했다. 또한 그는 중국과 미국은 전후에 인도차이나가 독립을 획득할 수 있고 타일랜드가 독립 지위를 회복하도록 같이 노력해야 된다는 견해를 표명했다.[36)]

왕총혜는 또한 이날 저녁의 회담내용을 중문으로 다음과 같이 간략하게 요약해 놓았다.

회담결과는 지극히 원만했다. 중국과 미국 양쪽은 아래 각 내용에 대하여 모두 동의했다. (1) 일본이 빼앗은 중국의 토지는 당연히 중국에 반환한다. (2) 태평양상의 일본이 강점한 도서는 당연히 영구히 박탈해야 한다. (3) 일본이 패전한 뒤에 당연히 한국으로 하여금 자유와 독립을 획득하게 한다. 전후 일본의 중국 내 공사(公私)산업은 마땅

---

36) "Roosevelt-Chang Dinner Meeting, Nov. 23, 1943", "Chinese Summary Record", *FRUS Conferences at Cairo and Teheran 1943*, p.325.

히 완전히 중국정부가 접수한다는 점에 대해서 루스벨트 대통령은 찬성을 표시했다. 그리고 어떻게 한국으로 하여금 자유와 독립을 회복케 할 것인가에 대해서는 한국인민이 목적을 달성케 하는 데 중국과 미국 양국이 협조하는 것이 당연하다고 쌍방은 양해했다.[37)

이러한 기술로도 이날 저녁의 루스벨트와 장개석의 회담에서 한국문제가 특별히 중요하게 논의되었음을 짐작할 수 있다. 그러한 사정은 이날 저녁에 쓴 장개석의 『일기』에 더욱 뚜렷이 표명되어 있다. 장개석은 회담 결과에 만족하면서, 회담 내용을 열가지로 요약하여 기술해 놓았는데, 한국독립문제에 대해서는 자신이 특별히 강조해서 루스벨트를 설득했다고 다음과 같이 썼다.

(7) 루스벨트가 조선의 독립문제를 중시해 주기를 바라는 뜻에서 특별한 주의를 기울여 이 문제를 거론하며, 조선인민이 속히 독립의 목적을 달성할 수 있기를 희망한다는 중국의 주장에 동조해주기를 청하였다.

장개석은 끝으로 "회담 말미에 루스벨트는 홉킨스에게 오늘의 토론 내용을 근거로 공보[公報: 선언문]를 기초할 것을 지시했다"라고 기술했다.[38)

이날의 만찬회담에서 있었던 중국의 영토반환문제 논의 가운데 흥미로운 것은 류큐제도[琉球諸島: 지금의 오키나와(沖繩)제도]의 영유권 문제였다. 루스벨트는 중국이 류큐제도를 원하는지를 되풀이하여 물었다. 류큐제도의 영유권은 국민정부 외교부장 송자문(宋子文)이나 정보사장

37) 「附一. 政治問題會商經過」, 秦孝儀 主編, 『中華民國重要史料初 編: 對抗戰時期 第三篇 戰時外交(三)』, 中國國民黨中央委員會黨史委員會, 1981, pp.527~528.
38) 『蔣介石日記』 1943년11월23일조, 『대한민국임시정부자료집(25) 중국의 인식』, p.289.

(情報司長) 소육린(邵毓麟)이 공개적으로 주장한 적이 있으므로 루스벨트는 그것이 중국정부의 희망사항이라고 판단했을 것이다.

류큐제도 처리문제에 대해서 장개석은 『일기』에 다음과 같이 써놓았다.

> (나는) 다만 오키나와는 국제기구가 중국과 미국에 위탁하여 공동관리하는 것이 좋겠다는 입장을 밝혔다. 이런 제안을 내놓은 이유는 첫째로 미국을 안심시키기 위함이오, 둘째는 오키나와는 갑오전쟁[청일전쟁] 이전부터 일본에 속해 있었다는 역사적인 사실을 부인할 수 없었기 때문이다. 마지막으로는 중국이 오키나와를 독점하는 것보다는 미국과 공동관리하는 것이 바람직하다고 여겼기 때문이다.[39]

이날의 만찬회담에서 또 한가지 중요하게 논의된 것은 일본의 천황제 존속문제와 일본점령문제였다.

루스벨트는 천황의 전쟁책임 추급론이 미국 안에서 무시할 수 없는 여론이 되고 있다고 말하고, 천황제를 존속시킬 것인지 폐지시킬 것인지 중국의 의견을 물었다. 이와 관련하여 장개석은 다음과 같이 썼다.

> 나는 솔직하게 대답했다. "이 문제에 관해서는 먼저 일본군벌을 뿌리에서부터 소멸시켜 군벌이 다시는 일본의 정치에 관여할 수 없게 하는 것이 필요하다. 그러나 그 이상의 국체[國體: 국가형태]를 어떻게 할 것인가의 문제는 일본의 새로운 세대의 각성한 사람들이 스스로 해결하게 맡기는 것이 가장 바람직하다고 나는 생각한다."
>
> 나는 이어 "만일에 일본국민이 전쟁의 원흉인 군벌에 대하여 혁명을 일으켜서 현재의 침략주의적 군벌정부를 타도하고 침략주의의 뿌

---

39) 『蔣介石日記』 1943년11월23일조, 위의 책, p.288.

리를 철저하게 제거할 수 있다면 우리는 일본국민이 자유로운 의사에 따라 그들의 정부형태를 선택하는 것을 존중해야 한다"라고 말했다.[40]

장개석은 "루스벨트 대통령도 이에 깊이 동감했다. 나의 이 주장은 완전히 1942년의 「연합국선언」의 정신에 입각한 것이었다"라고 덧붙였다. 장개석은 루스벨트가 이어 "이 문제를 내일 회의에 토의를 위해 제출해야 할 것인가?"라고 묻기에 정식 의제로 하지 않는 것이 좋을 것이라고 대답했다고 기술했다.[41] 그리하여 천황제문제는 선언문에 포함되지 않았다.

일본점령문제에 대해서도 루스벨트는 중국이 주체가 되어야 한다고 제안했다고 한다. 이에 대해서 장개석은 다음과 같이 기술했다.

> 일본 본토에 대한 진주와 감시 문제에 대해서는 나는 먼저 미국이 주체가 되어 수행되어야 하고, 만일 중국의 파병이 필요하다면 지원하는 입장에서 참가할 수 있다고 말했다. 그러나 그는 중국이 주체가 되어야 한다고 강력하게 주장했다. 여기에는 깊은 이유가 있었다. 나도 굳이 명백하게 가부를 표시하는 일은 피했다.[42]

장개석의 이러한 소극적인 태도는 중국이 "네 사람의 경찰관"의 하나로서 역할할 것을 기대하는 루스벨트를 적이 실망시켰다. 루스벨트는 카이로에 동행한 아들 엘리어트(Elliott Roosevelt) 대령에게 장개석에 대하여 "그는 자기가 바라는 것을 알고 있다. 동시에 그 모든 것을 얻을 수 없다는 것도 알고 있다"라고 말하고, "대체로 예상하던 대로이다"라고 되

---

40) 『蔣介石秘錄(14) 日本降伏』, p.120.
41) 위의 책, p.121.
42) 같은 책, p.122.

풀이하여 실망을 토로했다고 한다.[43]

그런데 루스벨트는 이튿날 오전에 가진 처칠과의 회담에서 전날 저녁의 만찬회담과 관련하여 다음과 같이 말하고 있어서 의아스러운 느낌을 준다.

"나는 일본의 패망이 독일 패망 다음이 되기는 하겠지만 현재 일반적으로 가능하다고 생각되는 것보다는 훨씬 빨리 올 것이라는 몰로토프의 견해와 같은 생각이다. 어제 개최한 회담으로 장 총통은 매우 만족한 것처럼 보인다. 중국은 만주와 한국의 재점령을 포함한 광범위한 희망을 가지고 있는 것이 틀림없다."[44]

이처럼 루스벨트는 장개석의 한국독립 주장을 한국의 재점령을 희망하는 것이라고 판단한 것이다. 같은 날 왕총혜는 홉킨스에게 중국정부의 각서를 전했는데, 「전후 일본 처리」 항목의 하나로 한국문제와 관련하여 "중국, 영국, 미국은 전후 한국의 독립을 승인하는 데 동의해야 한다. 한국의 독립을 승인하는 데 동의하는 소련의 참여는 언제든지 환영한다"라는 항목(4항C)이 들어 있었다.[45]

4

11월24일 오후에 루스벨트의 숙소에서 카이로선언의 최초의 초안이 홉킨스에 의하여 작성되었다. 기억력이 정확하기로 정평이 있는 홉킨스는 매우 이례적으로 준비한 메모도 없이 빈손으로 코넬리우스(Albert M. Cornelius) 준위에게 선언문 초안을 구술했고, 코넬리우스는 그 자리에서 타이핑했다. 이렇게 작성된 선언문 초안의 한국관련 부분은 다음과

---

43) Elliott Roosevelt, *As He Saw It*, Duell, Sloan and Pearce, 1946, p.142.
44) "Meeting of the Combined Chiefs of Staff with Roosevelt and Churchill", Nov. 24, 1943, *FRUS Conferences at Cairo and Teheran 1943*, p.334.
45) "Memoranda by the China Government", Nov. 24, 1943, *ibid.*, p.389.

같았다.

　　우리는 일본에 의한 한국인민의 배신적 노예화에 유의하여, 일본이 패전한 뒤 가장 빠른 시기에 자유롭고 독립된 국가가 되게 할 것을 결의하였다.
(We are mindful of the treacherous enslavement of the people of Korea by Japan, and are determined that that country, at the earliest possible moment after the downfall of Japan, shall become a free and independent country.)

　　홉킨스는 선언문 초안을 곧바로 루스벨트에게 제출했다. 그런데 초안은 루스벨트에 의하여 중대한 수정이 가해졌다. 루스벨트는 홉킨스의 초안에 "일본이 패전한 뒤 가장 빠른 시기에"로 되어 있는 한국독립의 시기를 언급한 부분을 친필로 "적당한 시기에(at the proper moment)"로 수정한 것이다. 그것은 그의 지론인 한국에 대한 국제신탁통치 기간을 염두에 둔 것이었음은 말할 나위도 없다.

　　홉킨스는 11월24일 오후 4시에 송미령을 만나고 왕총혜에게 미국쪽의 선언문 초안을 건네주면서 중국정부의 수정의견이 있으면 이튿날 오전 회의 때까지 알려 달라고 말했다.[46] 그것은 루스벨트가 수정한 내용대로였다. 장개석은 미국의 초안에 만족했다. 영국은 11월25일에 미국의 선언문 초안을 접수하고, 그것을 외무차관 캐도건(Alerander Cadogan)이 수정하여 그날로 미국쪽에 전달했는데, 캐도건이 작성한 영국안의 한국처리부분은 다음과 같았다.

　　우리는 일본의 한국인민에 대한 노예 대우에 유의하여, 일본이 패

---

46) 「附一. 政治問題會商經過」, 秦孝儀 主編, 『中華民國重要史料初 編: 對抗戰時期 第三篇 戰時外交(三)』, pp.528~529.

전한 뒤 적당한 시기에 한국을 일본의 통치로부터 이탈시킬 것을 결의하였다.[47]

영국이 전후 한국의 독립보장을 명기하기를 반대한 것은 그것이 인도와 동남아시아의 영국식민지들의 독립운동에 미칠 영향을 우려했기 때문이다.

미국의 홉킨스와 주소대사 해리먼, 중국의 왕총혜, 영국의 이든(Eden) 외상과 캐도건 사이의 선언문 협의는 11월26일 오후까지 타결되지 않았다. 영국쪽은 변경시도가 받아들여지지 않자 한국 관련 조항 전체를 아예 삭제하려는 의도를 표시하기도 했다.[48]

실무자들의 회의가 난관에 봉착해 있을 때에 문장가 처칠이 영국안을 수정한 다음과 같은 새로운 초안을 보내와서 회의가 타결되었다.[49]

위의 3대 강국은 한국인민의 노예상태에 유의하여 적당한 시기에 한국이 자유롭고 독립되게 할 것을 결의하였다.
(The aforesaid three Great Powers, mindful of the enslavement of the people of Korea, are determined that in due course Korea shall become free and independent.)

처칠의 수정안은 거의 그대로 카이로선언으로 채택되었다. 이렇게 하여 카이로선언의 한국조항은 가해주체, 독립시점, 독립방법 등에서 적확한 의미가 희석되고 모호성과 불투명성이 강화되었다.[50]

카이로선언은 11월27일에 3거두의 서명을 거쳐 루스벨트와 처칠이 이

47) 위의 책, p.530.
48) 위와 같음.
49) 정병준, 「카이로선언과 연합국의 대한정책」, 『대한민국임시정부와 카이로선언』, 단국대학교, 2014, p.118.
50) 위의 글, p.119.

란의 수도 테헤란(Teheran)에 다녀온 뒤인 12월2일에 발표되었다. 카이로선언은 1945년7월에 발표된 포츠담선언이 "카이로선언의 조항은 이행될 것이며…"라고 천명함에 따라 그 효력이 계승되면서 전후 일본 처리의 뼈대가 되었다. 그리고 그것은 한국의 독립을 보장함으로써 제2차 세계대전 중에 식민지의 독립을 연합국 수뇌가 공동으로 보장한 유일한 사례가 되었다.[51] 카이로선언의 전문은 다음과 같다.

각국 군사사절단은 몇차례 회의결과 일본군에 대한 장래의 군사작전에 관한 의견의 일치를 보았다. 3대 연합국은 야만적인 적국에 대하여 해상, 육상, 공중 공격을 통하여 가차없는 압력을 가할 결의를 표명하였다. 이 압력은 이미 증대되고 있다.

3대 연합국은 일본의 침략을 제지하고 징벌하기 위하여 현재의 전쟁을 수행하고 있다. 위 연합국은 자국을 위하여 이득을 요구하지 않으며, 또한 영토 확장의 의도도 없다. 위 연합국의 목적은 1914년의 제1차 세계대전 개시 이후에 일본이 탈취하거나 점령한 태평양의 모든 섬들을 일본으로부터 박탈하고, 아울러 만주(滿洲), 대만, 팽호도와 같은 일본이 중국인들로부터 도취(盜取)한 모든 영토를 중화민국에 반환하는 데 있다. 일본은 또한 폭력과 탐욕에 의하여 약취한 모든 영토로부터 축출될 것이다. 위의 3대국은 한국인민의 노예상태에 유의하여 적당한 시기에 한국이 자유롭고 독립되게 할 것을 결의하였다.

이러한 목적으로 위의 3대 연합국은 일본과 교전 중인 여러 연합국들과 협조하여 일본의 무조건 항복을 받는 데 필요한 엄중하고도 장기적인 작전을 계속할 것이다.[52]

---

51) 愼鏞廈, 「백범 김구와 대한민국임시정부와 카이로선언」, 『백범김구의 사상과 독립운동』, 서울대학교출판부, 2003, pp.205~238 참조.
52) "Final Text of the Communique", *FRUS Conferences at Cairo and Teheran 1943*, pp.448~449; 정일화, 『카이로선언』, 선한약속, 2010, pp.54~55.

카이로에서 루스벨트와 처칠과의 회담을 마친 장개석은 중경으로 돌아가고, 다른 두 사람은 스탈린과 회담하기 위하여 이란의 수도 테헤란으로 갔다. 두 사람이 스탈린과 만나는 것도 처음이었다. 테헤란회담은 11월28일부터 12월1일까지 진행되었는데, 회담결과 (1) 3국의 협력과 전쟁수행의 결의를 표명하고 전후에 국제연합으로 발전할 국제기구의 구상을 밝힌 3국선언, (2) 이란의 독립과 영토보전을 약속한 이란에 관한 선언, (3) 노르망디(Normandie) 상륙작전의 시기, 터키의 참전 권고, 유고슬라비아의 유격대 원조 등을 정한 군사협정의 합의가 이루어졌다. 그 밖에 독일 분할문제와 폴란드 국경문제 등도 협의되었다.

미국의 입장에서 테헤란회담의 가장 큰 성과는 미일전쟁 발발 때부터 촉구해 온 소련의 대일전 참가에 대해 스탈린의 정식 약속을 받아낸 것이었다. 한국문제는 소련의 대일전 참가문제와 관련하여 논의되었다.

한국문제와 직접 간접으로 관련이 있는 문제들에 대한 논의는 30일의 루스벨트, 처칠, 스탈린 3거두의 오찬회담에서 이루어졌다. 처칠이 스탈린에게 카이로선언의 극동관계 부분을 보았느냐고 묻자 스탈린은 보았다고 말하고, 비록 참가하지는 않았지만 공동선언과 그 모든 내용을 완전히 인정한다고 대답했다. 그러면서 스탈린은 다음과 같이 말했다.

"한국은 독립되어야 하며 만주와 대만과 팽호도는 중국에 반환되어야 한다고 한 것은 옳다."

그러나 스탈린은 장개석이 대일전을 제대로 수행하고 있지 않다고 다음과 같이 덧붙였다.

"중국인들을 싸우게 만들어야 한다. 지금까지 그러지 못했다."[53]

그런데 카이로와 테헤란에서 수뇌회담을 마치고 돌아온 루스벨트는 1944년1월12일에 태평양전쟁협의회[Pacific War Council: 미, 영, 중, 네덜란드, 필리핀, 캐나다, 오스트레일리아, 뉴질랜드로 구성]의 회담결과를 보고

---

53) "Roosevelt-Churchill-Stalin Lunchon Meeting", Nov. 30, 1943, *FRUS Conferences at Cairo and Teheran 1943*, p.566.

카이로회담을 마친 루스벨트와 처칠은 테헤란으로 가서 스탈린과 회담했다. 처칠과 스탈린은 군복차림이다.

하는 자리에서 다음 사항들을 스탈린이 동의했다고 말하여 의아스러운 느낌을 준다. 곧 만주, 대만, 팽호도는 중국에 반환되어야 하고, 한국인들은 아직 독립정부를 운영 유지할 만한 능력이 없기 때문에 40년쯤 후견 (tutelage) 아래 두어야 하며, 소련은 시베리아에 부동항(不凍港)이 없기 때문에 하나를 원하고 있는데, 스탈린은 대련을 전 세계의 자유항으로 만들어 시베리아의 수출입용으로 사용하는 안에 호의를 가지고 있고, 만주철도의 중국 귀속에 동의하며, 사할린 전부와 쿠릴열도의 소련 귀속을 희망한다는 것이었다.[54]

루스벨트의 사망으로 대통령직을 승계한 트루먼도 "테헤란에서 루스벨트와 스탈린의 회담에서 한국의 장래문제가 토의되었다. 스탈린은 한국은 독립해야 한다고 한 것은 옳다"라고 말하고, 한국이 완전독립을 달성하기까지에는 얼마간의 준비기간이 필요하며, 그 기간은 40년가량이 적당하다는 데에도 동의했다고 써 놓았다.[55] 1984년에 간행된 소련의 테헤란회담 기록에도 루스벨트와 스탈린 사이에 한국의 신탁통치에 대한

54) "Minutes of a Meeting of the Pacific War Council", Jan. 12, 1944, *ibid*., p.869.
55) Harry S. Truman, *Memoirs of Harry S. Truman*, vol. II., *Years of Trial and Hope*, Doubleday & Company, 1956, p.316.

의견교환이 있었고, 스탈린의 주장에 따라 신탁통치국에 영국도 포함시키기로 합의했다고 씌어 있다.[56]

이처럼 카이로회담과 테헤란회담에서 합의된 연합국의 전후 한국 처리방안은 한국을 독립시키되 당분간 신탁통치 아래 둔다는 것이었는데, 해방 이후에 국내에서 벌어지는 신탁통치 논쟁과 관련하여 눈길을 끄는 것은 테헤란에서 스탈린이 완전독립을 위한 준비기간으로 동의한 것은 신탁통치(trusteeship)와 같은 뜻이기는 하나 뉘앙스가 약간 다른 후견(tutelage)으로 되어 있는 점이다.

---

56) 吳忠根, 「朝鮮分斷の國際的起源」, 《國際政治》 第92号, 日本國際政治學會, 1989.10, p.98에서 재인용.

4. "'역사적 전쟁'을 계속할 것이다"

1

카이로선언의 뉴스가 중경에 전해진 것은 12월2일자 신문보도를 통해서였다. 열광하는 중국인들과 함께 한국 동포들도 일제히 환호했다. 개회 중이던 임시의정원도 잠시 회의를 중지하고 환호했다. 임시정부는 그날로 등사판《대한민국임시정부공보》호외를 발행하여 이 뉴스를 동포들에게 알렸다.[57]

김구는 찾아온 신문기자들에게 다음과 같은 담화를 발표했다.

카이로에서 개최된 3국 회의에서 일본을 타도한 뒤 한국의 독립 자유를 보장한다는 선언이 발표되었다는 소식을 듣고 나의 유쾌함은 형언할 수 없다. 조국의 독립을 위하여 30~40년간 혈전 고투하던 3천만 한인의 전도의 광명을 전망하고 매우 감분(感奮)되는 것이다. 나는 3천만 동포를 대표하야 세 영수에게 만강의 사의를 표하는 동시에 일본이 무조건으로 투항할 때까지 동맹국의 승리와 우리 조국의 독립을 위하야 최후까지 동맹국과 공동 분투할 것을 확실히 보장한다.[58]

임시정부는 바로 카이로선언을 축하하는 집회를 서둘렀다. 그러나 흥분은 순간이었다. 카이로선언의 전문이 전해지자 우려했던 것이 사실로 나타났기 때문이다. 카이로선언에 있는 "적당한 시기에"라는 어구는 곧 신탁통치를 뜻하는 것이라고 여겨졌던 것이다. 12월4일에 한국독립당 대

---

57) 《大韓民國臨時政府公報(號外)》(1943.12.2.), 『대한민국임시정부자료집(1) 헌법·공보』, p.299.
58) 위와 같음.

표와 조선민족혁명당 대표가 함께 주중 미대사관을 방문하여 "적당한 시기에"라는 어구에 대한 해석을 요청했다.[59]

이튿날 중경의 각 신문에 보도된 로이터통신 기사는 한국 독립운동자들을 경악시켰다. 그것은 "조선은 또 어떻게 할 것인가? 조선이 노예생활을 한 지는 거의 50년이 된다. 그러므로 자유가 어떠한 것이라는 것을 학습하기 전에는 그 나라를 보호하고 영도하는 시기를 거쳐야만 할 것 같다. 중국이 어찌 다시 조선의 종주국

카이로회담 소식을 전한 등사판 《대한민국임시정부공보》의 1943년 12월2일자 호외.

이 될 것을 응낙하지 않겠는가?…" 라는 내용이었다. 얼마 뒤에《뉴욕타임스(The New York Times)》에도 비슷한 논조의 기사가 실렸다.[60]

김구는 격분했다. 그는 찾아온 AP통신 기자에게 다음과 같이 말했다.

"만일 연합국이 제2차 세계대전 끝에 한국의 무조건 자유 독립을 부여하기를 실패할 때에는 우리는 어떤 침략자나 또는 침략하는 단체가 그 누구임을 물론하고 우리의 역사적 전쟁을 계속할 것을 결심하였다. 우리는 우리나라를 스스로 통치하며 우리 조국을 지배할 지력과 능력을 동등으로 가졌으며, 우리는 다른 족속이 우리를 다스리며 혹은 노예로 삼는 것을 원치 아니하며, 또 우리는 어떤 종류의 국제지배도 원치 않는다. 우

59) Gauss to Hull, Dec. 7, 1943, *FURS 1943*, vol. Ⅲ., p.1096.
60) 嚴大衛,「開羅會議與韓國獨立問題」,《獨立新聞(中文版 第二號)》1944年8月15日字.

리는 '당연한 순서'라는 말을 어떻게 해석하든지 그 표시를 좋아하지 않는다. 우리는 반드시 일본이 붕괴되는 그때에 독립되어야 할 것이다. 그렇지 않으면 우리의 싸움은 계속될 것이다. 이것은 우리의 변할 수 없는 목적이다."[61]

한편 신탁통치설에 대한 반대 캠페인을 벌이던 이승만은 카이로선언이 발표되자 난감한 심경을 금할 수 없었다. 그는 올리버(Robert T. Oliver)에게 "적당한 시기에"라는 말은 별로 의미가 없다고 말하면서 몹시 실망스러워했다. "적당한 시기에"라는 말은 5년도 될 수 있고, 50년도 될 수 있고, 심지어 무기한으로도 될 수 있는 말이라고 말했다.[62]

그러나 모든 기회를 의미있게 활용하는 정치인 이승만은 "적당한 시기에"라는 어구에 구애되어 언제까지나 의기소침해 있지 않았다. 카이로선언에 대한 새로운 설명으로 동포들을 설득하고 다잡아야 했다. 반대파들은 그것을 자신의 "외교 실패"의 결과라고 공격하고 나올지도 모르는 일이었다. 그는 12월7일에 극동으로 보내는 미정보국의 단파방송을 통하여 다음과 같이 말했다.

"해외 해내 우리 3천만 동포에게 나 이승만은 기쁜 소식을 전합니다. 우리의 기쁜 소식은 카이로대회의 결과입니다. 성명서 공포한 중에 대한의 완전 독립을 주장한다 하였으니, 이는 우리 3천만의 기쁜 소식입니다. 나의 사랑하는 우리 충애 동포들이여! 해외의 모든 남녀는 물질과 정신을 합하야 분규와 분란한 상태를 버리고 우리의 신성한 임시정부를 받들어 대단결된 우리 국민성을 표시합시다.⋯ 왜적의 원한을 우리는 보복치 말고 다만 우리의 관대한 덕의를 세상에 표시합시다.

동포여, 왜적에게 속지 마시오. 왜적이 저희 백성을 속이느라고 저희가 승전한다 합니다.⋯"[63]

---

61) 《新韓民報》 1943년12월9일자, 「카이로회의 발표에 대한 김구씨의 성명」.
62) Robert T. Oliver, *The Way It Was—All The Way*, (unpublished), p.41.
63) 《주미외교위원부통신》(제54호), 1943년12월15일자, 「리 박사 극동지방 방송」.

이승만은 이어 《주미외교위원부통신》에 카이로선언과 관련된 몇가지 사항을 다음과 같이 정리하여 동포들에게 알리면서, 임시정부와 주미위원부에 대한 지원을 호소했다.

(2) 우리 대통령 김구씨는 카이로선언 중에 "점차"라고 한 용어에 대하야 불만족하게 생각한다고 선명하였다. 위원부도 이에 대하야 동감을 가지나, 이 선언은 다만 우리의 길을 열었으니 앞길은 우리가 하기에 있다. 우리는 경제적으로나 문화상으로나 모든 방면으로 완전히 곧 독립할 자격이 있을 뿐만 아니라 우리는 완전히 열국된 의무를 시행할 수 있다.

(3) 한국임시정부를 인정하는 것이 동양문제 해결에 제일 긴급할 뿐만 아니라 원동문제를 간단히 해결할 수 있게 된다. 적어도 전쟁이 끝나기 전에 우리의 승인을 얻는 것이 절대로 긴요한 것을 알아 누구를 막론하고 단체나 개인이나 다 합하야 우리 정부와 위원부를 후원하는 것이 절대 필요한 것을 알아야 한다.

(4) 우리 임시정부와 위원부는 여러분의 정치기관이다. 일반 동포는 정부를 더 힘써 도울 뿐만 아니라 더 자세히 알려고 힘쓰기를 바란다. 위원부는 일반 동포와 더 밀접한 관계를 맺고저 하나니, 조금도 주저하지 마시고 통신하기를 바란다. 또한 사정이 허락하는 대로 우리에게 관계되는 정치상 발전되는 일을 즉시 동포에게 알리고저 한다.

(5) 위원부는 우리 독립선전을 많이 하고 있다. 수일 전에 한미협회 주최로 칼튼호텔에서 중요한 미국 신문기자를 청하야 간담회를 열었는데, 위원장 이 박사는 몇분 동안 「뉴스 릴레이」에 한국독립문제에 대하야 말하였고, 또한 지난 금요일 밤에 이승만 박사는 W.R.C방송국의 시사보고원 학그네스씨 소개로 15분 동안 한국독립승인이 긴요한 이유를 미국 민중에게 설명하였다. 카이로회의 이후로 전화나 전보로 축전이 많이 들어온 것을 보면 상하를 막론하고 일반 미국인이 우리

독립을 원하는 것이 사실이다.

(6) 우리 독립승인의 가장 속한 길은 현재 우리 임시정부와 그 대표인 위원부를 적극적으로 후원하는 것밖에는 다른 도리가 없나니, 다시 말하면 승인시기 문제는 우리에게도 큰 책임이 있다. 우리는 일체 합동하야 외국인에게 구실을 주지 말아야 한다. 우리가 원하던 독립이 우리 안전에 있으니 사사감정을 다 버리고 일치협력하야 우리 대업을 성취하기를 바란다. 우리 독립승인 여하는 몇몇 인도자에게 있는 것이 아니고 동포 여러분의 태도여하에 있다. 여러분의 권리를 주장하는 동시에 힘 있는 대로 우리 정부와 위원부를 후원하기 바란다.[64]

이승만은 카이로선언을 계기로 재미동포들에게 김구를 "우리 대통령"이라고 호칭하면서 임시정부의 권위를 강조하는 동시에 주미외교위원부가 임시정부의 기관임을 새삼스럽게 강조한 것이다.

2

그러나 카이로선언에 대한 재미동포사회의 반응은 좀처럼 정돈되지 않았다. 이승만은 《주미외교위원부통신》을 통하여 계속해서 동포들을 설득했다. 그는 카이로선언을 환영한다고 말하면서 그 이유를 다음과 같이 설명했다.

금번 카이로에서 미, 영, 중 3대국의 협의로 대한독립을 담보하야 선언한 것을 우리가 환영하는 이유는 이 3국이 우리 독립을 찾아 줄 것을 믿고 의뢰하는 것이 아니요, 다만 우리의 막힌 길을 열어서 독립전쟁을 찬성한다는 의미를 우리가 환영하는 것이다.

---

64) 《주미외교위원부통신》(제53호), 1943년12월9일자, 「일반기사」.

우리가 언제든지 타국이 우리 독립 찾아 주기를 바라고 있을 것이 아니요, 다만 요구한 것은 각국이 우리 적국을 도와서 우리의 독립 전쟁하는 것을 백방으로 막아온 고로 과거 3, 4십년 동안에 무한 피를 흘리며 싸웠으나 아직 성공치 못한 것이다.…

이승만은 카이로선언은 그 막혔던 길을 열어 놓은 것이므로 이제 독립전쟁에 장해가 없어졌다고 말하고, 그러므로 독립을 찾고 못 찾고는 이제 우리가 하기에 달렸다고 역설했다. 그는 "적당한 시기에"라는 어구와 관련하여 다음과 같이 주장했다.

카이로선언에 "상당한 시기를 따라서" 독립을 얻게 한다는 구절이 우리에게 심히 불만족하므로 우리 정부에서도 이미 선언하였고 우리 친구 중에서도 비평을 하였나니, 그 모호한 구절로만 보면 독립을 찬성이라는 언론이 실로 의미 없는 것이라 하여도 과언이 아니다.

그러나 우리가 피를 흘려 싸워서 독립을 찾기로 결심인 바에는 우리의 닫힌 길을 열어 주는 것만 다행이라 할지니, 열린 길로 나아가 싸워서 (독립을) 찾고 못 찾는 것은 우리의 손에 달린 것이라. 누가 돕고 아니 돕는 것을 어찌 의뢰하리요.

지금은 우리가 잘만 하면 연합국의 원수인 왜적을 치는 데 연합국이 돕지 않을 수 없는 터이니, 이 기회를 우리가 이용해서 각국인 보기에 한인들이 군기군물(軍器軍物)만 있으면 능히 왜적을 타파하는 데 큰 도움이 되리라는 것을 각오하도록 합심 용력해야만 될 것이다.…[65]

이승만은 카이로선언에 대한 동포들의 다양한 열기를 1944년1월에

<hr>

[65] 《주미외교위원부통신》(제55호), 1943년12월20(?)일자, 「카이로선언의 영향」.

오하이오주의 애쉴런드(Ashland)에서 열기로 예정되어 있는 한미대회에 동원하기로 했다. 그는《주미외교위원부통신》으로 한미대회를 알리면서 동포들이 많이 참가하도록 권고했다. 대회이름도 승인대회(Recognition Conference)라고 부르기로 했다. 이승만은 12월30일자로 다시 카이로 선언에 대해 국문과 영문으로 정식으로 성명서를 발표하고 카이로선언 은 어떤 강국도 한국에 대해 야심을 품지 못하도록 연합국이 보장한 것 이라고 역설했다.

이번 카이로에서 미, 영, 중 3국 거두의 선언이 우리 자유의 앞길을 열어 놓은 것이라. 지금은 우리 독립전쟁에 대하야 외국의 장애가 없을 것을 담보하였으니, 우리가 독립을 속히 찾고 더디 찾는 것이 전혀 우리의 책임이다. 그런즉 우리끼리 합심 합력할 능력이 있는 것을 세계에 증명해야만 될 것이다.

만일 우리가 이것을 못하고 도리어 의견다툼으로 여전히 과거의 폐습을 고치지 않다가 연합국이 주는 금 같은 이 기회를 잃고 보면 세인이 우리를 무엇이라 하며 내지동포가 우리를 무엇이라 하겠느뇨.

이 전쟁이 끝나기 전에 우리가 참전권을 얻어서 개명세계의 공동 원수인 일본 제국을 파멸하는 데 한 기관이 되어야 할지니, 이를 성취하려면 우리 민족 전체의 덕의와 물질 역량을 합동 집중하야 임시정부하에 한 대단결을 이루어야 될 것이다.

우리는 이를 위하야 한족대회를 불러서 각 단체를 청하야 협의를 얻도록 하리니, 과거에 피차간 어렵고 불합한 문제가 있었을지라도 다 용서하야 잊어버리고, 카이로대회에서 주는 새 기회를 이용할만한 전 한족의 새 방침을 정하기로 주장이라.

본 위원부는 이 목적을 이루기 위하야 계속 노력하리니, 모든 충애 동포의 인도자 제씨는 새 정신과 새 희망으로 동심향응하야 우리의

자유 독립을 속속히 성공하도록 합동병진하기를 간절히 바라노라.[66]

이승만은 카이로선언을 계기로 독립운동 단체들의 단합을 위한 한족
대회를 개최하고자 했던 것이다. 이승만은 애쉴런드의 승인대회는 미국
인들이 주최하는 다른 회의였는데도 그것은 한인대회의 예비회의와 같은
모임이 되기를 바랐다. 애쉴런드의 승인대회는 1944년1월21일부터 이틀
동안 열기로 일정이 확정되었다. 이승만은 《주미외교위원부통신》을 통
하여 「긴급서신」을 보내어 "우리가 아직 잃은 강토만 못 찾았지 독립은
찾아놓은 민족이니, 우리의 쾌활한 자유기상과 열렬한 애국심을 드러냅
시다"라면서 동포들의 많은 참석을 촉구했다. 참가자들은 태극기가 있
거든 가져오고, 특히 부인들은 한복을 준비해 오기를 미국 친우들이 특
청한다고 썼다.[67]

---

66) 《주미외교위원부통신》(제55호), 1943년12월31일자, 「선언서」.
67) 《주미외교위원부통신》(제55호), 1943년12월20(?)일자, 「긴급서신」.

5. 하와이까지 중계방송된 애쉴런드 한국승인대회

1

1944년1월21일부터 23일까지 오하이오주의 작은 도시 애쉴런드에서 열린 "한국승인대회"는 매우 특이한 행사였다. 애쉴런드의 여러 사회단체들이 한미협회를 초청하여 한국문제를 미국 전역에 선전하고 미국정부에 한국의 승인을 촉구하기 위하여 열린 행사였다. 비용은 애쉴런드 사회단체들이 부담했다. 이 대회는 카이로선언이 발표되기 전에 계획된 것이었는데, 카이로선언을 계기로 분위기가 한결 고조되었다.

오하이오주에는 한미협회에 동정적인 인사들이 많이 있었다. 이승만은 1943년8월에 신시내티(Cincinnati)에서 열린 오하이오주 재향군인회 총회에 참석하여 연설을 했는데, 총회는 미 국무부에 한국임시정부를 승인할 것을 촉구하는 결의안을 채택했다. 이승만은 200개 이상의 라디오 방송국이 애쉴런드의 대회를 중계하는 것을 지원해 줄 것을 교섭했다. 오하이오 재향군인회는 이에 대한 미 국무부의 반응을 타진했는데, 국무부는 그것은 미국의 국익에 도움이 되지 않는다고 회보했다.[68]

한국승인대회가 열린 애쉴런드는 시 전체가 축제 분위기였다. 몇주일째 신문과 사교계가 선전해 왔기 때문에 시민들은 모두 대회참가자들을 친절하게 대해 주었다. 큰 거리에는 "한국인 환영"이라는 현수막이 내걸리고 양쪽으로는 태극기와 성조기로 장식되었다. 애쉴런드 상업회의소가 대회 사무실이 되었다. 동부 각 도시를 비롯하여 캘리포니아주와 몬태나주 등 서부지방에서 온 동포 50여명이 등록했다. 애쉴런드 시장은 이들에게 와서 일일이 악수를 나누면서, 영창 문을 잠가 놓았으니까 무슨 행동이든지 마음대로 하라고 익살을 떨었다.

---

68) 미국무부문서 895.01/302 Harry A. Eaton to Cordell Hull, Nov. 24, 1943, Adolf A. Berle to Harry A. Eaton.

오하이오주 애쉴런드에서 열린 임시정부 승인대회에 모인 한미협회 이사들. 왼쪽부터 이승만, 한미협회 애쉴런드 지회장 마이어스 부인, 스태거스, 더글러스, 헐버트, 윌리엄스.

　대회에는 한미협회 회장 크롬웰(James H. R. Cromwell)을 비롯하여 유타주 출신의 킹(William H. King) 전 상원의원, 아메리칸대학교 총장 더글러스(Paul F. Douglass) 박사, 고종의 특사로 활동했던 헐버트(Homer B. Hulbert) 박사, 피치(George A. Fitch) 목사 부인, 뉴욕의 중국 의료원조 미국사무국 부회장 윌리엄(Maurice William) 박사 등 많은 미국 인사들이 참석했다. 대회는 교회와 학교와 컨트리클럽 등으로 장소를 옮겨가면서 오찬 연설회와 만찬 연설회로 진행되었다.

　행사의 하이라이트는 1월22일 오후 2시부터 애쉴런드중학교 강당에서 열린 라디오 방송 연설회였다. 이 연설회는 하와이를 포함한 전국 114개 라디오 방송국을 통하여 중계되었다. 대회의 명예회장 마이어스(Guy C. Myers) 부인은 개회사를 통하여 한국인들은 "잊어버린 나라(the forgotten land)"를 대표한다고 말하고, 애쉴런드 주민들은 그들에 대하여 알게 된 최초의 미국인 사회라고 주장했다. 그녀는 "지난 가을에 우리는 자유를 위해 싸우는 열렬한 십자군 용사를 만났다"면서 이승만을 추어올렸다. 킹 전 상원의원은 한국임시정부의 승인이 왜 필요한지 설득력 있게 설명했다. 이어 신상근(James Shin) 의사와 이승만의 연설이 있었다.

이승만은 먼저 카이로선언 이래로 한국은 이제 "잊어버린 나라"가 아니라고 말하고, 한국민들이 4,200년의 역사를 통하여 인류문명에 기여한 업적을 아직도 존재하는 세계 최초의 천문대, 미대륙이 발견되기 전에 인쇄된 112편의 백과사전, 구텐베르크(Johannes G. Gutenberg)의 활자발명보다 앞선 금속활자 발명 등의 보기를 들어 설명했다. 그리고 그러한 사실이 세계에 알려지지 않은 것은 일본인들이 한국을 "잊어버린 나라"로 만들었기 때문이라고 그는 강조했다. 이승만은 또한 1882년에 맺은 한미수호통상조약은 아직도 유효하고 파기된 적이 없다고 역설했다.

이승만이 미국인들에게 말하고 싶은 메시지의 핵심은 다음과 같은 것이었다.

"미국정부에 의한 한국임시정부의 승인이 우리 국민의 독립을 의미하는 것은 아니라는 사실을 기억하시기 바랍니다. 우리는 우리 자신이 독립을 위해 싸워야 하고, 또 싸울 준비가 되어 있습니다. 그러나 승인은 여러분의 '민주주의의 무기고'에서 나오는 항공기와 대포와 탄약의 일부가 지금과 같이 우리에게 거부되지 않는 것을 의미합니다. 우리는 여러분이 공통의 목표를 위해 받아들일 것을 기대하면서 우리의 막대한 인력을 제공하고자 합니다. 또한 한국인들과 싸우는 왜적은 미국 군인과 싸우는 왜적의 수를 그만큼 줄인다는 사실도 기억하시기 바랍니다.

저는 궁극적인 승리는 미합중국에 의하여 이루어질 것으로 확신합니다. 왜냐하면 정의의 힘을 믿기 때문입니다. 그러나 저는 이 전쟁이 10년이고 15년이고 계속되는 것을 바라지 않습니다. 만일 서방세계의 정치가들이 아시아 인민들의 심리를 이해할 수 있다면 … 여러분의 병사들이 동양에서 실제로 얼마나 덜 싸울 수 있는지 알 수 있을 것입니다. 우리는 왜적을 책임질 것입니다.…"

그것은 이승만이 진주만 공격 이래로 줄곧 주장해 온 대로, 임시정부의 승인요구의 목적이 무기대여법에 의한 무기원조임을 되풀이하여 강조한 것이었다. 그는 다음과 같은 말로 연설을 마무리했다.

"여러분은 제가 미국은 언제나 위기에서 그 영혼을 찾는다고 말씀드렸던 것을 기억하실 것입니다. 저는 정화(淨化)의 정신을 감지할 수 있습니다. 그렇습니다. 저는 전쟁이 시작된 이래 이 축복받은 땅에서 재생을 느낄 수 있습니다. 불행과 재난은 저 자신의 나라 인민들에게도 비슷한 효과가 있었습니다. 우리는 여러분이 세계의 도덕적 사상과 정의의 지도자이기를 기대합니다. 한때, 오래 전에, 여러분은 우리에게 도움의 손을 내밀었고 우리를 여러 나라들과 관계를 맺도록 인도해 주었습니다. 그때와 같은 손을 지금, 우리의 손이 여러분에게 뻗쳐져 있을 때에, 부디 거부하지 않기를 바랍니다."

그것은 미국인들의 청교도적인 자긍심과 사명감을 자극하는 수사였다. 라디오 중계방송은 이승만의 연설을 마지막으로 끝났다. 라디오 중계방송이 끝난 뒤에도 연설회는 계속되었다. 헐버트 박사가 한국 국내에서 굶어죽는 사람들의 정황을 설명하다가 목이 메이자 수백명의 청중이 일제히 눈물을 흘렸다.

이 승인대회의 연설문들은 오하이오주 출신 맥그리거(J. Harry McGregor) 하원의원에 의하여 2월7일자 미국 하원 의사록에 수록되었다.[69]

강연회가 끝나고 시가행진이 있었다. 미국인들과 한국인 참가자들은 오하이오 재향군인회 군악대의 선도로 성조기와 태극기를 섞어 들고 흔들면서 시가를 행진했다. 행렬 가운데서 가장 인기를 모은 것은 한국 부인들의 한복차림이었다.

시가행진에 이어 만찬 연설회가 한창 무르익을 즈음에 이 대회 명예회

---

[69] Congressional Record of The House of Representatives, Feb. 7, 1944, "The Korean Movement", Extention of Remarks of Hon. J. Harry McGregor.

장 마이어스 부인의 남편 존 마이어스(John Myers)가 일어나서 "이승만 박사에게 1,000달러를 기부하겠다"라고 선언하여 만장의 박수를 받았다. 또한 지역유지들은 한미협회 지부를 조직하기로 결의했다. 공식행사는 이것으로 끝났다.

1월23일은 일요일이었다. 뉴욕에서 온 배민수(裵敏洙) 목사, 시카고에서 온 김광연 목사와 신상근 의사 등은 각 교회의 초청을 받아 그곳에서 설교와 강연을 했다. 그리고 이날 저녁에는 동포들만의 만찬시간을 가졌다.[70]

이승만이 한미협회를 통하여 하와이를 포함한 미국 전역의 라디오 방송국으로 중계되는 한국승인대회를 개최한 것은 미국의회에 한국에 동정적인 여론을 환기시키기는 것이 주된 목적이었을 것이지만, 그것은 한족연합위원회로 하여금 자신이 구상 중인 한인대회를 같이 개최하도록 하는 데에도 도움이 될 것으로 판단했을 것이다.

2

애쉴런드의 승인대회가 끝나자 이승만은 캘리포니아에서 대회에 참석한 이살음(李薩音) 목사와 함께 워싱턴으로 돌아왔다. 이살음은 이원순(李元淳)의 집에 사흘 동안 머물면서 앞으로의 대책을 협의하고 돌아갔다.[71] 이살음은 1943년1월에 이승만을 옹호하는 중부 캘리포니아 민중대회를 주도했다가 북미국민회 집행위원회에서 제명된 뒤에 동지회 북미총회의 회장직을 맡고 있었다.

이승만은 카이로선언이 발표된 뒤로 동포사회에 고조되는 조국독립에 대한 열기를 배경으로 재미 독립운동단체 대표들이 참가하는 한인대

---

70) 《주미외교위원부통신》(제57호), 1944년1월31일자, 「한국승인대회」.
71) 위와 같음.

회를 소집할 것을 제의했다. 이승만은 애쉴런드의 승인대회가 끝나자마자 1944년 1월 7일에 한인대회소집을 제의하는 성명을 발표했다.

카이로선언이 우리의 자유와 독립을 담보하였으나 그중에 "상당한 시기"라는 구절이 우리 책임을 경고한 것이니, 독립을 촉성하든지 지연하든지 전혀 우리에게 달린 것이다. 지금부터는 우리가 다 합심 합력하야 군기군물만 가지면 지금이라도 능히 연합국과 우리 독립을 위하야 싸울 능력이 있는 것을 증명하겠는가, 그렇지 않으면 여전히 분쟁과 시비로 계속하야 우리를 방해하는 자들로 하여금 한인들의 "상당한 시기"가 아직도 멀었다는 구실을 삼게 할까.

우리가 각 단체 인도자들의 자각과 애국심을 믿나니, 옳은 생각으로 함께 모이면 서로 각오와 양해를 얻어서 각 개인의 이익을 도모하려면 먼저 그 나라의 권리를 회복해야 될 것을 깨달을지니, 일심협력으로 임시정부를 옹대해야만 될 것을 다 알게 될지라. 이것이 우리의 목적이니, 이 목적으로 회를 주장함이다.

우리가 다시 선언하노니, 위원부에서는 어떤 개인이나 단체의 지위나 권리나 재력 등등의 관계되는 문제는 제출치 않을 것이요, 다만 한 가지 토의하야 해결코자 하는 바는 임시정부 아래 우리가 다 협동하야 연합을 다하야 쾌쾌히 선언하기를 우리가 지금은 활동할 준비가 되었노라 할만치 만들자는 것이다.[72]

그러면서 이승만은 대회 장소는 워싱턴으로 하고 날짜는 3월 1일로 할 것을 제의했다. 이러한 이승만의 한인대회 제의에 대해 한족연합위원회는 부정적이었다. 그러나 이승만은 단념하지 않았다. 2월 9일에는 다시 다음과 같은 성명을 발표했다.

---

72) 《주미외교위원부통신》(제58호), 1944년 1월 7일자, 「한인대회소집에 대하야」.

본 위원부가 로스앤젤레스 연합위원회와 결렬이 생긴 이후로 한 가지 고집하여 온 것은 다른 것이 아니요 다만 그 분쟁되는 이유를 동포에게 알려서 공론으로 시비를 조정시키도록 하려 함에 있었나니, 본 통신에 누차 설명한 것이 곧 이 목적에 지나지 않는 것이다. 그때에 연합위원회에서 주장하던 바는 연합위원회가 재정을 주장하니 위원부 인선과 재정 출납을 주장하는 권리가 있다 함이요, 위원부는 말하기를 1941년의 한족대회에서 결정한 대지를 위반하면 연합을 파괴함이며 정부대표기관을 사사단체의 관할하에 두는 것은 질서를 문란케 함이니 될 수 없는 것이라 하야 충돌이 된 것이라. 이것을 민중이 다 알게만 되면 상당한 조치가 있기를 기대하고 계속 설명하여 온 것이니, 이것을 반대하여 온 이도 있었거니와 환영하는 이도 있었다.

급기야 카이로선언이 발표된 이후로 우리의 관찰에는 한인끼리만 다 합하야 독립을 찾기로 제일, 최긴, 최대한 목적을 삼을진대 연합국에서 핑계하던 말거리가 없어질 것이니 승인도 올 것이요 군사상 원조도 올 것이 분명한 것이다.

그것은 한족연합위원회의 책임을 추궁하면서 은근히 타협을 제의한 것이었다. 이승만은 회의 진행방식까지 구체적으로 제의했다.

이것을 본 우리로는 즉시 결심하고 누가 옳든지 누가 그르며, 누가 승인을 받고 누가 승인을 못받는 것은 다 우리끼리 사소한 집안내 일이요, 우리가 다 하나가 되어 독립을 찾는 것만 제일인 줄로 각오함으로 즉시 한족대회를 소집하자는 의견을 발표하였나니, 우리는 이에 대하야 아무 의사나 계획이 도모지 없고 다만 한가지 간절한 목적은 모든 단체나 모든 민중이 함께 모여서 무슨 방책으로든지, 무슨 제도로든지 다 협동하야 진행하기로 작정만 되면 우리는 불계하고 찬성하야 대단결을 이루려 하는 목적 한가지뿐이다.

개인이나 단체간에 시비가 자기 원대로 못한 대서 생기나니, 위원부에서 전에는 일정한 순서를 세워 놓고 그리로 모든 사람이 따라야 된다 하므로 불찬성하는 이들이 불평을 품어 시비가 되던 것인데, 지금은 위원부에서 다 터놓고자 다 와서 대회석에서 힘껏 토의하야 한가지 제일 좋은 의사와 방책을 취하야 동일히 나가보자 하는 터이니, 이런 좋은 기회가 다시 어디 있으리오.

그런즉 이에 대하여 공연한 의혹이나 무고히 염려하는 것을 버리고 한번 모여서 모든 것을 희생하고 독립 찾는데 같이 나가보기를 각각 우리의 기회요 우리의 직책으로 알기를 바라노라.[73]

이승만은 《주미외교위원부통신》을 통하여 여러 차례 한족대회 소집의 취지를 설명하고 나서, 2월25일에는 각 단체 앞으로 3월31일에 워싱턴에서 한족대회를 개최한다는 공함을 보내고, 이원순으로 하여금 미주 각 지방의 동포들을 방문하여 대회참석을 독려하게 했다.[74]

그러나 이미 이승만과의 결별방침을 굳힌 한족연합위원회는 이승만의 한족대회 개최제의를 거부했다. 《신한민보(新韓民報)》는 장문의 사설을 통하여 이승만의 제안을 "자기가 재미한족연합위원회를 파괴하는 것을, 더욱이 카이로선언 이후에 파괴하는 것을 가리워 자기가 저지른 책임을 다른 데 전가시키고저 하는 계획이 아닌가 의심스럽다"라고 비난했다.[75] 사설은 이승만이 카이로선언 이후에 자기가 총재로 있는 대한인동지회를 연합위원회에서 탈퇴시켜 놓고는 카이로선언으로 재미 한인단체들의 합동의 필요성이 더욱 절실해졌다고 하는 주장의 모순점을 신랄하게 비판했다. 이 사설은 또한 이승만이 한족대회 소집의 목적을 임시정부

---

73) 《주미외교위원부통신》 (제58호), 1944년2월9일자, 「한인대회소집에 대하야」. 《주미외교위원부통신》 (제58호)는 1944년1월7일자와 2월9일자로 두번 발행되었다.
74) 《주미외교위원부통신》 (제59호), 1944년2월15일자, 「공함」, 「리원순씨 각 지방 심방」.
75) 《新韓民報》 1944년3월9일자, 「社說: 주미한국외교위원부의 한족대회 소집 목적을 묻노라」.

아래 활동할 것을 토의 해결하려는 것이라고 한 데 대해 무슨 근거로 재미 한인사회가 임시정부 아래 합동되지 않았다고 하느냐고 따졌다. 한족대회의 소집에 대해 로스앤젤레스의 한족연합위원회 집행부는 호놀룰루에서 오는 대표들이 도착하는 것을 기다려서 결정하겠다고 했고, 북미국민회는 연합위원회가 대표권을 가졌으므로 따로 대표를 보낼 수 없다고 회답했다. 하와이의 연합위원회 의사부는 연락이 없었다. 결국 이승만은 한족대회를 연기할 수밖에 없었다.[76] 1943년의 3·1절을 기하여 백악관과 국무부 앞에서 추도시위를 벌이고자 했던 계획이 한족연합위원회의 반대로 무산되었던 것에 이어 이승만의 의욕적인 계획은 연합위원회와의 알력으로 또다시 무산되었다.

---

76) 《주미외교위원부통신》(제64호), 1944년3월, 「한족대회 연기」.

69장

"연합위원회를 택하시든지 이승만을 택하시든지…"

1. 연합위원회의 워싱턴사무소 설치

1

이승만과 한족연합위원회의 갈등은 가뜩이나 조선민족혁명당의 집 요한 도전에 대응하느라고 고심하는 김구의 입장을 여간 난처하게 만들 지 않았다. 1944년2월26일에 주미외교위원부로 보낸 김구의 3·1절 기념 메시지에는 김구의 고충이 조심스럽게 드러나 있다. 그것은 승전을 앞두 고 동포사회를 격려하면서 희망과 용기를 고취하는 메시지가 아니라 협 동의 중요성을 강조하는 내용이었다. 그는 "지난날의 모든 편벽과 상이 를 용서하고 잊자"면서 다음과 같이 말했다.

일반 형편은 나날이 우리에게 좋게 되어 갑니다. 최근 연합국 승리 는 우리 전쟁 노력에 새로운 힘과 용기를 더 있게 하였나이다. 이런 신 성한 기회를 당하야 우리는 동포에게 낙심이 되거나 혹은 모든 우리 친우들에게 낙망이 되는 말이나 행동을 하지 않도록 결심합시다. 우 리는 우리 대업을 위하야 서로 다투지 맙시다.

연합국 승리를 위한 우리의 공헌은 적국의 무조건 항복을 속히 하 게 될 것이며, 동시에 무조건한 우리의 자유를 얻게 될 것입니다. 이 사 업을 이루기 위하야 우리는 반드시 우리 과거의 편벽과 상이를 서로 용서하고 잊읍니다. 희생적 정신으로 우리 자유 쟁투를 위하야 서로 협력하고 우리 힘 있는 대로 일합시다.…

우리는 해외 해내 동포의 원을 이루기 위하여 여러분께서 임시정부 와 외교위원부를 정성껏 계속하야 돕기를 바랍니다.[1]

---

1) 《주미외교위원부통신》(제61호), 1944년3월?일자, 「1944년2월26일발 중경전보」.

임시정부와 외교위원부를 계속해서 지원하라는 김구의 전보는 한족연합위원회와 이승만의 갈등과 관련해서는 결국 이승만에 대한 지지를 에둘러 표명한 것이었다. 이러한 김구의 메시지에 화답하듯이 이승만은 임시정부의 근거가 견고해지고 활동력이 많아질수록 재미한인은 일치 합동하여 중앙정부와 외교위원부를 한층 더 후원함으로써 대업성취를 속히 하도록 해야 한다고 맞장구를 쳤다.[2]

한족연합위원회는 이러한 김구의 3·1절 메시지가 크게 불만이었다. 연합위원회는 다음과 같이 김구를 노골적으로 비판했다.

김구 대통령은 말하기를 "우리는 반드시 과거의 모든 차이와 이의를 잊고 서로 용서하며 정부와 위원부 밑에서…" 하였다. 과시 동방예의국의 영수로 도덕에 젖은 말이다. 그러나 잃어버렸던 국가를 회복하고 건설코자 하는 대사를 경영함에 과거의 과실을 용서할 수 없는 것은 그 과실이 이미 국가재건 전체 운동에 영향을 미친 연고이다. 과실을 지었으면 반드시 징계하여야 할 것이다. 그리고 차이와 이의를 우리는 잊을 수 없는 것은 우리는 우리의 전체 운동을 위하야 이 차이와 이의를 때려 부수고 한 목적으로 나아가 속히 독립을 획득하도록 하여야 할 것이다. 그러므로 우리는 모든 것을 섞어가지고 죽을 쑤는 것보다 살든지 죽든지 둘 중에 하나를 취하여야 할 것이다. 우리가 원하는 것은 팔방미인주의의 정부를 원치 아니하고 흑과 백을 가르는 정부를 원하는 것이다.…[3]

이 무렵 임시정부는 외무부장 조소앙(趙素昻)과 의정원 의원 양우조(楊宇朝) 등의 미국 방문계획을 추진하고 있었다. 두 사람 이외의 일

---

2) 《주미외교위원부통신》(제62호), 1944년3월9일자, 「김구씨 전보와 한인합동」.
3) 《新韓民報》 1944년3월2일자, 「임시정부대통령 김구씨의 3·1절 메시지와 재미한인의 희망」.

행은 한국독립당 당원인 의사 임의탁(林義鐸), 항공기 조종사인 최용덕(崔用德) 대령, 그리고 양우조의 부인 최소정(崔素貞: 崔善嬅)이었다.4) 양우조는 일찍이 보스턴의 매사추세츠공과대학(Massachusetts Institute of Technology: MIT)에서 2년 동안 수학한 것을 포함하여 10년 동안 미국에 체류했다. 그는 애국부인회 서기로 일하는 부인 최소정과 어린 두 아이들을 대동하고자 했다. 이들의 방미는 1943년의 제36회 임시의정원 회의에서 채택된 제의안에 따른 것이었다. 제35회 임시의정원 회의는 앞에서 보았듯이 회의록이 보존되지 않아서 자세한 내용은 알 수 없으나, 외교와 관련하여 여러 가지 논의가 있었던 것은 회기 중에 임시의정원 의장 앞으로 제출된 각종 제의안을 미루어 짐작할 수 있다.

10월12일에는 이정호(李貞浩), 김상덕(金尙德), 손두환(孫斗煥), 김원봉(金元鳳) 네 의원이 중국, 미국, 영국, 소련의 4개국에 상주대표를 파견하자는 결의안을 제출했고, 이틀 뒤인 10월14일에는 유림(柳林), 안훈(安勳 : 趙擎韓), 박건웅(朴建雄) 등 여섯 의원이 정치, 군사, 재정 등의 일체 대외사무는 임시정부의 외교기구를 통해서만 수행하고 각 당파의 개별적 활동은 철저히 방지하자는 결의안을 제출했다. 같은 날 양우조, 조시원(趙時元), 민필호(閔弼鎬) 등 다섯 의원은 정부대표단을 유럽과 미국에 파견하자는 결의안을 제출했다. 이 결의안은 제2차 세계대전 중에 극동방면에서 미국과 영국의 영향이 강화되고 있는 사실을 감안하여 미국, 영국, 소련 당국과 민간을 대상으로 한 외교를 전개할 필요성이 있다는 상황인식에 따라 11월20일에 미국, 영국, 소련에 대표단을 파견하자는 수정안으로 조정되어 채택되었다. 그 밖에 김원봉, 손두환 등 네 의원이 제출한 미국 본토와 하와이, 멕시코 등지에 임시정부의 세포조직을 두자는 결의안

---

4) H. B. Howard, "Memorandum of Conversation", Apr. 7, 1944, 「口述」, 『韓國獨立運動史 資料(25) 臨政篇 X』, p.389, p.393.

도 10월21일에 채택되었다.[5] 조소앙 일행의 방미계획은 의정원 결의안에서 제시된 목적보다도 이승만과 한족연합위원회의 갈등을 조정하는 것이 더 중요한 목적이었을 것으로 짐작된다.

이승만은 3월27일에 미 국무부에 이들 다섯 사람의 입국허가를 신청했다. 그러나 미 국무부는 신중한 반응이었다. 헐(Cordell Hull) 국무장관은 신청서를 접수한 이튿날로 주중 미국대사 고스(Clarence E. Gauss)에게 이들의 방미신청에 대한 미 육군당국과 중국정부의 의견을 비공식적으로 알아보고 고스 자신의 견해와 건의사항을 보내라고 훈령했다. 그러면서 헐은 이들 한국대표단의 방미계획의 숨은 목적이 (1) 한국임시정부에 대한 미국정부의 승인을 달성하고, (2) 미국과 중국에 있는 그들의 조직들이 미국의 「무기대여법(Lend-Lease Act)」 원조를 받도록 미국정부를 설득하며, (3) 얼마쯤 불안해진 것으로 믿어지는 이승만의 입지를 북돋우어 주기 위한 것일 가능성이 없지 않다고 말했다.[6]

고스는 4월4일에 국민정부 외교부장 송자문(宋子文)을 방문하여 조소앙 일행의 방미에 대한 송자문의 비공식 견해를 물었다. 송자문은 한국문제에 대해 충분한 정보가 없다면서 1주일 뒤에 만찬을 하면서 이야기하자고 말했다. 송자문은 중국정부는 원칙적으로 이들의 방미에 대해 반대할 이유가 없다고 덧붙였다.[7]

송자문과 고스는 4월11일 저녁에 만났다. 송자문은 이 문제에 대해 장개석(蔣介石) 총통과 협의한 내용을 말해 주었다. 장개석은 조소앙 일행이 미국에 가게 되기를 바라고 있다고 송자문은 말했다. 장개석은 이들의 방미가 극동상황에 대한 관심과 한국의 독립에 대한 약속을 진전시킬

---

5) 「제의안: 외교대표 파견에 관한 건」(1943년10월12일), 「제의안: 외교통일에 관한 안」(1943년10월 14일), 「제의안: 대표단을 구미로 파견할 것」(1943년10월14일), 「제의안 제4호: 임시정부 細胞組織 설치에 관한 건」(1943년10월14일), 『대한민국임시정부자료집(5) 임시의정원Ⅳ』, 2005, p.10, p.12, pp.14~15.

6) Hull to Gauss, March 18, 1944, *FRUS 1944*, vol. V., p.1290.

7) C. E. Gauss, "Memorandum of Conversation", Apr. 4, 1944, 『韓國獨立運動史 資料(25) 臨政篇X』, p.388.

것으로 여긴다는 것이었다.[8] 그리고 미육군 당국은 이 문제에 대해 별로 관심이 없으나 이들의 미국 방문에는 이의가 없으며, 대사관의 건의에 따르겠다고 말했다.[9]

그러나 국민정부의 강력한 종용에 따라 장기간 교착상태에 빠져 있던 임시의정원이 정상화되고 개헌안이 통과되는 등 급전직하의 상황에서 조소앙 일행의 방미계획은 좀처럼 실현되지 못했다. 무엇보다도 미국정부의 입국허가가 나지 않았기 때문이다.

2

이승만과 한족연합위원회의 대립이 더욱 첨예화하고 있는 상황에서 1944년4월2일부터 1주일 동안 로스앤젤레스에서 한족연합위원회 제3차 전체위원회가 열렸다. 이 회의에서 가장 중점적으로 토의된 것은 연합위원회의 워싱턴사무소를 개설하는 문제였다. 카이로선언이 발표되자 하와이의 한족연합위원회 의사부는 연합위원회 활동의 중점을 워싱턴사무소를 개설하는 일로 정하고,[10] 1943년12월27일에는 의사부 위원장 안원규(安元奎) 명의로 이승만의 외교실책을 규탄하면서 워싱턴사무소 개설방침을 정식으로 발표했다.[11] 안원규가 지적한 이승만의 외교실책이란 다른 것이 아니라, 1942년3월에 이승만이 동포단체에 미국 국무부와의 교섭은 끝났다고 한 말을 가리키는 것이었다. 그것은 곧 국교단절을 선언한 것이라는 것이었다. 이러한 주장은 미 국무부의 태도를 옹호하는 듯한 논리였다.

워싱턴사무소 설립안을 둘러싸고 논란을 벌이던 연합위원회 전체위원회는 설립안이 다수결로 강행처리 되자 분열되고 말았다. 워싱턴사무소 설

---

8) C. E. Gauss, "Memorandum of Conversation", Apr. 12, 1944, 위의 책, p.392.
9) Gauss to Hull, Apr. 13, 1944, *FRUS 1944*, vol. V., p.1291.
10) 《國民報－태평양쥬보》 1943년12월22일자, 「카이로선언과 위원회의 새 공작」.
11) 《國民報－태평양쥬보》 1943년12월29일자, 「이 박사와 그의 외교실책」.

립안에 극력 반대하던 조선민족혁명당 미주총지부와 북미대한인유학생총회는 그러한 결정에 반발하여 회의 폐막 하루 전인 4월7일에 연합위원회를 탈퇴했다.[12] 뒤이어 북미국민회 내부에서도 분란이 일어났다. 집행위원장 송헌주(宋憲澍)를 비롯한 신두식(申斗湜), 백일규(白一圭), 황사선(黃思宣) 등 집행위원 여섯 사람이 워싱턴사무소 개설안 결의에 반대하여 사임했다.[13] 하와이의 카우아이(Kauai)단합회도 연합위원회를 탈퇴했다.[14]

조선민족혁명당 미주총지부의 반대이유는 민족혁명운동의 제일 급선무는 군사운동이며, 외교는 반드시 정부기관을 통해서 추진해야 한다는 것이었다.[15] 유학생총회는 외교위원부 문제를 임시정부와 끝까지 교섭하고 민간외교의 필요조건이 생길 때까지 연기 또는 무효화할 것을 주장했다.[16]

북미국민회 집행위원장직을 사퇴한 송헌주는 이어 「성명서」를 발표하고 아예 국민회를 탈퇴했다. 그는 이번 전체위원회의 결정은 민중의 여론을 수렴하지 않은 형식적인 것이었고, 민간단체에서 외교기관을 설립하는 것은 한족연합위원회가 임시정부를 무시하는 처사라고 비판했다.[17]

이러한 반대에 대해 《신한민보(新韓民報)》는 외교위원부는 임시정부의 대리기관이고 워싱턴사무소는 외교기관이 아닌 연합위원회의 사무기관이며 원칙상 임시정부를 지원하는 보조기관이라면서 연합위원회의 사무소 개설이 임서정부와 대립하는 것이 아니라고 강변했다.[18] 그러나 그것은 구차한 변명에 지나지 않았다.

이러한 내부 반발과 일반동포들의 의구에도 불구하고 한족연합위원

12) 《新韓民報》 1944년4월13일자, 「제3차 재미한족연합위원회 전체위원회 결의안」; 《國民報》 1944년4월19일자, 「제3차 재미한족연합위원회 전체위원회 결의안」.
13) 《新韓民報》 1944년5월4일자, 「제1계 중앙집행위원회 결의안」.
14) 《독립》 1944년8월23일자, 「하와이동포 군사후원회 조직」.
15) 《新韓民報》 1944년4월13일자, 「조선민족혁명당의 연합위원회 탈퇴의 공문」.
16) 《독립》 1944년4월13일자, 「학생회의 탈퇴 이유」.
17) 송헌주, 「성명서」, 《독립》 1944년5월3일자.
18) 《新韓民報》 1944년4월13일자, 「社說: 재미한족연합위원회 제3차전체위원회에서 조선민족혁명당 미주총지부와 북미한인학생회의 진퇴」.

회는 워싱턴사무소 개설계획을 강행하여, 마침내 6월10일에 워싱턴사무소를 개설했다.[19] 전임자로는 의사부의 김원용(金元容), 도진호(都鎭鎬), 전경무(田耕武)와 집행부의 김용중(金龍中) 네 사람을 선임하고 예산은 3만달러를 책정했다.[20] 그러나 김용중은 이미 1943년11월 무렵에 워싱턴에 자신이 설립한 한국사정사(Korean Affairs Institute) 업무로 다른 일을 할 수 없다고 사양했고, 도진호는 하와이 당국의 조사를 받느라고 하와이를 떠날 수 없었다.[21] 그리하여 연합위원회 워싱턴사무소는 위원장 김원용이 한인사회의 연락업무를 맡고, 선전부장 전경무가 대외교섭 업무를 맡아 업무를 시작했다. 워싱턴에는 또 1943년12월에 유일한(柳一韓)이 설립한 한국경제회(Korean Economic Society)가 《한국경제 다이제스트(*The Korean Economic Digest*)》라는 잡지를 발행하면서 활동을 시작했다.[22]

이렇게 하여 연합국의 승리로 조국의 해방이 확실해진 시점에 워싱턴에는 임시정부의 대표기관인 주미외교위원부뿐만 아니라 조선민족혁명당 미주총지부의 지원을 받는 중한민중동맹단의 한길수(韓吉洙)와 한족연합위원회 워싱턴사무소가 미국정부와 정계인사들을 상대로 경쟁적으로 선전활동을 벌이게 되었다. 김용중의 한국사정사와 유일한의 한국경제회는 정부나 정치단체 차원의 활동이라기보다는 개인적으로 한국사정을 홍보하는 활동이었기 때문에 미국사회에 한국문제를 여론화시키는 데 유익한 면이 없지 않았으나, 모든 선전활동이 정부기관으로 일원화되어야 한다고 주장하는 임시정부나 이승만의 입장에서는 그러한 상황은 우려할 만한 사태였다.[23] 그리하여 이승만은 외교위원부의 활동을 강화하기 위하여 협찬부를 조직하기로 결심했다.

---

19) 독립기념관소장문서 도984, "Report of UKC in America, Washington Office of Secretary of Republic Relations, Jun. 5, 1944~Feb. 5, 1945", p.5.
20) 《新韓民報》 1944년4월20일자, 「재미한족연합위원회 제3차전체위원회 회록개요」.
21) 독립기념관소장문서 도1002, J. Kyuang Dunn to UKC Hawaii & UKC Los Angeles, Jun. 20, 1944.
22) 李炫熙, 『柳一韓의 獨立運動硏究』, 동방도서, 1995, pp.171~172.
23) 홍선표, 『재미한인의 꿈과 도전』, pp.267~277.

2. 개헌과 연립내각의 성립

1

1943년10월9일에 개원한 제35회 임시의정원 회의는 80일가량이나 유회되면서 회기연장을 거듭한 끝에 해를 넘겼다. 임시정부의 주도권 쟁탈을 위한 조선민족혁명당의 도전은 집요했다. 이에 대응하는 김구와 한국독립당의 태도도 완강했다.

임시의정원은 개원 벽두부터 국무위원 선거방법을 두고 격돌했다. 한국독립당은 기명 투표를 주장하고 조선민족혁명당은 무기명 투표를 주장했다. 기명 투표는 민주주의의 투표방식에는 위배되는 것이었지만 임시정부의 '위기정부'로서의 속성상 부득이한 점이 없지 않았다. 실제로 무기명 투표로 국무위원들을 선출할 경우 조소앙, 박찬익(朴贊翊) 등뿐만 아니라 김구마저도 낙선될 가능성이 있었다.[24] 양쪽이 자신들의 주장을 양보하지 않자 1944년1월3일 회의에서 의장 홍진(洪震)이 이 문제를 표결에 부쳤다. 표결 결과는 공교롭게도 24대 24로 가부동수가 되었다. 한국독립당 의석수는 27석이고 민족혁명당은 13석이었음에도 불구하고,[25] 무기명 투표안이 소속의원수보다 더 많은 표를 얻을 수 있었던 것은 안원생(安原生) 등 한국독립당 소속의 젊은 의원들이 무기명 투표에 찬성표를 던졌기 때문이었다.[26] 안중근(安重根)의 조카인 안원생은 한국독립당 당원이면서 70~80명의 회원을 가진 조선청년회의 총간사를 맡고 있었다. 조선청년회의 부총간사 한지성(韓志成)은 민족혁명당 당원이었다.[27] 가부동수일 때에는 의장이 표결권을 행사한다는 임시의정원 규

---

24) 「韓國臨時議政院會議陷入僵局之經過」(1944.2.), 秋憲樹 編, 『資料 韓國獨立運動(1)』, pp.351~352.
25) 「韓國兩黨現狀及其爭執之點」(1944.1.12.), 秋憲樹 編, 『資料 韓國獨立運動(2)』, p.61.
26) 안병무, 『七佛寺의 따오기』, 汎友社, 1988, p.140.
27) 「改憲에 대한 臨時首腦의 意見」, 秋憲樹 編, 『資料 韓國獨立運動(1)』, p.368.

칙에 따라 홍진은 무기명 투표로 결정했다. 한국독립당 소속인 홍진이 무기명 투표로 결정한 것은 이변이 아닐 수 없었다. 이렇게 하여 국무위원 선거방식은 민족혁명당의 주장대로 결정되었다.

한국독립당은 이러한 결정을 승복할 수 없었다. 그동안 임시정부는 온갖 고난을 겪으면서도 한국독립당만으로 그 명맥을 유지해 왔다. 이제 이승만의 말대로 "잃은 강토만 못 찾았지 독립은 찾아 놓은" 상황에서 임시정부의 주도권을 민족혁명당에 내어 줄 수는 없었다. 민족혁명당은 창당 이래로 임시정부의 정통성을 부인하면서 임시정부의 활동을 방해하고 독립운동자 사회에 분란만 일으켜 오지 않았던가. 그러한 민족혁명당이 연립정부의 소수파로 임시정부에 참여하는 것은 귀국을 앞두고 바람직한 일일 수 있었겠지만 임시정부의 주도세력이 되는 것은 한국독립당으로서는 수긍할 수 없었다. 김구는 일찍이 초립동의 제자로서 특별히 사랑했던 손두환이 민족혁명당원이 되어 자신에게 도전하고 한국독립당의 일부 청년들까지 사회주의사상에 물들어 동요하는 것이 안타까웠다. 그는 홍진의 태도도 의장으로서 원칙에 따른 엄정한 결정이 아니라 기회주의적인 태도라고 판단한 것 같다. 민족혁명당이 홍진에게 비밀히 주석 자리를 약속했다는 소문도 있었다.

마침내 한국독립당은 의장의 결정에 불복하고 퇴장하면서 선거에 불참하겠다고 선언했다.[28] 홍진은 의장단은 중립을 지키겠다면서 부의장 최동오(崔東旿)와 함께 한국독립당을 탈당했다. 한국독립당은 이제 과반수 의석을 확보하지 못하고 내부 분열로 당세가 더욱 위축되었고, 합작파이자 중앙집행위원장인 조소앙의 입지도 약화되었다.[29]

한국독립당 소속 의원들이 임시의정원 회의에 참석하지 않자 민족혁명당은 자신들의 주장을 양보하여 (1) 무기명 투표방식을 취소하고 기명

28) 「第25周年3·1節紀念宣言」(1944.3.7.), 秋憲樹 編, 『資料 韓國獨立運動(2)』, p.235.
29) 「韓國兩黨現狀及其爭執之點」(1944.1.12.), 위의 책, p.62.

투표방식을 채택하고, (2) 7대 4의 국무위원 인수비율을 받아들인다는 두가지 타협조건을 제시했다.[30] 강경한 태도로 협상에 응하지 않던 한국독립당은 타협의 전제조건으로 홍진의 탈당취소 성명을 요구했고, 홍진은 그 요구를 받아들였다. 그러자 한국독립당은 다시 (1) 김구의 주석직 옹호는 굳이 바라지 않지만, (2) 선거는 어떤 방식이 되든지 조완구(趙琬九), 박찬익, 유동열(柳東說), 김원봉, 김규광(金奎光: 金星淑)은 선거의 영향을 받지 않고 당연히 국무위원이 된다는 두가지 조건을 제시했고, 민족혁명당은 이 조건을 수락했다. 그리하여 양쪽은 2월5일에 만나서 약정서에 서명하기로 했다. 그러나 한국독립당이 일방적으로 약속을 파기함으로써 임시의정원 회의는 다시 무기 휴회상태에 들어갔다.[31]

한국독립당이 갑자기 태도를 바꾼 데에는 국민정부의 자금지급과 밀접한 관련이 있었다. 김구가 임시정부의 과거의 분쟁은 대부분 자금배분 문제에서 비롯되었다고 말했듯이,[32] 국민정부가 지원한 자금의 배분 문제는 한국독립당과 민족혁명당 사이의 분쟁의 핵심사안이었다.[33] 임시의정원이 정체되고 있던 1944년1월 하순에 중국정부는 차관자금 100만원 가운데 이미 지급한 20만원 이외에 그동안 지급을 보류했던 80만원을 임시정부에 지급했다. 그리고 이 사실을 민족혁명당에도 통보했다.[34] 중국정부의 차관자금을 수령한 한국독립당은 민족혁명당을 견제하는 수단으로 자금을 지급하지 않고 있었다.[35] 김원봉은 2월22일에 오철성(吳鐵城) 비서장에게 민족혁명당의 활동비로 50만원의 차관을 요청했으나, 오

---

30) 「第25周年3·1節紀念宣言」(1944.3.7.), 같은 책, p.235.
31) 「韓國臨時議政院會議陷入僵局之經過」(1944.2.), 秋憲樹 編 『資料 韓國獨立運動(1)』, pp.350~352.
32) 「改憲에 대한 臨時首腦의 意見」(1943?.12.14.), 위의 책, p.367.
33) 胡春惠 著, 辛勝夏 譯, 『中國안의 韓國獨立運動』, p.237.
34) 「金九가 吳鐵城에게 보낸 1944년1월21일자 편지」, 「朱家驊가 金九에게 보낸 1944년1월22일자 편지」, 『대한민국임시정부자료집(22) 대중외교활동』, 2008, pp.194~196; 「百萬元借款件의 發給에 관한 通報」, 秋憲樹 編, 『資料 韓國獨立運動(2)』, p.230.
35) 「韓國臨時議政院會議陷入僵局之經過」(1944.2.), 秋憲樹 編, 『資料 韓國獨立運動(1)』, p.352; 「會見金若山談話紀要」, 秋憲樹 編, 『資料 韓國獨立運動(2)』, pp.231~232.

철성은 이미 임시정부에 100만원의 차관을 지급했다면서 거절했다.[36]

김구는 2월26일에 《신한민보》에 보낸 3·1절 기념 메시지에서 새 국무위원 선출이 늦어지고 있는 데 대해 다음과 같이 언급했다.

각 개인은 반드시 우리의 거룩한 광복운동을 위하야 자기의 최선을 다할 것이올시다. 나 자신이 역시 이 정신을 원칙으로 삼아 나아가나 나의 많은 결함으로 인하야, 또는 어떤 동지들의 이해치 못함으로 인하야 새 내각을 선출하기에 불능케 되었습니다. 그러나 내 정책을 후원하는 다수의 동지와 또는 중국 친우들의 이해 있는 동정으로 이전 내각이 변경이 없이 아직까지 존속하고 있습니다.

그뿐 아니라 카이로회의 이후에 중국정부는 우리를 더욱 후원하고 원조할 것을 약속하였는데, 이런 사실은 우리를 격려함이 될 뿐 아니라 우리로 하여금 우리의 혁명활동의 신속진행을 중강할 것을 결심케 하였습니다. 그러므로 나는 여러분이 그곳에서 재미한족연합위원회를 견고케 하기를 계속하고 또 후원하기를 진정으로 희망합니다.…[37]

김구는 이처럼 "어떤 동지들", 곧 민족혁명당의 이해부족 때문에 새 국무위원 선거가 불가능해졌다고 주장했다.

2

이때의 김구의 생각은 1944년3월8일에 오철성에게 제출한 「한국임시정부공작계획대강」이라는 장문의 정책문서에 잘 드러나 있다. 김구는 이

---

36) 「工作費用五十萬元借款要請」(1944.2.22.), 「五十萬元借款要請에 대한 回信」(1944.3.2.), 秋憲樹 編, 『資料 韓國獨立運動(2)』, pp.230~231, p.233.
37) 《新韓民報》 1944년3월2일자, 「임시정부대통령 김구씨 3·1절 메시지」.

문서의 서두에 적은 「임시정부의 선후문제에 관하여」에서 민족혁명당이 스스로 잘못을 뉘우치고 투항할 때까지 휴회상태를 유지하겠다는 입장을 밝혔다.

임시의정원이 지난 10월에 개막된 이래 의견의 대립과 혼란으로 말미암아 연기를 거듭하여 올해 1월까지 온갖 위법, 배신, 사기, 기만 등 사리에 어긋난 일들이 계속해서 발생하여 마침내 수습이 불가능하게 되었습니다. 만약 이처럼 계속 시일을 미루어 한가지 일도 결행하지 못할 바에는 차라리 잠시 동안 폐원하여 쓸데없는 투쟁을 멈추고 실제공작에 착수하여, 사실이 드러나는 대로 스스로 막힌 가슴을 풀고 감정을 융통시켜 서로 양해할 때에 이르러 새 국무위원을 선출하여 각자 져야 할 책임을 나누면, 곧 과거의 여러 문제가 깨끗이 사라질 것이며 허다한 중요문제도 스스로 잘 풀릴 것으로 생각됩니다. 그러므로 한국독립당 전체 의원의 결정을 거쳐 잠시 폐원하고 새로 선출한 국무위원이 직무를 볼 때까지 원임 국무위원(각당 각파 포함)이 직무를 계속 집행한다고 선언했습니다. 이것이 임시의정원의 개폐막된 경과입니다.

김구는 국무위원 선거를 못하고 있는 이유를 이렇게 설명하고 나서 그 책임이 민족혁명당에 있다고 비판했다.

최근의 조선민족혁명당의 그릇된 사실은 법리와 인정의 적합 여부를 돌아보지 않고 마침내 해괴한 문자를 공공연히 발표한 것입니다. 내 집의 냄새를 전 세계에 뿌려 안으로 국민들의 심리를 현혹케 하고 적들에게 선전자료를 공급하며, 밖으로 여러 우방의 시청을 어지럽히고 스스로 깎아내려 저열하게 하여 맹방의 신뢰와 원조를 막아 버리게 하니, 천부의 양심이 조금이라도 있다면 응당 이렇게 나오지는 못할 것입니다. 오직 우리 독립당만이 시종 이를 진정시켜 저 난폭한 자들을 포용하는 태도로서 응해 주어 그 허물을 뉘우치고 스스로 새로워질 때까지 기다리고 있습니다.[38]

김구가 이 「공작계획대강」에서 제시한 사업은 1) 초무(招撫: 불러다가 위로함) 공작을 위한 총판사처[사무소] 설치, 2) 훈련 공작, 3) 국내조직문제, 4) 동맹국에 대표를 파견하는 문제의 네가지였다. 위의 네가지 사업을 위한 경비로는 초무 공작 총판사처 운영경비로 5,500만원, 동맹국에 파견할 대표 여비로 1,500만원 이상, 합계 7,000만원을 계상했다.[39] 김구는 이렇듯 민족혁명당을 배제하고 한국독립당만으로 임시정부의 당면한 사업들을 추진하고자 했다.

한국독립당과 민족혁명당의 대립이 극한상황으로 치닫자 국민정부에서 중재에 나섰다. 장개석은 하응흠(何應欽), 주가화(朱家驊), 오철성 세 사람에게 구체적인 대책을 마련할 것을 지시했다.[40] 이 지시에 따라 4월13일에 (1) 한국문제에 대하여 구체적 방안을 결정할 뿐만 아니라 수시로 미국과 상의하여 진행하고, (2) 한국임시정부에 대하여 내부의 단결을 촉구하고 적극적인 협조를 제공하며, (3) 원조경비에 관해서는 차관 명의로 지급하고 실제용도를 조사하고, (4) 한국광복군에 대해서는 역량을 강화하여 후방공작을 발전시키도록 한다는 「한국문제처리원칙」을 마련했다. 한국문제를 미국과 상의하여 진행한다고 한 1항의 내용은 다음과 같았다.

한국을 적당한 시기에 자유 독립시키기로 선포한 카이로회의 이후

---

38) 「韓國臨時政府工作計劃大綱」(1944.3.8.), 秋憲樹 編, 『資料 韓國獨立運動(1)』, p.417.
39) 「韓國臨時政府工作計劃大綱」(1944.3.8.), 위의 책, pp.416~419.
40) 「何應欽이 朱家驊에게 보낸 1944년2월6일자 편지」, 「朱家驊가 何應欽에게 보낸 1944년2월10일자 편지」, 『韓國獨立運動史 資料(27) 臨政篇 XII』, pp.33~34, p.35.

한국의 지위는 이미 보증을 획득했다. 다만 영국과 미국과 소련의 이해관계가 같지 않으므로 표현하는 태도 역시 각기 다르다. 중국과 한국은 형제의 나라로서 밀접한 관계가 있고 안위를 같이 한다. 앞으로 국제무대에서 마땅히 원조를 제공하여 조선의 독립을 촉진하고, 외교부는 총재가 지시한 방침에 따라 구체적 방안을 강구하여야 한다. 아울러 수시로 미국과의 밀접한 연계를 취하여 진행을 상의해야 한다.

「한국문제처리원칙」에서 눈길을 끄는 점은 임시정부의 내부갈등문제를 해결하기 위하여 일체의 원조를 임시정부로 일원화해야 한다고 강조한 대목이다.

현재 벌어지고 있는 한국독립당과 민족혁명당의 분규에 대해서는 압력을 행사하여 단결과 합작의 길을 열어 주고 임시정부의 지위를 안정시켜서, 그들이 현재 있는 임시정부 이외의 다른 망명정부를 다시 만드는 일을 방지해야 한다. 앞으로 일체의 원조는 임시정부를 대상으로 하며, 두 당에 대한 태도에서 독립당에 대해서는 특별한 호의를 베풀어도 무방하며, 민족혁명당에 대해서도 적극적으로 도와야 한다. 그 밖의 두개의 작은 당(무정부주의자 및 공산주의자)에 대해서는 승인하지 않는다. 한국임시정부가 우리에게 고문을 파견해 줄 것을 요청하면 허가해 주어도 괜찮으며, 중앙당부가 본당 간부 인원을 선발 파견하여 그 임무를 담당케 함으로써 임시정부가 광복운동 공작을 전개하는 것을 협조한다.[41]

이러한 방침에 따라 중국국민당의 한국문제 담당 실무자들은 한국독립당과 민족혁명당의 지도자들을 직접 만나서 의견을 청취하고 양자의

---

41) 中國國民黨中央執行委員會, 「處理韓國問題之原則」 (1944.4.13.), 秋憲樹 編, 『資料 韓國獨立運動 (1)』, pp.688~690.

합작을 권고했다. 거듭되는 합작권고에도 불구하고 한국독립당과 민족혁명당의 알력이 해결될 조짐이 보이지 않자 국민정부는 최후의 수단으로 경제적 압력을 가하기로 했다. 국민정부는 1944년2월까지도, 비록 임시정부를 통해서 지급하기는 했으나, 각 당파별로 액수를 지정해서 보조금을 지급했는데, 그것이 한국 각 당파의 통일을 방해하고 있다고 판단하고, 1944년3월부터 임시정부에만 자금을 지원하고 다른 당파나 단체에 대해서는 보조금을 지급하지 않기로 했다. 한편 김구에게도 최단시일 안에 합작정부를 만들지 않으면 경제원조를 중단하겠다고 압박했다.[42]

재미동포들도 하루속히 임시정부를 정상화시킬 것을 촉구했다. 로스앤젤레스에서 열린 재미한족연합위원회 제3차 전체위원회는 집행부 위원장 한시대(韓始大)와 각 회원 단체 연명으로 4월5일에 김구를 비롯하여 의정원 의장 홍진, 한국독립당 중앙집행위원장 조소앙, 조선민족혁명당 주석 김규식(金奎植)에게 능률 있는 내각의 조직과 독립적인 한국인 전투부대의 편성을 요구하는 전보를 쳤다.[43]

이곳에서 개회 중에 있는 재미한족연합위원회 제3차 전체위원회는 서반구에 있는 전체 한인들로부터 특별자금을 모집하여 중국에 있는 전체 한인의 군사활동을 최고한도로 후원하기를 결정하였습니다. 본 회의가 중심으로 한국임시정부에 기대하는 바는 중국에 있는 우리 군대를 독립전투부대로 인정을 받도록 하는 것과 중경에 있는 우리 지도자들은 임시정부 및 의정원과 협동하여 독립사업에 좀 더 효과 있게 공헌하도록 내각을 강화하기를 요구합니다. 원동에서 한인의 정치적 지위와 이상의 요구한 사건에 대하야 분명한 회답을 속히 주시기 바랍니다.[44]

---

42) 胡春惠 著, 辛勝夏 譯, 앞의 책, p.106, pp.134~136.
43) 《新韓民報》 1944년5월4일자, 「임시정부 연합내각 조직」.
44) 《新韓民報》 1944년4월13일자, 「능률있는 내각을 조직하라! 독립적 전투부대를 요구한다!」.

국민정부의 압력에 이은 재미한족연합위원회의 이러한 전보는 효력이 있었다. 한국독립당은 태도를 바꾸어 민족혁명당과의 협상에 나섰다. 임시정부 개편문제에 대해 연일 회의를 거듭한 끝에 두 당은 4월11일에 다음과 같은 세 가지 사항에 대하여 비밀협정을 맺었다.

(1) 제35회 의회는 폐회하고, 폐회 후 곧바로 임시의회를 소집한다.

(2) 약헌개정안 가운데 정부조직에 관해서는 국무위원을 14인으로 늘리고, 따로 주석과 부주석 각 1인을 둔다. 각부 부장은 주석이 국무회의에 천거하여 찬성 통과 후에 임명한다.

(3) 국무위원 인원수의 비례는 한국독립당 8석, 민족혁명당 4석, 기타 두 소당 각 1석으로 하고, 주석은 한국독립당에서, 부주석은 민족혁명당에서 내도록 한다.[45] 이때에 김원봉은 군무부장과 재무부장을 민족혁명당이 맡을 것을 고집했으나,[46] 그것은 과욕이었다.

3

두 당의 비밀협정에 따라 1944년4월15일에 제35회 임시의정원 회의를 폐회하고 닷새 뒤인 4월20일 오전 9시에 의원 41명이 참석한 가운데 제36회 임시의회가 개원되었다. 개원식에 이어 바로 제1차 회의를 시작하여 헌법개정안 심의를 시작했다. 헌법수개위원회가 확정한 헌법개정안은 1943년12월13일에 이미 본회의에 계류되어 있었다. 개헌안은 약간의 조문수정을 거쳐 이튿날 회의에서 출석의원 37명 가운데 35명의 찬성으로 통과되었다.[47]

전문과 7장 62조로 된 이 헌장은 실질적으로 제정이나 다름없었던 1919년9월의 제1차 개헌 이래로 다섯번째이자 마지막으로 개정된 헌법으로서, 임시정부의 6개 헌법전 가운데 가장 방대하고 근대 헌법의 체제

---

45) 胡春惠 著, 辛勝夏 譯, 앞의 책, p.136.

46) 「韓國黨派紛糾近況」(1944.4.8.), 秋憲樹 編, 『資料 韓國獨立運動(2)』, p.62.

47) 「臨時議政院會議 제36회」, (1944.4.), 『대한민국임시정부자료집(4) 임시의정원Ⅲ』, 2005, pp.3~6.

를 갖춘 헌법전이었다. 그러나 내용 면에서는 1년 넘게 논란과 수정을 거듭했음에도 불구하고, 아니 어쩌면 그러한 논란과 수정으로 말미암아 오히려 문제점이 적지 않았다. 헌법은 기본적으로 그 제정 및 개정세력의 권력분배에 대한 정치적 타협의 산물이다. 그러한 점에서 개정된 헌법전은 이때에 중경에 있던 독립운동자들의 정치적 대립이 얼마나 첨예했는가를 말해 준다. 제1차 개정 이래 거의 그대로 유지되었던, 근대헌법의 두 유형인 대통령중심제와 내각책임제를 절충한 형태의 권력구조는 이 헌장에서도 기본적으로 변경이 없었다.

개정된 임시헌장의 특징으로는 첫째로 임시의정원 규정에 종래의 약헌에 없던 조항이 신설된 점이다. 그 하나는 임기규정이 없던 임시의정원 의원의 임기를, 비록 연속 선출을 허용하기는 했지만 일단 3년으로 규정한 점이다(제12조). 또 한가지 매우 특이한 점은 의결정족수 규정에서 출석의원의 과반수로 의안을 결정한다고 규정하면서도, 일체의 법안, 조세와 세율, 예산과 결산, 국무위원회 주석과 부주석 및 국무위원 선거, 조약 체결과 선전 및 강화의 동의 등은 3분의 2의 찬성으로 의결하도록 규정한 점이다(제23조). 그것은 실제로 한국독립당과 조선민족혁명당의 타협 없이는 임시의정원의 어떠한 의사진행도 불가능하게 한 규정으로서, 두 당의 상호불신이 얼마나 심각했는지를 말해 준다.

둘째로, 임시의정원과 행정부의 관계규정에서 가장 특징적인 것은 주석과 부주석과 국무위원에 대하여 임시의정원이 탄핵권과 불신임권을 모두 행사할 수 있게 한 점이다(제18조). 일반적으로 탄핵권은 대통령중심제 헌법이, 불신임권은 내각책임제 헌법이 채택하는 제도인데, 두가지 권한을 다 행사할 수 있게 하여 탄핵을 당했을 때에는 면직하고 불신임을 당했을 때에는 스스로 사직한다고 규정했다. 그러나 그것은 행정수반의 의회해산권이 없는 헌법 아래에서는 법률적 효력면에서 특별한 차이가 없는 규정이었다. 그동안 탄핵안 규정은 여러 차례 바뀌었는데, 1919년의 개정헌법에서는 "탄핵 또는 심판한다"라고 규정했다가(제21조 14항),

1925년 헌법에서는 "심판 처벌"하는 것으로(제26조 4항), 1927년 약헌에서는 "심판 또는 면직"하는 것으로(제19조), 그리고 1940년 약헌에서는 "심판하여 면직하게" 하는 것으로(제14조) 불명확하게 규정하고 있었다.

셋째로, 행정부의 권한이 주석과 국무위원회에 애매하게 양분되어 있는 점이다(제30조, 제32조). 그것은 1940년 약헌에 비하여 주석의 권한이 약화되었음을 뜻한다. 주석의 권한에 대해서는 개헌안 심의과정에서 논란이 많았다. 그리하여 개정 초안과 수정안 사이에도 주석의 직권에 큰 차이가 있다. 개정 초안에서는 주석의 직권을 (1) 국무위원회를 대표함, (2) 국무위원회를 소집하며 그 주석이 됨, (3) 국서, 법률, 명령, 문무관 임면에 서명함이라는 세가지로 축소하고, 주석의 권한이었던 국군통수권과 사면권을 국무위원회에 귀속시켰다. 개정안 설명서는 주석의 권한을 축소한 이유를 다음과 같이 설명했다.

> 이전에 통수부(대본영), 참모본부, 회계검사원 등을 대통령에게 직속케 하였던 것이 대통령제가 폐지된 후에는 그 조직계통이 미분명하야 혹은 현 제도의 주석에게 예속될 것같이도 추단하나, 현 제도의 주석은 독특한 조직계통을 가지지 않고 국무위원회의 수반이 될 뿐인 이상에는 일체의 조직계통을 국무위원회에 귀속시키는 것이 타당하겠다 하야 통수, 사법, 검사 등 기관까지도 국무위원회에 예속시킨 것이며, 임시의정원에 대하야는 국무위원회에서 분담된 각 부장이 책임을 직접 질 것이 아니라 국무위원회, 즉 그 구성원 전체가 지는 것이 타당하다고 인정하기 때문임.[48]

국군통수권에 대해서는 개헌과정에서 그냥 주석의 직권에 속하게 하고 오직 국무위원회의 의결로 국군을 총감(摠監)한다고 개정하자는 의

───────
48) 「大韓民國臨時約憲改正案說明書」, 『대한민국임시정부자료집(6) 임시의정원Ⅴ』, p.105.

견도 있었으나 보류되고, 원래 주석 직권에 속하게 했던 국군총감과 사면권을 국무위원회에서 관여하지 않아서는 안된다는 이유로 국무위원회에 귀속시켰다.[49] 그러나 "국군을 총감함"이라는 국무위원회의 권한 규정은 확정안에서 다시 국무위원회는 "군무에 관한 사항을 의결"하고(제30조 9항) 주석은 "국군을 통감함"(제32조 3항)이라고 바뀌어, 국군통수권이 주석과 국무위원회에 양분되는 애매한 규정으로 절충되었다.

넷째로, 행정부를 국무위원회와 행정연락회의의 이중구조로 개편한 점이다. 임시의정원에서 선출하는 국무위원들로 구성되는 국무위원회는 복국(復國)과 건국의 방책, 예산 결산, 선전 및 강화, 군무에 관한 사항 등을 의결하는 정책결정 기관이고, 국무위원회가 결정한 정책은 주석의 추천으로 국무위원회에서 임면하는 각부 부장들이 집행하되, 행정 각부서 사무의 연락과 통제를 위하여 주석이 주재하는 연석회의를 열도록 했다(제30조, 제40조). 행정부의 이러한 이중구조는 각 정파가 집결된 임시정부 후기의 정치적 상황을 반영한 것으로서, 국무위원회가 독립운동의 원로들과 각 정당의 대표자들로 안배 구성되는 데 비해, 행정연락회의는 현실적인 정책집행능력본위와 김구 직계의 인물들로 구성하려는 데 있었다.

다섯째로, 그동안 막연히 써오던 "광복운동자"의 개념을 명문으로 규정한 점이다. 광복운동자에 대한 명문규정은 개헌과정에서 가장 활기 띤 논점의 하나였다. 처음 기초의원에 의하여 제안된 개정안에서는 "광복운동자는 조국의 광복을 위하여 직접 간접으로 그 운동에 종사하는 자로 함"(제7조)이라고 막연하게 표현되었으나, 재수정을 거쳐 최종적으로 다음과 같이 확정되었다.

광복운동자는 조국광복을 유일한 직업으로 인하고 간단없이 노력하거나 또는 간접이라도 광복사업에 정력 혹 물력의 실천공헌이 있

---

49) 「大韓民國臨時約憲改正案說明書」, 위의 책, p.106.

는 자로 함. 단, 광복운동에 위해를 가하는 행위가 있을 시에는 광복운동자의 자격을 상실함(제8조).

그것은 국권회복을 눈앞에 둔 시점에서 독립운동자들의 권리를 제도적으로 보장하기 위한 것이었다. 국가가 광복되기 전에는 주권이 광복운동자 전체에 있다고 선언한 데 이어(제4조), 모든 선거권과 피선거권은 광복운동자에게만 한정되었고(제10조, 제11조), 주석, 부주석 및 국무위원은 위의 규정에 해당되는 자로서 10년 이상의 경력이 있어야 했다(제34조).

4

개정된 임시헌장을 공포하고 이틀 뒤인 4월24일의 제3차 임시의정원 회의에서 주석과 부주석과 국무위원 선거를 실시했다. 재석의원 34명 가운데 각각 31표로 주석에 김구, 부주석에 김규식이 선출되고,[50] 국무위원으로 이시영(李始榮), 조성환(曺成煥), 황학수(黃學洙), 조완구, 차리석(車利錫), 박찬익, 조소앙, 조경한(趙擎韓)(이상 한국독립당), 장건상(張建相), 성주식(成周寔), 김원봉, 김붕준(金朋濬)(이상 조선민족혁명당), 김성숙(金星淑)(조선민족해방동맹), 유림(조선혁명자연맹)이 선출되었다.[51] 이로써 임시정부는 반년에 걸친 분쟁을 종결하고 명실상부한 좌우합작의 연립정부를 구성했다. 임시의정원은 4월24일에 「제36회 임시의회선언」을 발표하고 "전 민족 통일전선의 정부"를 탄생시킨 것이 "이번 의회의 최대 성공인 동시에 우리 민족독립운동사상의 신기원이 될 만한 중대한 의의가 있는 사실"이라고 자찬하고, 국내외 동포의 지지를 호소했다.[52]

---

50) 「臨時議政院會議 제36회」, (1944.4.), 『대한민국임시정부자료집(4) 임시의정원Ⅲ』, p.6.
51) 《大韓民國臨時政府公報 제81호》 (1944년6월6일), 『대한민국임시정부자료집(1) 헌법·공보』, p.312.
52) 《新韓民報》 1944년7월20일자, 「대한민국 임시의정원 제36차임시의회 선언」

1944년4월24일의 임시의정원 회의는 한국독립당의 김구를 국무위원회 주석, 조선민족혁명당의 김규식을 부주석으로 선출했다.

또한 같은 날 한국독립당, 조선민족혁명당, 조선민족해방동맹, 조선무정부주의자총연맹의 네 단체는 연명으로「한국 각 혁명당 옹호 제36차 의회선언」을 발표하고, (1) 개정된 임시헌장을 전 민족 행동의 최고 준칙으로 준수하고, (2) 김구 주석을 비롯하여 부주석과 전체 국무위원을 민족 최고의 영도자로 솔선하여 성심으로 옹호 지지하며, (3) 임시정부 기치 아래 민족을 총동원하여 일본제국주의자와 최후의 대결전을 전개하고, (4) 최단기일 안에 임시정부의 국제적 승인과 유력한 국제원조를 취득하기 위하여 적극 노력하겠다고 천명했다.[53]

임시의정원은 이어 4월26일에 김구를 비롯한 신임 국무위원의 선서를 받고 폐회했다. 이튿날 김구가 《신한민보》에 보낸 다음과 같은 전보는 개헌파동으로 인한 그의 고충이 어떠했는지를 잘 보여 준다.

나는 과거 1년 동안 무한한 고통을 당하얏습니다. 재미한인의 정

53) 「韓國各革命黨擁護第36屆議會」(1944.4.24.), 秋憲樹 編, 『資料 韓國獨立運動(1)』, pp.353~354; 《新韓民報》 1944년7월20일자, 「4단체 연합선언」. 《新韓民報》는 「선언」이 발표된 날짜를 4월21일로 적었으나, 이는 착오이다.

치적 착잡 전과 후에 이곳의 정세는 비상히 혼란을 시작하야 거의 정점에 달하였었습니다. 그러므로 의정원 회의는 7개월을 열었습니다. 그러나 나는 풍설과 비평과 의심이 있음에도 불구하고 우리 동포들과 동지들의 애국심과 그 충성을 굳게 믿으며 참음과 침묵으로 사실이 증명될 것을 기다렸습니다. 다행히 각 정당의 지도자들은 그들의 충성스러운 후원과 의심 없는 통일을 위하야 협동하는 것이 우리 독립운동기념사에 한 새로운 기원을 이루었습니다.

이제 한국임시정부 밑에서 국가적 통일과 민주주의적 협동이 강화하야 질 것이외다. 그러므로 한국임시정부 사업은 이로부터 속력으로 진행될 것이외다. 우리 한인만이 이를 기뻐할 뿐 아니라 우리의 연합국 친우들도 우리에게 동정의 후원을 줄 것이외다.

마지막으로 내가 진정으로 재미한인에게 바라는 것은 재미한인은 재미한인의 모든 착잡과 오해를 청산하는 것인 동시에 나도 역시 나의 최선을 다하야 성취할 바에 노력할 것이외다.[54]

5월 8일에 소집된 국무위원회는 김구의 추천으로 국무위원 조소앙을 외무부장 겸임으로, 국무위원 김원봉을 군무부장 겸임으로, 국무위원 조완구를 재무부장 겸임으로, 신익희(申翼熙)를 내무부장, 최동오를 법무부장, 엄항섭(嚴恒燮)을 선전부장, 최석순(崔錫淳)을 문화부장으로 각각 선임했다. 그리고 김구의 추천으로 국무위원 차리석을 국무위원회 비서처 비서장으로 임명했다.[55] 조선민족혁명당의 김원봉과 최석순이 군무부장과 문화부장에 임명된 것은 민족혁명당의 요구를 어느 정도 반영한 결과였다. 자금을 관장할 재무부장 자리는 한국독립당이 양보하지 않았다.

54) 《新韓民報》 1944년 5월 4일자, 「임시정부 연합내각 조직」.
55) 《大韓民國臨時政府公報 제81호》 (1944년 6월 6일), 「대한민국임시정부자료집(1) 헌법·공보」, p.314.

제5차 개헌을 통하여 조선민족혁명당은 부주석과 국무위원 4석, 행정부 부장 2석의 자리를 확보했다. 임시정부 성립 이래 처음으로 설치된 부수반제는 정부운영상의 필요에서라기보다는 조선민족혁명당의 주석인 김규식을 위해 마련된 정치적 타협의 상징적 직위였다. 또한 김원봉은 국무위원으로 군무부장에 선임되었지만, 군무부장의 지위도 "직위만 주고 실권은 거세한다"는 한국독립당의 정치적 계산에 따라 허용된 것이었다.[56] 한국독립당은 임시약헌을 개정하면서 군사업무에 관한 권한을 국무위원회에 부여함으로써, 군무부장의 권한을 약화시킨 뒤에 김원봉을 그 자리에 임명했다.[57]

임시정부가 연립내각을 구성하자 내외로부터 큰 환영을 받았다. 임시정부가 빨리 정상화되기를 염원하던 재미동포들은 임시정부의 연립내각 출범을 크게 반겼다. 재미동포들은 다투어 임시정부에 축전을 보내고 각지에서 경축대회를 열었다. 임시정부의 통일에 대한 재미동포들의 염원이 그만큼 간절했던 것이다. 재미한족연합위원회는 제3차 전체위원회에서 임시정부의 군사활동을 후원하기 위해 "1944년을 제1기로 정하고 10만달러 이상을 모집하며 군사운동금은 다만 일체 군사운동에만 쓰기로 함"이라고 결의한 데 이어, 연합회집행부는 일인당 평균 50달러 이상의 군사운동금을 모금하기로 의결했다.[58]

국민정부의 입법원장이며 중한문화협회 이사장인 손과(孫科), 중국국민당 비서장 오철성, 전 조직부장 주가화, 선전부장 양한조(梁寒操), 해외부장 장도번(張道藩) 등 중국국민당의 주요 인사들도 잇달아 축전을 보내왔다. 주가화는 5월13일에 임시정부의 주석과 부주석 및 국무위원 전원과 각 부장들을 초청하여 성대한 만찬회를 열었다.[59] 5월15일에

56) 趙擎韓, 「白岡回顧錄」, p.354.
57) 裴慶植, 「중경시기 '반한독당세력'의 임시정부 개조운동」, 한국근현대사학회 편, 《대한민국임시정부수립80주년 기념논문집(상)》, 國家報勳處, 1999, p.650.
58) 《新韓民報》 1944년5월4일자, 「임시정부 연합내각 조직」.
59) 《新韓民報》 1944년5월25일자, 「중국정계의 동정」.

는 임시정부 강당에서 100여명이 참가한 가운데 각부 부장의 취임선서식이 열렸다.

국민정부 주요 인사들이 주최하는 축하회는 계속되었다. 중한문화협회는 5월28일에 임시정부 요인들을 초청한 다화회를 열었고[60], 6월7일에는 중국공산당 대표 동필무(董必武)와 임조함(林祖涵)이 중한문화협회에서 주석, 부주석, 국무위원 및 각부 부장을 초청하여 축하연을 열었다.

7월17일에는 오철성, 진과부(陳果夫), 양한조, 장도번, 단석붕(段錫朋) 등이 중국국민당을 대표하여 김구를 비롯한 임시정부 간부들을 중앙당부로 초청하여 성대한 다화회를 열었다.[61] 중국국민당의 핵심간부들이 중앙당부에서 임시정부 요인들을 위한 축하연을 베풀었다는 사실은 국민정부가 임시정부를 공식으로 승인하는 것이나 마찬가지의 상징적 의미가 있었다. 중국국민당 비서장 오철성의 환영사에 이어 김구는 다음과 같은 요지의 긴 답사를 했다.

"주석, 그리고 제위 선생! 제가 귀국에서 유랑한 것이 거의 30여년에 가까운 이래로 오늘 저녁의 이와 같은 성대한 연회석상에서 귀국 당, 정계의 제위 선배와 제위 선생의 공동 교시와 공동 환영을 받은 것은 오늘이 처음입니다. 저는 생각하기를 오늘 모임은 단순한 감정상의 연락과 보통의 접대일 뿐만 아니라, 실제로 중한합작의 신출발과 신기원을 창조하는 중대한 역사적 의의가 있습니다.

저는 생각하기를 우리들이 만일 하루 빨리 우리들의 통일 단결을 완성하였다면 오늘의 이러한 모임은 우리들이 벌써부터 거행했을 것으로 믿습니다. 저는 삼가 우리나라 동지 일동을 대표하여 여러 선생께 향하여 심심한 감사를 드리며, 동시에 불민과덕(不敏寡德)한 제가 여러분의 애호를 받음에 대하여 한편으로는 대단히 부끄러움을 느끼며, 또 한편으로

---

60) 《新韓民報》 1944년6월22일자, 「한중문화협회다화회」
61) 《獨立新聞(中文版 第二號)》 1944年8月15日字, 「韓國臨時政府擴大强化, 韓中各界表示熱烈慶祝」

대단히 영광스럽게 생각합니다."

김구가 느끼는 이러한 감개는 결코 과장된 것이 아니었다.

김구는 이어 세계는 하나의 큰 가정이요 한중관계의 역사적 특수성은 "형제국" 관계라고 강조했다.

"세계를 하나의 큰 가정이라고 한다면 중한 두 집은 역사와 지리의 관계상 가장 긴밀한 형제라고 말할 수 있습니다. 이로 말미암아 우리 두 집 사이에는 매우 많은 공통점이 있는데, 제가 오늘 특별히 제기하는 것은 가장 의미가 있고 또 영원히 잊을 수 없는 몇가지를 들어 여러분께 보고를 드립니다.

첫째, 과거의 역사에서 일부분 혹은 전부가 같지 않은 점이 있다 할지라도 제국주의의 압박과 농단과 영토분할을 당한 고통을 받은 것은 같습니다.

둘째, 비록 시간상의 장단과 규모상의 대소에서 같지는 않을지라도 겪은 고통과 어려운 경험은 같습니다. 그러므로 우리는 동방의 파시스트 강도를 타도하여야 할 똑같은 목적을 가지고 있습니다. 이 큰 가정 안에서 만일 털끝만 한 불평이라도 있다면, 이는 온 가정의 소란을 야기하여 즉시 평화를 파괴할 것입니다."

김구는 이어 다음과 같이 미국 부통령 월리스(Henry A. Wallace)의 말을 인용했다.

"미국 부통령 월리스 선생의 말씀이 맞습니다. 그가 말하기를 '아무리 일개 작은 부분의 사람들이라도 불평하면 혁명은 영원히 그칠 날이 없을 것이다'라고 했습니다. 그러므로 우리가 혁명을 정지하려면 그 유일한 방법은 파쇼 강도의 축심국[軸心國: 추축국]을 소멸시키는 것입니다. 또한 설사 우리의 진영이나 우리의 동맹국 진영 안에서라도 파쇼 사상을 숙청해야 합니다. 인류는 나날이 앞을 향하여 전진할 것이며, 역사는 결코 되풀이되지 않습니다. 비유하면 당신이 어제까지 기름등을 사용하였지만 이 때문에 오늘 전등을 사용하는 권리를 잃은 것은 아닙니다. 또한 전등을 사용하는 사람이 모두 전등을 만들 줄 아는 공인(工人)은 아닙니다."

김구는 이어 루스벨트 대통령이 1941년1월의 의회연설에서 밝힌 "4대 자유"를 강조한 다음 중국이 "네 사람의 경찰관"의 한 나라로 처우받게 된 것과 카이로선언에 대하여 다음과 같이 말했다.

"오늘날 중한 양쪽 가정의 앞길은 매우 밝습니다. 귀국은 4대 동맹국 가운데 아시아를 대표하는 유일한 참가국입니다. 귀국이 세계의 영원한 평화를 위해 노력할 때에 아시아의 평화를 결코 잊을 수 없으며, 아시아의 영원한 평화를 위하여 노력할 때에 우리나라의 완전한 독립에 대해 반드시 깊은 주의를 기울일 것입니다. 이것은 카이로회의 중에 이미 천명한 사실입니다. 다만 이른바 '상당하는 시기'라는 이 한마디 말은 저는 장래 우리의 노력과 귀국의 협조로 반드시 충분하게 취소될 것을 믿습니다."

김구는 마지막으로 장개석을 위한 건배제의로 답사를 마무리했다.

"여러분이 여기에서 중한 양국 합작의 신기원을 이룩하는 오늘 저녁의 모임은 큰 의의가 있습니다. 저는 오늘 저녁 모임의 정신이 중한 양가의 자손만대에 행복의 종자를 뿌리기 바랍니다.

여러분! 제가 하고 싶은 말은 매우 많습니다만 이 짧은 시간에 다 할 수 없습니다. 우리 마음은 서로 통하니, 비록 말을 하지 않아도 행동과 사실로 충분한 합작을 표현할 수 있습니다. 마지막으로 여러분께서 이 술잔을 들어 공동으로 장 주석의 건강과 아울러 항전 승리를 삼가 축원합시다."[62]

---

62) 《獨立新聞(中文版 第二號)》 1944年8月15日字, 「金主席答詞」.

3. 주미외교위원부를 주미외교위원회로

1

우여곡절 끝에 새로 구성된 임시정부가 시급히 해결해야 할 가장 중요한 현안의 하나는 주미외교위원부의 개조를 둘러싼 재미독립운동자들의 분규였다. 그리하여 5월15일의 국무회의는 주석 및 부주석과 외무부, 내무부, 재무부, 군무부의 부장들로 미주문제해결방침위원회를 구성하고 선후방침을 정하도록 위임했다.[63] 그러나 위원회는 쉽게 단안을 내리지 못하고 사태를 관망했다. 임시정부의 연립내각 구성이 발표되자 축하와 함께 임시정부를 성의있게 후원하겠다고 타전했던 재미한족연합위원회는 새 내각도 외교위원부 문제에 대하여 소극적인 자세를 보이자 다시 태도를 바꾸었다.

한편 이승만은 재미한족연합위원회가 워싱턴사무소 개설을 강행하자 주미외교위원부의 활동을 활성화하기 위한 방안으로 외교위원부의 협찬부를 조직했다.[64] 이승만이 5월24일에 내무, 교육, 경제, 정치의 4개 위원회에 걸친 25명의 명단을 발표한 것을 보면,[65] 비록 전원이 사전에 충분한 협의를 거쳐서 수락한 것은 아니더라도, 여러 지역에 동지회 회원 말고도 열성적인 지지자들을 확보하고 있었음을 짐작할 수 있다. 3월31일에 워싱턴에서 한족대회를 개최하자고 제의했던 것도 이러한 인맥을 염두에 두고 한 것이었을 것이다.

뉴욕, 뉴저지, 워싱턴, 디트로이트, 시카고 등지에서 워싱턴에 온 열성적인 지지자 22명은 6월4일에 외교위원부 사무실에 모여 정식으로 협찬부를 결성했다. 이때의 참가자들 전원을 포함한 27명이 내무부, 교육부,

---

63) 「美洲問題解決案」, 『대한민국임시정부자료집(8) 정부수반』, p.300.
64) 《주미외교위원부통신》(제73호), 1944년5월23일자, 「외교위원부에서 위원회를 조직」.
65) 독립기념관소장문서 도1461, Syngman Rhee's Letter, May 24, 1944.

제69장 "연합위원회를 택하시든지 이승만을 택하시든지…" **495**

이승만은 한족연합위원회에 맞서서 1944년6월에 주미외교위원부를 후원할 주미외교위원부 협찬부를 결성했다. 뒷줄 오른쪽 끝이 이원순, 프란체스카 옆이 임병직이다.

경제부, 정치부, 전무부의 5부에 걸쳐 부장과 서기, 그리고 협찬원으로 선정되었다. 위의 다섯부 이외에 재정부와 그 밖의 몇부를 더 조직하고, 사업전진에 따라 서부지역과 하와이 군도에 있는 인사들 가운데서도 협찬부위원을 추가로 선정하기로 했다.

협찬부의 사업목적은 (1) 일반 한인들의 사상과 운동을 통일적으로 발전시켜서 임시정부에 성충을 다하고 전후의 한국정부에 봉사할 지도인격을 양성하며, (2) 한국의 산업발전과 노동, 상업, 신용제도의 프로그램을 연구하고 준비하며, (3) 연합국 정부와 국민들에게 한국의 입장과 목표를 널리 알리며, (4) 한국의 모든 자원을 항일전쟁에 참가하기 위하여 조직하며, (5) 한국임시정부의 승인을 얻도록 힘쓰는 것이었다.[66]

---

66) 《주미외교위원부통신》 (제76호), 1944년6월15일자, 「협찬부 조직」, 「Korean Commission Invites Public Participation in Our Cause」.

협찬부는 6월22일에는 협찬부의 「목적과 직무」를 한결 구체적으로 천명했는데, 그것은 독립적인 정치단체의 정강정책과 같은 느낌을 주는 내용이었다. 경제부와 정치부의 「목적」과 「직무」를 보면 다음과 같다. 경제부의 「목적」은 노동안정과 재원발달을 위하여 미국의 회사 및 은행들과 연락을 취하는 것이었고, 「직무」는 전후 한국의 경제, 농업, 은행, 신용, 운수, 통신에 대한 연구조사를 하는 것이었다.[67] 정치부의 「목적」은 한국임시정부의 승인과 광복군에 무기대여법 원조를 해줄 것을 미국정부에 계속 교섭하는 것이었고, 「직무」는 다른 부들과 협동하여 대한공화국 헌법자료를 취집하고 개정하며 한국 국회에 제출하게 하며, 임시정부에서 정식 정부로 전환되는 동안에 필요한 특별제도를 편집하며, 미 국무부와 연락을 취하며, 수시로 관계 연합국, 특히 영국, 미국, 중국, 소련 4개국과 의견을 교환하며, 망명국 정부들의 외교정형과 운동방략을 알도록 하며, 무기대여법 원조계획에 한국이 참가하여 군사, 경제회복, 교육 등에 대하여 연구하며 신속히 실시하도록 할 것과 그 밖에 모든 설비와 재력을 다하여 한인이 참전하도록 힘쓰는 것이었다.[68]

이승만이 협찬부를 조직하자 《신한민보》는 협찬부의 조직은 한국임시정부와 방불한 조직이라고 말하고, "사실상 이 박사는 지금 한국 외교위원부장인 동시에 스스로 새로 정치기관을 준비하야 영수가 되었다"라고 비꼬았다. 그러고는 이승만이 임시정부의 승낙을 얻어서 이 새 정치기관을 조직했는지 외교위원부는 임시정부와 관계를 끊은 독립기관인지 묻고,[69] 이승만이 외교위원부의 협찬부를 조직하는 동기가 스스로 현재의 한국임시정부를 몽상하며 나아가 한국의 헌법적 정부를 몽상하는 것이 아니냐고 힐난했다.[70]

---

67) 《주미외교위원부통신》(제77호), 1944년6월22일자, 「외교위원부 협찬부의 목적과 직무」
68) 위와 같음.
69) 《新韓民報》 1944년6월15일자, 「한국외교위원부는 소속정치기관을 조직」
70) 《新韓民報》 1944년6월22일자, 「한국외교위원부의 정치기관 조직동기는 무엇」

연합위원회 집행부는 6월11일의 회의에서 외교위원부 협찬부의 조직이 정부제도와 유사하고, 이승만이 동부 학생들의 사환[仕宦: 벼슬살이]욕을 자극하여 자파세력을 확장하려는 저의에서 나온 것이라고 단정하고, 임시정부에 대하여 외교위원부의 개조의 필요성과 함께 재정통일을 한족연합위원회에 일임할 것과 재미한인의 대표권을 한족연합위원회에 부여할 것을 품청하기로 결의했다.[71]

이승만은 연합위원회의 이러한 의혹과 비판을 일축했다. 그는 협찬부가 전후계획을 준비하여 카이로선언의 "적당한 시기에"라는 말을 강대국들 마음대로 해석하지 못하도록 우리끼리 능히 우리 일을 할 수 있음을 보여 주자는 취지에서 구상된 것이라고 말하고, "어느 때든지, 어디서든지, 누가 무슨 명목으로 하든지, 임시정부와 외교위원부를 도와서 회를 조직할진대, 그 속에 다른 의미가 있기 전에는 임시정부나 외교위원부에서 막을 이치가 없다"[72]라고 잘라 말했다.

그러나 연합위원회는 이승만이 외교위원부 협찬부를 조직한 사실을 내세워 이승만과 김구 사이를 갈라놓기 위해 안간힘을 썼다. 김호(金乎) 후임의 1944년도 집행부 위원장 한시대는 6월13일, 14일, 16일, 19일에 잇달아 김구에게 전보와 편지를 보내어, 이승만과 연합위원회의 관계는 1944년1월부터 공식적으로 단절되었고 이승만은 개인적인 '내각'을 조직하여 스스로 한국정부의 영수가 될 계획을 추진하고 있다고 비난하면서, 외교위원부 문제에 대해 단안을 내릴 것을 촉구했다.[73]

김구는 주미외교위원부의 처리문제가 여간 고민스럽지 않았다. 그는 6월24일에 엄항섭을 시켜 《신한민보》 앞으로 새 국무위원회가 재미한인 문제의 해결을 위해 모든 정보를 면밀히 검토하고 있다고 타전하고, 사

---

71) 홍선표 편, 『재미한족연합위원회 회의록』, 연세대학교출판부, 2005, pp.274~275.
72) 《주미외교위원부통신》(제78호), 1944년6월29일자, 「협찬부 조직에 관하야」.
73) 독립기념관소장문서 도917, Sidai Hahn to Kim Koo, Jun. 13, 1944 ; 도915, Sidai Hahn to Kim Koo, Jun. 14, 1944 ; 도916, Sidai Hahn to Kim Koo, Jun. 16, 1944 ; 도917, Sidai Hahn to Kim Koo, Jun. 19, 1944.

태의 추이를 지켜볼 따름이었다.[74]

그러나 이승만에 대한 김구의 신뢰는 흔들림이 없었다. 이승만을 임시정부의 전권대표로 미국정부에 통보했고, 특히 태평양전쟁 발발 이후로 여러 가지 대미교섭을 이승만에게 의존하고 있는 김구의 입장에서는 예상되는 강화회의 등을 앞두고 그를 배제하는 조치는 생각할 수 없었다. 실제로 이승만은 워싱턴의 외교무대에서 한국대표로 인식되고 있었다. 이승만 내외는 6월1일에 위도명(魏道明) 중국 대사의 관저에서 열린 가든파티에 초대되기도 했다.[75] 올리버(Robert T. Oliver)가《워싱턴 포스트(The Washington Post)》에 기고한 글에서 이제 한국이 태평양에서 핵심적인 역할을 하고 있다고 강조하면서, 4월에 출범한 연립정부는 4개 정당으로 구성되었는데 그 가운데 가장 큰 정당인 한국독립당은 한국임시정부의 전직 대통령인 이승만과 현직 대통령인 김구가 이끌고 있다고 기술한 것도 두 사람의 협력관계를 강조하기 위한 것이었다.[76]

올리버의 글에 대해 한족연합위원회는 민감한 반응을 보였다. 김원용은 올리버의 글이 보도된 이튿날로 올리버에게 기사의 오류를 지적하는 편지를 보냈고, 전경무는 로스앤젤레스의 집행부와 하와이의 의사부로 그 사실을 알렸다.[77] 이승만은 김구에게 자신도 한국독립당에 입당할 것을 신청하여 12월에 정식 당원이 되었다.[78] 이승만은 당비 납부성적이 누구보다도 좋았다고 한다.[79]

---

74) 독립기념관소장문서 도919, Umhangsup to Press New Koreans, Jun. 24, 1944.
75) 《주미외교위원부통신》(제74호), 1944년6월1일자, 「리승만 박사와 동부인은 두 연회에 초대를 받음」
76) Robert T. Oliver, "Korea Now Plays Key Role in Pacific", The Washington Post, Jul. 30, 1994.
77) 독립기념관소장문서 도1456, Warren Y. Kim to Robert T. Oliver, Jul. 31, 1944; 도990, J. Kyuang Dunn to UKC Honolulu & UKC Los Angeles, Jul. 31, 1944.
78) 《國民報》1944년12월20일자, 「한국독립당원으로 이승만씨를 허가」, 1944년12월27일자, 「리승만씨는 독립당에 입당」.
79) 趙擎韓 증언.

한편 이승만은 한족연합위원회의 워싱턴사무소를 외교위원부로 통합시키는 작업을 추진했다. 워싱턴에 복수의 한국 외교기관이 있다는 것은 그렇지 않아도 임시정부 불승인의 명분으로 한국 독립운동자들의 분열을 내세우는 미 국무부 관리들에게 더없는 구실만 줄 것이었다. 이승만은 디트로이트에 있는 협찬부 내무부장 황사용(黃思溶)을 워싱턴으로 불러 통합작업을 하게 했다. 7월4일에 이원순의 집에서 이승만, 이원순, 황창하(黃昌夏), 황사용과 연합위원회의 김원용과 전경무, 그리고 한국사정사의 김용중이 자리를 같이 했다. 모임에 앞서 김원용과 전경무는 통합의 조건으로 (1) 모든 회합에는 이승만, 전경무, 김원용과 한길수가 참가하고, (2) 이승만은 최근에 조직한 정치기관인 협찬부를 해체한 다음 이를 공표하고, (3) 연합위원회 주최로 로스앤젤레스에서 개최하는 민중대회에 이승만이 참석하여 외교위원부와 연합위원회의 지난날의 관계와 앞으로의 활동계획을 설명하고, (4) 통합계획을 위한 임시위원회를 구성하고, 그 위원회의 연구 분석을 위해 이승만은 외교위원부의 서류를 넘겨주고, (5) 외교위원부의 재조직을 위한 방식과 인선의 대강을 작성하여 임시정부에 제출하여 승인을 얻을 것을 제시했다.[80] 그러나 이튿날 전경무가 로스앤젤레스의 집행부와 하와이의 의사부에 이승만이 통합을 제의한 것은 임시정부로부터 압력을 받았기 때문이며 그는 현상유지를 바라고 있을 따름이라는 편지를 쓴 것을 보면,[81] 위와 같은 조건도 이승만의 통합제의를 거부하기 위한 것이었음을 짐작할 수 있다.

---

80) 《國民報》 1944년8월2일자, 「연합회 워싱턴 사무직원의 보고」; 독립기념관소장문서 도1462, Commission-UKC Washington Office Meeting, Jul. 5, 1944.
81) 독립기념관소장문서 도995, J. Kyuang Dunn to UKC Honolulu & UKC Los Angeles, Jul. 6, 1944.

회합은 7월25일까지 몇차례 계속되었으나 이렇다 할 진전이 없었다. 연합위원회는 이승만이 자기네의 요구조건을 회피하고, 연합위원회를 외교위원부 권능 아래로 끌어들이려 하고 있다고 비난했다.[82] 실제로 이승만은 김원용과 전경무에게 외교위원부에 들어와서 같이 일하기를 바란다고 말하고 작정하는 대로 알려 달라고 했다.[83] 그러나 연합위원회는 이승만을 재미동포사회에서 배제할 결의를 굳히고 임시정부에 대해 거듭 결단을 촉구했다.

김구는 7월18일에 다시 엄항섭을 통하여 《신한민보》 앞으로 전보를 쳤다.

> 서로 다른 의견을 표명한 재미동포들의 많은 제의를 받았습니다. 국무위원회가 이 문제에 대한 결정을 곧 내릴 것입니다. 내 개인적인 의견은 몇몇 재미친우들에게 보내는 회람장에 적었습니다. 그것은 이승만 박사를 통하여 전달될 것입니다.[84]

이러한 김구의 전보를 받은 연합위원회는 격분했다. 한시대는 7월21일에 이전보다 한결 강경한 입장을 김구에게 타전했다. 그리고 사흘 뒤인 7월24일에는 다시 연합위원회 소속 10개 단체연명으로 김구에게 다음과 같이 타전했다.

> 정돈상태로 계속 있기에는 시간이 너무 촉박합니다. 우리는 강력하고 신뢰받는 우리 대표부를 워싱턴에 정식으로 설립했습니다. 임시정부는 한족연합위원회를 택하시든지 이승만을 택하시든지 빨리 결

---

82) 독립기념관소장문서 도995, J. Kyuang Dunn to UKC Honolulu & UKC Los Angeles, Jul. 26, 1944.
83) 《주미외교위원부통신》(제92호), 1944년10월25일자, 「외교위원부 개조에 대하야」.
84) 독립기념관소장문서 도920, Umhangsup to Press New Koreans, Jul. 18, 1944.

정하시어 바로 회답하시기 바랍니다.[85]

한시대는 같은 날 조선민족혁명당의 김규식 및 김원봉과 한국독립당에도 외교위원장의 임무수행에 실패한 이승만을 배제하고 새 위원장을 선출할 권리를 연합위원회에 맡겨달라고 요구하면서, 김구에게 보낸 것과 같은 내용의 요구사항을 타전했다.[86]

마침내 임시정부는 8월3일의 국무회의에서 주미외교위원부를 주미외교위원회로 개편하기로 하고 「주미외교위원회규정」안을 통과시켰다. 개편의 골자는 주미외교위원회는 7인 내지 15인의 위원으로 조직하되, 위원장 1인, 부위원장 1인, 비서주임 1인과 비서 약간인을 두고(제2항), 위원장, 부위원장 및 위원은 주석의 천거로 국무위원회에서 임면하며(제3항), 일체의 주요사항은 위원회의 결의에 따라 집행하고(제5항), 위원회의 경비는 예산서를 임시정부 외무부에 제출하여 인준받도록(제7항) 한 것이었다. 또 이날의 국무회의는 이와 관련된 「미주문제해결방안」을 채택했는데, 그것은 미주 각지의 한인단체 대표회의를 소집하여 주미외교위원부를 개편하라는 것이었다. 「해결방안」의 내용은 다음과 같았다.

(1) 재미한족연합위원회를 주최로 각 주요단체와 협상하여 먼저 주비회를 조직하고, 미주, 하와이, 멕시코, 쿠바 각지 한인단체의 대표회의를 소집하여 주미외교위원부를 개조할 것.

(2) 주미외교위원부의 개조방식은 국무위원회에서 개정한 주미외교위원회의 신규정에 의하여 하되, 신규정 제3항 인원선거에 관하여는 이번에 한하여 미주에서 소집하는 단체 대표회의에서 외교위원회 인수를 7인 내지 15인 이내로 자정하고, 직접 선거한 뒤에 정부에 보고하여 추인을 요구할 것.

---

85) 독립기념관소장문서 도921, UKC to Kim Koo, Jul. 24, 1944.
86) 독립기념관소장문서 도922-1, Sidai Hahn to KimKiusic Kim Yaksan, Jul. 24, 1944; Sidai Hahn to Korean Independence Party, Jul. 24, 1944.

(3) 한인단체 대표회의의 조직은 연합위원회의 현재 있는 구성단체 및 연합위원회에서 탈퇴한 동지회, 조선민족혁명당 미주총지부, 동 하와이총지부, 학생회 및 그 밖의 일체 한인단체의 참가를 요하되, 적어도 재미 각 단체수 10분의 7 이상의 참가를 요할 것.

(4) 현 주미외교위원부와 연합위원회에서 파견한 선전기구는 위원부 개조가 완성될 때까지 각기 공작을 정지하고 개조가 완성되는 즉시 폐지할 것.[87]

임시정부는 8월12일에 국무위원회의 결정을 《신한민보》에 통보하고,[88] 이승만에게는 별도로 다음과 같이 타전했다.

이승만 선생

본 국무위원회는 재미한인 혁명세력의 통일과 단결을 위하여 연합회의 주최로서 미주, 하와이, 멕시코 등지 각지 한인 각 단체 대표회의를 소집하야 주미외교위원부를 통일적으로 확대개조하기를 결정하였사오니, 귀하는 즉시 연합회 당국자와 협상하야 한인 각 단체 대표회의를 소집하고 주미외교위원부를 개조하시오. 정부에서 연합회에 보낸 전문을 첨부하여 보내니 이것에 의거하야 신속히 개조하심을 바랍니다.

주 석　　김구
외교부장　조소앙[89]

주미외교위원부의 개조문제를 둘러싼 분쟁의 해결을 이미 결별 상태인 한족연합위원회와 이승만의 타협에 맡긴 이러한 결정은 임시정부의

---

87) 《大韓民國臨時政府公報 제82호》(1944년9월10일), 『대한민국임시정부자료집(1) 헌법·공보』, p.322, pp.330~331, pp.333~334.
88) 《新韓民報》 1944년8월17일자, 「임정의 외교위원부 개조책」.
89) 《앞길》 1944년8월29일자, 「在美韓族各團體에 向하여 駐美外交委員部改組의 電을 發送」.

국치기념일인 1944년8월29일에 한미협회 주최로 뉴욕의 애스토리아 호텔에서 열린 만찬연설회에는 동포들과 외국인사 150명이 모였다. 행사에 앞서 이승만은 뉴욕시장의 초청을 받았다. 연단의 왼쪽 끝이 프란체스카, 네번째가 이승만.

고육지책(苦肉之策)이기는 했지만, '정부'로서 중대한 책임회피가 아닐 수 없었다. 위의 지시사항 가운데서 (4)항을 한달 뒤에 취소하는 것도 그러한 판단의 한 보기였다.[90]

이승만은 예상하기는 했으나 여간 당혹스럽지 않았다. 《주미외교위원부통신》은 그 당혹스러움을 다음과 같이 기술했다.

중경 임시정부의 특전이 왔는데, 그 내용인즉, 외교위원부 조직에 관한 것과 각 단체 대표회 소집 등인데, 위원부도 일찍이 미국과 하와이 한인단결책을 누차 임정에 문의한 일도 있었다. 그러나 그 전보의 뜻이 좀 모호한 점이 있어 다시 알아본 뒤에 발표하려 하노라.[91]

---

90) 《주미외교위원부통신》 (제90호), 1944년10월5일자, 「김구씨의 전보」.
91) 《주미외교위원부통신》 (제84호), 1944년8월18일자, 「중경 특전」.

이승만은 억분을 누르고 타협적 태도를 보인 것이었다. 조선민족혁명당은 외교위원부의 개조문제에 관련된 국무위원회의 결정을 임시정부보다 먼저 미국에 알렸다. 《독립》지의 중경통신원 신기언(申基彦)은 국무회의의 결의가 있던 이튿날로 그 사실을 타전했고,[92] 김규식과 김원봉은 8월11일자 전보와 13일자 중경방송을 통하여 민족혁명당 미주총지부와 하와이총지부에 이 사실을 알리면서 외교위원부 개조를 위한 각 단체 대표회의에 공정하게 참여하라고 통보했다.[93]

국치기념일인 8월29일에는 전에 없던 행사가 열렸다. 한미협회 주최로 뉴욕의 월도프 아스토리아 호텔(Waldorf Astoria Hotel)에서 열린 만찬연설회에는 동포들과 외국인사 150명가량이 모였는데, 이채로운 것은 이날 오후 2시쯤에 라과르디아(Fiorello H. LaGuardia) 뉴욕시장이 이승만 내외를 비롯하여 한미협회 인사들과 동포 10여명을 뉴욕시청으로 초대하여 환영식을 연 것이었다. 호텔에서 시청까지 가는 동안 경찰 오토바이가 사이렌을 울리며 선도했고 이승만 일행이 탄 세대의 승용차는 교통신호를 무시하고 뉴욕시가를 질주했다. 1916년에 하원의원에 당선된 라과르디아는 제1차 세계대전에 참전하여 용맹을 떨쳤고, 1922년부터 1933년까지 하원의원 생활을 한 다음, 1934년부터 10년째 뉴욕시장으로 재직하고 있었다. 이날의 행사에 대해 《주미외교위원부통신》은 "뉴욕시장의 접대식은 국제적으로 큰 의미가 있다. 우리 정부대표자를 국빈으로 맞은 것은 우리 각 개인 개인을 독립국의 시민으로 인정한 것과 다름이 없다"라고 자평하고,[94] 그것은 "대한독립 승인의 첫 계단"

---

92) Refound Shin, "Korean Commission in Washington D.C. to be Reorganized", *Korea Independence*, Aug. 9, 1944.
93) 한국학중앙연구원소장자료 970036-3, Kiusic Kim, Yaksan Kim to Korean Revolutionary Party, Aug. 13, A. M. Radio.
94) 《주미외교위원부통신》(제87호), 1944년9월14일자, 「뉴욕 국치기념일 후소식」.

으로 볼 수 있다고 역설했다.[95] 라과르디아 시장이 어떤 동기에서 이승만과 한미협회 인사들에게 특례적인 기념행사를 베풀었는지는 알려지지 않았다.

3

주미외교위원부의 개조를 위한 각 단체 대표대회 준비는 로스앤젤레스의 재미한족연합위원회 집행부와 하와이의 의사부에서 동시에 진행되었다. 로스앤젤레스에서는 9월10일에 국민회 총회관에서 대한인국민회 미주총회 대표를 비롯한 6개 단체 대표들이 참가한 준비회의가 열렸는데, 이 회의에는 대한인동지회 북미총회와 그 자매단체인 대한인부인회 대표들도 참석했다. 이 자리에서 전체대표회에 참석할 각 단체의 대표수는 실제 회원 100명 이상인 단체는 5명, 그 이하인 단체는 3명으로 정했다. 전체대표회 소집날짜는 잠정적으로 10월1일로 정하고 의사부에서 요청이 있으면 연기할 수 있도록 했다.[96]

10월1일이 되어도 하와이에서는 연락이 없었다. 이날 모인 각 단체 대표들은 비공식회의를 열고, 회원수를 불문하고 각 참가단체의 대표수를 5명으로 고쳐 정했다. 그리고 주미외교위원 후보 15명을 선정하여 하와이에서 선정해 오는 15명을 합친 30명을 놓고 전체대표회에서 15명을 선정하기로 했다. 그리고 전체대표회는 의사부 대표들이 도착하는 날로부터 10일 후에 개최하기로 했다.[97]

하와이에서 연락이 없었던 것은 연합위원회 의사부 주최로 대표대회를 별도로 추진하고 있었기 때문이다. 하와이에서는 9월18일에 하와이 국민회를 비롯한 8개 단체 대표 24명이 호놀룰루의 국민총회관에 모여

---

95) 《주미외교위원부통신》 (제88호), 1944년9월21일자, 「동포여 힘쓰고 애쓰라」.
96) 《新韓民報》 1944년9월14일자, 「전체대표회 소집준비회 회록 요약」.
97) 《新韓民報》 1944년10월5일자, 「전체대표회 준비회록 초략」.

회의를 열고 현순(玄楯), 박상하(朴相夏), 김현구(金鉉九) 등 5명을 준비위원으로 선정했다. 그러나 대한인동지회 중앙부와 동지회의 자매단체인 부인구제회 및 조직된 지 얼마 되지 않은 대한인부인회는 참가하지 않았다.[98]

그런데 하와이에서는 자신들의 회의를 각 단체 대표대회라고 자처하고 있는 것이 주목된다. 9월24일에 열린 제2차 대표대회에는 제1차 회의 때의 8개 단체 이외에 영남부인실업동맹회 대표도 참석했다. 대회는 주미외교위원부 개조문제뿐만 아니라 준비위원회가 마련한 통일책과 군사책과 외교책도 토의했다. 회의는 26일까지 계속되어 우선 통일책으로 연합위원회를 상설기관으로 선정하고 각 단체대표들은 연합위원회에 참가하기로 의결했다.[99] 이어 9월30일에 주미외교위원 후보 선거투표를 실시하여 한길수, 정한경(鄭翰景), 전경무, 현순, 백일규, 김원용, 윤병구(尹炳求), 송헌주, 장세운, 황창하, 유진석, 김용중, 양유찬(梁裕燦), 장덕건, 강영훈의 15명을 선정했다.[100] 그것은 회의에 참가하지 않은 동지회를 포함한 각 단체의 대표가 비교적 고루 망라된 인선이었다.

연합위원회 집행부는 각 단체 대표대회를 준비하면서 이승만과는 아무런 협의도 하지 않았다. 이승만도 침묵을 지키고 초연한 입장을 취했다. 이승만은 9월24일에 협찬부 임시회의를 소집한 자리에서 각 단체 대표회의에 대해 "위원부는 이 대회를 속히 열어 원만한 성공이 있기를 원하며, 대한독립에 큰 도움이 되기를 속심으로 바란다"는 의견을 표명한 데 이어,[101] 로스앤젤레스에서 대표대회가 개최되기 직전인 10월25일에는 다음과 같은 입장을 공개적으로 밝혔다.

---

98) 《國民報》 1944년9월20일자, 「대표대회 개최」, 「각 단체 대표대회 진행」.
99) 《國民報》 1944년9월27일자, 「각 단체 대표대회 준비위원회 심의보고서」, 「각 단체 대표대회 제2차 속회, 제3차 속회, 제4차 속회」.
100) 《國民報》 1944년10월11일자, 「연합위원회 전체회 결의안」.
101) 《주미외교위원부통신》 (제89호), 1944년9월28일자, 「오는 연합대회의 성공을 바람」.

임시정부에서 미주와 하와이의 각 한인단체에 전보하야 위원부를 개조하라는 훈시를 받고 위원부에서는 그 진척여부를 몰라 주저하였으나, 그 내용을 알게 된 후에는 즉시 침묵을 지키고 각 단체가 협동하야 원만한 조처되기를 기다리고 있나니, 이번 한족대회가 대동단결을 이루면 이에서 더 다행한 일이 없을 것이다.[102]

그러는 한편으로 이승만은 10월2일에 임시정부 앞으로 다음과 같은 전보를 쳤다. 그것은 그의 불편한 심기를 그대로 드러낸 것이었다.

주미외교위원부는 모든 그룹을 임시정부 휘하로 끌어들이기 위해 노력하고 있소.… 만일 당신들이 나를 신뢰하지 않는다면 해임하시오. 그러나 당신들은 나를 계속 당신들의 대표로 둘 수 없고 내 사람들을 반대자들이 차지하도록 할 수는 없을 것이오.[103]

이승만은 또한 대회가 임박해서야 대회에 참석하여 연설을 해줄 것을 제의한 김원용의 요청을 받았으나 거절했다.[104]
연합위원회의 워싱턴사무소 설립에 반대하여 연합위원회를 탈퇴했던 조선민족혁명당 미주총지부는 연합위원회가 대표대회를 준비하면서 참가단체들에 대해 회원수와 소속 회원들의 의무금 납부상황까지 보고하라고 한 사실을 들어 연합위원회가 월권행위를 한다고 비난했다.[105] 또 외교위원부를 조직하는 일은 정부의 직무인데 그것을 어느 한 부분의 거류민이나 단체에 그 권리를 위임하는 것은 옳지 않을 뿐만 아니라 앞으로 불합리한 문제발생의 화근이 될 수 있다고 지적하고,[106] 지난해 9월에

---

102) 《주미외교위원부통신》 (제92호), 1944년10월25일자, 「외교위원부 개조에 대하야」.
103) 미국무부문서 895.01/10-1444. Division of Japanese Affairs, "Memorandum", Oct. 14, 1944.
104) 한국학중앙연구원소장문서 970034-3, Syngman Rhee to Warren Y. Kim, Oct. 26, 1944.
105) 《독립》 1944년9월20일자, 「구미위원부 재조직과 평화회의」.
106) 리강원, 「워싱턴외교부 개조문제」, 《독립》 1944년9월20일자.

임시의정원 회의가 개회될 때에 자신들이 주미외교위원부 문제를 임시정부에 상세히 보고하고, 될 수 있는 대로 극동에서 "과감한 인물"이 와서 새로 활동해야 한다고 건의한 사실을 밝혔다.[107]

한편 하와이의 한족연합위원회 의사부 위원장으로 새로 선출된 조선민족혁명당의 박상하는 "임시정부의 연립내각이나 하와이 한족연합회의 연립위원회와 비스럼하게" 연립주미위원부를 설립할 것을 제안했다.[108]

이러한 우여곡절 끝에 재미한족전체대표대회는 10월28일 저녁에 로스앤젤레스의 국민회총회관에서 개막되었다. 하와이에서는 대표들이 참가하지 않고 워싱턴에 있는 김원용에게 대표권을 위임했다. 참가자들은 대한인국민회, 조선민족혁명당 미주총지부, 대한여자애국단, 북미대한인유학생회의 4개 단체 대표 20명 가운데 1명이 불참하고 하와이의 9개 단체를 대표한 김원용을 합하여 모두 20명이었다. 김원용은 혼자서 북미 4개 단체의 총투표권 20표의 두배가 넘는 45표를 행사할 수 있었다.

두 차례의 준비회의에 참가했던 대한인동지회와 대한인부인회는 이승만의 의향을 알아차리고 대회 하루 전인 10월27일에 대회불참을 통보했다. 불참이유는 첫째로 임시정부로부터 전보나 공문을 받은 바 없고 연합위원회로 보낸 전보에도 모호한 점이 많아서 김구 주석의 친필이 있기 전에는 아무 회의에도 참가하지 않겠고, 둘째로 그 전보가 임시정부 훈전이라 하더라도 준비회에서 그 전보와 위반되는 결의와 행사가 있었기 때문이라는 것이었다.[109]

동지회의 불참은 대회의 효력에 문제가 될 수 있었다. 대회에서는 동지회와 협력해야 한다는 임시정부의 훈령의 문구해석을 두고 논쟁이 벌어지고, 회의는 공전했다. 북미대한인유학생총회가 동지회의 설득을 자임하고 나섰다. 학생회는 외교위원 선정에 대해 민중투표로 선거하거나

107) 《독립》 1944년7월12일자, 「시국과 우리민족운동」.
108) 박상하, 「경애하는 애국동지 앞에」, 《國民報》 1944년10월18일자.
109) 독립기념관소장문서 도5-1, 「재미한족전체대표회회록」, p.1.

임시정부에 선정을 위임하자는 제안을 해놓고 있었다. 민중투표로 위원을 선정한다면 대회결정에 따르겠느냐는 학생회의 전보를 받고 이승만은 그러마고 회답했다.[110] 동지회도 이승만이 뽑히거나 뽑히지 않거나 민중투표에 부쳐서 행사한다면 회의에 참가하겠다고 했다.[111] 그러나 민중투표안은 임시정부의 훈전에 어긋나는 것이라고 하여 받아들여지지 않았다. 동지회 참가문제로 논란을 거듭하던 대표대회는 대회 8일째인 11월4일에 하와이대표회의와 북미대표회의에서 1차 선정한 각 15명씩의 후보 가운데서 투표로 외교위원 15명을 다음과 같이 선출했다.

김원용(위원장), 한시대(부위원장), 전경무(총서기), 한길수, 배의환(裵義煥: 서기), 김용성(金容成), 정기원(鄭基源), 김호, 송종익(宋鐘翊), 김병연(金秉堧), 강택모, 김용중, 장기형(張基亨), 유진석, 김현구.

이들 15명 가운데 동지회쪽 인사는 한 사람도 없었다. 그것은 각 단체대표회의를 주도한 북미국민회의 오만이었다. 그리고 대표회의는 새로 조직될 외교위원회의 예산으로 연간 3만달러를 책정했다.[112]

연합위원회는 11월7일에 13개 참가단체 연명으로 대회결과를 임시정부에 보고하고 인준을 요청했다. 그러나 임시정부는 11월11일에 동지회 대표가 대회에 참석하지 않았고 또 동지회 대표가 선출되지 않은 인선을 인준할 수 없다고 통보했다.[113]

전체대표대회 의장 한시대는 11월15일에 임시정부의 훈령대로 10분의 7 이상의 단체대표들이 참석한 회의결과를 인정하지 않는 것은 임시정부가 어느 일파를 동정하기 위하여 다수 민중의 기대를 저버리는 것이라

---

110) 독립기념관소장문서 도5–1, 「재미한족전체대표회회록」, p.6.
111) 《독립》 1944년11월15일자, 「구미위원부 재조직을 위한 연합대표대회의 전말」.
112) 독립기념관소장문서 도5–1, 「재미한족전체대표회회록」, pp.13~15; 《新韓民報》 1944년 11월9일자, 「전체대표회 결의안」.
113) 독립기념관소장문서 도5–1, 「재미한족전체대표회회록」, p.17.

고 주장하고, "무슨 처사를 하시든지 더 준봉하지 않겠습니다"라고 임시정부에 항의했다.[114] 그러나 임시정부는 이러한 항의를 받아들이지 않았다. 임시정부는 직접 외교위원을 임명하기로 하고, 국무위원회를 열어 이승만을 위원장으로 하는 9명의 외교위원을 선정하여 11월21일에 연합위원회와 이승만에게 각각 통보했다.[115] 임시정부가 선정한 외교위원 9명은 다음과 같았다.

　　이승만(위원장), 김원용(부위원장), 정한경(총서기), 한시대, 김호, 이살음, 변준호(卞俊鎬), 안원규, 송헌주.

그것은 동지회, 북미국민회, 하와이국민회, 조선민족혁명당 하와이총지부 및 무소속을 고루 안배한 인선이었다. 이렇게 하여 임시정부의 권위를 빌려 이승만을 축출하려 한 한족연합위원회의 기도는 실패했다.

임시정부는 11월28일자로 「대재미동포포고문」을 발표하고, 임시정부가 주미외교위원들을 직접 선정하여 임명한 이유를 (1) 전쟁의 급격한 발전에 따른 대미외교의 긴급성, (2) 정부의 위신 존중, (3) 민족적 인격 제고(提高), (4) 재미동포의 신망 보전, (5) 국내민중의 열망 고려, (6) 각 우방의 기대에 부응, (7) 연래의 파쟁이 초래한 손실을 청산하고 최후성공을 쟁취하기 위함이라고 말하고, "과거의 위원부 위원이나 각 방면에서 각기 파견하였던 인원이나 이번 대표회의에서 선출한 인원이나 어느 방면을 재론하지 말고, 또 잘못한 책임의 무겁고 가벼움을 비교해서 논하지 말고 이번에 정부에서 임명한 9인 위원과 간부 인물에 대하야 이 정부에서 신임하는 것과 같이 여러분도 신임하기를 간절히 바랍니다"라고 당

---

114) 위와 같음.
115) 《新韓民報》 1944년11월23일자, 「전체대표회의회록」; 《주미외교위원부통신》 (제97호), 1944년11월30일자, 「임정 전보」.

부했다.[116]

같은 날 한시대는 임시정부에 전보를 보내어 이승만을 맹렬히 비난하고, 그럼에도 불구하고 임시정부가 이승만과 동지회만으로 일하겠다면 뜻대로 하라고 을러댔다.[117] 이제 임시정부와 한족연합위원회의 관계도 사실상 결렬되고 말았다.

이승만은 그 나름대로 임시정부의 조치가 불만이었다. 통보를 받은 이승만은 임시정부에 다음 네가지 조건을 타전했다.

(1) 매월 총액으로 2,000달러나 되는 9인의 봉급을 누가 지급할 것인가.

(2) 대표가 참가한 단체에서 옹호 지지할 것을 약속할 것.

(3) 위원장이 분규를 일으키는 위원을 조치할 수 있을 것.

(4) 각 위원은 자문성질로 공작에만 복무할 것.

이승만은 위의 네가지가 불가능할 경우에는 책임지기 어렵다고 말하고, 그럴 경우 자신은 후임자가 결정될 때까지만 직무를 수행하겠다고 했다. 임시정부에서는 (1)항과 (2)항은 위원들이 취임한 뒤에 협의하여 해결하고, (3)항은 위원장이 독단으로 조처할 것이 아니라 임시정부에 보고하여 처리하도록 하며, (4)항은 자문기관이 아니라 회의체라고 회답했다.[118] 그러나 한족연합위원회가 임시정부의 통보를 불복함으로써 외교위원회의 구성은 흐지부지되고 연합위원회는 워싱턴사무소를 그대로 유지함으로써 혼선이 계속되었다.

---

116)《大韓民國臨時政府公報 제83호》(1944년12월20일자), 『대한민국임시정부자료집(1) 헌법·공보』, p.345.

117) 한국학중앙연구원소장문서 970036-3, Sidai Hahn to KOPOGO, Nov. 28, 1944.

118)『韓國獨立運動史資料集(三) 趙素昻篇』, pp.744~745.

70장

국내에 침투시킬 특수공작반 훈련
「냅코작전」과 「독수리작전」

1. 장석윤 소환하여 「NAPKO작전」 추진

1

1944년6월6일의 프랑스 북서부 노르망디(Normandie) 상륙작전의 성공으로 유럽의 전황은 연합국의 승리가 머지않은 것이 확실해졌다. 서북태평양에서도 6월15일에 미 해병대가 사이판(Saipan)섬에 상륙하여 일본군을 섬멸함으로써 전황의 결정적 전기를 마련했다. 그러나 극동과 서북태평양 방면의 연합국의 대일전쟁은 대독전쟁이 끝난 뒤에도 1년 더 걸릴 것으로 예상되었다. 미군과 소련군이 어느 정도로 공동작전을 할 수 있을지도 명확하지 않았다.

미 합동참모본부는 7월11일에 대일작전계획을 다시 변경했다. 이에 따르면 미군은 필리핀의 루존(Luzon)도를 탈환한 뒤에 일본의 오키나와(沖繩)와 오가사와라(小笠原)제도 및 중국 동남부해안을 향하여 동시에 진격하고, 그 뒤에 규슈(九州)에 상륙하며, 마지막 단계에서 육해공군의 공동작전으로 도쿄(東京) 평야에 타격을 가한다는 것이었다. 시기는 오키나와와 오가사와라 공격은 1945년4월1일부터 6월30일 사이에 실시하고, 규슈 상륙은 10월1일, 도쿄 공격은 12월 말로 상정했다.[1] 이 계획은 소련의 대일전 참가를 상정하지 않은 것이었지만, 비록 소련이 대일전에 참가하더라도 예정에 큰 변화가 있으리라고는 판단되지 않았다.

노르망디 상륙작전에 따른 전황의 급전으로 임시정부는 크게 고무되었다. 김구와 조소앙(趙素昂)은 6월17일에 각각 루스벨트(Franklin D. Roosevelt) 대통령과 헐(Cordell Hull) 국무장관에게 보내는 편지를 주중 미국대사 고스(Clarence E. Gauss)에게 전달했다. 두 사람은 외무부장 조소앙 명의의 「성명서」와 「반추축국 전쟁에서의 한국의 역할」이라는 비망

---

1) U. S. Department of Defence, *The Entry of the Soviet Union into the War against Japan: Military Plan, 1941~1945* (mimeograph, 1955), pp.28~29.

록을 동봉했다. 이 무렵 미국 부통령 윌리스(Henry A. Wallace)가 중경을 방문하고 있었는데, 그와 주중 미국대사에게도 이 문서들을 전했다.[2]

김구는 루스벨트에게 보낸 편지에서 연합군이 로마를 점령한 것과 함께 서유럽에서 제2전선을 구축하고 또 태평양 지역에서 계속 전진하고 있는 것을 충심으로 축하한다고 말하고, "우리 한국인들은 우리의 민족해방운동이 동아시아에서의 연합군의 당면한 작전에 협력할 수 있도록 미국정부 및 다른 지도적 연합국들과 효과적이고 직접적인 협력관계를 가능한 가장 빠른 시일 안에 수립하기를 간절히 바랍니다"라고 기술했다.[3]

「성명서」는 4대 강국이 반파시스트 조치로서 한국임시정부를 승인하기 바란다고 천명했다. 승인의 이유로는 (1) 한국독립운동의 통일이 이미 달성되었고, (2) 한국은 근대 민주주의를 향한 진군을 이미 시작했고, (3) 한국은 연합국의 활동과 협동해서 그 활동을 개시했고, (4) 임시정부는 모든 한국인들의 통일을 대표하는 기구임을 들었다.

또한 비망록은 대일전을 위한 한국인의 잠재력으로 광복군과 화북의 조선의용군을 중핵으로 하고 화북 및 만주지방의 360만과 동부 러시아의 30만 등 각지에 흩어져 있는 동포들의 수를 제시했다.[4] 주중대사로부터 김구의 편지를 전해 받은 국무부는 아무런 회답도 하지 말라는 건의서와 함께 이 편지를 백악관에 전달했다.[5]

이승만은 막바지에 이른 전황의 추이를 지켜보면서 연합군의 한반도 진격을 선도할 한인청년들의 게릴라부대 결성의 필요성을 더욱 절감했다. 그는 새로운 인력자원에 주목했다. 이승만은 7월18일에 미 합동참모본부에 다시 편지를 보내어 대일전에 한국인을 활용할 것을 거듭 촉구하면서 재미동포 청년들뿐만 아니라 일본군에 노무자로 강제연행되었다가

---

2) Gauss to Hull, Jun. 21, 1944, *FRUS 1944*, vol.Ⅴ., 1965, p.1296.
3) Kim Koo to Roosevelt, Jun. 17, 1944, 『白凡金九全集(7)』, p.158.
4) Gauss to Hull, Jun. 21, 1944, *FRUS 1944*, vol.Ⅴ., p.1296.
5) U. S. Department of State, *United States Policy Regarding Korea, 1834~1950*, p.90.

태평양 섬들에서 포로가 된 한인청년들의 활용방안을 제시했다.

연합군 지지자들은 프랑스 지하운동의 위대한 성과에 대한 신문보도에 감격하고 있습니다. 그와 똑같이 강력한 레지스탕스 그룹을 태평양에서도 활동하게 할 수 있는 유사한 기회가 존재합니다. 이 굉장히 중요한 지역에서 일본의 패배를 돕기 위해 자신들의 생명을 자발적으로 바치기를 원하는 미국 시민들과 미국 친우들이 있습니다. 그 지역은 한국입니다.[6]

태평양의 섬들에서 투항한 한인청년들은 일본인과 생김새가 비슷하고, 일본말을 할 수 있고, 일본에 대한 증오감이 강하고, 민주주의 원칙에 대한 애착심이 강하기 때문에 그들을 훈련시켜서 활용하면 태평양에서의 작전수행뿐만 아니라 미군이 한국을 점령했을 때에 크게 도움이 될 것이라고 이승만은 주장했다. 그는 자신이 당장 몇백명의 한국인들을 공급할 수 있고, 또 현재 수용되어 있는 수백명의 전쟁포로를 심사해서 활용가능한 인력을 선발하겠다고 제의했다. 이들을 공략이 예상되는 태평양의 섬들과 일본 본토와 한국 등지로 침투시켜 첩보활동과 파괴공작을 하게 하자는 것이었다.

합동참모본부는 전략첩보국(Office of Strategic Services: OSS)의 의견을 물었다. 이승만이 합동참모본부에 편지를 보낸 나흘 뒤인 7월 22일에 OSS의 부국장 굿펠로(Preston M. Goodfellow) 대령은 도노반(William J. Donovan) 국장에게 한국작전계획을 바로 행동에 옮겨야 할 때라고 건의했다. 굿펠로는 1942년1월에 추진했던「올리비아 계획(Olivia Project)」(한국침투공작)이 정치적인 고려, 곧 국민정부의 반대에 부딪혀 취소되었던 사실을 상기시키면서, 이제 극동의 전쟁추이로 보아 중국을

6) Rhee to The Joint Chiefs of Staff, Jul. 18, 1944, 『韓國獨立運動史 資料(25) 臨政篇 X』, p.418.

통해서 작업을 추진할 필요가 없어졌으므로 OSS가 바로 결정적인 행동을 취할 때라고 주장했다. 굿펠로는 한국에는 OSS팀의 중요한 공격목표가 있다고 말했다. 남북을 달리는 짧은 거리의 철도에는 많은 터널이 있고, 발전소 하나가 전 군수산업의 전력수요를 충족시키고 있다는 것이었다. 굿펠로는 또 동양인들은 OSS타입의 작전에 바로 익숙해지고 빨리 배운다고 주장했다.[7] 굿펠로의 이러한 주장은 이승만의 끈질긴 설득에 의한 것이었을 것으로 짐작된다.

그러나 1942년의 경험을 근거로 이승만과의 협동작업을 탐탁하게 여기지 않는 도노반의 반응은 냉담했다. 그는 다시 이승만을 통하는 것은 현명하지 못하다고 말하고, OSS는 직접 중국에서 한국인들을 훈련할 계획이라고 합동참모본부에 통보했다. 그것은 「독수리작전(Eagle Project)」을 뜻하는 것이었다.[8] 합동참모본부는 8월5일에 이승만에게 답장을 보내어 그의 "애국적인 제안"에 감사의 뜻을 전하고, 이승만의 제안을 실행하기에 적당한 시기가 되면 합동참모본부의 관련기관이 직접 연락하겠다고 회답했다.[9]

이때는 OSS도 한반도 침투계획을 본격적으로 검토하고 있는 시점이었다. 1944년 중반 들어 OSS는 심각한 조직상의 위기를 맞고 있었다. 전쟁승리에 기여할 목적으로 만들어졌던 조직이 유럽전구에서 전쟁이 거의 끝나가도록 독일이나 이탈리아와의 전쟁에서 기여한 것이 없었기 때문이다. 그리하여 OSS는 이제 일본과의 전쟁에 총력을 경주하지 않으면 안 되게 되었다.[10]

---

7) Goodfellow to Donovan, Jul. 22, 1944, 위의 책, pp.420~421.

8) Donovan to The Joint Chiefs of Staff, Jul. 29, 1944, "Communication of the Chairman, Korean Mission", 방선주, 「美洲地域에서 韓國獨立運動의 特性」, 《한국독립운동사연구》 제7집, 독립기념관 한국독립운동사연구소, 1993, p.505.

9) A. J. McFarland to Rhee, Aug. 5, 1944, 『韓國獨立運動史 資料(25) 臨政篇 X』, p.426.

10) Bradley F. Smith, *The Shadow Warriors: OSS and the Origins of the C.I.A.*, Basic Books, Inc., Publishers, 1983, pp.263~285; Maochun Yu, *OSS in China: Prelude to Cold War*, pp.172~182.

2

OSS는 한반도에서의 한인 게릴라활동 추진에 대한 국무부의 정책을 문의했다. 국무차관보 벌(Adolf A. Berle)이 7월21일에 극동국장 그루(Joseph C. Grew)에게 보낸 편지는 한인 게릴라부대의 활용과 관련된 미국정부의 외교적인 고려사항이 어떤 것이었는지를 말해 준다. 벌은 서태평양의 작전상황을 감안하여 OSS가 한국 안에서 자체적으로 레지스탕스 활동을 하거나 연합군이 진공할 때에 지원할 한국인 게릴라부대를 결성하는 것은 당연한 일이라고 말하고, 요원확보를 위한 한국인 그룹들과의 교섭문제, 아직 참전은 하지 않았지만 한국에 큰 이해관계를 가진 소련과의 사전협의의 필요성 여부 등을 검토하라고 지시했다. 또한 벌은 OSS는 지난 날 이승만 그룹으로부터 도움을 받았지만, 지금 한국인들은 격심한 파쟁 속에 있음을 지적했다.[11]

극동국의 의견은 이승만에 대해 비판적인 매큔(George M. McCune)이 입안했다. 그는 1944년5월에 OSS에서 국무부로 전임되어 있었다. 매큔은 극동국의 의견을 정리하여 7월31일에 벌에게 보고했다. 매큔은 먼저 극동국은 한국인을 전쟁노력에 활용하는 것은 대찬성이라고 말하고, 그 방법으로 세가지를 들었다.

첫째로 OSS가 그러한 계획을 시행하도록 위임하는 하나 또는 복수의 한국인 그룹(한국임시정부와 같은)에 물질적, 재정적, 정신적 지원을 제공하는 방법.

둘째로 OSS가 개별적으로 모집하고 고용한 한국인 그룹이 수행할 활동 프로그램을 수립하는 방법.

셋째로 OSS가 고용할 사람들을 지명하고 자문자격으로 OSS와 긴밀히 협조할 현존하거나 앞으로 수립될 한국인 그룹과 협조하는 방법.

---

11) 미국무부문서 895.01/7-2144, Berle to Grew, Jul. 21, 1944.

매큔은 첫째 방법은 그 임무를 위임받는 한국인 그룹은 배타적인 정치권력과 한국대표권을 부여받은 것으로 간주될 것이며, 그러한 정치적 측면은 국제적 분규를 야기시킬 수 있을 뿐만 아니라 군사작전을 방해할 가능성이 있다면서 반대했다.

매큔은 둘째 방법이 한국인을 가장 효과적으로 활용할 수 있는 방법일 것이라고 말하고, OSS가 그러한 방법에 의하여 한국인을 활용하는 준군사활동 프로그램을 계획하는 작업에 착수할 것을 건의했다. 매큔은 한국인을 특수공작에 활용하는 일에 대해서는 적극 찬성하면서도 그것이 임시정부나 이승만의 주도 아래 진행되는 것은 반대한 것이다.

매큔은 보고서에서 극동국의 랭던(William R. Langdon)이 1944년1월 4일에 국무부 정치계획위원회에 제출한 한국국민군단(Korean National Legion) 창설안에 대해서도 언급했다. 랭던의 건의안에 따르면 한국국민 군단은 중국에서 훈련을 받고, 미국, 영국, 중국 세 나라 장교들의 지휘를 받도록 한다는 것이었다.[12] 이 무렵 랭던은 중국 운남성 곤명(昆明)주재 총영사로 부임해 있었는데, 그곳에 가서도 6월29일에 그루에게 사신을 보내어 자신의 의견을 되풀이하여 피력했다. 그러나 국무부는 랭던의 건의안을 그다지 심도 있게 검토하지 않았는데, 매큔은 보고서에서 OSS가 랭던의 사업계획에 대해 국무부 간부와 협의하는 데 흥미가 있을 것 같다고 썼다.

매큔은 한국 독립운동자들의 화합을 북돋우고 한국인들의 목적에 대한 일정한 승인의 방법으로 한국인 한 사람을 연합국 구제부흥기구(United Nations Relief and Rehabilitation Agency: UNRRA) 회의에 옵서버 자격으로 참가시키는 방안을 고려중이라고 덧붙였다.

또한 매큔의 보고서는 이 시기에 미국정부가 한국문제를 고려하면서 소련의 반응을 여러 방면으로 조심스럽게 타진했음을 보여 준다. 이 시점까지 소련과 일본은 1941년4월에 체결한 불가침조약을 지키고 있었다.

---

12) U.S. Department of State, *United States Policy Regarding Korea, 1834~1950*, p.103.

매큔은 한국의 대표 한 사람을 연합국 구제부흥기구 회의에 옵서버로 초청하는 문제에 대하여 소련의 입장을 타진할 계획이라고 보고했다. 그러면서 그는 주중 미국대사에게 주중 소련대표들과의 사적이고 비공식적인 접촉을 통하여 한국의 독립운동과 중국에서의 연관된 활동에 대한 그들의 태도를 알아보라는 훈령을 보냈다고 말했다. 이러한 일들은 소련당국이 한국에 관한 비공식적 협의를 더욱 진전시키는 데 관심이 있는지를 알 수 있는 기회를 제공할 것이고, 만일 소련쪽이 민감하게 반응한다면 그러한 협의를 대사관 직원 수준이나 외교경로를 통하여 추진하도록 결정해야 할 것이라고 건의했다.[13]

연합국 구제부흥기구의 제1차 회의는 9월16일부터 26일까지 캐나다의 몬트리올에서 열렸다. 이 기구는 추축국의 침략으로 피해를 입은 나라들에 대한 구제와 부흥활동을 목적으로 1943년에 44개국이 참가하여 설립한 기구였다. 자금은 전쟁 동안 침략을 당하지 않은 나라들이 제공했는데, 대부분은 미국(27억달러), 영국(6억2,465만달러), 캐나다(1억3,873만8,000달러) 세 나라가 담당했다. 연합국 구제부흥기구는 1947년에 해산되고, 그 임무는 국제연합 산하의 여러 기관들로 분산되었다.

이승만은 주미외교위원부 대표로 임병직(林炳稷)을 연합국 구제부흥기구 회의에 파견했다. 임병직은 대한민국이 이 기구의 회원국 자격을 얻고, 중국 각지에 흩어져 있는 곤궁한 한국인들에 대한 구제를 목적으로 각국 대표들을 상대로 활발한 교섭을 벌였다. 그 결과 중국에 있는 곤궁한 동포들의 구제문제는 몇달 안으로 중경에 설치될 이 기구의 극동지회에서 다루기로 했다. 임병직은 회의기간 동안 미국정부의 라디오 방송을 통하여 극동에 한국어로 두번, 유럽에 영어로 두번 방송했다.[14] 그런데 이

---

13) McCune to Berle, Jul. 31, 1944, 『韓國獨立運動史 資料(25) 臨政篇 X』, pp.423~425.
14) 《주미외교위원부통신》(제88호), 1944년9월21일자, 「연합국구제대회에 외교위원부대표 참석」, 《주미외교위원부통신》(제90호), 1944년10월5일자, 「연합국구제대회 회의필요」; 《북미시보》 1944년10월1일자, 「임정대표 임병직 커널의 라디오방송」.

회의에는 임병직뿐만 아니라 한족연합위원회 위싱턴사무소에서도 참가를 교섭하여 김용중(金龍中)이 옵서버 자격으로 회의에 참석했다.[15]

3

재미 한인청년들과 태평양의 섬들에서 투항한 한국인 포로들을 훈련하여 한반도로 침투시킨다는 OSS의 계획은 바로 실시되었다. 이 계획은 「넵코작전(Napko Project)」이라고 명명되었는데, '넵코'가 무엇을 뜻하는 지는 분명하지 않다. OSS 101지대를 이끌고 1942년부터 인도와 버마의 국경지대인 아삼(Assam) 지방에서 활동하다가 부상을 입고 1943년에 귀국해 있던 아이플러(Carl F. Eifler) 소령이 이 계획의 책임자가 되었다. 아이플러는 101지대의 유일한 한국인 대원인 장석윤(張錫潤)을 위싱턴으로 불러들였다. 장석윤은 아이플러와 함께 2년 넘게 버마 북부의 산림지대에서 반일 게릴라활동을 하다가 1944년7월에 혼자서 중국에 있는 미 공군부대로 전임되었다. 장석윤은 이 공군부대의 소재지를 밝히지 않은 채 "셔널 장군"이 이끄는 부대라고만 했으나,[16] 그것은 운남성 곤명(昆明)에 있는 제14항공대였을 것이다. "플라잉 타이거즈(Flying Tigers)"라는 이름으로 더 유명한 제14항공대는 중국 공군의 대일전을 지원할 목적으로 만들어진 미 공군부대로서, 대장은 셰놀트(Claire L. Chennault) 소장이었다. 셰놀트는 이범석(李範奭)이 가장 먼저 접촉한 미군인사이기도 했다.[17]

장석윤은 중경에 가서 김구를 비롯하여 조소앙, 엄항섭(嚴恒燮) 등 임시정부 인사들을 만났다. 그들은 비참한 생활을 하고 있었으나 독립투쟁의 기개는 놀라웠다. 장석윤은 김구를 만나 이승만의 연락사항을 전달하고, 김구

---

15) 독립기념관소장문서 도981, J. Kyuang Dunn to Hawaii UKC & Los Angeles UKC, Sep. 16, 1944; 《國民報》 1944년9월27일자, 「연합국회의에 한인대표」.

16) 張錫潤, 『먹구름이 일고 간 뜻을 깨닫고: 장석윤(張錫潤)의 격랑 한세기의 증언』(未刊行組版本), p.63.

17) 李範奭, 「光復軍」, 《新東亞》 1969년4월호, p.198.

가 이승만에게 전할 사항을 인수했다. 그런 지 석달 뒤에 워싱턴 본부로부터 전보를 받고 비행기로 워싱턴으로 돌아왔다.[18]

워싱턴으로 돌아온 장석윤에게 「냅코작전」을 수행할 부대조직의 임무가 맡겨

자신의 관할지역 지도 앞에 선 1942년의 아이플러.

졌다. OSS는 매큔이 건의한 두번째 방법, 곧 개별적으로 요원을 직접 모집하여 부대를 편성하는 방법을 채택했으나, 이승만과 장석윤의 관계로 미루어 보아 요원 선발단계에서부터 장석윤이 이승만과 긴밀히 상의했을 것이 틀림없다.

「냅코작전」을 수행할 부대 이름은 FEU(Field Experimental Unit)로 정해졌다. 포로들 가운데서 FEU 요원을 선발하는 데에는 문제가 없지 않았다. 우선 전쟁포로를 전투요원으로 이용하는 것은 국제법 위반이었다. 그뿐만 아니라 포로들을 신문하여 얻는 정보는 신빙성에 문제가 있었다. 장석윤은 모험심이 강한 인물이었다. 그는 자신이 직접 포로가 되어 수용소에 들어가기로 결심했다. 이름도 김의성(金義城)으로 바꾸었는데, 그것은 그의 어머니가 의성 김씨인 것에서 생각해 낸 것이었다. 장석윤은 11월30일에 위스콘신주의 매코이(McCoy) 포로수용소로 갔다. 극

---

18) 張錫閏, 앞의 책, p.63.

비에 부쳐진 이 방법은 포로수용소 책임자 로저스(Horace I. Rogers) 중령을 포함하여 네 사람밖에 알지 못했다. 그곳에는 한국 노무자 100명이 수용되어 있었다. 이들은 거의가 1944년에 강제연행되어 온 사람들이었다. 장석윤은 버마에서 비행장을 건설하는 노동자로 강제연행되었다가 미군의 폭격으로 포로가 된 것으로 위장했다. 그는 영어를 하는 포로라고 하여 공식통역으로 임명되어 자유롭게 포로들에게 접근하면서 요원이 될 만한 인물을 물색하고 국내 정보를 탐지했다. 장석윤은 40일 가까이 이들과 같이 생활하고 나서 탈출하는 것처럼 하여 수용소를 빠져나왔다. 그러고는 자세한 보고서를 작성했다.

이들 포로를 출신별로 보면 경기도(36명)와 황해도(24명)가 가장 많았으나, 9개도 출신이 망라되어 있었다. 연령별로는 20세에서 30세까지가 63명으로 가장 많고, 30세에서 40세까지가 29명, 20세 미만이 8명이었다. 학력별로는 중학 졸업자가 4명이고, 초등학교 6년 졸업자 24명, 4년 수료자 25명, 2년 수료자 26명, 그리고 학교에 다녀보지 못한 사람이 21명이었다. 이들의 말에 따르면, 국내의 한국인들은 유사 이래 가장 극심한 기아와 일본의 혹독한 압제를 겪고 있어서 인내심이 한계점에 다다라 있었다.

1944년 현재의 국내상황에 대한 한인포로들의 다음과 같은 인식은 눈여겨볼 만했다.

(1) 일본의 압제와 횡포에 대한 증오 때문에 한국인들은 정확히 지도하면 반란이 반드시 일어난다.

(2) 한국인들은 일본의 경찰과 정보기관의 능력에 의표를 찌를 수 있다.

(3) 한국에는 소극적이기는 하지만 일본정부에 대한 레지스탕스가 계속되고 있다.

(4) 많은 한국인들이 친일파인 것처럼 보이기 위해 일본정부 관리로 고용되어 있지만, 실제로는 그 반대로 이들은 일본인들을 전복하고 일본으로부터 해방되기 위한 한국의 투쟁을 어떤 방법으로든지 돕고자 하는 욕망

이 강하다.

(5) 한국인들은 미국을 매우 존경하고, 궁극적으로는 미국의 도움을 받을 것이라고 확신하고 있다. 많은 한국인이 미국에 유학했다. 그들은 미국과 미국식 생활양식을 이해한다. 다른 많은 한국인이 이 나라에 기독교를 전한 초기 선교사들을 통하여 국내에서 교육을 받았다.

(6) 한국인들은 일본인들을 전복시키려는 그들의 노력을 미국이 뒷받침한다는 것을 알면, 그리고 때가 무르익으면, 한국에 있는 모든 일본인들을 말살하기 위해 봉기할 것이다. 한국의 217개 군 가운데 절반은 주재하는 일본인 관리가 40명도 되지 않고, 어떤 군에는 15명 내지 20명밖에 없다. 물론 강력한 경찰서와 군대가 주둔하고 있는 20개의 큰 도시는 이에 해당되지 않는다.[19]

이러한 상황판단에 근거하여 장석윤은 4곳의 침투지역과 공작원 후보를 제시했다.

○ 제1지구: 진남포나 아니면 원산으로 상륙한 뒤에 평양과 서울로 침투하여 활동한다. 공작원 후보는 두 사람이다.

이종흥. 40세. 한인포로들의 부대변인. 황해도 신계군(新溪郡) 출신. 1944년4월에 강제연행되어 사이판섬으로 송출되었다가 6월의 사이판섬 함락 때에 포로가 되었다. 미군을 도와 일하다가 수류탄이 터져 부상을 입고 10월에 샌프란시스코로 이송되었다. 일본군이 아니라는 이유로 포로복 입기를 거부했다. 4년 전에 황해도 겸이포의 일본 제철회사에서 노동자로 1년쯤 일했고, 송도염직회사에서 판매원으로 1년 동안 일하면서 강원도 동부를 여행했다. 평양과 서울의 지형에 밝다.

김필영. 30세. 황해도 송화군(松禾郡) 출신. 송화군과 구월산(九月山)의 지리를 잘 안다. 1년 동안 도피생활을 하다가 1944년6월에 사이판으로 송출되어, 바로 포로가 되었다. 그는 돈만 있으면 얼마든지 숨어 다닐

---

19) Eifler to Donovan, Feb. 26, 1945, 『NAPKO PROJECT OF OSS: 海外의 韓國獨立運動史料 (XXIV) 美洲篇⑥』, pp.179~184.

수 있다고 장담한다.

○ 제2지구: 양양지구. 이 지구에 침투시킬 후보자는 5년 동안 양양지역에 거주한 김영춘. 25세. 숙련된 재봉사이며, 일본어에 능통하다. 원산에 거주하는 숙부는 만주에서 온 독립운동자를 숨겨 주었다가 5년 전에 사형당했다.

○ 제3지구: 제물포 지구. 황해에서 서울을 잇는 수로로 서울침투가 가능한 지역이다. 후보자는 두 사람이다.

양순길. 26세. 한강변의 작은 어촌인 향천외리 출신. 5년 동안 고향과 제물포를 오가면서 고기잡이 생활을 하여 한강 뱃길에 밝고, 강화도 인근 섬들을 잘 안다. 착실한 기독교 신자이며, 학교는 다니지 않았으나 한글을 읽고 쓰며 일본어를 이해한다.

홍원표. 24세. 서산군 해안지방 출신. 제물포의 자동차부품 상점과 서울의 자전거 상점에서 일했고, 1943년3월에 강제연행되어 11월에 마틴(Martin)섬에서 포로가 되었다. 양순길을 통하여 제물포 일대 어부들의 지하조직을 만들고 잠수함과 연락하도록 할 수 있다.

○ 제4지구: 목포지구. 김공선. 32세. 목포에서 태어났다. 초등학교 3학년을 수료하고, 서울로 올라가서 6년 동안 음식점과 식품상 종업원으로 일했다. 만주로 가서 여러 직업을 전전하던 끝에 1944년1월에 고향으로 돌아가자마자 강제연행되어, 사이판으로 송출되었고, 6월에 포로가 되었다. 그는 정의감이 강하고 금주와 금연운동을 벌이는 등으로 한인포로들의 존경을 받는다. 포로들의 대변인이다.

아이플러는 장석윤의 이러한 보고와 건의를 그대로 도노반에게 보고했는데, 그것이 「냅코작전」의 원형이 되었다.

2.「광복군행동준승」의 폐지

1

우여곡절 끝에 1944년4월에 연립내각을 구성한 임시정부는 매주 월요일마다 김구 주재로 국무위원회를 열어 당면한 주요문제들을 토의하고, 또 각부 부장들의 연석회의를 열어 업무처리를 능률적으로 추진함으로써 임시정부는 수립 이래 가장 체계 있고 능률적인 활동을 해나갔다.

새로 구성된 국무위원회의 가장 중요한 과제는 「광복군9개행동준승」 폐지문제였다. 임시의정원은 1943년12월8일에 신임 국무위원들은 취임 3개월 이내에 임시정부가 초안을 작성해 놓고 있는 「중한호조군사협정(中韓互助軍事協定)」을 중국과 체결하고 「광복군행동준승」은 폐지하도록 하되, 만일에 그것이 실현되지 않을 경우에는 임시정부는 즉시 「광복군행동준승」의 무효를 성명하고 광복군의 재건작업을 추진하기로 결의했었다. 임시정부의 태도가 단호하자 국민정부도 이 문제가 해결되지 않으면 반드시 두 나라 사이의 우호관계에 영향을 미치고, 상황이 더 악화되면 지금까지 장기간 지속되어 온 임시정부에 대한 중국의 원조행위가 모두 허사로 돌아갈 것이라는 것을 알게 되었다. 게다가 카이로선언으로 한국독립문제에 대한 국제간의 장애도 배제되었으므로 국민정부는 한국광복군에 대한 종래의 강경한 방침도 완화시킬 필요성을 느꼈다.[20]

그러나 중국 군사위원회의 태도는 변함이 없었다. 중국 군사위원회는 1944년 들어 「한국광복군간부훈련반 계획개요」를 작성하여 광복군간부를 훈련시킬 계획을 추진했다. 14개항으로 된 이 「계획개요」는 손문(孫文)의 삼민주의(三民主義)와 장개석(蔣介石)의 약소민족 원조정책에 근거한 정신훈련을 실시한다는 등 한국인의 자주정신에 위배되는 내용

---

20) 胡春惠 著, 辛勝夏 譯, 『中國안의 韓國獨立運動』, pp.169~170.

이 포함되어 있었다.[21] 5월26일의 국무위원회는 「계획개요」가 광복군의 자주정신을 훼손할 뿐만 아니라 한중 합작의 취지에도 크게 위배된다는 이유로 거부하기로 결의했다.[22] 그리고 「광복군행동준승」 폐지와 「중한호조군사협정」 체결의 교섭대표로 주석 김구, 외무부장 조소앙, 군무부장 김원봉(金元鳳)을 선임했다.[23] 그러나 김원봉은 이튿날 아내 박차정(朴次貞)이 갑자기 사망하여 교섭활동에 참가하지 못했다. 조소앙은 국민당 비서장 오철성(吳鐵城)을 만나서 1943년2월에 중국 외교부장 송자문(宋子文)에게 우편으로 발송한 「중한호조군사협정초안」을 제출하고 「광복군행동준승」의 폐지를 요청했다. 오철성은 조소앙을 면담한 사실을 6월6일에 군사위원회의 하응흠(何應欽) 참모총장에게 전하면서 "임시정부를 안정시키고 내부의 분규를 깨끗이 제거하기 위해서는 사정을 참작하여 개정할 수 있도록 해야 할지 말아야 할지" 모르겠다면서 행동준승의 폐지여부와 수정에 관해 빨리 조치할 것을 촉구했다.[24]

임시정부의 집요한 요구에 따라 임시정부와 중국쪽 관계자들 사이에 「광복군행동준승」 문제를 해결하기 위한 협의회가 열렸다. 6월22일의 첫 회의를 시작으로 6월30일, 7월9일, 7월10일까지 모두 네차례 회의가 열렸는데, 임시정부에서는 광복군 총사령 이청천(李靑天)을 비롯하여 조소앙, 김원봉, 박찬익(朴贊翊), 민필호(閔弼鎬), 최동오(崔東旿), 최덕신(崔德新)이 번갈아 참가하고, 중국쪽에서는 중국 군사위원회 판공처 군사처장 후성(候成)과 광복군 참모장으로 파견되어 있던 조덕수(趙德樹)와 왕계현(王繼賢)이 참석했다. 중국쪽은 「행동준승」의 폐지문제는 임시정부의 승인문제와 직결되는 문제라고 주장하여 쉽게 결론이 나지 않았다.

---

21) 「한국광복군 간부훈련반계획개요」 (1944.), 『대한민국임시정부자료집(11) 한국광복군Ⅱ』, pp.90~92.
22) 《大韓民國臨時政府公報 제81호》 (1944년6월6일), 『대한민국임시정부자료집(1) 헌법·공보』, p.315.
23) 《大韓民國臨時政府公報 제81호》 (1944년6월6일), 위의 책, pp.315~316.
24) 「光復軍行動準繩 개정에 관한 건」 (1944년6월6일), 『대한민국임시정부자료집(10) 한국광복군Ⅰ』, pp.149~150.

군사협정은 적어도 형식상 정부승인이 있은 다음에야 가능하다는 것이었다.

제2차 회의에서 후성은 광복군문제의 해결안으로 세가지 방안을 제시했다. 제1안은 광복군이 중국 군사위원회에 예속되기 이전의 상태를 회복하여 임시정부의 관리로 귀속시키는 방안이고, 제2안은 현상을 유지하는 방안이며, 제3안은 책임자를 규명하는 방안이었다. 이 세가지 방안 가운데 임시정부가 어느 것이나 택하라고 했다.[25] 제1안을 실행하면 중국 군사 인원 한두 사람을 광복군에 파견하여 일을 처리할 수 있고, 제2안을 실행하면 군사위원회가 훈련반을 개설하기를 기다려 객관적 정황을 살펴서 자동적으로 고칠 수 있을 것이고, 제3안을 택한다면 책임문제를 규명해야 한다는 것이었다. 후성은 「광복군행동준승」은 발포한 지 몇달도 되지 않아서 한국인이 반대하는데, 그것이 자신의 과실 때문에 빚어진 결과라면 자기가 처분을 신청하겠고, 그렇지 않다면 중국 국민의 한 사람으로서 한국임시정부에 책임자의 처벌문제를 제기하겠다고 했다.

임시정부는 국무회의를 열고 후성이 제안한 세가지 방안을 검토한 끝에 제1안으로 하기로 결정했다. 7월9일에 열린 제3차 협의회에서 조소앙은 임시정부가 제1안을 선택했다고 후성에게 말했고, 후성은 1안도 가능할 것이라고 답변했다. 이날의 회의에는 김원봉도 참석했는데, 그는 주권은 우리에게 있고, 인사는 우리쪽에서 임면하며, 정훈도 우리쪽에서 자주적으로 하겠다고 주장했다. 다만 중국영토 안에서 실시하는 대원모집 활동은 당연히 쌍방이 협조하여 진행하도록 하겠다고 말했다. 후성은 중국 군사위원회에서 제1안과 제2안의 초안을 작성하여 보낼 테니까 참조하여 다시 연구해 보고 상의하자고 말했다.[26]

25) 「광복군교섭에 관한 제2차會商內容略錄」(1944.6.30.), 위의 책, p.157.
26) 「광복군교섭에 관한 제3차會商內容略錄」(1944.7.9.), 같은 책, pp.157~158.

이튿날 하응흠은 한국임시정부가 군사협정 체결요구를 철회하고 별도의 해결방법을 모색하기로 했다고 회의결과를 장개석에게 보고했다. 그는 광복군은 명의상 임시정부에 예속시키는 것이 합당하며, 「행동준승」 9개조는 중국쪽에서 자동적으로 개정하거나 취소하여 중국 항전의 안전에 해가 없도록 함으로써 임시정부의 요구에 일치하도록 노력하는 한편, 각 전구에서의 공작과 전구를 통한 인원모집은 반드시 중국 군사위원회의 동의를 거쳐서 실시하는 것을 원칙으로 해야 한다고 건의했다.[27] 장개석의 재가를 받은 하응흠은 8월23일에 한국광복군은 임시정부에 귀속시키고, 중국 군사위원회에서 정한 「한국광복군9개행동준승」을 폐지한다고 임시정부에 통보했다.[28]

「행동준승」은 폐지되었으나 임시정부가 요망하는 새로운 군사협정의 체결은 이루어지지 않았다. 그것은 「행동준승」을 근거로 하여 시행되던 중국 군사위원회의 재정지원이 사실상 중단된 것을 의미했다.[29]

중국 군사위원회의 재정지원 중단으로 광복군은 심각한 위기에 빠지게 되었다. 같은 날 열린 국무위원회는 광복군총사령부 직원 및 가족의 수입이 임시정부나 그 밖의 직원 및 그 가족의 수입에 비하여 부족할 때에는 그 부족액을 보충해 주기로 한 결정을 취소했다. 이튿날 김구는 국무위원회에 「행동준승」 취소사실을 보고했고, 국무위원회는 광복군의 선후문제에 대한 대책을 적극적으로 강구하기로 결의했다.[30] 그러나 10월5일을 전후하여 중경 광복군총사령부 소속 장교 18명 가운데 10명이 사임한 사실은 중국 군사위원회의 재정지원 중단이 광복군 관계자들에게 얼마나 심각한 영향을 끼쳤는지를 말해 준다. 이들이 사임한 이유는

---

27) 「韓中軍事協定草案의 심의경과보고서」(1944.7.10.), 같은 책, pp.158~159.
28) 《大韓民國臨時政府公報 제82호》(1944년9월10일), 『대한민국임시정부자료집(1) 헌법·공보』, p.323.
29) 韓詩俊, 『韓國光復軍硏究』, p.133.
30) 《大韓民國臨時政府公報 제82호》(1944년9월10일), 『대한민국임시정부자료집(1) 헌법·공보』, p.323.

「행동준승」이 폐지된 뒤에 그들 가운데 일부가 전선으로 파견되기를 원했기 때문이기도 했지만, 대부분 중국 군사위원회의 재정지원이 완전히 중단되어 생활방도가 없어졌기 때문이었다.[31]

이처럼 「행동준승」의 폐지로 한국 독립운동자들의 민족적 자긍심을 되찾기는 했지만, 격심한 곤궁의 고통을 감수해야만 했다. 김구는 이러한 상황을 빨리 해결하지 않으면 안되었다.

2

김구는 9월5일에 총통관저로 가서 장개석과 회담했다. 통역으로는 임시정부 법무부장 박찬익을 대동했다. 회담의 교섭경위는 자세히 알 수 없으나, 김구가 장개석을 만나기 전에 회담의제를 정리한 비망록을 준비한 것을 보면, 긴급한 사전교섭이 있었던 것으로 판단된다. 그리고 이 회담은 비밀리에 이루어졌다. 이때는 장개석도 전후 한국처리문제에 대해 종전보다 더 실질적인 관심을 가지고 있었으므로 김구와 한국임시정부에 대한 배려도 달라져 있었을 것이다. 회담을 시작하면서 김구는 다음과 같은 여섯가지 사항이 적힌 비망록을 장개석에게 건넸다. (1) 중국정부의 한국임시정부에 대한 합법적 승인, (2) 한국임시정부에 대한 원조 증대, (3) 한국광복군의 편제와 훈련에 대한 상의, (4) 소련령 중앙아시아 한인 교민들과의 연락과 교통에 대한 협조, (5) 활동비 5,000만원의 차관, (6) 매달 정무비와 생활비 200만원의 보조였다.

그리고 위의 여섯가지 요구사항과는 별도로 구두로 임시정부와의 연락책임을 맡을 전담자를 지정해 줄 것과 임시정부 청사로 사용할 건물을 불하해 줄 것, 그리고 비망록 및 회담내용을 한국정부 관계자나 그 밖의

---

31) 「한국임시정부와 광복군에 대한 보고서」(1944.10.6.), 『대한민국임시정부자료집(12) 한국광복군 III』, p.74.

한국인에게 알리지 않을 것의 세가지 사항을 요망했다.[32]

청사문제를 거론한 것은 연립내각의 성립으로 임시정부의 직원과 살림살이가 갑자기 늘어남에 따라 여아홉칸의 오사야항(吳師爺巷) 청사는 너무 좁아서 업무를 제대로 볼 수 없게 되었기 때문이다.

요구사항 가운데 중앙아시아 동포 교민들과의 연락과 교통의 협조 문제가 포함된 것이 눈길을 끈다. 이 무렵 김구는 중앙아시아로부터 중경에 온 이충모(李忠模)에게서 중앙아시아 지역의 교민생활에 대한 이야기를 자세히 들었다. 이충모는 함북 홍원군(洪原郡) 출신으로서 일본 메이지대학(明治大學) 수학 중에 3·1운동에 참가했고, 1921년 이후 시베리아 일대를 유랑하다가 1923년에 상해에서 열린 국민대표회의에 소련 교민대표로 참석했었다. 그는 귀국했다가 일본경찰에 체포되어 징역 1년형을 선고받고 복역한 뒤에 다시 만주를 거쳐 소련으로 갔고, 10년 넘게 중앙아시아에서 살다가 1943년에 모스크바 주재 중국대사 소력자(邵力子)의 도움으로 중경으로 왔다.[33]

두루 아는 바와 같이, 블라디보스토크의 신한촌을 중심으로 연해주 일대에 흩어져 살던 동포들이 1937년9월에서 11월 사이에 스탈린(Joseph V. Stalin)에 의하여 중앙아시아로 강제이주된 것은 해외 한민족 수난사에서 가장 비극적인 사건이었다. 강제이주된 사람들은 17만1,781명에 이르렀는데, 이들은 모두 카자흐스탄과 우즈베키스탄으로 이송되어 처참한 생활여건을 무릅쓰고 정착에 성공했다.[34] 김구가 요구사항의 하나로 이들 강제이주 동포들과의 연락과 교통 편의를 제공해 줄 것을 요구한 것은 눈여겨볼 만하다. 이때는 강제이주가 있은 지 7년째 되는 때

---

32) 「蔣介石과 金九의 담화회 경과보고」(1944년9월20일), 『대한민국임시정부자료집(22) 대중국외교활동』, pp.218~220.

33) 정병준, 「광복 직전 대한민국임시정부의 민족통일전선」, 《백범과 민족운동연구》 제4집, 백범학술원, 2006, pp.53~54.

34) 이상근, 「고려인 중앙아시아 강제이주과정 및 정착과정」, 《國史館論叢》(제103집), 國史編纂委員會, 2003, pp.83~122 참조.

였다.

장개석은 그 자리에서 오철성 비서장을 임시정부와의 연락책임을 맡을 전임자로 지명하고, 임시정부 청사문제는 오 비서장이 책임지고 처리하도록 하겠다고 말했다. 그리고 비망록에 기재된 요구사항들은 오 비서장을 통하여 회답하겠다고 했다.

김구는 9월13일에 박찬익을 대동하고 오철성의 사무실을 찾아갔다. 김구의 요구사항에 대한 장개석의 답변은 다음과 같았다. (1) 임시정부의 승인문제에 관해서는, 중국은 시기가 성숙하면 솔선해서 승인하기로 이미 방침을 확정했고, (2) 원조 증대문제에 관해서는 힘닿는 데까지 지원할 것이며, 한국임시정부가 조속히 항일전에 참가하기 바라고, (3) 광복군의 편제와 훈련의 정리문제에 관해서는, 하응흠 총장과 상의해야 할 것이지만, 한국임시정부가 광복군의 운용과 희망여하를 먼저 제시하기 바라고, (4) 중앙아시아 한인교민단과의 연락 문제는 최근에 중경에 온 이충모군과 면담하여 상황을 자세히 알아보고 난 뒤에 다시 상의하겠고, (5) 활동비 5,000만원 차관문제에 대해서는 우선 500만원을 차관해 주고, 앞으로 일의 진척을 보아 다시 상의하고, (6) 정무비와 생활비문제에 관해서는 이달부터 100만원으로 늘리겠으며 식량문제는 다시 상의하고, (7) 청사문제는 이미 중경 시정부에 건물을 빌려 주라고 지시했고, 한국임시정부가 적합한 건물을 물색하면 상황을 조사해 보고 주관기관과 상의하겠다고 대답했다.[35]

장개석의 지시에 따라 국민정부는 9월부터 임시정부에 매달 100만원을 지원하고 이와는 별도로 조직, 통신, 첩보활동 목적으로 500만원을 지급하기로 했다. 그러나 그것은 임시정부 관계자들의 생활비를 충당하기에도 턱없이 부족한 금액이었다.

「광복군9개행동준승」의 폐지로 광복군의 자주권을 회복한 임시정부

---

35) 주 32)와 같음.

서안에서 광복군 제2지대장으로서 대원들을 훈련시키던 때의 이범석.

는 연합군과의 연합작전을 주요한 작전계획으로 설정했다. 임시정부는 1944년4월에 이미 군무부의 공작사항의 하나로 "동맹국 각 전선에 가능한 한 대표 및 공작인원을 파견하여 동맹국 군사당국과 배합작전을 하기 위하여 정기적으로 연락을 취하게 하며, 동시에 동맹국 군사당국에 포로가 된 한국 국적 (일본군)사병 및 그 밖의 인원을 인도하도록 교섭하여 그들을 단기 훈련하여 동맹군과 배합작전을 하게 할 것"이라고 결정했다.[36]

광복군 제2지대를 이끌고 서안(西安)에서 활동하던 이범석이 9월9일에 중경에 왔다. 「광복군행동준승」의 폐지 소식을 듣고 임시정부 간부들과 앞으로의 광복군 운영문제를 협의하기 위해서였다. 광복군 참모장이었던 이범석은 1942년10월에 광복군 제2지대장으로 임명되어 가족과 함께 서안으로 부임한 지 거의 2년 만에 중경에 온 것이었다. 그러지 않아도 이 무렵 이범석은 미군과 합동작전을 전개하는 방안을 모색하고 있었다. 이범석은 중국과의 마찰을 피하기 위해 광복군이 중국 군사위원회의 통제를 벗어나서 연합국의 일원으로 미군과 합작해야 한다는 사실을 중국쪽에 솔직하게 털어놓고 중국쪽의 양해를 얻었다고 한다.[37]

이범석은 중경에 와 있는 UP통신 특파원과도 인터뷰를 했는데, 이범석의 반일투쟁활동에 큰 감명을 받은 UP통신 특파원은 그를 중국 파견 미육군정보국(Military Intelligence Division: MID)의 책임자 딕키

---

36) 「軍務部工作計劃大綱」(1944.4.1.), 『대한민국임시정부자료집(9) 군무부』, p.76.
37) 李範奭, 앞의 글, p.198.

이범석 휘하의 광복군 제2지대 대원들.

(Joseph Dickey) 대령에게 소개했다. 딕키 대령은 연안(延安)지구에 있는 한인 공산주의자들을 이용하여 만주와 한반도와 일본 등지에서 첩보활동을 추진하려고 했던 「화북(華北) 첩보작전(North China Intelligence Project)」의 원형이 된 「딕시공작(Dixie Mission)」의 입안자이자 총감독자였다. 그것은 국민정부의 통제를 벗어나서 화북지역으로 침투하여 첩보활동을 전개하고자 한 첫 시도였다.[38]

이범석은 딕키 대령에게 미군과 광복군의 합작을 제의했다. 이범석은 선발된 한인청년들을 미군이 훈련시켜 그들로 하여금 미군을 위한 전략정보 수집과 앞으로 있을 한국에서의 연합군의 작전을 도울 지하세력을 조직하고 이들과 정기적인 접촉을 유지할 수 있도록 한국에 파견할 것을 요청했다. 이범석은 더 나아가 이들을 일본에 침투시키는 것도 가능하다고 확신했다.[39] 딕키 대령은 이범석의 주장에 큰 관심을 보였고, 그에게 워싱턴으로 가

---

38) 「화북첩보작전 초안서 부록3」(1945.1.5.), 『대한민국임시정부자료집(12) 한국광복군Ⅲ』, pp.86~87.
39) 「한국에 대한 비밀첩보침투를 위한 독수리작전 보고서 부록4」(1945.3.1.), 위의 책, p.119.

Korean National Army. 2nd Co. in action.
eived by Dr. Rhee, June 6, 1943, from the Kor
visional Government.

한국광복군 제2지대의 실전훈련. 임시정부가 보낸 것을 이승만이 1943년5월6일에 접수했다.

서 협의해 볼 것을 제안했다.

이 무렵 김구와 조소앙은 중경에 온 OSS 관계자와 만났다. 이 면담자는 11월에 작성한 「중경 대한민국임시정부에 관한 메모」라는 비밀보고서에서 "잔혹하고 불굴의 적인 일본에 대항하여 해외 혁명활동을 위하여 오랜 기간 연마해 온 이 두 인물의 강인한 모습에서 매우 깊은 인상을 받았다"라고 썼는데,[40] 이때에 김구와 조소앙을 만난 사람은 시기적으로 보아 앞에서 본 장석윤이었을 개연성이 있다. 장석윤은 버마로 파견될 때에 미국정부에는 비밀로 했으나 이승만의 지시로 이승만과 김구 사이의 연락 임무를 수행하고 있었다.

3

이범석의 제안을 통해 김구는 미국정부의 지원에 큰 기대를 걸었다.

---

40) 「중경 대한민국임시정부에 관한 메모」(1944.11.), 같은 책, p.74.

김구가 이승만에게 쓴 9월21일자의 긴 편지는 이때의 임시정부의 형편과 김구의 생각을 잘 드러내고 있다. 김구는 먼저 이범석의 이야기를 다소 과장해서 자세히 쓰고 나서, 딕키 대령의 권고대로 이범석을 미국에 보내어 미국 당국자들과 미군의 작전에 협력하는 한국인 부대의 창설을 협의하고자 한다면서 이승만에게 이범석의 비자와 교통편을 미국 관계자들과 교섭해 줄 것을 부탁했다. 김구는 한국인 부대의 창설에 거는 기대를 다음과 같이 설명했다.

이범석 장군은 이곳 군인들 가운데서도 군사학은 물론 실전 경험에서 가장 탁월한 능력을 겸비한 사람 가운데 하나입니다. 주지하다시피, 이범석 장군은 수십년 전에 청산리 전투에서 일본군에 승리한 "젊은 장군"으로 유명한 인물입니다. 우리는 그에게 두달 이상의 시간을 허락할 수 없습니다. 그의 존재는 우리의 과업에 핵심적입니다. 이 문제를 철저히 극비로 해주시기 바랍니다.

설령 중국이 우리와 최대한 협력한다고 하더라도, 이곳의 상황이 현저할 정도로 진전되지는 않습니다. 미군을 바로 옆에서 지원할 수 있는 한국의 독자적인 부대 창설을 위해 적절한 미국 당국자들과 논의해볼 것을 제안합니다. 연합군 군대가 한국으로 진격하게 되면, 이 군대는 최전선에 있을 것이기 때문에 모든 관련 당사자들에게 매우 중요하게 될 것입니다.

김구의 이러한 구상은 그것이 실행되지 않을 경우에 있을 수 있는 "소련에 의하여 시베리아에 배치되어 있는 거의 10만명에 이르는 한국인 장교와 병사들"이 먼저 한국에 진입할 것으로 판단했기 때문이었다.

만약 이것이 이루어지지 않는다면, 극동에서 미국의 영향력 확대를 두려워한 소련이 현재 폴란드에서 사용하고 있는 것과 유사한 방법을 사용할 것을 우려합니다. 소련 군대 곳곳에는 거의 10만명에 달하는 한국인 장교와 병사가 있으며, 이들을 먼저 한국에 파견할 수 있습니다. 만약 이런 사태가 발생한다면, 한국문제는 물론 국제관계는 매우 복잡하게 되고 해결하기 어렵게 될 것입니다. 우리가 아는 한 소련은 태평양에서의 미국의 힘에 맞서는 장벽으로 일본을 활용할 수 있습니다. 그동안 소련은 압록강 북부 지역 전역에 걸쳐서 중국 공산주의자들의 영향력을 더욱 강화시킨 뒤 개방된 태평양으로 진출하기 위한 야심을 성취할 수 있습니다.

이어 김구는 임시정부와 국민정부의 관계에 대해서 다음과 같이 기술했다.

중국정부와 우리 임시정부의 관계는 과거에 비해 현재는 향상되었습니다. 그러나 그들의 물질적인 지원은 그 정부가 할 수 있는 정도에는 아직도 미치지 못합니다. 중국정부는 이달부터 우리에게 매달 100만 중국원을 지원하기로 결정했습니다. 이 금액은 이곳에 있는 우리 동포들의 생활비를 충당하기에도 부족합니다. 이 금액의 절반은 이곳 동포들의 생활비로 사용될 것이고 나머지 절반은 우리의 활동비로 쓰일 것입니다. 선생은 우리가 겪고 있는 재정상의 어려움을 쉽게 상상하실 수 있을 것입니다.

김구는 이어 국민정부가 한국 국내와 중국의 적군 점령지 배후에서 조직, 통신, 첩보 활동비로 500만원의 차관을 약속한 사실을 알리면서 다음과 같이 썼다.

우리는 이 금액을 수령하기로 결정은 했지만 그것은 우리에게 큰 걱정거리가 아닐 수 없습니다. 현재의 500만 중국원은 전쟁 전의

5,000원에 상당합니다. 그 금액으로 사천성으로부터 국내나 중국에 있는 적진 후방으로 얼마나 많은 장정들을 보낼 수 있고, 그래서 어떠한 결과를 얻을 수 있을는지 선생은 상상할 수 있을 것입니다.

현재 화북지방에서 한 사람의 생활비는 한달에 1만 중국원쯤 듭니다. 한 사람이 중경에서 한국을 다녀오는 데에는 10만 중국원 이상이 듭니다. 그러므로 중국돈 500만원은 이러한 종류의 공작이 성과를 올리기에는 크게 부족하다는 것을 아실 것입니다. 저는 미국정부와 협의할 수 있다면, 우리가 그 정부로부터 정보, 태업, 조직, 통신 및 선전 공작 비용으로 절실히 필요한 원조를 얻을 수 있을지 모르겠습니다.

이러한 상황은 전쟁 동안에 중국이 얼마나 격심한 인플레이션을 겪고 있었는지를 짐작하게 한다. 이어 김구는 「광복군9개행동준승」의 폐지와 관련된 광복군의 상황을 다음과 같이 설명했다.

지난번 편지에서 말씀드렸듯이, 중국군이 우리 광복군에 제안했던 「9개행동준승」은 상호 이해에 따라 폐지되었습니다. 그리하여 우리 군은 앞으로 완전히 독립적인 지위를 누리게 될 것입니다. 다행스러운 일입니다. 그러므로 우리 군은 어떤 군대와도 완전히 독자적인 위치에서 관계를 수립할 수 있습니다.

그러나 실제로는 지리적인 위치뿐만 아니라 지금까지의 중국과의 긴밀한 관계 때문에도 중국과는 어느 정도 밀접한 관계를 유지해야 할 것입니다. 더군다나 우리가 중국 땅에서 싸우고 있는 이상, 우리는 중국 최고사령관이나 연합군 태평양 최고사령관의 통제를 받아야 할 것입니다. 어떤 경우이든 우리 임시정부는 평등과 상호지원의 원칙에 입각하여 전적으로 새로운 군사적 관계를 수립하기 위해 중국정부와 협상을 진행하고 있습니다. 우리는 머지않아 이 새로운 협상의 결론을 맺을 것으로 기대합니다.

그러나 중국은 군사적 손실과 격심한 경제적 어려움을 겪고 있는 만큼 앞으로 우리에게 얼마나 물질적 도움을 줄지는 큰 의문입니다. 중국의 깊은 도덕적, 정신적 협력에 대해서는 감사하고 있으나 물질적으로는 많은 것을 기대할 수 없는 실정입니다. 그래서 우리는 미국으로부터 원조를 받아야 한다고 생각합니다.[41]

김구와 엄항섭의 공동명의로 9월21일에 중경에서 부친 이 편지는 11월6일에 미국 OSS 본부에 접수되었고, 몇 부분이 영어로 번역되었는데, 원문은 발견되지 않는다. 그러나 이때의 김구가 제안한 이범석의 미국 방문은 실현되지 않았다. 그리고 김구의 이 편지는 임시정부가 재미독립운동자들의 분규를 해결하는 방안으로 주미외교위원부를 주미외교위원회로 개편하기로 하고, 그 작업을 위해 재미한인연합위원회 주최로 한인단체 대표회의를 소집하라고 지시한 지 한달 뒤에 보낸 것이었는데, 그것으로 미루어 보면 김구는 주미외교위원부를 개편하더라도 이승만이 대표가 되는 것은 당연한 일로 생각하고 있었음을 알 수 있다.

이 편지와 같은 9월21일자로 김구가 이승만에게 보낸 또다른 편지가 OSS문서 속에 들어 있어서 의아스럽게 한다. 이 편지는 1945년4월에 작성된 OSS 일본-중국과의 내부보고서에 인용되어 있다. 내용은 독립된 한국군부대 창설의 필요성을 역설하고, 그것을 미국의 관계 당국과 교섭하라고 요청한 것이었다.

중국이 우리와 협조하기 위하여 최선을 다하고 있음에도 불구하고 이곳 상황은 그다지 진전된 것이 없습니다. 나는 선생에게 미군과 나란히 협조해서 활동할 독립된 한국군 부대를 창설하기 위해 미국 관계 당국자와 협의하시기를 요청합니다. 이것은 연합군 병력이 한국

41) 「金九·嚴恒燮이 李承晩에게 보낸 1944년9월21일자 편지」, 『대한민국임시정부자료집(12) 한국광복군Ⅲ』, pp.70~73.

에 진입할 때에 이 부대가 최전방에 배치되는 것과 관련하여 가장 중요한 일이 될 것입니다. 만약 그렇게 되지 않는다면 극동에 미국의 세력이 확대되는 것을 우려하는 러시아가 현재 폴란드에서 쓰는 것과 동일한 방법을 사용할까 두렵습니다.

김구는 그렇게 해야 될 이유를 다음과 같이 설명했다.

러시아 군대 안에는 10만명에 이르는 한국인 장교와 사병들이 있으며, 러시아는 다른 어떤 군대보다 먼저 이들을 한국으로 보낼 수 있습니다. 만약 그런 일이 일어난다면 한국문제만이 아니라 국제관계도 매우 복잡하고 어려워질 것입니다. 우리가 알고 있듯이, 러시아는 일본을 태평양에서 미국의 세력을 방해하는 장벽으로 이용하려 할 것입니다. 그러는 동안 러시아는 황하 이북지역에서 중국 공산주의자들의 세력을 강화시키고, 그 다음으로 그들은 태평양지역으로 진출하고자 하는 그들의 야망을 성취할 수 있을 것입니다.[42]

이처럼 김구는 극동에 배치되어 있는 러시아군대 안에 10만명의 한인 장교와 사병들이 있다고 주장했는데, 어떤 정보에 근거하여 그렇게 주장했는지는 알 수 없다. 그리하여 김구는 한국에 진주하는 연합군과 함께 귀국하기를 절실히 희망했던 것이다.

---

42) 「한국문제에 관한 비망록」(1845.4.12.), 『대한민국임시정부자료집(26) 미국의 인식』, 2008, pp.285~288.

3. 임시정부 찾아온 일군탈출 학병청년들

1

「광복군행동준승」이 폐지되고 중국 군사위원회가 광복군 운영에 방관적인 태도를 취하자 임시정부는 새로운 군사협정을 체결하기 위해 적극적으로 움직였다. 10월5일에 열린 국무위원회는 「한국광복군환문초안(韓國光復軍換文草案)」과 「한국광복군요구사항」이라는 두가지 방안을 채택하고 그것을 국민정부에 제출했다.[43] 「환문초안」의 내용은 다음과 같았다.

(1) 한국광복군은 조국광복을 목적으로 한다. 다만 중국 경내에 있을 때에는 반드시 중국 항전에 배합하여 대일작전에 참가한다.

(2) 한국광복군이 중국 경내에서 대일작전에 참가하는 기간에는, 실력성장과 전황의 변화에 따라, 광복군의 일부 혹은 전부는 반드시 중국통수부(統帥部)의 지휘를 받는다.

(3) 한국광복군의 중국 경내에서 소요되는 일체의 군사비는 중국이 차관 형식으로 한국임시정부에 공급한다.

(4) 한국광복군이 중국 경내에서 훈련이나 인원모집 활동을 진행하고자할 때에는 반드시 중국이 필요한 협조와 편리를 제공한다.

(5) 한중 양쪽은 각자 상주군사대표를 지정하여 한국광복군과 관련된사무를 협상한다.

(6) 중국 군사당국은 반드시 연락참모 약간명을 파견하여 한국광복군과연락을 취하고 아울러 공작에 협조를 제공한다.[44]

「환문초안」은 한국광복군이 임시정부의 군대임을 분명히 밝히면서도

---

43) 「군무부공작보고서」(1945. 4. 1.), 『대한민국임시정부자료집(9) 군무부』, p.72.
44) 「한국광복군 환문초안 및 요구사항과 관련한 函」(1944. 10. 7.), 『대한민국임시정부자료집(10) 한국광복군 I 』, pp.166~167.

현실적으로 중국 경내에서 활동하는 동안에는 중국 군사위원회의 통제를 받겠다고 밝히고, 광복군에 대한 지원도 차관형태로 바꾸어 줄 것을 요망한 것이었다. 「한국광복군요구사항」은 한국광복군의 경상비를 중국군 현행 급여규정에 의하여 매달 지급하되, 훈련반 운영소요경비로 지급되는 매달 30만원 이외에 대원을 집중시키기 위해 필요한 경비 200만원과 건물, 기구 등 시설물비 300만원 및 인원 모집활동비 매달 200만원을 지급해 줄 것을 요구했다. 또한 각 포로수용소에 있는 모든 한국 국적 일본군 포로는 반드시 광복군에 인계해 줄 것을 요구했다. 김구는 10월 7일에 이 국무위원회의 의결사항을 오철성에게 통보하고 장개석에게 보고하여 신속히 조치해 줄 것을 요청했다.[45]

임시정부는 또 「광복군행동준승」이 폐지되면서 그동안 중국 군사위원회의 지시에 따라 축소되었던 광복군의 조직체계를 확대 정비했다. 통수부의 일상 사무를 처리하기 위해 10월6일에 통수부 판공처를 신설한 데 이어, 10월23일의 국무위원회는 그동안 임시로 사용하던 한국광복군 총사령부 편제를 취소하고 광복군 총사령부가 마련한 「한국광복군총사령부 조직조례 및 편제표」와 「지대편제표」 개정안을 의결했다.[46] 이에 따라 총사령부의 기구를 종래의 3개처에서 4개처 2실로 확대하고, 단위부대도 2개 지대에서 3개 지대로 확대개편했다. 11월6일에는 그동안 「통수부조례」에 국무위원회 주석이 광복군의 통수권을 행사한다고 했으나 직명이 없어서 공문서 왕래에 불편했던 점을 감안하여 명의를 「대한민국임시정부 통수부」라고 결정했다.[47]

「환문초안」을 검토한 중국 군사위원회는 이를 곧바로 받아들이지 않았다. 중국 군사위원회는 「환문초안」 가운데 (1)항의 내용에만 동의하

---

45) 위와 같음.
46) 「군무부공작보고서」(1945.4.1.), 『대한민국임시정부자료집(9) 군무부』, p.73.
47) 《大韓民國臨時政府公報 제83호》(1944년12월20일), 『대한민국임시정부자료집(1) 헌법·공보』, pp.336~337.

고 나머지 항목에는 모두 이의를 제기했다. (2)항은 "한국광복군이 중국 경내에서는 일체의 군사행동을 모름지기 중국 군사위원회의 지휘를 받아야 한다"로 고치는 것이 적절하다는 것이었고, (3)항의 군사비를 차관의 형식으로 임시정부에 제공한다는 규정은 "한국광복군이 중국 경내에서 필요한 일체의 군사비는 중국에서 차관방식으로 책정하여 직접 광복군에 공급하고, 한국임시정부가 정식으로 승인을 얻었을 때에 광복군이 한국임시정부에 청하여 임시정부가 차용증서를 발행하여 지급하며 중국 차관기관에서 증서를 보관한다"로 고쳐야 한다는 것이었다. (4)항도 원칙적으로는 동의하나, "반드시 중국이 필요한 협조와 편리를 제공한다"는 부분을 "반드시 중국 군사위원회가 동의한 뒤에 비로소 필요한 협조와 편리를 제공한다"로 고쳐야 한다고 했다. 또한 「요구사항」에 대해서도 지원에는 원칙적으로 동의하지만 지원금액과 지원방식은 실태를 조사한 뒤에 물가변동에 따라 실제에 맞게 지불해야 한다는 신중한 반응을 보였다.[48] 이러한 태도는 「행동준승」을 폐지한 뒤에도 광복군 운영에 철저히 관여하겠다는 중국 군사위원회의 집요한 의지를 보여 주는 것이었다.

　「환문초안」에 대한 중국 군사위원회의 승인이 지연되자 임시정부는 11월27일에 「광복군 선후책3원칙」을 중국국민당 중앙집행위원회에 제출했다. 「3원칙」은 (1) 한국광복군의 경비는 임시정부가 중국 군사위원회로부터 차관하여 지급하고, (2) 한국광복군 참모장은 임시정부가 보증 천거하는 한국인으로 충임하며, (3) 임시정부는 중국과 「한중군사협정」을 체결할 것을 청구하고, 아울러 대표를 파견하여 군사위원회와 교섭을 진행하되, 만일 여전히 결과가 없을 때에는 임시정부 주석 김구가 장개석에게 면회를 청한다는 것이었다.[49] 「행동준승」이 폐지된 뒤에 광복

<hr>

48) 「한국광복군 각 조문 의견에 관한 函」(1944.11.20.), 『대한민국임시정부자료집(10) 한국광복군 I 』, pp.169~171.
49) 「임시정부의 광복군 선후책 3원칙」(1944.11.27.), 위의 책, p.172.

군이 얼마나 어려운 처지에 놓여 있었는지를 짐작하게 한다.

12월8일에는 그동안 조선민족혁명당이 주도적으로 추진하던 광복군의 인도 파견에 관한 일체의 업무도 임시정부로 정식으로 이관되었다.[50] 광복군이 인도-버마 전선에 공작대를 파견한 것은 인도 주둔 영국군 총사령부의 요청에 따라 1943년5월에 인도 주둔 영국군 총사령부 대표 콜린 매켄지(Colin Makenzie)와 조선민족혁명당의 김원봉 사이에 「조선민족군 선전연락대(朝鮮民族軍宣傳聯絡隊) 파견에 관한 협정」이 체결됨으로써 시작되었다.[51]

그러나 광복군의 통제권을 장악하고 있던 중국 군사위원회의 간섭으로 협정은 제대로 실현되지 않았다. 중국 군사위원회는 조선민족혁명당이 임의로 공작인원을 인도에 파견하는 것을 반대하고 광복군 가운데서 인원을 선발할 것을 주장했다.

이에 따라 총사령부는 광복군 가운데서 한지성(韓志成)을 대장으로 한 9명(제1지대에서 2명, 제2지대에서 7명)의 인원을 선발하여 중국 군사위원회가 실시하는 간단한 군사훈련과 인도 및 버마의 정세에 대한 예비교육을 받고 1943년8월29일에 인도 캘커타로 파견했다.[52] 제1대가 파견된 뒤에 영국군은 16명의 추가 파견을 요청했는데, 중국 군사위원회 참모총장 하응흠은 김구와 김원봉의 부하를 각각 반수로 하고, 아울러 이들의 신분도 광복군으로 할 것을 주장했다.[53]

동남아시아 연합군 최고사령관 마운트바튼(Louis Mountbatten)은 계속해서 추가파병을 요청했으나, 중국 군사위원회는 활동기간의 만료를 이유로 파견인원의 조속한 귀환을 독촉하고, 추가인원의 파견도 그

---

50) 《大韓民國臨時政府公報 제83호》(1944년12월20일), 『대한민국임시정부자료집(1) 헌법·공보』, p.338.
51) 韓詩俊, 앞의 책, p.262.
52) 《新韓民報》 1943년9월2일자, 「광복군 사관 비행기로 인도에, 다른 부대도 장차 뒤를 따를 터」.
53) 「英軍의 요청에 응하여 赴印공작을 하는 일에 관한 회담기록」, 「외교부의 인도파견 공작인원 명단문의에 대한 군사위원회의 公函」, 『대한민국임시정부자료집(12) 한국광복군Ⅲ』, p.25, p.28.

들이 광복군의 정군(整軍)작업에 필요한 인원이기 때문에 광복군이 정비된 뒤에 파견하겠다면서 파병을 미루었다.[54]

그러다가 「광복군행동준승」이 폐지됨으로써 인도공작대는 광복군 총사령부 관할로 귀속되고, 이에 따라 김구가 임시정부를 대표하여 중국 정부 관계당국과 교섭을 추진하게 되었다.[55] 임시정부는 광복군 명의로 영국군과 협정을 체결한다는 방침을 결정하고, 군무부장 김원봉과 총사령 이청천에게 협정문안을 기초하게 했다. 1945년3월27일에 한국광복군 대표와 인도 주둔 영국군 대표 사이에 체결할 「한국광복군파인연락대(韓國光復軍派印聯絡隊)에 관한 협정안」이 국무위원회에서 의결되었다.[56] 그것은 협정의 한국쪽 대표가 조선민족혁명당 대표에서 한국광복군 대표로 바뀌었을 뿐 기본 내용은 「조선민족군선전연락대파견에 관한 협정」과 크게 다르지 않았다.[57]

2

임시정부는 1945년1월1일에 새 청사로 이사했다. 장개석으로부터 새 임시정부 청사를 얻어 주겠다는 약속을 받은 김구는 주석판공실장 민필호에게 적당한 사무실을 물색하게 했다. 민필호는 칠성강(七星崗)에 있는 연지행관(蓮池行館)이라는 중국인 소유의 81칸짜리 계단식 호텔건물을 눈여겨보고 건물 소유주 범백용(范伯容)과 교섭을 벌였다. 건물주는 배타성이 강한 사천성 사람이었다. 민필호는 한국인에게는 세를 주지 않겠다고 하는 건물주를 여러 가지 말로 구슬려 동의를 받았다.[58] 김구는 11월17일에 오철성에게 임시정부 청사 이전비로 보증금 200만원, 연간

---

54) 「마운트바튼에게 보내는 편지의 번역을 요청한 군사위원회의 代電」, 위의 책, pp.40~41.
55) 한지성, 「인도 공작대에 관하야」, 《독립》(제3권 제75호) 1945년6월13일자.
56) 韓詩俊, 앞의 책, p.269.
57) 「韓國光復軍派印聯絡隊에 관한 協定」, 『대한민국임시정부자료집(12) 한국광복군Ⅲ』, p.99.
58) 閔弼鎬, 「大韓民國臨時政府와 나」, 金俊燁 編, 『石麟 閔弼鎬傳』, p.99.

집세 200만원 총 400만원
의 대출을 청구했다.[59]

이사를 끝내고 임시정
부 인사들이 모두 모여서
단배식을 가졌다.[60] 새 청
사의 현관에는 국문, 영문,
중문으로 새긴 "대한민국
임시정부"라는 현판을 달
고 지붕 위에 태극기를 게
양했다. 그리고 중국 내정
부에 공문을 보내어 경찰
관 파견을 요청했다. 내
정부에서는 경찰관 6명을
파견했다. 중국 경찰관들
이 입구 보초를 서고 주변
순찰을 실시하자 비로소
정부 청사와 같은 위엄을

1945년1월1일에 입주한 중경 연화지의 대한민국임시정부 마지막 청사.

갖추게 되었다.[61] 연지행관은 중경에서의 네번째 임시정부 청사로서, 임시
정부는 광복을 맞이하여 중경을 떠날 때까지 이곳을 청사로 사용했다.[62]

이사를 끝낸 임시정부가 얼추 정돈되어 가던 1945년1월31일에 감격적
인 광경이 벌어졌다. 일본군대에 학병으로 끌려갔다가 탈출한 장준하(張
俊河), 김준엽(金俊燁) 등 청년 50여명이 가슴에 태극기를 달고 애국가를
부르며 임시정부 청사로 행진해 온 것이다. 그것은 온갖 어려움을 무릅쓰

59) 「吳鐵城이 蔣介石에게 보낸 1944년11월17일자 편지」, 『韓國獨立運動史 資料(27) 臨政篇 XII 』, p.38.
60) 양우조·최선화 지음, 김현주 정리, 『제시의 일기』, pp.227~228.
61) 閔弼鎬, 「大韓民國臨時政府와 나」, 金俊燁 編, 앞의 책, p.102.
62) 『백범일지』, p.404.

고 광복군을 창설하고도 중국 군사위원회의 간섭 등으로 별다른 성과를 거두지 못하던 광복군에 새로운 희망과 가능성을 가져다준 사건이었다.

중국 각 전구에서 일본군 부대를 탈출한 한국인 학병들은 안휘성(安徽省) 부양현(阜陽縣) 임천(臨泉)에 있는 중국 제1전구 중앙군관학교 분교에 부설된 한국광복군 간부훈련반[약칭 韓光班]에 입교하여 광복군 교육을 받았는데, 늘어가는 탈출 학병과 계속적인 선전공작에 따라 넘어오는 청년들로 한광반은 활기가 넘쳤다. 이 무렵 한광반에는 70여명이 모였고 1944년11월에 48명이 졸업했다. 이들 가운데 일본군 부대를 탈출한 학병은 모두 33명이었다. 8명은 임천에 잔류하여 김학규(金學奎)의 지휘 아래 항일공작에 참여하기로 하고, 나머지 25명은 중경 임시정부를 찾아가기로 했다. 한광반 졸업생 48명 가운데 36명과 그 밖에 적진에서 넘어온 민간인 등 모두 53명이 11월21일에 임천을 떠나 6천리길을 71일 동안 걸어서 이날 해거름에 중경에 도착했다. 도중에 두 사람이 처지고 51명이 도착했다.[63]

일행은 임시정부 청사 앞에 차렷자세로 서서 광복군 총사령 이청천의 사열을 받았다. 이청천은 누른 군복에 누른 색깔의 외투차림이었다. 그는 청년들 앞에서 한 사람 한 사람 뚫어지게 살펴보고 나서 강철 같은 목소리로 훈시를 했다.

"수고들 많이 했소이다.… 동지들이 무사히 도착하기를 기원하고 있었소. 동지들은 총사령인 나보다도 훌륭하오. 나는 옛날 일본 육군사관학교를 졸업하고 중국 청도작전에 배치되어 탈출하려다가 실패하고 수년 뒤에야 비로소 탈출에 성공하여 만주의 우리 독립군에 참가하였는데, 동지들은 학병으로 중국 전선에 오자마자 탈출에 성공하였으니 말이오. 한마디로 독립군의 투쟁이란 그렇게 시작하는 것이오. 앞으로 나와 함께 이곳에서 일할 터이니까 차차 많은 이야기를 하게 될 것이고, 오늘은 피

63) 金俊燁, 『長征(1) 나의 光復軍時節(上)』, 1993, p.267, p.318, p.339.

로한 여러 동지들에게 긴 얘기는 하지 않겠소. 곧 우리 정부의 주석이신 김구 선생께서 나오실 것입니다. 이만 끝."

이청천이 훈시를 끝맺을 즈음 청사 위층계에서 푸른 중국 두루마기를 입은 김구를 선두로 머리가 희끗희끗한 일행 여나믄명이 내려왔다. 청년들 앞에 선 김구는 경례를 받고 잠시 침묵하다가 입을 열었다.

"그간 소식을 듣고 기다리던 여러 동지들이 이와 같이 씩씩한 모습으로 당도했으니 무한히 반갑소이다. 더구나 국내로부터 갓 나온 여러분을 눈앞에 대하고 보니 마치 내가 직접 고국산천에 돌아온 것 같은 생각이 들어, 북받쳐 오르는 감회를 억누르기 힘든 것도 사실입니다. 그러나 우리 독립운동가들은 많은 말이 소용없습니다. 우선 좀 쉬도록 하고, 오늘 저녁 정부에서 동지들에게 베푸는 환영회에서 또 만납시다."[64]

김구의 말은 예상 외로 아주 간단했다. 먼 길을 행군한 젊은이들의 피곤을 생각하고 어서 좀 쉬라는 배려에서였다. 이어 김구는 좌우에 서 있는 임시정부 인사들을 한 사람씩 소개했다.

저녁 9시부터 열린 탈출학병 환영회에는 김구를 비롯한 임시정부 각료 전원과 광복군 총사령부 간부들과 중경에 있는 동포들을 포함하여 300명가량이 한자리에 모였다. 환영회는 회의장과 식당을 겸하고 있는 임시정부 청사 1층의 큰 홀에서 열렸다. 회의장은 사람으로 꽉 찼고, 자리가 모자라서 많은 사람들이 뒤쪽에 섰다.

넓은 홀에는 전깃불이 희미하게 켜져 있었다. 식탁 위에는 막과자가 몇 그릇 띄엄띄엄 놓여 있고 그 옆으로 배갈(고량주)을 담은 뚝배기가 놓여 있었다. 신익희(申翼熙)의 간단한 환영사로 연회가 시작되었다. 김구의 격려사는 청년들을 감동시켰다.

"오랫동안 해외에 나와 있었기 때문에 국내 소식에 아주 감감합니다. 그동안 일제의 폭정 밑에서 온 국민이 모두 일본인이 된 줄 알고 염려했

---

64) 金俊燁, 『長征(2) 나의 光復軍時節(下)』, p.380.

더니, 그것이 한낱 나의 기우라는 것을 깨닫게 되었습니다. 여러분이 왜놈들에게 항거하여 이렇게 용감하게 탈출해서 이곳까지 찾아와 주었으니 더할 수 없는 고마움을 느낍니다. 나의 지금까지의 착잡하고 헛된 고민이 한꺼번에 사라집니다. 숭엄한 조국의 혼이 살아 있는 하나의 증거가 아니고 무엇이겠습니까. 결코 한국사람은 한국사람 이외에 아무것으로도 변하지 않는다는 산 증거로서 여러분은 우리 앞에 나타났습니다. 지금 일본인들은 한국사람들이 한결같이 일본사람이 되고자 원할 뿐만 아니라 다 되었다고 선전하고 있고, 또한 젊은이들은 한국말조차도 할 줄 모른다고 선전하고 있지만, 한국의 혼은 결코 죽지 않는다는 것을 여러분은 스스로 보여 주었습니다. 내일은 이곳에 와 있는 전 세계 신문기자들에게 이 자리에서 이 산 증거를 알려 주고 보여 주게 될 것입니다. 무엇보다도 이 중경에 와 있는 모든 외국인들에게 우리가 얼마나 떳떳할 수 있는가 하는 생각에 진정 나의 이 가슴은 터질 것만 같고, 이 밤중에라도 여러분을 끌고 이 중경거리를 시위라도 하고 싶은 심정입니다. 여러분 자신들이 훌륭한 실증이요, 여러분 자신들이 한국의 혼입니다.…"[65]

김구의 말이 끝나자 장내는 기침소리 하나 없이 숙연했다. 청년들을 대표하여 장준하가 답사에 나섰다.

"저희들은 왜놈들의 통치 아래서 태어났고 또 그 밑에서 교육받고 자랐기 때문에 우리나라의 국기조차 본 일이 없는 청년들이었습니다. 어려서는 일장기를 보았지만 무심하였던 것입니다. 철이 들면서부터 저것이 우리나라 국기가 아니고 일본 국기라는 것을 알게 되었습니다.… 오늘 오후 이 임시정부에 높이 휘날리는 태극기를 바라보고 우리가 안으로 울음을 삼켜가며 눌렀던 감격, 그것 때문에 우리는 6천리를 걸어왔습니다. 그 태극기에 아무리 경례를 하여도 손이 내려지지를 않고, 또 하고, 영원히 계속하고 싶었습니다. 그것이 그토록 고귀한 것인가를 지금도 생각하

———
65) 張俊河, 『돌베개』, 禾多出版社, 1982, pp.293~294; 金俊燁, 『長征(2) 나의 光復軍時節(下)』, pp.380~381.

고 있습니다. 그래서 아까 총사령께서 사열 받으실 때에 전 정성을 기울여 차렷자세를 취하였습니다. 왜놈 상관 앞에 차렷을 하고 마음속으로 깊이 울었습니다. 아! 우리도 우리의 상관 앞에 참다운 사열을 받고 있구나. 꿈만 같았습니다. 주석 김구 선생님 앞에 섰을 때에는 더 말할 것도 없었습니다. 진정한 조국의 이미지와 우리의 지휘관과 우리가 몸 바칠 곳을 찾았다는 기쁨 속에 몸을 떨었습니다. 이제 저희들은 아무런 한도 없는 것 같습니다. 조국과 민족을 위해서라면, 그리고 선배 여러분들의 그 노고에 다소나마 보답이 된다면, 무엇이든지, 어디든지 가리지 않고 하라는 대로 할 각오를 답사로 드리는 바입니다.…"

김구를 비롯하여 임시정부 각료들은 감격에 겨워 소리 없이 울었다. 장준하도 흥분해 있었다.

"아까 백범 선생님께서 말씀하신 것처럼 왜놈들은 우리 한국인들이 스스로 일본인 되길 바란다고 황당무계한 날조를 일삼지만, 반증은 우리들 50여명 각자가 다 가지고 있습니다.…"

마침내 김구가 참고 울던 울음을 "흑!"하고 큰 소리로 폭발시켰다. 그것을 신호라도 한 듯이 장내는 삽시간에 큰 울음바다가 되었다. 아무도 먼저 진정시키려 들지 않았다.[66]

이어서 군무부장 김원봉이 격려사를 했다. 김원봉은 청년들의 용기를 찬양하고 그들의 투쟁은 조국광복을 위한 민족투쟁인 동시에 일본 파시즘과 싸우는 민주투쟁이라는 것을 강조했다. 그는 청년들의 투쟁을 이론적으로 깊이 설명하려고 했으나 언변이 모자랐다.

장내의 분위기를 전환시키려고 신익희가 "모두 기쁜 날에 울기만 하면 되겠는가" 하고 여흥을 하자고 제안했다. 청년들은 찬성했다. 홍석훈(洪錫勳)이 「울밑에 선 봉선화」와 「먼 산타루치아」 등의 가곡을 불렀고, 김성근(金星根)은 거지흉내를 내면서 「품바타령」을 불러 모두 폭소를 터

---

66) 張俊河, 위의 책, pp.295~296; 韓光班學兵同志會, 『長征六千里: 韓光班學兵三十三人의 抗日鬪爭記』, 1979, pp.102~104; 金俊燁, 위의 책, pp.381~383.

뜨렸다. 배갈이 담긴 뚝배기를 들어 돌려가면서 한모금씩 마시고, 안주는 막과자였다. 이렇듯 눈물과 웃음이 교차하는 환영회는 자정이 되어서야 끝났다.[67]

3

탈출 학병청년들의 중경 도착은 중경 사회에 큰 반향을 불러일으켰다. 김구는 당시의 상황을 다음과 같이 회고했다.

> 몇개월 동안은 광복군이 유명무실하여 연합국의 인기를 끌만한 아무것도 없었다. 그러던 어느 날 홀연 우리 임시정부 정청으로 가슴에 태극기를 붙이고 일제히 애국가를 부르며 들어서는 일단의 청년들이 있었다. 이들은 화북 각지의 왜군 부대를 탈출한 한인학병청년들인데, 부양으로 탈출하여 오는 것을 제3지대장 김학규의 지령으로 정부에 호송한 것이었다.
>
> 이것이 중경에서 커다란 반응을 불러일으켰다. 중국 각계 인사들이 중한문화협회에서 50여명의 청년환영회를 개최하니, 서양 각 통신사 기자들과 각국 대사관원들도 호기심 어린 눈으로 참석하여 청년들에게 수시로 문답하였다.[68]

탈출 학병청년들 때문에 임시정부의 위신도 크게 제고되었다. 임시정부 인사들은 "최근에는 중국 인사들이 모인 자리에 가면 인사받기에 바빠 어깨가 으쓱해진다"면서 흐믓해했다.[69] 특히 우리말에 능한 OSS정보장교 윔스(Clarence N. Weems) 대위는 김구에게 "선생님, 호박이 넝쿨

---

67) 金俊燁, 같은 책, pp.383~384.
68) 『백범일지』, pp.394~395.
69) 韓光班學兵同志會, 앞의 책, p.105.

째 뚝 떨어졌습니다"라면서 축하했다.[70]

탈출 학병청년들의 중경 도착은 그동안 한국인의 항일의지를 의심하던 중국 인사들을 깜짝 놀라게 했다. 중국신문들은 "한인청년들은 한국은 망하지 않았으며 전도는 광명과 희망에 차 있음을 우리에게 일깨워주었다"[71]라고 대서특필하는 등 20여일 동안이나 계속해서 탈출 학병청년들의 뉴스를 크게 보도했다.[72] 또한 2월5일의 중한문화협회 주최 환영식을 시작으로 중국 각 단체 초청 환영연이 잇달아 열렸다. 중국의 유명한 평론가 갈적봉(葛赤峰)은 탈출 학병들과 인터뷰를 하고, 이를 토대로 『한국혁명기(韓國革命記)』라는 책을 저술하기도 했다.

또한 미군과 영국군의 정보 장교들도 탈출 학병청년들을 찾아와서 한국 국내사정뿐만 아니라 일본의 국내사정과 중국전구의 일본군의 상황 등을 물었다. 특히 중국전구 미군사령부와 OSS 등에서도 장교를 파견하여 탈출 학병청년들을 개별적으로 빼내어 OSS 요원으로 활용하려고 접촉을 시도했다. 그러나 청년들은 주석의 승인 없이는 일절 면담을 하지 않겠다면서 만나기를 거절했다. 광복군 제2지대와 제3지대가 OSS와 한미합작 군사작전을 실시한 것은 바로 이들 탈출 학병청년들이 있었기 때문에 가능했다고 할 수 있다.[73]

중국 군사위원회가 「환문초안」을 받아들이지 않자 임시정부는 1945년1월29일에 「관어한국광복군 중한양방상정판법(關於韓國光復軍中韓兩方商定辦法)」을 작성하여, 2월1일에 김구 명의로 오철성에게 제출했다.[74] 그것은 임시정부가 요구해 오던 기본 뼈대를 유지하면서 중국쪽의 수정사항을 반영하여 「환문초안」의 일부내용을 고친 것이었다. 중국 군

---

70) 안병무, 『七佛寺의 따오기』, p.144.
71) 《大公報》 1945년2월4일자, 韓光班學兵同志會, 앞의 책, p.106.
72) 金俊燁, 『長征(2) 나의 光復軍時節(下)』, pp.393~394.
73) 韓光班學兵同志會, 앞의 책, pp.106~107.
74) 「군무부공작보고서」 (1945.4.1.), 『대한민국임시정부자료집(9) 군무부』, p.72; 「한국광복군에 관한 中韓 쌍방의 商定辦法草案과 관련한 函(1945.2.1.), 『대한민국임시정부자료집(10) 한국광복군 I』, p.179.

사위원회는 「상정판법」을 다시 수정하여 장개석에게 보고했다. 군사위원회는 이때에도 또 까탈을 부렸다. 논란이 된 것은 "중국 군사위원회는 연락참모 약간인을 파견하여 연락을 취하며, 아울러 한국광복군의 공작을 협조한다"는 조항(제5항)이었다. 군사위원회는 광복군이 중국 영토 안에서 작전에 참가하면 군사위원회에서 참모인원을 더 파견하여 협조하는 것이 당연하기 때문에 이 조항을 "중국 군사위원회는 한국광복군의 청구에 응하여 참모장 및 기술인원을 파견하여 빌려 주는 것 외에, 필요할 때에는 참모단을 더 파견하여 한국광복군의 공작에 참가한다"로 고칠 것을 요구했다. 그러나 임시정부는 참모장을 파견하는 것은 과거의 방식과 다르지 않으며, 이는 상호평등의 원칙에 위배되므로 받아들일 수 없다고 거부했다. 결국 중국 군사위원회가 임시정부의 의견을 수용함으로써 이 조항은 삭제되었다.[75]

그리하여 수정된 군사협정안은 3월9일에 장개석의 결재를 거쳐, 4월4일에 임시정부에 송부되었다. 정식 이름이 「원조한국광복군판법(援助韓國光復軍辦法)」인 이 협정이 체결됨으로써 형식상 한국광복군과 중국 군사위원회는 예속관계가 아님이 확인되고, 중국 군사위원회는 한국광복군에 대하여 공문상에서도 "명령"이라는 말을 쓰지 않고 "대전(代電)"이라고 바꾸어 썼다.[76] 이로써 임시정부는 「광복군9개행동준승」을 수용한 지 무려 3년6개월 만에 광복군의 지휘권을 되찾게 되었다.

「원조판법」이 체결되면서 광복군을 감독하기 위하여 파견되었던 조덕수(趙德樹) 참모장은 물러가고 그 자리에 김홍일(金弘壹)이 새로 임명되었다. 광복군에 파견되어 있던 중국군 장교들도 모두 철수했다.

---

75) 「금후 한국광복군 원조에 관한 函」, 「한국광복군 원조방법에 관한 簽呈」(1945.3.6.), 위의 책, pp.175~176, p.183.
76) 胡春惠 著, 辛勝夏 譯, 앞의 책, p.173.

4. 미전략첩보국(OSS)과 「독수리작전」 추진

1

「광복군9개행동준승」이 취소된 뒤에 한국광복군과 미국 OSS의 협동작전 논의가 급속도로 진행되었다. 임시정부는 연합국의 일원으로 전쟁에 참여할 수 있는 마지막 돌파구로 미군과의 군사협동을 추진하는 데 힘을 기울였다. OSS도 일본 본토진공을 앞두고 광복군 인력을 활용하는 문제를 적극적으로 검토했다. 서안에 있는 이범석의 제2지대와 안휘성의 부양에 있는 김학규의 제3지대는 1945년1월에 거의 동시에 개별적으로 OSS와 접촉했다.

이범석은 OSS 중국본부 비밀첩보과(SI)의 사전트(Clyde B. Sargent) 대위를 서안의 제2지대 본부로 초청했다. 성도대학교(成都大學校) 교수로 근무했고 컬럼비아대학교(Columbia University)에서 중국어학으로 박사학위를 취득한 사전트는 중국말이 능숙한 중국통이었다. 그는 1943년6월부터 OSS의 워싱턴본부에서 근무하다가 1944년4월에 OSS 중국본부로 배치되었다.[77] 사전트는 한국 사정에도 밝아서 이범석의 요구사항을 OSS 국장 도노반 장군에게 조언하여 합동작전을 성공적으로 이끄는데 교량 역할을 했다.[78]

사전트는 이범석에게 깊은 인상을 받았다. 그는 이범석을 군사경험이 풍부한 유능한 군인이면서 정치에 무관심하고 오로지 군사문제에만 전념하는 혁명적 군사지휘관이라고 평가했다. 사전트는 전반적인 사기와 개인적인 능력, 단결심 등을 조사한 결과 광복군 제2지대원들은 OSS

---

77) 太倫基, 『回想의 黃河』, 甲寅出版社, 1975, p.211; 정용욱, 「태평양전쟁기 미국 전략공작국 (OSS)의 한반도 공작」, 《백범과 민족운동연구》 제4집, 백범학술원, 2006, p.67.
78) 李範奭, 앞의 글, p.198. 李範奭은 자신과 긴밀히 연락한 OSS 장교가 칼튼 크라이더 대위였다고 썼으나, 그 장교가 중국에서 대학교수를 지냈고, 중국말을 잘하고 한국 사정에 밝았다는 것으로 보아 사전트였을 것으로 짐작된다.

1945년 6월 30일에 편성된 광복군 제3지대.

작전에 적합하며, 이들 가운데서 요원을 선발한다면 "OSS 한국 첩보작전을 위한 요구를 가장 적절하게 충족시켜 줄 것으로 여겨진다"라고 말했다. 그리고 중국 군사위원회가 광복군의 자율권을 확대해 주는 조치를 취한 것으로 보아 중국정부도 광복군과 OSS의 합동작전을 방해하지 않을 것이라고 내다보았다.[79] 이러한 판단에 근거하여 사전트는 광복군을 활용한「독수리작전」계획을 구체적으로 입안했다.

광복군 제3지대의 OSS 훈련은 김학규가 곤명에 본부가 있는 미군 제14항공대와 교섭하여 이루어졌다. 1945년 1월에 안휘성 임천의 중국군 제10전구 전방지휘소에 연락장교로 파견된 김우전(金祐銓)은 임천 근처에 있는 제14항공대 소속 버치(John M. Birch) 대위에게 광복군의 무전교육을 요청하여 승낙을 받았다.[80] 김학규는 이를 즉각 받아들여 김우전, 박

79) 「한국에 대한 비밀첩보침투를 위한 독수리작전 보고서」(1945.2.24.), 『대한민국임시정부자료집(12) 한국광복군Ⅲ』, pp.119~121.
80) 金祐銓, 「韓國光復軍과 美國 OSS의 共同作戰에 관한 研究」, 朴永錫敎授回甲紀念論叢刊行委員會, 『韓民族獨立運動史論叢』, 探究堂, 1992, pp.1488~1489.

미군 제14항공대와 교섭하여 광복군 제3지대의 OSS 훈련을 실시한 광복군 제3지대장 김학규.

상기(朴相基), 문수열(文洙烈) 등 대원 5명을 선발하여 OSS 무전교육을 실시하려 했다. 그러나 이 계획은 중국 군사위원회의 견제로 실현되지 못했다. 그러나 김학규는 포기하지 않고 버치와 상의하여 임시정부와 광복군 총사령부를 통하여 정식으로 국민정부의 승인을 받기로 했다. 김학규는 곤명으로 가서 3월13일에 제14항공대 사령관 셰놀트 장군을 만나고, 이틀 뒤에는 합동훈련에 관한 세부계획과 구체적인 실시방안을 결정했다.[81]

김학규는 3월16일에 중경으로 갔다.[82] 그는 이청천에게 OSS와의 합동훈련 교섭 경위를 보고하고 총사령부의 재가를 요청했다. 그리고 그 동안 인원이 부족하여 명목상의 편제에 지나지 않았던 제3지대를 정식으로 편제해 줄 것을 요청하여 제6 징모분처를 제3지대로 정식으로 승인받았다.[83] 제3지대의 훈련을 담당한 것은 선교사의 아들로 평양에서 태어난 윔스 대위였다.

OSS 중국본부 SI는 2월24일에 광복군을 대일첩보작전에 활용하기 위한 「독수리작전계획서」를 작성했다. 「한국으로의 비밀첩보 침투를 위한 독수리작전(The Eagle Project for SI Penetration of Korea)」으로 명명된 이 계획서는 1월23일에 OSS 워싱턴본부 기획단이 작성한 「비밀정보수집

81) 金學奎, 「白波自敍傳」, 《한국독립운동사연구》 제2집, 독립기념관 한국독립운동사연구소, 1988, p.601; 金祐銓, 「光復軍日記」, 《한국독립운동사연구》 제3집, 독립기념관 한국독립운동사연구소, 1989, p.674.
82) 金祐銓, 「光復軍日記」, p.677; 金祐銓, 「韓國光復軍과 美國 OSS의 共同作戰에 관한 硏究」, pp.1491~1497.
83) 金祐銓, 「韓國光復軍과 美國 OSS의 共同作戰에 관한 硏究」, p.1497; 韓詩俊, 앞의 책, p.211.

을 위한 일본적진에 대한 요원침투 특수계획(Special Program for Agent Penetration of Japan's Inner Zone for Secret Intelligence Purposes)」을 중국전구에 맞추어 재조정한 것이었다.[84] 이 계획서는 광복군과 OSS의 한반도 침투계획의 전모를 잘 보여 주는 문서로서, SI의 사전트가 이범석과 긴밀히 상의하여 작성한 것으로 짐작된다.[85] 이범석은 뒷날 이때의 일에 대해 "사전트와 동숙하며 결사의 신념으로 이 일을 했는데, 뒤에 이 전략건의서의 초고가 발견되어 이를 감명 깊게 보다가 이 건의서의 우수한 점에 놀란 일이 있다"라고 회고했는데,[86] 이범석이 말하는 전략건의서의 초고가 바로 이 「독수리작전」 초고였을 것으로 짐작된다.

「독수리작전계획서」에 적힌 개략적인 작전내용은 다음과 같다. 탈출학병청년들을 포함한 광복군 제2지대원 120명 가운데서 공작요원 60명을 선발하여 3개월 동안 첩보 및 통신훈련을 실시한다. 훈련결과 다시 적격자 45명을 선발하여 1945년 초여름쯤에 한반도의 5개 전략지점(청진, 신의주, 부산, 평양, 서울)으로 침투시킨다. 이들의 주요 임무는 각 지역별로 해군기지, 비행장, 병참선, 항만시설, 산업시설, 교통망 등에 대한 정보수집이다. 공작원들은 이 지역들에 관한 정보수집 이외에도 지하운동의 규모와 활동에 관한 정보와 연합군이 한반도에 상륙할 때에 필요한 각종 정보를 수집하고, 나아가 대중봉기를 지원한다. 훈련기간은 3개월이다. 처음 2개월은 두곡(杜曲)에서 첩보훈련을 중점적으로 실시하고, 나머지 1개월은 곤명에서 통신훈련을 집중적으로 실시한다. 작전계획은 SI가 주관하고 연구분석과(R&A)와 교육훈련과(S&T)가 협조한다. 작전수행을 위해 SI와는 별도로 제2지대 본부가 있는 두곡에 작전본부를 설치한다. 토교(土橋)에 있는 40명의 일본군 탈출학병들은 두곡으로 이동시키

84) 정병준, 「해제」, 『대한민국임시정부자료집(12) 한국광복군Ⅲ』, p. XX.
85) 金光載, 「韓國光復軍의 活動研究: 美戰略諜報局(OSS)과의 合作訓練을 중심으로」, 東國大學校 박사학위논문, 1999, p.56.
86) 李範奭, 앞의 글, p.199.

고, 훈련에 필요한 숙소는 신축한다. 훈련을 위한 모든 준비는 1945년4월15일까지 완료한다.[87]

「독수리작전계획서」는 2월27일에 워싱턴 극동정보처에 보고된 뒤에 도노반 장군과 중국전구 미군 총사령부의 승인을 거쳐 최종적으로 확정되었다.[88]

미국 당국의 최종승인이 나자 사전트는 임시정부 고위 간부들과 협력문제를 논의하기 위하여 3월30일에 이범석과 함께 중경으로 갔다. 사전트는 4월1일 저녁에 김구, 이청천, 김학규 등과 만나기로 했으나, 김구는 이날 모임에 불참하고, 민필호와 정환범(鄭桓範)이 대리로 참석했다. 사전트는 광복군과 OSS의 합동작전은 모든 한국 지도자들과 단체들의 지지가 있어야 한다는 점을 강조했다. 이범석은 계획된 작전에 대해 임시정부는 어떤 문제도 제기하지 않고 전폭적으로 지지한다고 강조했고, 이청천은 이범석의 말과 행동은 김구 주석과 자신의 입장을 대변하는 것이라고 덧붙였다. 사전트는 이범석이 김구와 이청천의 깊은 신임을 받고 있음을 확인했다.[89]

이날 저녁회의에 김구가 참석하지 못한 것은 그전 주에 장남 인(仁)이 사망한 충격 때문이었다. 앞에서 보았듯이, 김인은 안개와 구름이 많은 중경의 날씨를 이기지 못하고 폐병에 걸려 고생하다가 사망하여 이틀 전인 3월30일에 장례를 치렀다.[90] 1934년에 할머니 곽낙원(郭樂園) 여사를 따라서 9년 만에 다시 중국에 온 김인은 중국 중앙대학교를 졸업하고 김구가 조직한 한국국민당 청년단원으로 활동하면서 김구의 지시로 상해에 잠입하여 비밀공작활동을 했고, 중일전쟁이 발발한 뒤에는 한국광복진선청년공작대에 참여하는 등으로 김구의 활동을 헌신적으로 도운 총명한 청년이었다.[91] 김인의 시신은 남안(南岸)에서 6~7리쯤 떨어진 화상

---

87) 「한국에 대한 비밀첩보침투를 위한 독수리작전 보고서」(1945.3.1.), 『대한민국임시정부자료집(12) 한국광복군Ⅲ』, pp.105~126.
88) 金光載, 앞의 논문, pp.56~57.
89) 「사전트비망록」(1945.4.1.), 『대한민국임시정부자료집(12) 한국광복군Ⅲ』, pp.147~149.
90) 『백범일지』, p.414; 金祐銓, 「光復軍日記」, p.686.
91) 정정화, 『녹두꽃』, p.201.

산(和尙山) 공동묘지에 묻혔다. 그곳은 곽낙원 여사를 비롯하여 송병조 (宋秉祚), 손일민(孫逸民) 등 독립운동자들과 그 가족들이 묻힌 곳이었다.[92] 김구는 어머니를 여읜 지 6년 만에 다시 아들을 앞세우는 쓰라림을 겪어야 했다.

2

김구는 4월3일 오전에 임시정부 청사에서 사전트를 만났다. 이청천, 이범석, 정환범과 이틀 전 회합 때에 참석하지 못했던 김학규도 참석했다. 통역은 정환범이 했다. 김구는 여느 때와 마찬가지로 치파오(旗袍) 차림이었다. 그는 먼저 지금 몸이 불편하여 쉬고 있는 중이어서 4월1일의 모임에 참석하지 못했노라고 사과했다.

김구는 사전트에게 깊은 인상을 주었다. "70세의 나이에도 불구하고 그는 외모나 태도에서 완벽해 보였고, 스스로 겸손과 신사도로 단련된 위엄과 침착성을 지니고 있어서 그가 25년 전에 테러리스트였고, 애국적인 살인을 했던 전력과는 전혀 어울리지 않아 보였다"라고 사전트는 비망록에 적어 놓았다.[93]

김구는 37명의 일본군 탈출 학병청년들을 포함한 유능한 공작원들을 양성하여 OSS의 활동에 전적으로 협조하겠다고 장담하고 "이범석 장군과 사전트의 관계에서 파생되는 모든 것"을 승인한다고 말했다. 김구는 미군이 필리핀 섬에 진공할 때에 맥아더(Douglas MacArthur)가 오스메냐 (Sergio S. Osmenña) 대통령 등 필리핀의 요인들을 동반한 것이 필리핀 국민들의 사기를 북돋우고 협력을 얻는 데 매우 유효했던 사실을 지적하면서, 연합국 군대가 한반도에 진격할 때에 임시정부 요인들이 동행하면 필리

---

92) 『국외항일운동유적(지) 실태조사보고서 I 』, 문화관광부·독립기념관·한국근현대사학회, 2002, p.412.
93) 「사전트비망록」(1945.4.3.), 『대한민국임시정부자료집(12) 한국광복군 III 』, p.149.

편에서와 같은 효과를 거둘 수 있을 것이라는 점을 강조해서 말했다.[94]

사전트는 김구를 만나고 나오는 길로 바로 이청천, 이범석, 김학규, 정환범과 함께 토교로 갔다. 한동안 임시정부 청사에서 기거하던 일본 군 탈출 학병청년들은 2월20일에 동포들이 살고 있는 토교로 옮겼다. 이들은 언덕 위에 있는 한국기독교청년회관을 숙소로 정하고, "광복군 토교대"를 편성하여 총사령부 총무처장 최용덕(崔用德)의 지휘 아래 훈련을 받았다. 그러나 시간이 흐를수록 이들의 사기는 점점 떨어졌다. 이 무렵 장준하와 김준엽은 임천에서 창간했던 등사판 잡지《등불》을 속간했다.[95] 이들이 토교에 머무는 동안 임시정부 각 정파의 포섭공작이 치열했다. 내무부장 신익희는 임시정부 경위대를 새로 조직한다고 학병청년들을 설득하여 윤경빈(尹慶彬), 서상렬(徐相烈), 백정갑(白正甲) 등 8명이 임시정부 경위대로 뽑혀 중경으로 갔다.[96]

토교에서는 민필호, 엄항섭, 유진동(劉振東) 등이 이범석과 사전트를 맞이했다. 이범석은 민필호의 집에서 학병청년 대표 김준엽을 만났다.

"이제 미군과 제휴하여 싸우게 되었으니 우리 광복군이 한국에 상륙할 날이 멀지 않을 것이오."

이범석의 말에 김준엽은 깜짝 놀랐다.

"상세한 이야기는 전체 동지들 앞에서 설명할 테니까 김 동지는 어서 동지들을 집합시켜 주시오."

김준엽은 부리나케 뛰어다니면서 학병청년들을 기독교청년회관으로 불러 모았다. 학병청년들은 미군과 손잡고 고국에 진입하는 작전을 전개할 계획이라는 소식을 듣고 흥분했다. 학병청년들이 다 모이자 이범석과 사전트가 회관에 당도했다. 이범석은 학병청년들에게 미군과의 합동작전에 참여해 줄 것을 부탁했다.

---

94) 「사전트비망록」(1945.4.3.), 위의 책, pp.149~150.
95) 金俊燁, 『長征(2) 나의 光復軍時節(下)』, pp.448~473.
96) 위의 책, pp.482~483.

"여러분! 왜놈을 고국산천에서 몰아내는 데 무력 이외에 무슨 방법이 있겠소?… 드디어 기회가 온 것입니다. 나 이범석이 앞장을 설 테니까 여러분도 나와 함께 미군과 제휴하여 전쟁터로 갑세다.…"[97]

이범석의 소개로 사전트도 간단한 인사말을 했다. 사전트는 탈출 학병청년들에게서 강한 인상을 받았다. "이들 모두가 지적이고 기민하고 빈틈이 없었다. 내가 본 군인집단 가운데 가장 지적인 집단이었다. 내가 생각하기에 그들의 능력은 어떤 미국 청년장교들과 비교해도 손색이 없었다"라고 그는 비망록에 적었다. 사전트는 이범석에게 탈출 학병청년들 전원을 「독수리작전」의 훈련 프로그램에 참가시키기 위해 두곡으로 데려가자고 제안했다.[98] 이렇게 하여 장준하, 김준엽, 노능서(魯能瑞) 등 19명이 이범석을 따라 4월29일에 서안으로 갔다.[99]

사전트를 통하여 「독수리작전」이 순조롭게 진행되자 김구는 중국전구 미군총사령관 웨드마이어(Albert C. Wedemeyer) 장군과의 회담을 추진했다. 그는 4월11일에 정환범을 시켜 OSS의 버드(Willis Bird) 대령에게 자신과 이청천, 조소앙 세 사람이 웨드마이어 장군을 방문하겠다고 통보했다. 김구가 웨드마이어를 만나고자 한 것은 웨드마이어가 미국에 있을 때에 그를 만나 대일전에서 한국인들을 활용하는 문제를 논의한 적이 있다는 이승만의 연락을 받았기 때문이다.[100]

김구는 4월17일에 외무부장 조소앙, 통역 정환범과 함께 미군사령부를 방문했다. 그러나 웨드마이어는 만나지 못하고 대신 참모장 그로스(Mervin E. Gross) 장군을 만났다. 김구는 임시정부와 한국 국민들이 연합국에 협조할 수 있게 되기를 갈망하고 있다는 뜻을 전하고, 임시정부 외무부장 조소앙 명의로 된 「미국 당국에 요청하는 군사원조 안건에 관

97) 같은 책, pp.477~482.
98) 「사전트비망록」(1945.4.3.), 『대한민국임시정부자료집(12) 한국광복군Ⅲ』, p.151.
99) 張俊河, 앞의 책, p.325; 金俊燁, 『長征(2) 나의 光復軍時節(下)』, pp.482~483.
100) 「임시정부대표의 미군사령부 방문과 관련한 각서」(1945.4.11.), 『대한민국임시정부자료집 (12) 한국광복군Ⅲ』, p.156.

한 개요」라는 제안서를 그로스에게 수교했다. 그것은 「독수리작전」의 계획과 거의 같은 내용이었다.[101]

그런데 OSS와 「독수리작전」을 추진하는 동안 이청천, 이범석, 김학규뿐만 아니라 김구도 임시정부 군무부장인 김원봉을 배제하는 것이 눈길을 끈다. 앞에서 본 대로 4월1일과 3일에 사전트가 임시정부를 방문하여 김구를 만날 때에도 김원봉은 동석하지 않았다.

사전트의 비망록에 따르면, 김원봉은 「독수리작전」에 대해서 아무런 의견을 표시하지 않았으나 김구, 이청천, 이범석 등 한국독립당 그룹에 OSS와의 합동작전의 선수를 빼앗긴 것을 몹시 불쾌하게 여기고 있었다. 김원봉은 김구에게 자기가 웨드마이어 장군을 만나는 것을 허락할 것과 국내에서 미군과 협력할 모든 작전에 대한 총괄적인 계획을 밝혀줄 것을 요구했다. 그러나 김구는 김원봉의 요구를 거절했다.[102] 그것은 한국독립당이 김원봉과 조선민족혁명당 그룹과 같은 공산주의자들을 참여시킴으로써 광복군과 OSS와의 합동작전이 파괴되지나 않을까 우려했기 때문이었다고 한다.[103] 또한 김원봉이 화북조선독립동맹의 김두봉(金枓奉)에게 편지를 보내어 독립동맹을 조선민족혁명당 화북지부로 고쳐줄 것을 요청하는 등 연안의 공산주의자들과 지속적으로 연락을 취하고 있었던 것[104]도 한국독립당으로서는 불만이었을 것이다.

김학규는 이청천에게 미군과의 합동작전에 조선민족혁명당 계열의 제1지대를 참가시키면 본국으로 진입했을 때에 군중이 사상적으로 좌우로 갈라지고 동족상잔의 피로 물들여질 것이 뻔하기 때문에 제1지대는 참가시켜서는 안된다고 주장했다고 한다.[105]

---

101) 「대한민국 임시정부 대표단의 방문」(1945.4.17.), 위의 책, pp.173~176.
102) 「사전트비망록」(1945.4.3.), 같은 책, p.150.
103) Clarence N. Weems, "American-Korean Coorperation(1941~1945), Why Was It So Little So Late?", p.38, 金光載, 앞의 논문, p.131에서 재인용.
104) 「金若山과 延安과의 關係」(1945.1.15.), 秋憲樹 編, 『資料 韓國獨立運動(2)』, p.239.
105) 朴英晩, 『光復軍(運命篇)(上)』, 協同出版社, 1967, pp.114~115.

5. 재미동포 지도자들도「냅코작전」에 참여

1

1945년1월에 버지니아주의 핫 스프링스(Hot Springs)에서 열린 태평양문제연구회 제9차 회의에 참석한 중국대표들을 통하여 임시정부의 승인문제에 대해 국민정부의 태도가 바뀌고 있는 것을 확인한 이승만은 2월5일에 국무장관 대리 그루에게 다음과 같은 편지를 보냈다.

> 이 점에 관하여 6개월 전까지도 열의를 보이지 않던 중국정부가 지금은, 만일 미국이 뒤따라 준다면 한국임시정부를 승인하는 일에 주도적으로 나서겠다고 합니다. 저는 미국정부가 한국의 승인과 관련하여 중국과 허심탄회하게 협의할 수 있기 바랍니다. 중국정부는 국무부의 양해 없이는 어떠한 조치도 취하지 않을 것입니다. 만일 국무부가 중국에 협조하겠다는 암묵적인 양해를 해준다면, 중국은 대한민국의 법적 지위를 공식으로 승인할 것입니다.…106)

이 편지는 미국정부가 임시정부를 시급히 승인할 것을 촉구하기 위해서 쓴 것이었는데, 이승만이 임시정부 승인이 시급히 필요한 이유로 든 것은 소련이 한국에 진입하여 그곳에 블라디보스토크에 있다고 하는 '한국해방위원회(Korean Liberation Committee)'를 정부로 내세울지 모른다는 우려 때문이었다. 이승만은 편지에서 시베리아에 있는 한국 공산군이 한국 국내로 밀고 들어와서 망명중인 한국 민족주의자들의 민주정부가 귀국할 겨를도 없이 한반도 전체를 석권하게 될지 모른다는 사실을 진주만 공격 이후 줄곧 자신이 국무부에 경고해 왔음을 상기시켰다. 그렇게

---

106) Rhee to Grew, Feb. 5, 1945, *FRUS 1945*, vol. Ⅳ., p.1002.

되면 국민들은 자신들이 원하는 정부형태에 관해 의사표시를 할 기회를 상실하게 될 것이고, 그러한 사태는 필연적으로 한국뿐만 아니라 미국과 중국에도 불리한 상황을 조성하게 될 것이라는 것이었다.

국무차관 던(James C. Dunn)은 2월20일에 주중 미국대사 헐리 (Patrick J. Hurley)에게 이승만의 편지내용을 비공식적으로 중국 외교부에 알리고 한국임시정부의 승인을 보류하는 것이 국무부의 견해임을 통보하라고 훈령했다.[107] 이 훈령의 사본은 주영 미국대사와 주소련 미국대사에게도 송부되었다. 그러나 이승만에게는 회신을 보내지 않았다. 후버 (Herbert C. Hoover) 대통령 때에 전쟁부 장관을 지낸 헐리는 1944년8월에 루스벨트의 특사로 중국에 파견되었다가 11월에 고스의 후임으로 주중 미국대사에 임명되었다.

소련의 대일참전이 기정사실화하면서 소련군의 한반도 진입에 따른 정치적 및 군사적 문제점을 두고 여러 갈래에서 구체적으로 검토되는 것은 당연했다. 그러나 만주와 중국에 주둔하는 일본군의 실체나 그들의 작전계획에 대한 정보는 정확하지 못했다. 중국-인도-버마 전구 미군 사령관 겸 장개석 총사령의 참모장이었다가 해임되어 워싱턴에 돌아와 있던 최고전략가 스틸웰(Joseph W. Stilwell) 장군과 「냅코작전」을 추진하던 아이플러의 다음과 같은 대화는 그러한 상황을 구체적으로 언급하고 있어서 흥미롭다. 두 사람은 대형 군사지도를 펼쳐 놓고 보면서 이야기했다. 스틸웰이 물었다.

"아이플러, 당장의 당신 계획은 뭐요?"

아이플러는 한국을 가리키면서 말했다.

"한국에 상륙한 다음에 거기에서 일본으로 침투하는 것입니다."

스틸웰은 아이플러를 보면서 말했다.

"이 점을 명심하시오.… 러시아인들이 들이닥칠거요. 그들이 움직이면

<hr>

107) Dunn to Hurley, Feb. 20, 1945, *FRUS 1945*, vol. Ⅳ., pp.1022~1023.

왜놈들은 블라디보스토크로 연결되는 철도를 끊기 위해 만주에서 북쪽으로 이동할 것이고, 그러고 나서는 그 도시를 일본 영향권의 지리적 중심으로 차지하겠지. 블라디보스토크를 차지하게 되면 그들은 자기네 본토를 방어하기 위해 군대를 마음대로 일본으로 이동시킬 수 있거든. 이때에 한국에서 혁명이 일어나면 일본 군대를 마음대로 일본으로 이동시키는 것을 막을 뿐만 아니라 혁명을 통제하기 위해 군대를 묶어 놓게 될 거요. 당신 계획에서 이 점을 고려에 넣으시오."

아이플러는 스틸웰의 권고를 재빨리 새기면서 계획과 일정에 다소의 변경이 필요하겠다고 느꼈다고 한다.[108)

스틸웰의 권고는 아이플러가 3월7일에 도노반에게 제출한 「냅코작전」의 제1차 보고서와 30일에 제출한 수정 보고서에 그대로 반영되었다.

「냅코작전」이 장석윤의 보고서를 근거로 하여 작성된 2월26일자 보고서와 달라진 점은 한국에 침투시킬 공작요원으로 한인포로들뿐만 아니라 이미 미군에 입대해 있는 한인 청년들과 유학생 등 일반인들도 선발하기로 한 점이었다. 그리하여 유일한(柳一韓)을 비롯하여 김강(金剛), 변준호(卞埈鎬), 이근성(李根成) 등 40대가 넘은 재미 한인사회의 지도적 인물들도 자원하여 「냅코작전」에 참여하게 되었다.

「냅코작전」의 목적은 이들이 오키나와에서 잠수함으로 한반도에 침투하여 그곳에 첩보망을 조직하고, 한반도에 추락하는 미공군 조종사들을 구출하며, 앞으로 한반도 안에서 파괴공작과 게릴라 활동을 전개하는 것이었다.[109) 이를 위하여 5명 이내를 한 조로 하는 10개조의 공작원들을 한국 국내로 파견하되, 이들이 체포되어 조직의 실체가 탄로 나지 않게 하기 위하여 각 조의 공작원들은 다른 조의 사람들을 서로 모르게 훈련시키기로 했다. 10개조 가운데 3개조는 체포될 것으로 예상했다. 공작원들이 한국에 상륙할 때

---

108) Thomas N. Moon & Carl F. Eifler, *The Deadliest Colonel*, Vantage Press, 1975, p.224.
109) THE NAPKO PROJECT: Office of Strategic Services "Field Experimental Unit", Mar. 30, 1945, 『韓國獨立運動史 資料(22) 臨政篇Ⅶ』, p.423.

OSS가 한국연안상륙용으로 특수제작한 2인용 잠수정.

는 1만5,000엔(1만5,000달러)을 지니고 한국 옷을 입고, 일제 안경을 쓰고, 무전통신기재와 그것을 파묻을 일제 삽을 휴대하게 했다. 상륙은 2인 잠수정을 이용하기로 했다. 그러나 그때까지 미 해군은 그런 잠수정이 없었기 때문에 특별주문으로 한 척을 새로 만들었다. 비용은 2만달러였다.[110]

1945년6월 단계까지 확정된 침투조는 다음 4개조였다.

○ 아이넥 조(Einec Mission): 황해에서 서울로 침투. 유일한을 조장으로 하고 이초(李超), 변일서(邊日曙), 차진주(車眞宙), 이종흥. 이 조의 임무는 주로 경제상황과 일본군부대의 위치를 보고하는 것이었다.

○ 차로 조(Charo Mission): 진남포를 거쳐 평양으로 침투. 이근성, 김강, 변준호. 이들은 안경, 치아교정, 사마귀 제거, 신경성 눈깜빡이와 납작코 교정을 위한 소규모 외과수술을 받아야 했다.

○ 무로 조(Mooro Mission): 무로 조에 대한 기록은 OSS 보고서에는 없고, 아이플러의 회고록에만 나온다. 한국 해안의 한 외딴 섬을 탈취하

---

110) Thomas N. Moon & Carl F. Eifler, *op. cit.*, p.221.

여 첫 침투기지를 삼을 계획. 현지사정에 밝은 안내자 한 사람과 미군 요원 6명이 침투할 예정. 현지 주민은 18명가량인데, 우리 편이 되어 주리라고 생각하나, 불가능하면 없애 버림.

○ 차모 조(Chamo Mission): 함경남도 함흥 근방의 계곡에 이근성, 김강, 변준호, 하문덕 네 사람을 중국에서 공수하여 낙하산으로 투입. 이근성과 김강은 전에 살던 평양에 가서 세포를 조직한 뒤에 서울로 가서 일본에 침투시킬 공작원을 선발한다. 변준호와 하문덕은 계곡에 비행기 이착륙용 활주로를 만들고, 공작원 양성소를 설립한 뒤에 흥남으로 진출한다. 이 차모 조는 3월에 계획된 차로 조가 변경된 것이었다.

학병으로 버마전선에 배치되었다가 영국군에 투항하여 OSS에 인도되었던 박순동(朴順東), 박형무(朴亨武), 이종관(李鍾寬) 등은 전남으로 침투하기 위한 훈련을 받았다고 하는데, 이들이 관련된 공작조의 이름은 OSS 문서에서 확인되지 않는다.[111]

2

선발된 요원들은 로스앤젤레스 앞바다에 있는 산타 카탈리나(Santa Catalina) 섬에서 외부와 격리된 채 서너달 동안 강도 높은 훈련을 받았다. 훈련은 무전과 첩보교육을 위주로 하고, 그 밖에 무기, 비무장 전투법, 독도법, 촬영, 파괴, 낙하산 훈련, 선전 등이었다.[112] 공작원들은 실제로 잠수정을 타고 로스앤젤레스와 샌프란시스코 근처에 침투하기도 했으나 한번도 적발되지 않았다고 한다.

한국침투조를 총괄하던 장석윤의 OSS에 등록된 주소가 주미외교위원회의 주소인 워싱턴 D.C. 16가 4700번지인 것을 보면, 이승만은 장석윤

---

111) 鄭秉峻, 「解題」, 『NAPKO PROJECT OF OSS: 海外의 韓國獨立運動史料(XXIV) 美洲篇⑥』, p.17.
112) 朴順東, 「侮蔑의 時代」, 《新東亞》 1965년9월호, pp.374~379.

「냅코작전」의 훈련장인 로스앤젤레스 앞바다의 산타 카탈리나 섬.

을 통하여 「냅코작전」의 진척상황을 파악하고 있었던 것이 틀림없다. 그
러나 그는 그 작업에 직접 관여하지는 않았다.

　　OSS의 「냅코작전」 계획이 진행되던 4월23일에 국무-전쟁[육군]-해군
3부조정위원회(State-War-Navy Coordination Committee: SWNCC)는
대일전쟁 수행에 한국인들을 효과적으로 활용하는 문제를 검토했다. 국
무부가 제출한 이 안은 이승만이 거듭 제의했고, 또 1945년에 들어서는 임
시정부 외교부장 조소앙이 2월23일에 주중 미국대리대사 애치슨(George
Atcheson)과 만나, 태평양의 한 군사기지에서 한인부대를 훈련시킨 뒤에
중국 북부의 해안기지로 이동시키고 미국이 한국임시정부와 무기대여 협
정을 체결하여 군수품 조달과 경제원조를 해줄 것을 제안한 것[113]과 궤를
같이 하는 것이었다. 국무부의 안은 미국에 거주하는 한국인과 미국, 오스
트레일리아, 뉴질랜드의 전쟁포로 캠프에 수용된 한국인 포로 가운데 자
원자들로 구성되는 한국군 부대를 창설한다는 계획이었다. 일본에 강제
연행되어 일본군으로 전쟁에 동원되었다가 포로가 된 한인청년들 가운데

---

113) Atcheson to Stettinius, Mar. 1, 1945, *FRUS 1945*, vol. Ⅵ., p.1024.

반일사상이 투철한 사람들을 석방하여 미 육군에서 미국 국적을 가진 30명 내지 40명의 한국인 장교와 함께 전투부대를 구성하여 태평양에서 태극기 아래 전투임무를 수행하고 해방된 뒤에는 한국에서 미 군사정부가 이들을 활용할 수 있게 한다는 것이었다.[114)

SWNCC의 한국인 활용안에 대하여 워싱턴의 거의 모든 관료들은 찬성했으나, 중국 현지 미군사령관 웨드마이어 장군은 군사적인 견지에서 볼 때에 그 계획은 실현가능성이 없다고 회보했다. 웨드마이어는 그러한 부대를 훈련시킬 수 있는 미국인 또는 중국인 요원도 없고 보급품과 장비도 부족한 것 등 어려움이 많을 뿐만 아니라 대규모의 한국인을 통제하기가 힘들기 때문에 그들을 가장 유익하게 활용하는 방안은 현재 이용되고 있는 바와 같은 소규모의 비밀단체로 활용해야 한다는 의견이었다. 전쟁부 차관보 매클로이(John C. McCloy)는 웨드마이어의 의견을 SWNCC에 전달하면서 미국 또는 중국의 후원 아래 효과적인 한국 전투부대를 결성하고 유지하는 것은 군사적 관점에서 볼 때에 실용성이 없어 보인다는 것이 전쟁부의 견해라고 말하고, 선발된 한국인들은 군부대의 차원이 아니라 개인적 차원에서 사용하도록 하자고 제안했다.[115) 이러한 전쟁부의 입장에 따라 한인부대 결성 계획은 SWNCC의 안건에서 제외되었다.[116)

3·1절이 되어도 특별한 기념행사를 하지 못한 채 억분을 가누지 못하던 이승만은 미국 대통령 부인 엘리노어 루스벨트(Anna Eleanor Roosevelt)가 3월1일자 그녀의 신디케이트 신문칼럼 《마이 데이(*My Day*)》에서 3·1운동과 임시정부의 활동을 언급한 것을 보고 적이 놀랐다. 이승만 내외는 루스벨트 부인에게 편지를 써서 개인적으로 방문하여 사의를 표할 수 있겠느냐고 물었다. 이승만이 1942년에 자신의 영문저서 『일본내막기(*Japan Inside Out*)』를 그녀에게 우편으로 증정한 것은 앞에

---

114) SWNCC 115, Apr. 23, 1945.
115) SWNCC 115/1, May 31, 1945.
116) SWNCC 115/2, Jun. 4, 1945.

서 본 대로이다.

루스벨트 부인으로부터 3월8일 오후 4시에 만나자는 통지가 왔다. 이승만 내외는 정해진 시간에 그녀를 방문했다. 이승만은 그녀에게 올리버(Robert T. Oliver)가 쓴 『한국: 잊혀진 나라(*Korea: Forgotten Nation*)』(1944)를 증정했다. 그것은 이승만의 요청으로 집필한 팸플릿이었다. 이승만 내외는 그저 인사말이나 나누는 것이 목적이었으나 루스벨트 부인은 대뜸 이렇게 물었다.

"여러분은 무기대여법 원조를 받으시려고 합니까?"

그래서 이승만은 한국인들이 대일전에 동참하려고 얼마나 여러 번 미국정부에 지원을 요청했는지 모른다고 말하고, 그러나 지금까지 단 1달러의 무기대여법 원조나 다이너마이트 한개도 지원받지 못했다고 털어놓았다. 이승만은 루스벨트 대통령이 한국인들에 대해 잘못 전해 듣고 있다고 생각한다고 말했다. 그렇지 않다면 이럴 수가 없을 것이라는 것이었다. 루스벨트 부인은 대통령에게 말하겠다고 약속했다.

"내가 틀림없이 말씀드리겠어요."

흥분하여 집으로 돌아온 이승만은 프란체스카로 하여금 올리버에게 급히 편지를 쓰게 했다. 올리버가 루스벨트 부인의 칼럼을 논평하는 편지를 써서 그녀에게 보내기를 바라는 편지였다. 프란체스카는 편지에 루스벨트 부인이 쓴 칼럼기사를 동봉했다.[117]

엘리노어 루스벨트는 이승만 내외를 만나고 난 뒤에 3월12일자 《마이 데이》에 다음과 같이 썼다.

　　나는 이전에 이 박사를 만난 적이 없지만 그의 얼굴은 숭고한 정신으로 빛났고 그의 온화한 표정에서는 그의 동포들이 오랜 세월에 걸

---

117) Robert T. Oliver, *Syngman Rhee and American Involvement in Korea*, pp.11~12.

쳐 발휘해 왔을 인내심을 역력히 읽을 수 있었다.[118]

그러나 무기대여법 원조는 한국인들에게는 끝내 제공되지 않았다. 「냅코작전」은 5월31일에 OSS 기획단의 공식승인을 받았고, 6월19일에는 합동참모본부도 이 작전계획을 승인했다. 목포와 구월산 등을 침투대상 지역으로 선정한 미 해군은 삼천포 인근에서 조업하던 한국인 어부 세 사람을 납치하여 지형과 정세 정보를 파악하기까지 했다. 모든 훈련을 마친 제1차 공작요원들은 출발명령을 기다렸다.

---

118) Robert T. Oliver, *Syngman Rhee: The Man Behind the Myth*, p.209.

71장

얄타비밀협정설로 미국 여론 흔들어

1. 얄타회담에서 한국신탁통치 구두합의

1

1944년 후반 들어 가까운 장래의 연합국의 승리가 확실해짐에 따라 독일과 일본에 대한 반격작전과 함께 점차 명확해지는 전후세계에 대한 연합국의 구상을 조정할 필요성이 절실해졌다. 8월21일부터 10월7일까지 워싱턴 근교의 정원 덤바턴 오크스(Dumbarton Oaks)에서 열린 미국, 영국, 중국, 소련의 4대국회의는 1943년11월1일의 모스크바 선언에서 천명한 전후 국제평화기구의 구체적인 내용을 협의하기 위한 회의였다. 회의는 1943년11월에 카이로와 테헤란에서 가졌던 수뇌회담 때와 마찬가지로 소련이 일본과 중립관계에 있음을 이유로 일본과 교전 중인 중국과의 동석을 거부하여 미국, 영국, 소련의 회의(8.21~9.28)와 미국, 영국, 중국의 회의(9.29~10.7)의 두 3국회의로 진행되었다. 회의에서 합의된 결론은 10월9일에 「일반적 국제기구설립에 관한 제안」(「덤바턴 오크스 제안」)으로 발표되었다. 평화기구의 명칭은 루스벨트가 제안했던 "국제연합(The United Nations)"으로 결정되었다. 소련은 "세계연합(The World Union)"이라는 이름을 제안했다.

국제연합은 모든 가맹국이 참가하는 총회와 강대국을 중심으로 한 안전보장이사회로 구성하기로 했으나, 안전보장이사회의 표결방법, 곧 상임이사국의 거부권문제는 1945년2월에 열리는 얄타(Yalta)회담으로 넘겨졌다. 또한 소련대표 그로미코(Andrei A. Gromyko)는 16개 소비에트연방 구성국을 모두 가맹국으로 가입시킬 것을 요구하여 미국과 영국 대표들을 놀라게 했다. 이 문제도 얄타회담으로 넘겨졌는데, 소련은 얄타회담에서 우크라이나와 백러시아공화국이 가맹국으로 가입하는 것을 지지한다는 미국과 영국의 약속을 받아냈다.

덤바턴 오크스 회의에 즈음하여 임시정부는 다음과 같은 조소앙(趙

素昻) 명의의 메시지를 회의에 제출하라고 이승만에게 타전했다. 그것은 한국인들은 (1) 시일을 한정하거나 다른 조건을 붙이지 않는 절대독립을 원하고, (2) 다가오는 강화회의와 국제기구에서의 완전한 발언권과 참가를 원하며, (3) 한국은 지난 40년 동안의 손실과 파괴에 대한 보상으로서 적들과 그들의 고용원들이 소유한 모든 공유지 및 사유지와 적들이 설립한 생산공장과 공공시설과 금융기관을 몰수하고, (4) 한국은 모든 우호적인 민주국가들과 체결한 정당한 조약상의 제권리를 존중하며 국제무역과 투자를 증진시켜 세계의 복리를 상호 강화시킬 것이라는 것이었다.[1]

이승만은 이 전문을 덤바턴 오크스 회의에 제출한 다음, 그 전문과 그것을 회의에 제출하면서 보낸 자신의 편지사본을 동봉하여 루스벨트(Franklin D. Roosevelt) 대통령에게 다음과 같은 편지를 썼다.

저는 각하께 지금이야말로 한국이 1882년의 한미조약에서 약속된 미국의 "거중조정"이 필요한 때이며, 3천만 한국인들에게 일본의 패망을 앞당기도록 조력할 기회가 부여되어야 할 때라는 사실을 각하께 환기시켜 드리고자 합니다.

한국인들은 각하께서 공중연설을 통하여 여러번 한국에 대하여 호의적으로 언급하심으로써 보여 주신 공정성과 정의감에 대해 깊이 고마움을 느끼고 있습니다.

각하께서 미국정부의 관계 당국에 한 말씀만 해주시면 한국도 문명의 적들과 싸우는 연합국 대열에 포함될 것이며, 그렇게 되면 위대한 미국대통령이 한국독립의 진정한 친구라는 사실을 한국 국민에게 입증하게 될 것입니다.[2]

---

1) 《주미외교위원부통신》(제86호), 1944년8월31일자, 「임정특전 8월20일」.
2) 「李承晩이 Roosevelt에게 보낸 1944년8월21일자 편지」, 『대한민국임시정부자료집(20) 주미외교위원부 Ⅱ』, p.239.

이승만의 이러한 문투는 지금까지 보던 공격적인 그것과는 사뭇 다른 것이었다. 그러나 한국이 연합국의 일원으로 참여하는 문제, 곧 임시정부의 승인문제는 루스벨트가 국무부에 말 한마디 함으로써 해결될 문제는 아니었다.

이승만은 10월25일에 다시 루스벨트에게 편지를 썼다. 이날은 미군의 필리핀 상륙을 저지하기 위해 출동했던 일본의 연합함대를 미국 제3함대가 레이테(Leyte)만 해전에서 괴멸시킨 이튿날이었다. 이승만은 루스벨트의 성명에 대하여 최대의 찬사를 보냈다.

대통령께서는 사람의 마음을 움직이는 데 천부적인 재능을 지니셨습니다. 바로 이러한 이유로 저는 한국 국민과 지금 중국 중경에 있는 그들의 민주적 정부 —— 세계에서 가장 오래된 망명정부 —— 를 대신하여 또다시 대통령께 호소를 드립니다.

대통령께서 잘 아시는 바와 같이, 민족이란 불굴의 정신과 살고자 하는 의지가 있으면 멸망하지 않습니다. 저는 위의 주장이 옳다는 것을 입증하기 위하여 한국의 경우를 자랑스럽게 지적할 수 있습니다. 한국의 아들딸들은 일본의 폭정 아래서 수천명씩 목숨을 잃으면서도, 4,200년의 중단없는 역사를 가진 그들이 한 민족으로서의 권리와 문명된 민족들 사이의 지위를 포기했다고 생각한 적이 없습니다.

인류의 보편적 자유의 발상지인 미국과의 관계만이 한국인들의 마음속에서 자유의 불길을 꺼지지 않게 지켜 주었습니다.…

이승만은 이렇게 쓰고 나서 루스벨트가 여러 차례 발표한 성명의 성실성을 입증할 수 있도록 1882년의 한미수호통상조약의 약속을 이행하라고 거듭 촉구했다. 그는 미국이 1905년에 을사조약을 묵인한 이래로 한국은 거대한 집단수용소가 되어 있다고 말하고, 미국이 프랑스 임시정부를 승인한 것처럼 한국임시정부를 승인함으로써 일본의 패전을 위한 마지막 타격에서 역량을 발휘할 수 있게 해달라고 요청했다. 미국은 어떤 망명정부도 승인하지 않는다는 방침에 따라 드골(Charles A. J. M. de Gaulle)의 프랑스 임시정부도 승인하지 않다가 1944년10월24일에야 영국, 소련, 캐나다와 함께 승인했다.

이승만은 "만일 대통령께서 그렇게 하실 의지가 있다면 자유의 횃불은 동방 전역을 비칠 수 있을 것입니다"라는 수사로 편지를 끝맺었다.[3]

루스벨트는 11월7일에 실시된 대통령선거에서 공화당의 듀이(Thomas E. Dewey)를 누르고 미국 역사상 전무후무하게 4선을 달성했다. 그러나 알려지지는 않았지만 이때에 그는 이미 다섯달 뒤에 뇌일혈로 사망할 만큼 건강이 악화되어 있었다.

2

이제나저제나 하고 승전의 날을 목마르게 기다리는 재미동포들에게 "예상치도 못한 경사"[4]가 벌어졌다. 미국 체신부가 1944년11월2일에 태극기 도안이 들어간 5센트짜리 기념우표를 발행한 것이다.

미국정부는 제2차 세계대전에서의 피침략국의 해방과 그것을 위한 미국의 공헌을 홍보하기 위하여 1943년6월부터 12월에 걸쳐 "유린된 나라들(Overrun Countries)"이라는 시리즈로 각국 국기를 넣은 우표를 발행했다. 그 나라들은 6월의 폴란드를 시작으로 체코슬로바키아, 노르웨이, 룩셈부르크, 네덜란드, 벨기에, 프랑스, 그리스, 유고슬로비아, 알바니아, 오스트리아, 덴마크로 모두 나치 독일을 중심으로 한 유럽의 추축국에 의하여 제2차대전기에 점령된 유럽 나라들이었다. 그런데 1년이 지나서 한국을 "유린된 나라들"에 추가하는 형식으로 기념우표를 발행한 것

---

3) 「李承晚이 Roosevelt에게 보낸 1944년10월25일자 편지」, 위의 책, pp.241~242.
4) 李元淳, 『世紀를 넘어서: 海史李元淳 自傳』, p.279.

1944년11월2일에 미 체신부가 "유린된 나라" 우표 시리즈의 하나로 발행한 태극 도안이 든 5센트짜리 미국 우표. 실물의 네배크기 사진이다.

이었다.[5] 《주미외교위원부통신》을 포함하여 로스앤젤레스와 하와이에서 발행되는 동포신문들은 일제히 이 사실을 보도했다.[6]

한표욱(韓豹頊)에 따르면, 한국기념우표를 발행하도록 미국 체신부에 처음 제의한 사람은 이승만이었다. 그의 오랜 미국친구인 언론인 윌리엄스(Jay Jerom Williams)의 권고에 따른 것이었다고 한다. 이승만은 한국도 "유린된 나라들"의 하나이니까 미국정부에 한국국기 도안이 든 우표를 발행하도록 요청해 보자는 윌리엄스의 제의를 받고, "그것 참 좋은 아이디어요" 하고 좋아하면서, 체신부 장관 워커(Frank C. Walker)를 찾아가서 한국기념우표를 발행하도록 제의했다는 것이다.[7] 워커는 민주당 전국위원장을 맡을 정도로 루스벨트와 가까웠다. 미국정부가 태극기 도안의 기념우표를 발행하기로 결정한 데에는 "아시아의 해방"이라는 일본의 전쟁 목표 선전에 대한 대응효과를 기대한 면이 있었을 것이다.[8]

그런데 이 한국기념우표 발행문제를 두고도 재미 독립운동자들 사이에 잡음이 없지 않았다. 하와이에서 발행되는 《국민보(國民報)》는 한길

---

5) 長田彰文, 『世界史の中の近代日韓關係』, 慶應義塾大學出版會, 2013, pp.181~182.
6) 《주미외교위원부통신》(제94호), 1944년11월8일자; 《新韓民報》 1944년12월2일자; 《國民報》 1944년11월8일자, 「한국우표 발행」; *Korean Independence*, Nov. 8, 1944, "U. S. Pays High Tribute to Korea's Valor".
7) 韓豹頊, 「李承晚博士 滯美40年: 알려지지 않은 逸話들」, 《雩南會報》(제3호), 建國大統領李承晚博士記念事業會, 1994년9월15일, p.3.
8) 長田彰文, 앞의 책, p.182.

수(韓吉洙)가 워싱턴에 있는 한인단체 주무원들과 협의해서 미국 체신부에 청원했는데, 그때에 주미외교위원부에서는 대표가 불참했다고 보도했다.[9] 한길수는 10월28일부터 로스앤젤레스에서 열린 재미한족전체대표회에 참석했는데, 11월1일 회의에서 한국기념우표 발행사실을 거론하면서 루스벨트 대통령과 헐 국무장관과 워커 체신장관에게 축전을 보내자고 제안했다.[10]

한국기념우표가 발행되던 날 미 체신부에서 간단한 기념식이 있었다. 주미외교위원부의 이원순(李元淳)과 정한경(鄭翰景), 재미한족연합위원회 워싱턴사무소의 전경무(田耕武), 한국사정사의 김용중(金龍中) 등이 참석했다. 이원순 등은 워커 장관으로부터 태극마크가 든 우표 50장짜리 한 세트씩을 선물로 받았는데, 이원순은 뒤에 한국정부가 독립하면 찾아가겠다면서 이 우표를 다시 미 체신부에 맡겼다. 이원순은 1953년에 귀국하여 이 우표세트를 체신부에 기증했다.[11]

이승만은 한국기념우표가 발행되고 닷새 뒤인 11월7일 저녁에 워싱턴 스탬프 클럽의 초청을 받아 톰슨학교 강당에서 한국우표와 관련된 강연을 했다.[12] 한국기념우표는 엄청난 인기였다. 재미동포들의 간절한 조국애가 그렇게 표출된 것이었다. 한미협회인사들도 이 우표를 구하지 못하여 아쉬워했다. 미국내 우표수집가들은 150만명으로 집계되고 있었으므로 미 체신당국에서는 150만장을 인쇄했으나 이내 동이 나고 말아, 5센트짜리가 대번에 8달러, 9달러를 주고도 살 수 없게 되었다. 그리하여 주미외교위원부는 《워싱턴 이브닝 스타(*The Washington Evening Star*)》 등을 통하여 추가발행을 청원하는 캠페인을 벌였다.[13]

1945년1월에 버지니아주의 핫 스프링스(Hot Springs)에서 태평양문

---

9) 《國民報》 1944년11월8일자, 「한국우표 발행」.
10) 독립기념관 소장문서 도5-1, 「재미한족전체대표회회록」, 재미한족연합위원회, 1944, p.7.
11) 李元淳, 앞의 책, pp.279~280.
12) 《주미외교위원부통신》 (제94호), 1944년11월8일자, 「이박사 스탬프클럽 청을 받아 강연」.
13) 《주미외교위원부통신》 (제104호), 1945년1월24일자, 「대한기념우체표」.

제연구회 제9차 회의가 열렸다. 이승만은 1925년7월에 호놀룰루에서 이 기구가 발족할 때부터 대회관계자와 국내에서 온 회의참석자 등과 만나고 있었다. 그러나 제3차 교토(京都)회의 때부터 한국대표의 참가가 배제되는 등 일본의 영향력이 커지자 별로 관심을 기울이지 않았다. 그뿐만 아니라 이 기구는 대규모의 국제기구이기는 했지만 민간기구였으므로 이승만은 이 기구의 활동에 직접 관여할 필요성은 절실히 느끼지 않고 있었다. 그러한 태도는 만주사변[9·18전쟁] 뒤에 일본이 국제연맹 탈퇴에 이어 이 기구에서 탈퇴하고 난 뒤에도 마찬가지였다.

핫 스프링스에서 열린 태평양문제연구회 제9차 회의는 「태평양에서의 안전보장」이라는 주제 아래 일본의 전후처리문제와 전후의 국제적인 안전보장문제가 집중적으로 논의되었다.[14] 그런데 그동안의 관례와는 달리 이때의 회의에는 정부관계자들도 많이 참석했다. 미국대표 30여명 가운데는 대통령 특별보좌관 커리(Lauchlim Carrie)를 비롯하여 국무부의 애치슨(Dean G. Acheson) 차관보, 빈센트(John C. Vincent) 극동국 중국과장 등이 포함되어 있었다.[15] 중국 국민정부도 적십자사 총회장 장몽린(蔣夢麟)을 단장으로 하여 소육린(邵毓麟), 호적(胡適), 엽공초(葉公超) 등 유력인사 9명을 대표단으로 파견했는데,[16] 그것은 이 회의에 대한 국민정부의 큰 관심을 나타내는 것이었다.

회의는 1월 중순까지 개최되었다. 중국쪽의 자료에 따르면, 회의에서 중국대표와 미국 및 영국대표 사이에 전후 한국의 지위문제를 두고 논쟁이 벌어졌다. 미국과 영국대표는 전후에 한국은 연합국에 의한 5년 동안의 신탁통치를 받아야 한다고 주장했다. 그 이유는 한국은 나라를 잃은 지 오래되어 행정을 관리할 간부가 부족하고, 또 한국인은 단결과 합작

---

14) 山岡道男, 『太平洋問題調査會研究』, 龍溪書舍, 1997, p.259.

15) 原覺天, 「太平洋問題調査會のアジア硏究と日本(Ⅵ)」, 《アジア經濟》, アジア經濟硏究所, 1978年9月号, p.76.

16) 石源華 編著, 『韓國獨立運動與中國』, p.367.

을 못하기 때문에 바로 통일정부를 수립하는 것은 불가능하다는 것이었다. 이에 대해 중국대표는 신탁통치는 연합국의 공동작전의 목표나 카이로선언의 정신에도 위배되는 것이며, 한국에 행정 간부가 부족하다는 말은 한국인의 능력과 지혜를 모욕하는 말이고, 한국인이 단결과 합작을 못한다는 말은 제국주의 통치자의 도발과 이간의 결과라고 반론했다.[17]

회의를 앞두고 태평양문제연구회 사무국은 한족연합위원회에 한국대표를 파견해 줄 것을 제의했다. 주미외교위원부에는 초청장을 보내지 않았는데, 그것은 위원부는 정부기관이라는 이유에서였다는 것이었다. 연합위원회는 회의에 참석할 대표로 전경무, 김용중, 정한경 세 사람을 선정했다. 그런데 중경으로부터 중국대표 두 사람이 워싱턴에 와서 김구의 편지를 이승만에게 전했다. 태평양문제연구회에 참석할 한국대표를 주미외교위원부가 선정하여 회의에 참석시키라는 내용이었다. 이승만은 이원순을 불러 대표로 회의에 참석하라고 지시했다. 그러나 이원순은 대표가 이미 결정되어 사무국에 등록까지 마쳤으므로 불가능하다면서 반대했다. 이원순이 거듭 반대하자 이승만은 대로했다. 이승만은 임병직(林炳稷)에게 대표로 참석하라고 했으나 그도 거절했다. 이 일이 빌미가 되어 이승만과 이원순의 오랜 관계가 갑자기 소원해지고 말았다.[18]

이승만은 1월21일 오후 4시부터 8시까지 자기 집에서 이 회의에 참석한 중국대표 일행을 위한 티파티를 열었는데, 이 자리에는 중국 대사 위도명(魏道明)을 비롯하여 미국의 상하원의원 등 수백명의 인사들이 모여들었다.[19]

1945년4월11일에 개원된 제38회 임시의정원 회의에 제출된 외무부의 정무보고서는 연합국 구제부흥기구 회의와 태평양회의에 임병직과 정한경이 각각 참석하고 미국 체신부가 한국기념우표를 발행한 사실을 중요

---

17) 위의 책, pp.527~528.
18) 李元淳, 앞의 책, pp.280~283.
19) 《주미외교위원부통신》(제104호), 1945년1월24일자, 「태평양회의에 참석한 중국대표 환영」.

1945년2월4일부터 11일까지 소련령 크리미아 반도의 얄타에서 미, 영, 소 3국 수뇌회담이 열렸다. 루스벨트 뒤에 선 사람
은 미합동참모총장 레이히 제독.

한 외교성과로 거론했다.[20]

3

1945년2월4일부터 11일까지 소련의 크리미아 반도의 지중해변에 위
치한 휴양지 얄타에서 열린 미국, 영국, 소련 세 나라의 수뇌회담은 1943
년의 테헤란(Teheran)회담 이후 1년2개월 만에 열린 3대국 수뇌회담으
로서, 대전 종료 이후의 전후처리문제 및 세계 평화기구 문제와 함께 소
련의 대일전 참가문제와 관련한 극동에서의 당면한 전략문제도 중요한
의제의 하나로 토의하였다. 이 시점에 이르면 3대국은 잠재적인 대립과
이해의 불일치가 구체적으로 드러나고 있었지만, 그럼에도 불구하고 전

---

20) 「外務部報告」, 『대한민국임시정부자료집(6) 임시의정원 V』, p.122.

쟁기간의 협조관계가 전후에도 유지되어야 한다는 데는 세 수뇌가 같은 판단을 하고 있었다.

미 국무부는 얄타회담을 앞두고 한국문제를 다시 전반적으로 검토했다. 전후계획위원회 한국소위원회는 11월과 12월에 걸쳐 국제정치문제, 안보문제, 독립능력 등 각 측면을 검토했는데,[21] 이 보고서들을 토대로 작성된 것이 「전후한국의 지위」라는 정책문서였다.

얄타회담에서는 소련의 대일전 참가시기가 독일 항복 이후 2개월 내지 3개월 이내로 확약되고 그와 관련된 극동에서의 소련의 이권을 보장하는 비밀협정이 이루어졌는데, 한국문제는 소련의 대일전 참가 및 전후의 아시아에서의 지위와 깊이 관련되게 마련이었다. 위의 정책문서는 이러한 상황에 대비하여 작성된 것으로서, 비록 수뇌회담에서 구체적으로 토의되지는 않았지만 이후의 미국의 대한정책의 기본방침이 되었다는 점에서 자세히 검토해볼 가치가 있다. 이 문서의 「한국에 관한 연합국 사이의 협의」 항목은 다음과 같다.

[문제]
어느 나라가 (1) 한국의 군사점령과 (2) 만일 한국에 대한 과도적 국제행정 또는 신탁통치가 결정되는 경우 이에 참가해야 할 것인가?
[토의점]
한국독립의 수립에 관련해서는 다음과 같은 이유에서 공동행동이 중요하고 또 필요하다.
(1) 중국과 소련은 한국에 인접되어 있고 한국문제에 전통적인 이해를 가져왔다.
(2) 미국, 영국, 중국은 카이로선언에서 한국은 적당한 시기에 자유롭고 독립되게 할 것이라고 공약했다.

---

21) Leonard Hoag, *American Military Government in Korea 1941~1946*, Department of the Army, 1970, pp.31~32.

(3) 단일국에 의한 한국의 군사점령은 심각한 정치적 반발을 일으킬 가능성이 있다. 연합국 육해공군의 작전에 관한 문제는 순전한 군사적 성질로 인정되므로 국무부에서 직접 관여할 바가 아니지만, 어느 한 나라에 의한 한국 안에서의 군사작전과 그에 따른 군사점령은 광범위한 정치적 결과를 초래할 수 있다.

한국 군사정부를 소련이 단독으로 책임지는 경우 아마도 중국은 만주와 화북(華北)에 걸친 소련 영향권의 형성을 초래할 것을 두려워할 것이고, 마찬가지로 전쟁이 끝난 뒤에 중국이 한국 군사정부를 배타적으로 책임지는 조치가 취해진다면 소련은 분개할 것이다. 그러므로 우리의 견해로는 한국에서 군사작전이 끝나는 대로 실제로 가능한 한 한국 점령군과 군사정부에 연합국대표가 있어야 하고, 또한 그러한 군사정부는 한국 전체를 분할되지 않은 단일체로 다루는 중앙집권적 행정원칙에 입각하여 구성되어야 한다. 그러한 군사정부에 참여하는 나라들은 장래의 한국의 정치적 지위에 실질적인 이해관계가 있는 나라들이어야 하지만, 다른 나라들의 대표권은 미국의 점령 효과를 손상시킬 만큼 커서는 안된다. 미국 참여가 지닌 중요한 요소는 제국주의적 계획을 가지고 있지 않은 미국에 대한 한국인의 신망으로 이루어져 있다는 점이다. 따라서 미국은 점령과 군사정부에서 지도적 역할을 맡는 것이 당연하다.…

한국의 군사점령에 어느 나라가 참가하느냐의 문제는 시급을 요하는 중요문제인 동시에 신중한 고려를 요하는 문제이다. 왜냐하면 (1) 영국쪽의 요청으로 한국 군사점령 문제는 현재 진행중인 미국, 영국, 중국 외무부의 연구과제에 포함되어 있지 않으며, (2) 소련의 대일전 참가는 한국에 소련군이 출현하는 상황을 초래할 것인데, 이것은 점령군 구성결정에 중요 요인이 될 것이며, (3) 한국에서의 소련의 전통적 이해는 비록 태평양전쟁에 소련이 참가하지 않더라도 한국의 군

사점령에 참여할 것을 희구할 가능성이 있기 때문이다.…[22]

이처럼 얄타회담 단계의 미국정부의 기본적인 대한정책은 완전독립까지의 과정을 군사점령 및 군정에서 과도적 국제관리 또는 신탁통치를 거쳐 한국인에 의한 독립정부를 수립하는 단계로 상정하고, 또 그러한 과정은 단일국에 의한 것이거나 분할점령 및 관리가 되어서는 안된다는 것이었다. 그리고 그러한 군정에서 독립정부 수립에 이르는 과정에서 다른 나라들의 참여는 미국의 주도적 역할을 손상시킬 만큼 영향력이 커서는 안된다고 주장하고 있는 것이 매우 주목된다.

그런데 이러한 국무부의 건의가 수뇌회담에 그다지 반영되지 않았던 것은 루스벨트가 스탈린(Josef V. Stalin)과의 비공식회담에서 외국군의 한국주둔 가능성을 부인한 것으로도 짐작할 수 있다. 2월8일에 열린 스탈린과의 두번째 회담에서 루스벨트는 한국에 대하여 미국, 소련, 중국 각 1명씩의 대표로 구성되는 신탁통치를 고려하고 있다고 말하고, 미국이 이 문제로 경험한 유일한 사례는 필리핀의 경우인데, 필리핀인들은 자치준비에 50년가량 걸렸으나 한국의 경우는 20년 내지 30년이면 될 것으로 느낀다고 말했다. 스탈린은 그 기간은 짧을수록 좋다고 말하고, 한국에 외국군대가 주둔할 것인지의 여부를 물었다. 이에 대해 루스벨트는 그렇지 않을 것이라고 대답했고, 스탈린은 찬성했다. 이어 루스벨트는 한국에 관해 미묘한 문제가 하나 있다고 말하고, 자기는 개인적으로 한국의 신탁통치에 영국의 참가를 요청할 필요는 없다고 느끼지만 그러면 영국은 불쾌하게 여길 것이라고 말했다. 스탈린은 영국은 필경 감정을 상할 것이라고 대답하고, "실제로 처칠은 우리를 가만두지 않을 것입니다"라고 덧붙였다. 그의 의견으로는 영국도 참여시켜야 한다는 것이었다.[23]

---

22) *FRUS 1945 Conferences at Malta and Yalta*, 1955, pp.358~360.
23) *op. cit.*, p.770.

이처럼 얄타회담에서 한국처리문제에 관해서는 루스벨트와 스탈린 사이에 잠정적으로 신탁통치를 실시한다는 구두양해가 이루어졌을 뿐이다. 그런데 얄타협정은 미국정부가 구상해 온 전후의 미소 협조체제를 약속한 것이기는 하지만 그것은 이미 대서양헌장의 원칙이나 국제주의적인 정치의식에서라기보다도 권력 정치적 사고방식의 산물이라는 점에 유의할 필요가 있다. 전후에 동북아시아에서의 소련의 세력신장은 명백히 예견되는 것이었지만, 그것을 될 수 있는 대로 미소 협조체제로 묶어 전후의 아시아대륙의 안정에 기여하도록 하자는 미국정부의 구상이 얄타협정을 낳은 것이다.

따라서 식민지 여러 지역의 처리문제도 정치적 지위문제보다는 경제적 발전과 평화유지문제가 더 중요시 되어 새로 설치되는 국제기구 아래 설립될 신탁통치제도는 적국이 지배하던 영토 및 위임통치령에 한정시키기로 결정되었다. 미국은 영국과 프랑스 등 식민 국가들의 동남아시아 복귀도 간접적으로 동의했는데, 2월 이후에는 그것이 명확한 미국의 정책이 되었다. 루스벨트가 거듭 언급해 온 인도차이나를 신탁통치 아래 둔다는 방침도 폐기되었다. 그리고 이러한 신탁통치제도의 채택에 따라 태평양지역의 일본의 위임통치령이나 일본 영토는 미국의 절대적인 영향력 아래 놓이게 되었다.

2. 샌프란시스코회의에서 얄타밀약설 제기

1

「덤바턴 오크스 제안」(「국제연합결성 제안」)을 토의하고 이를 정식으로 채택하기 위하여 1945년4월25일부터 샌프란시스코에서 열린 연합국회의에는 50개국의 대표가 참가했다. 회의는 6월26일에 역사적인 국제연합헌장을 채택하고 폐막되기까지 두달 동안 계속되었다. 임시정부와 재미 한인사회가 큰 관심을 갖는 것은 당연했다. 샌프란시스코는 미주한인사회의 발상지이자 큰 거점이기도 했다.

임시정부는 2월25일에 이승만에게 샌프란시스코 연합국회의에 참석할 대표를 선정하고, 회의에 제출할 안건을 준비하라고 훈령했다. 이승만은 그날로 김호(金乎), 한시대(韓始大), 전경무, 황사용(黃思容), 이살음(李薩音), 변준호(卞埈鎬), 송헌주(宋憲澍), 윤병구(尹炳求) 9명을 대표로 선정하여 임시정부에 보고했고,[24] 임시정부는 3월8일의 국무위원회에서 그대로 추인했다. 3월22일의 국무위원회는 중경에서도 조소앙과 김규식(金奎植)을 회의에 파견하기로 결의했다.[25]

이승만의 인선은, 중한민중동맹의 한길수가 제외되기는 했으나, 대부분의 재미 독립운동단체들을 대표하는 인사들을 망라한 것이었다. 김호, 한시대, 김원용, 전경무는 한족연합위원회의 핵심인사들이었고, 변준호는 조선민족혁명당 미주총지부의 중심인물이었으며, 이살음은 대한인동지회 북미총회장이었다. 이승만 반대파였던 송헌주는 이때에 중립적인 입장을 취하고 있었다. 윤병구는 1904년에 이승만과 함께 시어도어(Theodore Roosevelt) 대통령을 만난 이래 줄곧 이승만과 유대를 견지

---

24) 《주미외교위원부통신》(제108호), 1945년2월26일자, 「중경 전보」.
25) 「聯合國會議代表派遣案」, 『대한민국임시정부자료집(6) 임시의정원 V』, p.151.

했다.

임시정부는 2월28일에 독일에 대하여 선전포고를 했다. 그것은 샌프란시스코 연합국회의에 참가하는 나라는 1945년2월8일 현재 연합국에 속해 있는 나라 및 3월1일 이전에 독일과 일본에 선전포고를 한 나라에 한한다는 조건을 갖추기 위한 조치였다.[26] 이에 따라 9개국이 추축국에 선전포고를 했다.

이승만은 3월8일에 스테티니어스(Edward R. Stettinius) 국무장관에게 한국임시정부가 공식으로 회의에 참가할 수 있게 초청해 줄 것을 요청했다. 스테티니어스는 건강이 악화되어 사임한 헐(Cordell Hull)의 후임으로 1944년12월에 국무장관에 임명되었다. 이승만의 요청에 대해 국무부는 주최국들의 합의에 따라 1945년3월1일 현재 연합국으로 승인된 나라들만이 회의에 초청받을 수 있다고 회답했다.[27] 임시정부가 2월28일에 서둘러 대독선전포고를 한 것도 고려의 대상이 되지 않았던 것이다.[28] 외교부장 조소앙은 3월13일에 기자 간담회를 열고 연합국들에 한국이 45번째 참가국이 될 수 있도록 해 줄 것을 촉구했다.[29]

국민정부는 샌프란시스코회의에 참석하려는 임시정부의 계획을 적극적으로 지지했다. 장개석(蔣介石)은 국민정부 외교부에 한국대표가 회의에 참석할 수 있도록 미국에 건의하라고 지시하고, 재정부에는 중국외교관 대우에 따라 한국대표 세 사람의 미국 왕복여비와 활동비로 1,534달러22센트를 임시정부에 지원하게 했다.[30] 그러나 주중 미국대사관은 회의가 끝날 때쯤에야 한국대표단의 입국 비자를 발급함으로써, 임시정부 대표단을 회의에 참석하지 못하게 했다.[31]

26) 「對德宣戰案」, 위의 책, p.150.
27) U.S. Department of State, *United States Policy Regarding Korea, 1834~1950*, pp.91~92.
28) 「독일에 대한 한국의 선전포고와 샌프란시스코회의 참가 요구」, 『대한민국임시정부자료집 (16) 외교부』, pp.86~87.
29) 「臨政의 샌프란시스코회의 참가 필요성에 대한 담화」, 위의 책, pp.88~89.
30) 같은 책, p.282.
31) 같은 책, p.283.

이승만은 4월20일에 스테티니어스에게 다시 편지를 보내어 아르헨티나, 시리아, 레바논이 그러한 조건에 부합되지 않는 나라임에도 불구하고 초청받은 사실을 들어 대한민국도 초청국에 포함시킬 것을 요청했다. 이승만은 한국에 대한 연합국 회원자격 부여문제와 국제연합헌장 기초작업 참여문제를 총회에 제출하겠다고 밝혔다.[32]

이승만은 샌프란시스코회의에 총력을 경주하기로 결심했다. 그는 1921년 겨울에 워싱턴에서 열린 군축회의 때에 무위로 끝난 쓰라린 경험이 되새겨졌을 것이다. 그러나 그때는 제국주의 국제질서에 새로이 등장하는 일본을 상대로 한 고독한 투쟁이었으나, 지금은 일본의 패망을 눈앞에 두고 벌이는 독립한국의 비전과 관련된 활동이었다.

이승만은 3월18일에 올리버(Robert T. Oliver)에게 편지를 보내어 회의장에서 각국 대표들과 신문기자들에게 배포할 팸플릿 원고를 작성해 줄 수 있느냐고 물었다. 편지에는 워싱턴회의 때에 사용했던 네 종류의 팸플릿을 동봉했다. 그 밖의 참고문헌으로 그라즈단제프(Andrew J. Grajdanzev)의 저서를 예시한 것이 눈길을 끈다. 그것은 1944년에 출판된 태평양문제연구회(Institute of Pacific Relations)의 『현대한국 (*Modern Korea*)』이라는 연구보고서였다.

올리버가 집필을 응낙하자 이승만은 4월4일에 팸플릿에 담을 내용을 자세히 적어 보냈다. 이승만은 이 팸플릿의 목적은 한국에 빚이 되고 있는 미국의 의무가 무엇이며 한국을 아무것도 모르는 상태로 묶어두기 위해 미 국무부가 저질러 온 과오가 어떤 것인지를 폭로하고 모든 진실을 미국 사회에 알리는 것이라고 했다. 요셉의 형제들이 요셉을 이집트에 팔았던 것처럼, 세계평화를 위한다는 미명 아래 한 난폭한 나라를 회유할 목적으로 약한 이웃 나라에 자행한 부당한 행위 때문에 미국은 고난을 당하고 있다는 사실을 강조해야 한다고 이승만은 썼다. 그러면서 그는

---

32) Rhee to Stettinius, Apr. 20, 1945, *FRUS 1945*, vol. Ⅵ., pp.1027~1028.

진주만 공격 이래 줄곧 미 국무부에 대해 한인 공산주의자들에 의한 공산당 정부가 수립될 때까지 한국임시정부를 승인하지 않으면 미국은 불리한 처지에 놓일 것이라고 경고해 왔는데, 현재 시베리아에 있는 한인 공산주의자들은 한 위원회를 구성했고, 중국에 있는 한인 공산주의자들도 별도의 당을 출범시키려 하고 있다고 덧붙였다.[33]

이승만이 4월에 그의 친지들에게 보낸 비망록에 보면 이 무렵 그는 이미 소련의 대외정책의 본질을 "소련 제국주의"라고 표현했다. 그는 루스벨트의 추축국들에 대한 "무조건 항복" 요구도 소련 제국주의의 행동양식을 묵인하는 연합국의 다른 정책과 궤를 같이하는 것이었다고 다음과 같이 주장했다.

나는 스탈린은 카이로회담에 참석하지 않았지만 회담에는 그의 그림자가 크게 드리워져 있었고, 태평양 방면에 대한 소련의 야심이 전면적으로 고려되었다는 사실을 압니다.… 카이로선언은 한국문제의 결정을 뒤로 미루기 위하여 고의로 애매하게 되어 있는 것이 분명합니다. 그리고 그러한 애매한 표현의 가장 큰 이유가 아시아에서의 소련의 입장이 확정되지 않았기 때문이었던 것도 확실합니다.

나는 평생 동안 아시아의 국제관계뿐만 아니라 유럽의 국제관계에 대해서 연구해 왔습니다. 나의 유럽여행도 그곳에서 발생하는 사태의 의미를 한결 정확하게 이해하게 해주었습니다.… 남동유럽에서 활동하는 게릴라들은 공산계열과 비공산계열로 나뉘어져 있습니다. 루스벨트와 처칠이 유럽대륙에 대한 진공작전지역에서 발칸반도를 제외한 것 역시 그 지역을 기본적으로 소련의 영향 아래 두기로 결정했음을 분명히 말해 줍니다. 그리스를 지원하기 위한 영국의 필사적인 노력은 이러한 정책의 한계를 보여 줍니다. 그것은 그리스에 우호적

---

33) Rhee to Oliver, Apr. 4, 1945, 『大韓民國史資料集(28)』 pp.9~13.

인 정부를 유지함으로써 자국의 지중해 생명선을 보호하려는 영국의 필요성을 확실히 드러낸 것입니다. 그러나 소련을 자극하지 않으려는 배려에서 이 지역이나 그 밖의 지역의 공산당 문제의 토의를 봉쇄한 것은 남동유럽의 안전에 관한 정책의 진전을 저해했습니다.

유럽에서 서서히 전개되는 상황이 중국에서는 훨씬 노골적이고 현저하게 진행되고 있습니다. 연합국은 중국 국민정부에 대해 공산주의자들과의 대립적 행동을 중지하고 타협하고 합작을 받아들일 것을 요구합니다.… 루스벨트 대통령의 로마-베를린-도쿄 추축국에 대한 무조건 항복정책은 소련 제국주의의 행동양식을 묵인하는 연합국의 다른 정책과 궤를 같이하는 것입니다.…[34]

이승만은 소련의 한국점령을 막을 수 있는 유일한 방법은 한국임시정부를 승인하는 것이라고 자신과 동지들이 기자회견과 라디오방송과 잡지 기고 등 온갖 방법으로 거듭 주장해 왔음에도 불구하고 미국정부가 아무런 반응을 보이지 않는 것은 루스벨트와 처칠이 한국이 실제로 소련의 지배를 받으면서 형식상으로만 독립정부의 형태를 갖추도록 결정했다는 결론에 도달할 수밖에 없다고 주장했다.

이승만은 미 국무부가 한국대표들의 회의 참가를 거부하는 데 대해 억분을 참을 수 없었다. 시러큐스대학교(Syracuse University)로 돌아가 있는 올리버에게 보낸 4월9일자 편지에는 이때의 심경을 남김없이 드러내 보이고 있다.

국무부 사람들은 일본인들이 하는 말을 근거로 하여 한국인들을 판단하는 버릇이 있습니다. 그들은 아직도 한국인들을 무능하고 하잘 것 없다고 생각합니다. 문제는 그 점입니다. 그 결과 그들은 한국

---

34) Robert T. Oliver, *Syngman Rhee: The Man Behind the Myth*, pp.196~198.

인들을 유순하고, 감정이 없고, 뼈대 없는 사람들로 다룹니다.

그러나 한국인들은 오랫동안 그들에게 가해진 모욕과 불의를 느끼고 있습니다. 그들은 1905년에 자신들에게 일본의 멍에를 지도록 한 미국정치가들의 배신행위에 분개합니다. 만일에 미국정치가들이 한국인들을 또다시 다른 나라의 멍에를 지게 만든다면 한국인들이 미국에 등을 돌리더라도 아무도 그들을 나무라지 못할 것입니다. 이런 일이 한국인들 사이에 호의를 조성하고 미국과의 상업관계를 증진시키는 데 도움이 되겠습니까?

연합국들이 한국인들을 한 억압자로부터 다른 억압자에게 넘기기로 획책하고 있는데, 왜 그들이 왜놈들에게 항거해야 하고 죽어야 합니까?…

이승만은 이어 미국정부가 한국임시정부에 무기대여법(Lend‒Lease Act) 원조를 제공하는 것을 거부하고 있는 사실을 지적하면서 편지의 마지막 부분을 다음과 같이 적었다.

한국은 공동교전국에도 들어 있지 않습니다. 그러므로 한국인들은 공식적으로는 미국의 적입니다. 왜 그래야 합니까?

나는 여기서 그만 쓰는 것이 좋겠습니다. 이런 불의와 모욕을 생각하기 시작하면 나는 자제력을 잃게 됩니다. 정말로 나는 화가 나서 어떻게 해야 할지 모르겠습니다.

국무부의 소인배 월급쟁이들은 동양의 상황에 대해 온갖 그릇된 정보를 공급하는 "전문가"들입니다. 고관들은 이 그릇된 정보에 입각하여 그들의 정책을 수립합니다. 결과는 어떻습니까? 진주만의 경우와 같은 재앙입니다.…[35]

---

35) Robert T. Oliver, *Syngman Rhee and American Involvement in Korea, 1942~1960*, pp.12~13.

1932년부터 진주만공격으로 귀국할 때까지 주일 미국대사였던 그루 (Joseph C. Grew)는 국무부 안의 대표적인 친일파였다. 귀국하자 국무부차관으로 임명된 그는 1945년1월부터 국무장관대리로서 국무부를 총괄했다. 그나마 이승만에게 호의를 갖고 대했던 정치고문 혼벡(Stanley K. Hornbeck)은 1944년 말에 네덜란드 대사로 부임해 가고 없었다. 이승만이 보기에 국무부의 대표적인 문제인물은 자신의 반소주장을 모욕적인 태도로 비난했던 소련의 간첩 히쓰(Alger Hiss)였다. 매큔(George M. McCune)의 태도도 여간 괘씸하지 않았을 것이다. 뒷날 소련의 간첩활동을 한 혐의로 소추되어 유죄판결을 받는 히쓰는 어처구니없게도 이때에 샌프란시스코회의의 임시사무총장으로서 소련 대표들과도 긴밀한 연락을 취하면서 실무를 주관하고 있었다.

올리버에게 부탁한 팸플릿 원고는 4월에 완성되었다. 『한국을 위한 변명: 미국 외교의 한 역설(*The Case for Korea: A Paradox of United States Diplomacy*)』이라는 제목의 글이었다. 이승만은 이 원고에 만족했다. 그는 원고료로 200달러를 올리버에게 송금했는데, 그것은 그가 올리버에게 지불한 첫 사례비였다.[36]

주미외교위원부는 이 팸플릿을 4,000부를 인쇄하여 미국 상하의원 전원과 행정부의 중요 관리들과 신문 및 방송 책임자들에게 보냈다. 이승만은 회의 개막에 맞추어 임병직을 대동하고 샌프란시스코로 가면서 이 팸플릿 1,000부를 가지고 갔다.[37]

2

이승만을 격분시킨 것은 미 국무부의 관리들뿐만 아니었다. 로스앤

---

36) Rhee to Oliver, Apr. 14, 1945, 『大韓民國史資料集(28)』, p.19; Robert T. Oliver, *The Way It Was—All The Way* (unpublished), p.28.
37) Francesca Rhee to Oliver, Apr. 27, 1945, 『大韓民國史資料集(28)』, p.20.

젤레스의 재미한족연합위원회 집행부는 4월1일의 국민회 총회관에서 해외한족대회를 열고 샌프란시스코회의에 파견할 '민중대표단'을 선임했다. 선임된 사람들은 김호, 한시대, 전경무, 한길수, 김용성(金容成), 김병연(金秉堧), 박상엽 7명이었는데, 이들 가운데 김호, 한시대, 전경무는 이승만이 지명하여 임시정부의 대표로 임명된 사람들이었다. 이들은 이승만과 임시정부의 결정을 무시하고 별도의 대표단을 구성한 것이었다. 해외한족대회는 "만일 임시정부대표가 공식으로 참가하는 경우에는 그들을 후원하고, 만일 정부대표가 참가하지 못하면 민중대표의 참가를 주선하고, 만일 그것도 불가능하면 서류제정과 기타 선전방식을 취하기로 함"이라고 결의했다.[38] 그러나 그것은 한족연합위원회 인사들의 어깃장에 지나지 않았다. 이보다 앞서 조소앙은 3월14일에 이승만에게 전경무와 김원용은 정부대표로 임명되었으므로 다른 단체대표로 회의에 참석하지 않도록 이르라는 전보를 쳤는데, 호놀룰루로 가기 때문에 정부 대표단에 참가할 수 없다고 통보했던 김원용은 '민중대표단'에도 참여하지 않았다. 한편 한국독립당과 조선민족혁명당을 포함한 중경에 있는 단체들은 연명으로 해외 각 단체가 합동하여 임시정부대표의 샌프란시스코회의 참가권을 청원하기로 결의하고, 그것을 재미 한인단체들에게 통보하라고 이승만에게 타전했다. 이 통보를 받은 하와이의 한족연합위원회 의사부는 하와이의 각 단체들과 연합운동으로 자금을 모집하겠다고 이승만에게 통보했다.[39]

그러나 한족연합위원회 집행부는 임시정부대표단이 샌프란시스코회의에 공식으로 참가할 수 없다는 사실을 알고, 이승만이나 임시정부와 관계없이 그들 나름으로 별도의 선전활동을 추진하기로 했다.[40] 한족연

---

38) 《新韓民報》 1945년4월5일자, 「해외한족대회 경과사항」.
39) 《주미외교위원부통신》 (제110호), 1945년3월19일자, 「임시정부의 전훈」.
40) 고정휴, 「샌프란시스코회의(1945)와 얄타 밀약설: 이승만의 반소·반공노선과 관련하여」, 연세대학교 국학연구원 편, 『미주한인의 민족운동』, 혜안, 2003, p.292.

국제연합 창립을 위한 연합국회의에 참석하기 위하여 샌프란시스코에 모인 임시정부 대표들. 앞줄 왼쪽 끝에서부터 송헌주, 이승만, 이살음, 뒷줄 왼쪽 끝에서부터 윤병구, 정한경, 유경상, 임병직.

합위원회는 임시정부대표단에 맞서 자신들의 대표단을 "해외한인대표"로 부르기로 했다.[41]

　이승만이 샌프란시스코에 도착하자 중부 캘리포니아, 로스앤젤레스, 새크라멘토 등지에서 동지회 회원들이 몰려와 총재 이승만을 환영했다. 이승만은 포스트 스트리트의 모리스 호텔(Maurice Hotel)에 본부를 정하고 한편으로는 각국 신문기자들을 상대로 선전활동을 벌이는 한편 한족연합위원회 대표들이 도착하는 대로 한 사람씩 만나서 그들을 설득하고 협조를 당부했다. 임시정부 대표로 임명된 윤병구, 송헌주, 이살음, 정한경과 하와이 동지회 대표로 온 유경상(劉慶商: Kingsley K. Lyu)과 워싱턴에서부터 수행한 임병직이 이승만의 활동을 도왔다.

---

41) 《新韓民報》 1945년5월17일자, 「한인대표단의 합동공작운동」.

회의 개막일인 4月25일에는 한인교회에서 임시정부대표단과 한족연합위원회 대표들이 함께 샌프란시스코 거주 동포들과 대책회의를 열었다.[42] 그리하여 두 대표단은 함께 「공동성명서」를 발표했다.[43] 이승만은 4월30일에 임시정부대표단 회의를 열고 활동비 예산을 확정했다. 선전활동비 1,200달러(라디오 600달러, 신문 600달러), 접대비 500달러, 대표원 경비 2,280달러 등 5,000달러를 계상했다.[44]

이승만 캠프에서 특이한 인물은 워싱턴에서 제이 윌리엄스가 보낸 구베로(Emile Gouvereau)였다. 그의 신원에 대해서는 공산당에서 전향한 러시아 사람으로만 알려져 있다.[45] 그는 주로 외국기자들을 상대로 활동했다. 구베로는 처음에 그의 '친구들'인 소련사람들이 만나기조차 거부하여 여간 실망하지 않았다고 한다.[46] 그런데 그 구베로가 이승만으로 하여금 경악과 흥분을 억제할 수 없게 하는 정보를 가지고 왔다. 그것은 석달 전에 있었던 얄타회담에서 루스벨트, 처칠, 스탈린 사이에 한국을 대일전이 종료될 때까지 소련의 영향력 아래 두고, 나아가 미국과 영국은 대일전이 종료될 때까지 한국에 아무런 약속을 하지 않기로 선언하는 비밀협정을 맺었다는 것이었다. 그리고 그것은 스탈린의 요구에 따라 이루어진 것이라고 했다.[47] 이승만은 정보의 진위를 따져볼 겨를도 없었다. 자신이 품고 있던 의구심이 '적중'했기 때문이었다.[48]

구베로는 이승만이 비밀협정을 폭로하도록 유력한 신문기자들과의 오찬회동을 준비했다. 이승만은 올리버가 작성한 팸플릿 내용과 함께 별

42) 《新韓民報》 1945년5월3일자, 「국제조직회의」.
43) 《新韓民報》 1945년5월17일자, 「한인대표단의 성명서」.
44) 《북미시보》 1945년6월15일자, 「림정대표단의 예산」.
45) 林炳稷, 『林炳稷回顧錄』, p.276; 李元淳, 앞의 책, pp.301~302.
46) Rhee to (Unidentified), May 11, 1945, Young Ick Lew ed., *The Syngman Rhee Correspondence in English 1904~1948*, vol.1, Institute for Modern Korean Studies, Yonsei University, 2009, p.539.
47) Gouvereau to Owen Brewster, Walter F. George, Clare E. Hoffman, 『大韓民國史資料集 (28)』, p.23.
48) 이정식, 「해방전후의 이승만과 미국」, 『대한민국의 기원』, p.310.

도의 성명을 작성하여 《뉴욕타임스(The New York Times)》를 비롯한 두세 신문에 전면 또는 2분의 1 면의 광고를 낼 계획을 추진했는데, 구베로는 오찬회동 결과를 확인할 때까지 기다려야 한다고 주장했다고 한다. 이승만은 이러한 사실을 워싱턴 사무실에 알리면서 다음과 같이 썼다.

> 나는 그에게 우리가 만일 1905년에 구베로 같은 사람이 있었다면 시어도어 루스벨트도 결코 우리를 팔아 없애지 못했을 것이라고 말했소. 당시에 우리는 "세계 지도자들"의 부패에 대해 아무것도 몰랐기 때문에 속수무책이었지만, 이제 우리는 그 사실을 알아냈으므로 세계의 양심이, 만일 그것이 있다면, 깨어날 때까지 싸워야 한다고 말했소.…49)

이승만의 저돌적인 기질은 71세의 나이에도 변함이 없었다. 그는 미국과 소련이라는 세계의 두 강대국을 상대로 칼을 뽑았다. 이승만은 5월 13일에 미국의 신문재벌 허스트(William R. Hearst)에게 편지를 썼다.

> 한국이 비밀협정의 희생이 된 것이 이번이 처음이 아니라는 것을 귀하는 기억하실 것입니다. 이러한 국제적 노예무역의 비밀이 폭로된 이상, 미국 국민들의 자식들은 민주주의를 위하여 이 세계를 안전하게 하려고 최고의 희생을 하고 있는 때에 세계의 지도자들은 민주주의와 인간의 자유를 팔고 있다는 것을 미국 국민들에게 인식시킬 사람은 귀하와 같은 언론의 대지도자들입니다. 만일 미국 국민들이 이러한 일을 중지시키지 못한다면 그들의 자식들은 다음 15년 안에 제3

---

49) Rhee to (Unidentified), May 11, 1945.

차 세계전쟁을 치르기 위해 불려나갈 것입니다.…[50)

이튿날에는 구베로 명의로 의회지도자들인 상원의 브루스터(Ralph O. Brewster) 의원과 조지(Walter F. George) 의원, 하원의 호프먼(Clare E. Hoffman) 의원에게 급전을 쳤다. 구베로는 이 전보에서, 이 비밀협정은 한국의 독립을 약속한 카이로선언에 위배되며, 또 그것이 샌프란시스코회의에서 한국이 국제연합회원국이 되는 것을 가로막고 있다고 주장했다. 그는 한국인들은 1905년에 일본에 팔렸고, 지금은 러시아인들에게 팔리고 있다고 말하고, 이를 바로잡을 수 있도록 영향력을 행사해 줄 것을 귀하가 지닌 미국의 정의감에 호소한다고 말했다.[51)

조지 의원의 의례적인 답전을 받은 이승만은 5월15일에 다시 그에게 "하나님과 미국인의 정의의 이름으로 3천만 기독교 국민이 러시아인들에게 팔리는 이 위급한 순간에 그들을 구원하기 위하여 무언가를 해주시지 않겠습니까?"라고 타전했다. 조지 의원은 구베로 명의로 된 두통의 전보를 트루먼(Harry S. Truman) 대통령에게 보내면서 "나는 이 전보들을 각하에게 보내야 한다고 생각합니다. 나는 그 주제에 관하여 전보 이외에 다른 정보를 가지고 있지 않습니다. 그러나 그것은 각하께서 주의를 기울여야 할 문제라고 믿습니다. 내가 도울 수 있는 일이 있으면 알려주십시오."라는 메모를 첨부했다.[52) 트루먼은 1945년4월12일에 루스벨트가 급사함에 따라 부통령에서 대통령직을 승계했다.

이승만은 5월15일에 트루먼 대통령에게 편지를 썼다. 이승만은 얄타회담에서 비밀협정이 있었음을 기정사실로 전제하고 다음과 같이 적었다. 그는 다시 공격적인 자세가 되었다.

50) 《독립》 1945년5월30일자, 「리승만씨의 편지」.
51) Gouvereau to Owen Brewster, Walter F. George, Clare E. Hoffman, 『大韓民國史資料集(28)』, p.23.
52) Walter F. George to Truman, May 16, 1945, 고정휴, 『이승만과 한국독립운동』, pp.458~459에서 재인용.

FOREIGN RELATIONS, 1945, VOLUME VI

clusion in their number and, through democratic processes (i.e., a vote)
record their wishes on this vital subject.

With my highest esteem,
Respectfully yours,　　　　　　　　　　SYNGMAN RHEE

500.CC/5–1545

*The Chairman of the Korean Commission in the United States (Rhee)
to President Truman*

SAN FRANCISCO, May 15, 1945.

MY DEAR PRESIDENT TRUMAN: The recent discovery of a secret
agreement at Yalta contrary to the Cairo Declaration [25] regarding
Korea was doubtless just as startling to Your Excellency as it was to
me. Your Excellency will recall that it is not the first time Korea was
made a victim of secret diplomacy.

The first secret agreement by which Korea was sold to Japan in
1905 [31] was kept secret until twenty years later. Fortunately, this
Yalta agreement has been uncovered right here in the midst of the
United Nations Conference. We have to appeal to Your Excellency
to intervene. For that is the only way to rectify the past wrong and
to prevent the further enslavement of the thirty million people.

We have presented to the Membership Committee of the United
Nations Conference our request for a rightful seat in the Conference. [32]
Your Excellency's instruction alone can open the door for us and then
Korea will have a voice in the assembly.

Mr. President, allow us to renew our offer which we have repeatedly
made in the past. We now offer again our tremendous manpower to
serve in the Armed Forces and in various underground activities.
The Koreans are the most bitter enemies Japan has. They have con-
tinued their fight single-handed and unaided for the last forty years.
They want to participate in this war on a larger and more effective

[25] Made by President Roosevelt, Generalissimo Chiang Kai-shek, and Prime
Minister Winston S. Churchill and released by the White House December 1;
for text, see *Foreign Relations*, The Conferences at Cairo and Tehran, 1943, p. 448.
[31] The reference is presumably to the "agreed memorandum" between Secretary
of War William Howard Taft and Japanese Prime Minister Count Katsura, a
copy of which was sent from Tokyo to Secretary Taft to Secretary of State
Elihu Root on July 29, 1905. This copy is in the custody of the National Archives,
among the "Miscellaneous Letters of the Department of State, July (Part III)
1905". The memorandum was first published, with commentary, by Tyler Den-
nett in *Current History*, vol. xxi, No. 1, October 1924, pp. 15–21. This version
deleted the name of Secretary Taft, "so as not to embarrass" him, and the last
six sentences, as they dealt with a different subject. The full text of the tele-
gram appears in an article by John Gilbert Reid in *The Pacific Historical Review*,
vol. ix, No. 1, March 1940, pp. 66–68.
[32] "Korean Memorial to the United Nations Conference on International Orga-
nization at San Francisco, California, April 25, 1945,", not printed. The memorial
was signed by Mr. Tjo So-wang by direction of the Provisional Government of
the Republic of Korea. (895.01/4–2545)

KOREA

cale, especially since the Pacific warfront is drawing nearer to the
apanese Islands and the Allied Armies will need the cooperation of
e Korean underground forces. They can help defeat Japan sooner
d reduce the number of American casualties.

We count on you, Mr. President, to say the word that will give
rea the human rights for which the United Nations are fighting
war.

ith my highest esteem,
Respectfully yours,

SYNGMAN RHEE
Chairman, Korean Delegation

a–1545

*e Acting Secretary of State to the Chairman of the Korean
Commission in the United States (Rhee)*

WASHINGTON, June 5, 1945.

EAR DR. RHEE: The White House has referred to the Depart-
r letter of May 15 to President Truman in which you com-
on the alleged discovery of a secret agreement regarding
sertedly made at Yalta which, you claim, is contrary to the
claration. Furthermore, in your letter you appeal to the
to support your request for a seat in the San Francisco
e and suggest that Korean manpower might be more effec-
zed in the war effort.

of the statement to the press made by your colleague in
on May 26, [?] I am sure that you no longer give credence
nded reports that commitments were entered into at the
ference in regard to Korea which are inconsistent with
claration. You will also doubtless recall that respon-
of the Department have from time to time reiterated that
liberated from Japan and that the intentions embodied
claration will be carried out. As recently as March 24,
ple, Assistant Secretary of State Archibald MacLeish
ussion program, stated that "the Koreans will get their
n due course", which presumably means as soon as they
to govern themselves".

epeated your request for a seat in the San Francisco
ay be pertinent at this time to review certain basic
ich have guided the Department in this connection
en made known to you in previous correspondence
United Nations which are represented at the San

ay 29, the Ambassador in China reported that a spokesman
onal Government had issued a statement to the Central
26 denouncing as "a groundless rumor" talk of a secret
alta about Korea's position after the war (895.01/5–2945)

이승만이 트루먼에게 보낸 1945년5월15일자 편지(왼쪽)와
록하트가 이승만에게 보낸 1945년6월5일자 편지.

　한국에 관한 카이로선언에 위배되는 얄타에서의 비밀협정이 최근
에 밝혀짐으로써 대통령께서 틀림없이 크게 놀라셨을 줄 압니다. 저도
매우 놀랐습니다. 각하께서는 비밀 외교에 의해 한국이 희생된 것이
이번이 처음이 아니라는 사실을 떠올리실 줄 압니다.

　1905년에 한국을 일본에 팔아버린 첫번째 비밀협정은 20년 동안
이나 비밀에 부쳐졌습니다. 다행히 이 얄타협정은 바로 이곳 국제연합
회의 도중에 밝혀졌습니다. 저희는 각하께서 이 상황에 개입하시기를
호소합니다. 왜냐하면 그것이 과거의 잘못을 바로잡고 3천만 국민들
이 노예가 되는 것을 막는 단 하나의 수단이기 때문입니다.

저희는 국제연합의 회원자격심사위원회 회의에 참석할 수 있는 권리를 요청하였습니다. 각하의 지시만으로도 저희가 회의에 참석하여 발언할 수 있을 것입니다.

이승만은 이어 한국인 인력을 정규군이나 지하운동에 사용할 수 있게 해달라고 다시금 제의했다. 이승만은 한국인들은 지난 40년 동안이나 독자적인 항쟁을 계속해 왔다고 말하고, "(한국인들은) 더욱 광범위하고 효과적인 규모로 이번 전쟁에 참가하기를 열망하고 있습니다. 이들은 한결 조속한 일본의 패망을 도울 수 있고 미국인 사상자 수를 줄일 수 있을 것입니다"라고 덧붙였다.[53]

백악관은 이 편지를 국무부로 회부했다. 이승만의 '폭로'는 큰 센세이션을 불러일으켰다. 허스트계의 《샌프란시스코 익제미너(The Sanfrancisco Exeminer)》는 이승만의 주장을 자세히 소개하고 "그 소위 각서가 만일 진짜라면 이곳에서 모이고 있는 연합국회의에 외교적 폭발물이 될 것"이라고 보도했다.[54] 북미동지회 기관지 《북미시보(The Korean American Times)》는 한반도에 대한 소련의 야욕을 비방하는 기사를 잇달아 게재했다. 《북미시보》는 소련이 중국공산당 본거지인 연안(延安)에 한인공산당 임시정부를 조직해 두고 앞으로 폴란드의 루블린(Lublin) 정부처럼 승인을 주장하려고 준비하고 있다고 주장했다.[55]

기독교인친한회 등의 단체와 개인들은 트루먼 대통령에게 얄타밀약설이 사실인지를 문의하는 전보와 편지를 보냈고,[56] 미시건주 출신의 하원의원 쉐퍼(Paul W. Shafer)는 6월22일에 의회에서 얄타밀약설에 대한

---

53) 「李承晩이 Truman에게 보낸 1945년5월15일자 편지」, 『대한민국임시정부자료집(43) 서한집 Ⅱ』, p.392.
54) 《독립》 1945년 5월30일자, 「리승만씨의 주장」.
55) 《북미시보》 1945년6월1일자, 6월15일자, 7월15일자, 8월1일자 참조.
56) 고정휴, 앞의 책, p.460.

국무장관의 해명을 요구했다.[57]

미 국무부는 6월5일에 국무장관 대리 그루 명의로 극동국장 대리 록하트(Frank P. Lockhart)가 이승만이 트루먼에게 보낸 편지에 대한 답장을 보냈다. 그것은 이승만의 주장이 사실무근임을 밝히는 것이었다. 록하트는 이승만이 트루먼에게 요청한 한국임시정부 대표들의 회의 참석 문제와 대일전에 한국인을 활용하는 문제는 냉혹하게 거절했다. 임시정부 대표의 회의참가가 불가능한 이유는 대한민국임시정부는 "미국에 의하여 통치기구로 공인을 받기 위한 필수자격요건을 갖추고 있지 않기 때문"이라고 잘라 말했다.[58] 또한 그루는 6월8일에 따로 성명을 발표하고 얄타회담에서 전후 한국의 독립을 약속한 카이로선언에 위배되는 어떠한 비밀협정도 체결되지 않았다고 해명했다. 아울러 그루는 대한민국임시정부는 미국으로부터 통치당국으로 인정받기에 적합한 자격요건들을 갖추지 못했기 때문에 샌프란시스코회의에 초청받지 못했다고 되풀이했다.[59]

3

임시정부대표단과 공동으로 한인대표단 성명을 발표하고 실행위원회를 구성한 뒤에도 방관적인 태도를 취하던 한족연합위원회 인사들은 이승만의 '폭로'를 비판하고 나섰다. 한족연합위원회 집행부는 6월2일에 각국대표단 앞으로 카이로선언을 신뢰하며 샌프란시스코 연합국회의를 지지한다는 「비망록」을 보냈다. 이 「비망록」에 대해 회의 초청국인 미국, 영국, 소련, 중국, 프랑스 대표단은 의례적인 회답을 보냈다.[60] 또한 한족

---

57) *The Korea American Times*, Aug. 1, 1945, "Excerpt from Congressional Record: Korea".
58) 「Lockhart가 李承晩에게 보낸 1945년6월5일자 편지」, 『대한민국임시정부자료집(43) 서한집Ⅱ』, pp.395~396.
59) U.S. Department of State, *United States Policy Regarding Korea, 1834~1950*, p.94.
60) 《新韓民報》 1945년6월14일자, 「비망록」, 6월21일자, 「재미한족연합위원회 성명서에 대한 각국 대표 회답」.

연합위원회를 탈퇴하고 독자적인 행보를 취하던 조선민족혁명당 미주총지부의 기관지《독립》은 영문판에 그루의 성명서 전문을 싣고, 「사설」란을 통하여 이승만이 "이불 안의 활개 짓"과 같은 어리석은 행동을 했다고 비아냥거렸다.[61]

소련의 대일전쟁 참가와 관련된 비밀협정이야기는 계속해서 세계의 신문지상과 전파를 타고 논란이 되었는데, 이승만의 '폭로'는 그러한 논란에 기름을 부은 것이었다.

그러나 앞에서 보았듯이, 얄타회담에서 이승만이 주장하는 것과 같은 한반도의 장래문제에 관한 비밀협정은 없었다. 루스벨트와 스탈린 사이에 한국에 신탁통치를 실시한다는 구두합의가 있었을 뿐이다. 그러나 얄타회담에서 루스벨트, 처칠, 스탈린 세 수뇌 사이에 서명된 소련의 대일참전 조건에 대한 중요한 비밀협정이 있었던 것은 사실이다. 그 내용은 다음과 같은 것이었다.

(1) 외몽고[몽고인민공화국]의 현상은 지속된다.

(2) 1904년에 일본의 배신적 공격으로 침해된 소련의 다음과 같은 종전의 권익은 회복된다.

　　a) 남부사할린 및 그 주변의 섬은 소련에 반환된다.

　　b) 대련(大連)항은 국제항이 되고, 이 항구에서의 소련의 우선적인 권익은 보장되며, 또한 소련 해군 군항으로서의 조차권은 회복된다.

　　c) 대련에 이르는 출구인 동지나철도(東支那鐵道)와 남만주철도(南滿洲鐵道)는 중소 합판회사의 설립에 의하여 양국이 공동으로 운영한다. 곧, 이 지역의 소련의 우선권을 보장하고 중국은 만주전역에 걸쳐 주권을 행사한다.

(3) 쿠릴열도[Kuril islands: 치시마(千島)열도]는 소련에 양도된다.[62]

---

61) 《독립》 1945년 6월 13일자, 「그루씨의 성명과 우리의 생각할 점」.
62) "Agreement Regarding Entry of the Soviet Union Into the War Against Japan", *FRUS 1945 The Conferences of Malta and Yalta*, p.984.

이 비밀협정은 1년 뒤인 1946년2월11일에 공개되었다. 그러나 얄타회담의 전모는 10년이 지난 1955년에 가서야 공개되었다.

이승만의 얄타밀약설 주장으로 동포사회가 벌집 쑤셔놓은 것 같은 분위기인 5월26일 하오에 로스앤젤레스의 북미국민회총회관에서 제1회 대한인동지회 미포[미주-하와이]대표대회가 열렸다. 샌프란시스코에 와 있는 유경상이 하와이의 동지회 중앙부 전권대표로 참석했다. 이 대표대회는 이승만의 지시에 따라 대한인동지회를 정당으로 개편하기 위하여 소집된 회의였다. 정당 이름은 대한민주당으로 하고 영문으로 'Korean Nationalist Democratic Party'로 하기로 했다.

회의는 이날부터 6월24일까지 여섯 차례에 걸쳐서 개최되었는데, 채택된 「정강」과 「정책」은 다음과 같았다.

[정강]

1) 본당은 대한민족의 절대독립을 주장함.

2) 본당은 민주주의를 수립하여 이로써 정체를 건설함.

3) 본당은 활민운동으로써 대한인민의 자유와 생명 재산을 보장함.

[정책]

1) 임시정부가 한국에 들어가서 총선거를 실시할 때까지 절대로 봉대함.

2) 선거권은 남녀평등으로 함.

3) 국제통상을 장려함.

4) 왜적의 불법소유는 국유로 몰수하고, 사유재산은 종법처결하기로 주장함.

5) 독립주권을 손상하는 자는 종법응징하기로 주장함.

6) 의무교육을 전국적으로 실시키로 주장함.

7) 한국국방을 위하여 의무 군사교련을 실시하기로 주장함.

8) 국제평화를 위하여 한국 군병으로 일본을 경찰하기를 주장함.

9) 종교, 출판, 언론, 집회 등 자유를 보장하기를 주장함.[63]

3개항의 「정강」은 매우 조략한 것이었는데, 그 가운데서도 대한인민의 자유와 생명 재산을 보장하는 방법으로 추진하겠다고 한 "활민운동"이 구체적으로 어떤 활동을 뜻하는 것인지는 설명하지 않았다.

대한민주당의 「정책」 가운데 중경에 있는 정당들의 그것과 크게 다른 점은 사유재산의 보장을 전제로 하는 점이었다. 그리하여 한국에 있는 일본인 소유 재산이라도 "불법소유"만 국유로 한다고 했다. 「정책」에서 국제통상의 장려를 최우선으로 표방한 것은 이승만의 젊은 시절부터 일관된 정치이념을 반영한 것이었다. 흥미 있는 것은 전후 일본의 경찰권을 당분간 한국이 행사할 것을 주장한 점이다.

이승만이 이 시점에서 정치적으로나 경제적으로 수중의 세력인 동지회를 왜 정당체제로 바꾸기로 했는지는 분명히 알 수 없다. 《신한민보(新韓民報)》는 대한민주당의 결성에 대해 그것은 이승만이 "금일까지 자기 활동의 유일한 무기로 쓰던 단체를 한 정당의 이름으로 고쳐 정당으로 표방하고, 내부적으로는 경제에 안목을 집중하고자 활동하며,… 배신행동으로 자살적 과실을 취한 데서 회피하려는 것이라고 하겠다"라고 혹평했다.[64]

이승만의 얄타밀약설 제기와 관련하여 주목할 만한 기록이 있다. 임시정부대표단의 한 사람으로 샌프란시스코에 갔던 정한경이 1946년에 펴낸 『이승만: 예언자와 정치가(Syngman Rhee: Prophet and Statesman)』라는 팸플릿이 그것이다. 이승만의 주장이 큰 파문을 일으키고 있을 때에 정한경은 모리스 호텔의 대표단 본부에서 이승만을 만났다.

"박사님은 그러한 고발에 대해 아무런 증거도 가지고 있지 않으십니다. 그것이 실제로 근거 없는 것으로 밝혀지면 그 결과가 두렵지 않으십

---

63) 《북미시보》 1945년 7월 1일자, 「동지회 제1회미포대표대회결의안」.
64) 《新韓民報》 1945년 6월 14일자, 「재미한족연합위원회 연합국대표단에 비망록을 교부」.

니까?"

이승만은 그러나 조근조근 대답했다.

"나는 증거가 없소. 그것은 오직 나의 관찰에 따른 신념일 따름이오. 한국을 위하여 나는 내가 틀렸기를 바라오. 만일 비밀협정이 없다면 그 결과에 대하여 나는 기꺼이 모든 책임을 지겠소. 사실이든 거짓이든, 우리나라가 어떤 위치에 있는가를 밝히기 위해 지금 그것을 터뜨릴 필요가 있소. 내가 바라는 것은 얄타협정에 서명한 국가수뇌들이 그것을 공식으로 부인하는 것이오. 그보다 더 나를 기쁘게 할 것이 없소."[65]

미국정부의 공식부인에도 불구하고 이승만은 구베로의 정보를 믿은 것이 틀림없다. 이승만은 구베로로부터 이 정보를 얻는 대가로《뉴욕타임스》등에 큰 광고를 내려고 동포들로부터 모금한 3,000달러는 모두 대표단의 경비로 써버렸다.[66]

4

이승만은 지방순회 예정을 취소하고 5월26일에 샌프란시스코를 떠나서 5월29일에 워싱턴으로 돌아왔다.[67] 연합국회의는 아직 끝나지 않고 안전보장이사회에서의 강대국의 거부권 문제를 둘러싸고 논쟁이 벌어지고 있는 때였다. 시러큐스에서 달려온 올리버는 이승만에게 반대파들과 손을 잡으라고 권했다. 그렇지 않으면 독립운동의 지도적 역할을 잃게 될 것이라고 그는 권고했다.

"당신 말이 옳을지 모르지요. 집사람하고 그 문제를 상의했습니다. 우리는 우리 자신의 이익을 위해 한국을 팔아먹기보다는 차라리 은퇴하

---

65) Henry Chung, *Syngman Rhee: Prophet and Statesman*, The Korean American Council, 1946, pp.2~3.
66) Robert T. Oliver, *The Way It—All The Way*, p.12.
67)《북미시보》1945년6월1일자,「리박사 화부 안착」.

고 아이오와주의 조그마한 양계장에서 닭이나 기르자고 했어요."

이승만은 그 어느 때보다도 단호했다.[68] 그는 반대파들은 공산주의 자들이라고 단정했고, 공산주의자들과 손잡는 것은 한국을 팔아먹는 일 이라고 생각했던 것이다.

이승만은 7월21일에 수뇌회담을 위해 베를린 근교의 포츠담 (Potsdam)에 가 있는 트루먼에게 전보를 쳤다. 미국, 영국, 소련의 정상 에 의한 전시외교의 마지막 회담이었던 포츠담회담의 가장 큰 의제는 대 일종전 문제였다. 그 밖에 얄타회담에서도 결말이 나지 않은 독일처리문 제와 동유럽문제가 토의되었다. 이승만은 이 전보에서 세 수뇌가 한국의 정치적, 행정적 주권과 영토적 통합에 영향을 미칠 어떤 비밀협약이나 합 의도 거부할 것을 보장하는 공동성명을 발표하고, 종전 뒤에 한국에서 공산주의자들과 민족주의자들 사이의 내전의 가능성을 배제하기 위하여 지금 즉시 대한민국임시정부를 승인하며, 공동의 적인 일본과의 전투에 서 더 큰 역할을 할 수 있도록 한국인들에게 기회를 부여할 것을 요망했 다. 그러면서 대한민국임시정부는 연합국의 승리를 촉진시키고, 연합국 의 사상자 수를 감소시키는 데 필요한 모든 인력을 공급하고, 일본이 또 다른 전쟁을 준비할지도 모르는 모든 가능성을 검토하여 일본을 감시하 는 일을 지원하고, 귀국한 뒤 1년 이내에 전국 총선거를 실시하여 1919년 의 서울선언[기미독립선언]에 따른 민주적 형태의 정부를 수립하고, 연합 국들과 과거와 같은 우호협력관계를 복구하고 증진시키기 위한 모든 책 임을 질 수 있는 입장에 서게 될 것이라고 장담했다.[69]

이승만은 7월25일에 국무부에도 다시 편지를 썼다. 그것은 록하트의 6월5일자 해명편지를 반박하는 내용이었다. 이승만은 다음과 같은 일을 볼 때에 여전히 의심이 해소되지 않는다고 기술했다.

---

68) Robert T. Oliver, *The Way It—All The Way*, p.12.
69) Rhee to Truman, Jul. 21, 1945, *FRUS 1945*, vol. Ⅵ., pp.1031~1032.

첫째로 비밀협정의 신빙성은 강직한 한 미국인에 의하여 입증되었고, 그는 그의 정보출처를 밝힐 예정이다.

둘째로 소비에트 당국은 불길하게도 계속 침묵을 지키고 있다. 우리는 소련대사에게 해명을 요구했으나, 아직까지 아무런 회답을 받지 못했다.

셋째로 처칠 수상은 얄타에서 많은 주제가 논의되었으나 현재로서는 밝힐 수 없다고 언명했다. 그는 그 속에 한국문제가 포함되어 있지 않다고 말하지 않았다.

넷째로 지난 40년 동안 일본과 싸워 온 한국은 막대한 인력을 연합국의 전쟁수행에 활용하도록 제의했고, 그 제의를 수락할 경우에 연합국의 사상자 수를 감소시킬 수 있는 여러 가지 방안을 채택하도록 제시했으나, 미국은 일관되게 우리의 요구 가운데 어느 것도 받아들이려 하지 않았다. 이러한 사실은 얄타회담 훨씬 이전부터, 구두로건 서면으로건, 그것과 유사한 성격의 협정이 있었음을 말해 준다.

다섯째로 한국은 1905년에 비밀외교의 희생물이 되었다. 그것은 너무나 오랜 시일이 지나서야 밝혀져서 한국인들은 항의조차 할 수 없었다. 그들이 외교적 항의나 부인 이상의 실질적인 보증을 요구한다고 해서 누가 그들을 비난할 수 있겠는가?[70]

이승만은 이어 전쟁이 종결되기 전에 미국정부가 임시정부를 승인해야 할 필요성을 강조하고 나서 다음과 같이 경고했다.

반대로 만일 국무부가 한국 공산주의자들이 대한민국임시정부에 반대하여 또 하나의 정부를 구성할 수 있게 될 때까지 문제를 미결상태로 두기로 결정한다면, 그 결과는 한국에서 불가피하게 다수의 한국 민족주의자들과 소수의 공산주의자들 사이에 유혈사태를 초래

---

70) Rhee to Lockhart, Jul. 25, 1945, *FRUS 1945*, vol. Ⅵ., pp.1032~1033.

하게 될 것입니다. 소비에트 정부는 8만명가량의 한국인들을 적기군 (Korean Red Banner Army)으로부터 제대시켜 민간인 복장으로 한국으로 들여보내고 있습니다. 중국과 여러 유럽나라들에서와 마찬가지로 한국에서도 틀림없이 악랄한 선전활동이 심각한 문제를 야기시킬 것입니다. 유럽의 대부분의 해방국에서 일어난 사태에 비추어 보아, 만일 미국이 유럽에서 일어났던 사태가 아시아에서도 일어나도록 허용한다면, 한국 민중은 자신들 스스로의 정부선택의 기회를 거의 갖지 못하게 될 것이라는 점을 귀하게 분명히 밝혀둡니다.…[71]

소련이 8만명가량의 한인공산군을 제대시켜 한국으로 들여보내고 있다는 이승만의 주장은 물론 사실이 아니었다. 그러나 이승만의 이러한 소련의 대외정책 인식은 해방이후의 한국이 동유럽제국과 같은 공산화의 운명을 예방하는 힘이 되었다. 또한 이 무렵에는 미국정부도 한반도 정세에 대해 이승만과 비슷한 인식을 하고 있어서 눈여겨 살펴볼 만하다.

국무부의 견해는 6월22일에 작성된 「전쟁종결 때의 아시아태평양지역의 정세판단 및 미국의 목적과 정책」이라는 정책문서에 뚜렷이 나타나 있다. 이 문서는 서두에서 "극동과 태평양에서의 승리는 미국의 거대한 군사력과 희생의 결과로 초래될 것이다. 미국은 그 대가로 이 광대한 지역의 평화와 안전과 경제적 번영의 적절한 보장을 요구한다"라고 전제하고, 그러한 평화와 안전과 경제적 번영을 좌우하게 될 조건으로 (1) 주민들의 정부형태를 선택할 권리와 (2) 세계평화수호국[연합국] 사이의 협조를 들었다.

그러한 인식에서 「한국」항에서는 예견되는 해방 뒤의 사태와 이에 대처할 미국의 정책방향을 명백히 했는데, 그 요지는 다음과 같았다.

---

71) *op. cit.*, p.1035.

일본의 지배가 종결되면 정치, 경제, 사회의 심각한 혼란이 야기될 것은 의심할 여지가 없다. 해방과 더불어 오랫동안 일본인 및 한국인 지주에 착취당해 온 소작인들은 철저한 농지개혁을 바랄 것이다. 한국인을 대표하는 정부는 현재 존재하지 않으며 치안의 마비는 동시에 경제의 혼란을 가져올 것이다. 군사작전에 의한 산업시설의 파괴에 따른 실업, 일본으로부터의 귀국자 등으로 말미암아 아마도 인구의 10% 이상이 실업자가 될 것이다. 소련은 극동전에 참가하고, 소련군은 한국의 전부 또는 일부를 점령할 것이다. 소련은 한국의 일부에 군사정부를 수립하고, 이어 소련에서 훈련된 한국인들이 참가하는 친소 정부를 수립하려고 할지 모른다. 시민권을 가진 소련태생을 포함하여 30만명의 한국인이 시베리아에 살고 있고, 소련군대에는 2만 내지 3만명의 한국계 소련인이 있는 것으로 알려져 있다. 한국의 경제 및 정치상황은 공산주의 이데올로기의 온상이 될 것이고, 비록 한국인 일반이 친소적이지는 않지만 소련의 지원을 받는 사회주의정권의 정책과 활동은 쉽사리 일반의 지지를 받게 될지 모른다. 그러므로 미국의 대한정책의 기본은 카이로선언의 실현이며, 그러기 위해서는 한국의 정치적 장래와 관련하여 중국, 영국, 소련 등 강대국들과의 사전협약과 공동행동을 모색해야 한다. 미국은 군사정부와 과도행정에 모두 참가해야 된다는 것이 미국정부의 정책이다. 그뿐만 아니라 한국인들로 하여금 강력하고 민주적인 독립국가를 조속히 건설하도록 원조하는 것이 미국의 의도이다.[72]

이러한 대소련 경계심은 포츠담회담 개시 전날인 7월16일에 전쟁부 장관 스팀슨(Henry L. Stimson)이 트루먼에게 제출한 보고서에도 표명

---

[72] Department of State, "An Estimate of Conditions in Asia and the Pacific at the Close of the War in the Far East and the Objective Policies of the United States", *FRUS 1945*, vol. Ⅵ., pp.561~563.

되어 있다. 스팀슨은 다음과 같이 건의했다.

제가 들은 바로는 소련은 4개국 신탁통치에 동의했지만 아직도 상세한 것은 합의된 것이 없습니다. 스탈린은 외국군대의 한국 주둔이 없기를 촉구하는 것으로 저는 알고 있습니다. 또한 제가 알기로는 소련은 이미 1~2개 한국인 사단의 훈련을 완료했는데, 이 병력을 한국에서 사용할 것으로 추측됩니다. 만일 한국에 국제신탁통치가 실시되지 않거나 또는 실시되더라도, 이들 한국인사단은 아마 지배력을 장악하여 독립정부보다는 오히려 소련지배하의 지방정부가 될 정권을 수립하는 데 영향력을 행사할 것입니다. 이는 바로 극동에 옮겨 놓은 폴란드 문제입니다.

저는 신탁통치안의 강력한 추진을 제안합니다. 또한 저는 신탁통치기간 동안 미국의 육군 또는 해병의 최소한의 상징적 병력을 한국에 주둔시킬 것을 제안합니다.[73]

포츠담회담에서는 한국문제는 수뇌회담에서나 외무장관회담에서 따로 토의되지 않았다. 회담 뒤에 작성된 미국쪽의 토의내용 요약에는 "한국신탁통치문제는 소련에 의하여 제기되었으나 토의되지 않았다"라고 기술되어 있다.[74] 미국은 이때쯤에는 폴란드사태 등에서 드러난 소련의 정치적 기도에 대한 경계심이 팽배하여 대일전 종결에는 소련의 참전이 필요불가하지 않다는 판단을 했는데, 포츠담회담 개막 전날에 있었던 원자탄 실험의 성공은 미국으로 하여금 결정적으로 대소교섭에서 단호한 태도를 취하게 했다.

---

73) Stimson to Truman, Jul. 16, 1945, *FRUS 1945 Conference of Berlin(Potsdam)*, vol. Ⅱ., p.631.
74) Memorandum by the Excutive Secretary of the Central Secretariat (Yost), Aug. 7, 1945, *op. cit.*, p.606.

7월24일 오후에 열린 3국 참모장회담에서 안토노프(Aleksei I. Antonov) 소련군 참모총장이 소련군의 작전에 대응한 미군의 한반도연안작전의 가능성을 물었을 때에 마셜(George C. Marshall) 참모총장은 병참상의 이유를 들어 "그러한 육해공 작전은 아직 계획된 바 없으며, 특히 가까운 장래에는 없을 것"이라고 상륙작전의 가능성을 부인했다.[75] 그러나 그러고는 회담 중에 마셜 장군이 작전부장 헐(John E. Hull) 중장에게 미군의 한국진공계획을 준비하라고 명령한 것[76]도 그러한 인식에서 나온 것이었다. 그리하여 참모장회담에서는 미군과 소련군의 작전상의 혼란을 피하기 위한 공군과 해군의 작전구역 설정에 대해서는 합의를 보았으나, 한반도의 내륙부에서의 작전구역에 대한 토의나 그것과 당연히 결부되는 분할점령문제는 대일전의 종결단계에 이르기까지 구체적 계획을 확정하지 않고 있었다.

7월26일에 발표된 포츠담선언은 제8항에서 "카이로선언의 조항은 이행될 것이며, 또 일본의 주권은 혼슈(本州), 홋카이도(北海道), 규슈(九州), 시코쿠(四國) 및 우리가 결정하는 여러 작은 도서들에 국한될 것이다"라고 천명함으로써 한국문제에 대한 연합국의 기본정책을 재확인했다.

이승만은 국무부 관리들을 상대로 논쟁만 벌이고 있지 않았다. 그는 포츠담선언이 발표된 이튿날인 7월27일에 마닐라에 있는 맥아더(Douglas MacArthur) 장군과 태평양전선 해군사령관 니미츠(Chester W. Nimitz) 제독에게 자신이 마닐라로 가서 국내동포들에게 방송을 할 것을 제안하는 전보를 쳤다.

조상 대대로 일본의 적인 우리는 40년 동안 왜놈들과 싸워왔습니다. 진주만 공격 이래로 우리는 되풀이하여 태평양전쟁에서 연합국을

---

75) *ibid.*, pp.351~352.
76) Roy E. Appleman, *United States Army in Korean War: South to the Naktong, North to the Yalu*, Department of the Army, 1961, pp.2~3.

위해 우리의 인력과 계획을 제공하겠다고 제의해 왔습니다. 그러나 소련의 영향 때문에 지금까지 미루어져 왔습니다. 1942년7월의 방송에서 나는 한국인들에게 항거하지 말고 지시를 기다리라고 말했습니다. 여러 경로를 통하여 나에게 전해지는 정보에 따르면 그들은 나의 메시지를 기다리고 있습니다. 나는 그들에게 언제 봉기할 것인지를 말해주고 싶습니다. 로물로(Carlos P. Romulo) 장군은 제가 마닐라로 가서 그곳에서 한국인들에게 방송을 할 수 있게 자기가 할 수 있는 모든 일을 주선하겠다고 약속했습니다. 나는 한국임시정부의 초대 대통령이었고 지금은 워싱턴에 있는 그 대표기관인 한국외교위원부(Korean Commission)의 위원장으로서 우리에게 우리 몫의 투쟁을 할 수 있는 기회를 주실 것을 간곡히 바랍니다. 우리는 성심껏 협조할 것을 약속합니다.[77]

1942년에 아시아인 최초로 퓰리처(Pulitzer)상을 수상한 언론인 출신의 로물로는 제2차 세계대전 중에는 맥아더의 무관으로 활동했고, 샌프란시스코 국제연합창립총회에는 필리핀 대표로 참석했다. 이승만은 그러한 로물로를 설득했던 것이다.

이승만의 전보를 받은 니미츠는 이튿날로 이승만에게 합동참모본부와 상의하라는 답전을 보냈고,[78] 맥아더는 7월30일에 전쟁부를 통하여 그것은 최고의 정부정책에 관한 사항이므로 워싱턴의 해당기관이 결정할 문제라고 회답했다.[79]

77) Rhee to MacArthur and Nimitz, Jul. 27, 1945, (*Internal Affairs of Korea 1945~1949*).
78) Nimitz to Rhee, Jul. 28, 1945.
79) MacArthur to Rhee, Jul. 30, 1945.

3. OSS의 「독수리작전」 훈련

1

1945년 3월 9일에 장개석의 승인을 거쳐 4월 4일에 임시정부에 송부된 「원조한국광복군판법(援助韓國光復軍辦法)」이 5월 1일부터 정식으로 효력을 발휘함으로써 광복군은 비로소 완전한 자주성을 되찾게 되었다.[80] 이날 이청천(李靑天)은 광복군총사령부 대례당에 태극기와 함께 걸려 있던 청천백일기(靑天白日旗)를 즉각 내리게 했다. 그러나 광복군의 자주성 회복이라는 상황변화에도 불구하고 한국독립당과 민족혁명당의 알력은 해소되지 않았다.

김구는 광복군이 자주성을 회복한 사실을 미군 당국에 알려 주기 위해 5월 1일 오후에 조소앙과 함께 주중 미군사령부를 찾아갔다. 김구는 참모장 그로스(Mervin E. Gross) 장군을 만나서 앞으로 미군쪽에서 군사상으로 한국의 협조가 필요할 경우 한국 광복군총사령부와 교섭하면 되고 중국 군사위원회를 거칠 필요는 없다는 영문공문을 수교했다.[81]

그런데 이날 김구가 주중 미군사령부에 수교한 영문공문의 내용을 둘러싸고 한국독립당과 조선민족혁명당 사이에 논쟁이 벌어졌다. 김원봉(金元鳳)이 이 영문공문의 내용이 처음에 자신과 합의한 국문공문의 내용과 다르다고 이의를 제기했기 때문이다. 자신이 동의한 국문공문에는 교섭의 주체가 "임시정부 군무부"로 되어 있었는데, 영문공문에는 "광복군총사령부"로 바뀌었다는 것이었다. 김원봉은 5월 5일에 조소앙을 찾아가서 자신도 모르는 사이에 대미 군사외교권이 이청천에게 넘어가게 되었다고 항의했다. 조소앙은 아무런 답변도 하지 않았다. 그러자 김원

---

80) 「새로 정해진 韓國光復軍援助辦法 및 行文辦法을 알리는 公函」(1945.6.8.), 『대한민국임시정부자료집(10) 한국광복군 I 』, p.194.

81) 「韓美關係와 臨政의 最近動態」(1945.5.5.), 秋憲樹 編, 『資料 韓國獨立運動(1)』, pp.432~433.

봉은 웨드마이어(Albert C. Wedmeyer)에게 직접 편지를 보내어 자신이 협상대상이라고 통보했다. 임시정부는 하는 수 없이 웨드마이어에게 군사방면 교섭은 광복군 총사령 이청천과 군무부장 김원봉 두 사람이 책임지고 처리할 수 있도록 할 것을 요망하는 서신을 보냈는데, 미군사령부는 며칠 뒤에 "이른바 부장이나 총사령의 존재는 인정하지 않으며 오직 김구를 교섭상대로 한다"는 답장을 보내왔다.[82]

그러나 이것으로 광복군의 지휘권을 둘러싼 한국독립당과 민족혁명당의 알력이 해소된 것은 아니었다. 6월8일에 열린 국무위원회에서는 한국독립당과 민족혁명당 사이에 광복군과 관련된 사안의 대미교섭을 광복군 총사령이 담당할 것인가 군무부장이 담당할 것인가의 문제를 두고 격론이 벌어졌다.[83] 민족혁명당은 6월11일에 (1) 임시정부 재정의 즉시 공개, (2) 비밀외교의 즉각 중지, (3) 미국 부용(美國附庸)의 즉각 중지, (4) 광복군 인사의 임면은 양당이 협의한 뒤에 발표할 것, 5)광복군의 제반사항 처리는 총사령이 먼저 참모장과 협의한 뒤에 처리하고 독단적으로 명령하지 말 것의 5개항의 요구조건을 제시하고 그것이 원만히 해결되지 않을 경우 임시정부와 광복군에서 탈퇴하여 별도의 조직을 설립하겠다고 선언했다.[84] 그 뒤에도 제1, 제2, 제3지대의 활동구역 문제, 총사령 이청천과 군무부장 김원봉과 참모장 김홍일(金弘壹) 사이의 직권분규문제, 광복군의 대미외교의 접촉을 누구에게 속하게 하느냐 하는 문제, 광복군 각 지대 사이의 경비분배의 불균형 문제, 한국인 포로의 접수 문제 등을 둘러싸고 알력은 계속되었다.[85]

「독수리작전」은 4월 하순에 이르러 궤도에 올랐다. OSS는 4월26일 아침에 군수물자를 실은 트럭 두대를 「독수리작전」에 할당하여 서안으

---

82) 「韓美關係와 臨政의 最近動態」(1945.5.5.), 「웨드마이어 將軍에게 보낸 照會文內容으로 因한 紛糾」(1945.5.12.), 「最近의 臨政動態」(1945.6.8.), 秋憲樹 編, 위의 책, pp.432~433, pp.403~404.
83) 胡春惠 著, 辛勝夏 譯, 앞의 책, p.154.
84) 「韓獨黨에 대한 民革黨의 主張」, 秋憲樹 編, 『資料 韓國獨立運動(2)』, pp.82~83.
85) 胡春惠 著, 辛勝夏 譯, 앞의 책, pp.180~181.

광복군 제2지대원과 OSS훈련교관들. 앞줄 왼쪽에서 두번째가 사전트 대위, 세번째가 이범석 지대장.

로 보냈다. 이어 4월29일에는 이범석(李範奭)과 「독수리작전」 요원으로
선발된 25명의 탈출 학병청년들이 특별기편으로 서안으로 갔다.[86] 이들
은 5월1일부터 일주일 동안 예비훈련을 받고 각자의 자질과 적성에 따라
임무와 훈련내용이 결정되었다.[87]

처음 「독수리작전」에 참여한 미군요원은 사전트(Clyde B. Sargent)
를 비롯하여 모두 5명이었다. 사전트는 5월9일에 서안으로 가서 5월11일
에 정식으로 「독수리작전」 야전사령관에 취임했다. 훈련에 필요한 모든
장비도 사전트와 함께 훈련본부에 도착했다.[88] OSS는 훈련을 담당할 인
원을 10명으로 정했으나 요원이 부족하여 5명이 먼저 부임하여 훈련을
실시하도록 한 것이었다. 그 뒤로 요원들이 보충되어 OSS 대원 40여명이

---

86) 「이범석과 한국청년들의 서안도착과 관련한 전문(2급 비밀)」(1945.4.26.), 『대한민국임시정부자
   료집(12) 한국광복군 Ⅲ』, p.180.
87) 張俊河, 『돌베개』, pp.334~335; 金俊燁, 『長征(2) 나의 光復軍時節(上)』, p.503.
88) 「독수리작전 5월월례보고서」(1945.5.28.), 『대한민국임시정부자료집(13) 한국광복군 Ⅳ』, 2006,
   pp.65~67.

제2지대에 상주하면서 협동작업을 수행하게 되었다.[89] 이들 가운데는 유일한 한국인 출신 현역 미군장교인 정운수(鄭雲樹) 소위를 비롯하여 10여명의 동포들이 군속으로 참여했는데, 그들은 주로 통역을 담당했다.[90] 주미외교위원부에서 일하던 정운수는 이승만의 권고로 미군에 입대하여 중국전구에 배치된 것이었다.

예비훈련을 거쳐 제1기 훈련생으로 50명이 선발되었다. 토교(土橋)에서 온 학병청년들 19명은 제1기 훈련생이 되었다.[91] 제1기 훈련생들은 첩보훈련반과 통신반(무전교신반)으로 나뉘어 5월21일부터 훈련을 받았다. 훈련은 엄격했다. 하루 8시간 교육을 실시하고, 1주일 훈련이 끝나면 시험을 쳐서 성적이 부진하면 부적격 판정을 내리고 내보냈다. 7월 말까지 9명이 불합격 판정을 받았다.[92]

훈련이 본격적으로 진행되면서 여러 가지 문제점이 드러났다. 훈련대원들과 OSS요원들 사이의 언어소통문제, 훈련기지의 보안문제, 곤명의 OSS본부와의 연락문제, 부양의 광복군 제3지대와의 무선연락문제, 재정문제, 국내로의 침투방법문제, 훈련생 모집과 충원문제 등이 그것이었다. 그 가운데 가장 심각한 것은 언어소통문제였다. 경험 있고 능력 있는 통역요원이 크게 부족했다. 언어소통문제를 해결하기 위하여 대원들의 요청과 이범석의 제안으로 훈련교관 마이어스(Robert Myers)가 영어회화반을 만들어 이범석 이하 많은 대원들이 영어학습을 시작했다.[93] 또한 OSS 중국 본부는 1945년3월에 「독수리작전」 계획서를 제출하고 이 문제를 해결하기 위하여 워싱턴 본부에 한국어와 영어를 구사할 줄 아는 한국계 장교와 사병을 요청했는데, 워싱턴 본부는 6월 말에 함용준(咸龍

---

89) 李範奭, 「光復軍」, 《新東亞》 1969년4월호, p.198.

90) 太倫基, 『回想의 黃河』, p.211.

91) 金俊燁, 앞의 책, p.504.

92) 「독수리작전 7월월례보고서」(1945.7.31.), 『대한민국임시정부자료집(13) 한국광복군IV』, p.152.

93) 金俊燁, 앞의 책, p.506; 金光載, 「韓國光復軍의 活動研究: 美戰略諜報局(OSS)과의 合作訓練을 중심으로」, 東國大學校 박사학위논문, 1999, p.77.

俊) 대위 등 10명을 현지에 파견했다.[94]

이범석과 사전트는 일본밀정의 잠입과 중국 정보조직의 침투를 막기 위하여 훈련기지의 보안유지에도 세심한 주의를 기울였다. 또한 훈련의 보안유지를 위하여 대원들의 서안시내 외출을 억제하고, 우편검열도 실시했다. 이범석은 OSS의 파우치나 통신시설을 이용하여 임시정부와 연락했다.[95]

제1기 훈련은 8월4일에 끝났다. 훈련생 50명 가운데 38명이 수료했는데, 전체적으로 고학력이었기 때문에 개인별 평가는 대체로 우수한 편이었다.[96] 훈련을 마친 대원들은 8월20일 안으로 4~5명씩을 한 조로 하는 8개조의 공작반을 편성하여 국내로 침투시키기로 했다. 이범석은 국내로 투입되는 대원들의 사기를 높이기 위해 8월1일자로 전 대원을 대위로 발령했다.[97] 제2기 훈련은 8월13일에 시작하여 9월 말에 끝낼 계획이었다.

김학규(金學奎)는 4월28일에 엄도해(嚴道海: 嚴弘燮)와 함께 임천을 거쳐 제2지대 본부가 있는 부양에 도착했다.[98] 무전기술에 능숙한 엄도해를 데려온 것은 OSS의 무전훈련을 위한 준비였다. 중경에 함께 갔던 김우전(金祐銓)은 OSS와의 연락업무를 위하여 곤명의 OSS본부에 파견했다.[99]

제3지대의 OSS훈련은 제2지대보다 늦은 7월 초에 가서야 시작되었다. 김학규가 지대본부를 떠나 있는 사이에 많은 대원들이 새로 들어왔으므로 그들을 개별적으로 면담하여 훈련대상자를 선발하는 데 상당한 시간이 걸렸기 때문이다. 김학규는 총책임자 엄도해, 훈련대장 윤영무(尹

94) 金光載, 「韓國光復軍의 韓美合作訓練」, 《한국민족운동사연구》 25, 한국민족운동사학회, 2000, pp.363~365.
95) 金光載, 앞의 논문, pp.79~80.
96) 金光載, 앞의 글, pp.370~372.
97) 金俊燁, 앞의 책, p.524.
98) 「김구 주석에게 보낸 김학규의 진행보고」, 『대한민국임시정부자료집(13) 한국광복군Ⅳ』, p.59.
99) 金學奎, 「白波自敍傳」, 《한국독립운동사연구》 제2집, 독립기념관 한국독립운동사연구소, 1988, p.602; 金祐銓, 「韓國光復軍과 美國 OSS의 共同作戰에 관한 研究」, 朴永錫教授華甲紀念論叢 刊行委員會, 『韓民族獨立運動史論叢』, 探求堂, 1992, pp.1501~1502; 金光載, 앞의 논문, p.98.

광복군 제3지대 훈련관 윔스 대위와 대원들. 윔스 왼쪽이 김학규 지대장.

永茂), 연락관 김군남(金君南) 등 22명을 훈련요원으로 선발했다. 훈련
장소는 부양에서 동남쪽으로 500리쯤 떨어진 입황(立煌)으로 정했다. 입
황은 사방으로 통하는 교통의 요지이자 전략적 요충지였다. 당시 이곳
에는 안휘성 정부를 비롯하여 강소성(江蘇省), 산동성(山東省)의 피란정
부와 중국군 제10전구사령부와 미 제14항공대의 입황파견대가 몰려 있
었다.[100] 소수의 인원을 선발한 것은 입황이 일본군의 포위망 안에 위치
하고 있어서 모든 물자를 비행기로 운반해야 하는 어려움을 고려한 것이
었다. 선발된 대원들은 6월30일에 제3지대 창설식이 끝난 이튿날 부양을
출발하여 7월7일에 입황에 도착했다.[101]

　미군복과 미군용 보급품을 지급받은 대원들은 3개월 예정의 훈련에
들어갔다. 드러먼드(William Drummond) 대위를 책임자로 하고, 윔스
(Clarence N. Weems) 대위가 훈련반 지도관이 되어 대원들을 훈련시켰

100) 金文澤, 「回顧光復軍時期」, 《한국독립운동사연구》 제2집, 독립기념관 독립운동사연구소, 1988,
　　 pp.637~638.
101) 金學奎, 앞의 글, pp.601~602; 金文澤, 앞의 글, pp.658~662; 金光載, 앞의 논문, pp.98~100.

다. 훈련의 주요 내용은 국내침투에 대비하는 각종 특수훈련과 첩보, 파괴훈련이었다.[102] 정보학, 독도법, 첩보 수집, 무전기 조작법, 송수신법, 암호 해독법, 무기 조작법, 폭약 사용법 등과 게릴라전에 필요한 폭파, 파괴, 납치, 민중 선동, 암살에 관한 특수훈련과 공중낙하훈련을 받았다.[103]

2

김구는 OSS와의 합동작전을 추진하면서도 중국정부와의 관계를 소홀히 하지 않았다. 김구는 2월6일에 중국국민당 비서장 오철성(吳鐵城)에게 탈출 학병청년들의 구제비로 300만원을 지원해 줄 것을 요청했다.[104] 오철성은 3월24일에 탈출 학병청년들을 광복군에 배치하도록 하고 계속하여 탈출해 오는 한국청년들을 수용하기 위해 서안과 노하구(老河口) 등 전방지역에 신속하게 한국광복군 훈련반을 설치할 것을 중국 군사위원회에 요청했다.[105] 또한 김구는 이와는 별도로 3월26일에 오철성에게 임시정부에 지급하는 중국정부의 보조비를 매달 500만원으로 증액해 줄 것을 요청했다.[106]

오철성은 4월10일에 긴급명령으로 재정부에서 200만원을 발급하여 진재위원회에서 수령하도록 허락했다고 김구에게 통보했다.[107] 중국 군사위원회는 한국광복군 간부훈련반 개설에 적극 협조하기로 했다. 각지의 포로수용소에 수용된 한국인 사병들을 선별하여 훈련시키는 것이 적의 사기를 와해시키는 데 큰 효과가 있을 것이라고 판단한 장개석은 한

---

102) 李範奭, 앞의 글, p.198.
103) 金祐銓, 앞의 글, p.1504; 金光載, 앞의 논문, pp.100~101.
104) 「金九가 吳鐵城에게 보낸 1945년2월6일자 편지」, 『대한민국임시정부자료집(10) 한국광복군 I 』, pp.180~181.
105) 「吳鐵城이 蔣介石에게 보낸 1945년3월6일자 簽呈」, 위의 책, pp.183~184.
106) 「金九가 吳鐵城에게 보낸 1945년3월26일자 편지」, 『대한민국임시정부자료집(11) 한국광복군 II 』, p.112.
107) 「吳鐵城이 金九에게 보낸 1945년4월10일자 편지」, 『대한민국임시정부자료집(10) 한국광복군 I 』, pp.184~185.

인사병들의 활용에 많은 관심을 가지고 5월11일에 오철성에게 주관부서에 명하여 구체적인 방법을 연구하여 실시하라고 지시했다.[108]

한편 김구는 OSS와의 합동작전에 대한 중국정부의 동의와 협조를 요청했다. 김구는 5월28일에 장개석에게 편지를 보내어 서안과 부양에 광복군 훈련반을 개설하기로 한 사실을 알리고 두 지역의 군정당국에 그곳에 설치할 광복군 훈련반에 긴밀히 협조하라는 전문을 보내줄 것을 요청했다.[109] 장개석은 김구의 요청을 받아들여 6월30일에 서안의 제1전구 호종남(胡宗南) 대리사령장관, 서안의 축소주(祝紹周) 주석, 입황의 제10전구 이품선(李品仙) 사령장관, 임천지휘소의 하주국(何柱國) 주임에게 서안과 부양에 설치하는 광복군 훈련반에 적극 협조할 것을 지시했다.[110]

한편 한국독립당은 조소앙을 지지하던 당내 합작파들이 대거 탈당하여 1945년2월에 신한민주당을 결성함에 따라 체제정비가 불가피했다. 당장(黨章)에는 매 격년 5월 중에 정기 전당대표대회를 소집하도록 되어 있었으나 여러 가지 사정으로 7월 초에야 대회를 소집하게 되었다. 그리하여 1945년7월1일부터 11일까지 한국독립당 제4차 전당대표대회가 열렸다. 대회에서는 대일작전 협동안, 통일단결문제 방안, 독립운동대표대회의 소집원칙안 등 많은 중요 안건들이 채택되었다고 하는데, 회의록이 보존되지 않아서 자세한 내용을 알 수 없다. 조소앙이 외교보고에서 "조만간 미군이 한국에 상륙하게 될 것입니다. 따라서 우리도 시급하게 중국대륙에서 한국으로 진입할 준비를 갖추어야 합니다"라고 말한 것을 보면,[111] 긴박한 과제들이 꽤 심도 있게 논의되었던 것 같다.

대회에서는 김구, 이승만, 이청천, 조소앙 등 19명을 중앙집행위원으로 선출하고, 황학수(黃學秀), 이상만(李象萬) 등 5명을 중앙감찰위원으

108) 「蔣介石이 吳鐵城에게 보낸 1945년5월11일자 지시」, 위의 책, p.189.
109) 「金九가 蔣介石에게 보낸 1945년5월28일자 편지」, 같은 책, p.191.
110) 「蔣介石이 胡宗南 등에게 보낸 1945년6월30일자 會電」, 같은 책, p.198.
111) 「대한민국임시정부의 최근동태」, 『대한민국임시정부자료집(13) 한국광복군Ⅳ』, p.267.

로 선출했다. 미국에 있는 이승만이 중앙집행위원으로 선출된 것이 눈길을 끈다. 이어 7월16일 하오 2시에 제1차 중앙집행위원회를 열고, 김구를 중앙집행위원장, 조소앙을 부위원장으로 선출하고, 조완구(趙琬九), 조경한(趙擎韓), 엄항섭(嚴恒燮), 양우조(楊宇朝), 최용덕(崔用德)을 중앙상무집행위원으로 선출했다. 그리고 중앙감찰위원회는 황학수를 중앙감찰위원장, 민필호(閔弼鎬)와 왕중량(王仲良)을 중앙상무감찰위원으로 선출했다.[112] 이렇게 하여 김구는 2년 만에 중앙집행위원장에 복귀했다.

이 무렵에 중국국민당 중앙집행위원회에 접수된 정보 보고서에 김구가 웨드마이어 장군에게 보낸 편지내용이 포함되어 있어서 눈길을 끈다. 보고서에 따르면, 김구는 웨드마이어에게 일단 미군이 조선 남부의 제주도를 해방시키면 한국임시정부는 미군의 협조 아래 제주도에 진입하여 모든 한국인들을 지휘하여 미군의 작전에 협조할 것이라는 뜻을 미국정부에 전해달라고 요청했다.[113] 이처럼 이승만이나 김구나 임시정부 인사들은 이 시점에서는 미군의 한반도 상륙작전이 임박했다는 인식 아래 광복군과 임시정부가 미군과 함께 국내에 진입하는 공작에 집착하고 있었다.

112) 「韓國獨立黨代表大會」(1945.7.17.), 『白凡金九全集(6)』, 1999, p.241.
113) 「最近의 臨政動態」(1945.7.25.), 秋憲樹 編, 『資料 韓國獨立運動(1)』, pp.405~406; 「대한민국임시정부의 최근동태」, 『대한민국임시정부자료집(13) 한국광복군IV』, pp.266~267.

72장

1945년8월(1)

1. 여의도 비행장에 나타난 광복군 국내정진대

1

1945년8월4일에「독수리작전」제1기 훈련생의 훈련이 끝나자 김구는 서안(西安)을 방문하기로 했다.「독수리작전」훈련을 마친 청년들을 격려하고 중국에 와 있는 도노반(William J. Donovan) 장군을 만나서 한국광복군과 OSS의 합동작전문제를 협의하기 위해서였다.[1] 김구는 8월3일에 오철성(吳鐵城)에게 1주일 예정으로 서안을 다녀온다고 알리고, 8월5일 새벽에 이청천(李靑天), 이범석(李範奭), 엄항섭(嚴恒燮) 등 일행 19명과 함께 미군이 제공한 특별기편으로 서안으로 갔다. 일행 가운데는「독수리작전」훈련을 받을 후보 11명도 포함되어 있었다.

두곡(杜曲)에는 미군이 광복군 수천명을 수용할 수 있는 건물을 짓느라고 벽돌이며 목재를 나르는 트럭들이 부지런히 오가고 공사가 한창 진행 중이었다. 그날 밤 제2지대 영내에서 김구 일행의 환영회가 열렸다. 환영회를 위하여 임시 무대가 마련되어 있었다. 특기를 가진 훈련생들이 흥을 돋우었고 노래와 춤으로 무대는 활기에 넘쳤다. 분위기가 무르익자 이범석과 이청천까지 무대에 뛰어올라 노래를 부르면서 훈련생들과 어울렸다.[2]

김구는 사전트(Clyde B. Sargent)에게 도노반 장군을 만나고 싶다는 뜻을 전했다. 사전트는 도노반에게「독수리」기지가 건설 중이어서 문제가 있기는 하나 기지를 방문하여 임시정부의 지위와 명예를 존중하는 뜻으로 김구와 점심이나 저녁을 같이하도록 권고했다.[3] 도노반은 이때에

---

1) 「最近의 臨政動態」(1945.7.25.), 秋惠樹 編, 『資料 韓國獨立運動(1)』, 1971, p.406;「金九가 吳鐵城에게 보낸 1945년8월3일자 편지」,『대한민국임시정부자료집(10) 한국광복군 I 』, p.205;『백범일지』, pp.395~396.

2) 張俊河,『돌베개』, pp.356~357; 金俊燁,『長征(2) 나의 光復軍時節(上)』, p.525.

3) 「Sargent가 Helliwell, Roosevelt, Krause에게 보낸 1945년8월5일자 전보」,『대한민국임시정부자료집(13) 한국광복군Ⅳ』, pp.180~181.

세번째로 중국을 방문하고 있었다. 그는 「독수리작전」에 큰 기대를 걸었다. 도노반은 8월4일에 웨드마이어(Albert C. Wedemeyer) 장군의 주선으로 장개석(蔣介石)을 만나서 만주와 한국에 대한 OSS의 침투계획을 지원해 줄 것을 요청했고, 장개석은 크게 기뻐하면서 무조건 지원하겠노라고 약속했다. 도노반은 8월7일에 서안으로 갔다.[4]

도노반이 도착하자마자 두곡의 제2지대 본부에서 광복군과 OSS의 합동작전회의가 열렸다. 광복군쪽에서는 김구와 이청천과 이범석이, OSS쪽에서는 도노반과 첩보책임자 헬리웰(Paul Helliwell) 대령과 사전트가 참석했다. 그리고 김준엽(金俊燁)과 도노반의 부관이 양쪽의 기록 담당자로 참석했다.[5] 회의는 마치 국가대표 사이의 회담 분위기였다. 양쪽 대표 뒤에는 각각 태극기와 성조기가 걸렸다. 도노반은 "앞으로 우리 정부와 여러분의 정부가 긴밀히 일해 나가자"라고 말했다. 김구는 "내가 말할 것을 장군께서 먼저 하신다"하고 응수했다.[6]

도노반은 김구에게 「보아작전(Boa Mission)」에 서명할 것을 제안했다. 「보아작전」이란 광복군 제2지대의 선전위원회가 「독수리작전」과 병행하여 실시하기 위해 준비한 선무공작 활동계획서였다.[7] 도노반은 이 계획서의 서명자로서 김구를 활용하고자 했다. 김구는 이 계획에 동의했다.

김구는 도노반과의 회담에 흡족했다. 그는 도노반과의 접촉을 미국 정부가 임시정부를 승인하는 계기가 되기를 기대했다. 도노반도 빠른 시일 안에 「독수리」 공작원들의 한반도 침투가 실현되기를 희망했다. 김구는 벅찬 감개를 억제하지 못했다. 김구는 이곳에서 훈련을 마친 광복군 제2지대원들을 먼저 국내로 들여보내고, 부양(阜陽)으로 가서 그곳에서

---

4) Maochun Yu, *OSS In China: Prelude to Cold War*, pp.228~229.
5) 金俊燁, 앞의 책, p.525.
6) 「臨時議政院會議 제39회」(1945.8.), 『대한민국임시정부자료집(4) 임시의정원Ⅲ』, p.151.
7) 「한국내 목표물에 대한 선무공작」(1945.8.9.), 『대한민국임시정부자료집(13) 한국광복군Ⅳ』, pp. 185~186.

1945년8월4일에 두곡의 광복군 제2지대 본부에서 김구와 OSS 국장 도노반 장군의 작전회의가 열렸다. 회의를 마치고 나오는 김구와 도노반. 뒤는 오른쪽부터 이범석, 이청천, 엄항섭.

훈련받은 제3지대원들도 국내로 침투시킬 계획이었다.[8]

도노반과의 회담으로 고무된 김구는 며칠 뒤에 도노반에게 자신이 대한민국임시정부 주석 명의로 트루먼(Harry S. Truman) 대통령에게 보내는 장문의 전보를 전달해 줄 것을 부탁했다. 김구는 이 전보에서 "중국에서 시작되어 지난 몇 달 동안 지속된 항일전에서의 미국과 한국의 적극적인 협조가 앞으로도 계속되고 더욱 증진되기를 우리는 희망합니다"라고 말했다. 이 전보는 「독수리작전」 부대를 경유하여 트루먼에게 전달되었

---

8) 『백범일지』, p.399.

다. 그러나 김구의 전문을 받은 트루먼은 도노반에 대해 격노했다. 그는 8월25일에 도노반에게 "미합중국정부가 승인하지 않은 자칭 정부가 본인에게 보내는 메시지의 경로 역할을 한 귀관 휘하직원들의 부적절한 행동을 시정시키기 바랍니다"라는 편지를 보냈다. 그리고 나서 25일 뒤에 트루먼은 OSS를 해체했다.[9]

도노반과 회담한 이튿날 김구는 훈련을 받은 훈련생들의 훈련평가 과정을 시찰하기 위하여 두곡에서 동남쪽으로 40리 떨어진 종남산(終南山) 훈련장을 방문했다. 산어귀에서 차에서 내려 다시 5리가량 걸어서 훈련소에 도착했다. 마침 정오였으므로 훈련생들과 함께 미국 군대식으로 점심을 들었다. 맨 먼저 냉수 여러 통을 뜰에 가져다 놓고 군대용 국그릇과 물그릇을 겸용하는 쇠그릇을 한 사람 앞에 한개씩 나누어 준 다음 종이상자를 하나씩 나누어 주었다. 종이상자 속에는 과자 비슷한 것 다섯개, 여러가지 통조림통, 담배 네갑, 그리고 휴지까지 들어 있었다. 종이로 싼 가루 한 봉지를 냉수에 타자 훌륭한 고깃국이 되어 점심으로 충분했다.

점심을 들고 있는데 갑자기 꽝! 하는 폭발소리가 났다. 혼비백산하는 훈련생도 있었고, 이청천까지 너무 놀라서 들고 있던 점심그릇을 땅에 떨어뜨렸다. 그러나 김구는 태연하게 "허허… 이게 무슨 소린고?" 할 뿐이었다.[10]

점심을 들고 나서 김구는 심리학자 허드슨(Hudson) 박사가 이끄는 평가단의 평가과정을 시찰했다. 제1기생과 8월6일부터 14일까지 새로 훈련받은 제2기생 11명은 독수리기지와 근처 중국인 마을에서 1.6킬로미터쯤 떨어져 있는 빈 사찰에서 평가를 받았다. 평가는 하루 한차례씩 10명을 대상으로 이력서 작성, 문장 채우기, 기억력 테스트 등의 필기시험과 절벽 오르기, 등산, 권총 조립, 폭파 등을 통한 훈련생의 적성, 리더십, 담력 등을

---

9) Maochun Yu, *op. cit.*, p.230.
10) 張俊河, 앞의 책, p.357.

시험하는 실기시험으로 진행되었다.[11] 허드슨 박사는 훈련생들의 시험성적을 김구에게 보고하면서 한국청년들의 앞날이 촉망된다고 말했다.

이어 청년 일곱명을 데리고 종남산 봉우리에 올라가서 몇백 길 절벽 아래로 내려가 적의 정황을 탐지하고 올라오는 것을 시험했다. 소지품은 단지 수백 길 되는 숙마[熟麻: 잿물에 담갔다가 솥에 찐 삼 껍질]밧줄 하나뿐이었다. 일곱명의 청년들이 상의한 결과, 밧줄을 여러 번 매듭지은 다음 한쪽 끝은 봉우리 바위 위에 매고 다른 한쪽 끝은 절벽 아래로 떨어뜨린 다음 그 줄을 타고 내려갔다. 그리고는 나뭇가지를 하나씩 입에 물고 올라왔다. 임무를 완수한 것이었다.

교관은 매우 흡족해하면서 김구를 보고 말했다.

"앞서 중국 학생 4백명을 모아 훈련하면서 시험해 보았을 때에도 발견하지 못한 이 해답을 귀국 청년 일곱명이 발견하는 성과를 올렸습니다."

이어 폭파술, 사격술, 비밀도강술 등을 차례로 시험했다. 시찰을 마친 김구는 그날로 두곡으로 돌아왔다.[12]

OSS훈련생들의 시찰을 마친 김구는 서안에 있는 중국 주요 인사들을 찾아보기로 했다. 김구는 8월9일에 제1전구 대리사령장관 호종남(胡宗南) 장군을 찾아갔으나 출장 중이어서 만나지 못하고 섬서성 정부를 방문했다. 성 주석 축소주(祝紹周)는 김구를 반갑게 맞이하고 이튿날 저녁식사에 초대했다. 축소주는 김구가 홍구공원(虹口公園) 폭파사건 뒤에 장개석과 회담하고 한국청년들의 군사교육을 위탁했던 낙양군관학교 분교의 교장이었다.

8월10일 저녁에 김구는 이범석 등 광복군 간부들과 함께 축소주의 집을 방문했다.[13] 무더운 여름밤이었다. 저녁식사를 마치고 객실에 앉아서

11) 金光載, 「韓國光復軍의 活動硏究: 美戰略諜報局(OSS)과의 合作訓練을 중심으로」, 東國大學校 박사학위논문, pp.89~90; 金光載, 「韓國光復軍의 韓美合作訓練」, 《한국민족운동사연구》 25, p.373.
12) 『백범일지』, pp.397~398.
13) 李範奭, 「光復軍」, 《新東亞》 1969년4월호, p.201.

후식으로 수박을 먹으면서 담소를 나누고 있을 때였다. 전화벨이 울렸다. 축소주는 "중경에서 무슨 소식이 있는 것 같습니다"하고 말하면서 전화를 받으러 안으로 들어갔다. 잠시 뒤에 축소주는 만면에 웃음을 가득 띠고 나오면서 말했다.

"왜적이 항복한답니다."

축소주는 마치 정신이 나간 사람처럼 기뻐서 어쩔 줄 몰라 했다. 그러나 김구에게 그것은 청천벽력 같은 소식이었다. 『백범일지』는 이때의 심경을 다음과 같이 적어 놓았다.

이 소식은 내게 희소식이라기보다는 하늘이 무너지고 땅이 꺼지는 일이었다. 수년 동안 애를 써서 참전을 준비한 것도 모두 허사로 돌아가고 말았다. 서안훈련소와 부양훈련소에서 훈련받은 우리 청년들을 조직적 계획적으로 각종 비밀무기와 전기(電器)를 휴대시켜 산동반도에서 미국 잠수함에 태워 본국으로 침입하게 하여 국내 요소에서 각종 공작을 개시하여 인심을 선동하게 하고, 전신으로 통지하여 무기를 비행기로 운반하여 사용할 것을 미국 육군부와 긴밀히 합작하였다. 그런데 그러한 계획을 한번 실시해 보지도 못하고 왜적이 항복하였으니, 지금까지 들인 정성이 아깝고 다가올 일이 걱정되었다.[14]

김구는 축소주에게

"선생의 음식은 이 다음 조선 금강산에 가서 갚겠습니다"

하고 작별인사를 하고 돌아서 나왔다.[15] 그토록 갈구하던 해방은 김구에게 이처럼 잔인하게 들이닥쳤다.

---

14) 『백범일지』, p.399.
15) 「臨時議政院會議 제39회」(1945.8.), 『대한민국임시정부자료집(4) 임시의정원Ⅲ』, p.151.

축소주의 집에서 일본의 항복소식을 들은 김구는 서안에 마련되어 있던 모든 환영 일정을 취소하고 두곡으로 돌아왔다. 서안은 종전의 흥분에 들떠 있었다. 큰 거리는 인산인해를 이루었고 만세소리가 성내에 진동했다. 자동차 안에서 이러한 광경을 바라보며 가는 김구의 마음은 무거웠다. 당당한 연합국의 일원으로서 대일전에 참가할 수 있는 기회가 무산되었을 뿐만 아니라, 전후처리에서 임시정부의 발언권이 약화될 것이 걱정되었기 때문이다. 두곡으로 돌아왔을 때의 상황을 김구는 다음과 같이 썼다.

> 우리 광복군은 계획하였던 자기 임무를 달성치 못하고 전쟁이 끝나 실망 낙담하는 분위기에 잠기었고, 반면 미국 교관과 군인들은 매우 기뻐하여 질서가 문란한 것도 깨닫지 못할 정도였다. 미국은 한국 병사 수천명을 수용할 장소를 두곡에다 건설할 목적으로 종남산에서 재목을 실어오고 벽돌을 운반하는 등 거대한 공사를 진행했는데, 그날부터 그 공사도 일제히 중지되었다.[16]

막사와 교련장의 증축공사만이 중단된 것이 아니었다. 젊은 목숨을 조국광복에 바친다는 결연한 각오로 국내진입을 준비하던 제2지대 대원들은 망연자실한 상태에 빠졌다. 그들은 조국광복의 기수가 될 기회가 상실되었다는 생각에서 울분을 느끼고 있었다.[17] 김구는 이청천과 이범석과 함께 이틀에 걸쳐 구수회의를 가졌다. 이청천과 이범석은 8월9일에도 사전트 대위와 독수리작전의 구체적인 실행과 지원문제를 놓고 두시간

---

16) 『백범일지』, p.399.
17) 張俊河, 앞의 책, p.360.

동안 자세히 검토하고, 소련의 대일전 참전 문제에 관해서도 진지하게 토의했다.[18] 소련이 전후한국문제에서 힘을 얻게 될 경우 발생할 수 있는 임시정부내외의 좌익세력의 동향도 염려되었다.[19]

이범석은 광복군이 미군과 함께 국내로 진입할 것을 강력히 주장했다. 김구는 "갈 수만 있으면 가보라"[20]라면서 이범석의 의견에 찬성했다. 그리하여 「독수리」 훈련을 받은 제2지대 대원들을 국내정진군(國內挺進軍)으로 편성하여 신속히 국내로 진입시키기로 했다. 이범석은 사전트에게 국내정진군 편성의 필요성과 시급성을 설득했고, 사전트는 이에 동의했다. 사전트는 OSS요원 쿠퍼(Chester Cooper)에게 일본이 항복할 때까지 정보보고를 수행할 목적으로 한반도에 "승리사절단(Victory Mission)"을 파견하는 계획을 수립하도록 지시하고, 곤명(昆明)에 있는 미군사령부에 이러한 계획을 건의했다.[21]

서안을 시찰하고 돌아온 도노반이 8월10일에 곤명에서 워싱턴행 특별기를 타고 난 30분 뒤에 OSS 중국지부 책임자 헤프너(Richard Heppner) 대령은 일본의 포츠담선언 수락뉴스를 전해 들었다. 헤프너는 하와이를 지나던 도노반에게 이 소식을 알리고 "비록 우리가 지금까지는 허를 찔려왔으나, 앞으로는 그것을 만회하기 위해 최선을 다할 것입니다"라고 보고했다. OSS 관계자들은 소련의 참전과 일본의 포츠담선언수락소식을 듣고 초조했다. 유럽전구에서 이렇다 할 기여를 하지 못한 OSS가 대일전에서마저 아무런 전공을 세우지 못한다면 여간 낭패스럽지 않을 것이었다. 도노반은 중국전구 미군사령관 웨드마이어 장군에게 소련의 대일전 참전을 경계하면서 "러시아인들이 쳐들어올 때에 만약 우리

---

18) 「일제패망에 즈음한 긴급회의와 관련한 전문: 싸전트가 헬리웰에게」(1945.8.10.), 『대한민국임시정부자료집(13) 한국광복군IV』, pp.188~189.

19) 金俊燁, 앞의 책, p.532.

20) 「臨時議政院會議 제39회」(1945.8.), 『대한민국임시정부자료집(4) 임시의정원III』, p.151.

21) 「독수리작전 8월월례보고서: 쿠퍼가 스펜서에게」(1945.8.27.), 『대한민국임시정부자료집(13) 한국광복군IV』, p.214; 金俊燁, 앞의 책, pp.532~533.

가 한국과 만주에 없다면, 우리는 다시 그곳에 발붙일 수 없을 것입니다"
라고 경고한 적도 있었다.[22]

사전트의 건의와는 별도로 헤프너는 8월10일에 중경의 OSS 작전장
교 데이비스(William P. Davis) 대령에게 중국의 주요도시들과 만주와 한
국에서 펼칠 OSS 작전에 대한 병참지원을 요청하는 긴급전보를 쳤다. 한
반도 지역의 작전과 관련해서는 러시아의 점령 전에 우리의 이익이 지켜
질 수 있도록 한국의 전략지점에 현재 가용한 OSS팀이 투입될 경우 긴급
공중지원을 요청한다는 내용이었다.[23] 이어서 그는 OSS 중국지부의 부책
임자 버드(Willis Bird) 중령에게 즉시 서안으로 가서 독수리작전을 지휘
하고 한반도 진입을 준비하라고 지시했다.[24]

1945년8월9일부로 한국이 정식으로 중국전구에 포함된 사실이 발표
되자 김구는 임시정부가 국제적으로 승인받은 것만큼이나 기뻐했다. 그
는 먼저 서안에서 발행되는 《서경일보(西京日報)》에 서면담화를 발표했
다. 김구는 자신이 섬서에 온 뒤에 대일작전에서 한국이 정식으로 중국전
구에 포함된 것, 일본의 항복, 트루먼이 한국의 독립해방을 보증한 것 등
의 희소식을 듣게 되었다고 말하고, 광복군 제2지대에 보여준 섬서성의
후의에 감사의 뜻을 전했다. 그리고 예정된 일정을 치르지 못하고 긴급한
정무처리를 위해 중경으로 돌아가고자 한다면서 양해를 구했다.[25]

김구는 이어 장개석과 트루먼과 웨드마이어에게 각각 전승축하전보를
쳤다. 세 전보는 모두 한국이 중국전구에 포함된 것에 대한 감사와 앞으로
의 사업에 대한 협조를 요청하는 내용이었다. 장개석에게 보낸 전보는 중
국의 투쟁이 동아시아의 평화를 위한 것이었음을 칭송하는 것이었다.

---

22) Maochun Yu, *op. cit.*, pp.230~231.
23) *ibid.*, p.231.
24) 「한반도 진출을 촉구하는 전문: 헤프너가 버드에게」(1945.8.10.), 『대한민국임시정부자료집
  (13) 한국광복군Ⅳ』, p.190.
25) 《西京日報》 1945년8월12일자, 「한국임시정부 주석 김구 곧 중경으로 출발: 출발 전 서면담화
  발표」, 위의 책, pp.267~268.

우리 한국이 중국전구에 포함되었다니 감개무량합니다. 적구(敵寇)가 이미 맹국(盟國)에 투항하여 마침내 원흉을 쓰러트림에 온 세상이 기뻐 날뛰고 있습니다. 9년에 걸친 귀국의 피 흘린 항전은 동아시아의 평화를 위한 것이었습니다. 이제 우리나라가 독립을 이룰 수 있게 됨에 3천만 한국인민을 대표하여 각하에게 깊은 감사의 말씀을 올립니다. 다만 이제 광복을 맞이한 한국이 앞으로 헤쳐 나가야 할 어려움이 적지 않습니다. 더욱 많은 도움 부탁드립니다. 시찰차 섬서에 왔던 일이 마무리되어 곧 중경으로 돌아갈 예정입니다. 만나 뵙고 축하의 말씀 전하기 전에 우선 축전으로 대신합니다.

트루먼에게 보낸 전보는 포츠담선언이 카이로선언에서 천명한 한국 독립의 약속을 재확인한 것에 대해 감사를 표시한 것이었다. 또한 김구는 웨드마이어에게 보낸 전보에서 한국을 중국전구에 포함시킨 조치는 군략이나 정략으로 볼 때에 앞을 내다보는 결정이라고 그 의의를 특별히 강조했다.[26]

중경에서는 임시정부뿐만 아니라 중국정부도 김구가 빨리 돌아오도록 재촉하고 있었으나,[27] 김구는 서안을 떠나지 않았다. 그는 광복군 활동의 실질적인 성과가 될 수 있는 국내정진군 파송계획이 실현되는 것을 직접 확인하고 돌아갈 생각이었다.

헤프너의 지시에 따라 독수리작전을 인수받은 버드는 8월11일에 서안에 도착했다. 그는 먼저 이범석과 상의하여 파견단을 세 팀으로 구성하기로 하고, 첫 팀을 일주일 안에 출발시키기로 했다. 그리고 만약 작전 실행 전에 전쟁이 끝나면 버드를 포함한 혼성그룹이 단독으로 서울에 들

---

26) 《西京日報》 1945년8월13일자, 「한국임시정부 주석 中·美 원수에게 축전, 웨드마이어 장군에게는 해방에 협조를 요청」, 같은 책, pp.268~269.
27) 「서안의 김구 주석의 중경 복귀를 요청하는 전문: 루즈벨트가 싸전트에게」(1945.8.9.), 「김구의 조속한 중경 복귀 절차와 관련한 서한: 민석린이 루즈벨트에게」(1945.8.9.), 「이범석의 임무와 관련한 전문: 루즈벨트가 싸전트에게」(1945.8.14.), 같은 책, pp.184~185, p.199.

어가기로 했다.[28] 일주일 안에 국내정진군의 출발이 가능할 것으로 예상되자 김구는 8월13일에 이범석을 광복군 국내정진군 총사령으로 임명하고 국내 동포들에게 배포할 포고문을 작성해 주었다. 이청천도 별도의 포고문을 만들었다.[29] 국내정진군의 선발대는 이범석을 비롯하여 이해평(李海平), 장준하(張俊河), 김준엽, 노능서(魯能瑞), 이계현(李啓玄), 장덕기(張德棋) 일곱명으로 결정되었다.[30]

3

국내정진군 총사령관에 임명된 이범석은 그날로 제2지대의 구대장들과 선발대 인원을 소집하고, 국내정진군의 임무를 다음과 같이 설명했다.

"오늘 내일 사이에 여기 모인 동지들과 함께 나는 국내로 들어갈 계획이오. 오늘 아침에 임시정부는 나에게 국내정진군 사령관의 직책을 맡겨주었소. 국내에 누구보다도 빨리 들어갈 수 있는 길이 생겼는데, 다름 아니라 중국전구 미군사령부가 곧 사절단을 서울로 들여보낼 것이니 우리도 그편에 편승하라는 전달이 있었소. 우리의 임무는 대단히 무겁소. 국내에 진입하는 대로 일군에 징집된 우리 병사들을 인수해야 하고, 일군의 무기접수를 지휘해야 하며, 국민자위군을 조직하고 또 불순 정치세력이 작용할 수 없는 분위기를 조성할뿐더러 국내의 애국지사들과 긴밀한 협조를 하면서 하루 속히 우리 임시정부와 광복군이 환국할 수 있는 기틀을 만들어야 하오."[31]

이범석의 이러한 설명은 김구와 이청천과 논의했던 사항이 어떤 것이었고, 김구가 국내정진대에 거는 기대가 얼마나 컸는지를 짐작하게 한다.

---

28) 「3개팀의 한국파견 계획과 관련한 전문: 헥터가 헤프너에게」(1945.8.13.), 같은 책, p.194.
29) 「臨時議政院會議 제39회」(1945.8.), 『대한민국임시정부자료집(4) 임시의정원Ⅲ』, p.151; 金俊燁, 앞의 책, pp.532~533.
30) 金俊燁, 위의 책, p.533.
31) 같은 책, p.536.

그것은 여느 전승군 선발대의 일반적인 역할보다도 더 큰 임무였다. 장준
하는 자신들이 해방된 조국이 내전에 휩싸인 중국의 재판이 되지 않도록
해야겠다고 다짐했다고 회고했다.[32] 그만큼 공산주의세력에 대한 경계심
과 경쟁의식이 강하게 작용했던 것이다.

　　그러나 미군사령부의 한국진입작전 목적은 국내정진군의 이러한 계
획과는 사뭇 달랐다. 데이비스는 헤프너에게 버드가 수행해야 할 「임시
지침」을 전보로 통보했는데, 「임시지침」에는 공산당의 상황이나 일본군
투항자들의 반발을 가져올 수 있는 작전은 포함되지 않았다. 그러한 종
류의 작전은 중국전구 사령관의 특별지시가 있어야 가능하다는 것이었
다.[33] 버드의 임무는 중국전구의 공식적인 작전활동이라기보다 「독수리
작전」의 연장이었기 때문이다. 중국전구 미군사령부는 8월14일에 버드
의 임무를 정식으로 승인하고, 「독수리작전」을 버드의 지휘 아래 새로 편
성된 동북야전지휘부(North Eastern Field Headquarters)로 이관시켰다.
헤프너는 버드에게 그의 임무에 대한 사령부의 정식 승인을 알리면서 가
장 중요한 임무는 서울, 인천, 부산의 수용소에 있는 전쟁포로들과 접촉
하는 것이고 이들의 철수에 대한 병참지원과 철수계획안을 수립하는 것
이라고 통보했다. 그러면서 이범석에게는 한국정진대는 도노반의 특별
감독 아래 작전에 참여하고 있다는 것을 강조하라고 지시했다.[34] 이범석
이 독자적인 계획을 가지고 돌발행동을 벌일 것을 우려했던 것이다.

　　버드에게 주어진 임무는 이미 계획되어 있던 「독수리작전」에 한결 포
괄적인 중국전구 미군사령부의 목적이 추가된 것이었다. 1945년8월 현재
한국, 만주, 인도차이나에 수용되어 있는 연합군 전쟁포로는 2만명, 민간

32) 張俊河, 앞의 책, p.363.
33) 「버드 대령의 임무와 관련한 전문: 데이비스가 헤프너에게」(1945.8.13.), 『대한민국임시정부자
　　료집(13) 한국광복군IV』, pp.193~194.
34) 「한국파견 임무의 승인에 관련한 전문: 헤프너가 버드에게」(1945.8.14.), 「독수리작전 8월월례보
　　고서: 쿠퍼가 스펜서에게」(1945.8.27.), 위의 책, p.198.

인 피억류자들은 1만5,000명에 이르고 있었고,[35] 한국에만 2,500명이 수용되어 있는 것으로 추산되었다. 그러나 뒤에 확인되기로는 한국에 수용되어 있는 연합군 포로는 680명이었다.[36] 연합국은 패전한 일본군이 이들에게 복수를 자행하지 않을까 염려했다. 그 대책으로 OSS가 추진한 것이 「자비 작전(Mercy Mission)」이었다. 웨드마이어는 8월15일에 OSS를 포함한 여러 특별기관에 중국, 만주, 한국에 있는 전쟁포로와 민간인들의 철수를 위한 포괄적 작전지침을 시달했다.[37] 「독수리작전」팀에 전쟁포로 접촉과 이들의 철수작전이 임무로 주어진 것은 그 때문이었다.

출동명령을 애타게 기다리던 국내정진군 선발대는 8월15일 오후 4시에 두곡을 떠나 서안 비행장으로 갔다. 이범석은 이때의 비장한 심정을 흰 손수건에 「苟存猶今 志在報國(아직 구차히 목숨을 유지한 것은 나라에 보답하기 위함이다)」라고 썼다. 8월16일 새벽 3시에 버드가 이끄는 미국사절단이 서안 비행장으로 들어섰다. 이범석과 버드는 의논 끝에 한반도 상공에서 일어날지 모르는 만일의 사태에 대비하여, 기체를 가볍게 하기 위해서 한국쪽에서는 네명만을 탑승시키기로 했다. 이에 따라 버드를 비롯한 미군 18명과 이범석을 비롯한 광복군 네명만 탑승하게 되었다.[38]

그러나 또 뜻밖의 일이 발생했다. 8월16일 오전 4시쯤에 서안 비행장을 이륙하여 서울 여의도로 향하던 C-47 수송기는 호남(湖南), 산서(山西)를 거쳐 산동(山東)반도 상공을 지날 때에 곤명으로부터 한국진입 중지라는 무전을 받고 오후 5시30분쯤에 돌아오고 말았다. 14일 아침에 도쿄만(東京灣)에 진입하던 미국 항공모함이 일본 특공대의 공격을 받았기 때문에 사절단의 안전을 우려한 사령부가 진입중지를 명령한 것이었

35) Corey Ford, *Donovan of OSS*, Little, Brown & Company, 1970, p.297.
36) 『駐韓美軍史(1)』 *History of the United States Armed Forces in Korea*(이하 *HUSAFIK*), 돌베개影印版, 1988, p.297.
37) Maochun Yu, *op. cit.*, pp.230~232.
38) 金俊燁, 앞의 책, p.538.

다.[39] 서안으로 돌아온 국내정진군 선발대는 실망 속에 하루를 보냈다. 17일에도 비행기 고장으로 지루한 시간을 보내야 했다. 버드와 이범석은 고장난 C-47기 대신에 C-46 수송기를 보내줄 것을 중경에 요청했다.[40]

국내정진대가 지루하게 재출발을 기다리고 있던 8월17일(워싱턴 시간 8월16일)에 김구는 이청천과 같이 이승만 앞으로 독립축하 전보를 쳤다. 그것은 재미동포들에게 이승만을 중심으로 단결하여 임시정부를 지원할 것을 촉구하는 메시지였다. 전보는 열흘 동안 서안에서 추진한 일이 만족스럽게 되었다고 말하고, 자신은 속히 국내에 가 있을 것이라고 다음과 같이 말했다.

정부와 육군의 소식을 본국으로 보냈나이다. 모든 정당싸움을 그치며 합동하고 모든 세력을 정부로 집중하며 이후로 모든 정부사건은 워싱턴에 있는 위원부를 통하야 취급하겠소. 이승만 박사를 후원하시어 지금은 당신들의 정부를 위하야 최선을 다할 시기입니다. 워싱턴위원부를 통하야 할 수 있는대로 재정을 정부에 공헌하시오. 본인은 일단 중경으로 귀환하겠소. 본인이 속히 내지에 가 있게 되리라고 믿습니다. 내지에 가서 소식을 다시 전하겠소.

이청천의 전보도 광복군이 선발대를 따라 곧 본국으로 들어간다는 감격적인 내용이었다.

적의 항복함에 대하야 축하합니다. 본인은 임시정부 주석 김구씨와 같이 서안으로부터 중경으로 가려고 하는 중입니다. 광복군은 선

---

39) 李範奭, 「報告: 今番國內進入經過에 關한 件」(1945.9.8.), 『대한민국임시정부자료집(13) 한국광복군IV』, p.261; 張俊河, 앞의 책, pp.365~367.
40) 李範奭, 「報告: 今番國內進入經過에 關한 件」(1945.9.8.), 위의 책, p.161; 金俊燁, 앞의 책, p.539.

봉대를 좇아 속히 한국으로 들어가겠소. 우리의 잘잘못은 장차 우리 민중이 판단하겠소. 모든 쟁투를 그치고 임시정부와 광복군과 임시정부의 기관인 위원부를 후원하시오.

두 사람의 전문은 8월22일자《북미시보》호외로 재미동포들에게 알려졌다.[41]

중경에서 새로 지원된 C-46 수송기는 8월18일 새벽 5시에야 서안 비행장을 떠났고, 서안에 머물던 김구도 같은 날 착잡한 마음으로 중경으로 돌아왔다.[42] 이날은 토요일이었다. 김구는 서안으로 갈 때와 같이 군용기를 타려고 했으나 "질서가 문란하여 군용기를 타지 못하고"[43] 여객기를 탔다.

4

버드 중령이 이끄는 미군사절단 18명과 이범석을 대장으로 한 장준하, 김준엽, 노능서는 중경에서 새로 지원된 C-46 수송기를 타고 8월18일 오전 5시에 섬서성의 서안 비행장을 이륙했다. 사절단은 오전 9시15분부터 방문사실을 15분 간격으로 일본군에 알렸으나 일본군으로부터는 아무런 응답이 없었다.[44] 이들은 영등포 상공을 선회하면서 한글과 일본어로 된 전단을 살포하다가 11시40분에 일본군의 답신을 받고 오전 11시56분에 여의도 비행장에 착륙했다.[45]

광복군 정진대와 미군사절단의 여의도 착륙은 제2차 세계대전이 시

---

41) 《북미시보》1945년8월22일자 호외, 「임시정부와 광복군이 한국내지로 들어간다」.
42) 「臨時議政院會議 제39회」(1945.8.),『대한민국임시정부자료집(4) 임시의정원Ⅲ』, p.151.
43) 『백범일지』, p.399.
44) 「경성으로 파견된 사절단의 예비보고: 버드가 헤프너에게(1945.8.23.)」,『대한민국임시정부자료집(13) 한국광복군Ⅳ』, p.206.
45) 「한반도 특수임무에 관한 보고: 앨버트 에반스가 전략첩보국 동북지휘부 지휘관에게(1945.9.3.)」, 위의 책, p.222.

1945년8월18일에 여의도 비행장에 착륙한 OSS사절단과 광복군 국내정진대원들. 귀환길에 산동성 유현에 불시착했다.

작된 뒤로 한국광복군과 중국전구의 미군이 처음으로 한국에 발을 디딘 중대사건이었다.[46] 일본군은 적대적인 태도로 이들을 맞이했다. 착검을 하고 돌격태세를 갖춘 일본군이 수송기를 포위했고, 수송기로부터 50미터 떨어진 곳에는 1개중대 병력이 포진했다. 중형전차의 기관포까지 C-46 수송기를 향해 배치되었다. 한여름 낮의 뜨거운 날씨는 정진대와 미군사절단을 더욱 긴장시켰다.[47]

비행장에는 일본군 제17방면군 사령관 고즈키 요시오(上月良夫) 중장이 나와 있었다. 그는 버드에게 무슨 일로 왔느냐고 물었다. 버드는 영등포 상공에 뿌렸던 전단을 보여 주었다. 웨드마이어 장군의 명의로 된 이 전단의 내용은 "미군 진주를 위해 사전 준비차 가는 사절단에게 편의

46) Maochun Yu, *op. cit.*, p.233; 韓詩俊, 『韓國光復軍研究』, p.301.
47) 張俊河, 앞의 책, pp.373~374.

를 제공해 주기 바란다"는 것이었다고 한다.[48] 버드와 고즈키의 대화는
한국계 미국인 함용준(Lyong C. Hahm) 대위의 통역으로 진행되었다.[49]
버드는 자신들의 방문목적이 연합군 포로들의 후송문제를 준비하기 위
한 것이라고 말하고, 일본총독에게 보내는 편지를 수교했다. 그러나 고
즈키는 본국으로부터 지시받은 것이 없다면서 편지의 사본만 접수했
다.[50]

잠시 뒤에 고즈키는 자기는 도쿄에서 손님이 오기로 되어 있어서 나
온 것이라고 말하고 자리를 떴고, 여의도 경비사령관 시부자와(澁澤) 대
좌가 대화를 계속했다. 시부자와는 그늘 밑에 가서 이야기하자면서 맥주
며 사이다며 담배가 준비된 탁자로 사절단을 안내했다. 그는 연합군 포
로들은 안전하게 잘 있으니까 걱정 말라고 말하고, 그 이상의 정보는 제
공해줄 수 없다고 말했다.[51]

이때에 돌발상황이 벌어졌다. 일단의 일본군이 사절단을 생포할 기세
로 탁자 주변을 포위한 것이다. 이러한 일본군의 태도를 보고 격분한 이
범석은 "심상치 않다. 깨끗이 살아온 우리가 여기서 욕을 보나 보다"하고
소리쳤다. 동시에 그와 정진대원 3명은 기관단총을 앞으로 했다. 이범석
은 사격구역을 나누라고 말하고, "내가 쏘면 쏘라!"고 지시했다. 이때 버
드가 "전쟁은 끝났습니다. 쓸데없는 일입니다"라고 말하면서 제지했다.
당황한 시부자와도 포위병들에게 다가가서 물러가게 하고는, 버드에게
자기 병사들이 극도로 흥분해 있다면서 돌아가 달라고 말했다.[52] 이범석
은 이때의 상황에 대해 "당시의 정형은 수시 총성(隨時銃聲)이나 눌함[吶

48) 宋南憲, 『解放三年史 1945-1948 I』, 까치, 1985, p.34.
49) 「한반도 특수임무에 관한 보고: 앨버트 에반스가 전략첩보국 동북지휘부 지휘관에게(1945.9.3.)」,
   『대한민국임시정부자료집(13) 한국광복군IV』, p.222.
50) 「경성으로 파견된 사절단의 예비보고: 버드가 헤프너에게(1945.8.23.)」, 「한반도 특수임무에
   관한 보고: 앨버트 에반스가 전략첩보국 동북지휘부 지휘관에게(1945.9.3.)」, 위의 책, p.206,
   p.222.
51) 張俊河, 앞의 책, pp.375~376; 「경성으로 파견된 사절단의 예비보고: 버드가 헤프너에게(1945.
   8.23.)」, 같은 책, p.207.
52) 張俊河, 위의 책, pp.376~378.

喊: 적진을 향하여 돌진할 때에 군사가 일제히 지르는 고함]이 일어나며, 혈육(血肉)이 모비(模飛)할 듯했다"라고 보고서에 썼다.[53]

OSS사절단과 동승한 광복군 국내정진대원. 오른쪽부터 장준하, 김준엽, 노능서.

결국 일본군은 사절단의 임무를 허락할 수 없고, 다만 귀환에 필요한 가솔린은 공급해 주겠다고 했다. 그런데 여의도 비행장에는 C-46 수송기에 필요한 옥탄가100의 가솔린이 없었으므로 사절단은 그곳에서 하룻밤을 머물 수 있었다.[54] 숙소로 배정된 곳은 비행장 안의 장교집합소라는 넓은 다다미방이었다. 또 다른 돌발상황에 대비하여 1개 소대의 일본헌병대가 사절단을 경호했다. 저녁식사를 한 뒤에 김준엽과 노능서는 OSS 통신담당 요원 조지아(Scudder Georgia)와 함께 곤명 사령부에 통신보고를 했다.[55]

정진대와 미군사절단 군인들이 잠을 청하려고 할 때에 시부자와 대좌와 여의도 경비사령부의 참모장 우에다(上田) 중좌가 맥주에다 계란부침과 튀김을 가져와서 술자리가 벌어졌다. 백발이 성성한 시부자와가 꿇어앉은 자세로 맥주를 권하는 모습은 한국 정진대원들로 하여금 일본의

---

53) 李範奭, 「報告: 今番國內進入經過에 關한 件(1945.9.8.)」, 『대한민국임시정부자료집(13) 한국광복군 Ⅳ』, p.262.
54) 「경성으로 파견된 사절단의 예비보고: 버드가 헤프너에게 (1945.8.23.)」, 위의 책, p.207.
55) 金俊燁, 앞의 책, p.547.

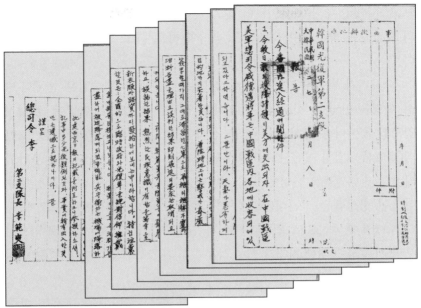

이범석의 「보고: 금번 국내 진입 경과에 관한 건」

항복을 실감하게 했다. 우에다가 "준비하느라고 한 것이 이것뿐입니다"
라고 말하자 이범석은 "그래 있는 것 다 차린 것이 이것이라니, 물자가 그
렇게 귀한데 뭣 때문에 국민의 희생을 강요하는 것이었소"라고 짓궂게
물었다. 우에다는 "우리 군의 형편이었나 봅니다. 자, 어서 술이나 드시지
요"하며 얼버무렸다. 이범석은 몇잔 마신 다음 우에다가 공군 출신이라
는 말을 듣고 그에게 일본공군가나 한번 불러보라고 말했다. 우에다는
공군가를 비창하게 부르다가 "전쟁은 이미 끝났는데 이제 군가가 필요
있는가요? 차라리 다른 노래를 하나 하겠소"하며 다른 노래를 불렀다.
미군도 자기네의 공군가를 부르며 흥겨워했다.[56]

이때에 김준엽은 한쪽 구석에서 성경을 읽고 있는 장준하에게 "장형,
오늘 저녁만은 술을 마셔야 하오. 우리가 언제 살아남아 왜놈의 항복을

---

56) 張俊河, 앞의 책, pp.379~380; 「한반도 특수임무에 관한 보고: 앨버트 에반스가 전략첩보국 동
   북지휘부 지휘관에게(1945.9.3.)」, 『대한민국임시정부자료집(13) 한국광복군Ⅳ』, p.227.

보고 또 왜군 대좌가 꿇어앉아 술을 권하리라고 꿈이나 꾸었소. 이 승리의 술잔만은 죽는 한이 있더라도 받아야 하오"하고 말하면서 술을 권했다.[57]

술자리가 벌어져 있는 동안에 잠깐 화장실에 간 김준엽은 한국인 병사 한명을 만났다. 김준엽은 정진대의 임무를 밝히고 자신들이 곧 다시 입국할 것이니까 급히 이 사실을 신석우(申錫雨), 여운형(呂運亨), 조만식(曺晩植), 김성수(金性洙), 안재홍(安在鴻) 등에게 알려달라고 부탁했다.[58] 정진대원들은 한국인 병사 서너명을 더 찾아서 같은 내용을 전했다. 한국인 병사들은 정진대원들에게 "국내동포의 혁명의식이 최고조에 달하여 매일 전국적으로 폭동과 시위가 진행되고 있고, 전국적으로 임시정부와 광복군에 대한 기대가 커서 하루속히 환국하기를 기다린다"고 알려주었다.[59]

8월19일 아침이 되자 정진대는 물통에 물을 가득 채우고, 흙도 한줌씩 종이봉투에 담아 넣은 다음 애국가를 불렀다.[60]

버드는 전쟁 포로의 완전한 명단과 그들이 수용되어 있는 위치를 요구하고, 그것이 어렵다면 숫자와 국적분류라도 제출해 줄 것을 일본군에 요구했다. 그리고 그는 이범석의 제안에 따라 아베(阿倍) 총독과의 면담을 요구했다. 그러나 일본군은 이러한 요구를 거부하면서, 사절단이 정오에는 이곳을 떠나야 한다고 강박했다. 미군사절단과 정진대는 어쩔 수 없이 돌아갈 채비를 하고 오후 12시15분에 숙소를 나왔고, 오후 2시에 평양에서 가져온 가솔린을 C-46 수송기에 넣고 정비를 실시했다. 여의도 비행장을 떠날 준비를 하는 동안에도 전날과 같은 일본군의 위협이 계속되었다. 일본군은 전차와 박격포를 사절단쪽으로 향하게 하고 전투기 5

---

57) 張俊河, 앞의 책, p.381 ; 金俊燁, 앞의 책, p.547.
58) 金俊燁, 위의 책, p.548.
59) 李範奭, 「報告: 今番國內進入經過에 關한 件(1945.9.8.)」, 『대한민국임시정부자료집(13) 한국광복군IV』, p.262; 金俊燁, 같은 책, p.549.
60) 張俊河, 앞의 책, p.382.

대의 발진을 준비시켰다.[61]

정진대와 미군사절단은 오후 4시20분에 여의도 비행장을 이륙했다. 이범석은 마지막까지 낙하산을 이용하여 국내에 침투하는 방안을 버드에게 건의했으나 받아들여지지 않았다. 버드는 오히려 일본 전투기의 습격을 우려했다. 귀환하는 정진대 네 사람의 표정은 침통했다.[62] 급유와 정비를 했음에도 불구하고 수송기는 오후 6시10분에 산동성 유현(維縣)비행장에 불시착했다. 사절단은 이곳에서 OSS의 「오리작전(Duck Mission)」 요원들과 조우했다.[63]

침통한 심정으로 돌아온 국내정진대에 어처구니없는 일이 일어났다. 미군사절단에 동행했던 전시정보국(OWI) 소속의 리버먼(Lieberman)이 8월18일 밤에 여의도 비행장에서 있었던 일본군과의 술자리를 포함한 뉴스를 8월23일에 전시정보국의 라디오방송으로 내보낸 것이었다.[64] 웨드마이어 장군은 격노했다. 8월22일에 중경으로 와서 그에게 독수리작전의 대면보고를 했던 버드는 여의도 비행장에서 일본군과 대치하면서 일어났던 긴박한 상황에 대해서만 보고했기 때문이었다. 18일 밤의 술자리는 미군과 일본군 사이의 화친행동으로 비쳐져 외부로부터 오해를 살 수 있었고, 사절단의 방문목적에도 부합하지 않았다. 웨드마이어가 특히 화가 난 것은 버드가 뒷날의 자기선전을 위해 사진기사와 전시정보국 요원을 대동하면서도 포로구출에 필요한 의료진은 한 사람도 포함시키지 않은 사실 때문이었다. 웨드마이어는 8월23일에 한국에서 포로를 구출하는 모든 작전이 "재구성되고 독수리작전으로부터 완전히 분리되도록"하

---

61) 「경성으로 파견된 사절단의 예비보고: 버드가 헤프너에게(1945.8.23.)」, 「한반도 특수임무에 관한 보고: 앨버트 에반스가 전략첩보국 동북지휘부 지휘관에게(1945.9.3.)」, 『대한민국임시정부자료집(13) 한국광복군Ⅳ』, pp.209~210, p.222; 金俊燁, 앞의 책, pp.548~549.

62) 「한반도 특수임무에 관한 보고: 앨버트 에반스가 전략첩보국 동북지휘부 지휘관에게(1945.9.3.)」, 위의 책, p.223; 張俊河, 앞의 책, p.383; 金俊燁, 위의 책, 1989, p.549.

63) 「한반도 특수임무에 관한 보고: 앨버트 에반스가 전략첩보국 동북지휘부 지휘관에게(1945.9.3.)」, 같은 책, p.223; Maochun Yu, op. cit., p.234.

64) 「한반도 특수임무에 관한 보고: 앨버트 에반스가 전략첩보국 동북지휘부 지휘관에게(1945.9.3.)」, 같은 책, pp.224~227; ibid.

라고 명령했다. 「독수리작전」의 책임자는 크라우제(Gustav Krause) 소
령으로 교체되고, 8월28일에는 유현에 있는 사절단이 서안으로 소환되
었다. 국내정진대도 풀이 죽은 모습으로 두곡으로 돌아왔다.[65] 「독수리
작전」은 8월30일에 종료되었다.[66]

---

65) Maochun Yu, *ibid*., pp.234~235; 金俊燁, 앞의 책, p.556.

66) 「독수리작전의 종료와 관련한 전문: INDIV가 플레쳐, 웸플러, 크라우제에게(1945.8.29.)」,
  『대한민국임시정부자료집(13) 한국광복군Ⅳ』, p.215 ; Maochun Yu, *ibid*., p.235.

2. "이것은 역사상 최대 사건이다"

1

1945년8월은 인류가 일찍이 상상도 할 수 없었던 새로운 시대가 시작되는 순간이었다. "원자력시대"가 개막된 것이다.[67] 그것은 제국주의 열강의 식민지들의 해방을 동반했으나, 그와 동시에 냉전구조라는 새로운 국제정치체제를 창출했다. 8월11일(미국시간)의 미국 3부조정위원회(State-War-Navy Coordinating Committee: SWNCC) 회의에서 획정된 북위38도선은 그러한 새로운 국제정치체제의 가장 비극적인 산물의 하나였다.

루스벨트(Franklin D. Roosevelt)의 급사로 대통령직을 승계한 트루먼이 극비의 「맨해튼계획(Manhattan Project: 원자폭탄 개발제조계획)」에 대하여 처음으로 보고를 받은 것은 1945년4월25일이었다. 「맨해튼계획」은 20억달러라는 막대한 재정을 투입하여 1942년8월부터 육군공병단 안에 '맨해튼 관구'라는 특별 기구를 설치하여 추진하고 있었다.

이날 전쟁부(육군부) 장관 스팀슨(Henry L. Stimson)과 「맨해튼계획」 책임자 그로브스(Leslie R. Groves) 장군이 백악관에서 트루먼에게 수교한 보고서는 "아마도 4개월 이내에 우리는 폭탄 하나로 한 도시를 완전히 파괴할 수 있는 인류사상 가장 무서운 무기를 가지게 될 것입니다"라는 말로 시작했다. 보고서는 현재로서는 미국이 이 무기를 가진 유일한 나라지만 이 상태는 오래 가지 않을 것이라고 기술하고, 앞으로 몇년 안에 이 무기를 개발할 수 있는 나라는 소련이라고 예언했다. 그러고는 "기

---

67) David Holloway, "Jockeying for Position in the Postwar World: Soviet Entry into the War with Japan in August 1945", Tsuyoshi Hasegawa ed., *The End of The Pacific War: Reappraisals*, Stanford University Press, 2007, p.147.

술적 발전과 비교하여 윤리적 발전이 뒤져 있는 현재의 세계는 앞으로 이 무기의 포로가 될 것입니다. 바꾸어 말하면, 현대문명은 완전히 파괴될지도 모릅니다"라고 의미심장한 말을 덧붙였다. 그러고는 원자폭탄에 관한 정보를 공유하는 일이 미국 외교의 중요한 과제가 될 것이라고 보고서는 강조했다. 보고서는 원자폭탄의 윤리적 의의와 원자력의 국제관리 문제를 심각하게 고려하고 있던 스팀슨의 생각을 반영한 것이었다. 스팀슨은 원자력의 국제관리는 인류의 생존과 관련된 문제이므로 소련을 참가시키는 일이 무엇보다 중요하며, 따라서 폴란드문제로 소련과 지금 결렬하는 것은 이롭지 못하다고 생각했다. 소련과의 대결은 원자폭탄의 개발이 성공했을 때에 해야 한다는 것이었다.[68]

트루먼은 스팀슨의 권고를 받아들여 5월1일에 원자폭탄에 대한 자문위원회인 잠정위원회(Interim Committee)를 창설했다. 그러나 원자폭탄 개발과 소련문제를 두고 트루먼과 스팀슨 사이에는 중대한 인식의 차이가 있었다. 원자폭탄의 위력을 포커 게임의 로열 스트레이트 플러시에 비유한 스팀슨은 원자폭탄을 이용하여 소련을 원자력의 국제관리에 참가시키는 문제를 더 중요시했다. 그러나 트루먼은 그러한 위력을 갖는 원자폭탄이 극동에서 소련의 팽창을 저지시키는 결정적인 수단이 될 것이라고 판단했다.[69] 트루먼은 6월18일에 전쟁부 장관과 해군부 장관 및 각군 참모총장 등이 참석하는 군수뇌회의를 소집했다. 그것은 임박한 포츠담회담에 대비하여 일본본토 상륙작전을 검토하기 위한 회의였다. 회의에서는 한반도 작전문제도 함께 검토되었다. 회의를 주도한 육군참모총장 마셜(George C. Marshall)은 일본을 항복시키기 위해서는 미군의 규슈(九州)상륙과 함께 소련의 참전이 반드시 필요하다고 다음과 같이 말했다.

---

68) 長谷川毅, 『暗闘: スターリン, トルーマンと日本降伏』, 中央公論社, 2006, pp.110~111.
69) 위의 책, pp.127~128.

"아시아 대륙의 소탕과 관련하여 우리의 목적은 반드시 소련으로 하여금 만주에 있는 일본군을(그리고 필요하다면 한국에 있는 일본군도) 상대하게 하고, 또한 미공군력과 얼마쯤의 보급의 지원으로 중국을 강화하여 중국 국내를 소탕하는 데 있다."

마셜은 현지 육군사령관인 맥아더(Douglas MacArthur)도 소련의 참전이 필요하다고 주장하고 있다고 말했다.[70] 그리하여 이날의 미군수뇌회의에서 한반도는 대일전의 마지막 단계에서 소련의 작전 관할에 소속될 가능성이 확실해졌다.[71] 트루먼의 최대의 관심사는 미군병사의 희생을 최소한으로 줄이는 문제였다. 1945년11월1일로 예정된 규슈상륙작전 「올림픽(Olympic)」과 12월 말로 예정된 간토(關東)평야 상륙작전 「코로네트(Coronet)」에서 미군의 사상자 수는 6만3,000명 내지 19만명에 이를 것으로 추산되었다.

군수뇌회의에서 트루먼은 포츠담회담의 중요한 과제의 하나는 전쟁수행을 위하여 소련으로부터 필요한 도움을 받는 것이며 그러므로 "포츠담에서의 토론에서 가장 강경한 입장을 취할 수 있도록" 미리 결정해두어야 할 사안에 대하여 알아두고 싶다고 말했다. 그러나 회의 참석자들 가운데는 원자폭탄 개발을 모르는 사람도 있었으므로 그 사실을 입밖에 내지 않는 논의는 한계가 있게 마련이었다. 군수뇌들은 모두 「올림픽작전」을 지지했다. 트루먼은 「올림픽작전」을 승인하고 「코로네트작전」은 승인을 보류했다.

1945년7월17일부터 8월2일까지 베를린의 교외 포츠담(Potsdam)에서 열린 트루먼, 처칠(Winston S. Churchill), 스탈린(Iosif V. Stalin) 세 거두의 회담은 제2차 세계대전 기간에 있었던 마지막 수뇌회담이었다. 포

---

70) U.S. Department of Defence, *The Entry of the Soviet Union into the War against Japan: Military Plans, 1941~45* (mimeographed), 1955, pp.77~79.
71) 李用熙, 「38線劃定新攷: 蘇聯對日戰參戰史에 沿하여」, 『李用熙著作集(1) 韓國과 世界政治』, 民音社, 1987, p.39.

1945년 7월 17일부터 8월 2일까지 포츠담에서 열린 정상회담에 참석한 3거두. 왼쪽부터 처칠 영국 수상, 트루먼 미국 대통령, 스탈린 소련 수상.

츠담회담은 유럽의 전쟁 종결에 따른 전후처리문제에 많은 시간을 할애했다. 특히 폴란드문제를 비롯한 동유럽문제와 독일처리문제가 중요의제였다. 그리고 아직 계속되고 있는 태평양전쟁의 종결문제와 그와 관련하여 전개된 트루먼과 스탈린 사이의 암투는 전후 세계의 미소 갈등을 예고하는 것이었다. 처칠은 이 회담을 더 빨리 열 것을 요구했지만, 트루먼은 원자폭탄 실험 성공이 확실히 전망될 때까지 계속 늦추었다.

뉴멕시코주의 앨러머고도(Alamogordo) 사막에서 실시된 원자폭탄 실험은 포츠담회담 개최 바로 전날인 7월 16일에 성공했다. 7월 17일에 열린 트루먼과의 첫 회담에서 스탈린은 소련의 대일참전과 관련한 얄타협약에 대하여 언급한 다음 소련은 8월 중순까지는 전쟁을 개시할 수 있으나 그 전에 중국과의 교섭을 마치고 조약을 체결하지 않으면 안된다고 말하고, 모스크바를 출발하기 직전에 있었던 중국 행정원장 겸 외교부장 송자문(宋子文)과의 교섭내용을 자세히 설명했다. 중국은 얄타비밀협약에서 소련의 대일참전 대가로 소련에 제공하기로 한 만주의 철도와 대련(大連), 여순(旅順)에 관한 권익의 보장에 동의하지 않고 있었다. 스탈린

은 미국이 중국에 압력을 행사해 주기를 기대했지만, 트루먼은 확약하지 않았다.[72]

소련은 6월26일과 27일 이틀 동안 열린 소련공산당 정치국, 정부, 군의 합동회의에서 8월에 만주의 일본군에 대한 전면적인 공격을 개시하기로 확정해 놓고 있었다. 합동회의는 세 전선에서 동시에 만주의 중앙부로 향하여 침공하는 참모본부의 작전계획안을 채택했다. 회의에서는 군사행동의 작전 범위가 논의되었다. 군사작전의 목적은 얄타협약에서 약속된 만주, 남 사할린, 쿠릴열도[치시마(千島)열도]를 점거하는 것이었다. 거기에 더하여 한반도 북부의 점거는 일본군의 퇴로를 봉쇄하기 위하여 필요한 것으로 간주되었다. 이에 앞서 소련군 참모본부는 소련군 참모장 바실레프스키(Aleksandr M. Vasillevskii) 원수를 총사령관으로 하는 소련군 극동총사령부를 창설하고, 필요한 병력과 장비를 시베리아철도를 이용하여 이송했다. 그리하여 소련이 만주를 침공할 시점까지에는 극동의 소련군은 40개 사단에서 80개 사단으로 배증했다. 반대로 만주에 배치되어 있던 일본군은 일본 본토 방위작전을 위하여 16개 사단이 본토로 이송되었다.[73]

트루먼은 7월18일에 처칠을 만나서 원자폭탄 실험이 성공했음을 알렸다. 미국과 영국은 원자폭탄 개발계획을 공동으로 추진하고 있었으므로 그에 대한 정보도 공유하고 있었다. 처칠은 이 "지구를 뒤흔들 만한 뉴스"를 듣고 기뻐했다. 그리고 두 사람은 이 사실을 스탈린에게 어떻게 알릴 것인지에 대해 상의했다. 스탈린에게 모든 것을 다 이야기한다면 소련은 당장 전쟁에 참가해버릴 위험이 예상되었다. 처칠은 원자폭탄이 두 가지 문제를 해결했다고 생각했다. 하나는 연합군은 이제 병사들의 큰 희생이 따르는 일본 본토상륙작전이 필요없게 될 것이고, 그보다 더 중

---

72) *FRUS Conference of Berlin (The Potsdam Conference) 1945* Ⅱ., 1960, pp.43~46.
73) 長谷川毅, 앞의 책, pp.189~190, pp.139~140.

포츠담회담 중에 영국의 총선거가 실시되어 영국 수상이 노동당 당수 애틀리(앞쪽 왼쪽)로 바뀌었다. 뒷줄 왼쪽부터 레이히 제독, 베빈 영국 외상, 번즈 미 국무장관, 몰로토프 소련 외상.

요한 것은 연합국은 이제 소련이 필요없게 되었다는 사실이었다.[74]

　트루먼은 7월21일에 8월1일 이후에는 원자폭탄의 사용이 가능하다는 추가 보고를 받았다. 소련인들과의 토론에 임하는 트루먼의 태도가 단호해진 것은 당연했다. 트루먼은 소련의 참전에 대한 확실한 언질을 받기 위해 포츠담에 갔었는데, 이제 원자폭탄의 사용이 가능해진 상황에서 소련 참전을 재검토하게 되었기 때문이다. 그는 소련이 대일전을 시작하기 전에 원자폭탄을 사용함으로써 대일전을 종결시키고 싶었다. 한편 영국과 미국의 정보기관과 심지어 맨해튼계획 참가자들 사이에까지 간첩을 침투시키고 원자폭탄 개발에 대한 정보를 파악하고 있던 스탈린은 원자폭탄이 실전에 사용할 수 있게 되기 이전에 대일전을 개시해야 했다. 그런데 이처럼 급박한 상황에서도 일본정부는 1941년8월에 체결한 소일중립조약을 근거로 소련이 연합국과의 전쟁종결 교섭을 알선해주도록 요청하고 있었고, 일본정부의 암호전신을 해독하고 있던 미국은 그러한

---

74) Winston S. Churchill, *The Second World War: Triumph and Tragedy*, Houghton Mifflin, 1953, pp.638~639.

사실을 모두 파악하고 있었다.

2

포츠담회담에서 한반도에서의 연합군의 작전문제는 7월24일 오후에 처음 열린 영미연합참모본부와 소련참모본부의 작전회의에서 논의되었는데,[75] 트루먼은 이날 저녁에 원자폭탄의 실험이 성공한 사실을 능청스러운 방법으로 스탈린에게 알렸다. 저녁 7시30분에 회의가 휴식에 들어가자 트루먼은 통역을 대동하지 않고 스탈린에게 다가가 문득 생각난 듯이 "우리는 심상찮은 파괴력을 가진 신무기를 가졌다"라고 말했다. 스탈린은 별다른 관심을 표명하지 않았다. 적어도 트루먼에게는 그렇게 여겨졌다. 트루먼은 이때의 일을 그의 회고록에서 "소련 수상은 그저 반가운 소식이다, 그것을 일본인들에게 잘 사용하기 바란다고 말했다"라고 적었다.[76] 한편 이들의 대화를 몇 걸음 뒤에서 본 영국 외상 이든(Anthony Eden)은 스탈린이 고개를 끄덕이더니 짧게 "고맙다(Thank you)"라고만 말했다고 회고했고,[77] 스탈린의 통역은 스탈린이 그저 고개만 끄덕였다고 증언했다.[78]

트루먼은 그것이 원자폭탄이라는 말을 하지 않았지만, 스탈린은 대번에 알아차렸다. 스탈린은 회의를 마치고 숙소로 돌아가자마자 전화로 내무인민위원 베리아(Lavrenty Beria)를 불러내어 원자폭탄 실험에 대한 정보가 있는지 물었다. 베리아는 2주일 전에 실험이 있을 예정이었으나 현재로서는 거대한 폭발에 대한 정보는 없다고 대답했다. 화가 난 스탈린은 베리아가 허위정보에 번롱되었다면서 질책했다. 주미 소련대사관

---

75) *FRUS Conference of Berlin (The Potsdam Conference)* 1945 Ⅱ., pp.345~348.

76) Harry S. Truman, *Memoirs* vol. Ⅰ., *Year of Decision*, Doubleday & Company, 1955, p.416.

77) Anthony Eden, *The Eden Memoirs: The Reckoning*, Cassell, 1965, p.48.

78) David Holloway, *op. cit.*, p.169.

참사관으로서 포츠담회담에 참석했던 그로미코(Andrei Gromyko)는 스탈린이 숙소에 돌아오자 미국이 원자폭탄의 독점으로 유럽에서 미국의 계획을 밀어붙이려 할 것이라고 예상하고, "그러나 그렇게는 안돼"하고 내뱉듯이 말했다고 회고했다. 그리고 스탈린은 소련의 원자폭탄 개발을 앞당길 것을 결심했다는 것이다.[79]

7월26일에 발표된 포츠담선언은 일본에 대하여 항복을 요구하는 최후통첩이었다. 1943년1월의 카사블랑카(Casablanca)회담 이래로 종전의 조건으로 천명해 온 "무조건 항복"의 요구는 "일본군의 무조건 항복"으로 수정되었다. 그 밖에 군국주의의 제거, 연합군에 의한 일본 점령, 전쟁범죄인의 처벌과 민주주의의 확립, 배상의 지급과 군수산업의 금지 등이 항복 조건으로 제시되었다. 선언은 또한 (8)항에서 "카이로선언의 조항은 이행될 것이며…"라고 천명함으로써 카이로선언에서 한국을 독립시키기로 한 연합국의 공약을 재확인했다.

포츠담선언은 트루먼, 처칠, 장개석 세 수뇌의 이름으로 발표되었다. 선언을 준비한 미국 관리들이 스탈린을 서명자의 이름에서 배제한 것은 소련과 일본은 1941년에 체결한 소일중립조약에 따라 비교전국이기 때문이라는 것이었다. 미 국무장관 번즈(James F. Byrnes)는 선언의 사본을 기자들에게 배포하고 나서 외교의례로 소련 외상 몰로토프(Vyacheslav M. Molotov)에게 보냈는데, 경악한 몰로토프는 선언의 발표를 2, 3일 늦추어 줄 것을 요청했다. 그러나 번즈는 이미 기자들에게 배포했으므로 불가능하다면서 거절했다.

포츠담선언은 발표에 앞서 세 수뇌 사이에서 회의의 정식 의제로 토의될 것으로 기대했던 스탈린은 소련이 제외된 것은 미국의 배신이라고 생각했다. 트루먼의 특사로 5월에 모스크바를 방문한 홉킨스(Harry L. Hopkins)로부터 그러한 약속을 받았기 때문이었다. 그리하여 소련은 포

---

79) Andrei Gromyko, *Memoirs*, Doubleday, 1989, pp.109~110.

츠담선언의 초안까지 준비해 놓고 있었다.[80] 그러나 포츠담선언에서 소련이 제외된 것은 역설적이게도 스탈린에게 엄청난 행운을 가져다주었다. 포츠담선언에 스탈린의 서명이 없는 것을 눈여겨본 일본정부는 포츠담선언을 수락하여 항복하기보다는 소련의 알선에 의한 교섭을 통하여 전쟁을 종결짓겠다는 종래의 정책에 더욱 집착하게 된 것이었다. 일본 수상 스즈키 칸타로(鈴木貫太郎)는 7월28

1945년8월6일의 히로시마 원폭투하 때에 생긴 구름버섯.

일에 군부의 강경한 요구를 반영하여 포츠담선언에 대한 기자들의 질문에 "오직 묵살(黙殺)할 뿐이다"라고 했는데, 미국은 그것을 "거부"를 뜻하는 일본정부의 공식회답으로 받아들였다.[81]

7월16일에 실험에 성공한 원자폭탄은 플루토늄폭탄이었다. 그것은 둥그스럼한 모양이었기 때문에 '팻맨(Fat Man)'이라고 명명되었다. 이 형의 폭탄은 8월6일까지는 실전에 사용하지 않을 예정이었다. 이와는 별도의 종류인 우라늄폭탄이 함께 제조되고 있었는데, 그것은 길쭉하게 생겨서 '리틀 보이(Little Boy)'로 명명되었다. 이 형은 실험은 하지 않았지만 실험된 형에 뒤지지 않는 위력을 발휘할 것으로 예측되었다. '리틀 보

80) 長谷川毅, 앞의 책, p.275.
81) 伸晃, 『黙殺(下): ポツダム宣言の眞實と日本の運命』, 日本放送出版會, 2000, pp.111~144 참조.

이'는 예정대로 7월31일에 태평양의 티니언(Tinian)섬에서 투하준비를 완료했다. 그런데 일본에 태풍이 불어서 8월5일까지 대기해야 했다. '리틀 보이'는 8월5일 오후에 B-29 폭격기에 실렸다. 기장 티베츠(Paul W. Tibbets) 대령은 이 폭격기를 자기 어머니의 이름을 따서 '에놀라 게이(Enola Gay)'라고 명명했다. '에놀라 게이'는 8월6일 오전 2시45분에 이륙했고, 그 뒤를 따라 두대의 관측기 B-29가 2분 간격으로 이륙했다.

'리틀 보이'는 현지 시간 오전 8시15분에 히로시마(廣島)에 투하되었다. 티베츠는 기내확성기를 통하여 "편대원들에게 알린다. 당신들은 지금 역사상 최초의 원자폭탄을 투하했다"라고 알렸다. '리틀 보이'의 위력은 TNT 1만2,500톤의 폭발과 같은 것이었다. 폭발 순간의 열과 폭발 뒤에 발생한 폭풍에 의한 화재로 히로시마는 7만6,000개의 건물 가운데 7만개가 전소했다. 인명 피해는 한국인 2만명을 포함한 35만명의 히로시마 인구 가운데 시민 11만명과 군인 2만명이 즉사하고, 1945년 말까지 14만명이 사망했다.[82] 한국인 가운데는 군수산업에 강제동원된 노무자들이 많았다. 귀국하는 오거스타 호(USS Augusta) 선상에서 해군병사들과 함께 점심을 들다가 보고를 받은 트루먼은 기쁨의 웃음을 띠면서 "이것은 사상 최대의 사건이다"하고 외쳤다.

백악관은 미리 준비되어 있던 트루먼의 성명을 발표했다. "16시간 전에 우리 미국의 한 폭격기가 일본 육군의 근거지인 히로시마에 폭탄 한개를 투하했다. 이 폭탄은 TNT 2만톤보다 더 큰 파괴력을 가진 것이다"라는 말로 시작한 성명은 이 폭탄은 "일본이 진주만(Pearl Harbor) 공격으로 전쟁을 도발한 행위에 대한 보복"이라고 말하고, 그것이 원자폭탄임을 밝혔다. 성명은 다음과 같이 강조했다.

7월26일에 발표한 포츠담의 최후통첩은 일본국민들을 완전한 파

---

82) 長谷川毅, 앞의 책, pp.306~309.

괴로부터 구하기 위한 것이었다. 그러나 그들의 지도자들은 즉시 이 최후통첩을 거부했다. 만일에 그들이 우리의 조건을 받아들이지 않는다면, 그들은 지금까지 지구상에서 보지 못했던 하늘로부터의 파괴의 비(rain of ruin)를 예상하지 않으면 안될 것이다. 이 하늘로부터의 공격이 있은 다음에 해상과 육상의 공격이 뒤따를 것이다. 그 수와 힘은 그들이 지금까지 보지 못한 것이고 그 전투기술은 그들이 아는 것보다 훨씬 우월한 것이 될 것이다.

트루먼의 성명은 마지막으로 문명사회의 보존을 위해 가공할 원자력의 관리 방안을 미국의회가 즉시 강구할 것을 촉구했다.[83]

---

83) *FRUS Conference of Berlin (The Potsdam Conference) 1945* Ⅱ., pp.1376~1378.

3. 소련은 예정일 앞당겨 대일선전포고

1

원자폭탄의 투하로 히로시마가 한순간에 파괴되었음에도 불구하고 일본정부는 그 심각성을 제대로 인식하지 못했다. 트루먼의 원자폭탄 투하 성명이 전해진 뒤에도 원자폭탄의 개발은 기술적으로 아직 불가능하다고 믿고 있던 일본군부는 그것이 모략선전일지 모른다면서 보도를 금지했다. 8월8일 오후에 원자폭탄이라는 것을 확인한 뒤에도 미국이 제조한 원자폭탄은 한 개뿐일지 모른다면서 "신형의 특수폭탄"이라고만 발표했다.

종전교섭 알선의뢰에 대한 회답을 얻기 위해 포츠담회담에 참석한 몰로토프의 귀국을 초조하게 기다리던 주소 일본대사 사토 나오타케(佐藤尚武)는 8월8일 오후 5시에야 겨우 몰로토프를 만날 수 있었다. 그러나 몰로토프는 인사를 하려는 사토의 발언을 제지하면서 소련정부의 성명을 읽을 테니까 자리에 앉으라고 말했다. 그것은 소련정부는 8월9일부터 일본과 전쟁상태에 들어간다는 성명이었다. 이러한 통고는 결과적으로 얄타회담에서 스탈린이 루스벨트에게 독일이 항복한 뒤 3개월 이내에 참전하겠다고 한 약속을 정확히 이행한 셈이 되었다. 그러나 포츠담회담에서는 트루먼이나 처칠은 스탈린에게 소련의 대일참전을 요구하지도 않았다.

포츠담회담 중에 소련이 포츠담선언의 서명국에서 배제되자 스탈린은 대일전의 개시시기를 앞당기려고 서둘렀다. 그리고 8월2일에는 소련군최고사령부가 소련극동군 안에 세개의 방면군을 창설할 것을 결정했다. 메레츠코프(Kirill A. Meretskov) 원수를 사령관으로 하는 제1극동방면군, 푸르카에프(Maxim A. Purkaev) 장군을 사령관으로 하는 제2극동방면군, 말리노프스키(Rodion I. Malinovskii) 원수를 사령관으로 하는

1945년 8월8일(미국시간)에 소련의 대일참전을 발표하는 트루먼 대통령.

자바이칼(Zabaikal)방면군이 신설되었다.

8월5일 늦게 모스크바로 돌아온 스탈린은 이튿날 히로시마의 원자폭탄 투하 소식을 듣고 의기소침했다. 그는 미국의 원자폭탄 투하는 미국이 소련의 대일전 개시 이전에 소련을 배제한 채 일본을 항복시키려고 한 것이며, 나아가 원자폭탄이라는 채찍을 가지고 소련을 외교정책에서 굴복시키려는 적대행위라고 판단한 것이다. 그러나 스탈린은 사토 일본대사가 몰로토프와의 회견을 애타게 요청하고 있다는 이야기를 듣자 당장 행동을 개시했다. 그는 바실레프스키에게 공격개시 시간을 48시간 앞당겨 자바이칼 시간으로 8월9일 0시(모스크바 시간으로는 8월8일 오후 6시)로 설정하라고 명령했고, 바실레프스키는 즉시 자바이칼방면군, 제1극동방면군, 제2극동방면군, 태평양함대에 모든 전선에서 자바이칼 시간으로 8월9일 오전 0시를 기하여 동시에 공격을 개시하라는 명령을 하달했

다.[84]

극동 소련군의 군사행동의 목적은 말할 나위도 없이 알타협약에서 약속받은 영토와 철도와 항구를 점거하는 것이었다. 자바이칼방면군은 서쪽으로부터, 제1극동방면군은 동쪽으로부터 협공작전을 펴고 제2극동방면군은 북쪽으로부터 보조하는 공격으로 세방향에서 만주의 중앙부를 향해 진격을 개시했다. 소련군이 세방향에서 일제히 공격을 시작한 지 두시간도 되지 않아서 트루먼과 번즈 국무장관은 주소대사 해리먼(W. Averell Harriman)의 긴급전보로 소련이 대일전을 개시한 사실을 알았다.

워싱턴 시간으로 8월8일 오후 3시를 조금 지나서 트루먼은 미소를 띠고 기자회견실에 나타났다. 기자들 앞에 서자 트루먼은 진지한 표정으로 입을 열었다. 오늘은 통상의 기자회견을 할 수 없고, 그러나 이 발표는 대단히 중요하기 때문에 여러분에게 보고할 필요가 있다고 생각한다고 전제한 다음, 짤막한 성명을 읽었다.

"소련은 일본에 대하여 선전을 포고했습니다."

그리고는 한마디 덧붙였다.

"그것이 전부요(That's all)."[85]

그것은 백악관 역사상 가장 짧은 기자회견이었다. 이 지극히 짧은 성명은 소련이 참전하기 전에 일본을 항복시키고 싶어 한 트루먼을 비롯한 미국 정부관리들의 깊은 실망을 드러낸 것이었다.

트루먼이 기자회견을 하고 있는 시간에 두번째 원자폭탄 '팻맨'을 실은 B-29 폭격기는 일본을 향해 날아가고 있었다. 폭격기는 '복스 카(Bock's Car)'라고 명명되었다. '팻맨'은 앨러머고도에서 실험했던 것과 같은 플루토늄폭탄이었다.

나가사키(長崎)에 원자폭탄이 투하된 데에는 우연의 요소가 크게 작

---

84) 長谷川毅, 앞의 책, pp.324~326.
85) Harry S. Truman, op. cit., p.425.

용했다. 처음에는 8월11일로 예정되었던 것이 티니언섬에서의 기술적 이유에서 10일로 앞당겨지고, 다시 기상예보가 9일을 넘기면 일본열도의 일기가 계속 나쁠 것이라고 했기 때문에 하루 더 앞당겨졌다. 목표도시도 나가사키가 아니라 고쿠라(小倉)였다. 그런데 고쿠라 상공에 도착하자 짙은 구름이 시가를 덮고 있어서 세번이나 선회해도 투하지점이 눈에 뜨이지 않았다. 연료를 생각하면 돌아가야 했으나 그에 앞서 두번째 목표지인 나가사키로 향했다.[86] 나가사키 상공에도 구름이 낮게 드리워져 있어서 단념하려고 할 때에 갑자기 구름이 갈라지면서 나가사키만과 시가지 일부가 눈에 들어왔다. 곧바로 '팻맨'이 투하되었고, 폭탄은 부정확한 지점에서 폭발했다. 현지 시간으로 8월9일 오전 11시2분. 2만5,000명에서 4만명의 사람이 사망했다. 원자폭탄은 하나뿐일 것이라고 했던 일본군부의 희망적 관측은 무참히 깨어졌다.[87]

트루먼은 라디오를 통하여 성명을 발표했다.

"우리는 폭탄을 개발하고 그것을 사용했다. 진주만에서 경고없이 우리를 공격한 자들에 대하여, 미국의 포로들을 아사(餓死)시키고 구타하고 처형한 자들에 대하여, 그리고 전쟁에서의 행동을 규정한 국제법을 준수하는 일조차 모두 포기한 자들에 대하여 이 폭탄을 사용하였다."[88]

트루먼은 이처럼 나가사키에 두번째 원자폭탄을 투하했을 때에도 일본의 진주만 기습공격에 대한 보복이라고 주장했다.

2

7월27일에 맥아더 장군과 니미츠(Chester W. Nimitz) 제독에게 마닐라

---

86) Len Giovannitti and Fred Freed, *The Decision to Drop the Bomb: A Political History*, Coward-McCann, Inc., 1965, pp.273~274.
87) 五百旗頭眞, 『米國の日本占領政策(下)』, 中央公論社, 1985, p.238.
88) 長谷川毅, 앞의 책, pp.350~351.

에 가서 국내동포들을 상대로 선동방송을 하겠다고 제안하는 전보를 쳤던 이승만은 그것이 받아들여지지 않자 8월3일에는 육군참모총장 마셜 장군에게 그 전보사본과 함께 같은 제안을 담은 편지를 보냈다. 그는 이 편지에서 자신이 이렇게 선동방송을 제안하는 것은 무슨 정치적 의도가 있어서가 아니라 국내에서 봉기할 적절한 시기가 도래했기 때문이라고 주장했다.

우리가 이제껏 합동참모본부에 제안한 요구들은 모두 호의적인 검토와 긍정적인 반응을 받았습니다. 만일 우리가 대일전에 참가하는 것이 허락되지 않더라도 나는 그것이 미군 당국의 관심부족 때문이 아니라는 것을 압니다.

나는 장군께 한가지 분명히 해두고자 합니다. 한국인들이 생각하는 한 이 요구사항에는 정치적인 의도는 없습니다.… 몇몇 인사들이 우리의 동기를 잘못 이해하고 있을 뿐입니다. 만일 우리가 그와 같은 활동을 대한민국임시정부에 대한 공인으로 받아들이려 했다면, 일찍이 1942년 초에 전시홍보국(The Office of War Information: OWI)이 나에게 단파방송을 통한 대국민 연설을 요청했을 때에 이미 그렇게 했을 것입니다.

그때에 나는 여러 차례 연설을 했고 그 내용은 녹음되어 있습니다. 그 가운데 한 연설을 통하여 나는 국민들에게 성급하게 일본에 대항하여 반란을 일으키지 말고 적절한 순간이 되어 신호를 보낼 때까지 봉기를 준비하며 기다리라고 말했습니다. 나는 미군 장교의 조언에 따라 이런 말을 했습니다. 그들은 성급한 봉기는 적절한 시기에 미국이 이용할 기회를 망칠 것이라고 생각했습니다.

저는 그 적절한 시기가 도래했다고 생각하며, 첨부한 내용과 같은 나의 메시지를 우리 국민들에게 전하고자 합니다.[89]

---

89) 「李承晩이 Marshall에게 보낸 1945년8월3일자 편지」, 『대한민국임시정부자료집(43) 서한집 Ⅱ』, p.398.

정치적 의도가 없다는 이승만의 말은 물론 사실이 아니었다. 이승만은 마닐라로 가서 단파방송을 통하여 국내동포들의 봉기를 선동하고, 종전이 되면, 마치 독일 패전 뒤에 드골이 연합군과 함께 개선장군처럼 파리에 입성했듯이, 연합군과 함께 귀국하기를 바랐던 것이다. 그것은 앞에서 보았듯이 김구도 강력하게 바라는 일이었다.

그러나 이러한 이승만의 제안을 미군부가 심각하게 검토하기에는 이미 너무 늦은 때였다.

그런데도 이승만은 포기하지 않았다. 그는 8월8일에 트루먼 대통령에게 또 편지를 썼다. 편지에는 맥아더와 니미츠에게 보낸 전보와 마셜에게 보낸 편지의 사본을 동봉했다.

저는 각하께서 자유와 평화를 사랑하는 수많은 미국인들처럼 장래의 한국의 지위에 대하여 깊이 고심하고 계신 것을 알기 때문에, 각하께서 참고하시도록 동봉한 전보문과 육군참모총장 마셜 장군에게 보낸 편지의 사본을 함께 보냅니다. 이 문서들은 스스로 설명하기 때문에 부연설명이 필요없습니다. 그러나 저는 한가지만 더 첨언하고자 합니다. 소련이 대일참전을 간청받고 있는 동안 일본 군국주의제국의 패배와 파괴를 위하여 1905년부터 일본과 싸워온 3천만 한국인들이 요망해온 전쟁참여의 기회는 계속 거부되어 왔습니다. 이는 전반적 상황에 비추어 일관성이 있어 보이지 않습니다. 이 정책이 전쟁이 종결될 때까지 지속된다면, 한국인들은 다가오는 몇년 동안 그 때문에 고통을 받을 것이며 미국은 궁극적으로 엄청난 대가를 치르게 될 것입니다. 대통령 각하! 투쟁하는 인류는 각하께 희망을 걸고 있으며, 우리는 무한한 사랑의 하나님께서 각하께 용기와 지혜와 건강을 주시기를 기도합니다.[90]

---

90) 미국무부문서 895.01/8-845. Rhee to Truman, Aug. 8, 1945(*Internal Affairs of Korea 1945~1949*).

원자폭탄의 투하와 소련군의 침공이라는 절망적인 충격을 동시에 받은 일본정부는 드디어 포츠담선언을 수락하기로 결정했다. 일억옥쇄(一億玉碎)의 각오로 본토결전을 주장하는 육군을 누르고 항복이 결정되는 것은 8월9일 오전부터 8월10일 새벽에 이르는 긴박한 드라마를 통해서였다. 스즈키 수상을 비롯한 종전파들은 본토결전의 상황까지 가는 경우 군부쿠데타가 아니면 내란이나 적색혁명이 일어날지 모른다고 우려했다.

8월9일 오전 11시 조금 전부터 열린 최고전쟁지도회의는 회의 도중에 나가사키의 원자폭탄투하소식이 전해졌는데도 불구하고 결론을 내리지 못하고 오후 1시에 휴회했다. 오후 2시부터 시작된 긴급 각료회의는 밤10시까지 계속되었으나 양파의 대립은 타결되지 않았다. 위기상황에서 정부의 정책결정기능이 완전히 파탄된 것이었다. 밤 11시50분에 어전회의가 소집되었다. 그것은 도고 시게노리(東鄕茂德) 외상과 천황의 측근인 기도 고이치(木戶幸一) 내대신(內大臣)의 공작에 따른 것이었다. 천황 앞에서도 본토결전파들은 고집을 굽히지 않았다. 그리하여 스즈키 수상은 이례적인 조치로서 천황의 결단을 주청했고, 천황은 "나의 의견은 외무대신이 말하는 것과 같다"는 결단을 내렸다. 그것은 천황의 국법상의 지위는 유지될 것을 조건으로 포츠담선언을 수락한다는 것이었다.[91]

이러한 천황의 결단에도 불구하고 흥분한 일부 육군장교들은 쿠데타계획을 추진하는 등 일본정부의 내부갈등은 가라앉지 않았다. 한편 이 결정은 바로 중립국인 스위스와 스웨덴 정부에 통보되었다. 《도메이(同盟) 통신》은 모스 코드를 사용하여 일본정부의 포츠담선언 수락결정 뉴스를 타전했고, 그것을 UP통신이 바로 수신하여 연합국에 전했다. 《도메이 통신》이 모스 코드를 사용한 것은 모든 단파방송은 군부의 검열을

---

91) 麻田貞雄,「原爆投下の衝擊と降伏の決定」, 細谷千博・入江昭・後藤乾一・波多野澄雄 編, 『太平洋戰爭の終結: アジア・太平洋の戰後形成』, 柏書房, 1997, pp.195~221 참조.

받고 있었기 때문이다.

8월10일 오전 9시에 백악관에서 열린 미국 각료회의는 논란 끝에 일본의 포츠담선언 조건부수락을 거부하기로 결정하고, 번즈 국무장관이 작성한 회답안을 채택했다. 번즈의 회답은 "항복한 때로부터 천황과 일본정부의 권위(authority)는 연합군최고사령관에게 종속된다"(제1항)는 것과, 그러면서도 "일본의 궁극적인 정체(政體)는 일본 국민의 자유롭게 표명된 의사에 의하여 결정된다"(제4항)는 것이 주요 골자였다. 그것은 그동안 전쟁종결의 걸림돌이 되어온 천황의 지위 유지 가능성을 배제하지 않는 것이었다. 이 회답은 영국, 중국, 소련의 동의를 거쳐 8월11일 오전에 스위스정부를 통하여 일본정부에 통보되었다.[92] 협의 과정에서 소련은 항복을 접수할 연합군최고사령관을 두 사람으로 할 것을 요구했으나 미국은 이를 단호히 거절했다.

장관들이 일본정부에 통보할 회답을 검토하는 동안 3부조정위원회(SWNCC)를 중심으로 한 관계 관료들은 일본의 항복에 관한 일련의 문서를 작성하느라고 분주했다. 연합군최고사령관 맥아더가 포고할 「일반명령 제1호」와 항복문서는 8월11일의 SWNCC의 회의에서 확정되었다. 「일반명령 제1호」는 극동과 태평양지역에 배치되어 있는 일본군의 항복 절차를 규정한 것이었지만, 기본적으로 그것은 연합국의 세력권의 범위를 규정한 것이었다. 한반도의 경우 이 「일반명령 제1호」에 따라 북위38도 이남에 주둔하는 일본군은 연합군최고사령관에게, 이북에 주둔하는 일본군은 소련군최고사령관에게 항복하도록 함으로써 북위38도선은 운명의 분단선이 되고 말았다.[93]

미국정부의 회답을 일본정부가 수신한 것은 8월12일 오전 0시45분이었다. 천황의 측근은 전례없는 방법을 준비했다. 그것은 예상되는 군부의

---

92) *FRUS 1945*, vol. Ⅵ., pp.631~632.
93) 38선 획정의 경위에 대한 연구성과로는 이완범, 『삼팔선 획정의 진실』, 지식산업사(2001) 및 김기조, 『한반도 38선 분할의 역사』, 한국학술정보(2006)가 대표적이다.

저항에 대비하여 천황이 직접 라디오 방송으로 국민에게 포츠담선언 수락을 발표하는 것이었다. 미국은 강경파를 압박하기 위하여 8월10일부터 14일 사이에 1,000대 이상의 폭격기로 일본도시를 공습했고, 1만5,000명 이상이 사망했다.[94] 8월14일 정오에 마침내 천황의 두번째 결단으로 항복이 확정되었다. 이날 밤에 궁성을 수비하는 군대가 궁성을 점거하는 반란을 일으켰으나, 이내 진압되었다. 숨겨 두었던 천황의 녹음반은 8월15일 오전 11시까지 방송국으로 옮겨져 예고한 대로 정오에 방송되었다. 이날 오후에 스즈키 내각은 총사직했다. 강경파의 우두머리였던 아나미 고레치카(阿南惟幾) 육군대신은 이날 새벽에 할복자살했다.

3

한반도에 대한 소련의 침공은 제1극동방면군 산하의 제25군이 담당했다. 제25군은 치스차코프(Ivan H. Chistiakov) 상장의 지휘 아래 4만명가량의 병력으로 편성되었다. 1945년6월에 제25군 사령관에 임명된 치스차코프는 연해주집단군의 여단장과 사단장 경험이 있어서 극동 시베리아 지역의 지리에 대해 밝았다.

소련군의 한반도 공격은 두만강 하구에 연접한 경흥군(慶興郡) 토리(土里)의 경찰주재소 습격사건으로 시작되었다. 8월8일 밤 11시50분에 일단의 한국인 80명이 소련군과 함께 쾌속정을 타고 두만강을 건너서 토리로 들이닥쳤다. 이들은 토리주재소의 경관들과 교전 끝에 주재소에 방화하고, 부락 사람들을 불러 모아 "9일 정오에 소련은 일본에 선전포고를 한다. 그때에는 이 부근 사람들을 전부 총살할 것이다"라고 위협하고는 강 건너 소련 땅으로 사라졌다. 일본경찰관에게 사살된 소련 병사 1명

---

94) 長谷川毅, 앞의 책, pp.407~408.

의 시체가 경기관총을 손
에 든 채 버려져 있었다.[95]

8월9일 0시4분에 나진
(羅津)항 상공에서 갑자
기 파란 조명탄이 터졌다.
등화관제 아래 있던 깜깜
한 항구가 대낮처럼 밝아
졌다. 일본군의 고사포 응
전은 거의 없었다. 나진부
두에서는 쌓아둔 관동군
의 물자와 창고가 투하된
폭탄으로 불타올랐다. 폭
격은 이튿날까지 계속되었
다. 부두의 드럼통이 터져
서 기름이 바다로 유출되
는 바람에 항구 안은 글자

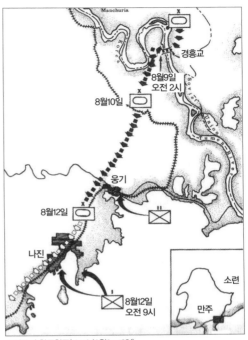

소련군의 한국침공(1945년 8월9~12일).

그대로 불바다가 되었다. 태평양함대 비행기의 공격이었다. 일본군은 시
민들을 놓아두고 철수해버렸다.

웅기(雄基)항에 소련군의 공습이 시작된 것은 8월9일 오전 5시 반이
었다. 항구에서 시가로 폭탄이 잇달아 투하되었다. 10일 오후에 부두, 세
관, 병영, 경찰서, 헌병대의 건물이 자폭했다. 11일 오후 5시 반에 웅기항
에 소형 군함 두척이 입항하여 소련군의 상륙이 시작되었다. 일본인이 없
어진 거리에 급히 만든 붉은 기를 든 한국인들이 소련군을 환영하기 위해
몰려들었다.[96] 치스차코프는 웅기의 해방이 소련군의 주목할 만한 승리

---

95) 森田芳夫, 『朝鮮終戰の記錄』, 巖南堂書店, 1967, p.29.
96) 森田芳夫, 위의 책, pp.30~34.

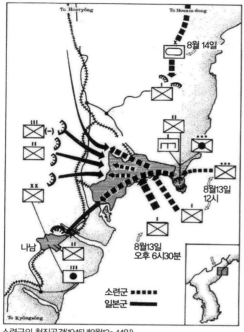

To Hoeryŏng
To Hoesam-dong

8월 14일

8월13일
12시

8월13일
오후 6시 30분

나남

소련군 ▪▪▪▪▪
일본군 ▬▬▬▬

To Kyŏngsŏng

소련군의 청진공격(1945년 8월 13~14일).

라고 평가했다. 왜냐하면 웅기가 연해주를 공격하기 위한 일본군의 작전기지이기 때문이라는 것이었다.[97] 마르킨(Markin) 소령이 웅기의 경비대장으로 임명되었는데, 웅기의 한국인 노동자들이 경무사령부에 나타나 읍에 있는 창고와 상점 등을 경비하겠다고 말했다. 이렇게 결성된 웅기의 치안대는 소련군과 함께 거리를 순찰했다.

웅기가 점령된 8월12일 오전 9시에 나진에 대한 태평양함대의 공격이 다시 시작되었다. 웅기를 점령한 뒤 1개 대대만을 남기고 남진한 제393사단이 13일에 나진 점령을 완료했다. 13일 저녁에 일단의 한국 지식인들이 소련군 경비대의 포프코프(Popkov) 중위를 찾아가서 지역행정부를 구성할 것을 제의했다. 그러나 포프코프는 그들을 신뢰하지 않았고, 다른 한국인들이 이들 지식인들 가운데 일부는 부일협력자였다고 비판하는 것을 들었다.[98]

함경북도 도청소재지인 청진(淸津)항에도 8월9일 오전부터 폭격이

---

97) I. M. 치스쨔코프, 「제25군의 전투행로」, 소련과학아카데미 편, 『레닌그라드로부터 평양까지: 조선해방에 있어 소련장성 11인의 회고록』, 함성, 1989, p.42.

98) Erik van Ree, *Socialism in One Zone: Stalin's Policy in Korea 1945–1947*, Berg, 1989, p.86.

시작되었다. 13일 오전 11시30분쯤 청진 앞바다에 소련 함대가 나타나서 맹렬한 함포사격과 함께 연막을 치고 상륙정을 계속 보냈다. 일본군은 쇄도하는 소련군의 상륙을 저지할 수 없었다. 해안에 배치된 일본군은 거의가 마지막으로 동원된 특설경비부대이고 그 가운데는 교육을 받지 못한 한국인도 다수 포함되어 있었다. 14일 밤에는 새로 소련군 1개 사단이 상륙하고, 이어 15일에는 소련군 전차부대가 상륙하여 소련군과 일본군 사이에 치열한 전투가 벌어졌다. 청진방면의 전투는 8월18일이 되어서야 완전히 끝났다.[99]

일본군의 어떤 보고서는 이때에 한반도에 진격한 소련군에 대해 "급여는 좋고 배낭에는 보드카와 미제 통조림과 하루분 식량이 들어 있었고, 군화는 미군과 같은 것을 신었으며, 72연발 자동소총을 가졌고 배낭에는 수백발의 탄환이 들어 있었다"라고 썼다. 다른 어떤 보고서는 "복장은 더러웠고 각자 자동소총, 체코 총, 소총을 가지고 작은 배낭을 멘 차림이었다"라고 기술했는데, 체코 총으로 무장한 병사들은 "머리는 빡빡 깎았고, 손에 죄수번호가 먹으로 새겨져 있는 사람도 많았다"라고 했다.[100] 제2차 세계대전 때에 소련은 강력한 독일군에 대적하기 위해 정예군을 유럽전선에 배치한 반면에 상대적으로 덜 중요한 극동전선에는 유럽정예군 수준에 미치지 못하는 병력을 배치했는데, 개중에는 중앙아시아의 소련 영토 안에 있는 감옥에서 서둘러 석방시켜 투입한 죄수들도 있었다.[101]

소련은 대일전 계획의 검토와 때를 같이하여 전후 한국처리문제에 대한 기본 정책을 준비했다. 앞에서 본 소련공산당정치국, 정부, 군의 합동회의가 열린 직후인 6월29일자로 외무인민위원부가 작성한 「한국: 간단

99) 森田芳夫, 앞의 책, pp.39~42; Michael C. Sandusky, *America's Parallel*, Old Dominion Press, 1983, p.218.
100) 森田芳夫, 앞의 책, pp.40~41.
101) 김학준, 『북한의 역사(제1권)』, 서울대학교출판부, 2008, p.629.

한 조회,라는 보고서는 전후의 한국 처리에 대한 소련의 구상을 처음으로 밝힌 것이어서 눈여겨볼 만하다. 제2극동국장 주코프(D. A. Zhukov)와 부국장 자브로딘(Evgeny. G. Zabrodin)이 작성한 이 보고서는 다음과 같은 5개 항목으로 요약된 것이었다.

(1) 일본이 한국을 통해 아시아 대륙으로 팽창하려 한 데 대해 러시아가 투쟁한 것은 역사적으로 정당한 행위였다. 그러나 그때에 러시아는 일본의 한국 침략을 막을 만한 충분한 힘이 없었으며, 근본적으로는 외교적으로 고립되어 있었다.…

(2) 일본은 영원히 한국에서 축출되어야 한다. 왜냐하면 일본 지배하의 한국은 소련의 극동에 대한 항구적인 위협이 될 것이기 때문이다.

(3) 한국의 독립은, 극동으로부터 소련에 대한 압력을 기도하려는 일본으로부터는 물론, 다른 국가들로부터 한국이 소련에 대한 미래의 공격 근거지로 전환되지 않게 하기에 충분할 정도로 효과적이어야 한다. 한국의 독립과 극동에서의 안전을 확보하기 위한 실제적이고 믿을 만한 보장은 소련과 한국 사이에 우호적이고 긴밀한 관계가 확립되는 것이다. 이것은 미래의 한국정부 수립에 반영되어야 한다.

(4) 만약 중국과 미국이 한국에서의 과거의 이해관계를 고려한다면, 한국문제 해결이 어려움에 직면하게 될 것은 확실하다. 그 밖에도 일본으로부터 대만(臺灣)과 팽호제도(澎湖諸島)를 거두어들이면 일본은 남쪽 방향으로 진출할 길이 차단될 것이다. 그러나 일본은 이를 보충하기 위하여 경제적 이해관계를 인정받는 형태로 한국에서 배출구를 찾으려고 시도할 가능성이 있다. 소련의 이해관계에서 한국에 대한 일본의 정치적 및 경제적 영향력은 배제되어야 한다.

(5) 한국에 대하여 후견제(신탁통치)가 실시된다면 소련은 그것에 참

여해야 한다.[102]

이처럼 이 보고서는 소련의 한국에 대한 주된 관심사는 무엇보다도 안보문제라는 것을 분명히 했다. 그리하여 해방된 뒤에 한반도는 일본은 말할 나위도 없고 그 밖의 어떤 다른 나라로부터도 소련에 대한 공격의 근거지가 되어서는 안되며, 그러기 위해서는 한국에 소련과 우호적이고 긴밀한 관계를 가진 정부가 수립되어야 한다는 것이었다.

미국은 전후 한국처리문제에 대한 소련의 이러한 태도를 감지하고 있었다. 포츠담회담에 참가하고 있던 주소대사 해리먼은 7월23일 오전에 전쟁부 장관 스팀슨을 방문하여 "소련이 요구를 확대하고 있다"고 보고했는데, 이러한 요구는 단지 유럽에서뿐만 아니라 "어쩌면 소련은 한국에 대한 단독신탁통치를 주장할지 모른다"라는 것이었다. 스팀슨은 해리먼의 우려를 트루먼에게 보고했다.[103]

---

102) 주코프·자브로딘, 「한국: 간단한 조회」, 김성보, 「소련의 대한정책과 북한에서의 분단질서 형성 1945~1946」, 역사문제연구소 편, 『분단50년과 통일시대의 과제』, 역사비평사, 1995, p.56에서 재인용.
103) 長谷川毅, 앞의 책, p.257.

4. 좌익정파들의 임시정부 탈퇴

1

1945년8월15일의 중경(重慶) 날씨는 맑았다. 저녁 무렵이 되어 일본의 항복을 알리는 신문호외가 뿌려지고 군중의 환호하는 소리와 폭죽소리, 콩 볶는 듯한 총소리로 시내는 요동쳤다. 총소리는 폭죽을 살 수 없는 군인들이 공중에 대고 기관총을 마구 쏘아대는 소리였다. 그러나 한국 독립운동자들은 누구나 할 것 없이 기쁨과 낭패스러움이 교차하는 표정이었다. 스스로의 힘으로 일본침략자들을 물리치지 못하고 연합국에 의하여 해방되었다는 점이 못내 아쉬웠던 것이다.[104]

임시정부 간부들은 8월10일에 일본정부가 포츠담선언을 수락했다는 소식을 듣고 향후 대책을 논의했다. 김구가 없는 상황에서도 국무회의를 두 번이나 열었다. 국무회의는 그대로 귀국하여 임시정부를 국민에게 봉환하기로 하고, 귀국한 뒤에 반포할 당면정책을 기초할 것, 대외교섭을 서둘러 귀국채비를 갖출 것, 정부와 의정원의 모든 문서와 집물을 정리할 것, 제39회 임시의정원 회의를 소집할 것 등을 결의했다. 임시의정원 회의에 제출할 당면정책 작성작업은 조소앙(趙素昻), 조경한(趙擎韓), 유림(柳林) 세 사람에게 맡겼다.[105] 그러나 김구가 서안에서 아직 돌아오지 않았고, 또 당파 내부의 회의도 있고 하여 구체적인 방침은 결정하지 못했다.[106]

외무부장 조소앙은 8월14일에 주중 미국대사 헐리(Patrick J. Hurley)를 방문했다. 조소앙은 대한민국임시정부가 (1) 한국에 진주하는 연합군, 특히 미군과 협조하기를 원한다는 점, (2) 극동전역에 산재한 일본군 안에는 한국인들이 100만명쯤 있는데, 이들의 무장해제와 재편성 작업을

---

104) 안병무, 『七佛寺의 따오기』, p.155.
105) 趙擎韓, 『白岡回顧錄 國外篇』, p.366.
106) 「臨時議政院會議 제39회」(1945.8.), 『대한민국임시정부자료집(4) 임시의정원 Ⅲ』, p.152.

하는 미국을 임시정부가 지원하겠다는 점, (3) 한국인 혁명지도자들이 한국정치문제에 관해 발언권을 갖고자 한다는 점을 피력했다. 헐리는 이 면담에 관한 보고서에서 조소앙은 또 한국에서의 소련의 영향력과 그들이 취할 조치들에 대해 우려하고 있는 것이 분명하다고 썼다.[107]

조소앙은 이어 8월17일에는 김구와 자신의 공동명의로 트루먼 대통령 앞으로 편지를 작성하여 이승만에게 보냈다. 편지는 연합국(미국, 영국, 소련, 프랑스, 중국)에 진심으로 축하한다고 말하고, 다가오는 평화회의 및 연합국 구제부흥기구(United Nations Relief and Rehabilitation Administration: UNRRA) 등과 같은 한국문제와 관련 있는 모든 공식 또는 비공식 회의에 대한민국임시정부 대표를 참가시킬 것을 요망했다.[108]

좌익정파 인사들은 별도의 행동을 시작했다. 8월17일에 중앙문화회당에서는 재중경 한국혁명운동자대회가 열렸다. 대회는 조선민족해방동맹 대표 박건웅(朴建雄)의 개회사에 이어 조선민족혁명당의 윤기섭(尹琦燮)을 의장으로 추대했다. 조소앙이 목전의 국내외 정세에 대한 임시정부의 입장을 보고한 다음, 김규식(金奎植)의 부인 김순애(金淳愛)와 최형록(崔亨祿), 손두환(孫斗煥), 이연호(李然浩) 등 10여명의 조선민족혁명당 소속 인사들이 연설을 했다. 대회는 연합4개국(중국, 미국, 영국, 소련) 영수에게 축전 발송, 임시정부와 의정원의 시급한 개선과 개조 등 7개항을 결의하고 조소앙, 손두환, 이두산(李斗山), 박건웅, 윤증우(尹證宇)를 주석단으로 선출하여 대회 폐회기간 동안 각항 대회결의사항을 책임지고 추진하게 했다.[109] 이 대회의 결의사항은 이튿날 개회된 임시의정원에 청원안으로 제출되었다.

또한 이날 오전에 민족혁명당 총서기 김원봉(金元鳳)은 중국국민당 중앙당부로 오철성 비서장을 방문하고 임시정부의 귀국문제와 귀국한

---

107) Hurley to Byrnes, 14 Aug., 1945, *FRUS 1945*, vol. Ⅵ., p.1036.
108) Kim, Tjo to Rhee, Aug. 17, 1945, *FRUS 1945*, vol. Ⅵ., pp.1036~1037.
109) 石源華 編著, 『韓國獨立運動與中國』, pp.557~558.

뒤의 독립정부 수립 방안문제 등을 논의했다.[110]

같은 날 제39회 임시의정원도 개회되어 8월18일부터 회의를 시작했다. 임시의정원은 개회 벽두부터 민족혁명당 소속 의원들의 국무위원 총사직 요구로 격돌했다. 임시정부는 임시의정원의 개회에 즈음하여 (1) 27년간 우리가 대행하던 임시정부의 정권을 오늘 해방된 국내 인민에게 봉환하고 (2) 정권을 봉환하기 위하여 현 임시정부는 곧 입국하기로 결의한다는 두가지 결의안을 제출했다.[111] 그런데 전날 혁명운동자대회에 연사로 나섰던 과격파 손두환이 이 결의안을 비판하면서 한 다음과 같은 말은 해방을 맞은 시점의 임시정부의 좌우 대립이 얼마나 격렬했는지를 짐작하게 한다. 손두환은 일찍이 김구가 장련에서 교사생활을 할 때의 초립동이 제자였다.

"전번에 총사직을 권고하였는데, 사직은 않고 국내로 들어간다는 것이 무슨 말이오. 당신들이 이 정부를 조선에 가지고 들어가는 것은 즉 내란을 일으키자는 위험한 생각입니다. 그러한 위험한 정책을 가진 정부를 그대로 둘 수 없습니다. 나는 조선에도 정권이 있다면 그대로 복종할 것뿐입니다. 무슨 딴 말이 있겠소. 그러고서 조선에 들어갈 것 같소. 당신들이 언제 정권을 맡아서 거들었단 말이오. 언제 국내 인민의 정권을 받았소. 잘하려면 어서 사직들 하시오.…"[112]

손두환의 발언이 도화선이 되어 격론이 벌어지고, 마침내 같은 민족혁명당 소속의 임시정부 부주석 김규식마저 손두환의 과격한 발언을 반박하면서 국무위원들의 총사직 문제는 김구 주석이 돌아와야 결정할 수 있는 문제라고 설명했다.[113] 그리하여 임시의정원은 김구의 귀환을 기다려 사흘 동안 휴회했다.

---

110) 「金若山과 吳鐵城의 會談要點」, 秋憲樹 編, 『資料 韓國獨立運動(2)』, p.240.
111) 「臨時議政院會議 제39회」(1945.8.), 『대한민국임시정부자료집(4) 임시의정원 Ⅲ』, p.153.
112) 「臨時議政院會議 제39회」(1945.8.), 위의 책, p.146.
113) 「臨時議政院會議 제39회」(1945.8.), 같은 책, pp.145~149.

김구가 중경에 돌아온 것은 임시의정원 회의가 시작된 8월18일 아침이었다. 그는 주말에 휴식을 취하고, 8월21일에 국무회의를 소집하여 서안에 갔던 일을 보고하고 귀국방침을 논의했다. 김구는 이 자리에서 총사직에 반대한다는 점을 단호히 밝혔다. 이때에 김구는 미군과 함께 중국군도 한반도에 진주할 것으로 예상하고, 임시정부의 조기귀국도 가능하다고 기대했던 것 같다. 김구는 8월21일에 한 중국 인사를 만나서도 중국군이 한국에 들어갈 때에 광복군을 동참시킬 것을 제의했다.[114]

임시의정원 회의는 8월22일 오전에 재개되었다. 그러나 김구는 먼저 박찬익(朴贊翊)을 대동하고 중국국민당 중앙당부로 오철성을 방문했다.[115] 오철성은 김구가 서안에 머무는 동안에도 그를 찾고 있었다.

김구는 먼저 그동안의 국민정부의 지원에 대해 깊이 감사한다는 뜻을 전했다.

"8년의 장기항전 동안 어려운 상황에도 불구하고 한국독립운동에 아낌없는 물질적, 정신적 원조를 제공한 중국당국에 진심으로 감사드립니다. 특히 카이로선언을 통해 전후 한국의 독립을 보장한 것은 영원히 잊을 수 없는 큰 은혜입니다."

오철성은 한국 각 정파의 단합을 강조했다.

"한국 각 당파가 더욱 단결을 강화하여 독립운동의 마지막을 잘 마무리하시기 바랍니다."

"한국인민을 영도하여 선거를 실시하고 민선의 정식정부를 출범시키기 위하여 중경의 한국임시정부가 순조롭게 조국으로 귀환할 수 있도록 중국정부가 도와주셔야 하겠습니다."

김구의 이러한 요청에 오철성은 다음과 같이 말했다.

"우리의 바람이 순조롭게 실현되도록 동맹국의 협조 아래 한국독립

---

114) 「臨時議政院會議 제39회」(1945.8.), 같은 책, p.150.
115) 南坡朴贊翊傳記刊行委員會, 『南坡朴贊翊傳記』, pp.286~287.

운동 유관방면이 공동으로 임시정부를 조직하고, 선거를 통하여 민선정부를 출범시킬 수 있기를 희망합니다."

그것은 며칠 전에 김원봉이 오철성에게 제안했던 것과 비슷한 방안이었다. 김구는 연합군이 군정을 실시할 경우에 임시정부 인사들이 이에 참여하는 문제를 제의했다.

"동맹군이 한국에 상륙한 뒤에 혹 과도정부로 군정부를 조직할 경우에는 한국혁명동지들이 여기에 참여할 수 있기를 희망합니다."

오철성은 김구에게 한국을 소련군과 미중군이 분할 점령한다는 정보를 알려 주었다.

"듣자하니 한국 북부는 소련군이 접수하고 한국 남부에는 미군과 중국군이 상륙하여 적의 무장을 해제시킬 것이라 합니다."

그러고는 오철성은 다음과 같이 덧붙였다.

"개인적인 추측으로는 한국은 당분간은 신탁통치 방식이나 혹은 과도시기의 군정부를 통하여 통치될 것으로 보입니다. 장래에는 아마 폴란드의 경우와 마찬가지로 통일적 임시정부가 들어설지도 모르겠습니다."

김구는 오철성에게 특별히 두가지 사항을 부탁했다. 하나는 중국국민당과 한국독립당은 깊은 역사적 관계를 가지고 있으므로 공산당 세력의 신장을 방지하기 위해서라도 중국국민당은 이후로도 한국독립당을 적극 원조해달라는 것이었고, 다른 하나는 중국정부가 즉시 한국임시정부를 승인해달라는 것이었다. 지금 당장 승인이 어렵다면 한국임시정부가 귀국한 뒤에 각 방면의 영수들을 소집하여 새로운 임시정부를 조직하거든 중국정부가 다른 나라에 앞서 새 임시정부를 승인해 주기 바란다고 김구는 말했다.[116] 이처럼 김구는 귀국한 뒤에 국내인사들을 포함하여 새로운 임시정부를 구성할 것을 구상하고 있었다.

---

116) 「吳鐵城과 金九의 담화기록」(1945.8.22.), 『대한민국임시정부자료집(22) 대중국외교활동』, pp.260~261.

오철성을 만나고 온 김구는 오후에 임시의정원 회의에 참석했다. 이 날의 임시의정원 회의는 오전 9시에 개회되었는데, 주석이 서안에서 돌아오자마자 의정원회의에는 출석하지 않고 중국사람을 만나러 다니는 것은 경솔하다고 비난하는 의견이 있어서 정회하고 있었다.[117]

김구는 이러한 민족혁명당의 태도가 몹시 불쾌했다. 먼저 서안지방에 다녀온 일에 대하여 주석의 보고가 있을 것이라는 임시의정원 의장 홍진(洪震)의 말에 보고는 국무회의에 다 했다면서, 필요하다면 정부 대변인으로 하여금 보고하게 하겠다고 받아넘겨버렸다.[118] 그리고 총사직문제는 분명히 반대한다고 잘라 말하고, 반대하는 이유를 다음과 같이 주장했다.

"지금 이 우리 임시정부는 기미년3월1일에 본토인 국내에서 우리의 피를 흘린 결과로 13도 대표가 모여 임시정부를 조직하였는데, 너무 압박이 심한 고로 상해에 조직하게 된 것입니다. 그 후 20여년간을 노력하여 왔습니다. 비록 우리 손으로 왜놈을 거꾸러뜨리지는 못하여 유감이라 할지나, 오늘날 중경에 와서 퍽 정신상으로나 질로 양으로 전에 비하여 진보되었다고 봅니다. 지금 국무위원들로 보면 다 연고덕숭[年高德崇: 나이가 많고 덕이 높음]한 이들입니다. 그러므로 본 주석 생각은 이제 임정이 할 일이 무엇이겠는가. 첫째로 국무위원들을 단속하여 속히 내지로 들어가게 해야겠다는 것입니다. 그뿐 아니라 각지에 버려져 있는 우리 한국사람이 어떻게 해야 위험을 떠나 생명을 보존하겠는가를 생각하는 것입니다. 어제도 중국사람과 이런 말을 했습니다. 우리 한국사람이 난타를 당한다면 너희 중국이 법치국이 못 되는 것을 보이는 것이다, 그러므로

---

117) 「臨時議政院會議 제39회」(1945.8.), 『대한민국임시정부자료집(4) 임시의정원 Ⅲ』, p.149.
118) 「臨時議政院會議 제39회」(1945.8.), 위의 책, p.150.

우리는 중국군이 한국에 들어갈 때에 광복군을 동참시키자고 하였습니다. 하여튼 이 시기에 총사직은 불가합니다. 총총하고 일이 많고 보따리 쌀 이때에 총사직문제 나는 것은 불가합니다."[119]

김구의 이러한 주장 가운데 특별히 눈에 띄는 점은 임시정부의 정통성의 근거를 많은 사람들의 비판에도 불구하고 이승만이 고집스럽게 주장해온 한성정부(漢城政府)에 두고 있는 듯이 말한 점이다. 이점에 대해서는 김규식도 임시의정원 회의에서 비슷한 발언을 해서 주목된다.[120]

손두환이 서안 갔던 일을 묻자 김구는 먼저 서안에 간 것은 정부 주석으로서라기보다 광복군 통수부의 자격으로 갔었다고 말하고, 국내정진대를 파견한 사실을 설명했다.[121]

조국의 해방이라는 감격적인 상황을 맞이했음에도 불구하고 중경에 있는 한국독립운동자들의 알력과 적대감이 해소되기는커녕 이처럼 오히려 더 심화되었다. 그것은 임시정부의 정부로서의 귀국 문제에 대한 좌익 정파들의 반대 때문이었다. 정부가 제출한 결의안을 두고 "정권"이라는 개념의 정의에서부터 온갖 공허하고 지엽말단적인 법리논쟁을 벌이던 임시의정원 회의는 8월23일에 결의안에 대한 표결동의가 있자 좌익정파 의원들이 일제히 퇴장해버리고 말아 폐회행사도 없이 어처구니 없게도 끝장이 나고 말았다.

김구는 한국독립당만 독자적으로 귀국할 준비를 서둘렀다. 그는 먼저 8월24일에 장개석에게 중국국민당과 한국독립당이 앞으로 지속적으로 대표를 파견하여 상호연계를 맺게 하고, 각 동맹국이 빨리 한국임시정부를 승인하도록 중국 외교당국이 노력해 줄 것 등 7개항의 요구사항을 적은 비망록을 제출했다. 요구사항 가운데는 시급한 경제문제의 해결을 위하여 연합국에 구제금을 청구하는 한편, 중국이 우선 3억원을 지원해

---

119)「臨時議政院會議 제39회」(1945.8.), 같은 책, p.150;『백범일지』, p.400.
120)「臨時議政院會議 제39회」(1945.8.), 같은 책, p.147.
121)「臨時議政院會議 제39회」(1945.8.), 같은 책, p.152.

줄 것도 포함되어 있었다.[122]

김구는 장개석에게 비망록을 보내고 이틀 뒤인 8월 26일에는 오철성에게 다음과 같은 편지를 보내어, 우선 5,000만원을 지원해 달라고 요청했다.

우리 한국임시정부는 조만간 동맹군을 따라 귀국할 예정입니다. 또한 간부 요원 여러명을 중국 각지에 파견하여 중국군의 접수공작을 돕는 한편으로 적진에 끌려온 한인병사들을 편제하고자 합니다. 한국임시정부 인원의 귀국 및 각지에 간부 요원을 파견하는 데에는 적지 않은 비용이 들어갈 것으로 예상됩니다. 여러 사정을 살피시어 우선 법폐(法幣) 5,000만원을 지원해 주시면 현상을 유지하고 공작을 진행할 수 있을 것 같습니다. 지난 수십년간 중국의 도움이 있었기에 오늘 승리라는 결과를 얻을 수 있게 되었습니다. 어려움을 헤쳐 나갈 수 있도록 다시 한번 도와주시면 고맙겠습니다.[123]

편지는 김구가 임시정부의 조기귀국을 낙관하고 있었음을 보여 준다. 같은 날 민족혁명당의 김원봉도 오철성에게 편지를 보내어 재미 한국 청년들을 훈련시켜 중국 공군과 배합하겠다는 등의 행동계획을 설명하고, 당원 가족들의 생활비로 10만원을 빌려줄 것을 요청했다.[124]

한국독립당은 8월 28일에 제5차 임시대표대회를 개최했다.[125] 귀국에 즈음하여 「당헌」을 비롯한 「당강」, 「당책」 등을 국내상황에 맞게 수정하기 위한 전당대회였다. 「당헌」은 조직체계로서 군당부(郡黨部)와 면당부(面黨部)뿐만 아니라 그 아래 5명 이상의 당원으로 조직되는 동(洞), 리

122) 「金九가 蔣介石에게 보낸 1945년8월24일자 비망록」, 『대한민국임시정부자료집(22) 대중국외교 활동』, pp.261~262.
123) 「金九가 吳鐵城에게 보낸 1945년8월26일자 편지」, 위의 책, p.263.
124) 「當面活動計劃」 秋憲樹 編, 『資料 韓國獨立運動(2)』, p.241.
125) 「한국독립당 第五次臨時代表大會宣言(附 黨義·黨綱·黨策·當面口號)」, 『대한민국임시정부자료집(34) 한국독립당Ⅱ』, pp.172~193.

(里)단위의 구당부(區黨部)까지 상정하고 있어서 해방을 맞아 한국독립당이 얼마나 의욕에 차 있었는가를 짐작하게 한다. 그러나 이 시기의 한국독립당의 「당원명부」에는 중국에 174명, 재미동포 가운데 81명의 당원 이름이 적혀 있을 뿐이다.[126]

수정된 「당강」과 「당책」 가운데 가장 주목되는 것은 토지제도에 대한 것이었다. 창당 이래로 토지와 대생산기관은 국유로 한다고 규정하고 있었는데, 개정된 「당책」에서는 토지는 국유를 원칙으로 하되 구체적인 것은 토지법, 토지사용법, 지가세법(地價稅法) 등의 법률로 실행하고(제7항), 국민이 현재 소유하고 있는 사유토지와 중소 규모의 사영기업(私營企業)은 법률로 보장한다고 한 것이었다(제10항). 그러나 매국적과 독립운동을 방해한 자의 재산은 몰수하여 국영사업에 충용하고 토지는 국유로 한다고 했다(제26항).[127] 실제로 국정운영의 책임을 맡을 것을 전제로 한 입장에서 느끼는 한국독립당의 고민을 짐작하게 하는 항목들이다. 「당헌」의 수정안은 조경한이, 「당강」과 「당책」의 수정안은 조소앙과 신익희(申翼熙)가 기초했다.[128]

조소앙은 8월30일에 다시 주중미국대사관을 방문하여 헐리 대사에게 준비해온 비망록을 수교하면서 본국정부에 전해달라고 부탁했다. 비망록의 내용은 미국의 대한정책에 관한 것이었다. 헐리는 비망록의 요지를 정리하여 이튿날 번즈 국무장관에게 타전했다.

조소앙은 먼저 한국 공산주의자들과 중경에 있는 그들의 동조자들은 한국임시정부를 전복하는 데 실패하자 그들의 당에 대한 충성심을 과시하고 국내외에서의 행동통일을 위하여 임시정부를 탈퇴했다고 기술했다. 비망록은 러시아의 한국인들과 연안(延安)의 한국 공산주의자들이 대거 한국으

---

126)「한국독립당 黨員名簿(연도미상)」, 위의 책, pp.202~204.
127)「韓國獨立黨第五次臨時代表大會宣言」, 秋憲樹 編,『資料 韓國獨立運動(2)』, pp.171~174; 盧景彩,『韓國獨立黨硏究』, 新書苑, 1996, pp.288~299.
128) 趙擎韓, 앞의 책, p.366.

로 들어가고 있다고 말하고, 그렇기 때문에 영미식 입헌주의를 신봉하며 지난 40여년 동안 한국의 자유를 위해 투쟁한 한국의 민주주의자들은 희망을 잃어가고 있고, 한국 안에서 그들의 기회가 감소되고 있다고 주장했다. 비망록은 이어 임시정부의 미국에 대한 입장을 다음과 같이 표명했다.

한국의 혁명적 지도자들은 한국에서 미점령군을 지원하고 협력하기를 바라며, 법과 질서를 수호하기 위하여 친미 여론을 조성하고자 한다. 이들 인사들은 공산주의 지도자들보다 더 한국인들로부터 존경받고 있고 더 잘 알려져 있다. 그들은 대한민국임시정부의 지도적 멤버들이 점령군의 보좌역이나 통역 또는 미국에 적합한 다른 어떤 방식으로 한국에 입국하는 것을 미국이 허용해 주기를 희망한다. 그들은 한국이 민주주의 국가로 나아갈 것인가 공산주의 국가로 나아갈 것인가의 문제는 미국이 지금 무엇을 하는가에 달려 있다고 믿는다. 그러한 결정을 하지 못하는 것도 공산주의자들에게 유리하게 될 것이다.

비망록은 또 한국지도자들은 미국이 북한지역에 당장 선교사들을 파견할 것을 바란다고 말하고, 많은 임시정부 멤버들이 기독교인들이라고 덧붙였다.[129]

중국국민당도 일본항복 이후의 한국독립운동자들의 대립에 대하여, 한국의 정권을 탈취하려는 한국공산당의 종용에 따라 조선민족혁명당, 신한민족당, 조선해방동맹, 조선무정부주의총연맹 등이 임시정부를 정식으로 탈퇴하여 친소정부의 수립을 획책하는 것이라는 정보를 입수하고 있었다.[130]

---

129) Hurley to Byrnes, Aug. 31, 1945, *FRUS 1945* vol. Ⅵ., p.1042.
130) 「日本投降後의 臨政內部動態」, 秋憲樹 編, 『資料 韓國獨立運動(1)』, p.406.

73장

1945년 8월(2)

1. 8월15일 밤에 건국준비위원회 결성

1

조선총독부 경무국은 1945년8월10일 오전에 본국정부가 국체호지[國體護持: 천황제 유지]의 조건으로 포츠담선언을 수락할 의사를 연합국에 통보한 사실을 단파방송을 듣고 알았다.[1] 그러나 본국정부로부터는 아무런 연락이 없었다. 조선총독부의 가장 중대한 임무는 한국에 있는 일본인들의 생명과 재산을 보호하고 그들을 무사히 귀국시키는 일이었다. 이미 청진(淸津)에 상륙한 소련군은 기차로 20시간이면 서울에 도착할 수 있었다. 소련군은 당장 수감중인 정치범들을 석방하고 공산주의 정권을 수립할 것이고, 그 과정에서 약탈과 폭행은 필연적일 것으로 예상되었다. 이 시점에 한국에 있는 일본인은 77만명(남한에 27만명, 북한에 50만명)가량 되었다.[2]

조선총독부의 치안책임자인 니시히로 타다오(西廣忠雄) 경무국장은 종전 대책으로 일본정부의 항복 결정과 동시에 정치범과 경제범을 석방하는 한편 한국인의 손으로 치안유지를 하게 할 것을 생각하고, 그 적임자로 여운형(呂運亨), 송진우(宋鎭禹), 안재홍(安在鴻) 세 사람을 떠올렸다고 한다.[3] 이때에 전국 각지의 형무소에는 3만명이 넘는 사람들이 수감되어 있었다.[4] 위의 세 지도자 가운데 8월15일 이전에 조선총독부가 먼저 교섭을 시도한 사람은 동아일보사, 보성전문학교, 경성방직회사(京城紡織會社) 그룹을 배경으로 한 우파 민족주의 세력의 중심인물인 송진우였다.

---

1) 森田芳夫, 『朝鮮終戰の記錄』, p.67.
2) 다카사키 소지 지음, 이규수 역, 『식민지조선의 일본인들』, 역사비평사, 2006, p.182. 조선총독부 통계로는 1944년 현재 71만2,583명이었고(森田芳夫, 위의 책, p.7 「제5표」), 1945년12월에 작성된 소련외무부의 한 보고서는 이 시점에 조선에 거주하는 일본인은 75만2,900명이었다고 기술했다 (김학준, 『북한의 역사(제1권)』, p.673).
3) 森田芳夫, 같은 책, pp.67~68.
4) 『駐韓美軍史(3)』(*HUSAFIK*), p.609.

조선총독부의 치안유지 협조요청을 거부한 송진우.

이 무렵 송진우는 서울 원서동 자택에서 병을 빙자하고 외부와의 접촉을 끊고 지냈다.

본국정부가 연합국에 포츠담선언을 수락할 의사를 통보한 사실을 안 조선총독부는 바로 그날부터 송진우와의 교섭을 시도했다. 정무총감 엔도 류사쿠(遠藤柳作)는 총독부의 조사과장 최하영(崔夏永)의 추천에 따라 일본의 괴뢰국가 '만주국(滿洲國)'의 폴란드 주재 총영사를 지낸 박석윤(朴錫胤)에게 그 일을 맡겼다.[5] 박석윤의 연락을 받은 송진우는 그를 따라 어떤 일본 요리집으로 갔다. 거기에는 총독부 보안과장 이소자키(磯崎)와 차석 사무관 하라다(原田), 조선군 사령부 참모 간자키(神崎) 등이 와 있었다. 박석윤이 "이 회합이 매우 중대성을 가진 것이니 신중히 회합합시다"라고 말문을 열었다. 그들은 송진우에게 형세가 급박하다고 말하고, 행정위원회 같은 것을 조직하라고 권했다. 독립준비까지 해도 좋다고 했다. 그러나 송진우는 병을 빙자하고 거절했다. 그는 취한 척하면서 짐짓 일본의 필승을 강조했다고 한다.[6] 송진우가 거절하자 박석윤은 여운형과 만났던 것 같다. 최하영은 "그 후 박석윤은 여몽양(呂夢陽: 呂運亨)을 설득하여 건준이 조선의 치안권을 이양받게끔 하였던 것이다"라고 술회

5) 崔夏永, 「政務總監, 韓人課長呼出하다」, 《月刊中央》 1968년8월호, p.128.
6) 宋鎭禹, 「新朝鮮建設의大道: 各政黨首腦懇談會」, 夢陽呂運亨先生全集發刊委員會 編, 『夢陽呂運亨全集 1』, 한울, 1991, p.229; 金俊淵, 「政界回顧一年」, 『獨立路線(第六版)』, 時事時報社出版局, 1959, p.2.

했다.[7]

송진우는 이어 이튿날인 8월11일 오전에 경기도 지사 이쿠다 세이사부로(生田淸三郞)를 만났다. 집으로 찾아오겠다는 이쿠다의 연락을 받고 자기가 이쿠다의 사무실로 가서 만났다. 이쿠다는 70노인이었다. 이쿠다를 만난 시간에는 송진우는 일본정부가 포츠담선언을 조건부로 수락하겠다는 의사를 연합국에 통보한 사실을 알고 있었다. 그것은 1936년의 손기정 선수 일장기말소사건(日章旗抹消事件) 때에 《동아일보(東亞日報)》편집국장으로 있다가 사장 송진우와 함께 해직된 설의식(薛義植)이 그날 아침 7시쯤에 알려준 것이었다. 이 무렵 설의식은 광산사업에 관여하면서 은밀히 단파방송을 청취하고 있었는데, 10일 밤에 단파방송을 통하여 일본이 포츠담선언의 수락을 연합국에 통보했다는 뉴스를 듣고 이튿날 아침 7시에 송진우에게 알렸다.[8]

경기도 경찰부장 오카 히사오(岡久雄)가 배석한 자리에서 이쿠다는 송진우에게 조선에서 일본세력이 후퇴하니 국내치안을 맡아 달라고 말했다. 조일 양민족의 충돌을 막고 일본인의 생명과 재산을 보호하는 일에 협력해 달라는 것이었다. 승낙만 한다면 현재 총독이 가진 권력의 4분의 3을 넘겨주겠다고 했다. 신문, 방송, 교통기관, 헌병, 경찰, 검사국 등을 넘겨주겠다는 것이었다. 오카는 안절부절 못해 하면서 당장 정무총감한테 가서 결정을 짓자고 재촉했다.[9] 이쿠다의 이러한 제의에 대해 송진우는 "일본이 후퇴했으면 했지 우리 조선사람이 일본으로부터 어떤 지시나 부탁을 받을 성질이 아니겠고, 그것은 오직 우리 자신이 처리할 것이라는 이념이 앞서고, 또 일인의 고등탐정적 소이나 아닌가고도 의심했기에 자기는 신병으로 감당할 수 없다고 두번이나 거절하고는 누구에게도

---

7) 崔夏永, 앞의 글, p.128. 崔夏永은 엔도가 자기를 부른 것이 8월11일이었다고 했고 宋鎭禹도 朴錫胤으로부터 전화를 받은 것이 8월12일날인가였다고 했으나, 薛義植의 8월11일 기술이 자세하므로 송진우와 박석윤 등이 만난 것은 8월10일이었을 것이다.

8) 薛義植, 「八·一五直前直後」, 『解放以後』, 東亞日報社, 1947, pp.3~13.

9) 金俊淵, 앞의 글, pp.2~3.

함구무언하였다"라고 8월15일 오후에 자기 집에 모인 백관수(白寬洙), 김준연(金俊淵), 김병로(金炳魯), 정인보(鄭寅普), 이인(李仁), 설의식 등에게 설명했다고 한다. 송진우는 자기가 거절하자 이쿠다가 여운형을 만나서 부탁했고, 여운형은 즉석에서 이를 수락하고 안재홍과 권태석(權泰錫)과 함께 활동을 시작했다고 말했다는 것이다.[10]

이인은 8월15일에 송진우의 집에 모인 사람들은 이러한 말을 듣고 "고하(古下: 宋鎭禹)의 그 의연한 태도에는 감동했지만 고하 역시 정세판단이 서툴고 또 그와 같은 중대사를 어찌해서 동지와 상의 한마디 아니하고 독단 거절했느냐고 논란이 있었다"라고 회고했다.[11]

송진우는 조선총독부로부터 치안유지권이나 행정권을 이양받는 것은 중국의 왕조명(汪兆銘: 본명 汪精衛)이나 프랑스의 페탕(Henrie P. Petain)과 같은 괴뢰가 되는 것이라고 생각했다. 그의 주장은 일본의 통치가 완전히 철폐될 때까지는 그대로 있어야 하고, 연합국이 조선총독부로부터 정권을 넘겨 받은 뒤에 중경에 있는 임시정부가 연합국으로부터 그것을 인도받아야 한다는 것이었다. 그러나 패전한 조선총독부로부터 임시로 치안유지권을 넘겨받는 것을 왕조명이나 페탕과 같은 괴뢰가 되는 것이라고 인식했다는 것은 송진우의 단견이었다.

제국주의 일본의 붕괴가 가까워 올 무렵의 세계정세와 한국의 장래문제에 대해 송진우가 어떻게 판단하고 있었는가는 1944년7월에 안재홍에게 했다는 다음과 같은 말에 잘 드러나 있다. 사이판섬에서 일본군이 전멸했다는 뉴스가 전해지던 무렵이었다. 평택(平澤)의 진위(振威)에 소개해 있던 안재홍이 송진우[12]를 찾아가서 일본의 패전 뒤에 예상되는 상황에 대비하여 국내의 양심적인 세력이 주류역량을 결성하여 무슨 운동을

---

10) 李仁, 『半世紀의 證言』, 明知大學校出版部, 1974, p.145.
11) 李仁, 「日帝末葉의 나의 受難」, 金鳳基·徐容吉 編, 『愛山餘滴 第1輯』, 世文社, 1961, p.138.
12) 安在鴻은 '민족주의자의 一重鎭인 某氏'라고 지칭했으나 문맥으로 보아 宋鎭禹임이 틀림없어 보인다.

벌여야 하지 않느냐고 하자 송진우는 다음과 같이 말했다고 한다.

"지금 미국은 전 세계를 영도하고 있소. 소련은 미국의 요청에 응하여 이미 코민테른[국제공산당]의 해산조차 단행하였소. 소련의 세계혁명운동은 폐기되었소. 또 소련은 전후의 국가재건의 필요에서 미국에 잘 협력할 것이므로 국제적 난관은 없을 것이오."

이러한 인식에서 송진우는 이미 북한에 소련군이 진주한 8. 15의 시점에서도 곧 미군이 서울에 진주하여 연합군의 주도권을 행사할 것으로 전망했던 것이다.

그리고 그는 중경임시정부와 관련해서는 다음과 같이 주장했다.

"중경임시정부는 이미 연합열국의 정식 승인을 얻었고, 그 휘하에 10만의 독립군을 거느리고 있으며, 미국으로부터 10억달러의 차관교섭이 성립되어 1억달러의 전도금을 받고 있소. 임시정부가 국내에 들어와서 친일거괴 몇무리만 처단하고 행호시령[行號施令: 명령을 내림]하면 … 만사는 큰 문제없이 해결될 것이오."[13]

중경임시정부에 대한 송진우의 이러한 과장된 인식의 근거가 무엇이었는지는 알 수 없다. 송진우의 중경임시정부 절대지지론은 임시정부에 대한 이러한 과대평가에 입각한 것이었다. 그것이 임시정부에 대한 과장된 정보 때문이었는지, 정보부족과 함께 정치적 입지에 따른 의식적인 과장이었는지는 정확히 알 수 없다. 송진우는 1945년5월의 독일의 항복을 전후하여 일본 외무성 사무관인 장철수(張徹壽)로부터 세계정세와 전쟁의 추이에 대한 자세한 설명을 들었다고 하는데,[14] 일본정부도 임시정부에 대해 그렇게 평가하고 있지는 않았다.

송진우의 전기와 김준연은 이때의 일을 다음과 같이 기술했다. 안재홍은 송진우에게 한국청년들이 군인으로 나가서 피를 흘렸으니 그 핏값

---

13) 安在鴻, 「民政長官을 辭任하고」, 安在鴻選集刊行委員會 編, 『民世安在鴻選集 2』, 知識産業社, 1983, p.261.
14) 古下先生傳記編纂委員會 編, 『古下宋鎭禹先生傳』, 東亞日報社出版局, 1965, pp.288~289.

을 받아야 하지 않느냐면서 민족유신회(民族維新會) 같은 것을 만들자고 제의했다. 그러자 송진우는 다음과 같은 말로 거절했다고 한다.

"민세(民世: 安在鴻), 그 무슨 소리요. 긴박한 이 시점에서 오직 침묵 밖에는 … 만일 우리가 움직이면 움직일수록 일본의 손아귀 속으로 끌려들어갈 뿐이오."

"고하는 참 로맨틱도 하시오. 침묵만 지키고 앉아 있으면 이승만 박사가 미국 군함이라도 타고 인천 항구에나 들어올 줄 아시오?"

안재홍의 이 말에 송진우는 노기 띤 음성으로 말했다.

"피는 딴 사람이 흘리고 그 값은 당신이 받는단 말이오?"

이날 이후로 송진우는 아예 약병을 머리맡에 두고 이불을 펴고 드러누워서 두문불출했다는 것이다.[15]

2

8월14일 밤 11시쯤에 《도메이(同盟) 통신》 서울지국에 도쿄로부터 포츠담선언을 수락하는 일본천황의 육성방송 원고가 전화로 통보되고, 그것은 총독부 경무국과 조선군 참모부에 전달되었다. 천황의 육성방송은 한국에서도 방송될 예정이었다. 경무국장 니시히로의 보고를 받은 정무총감 엔도는 바로 경성보호관찰소장 나가사키 유조(長崎祐三)에게 전화를 걸어 다음날 오전 6시에 여운형과 같이 정무총감 관저로 오도록 지시했다. 나가사키에게 이러한 지시를 한 것은 여운형이 사상범 전과자로서 보호관찰의 대상이 되어 있었기 때문이다.[16] 나가사키의 연락에 앞서 여운형은 조선군 참모본부로부터도 이튿날 일본천황의 항복방송이 있다는 말을 전해 들었다고 한다. 여운형은 새로 이발을 하

15) 『古下宋鎭禹先生傳』, pp.417~418; 金俊淵, 「나만이 아는 秘密: 宋鎭禹, 安在鴻, 呂運亨과 解放政界」, 『獨立路線(第六版)』, p.264.
16) 森田芳夫, 앞의 책, p.69.

고, 자정이 지나서 이웃에 사는 홍증식(洪璔植), 동생 여운홍(呂運弘),
YMCA 체육부 간사이며 유도사범인 장권(張權), 운니동(雲泥洞)의 송
규환(宋圭桓) 등을 불러 협의했다. 동아일보사와 조선일보사의 영업국
장을 지낸 공산당의 지략가 홍증식에게는 총독부 기관지《매일신보(每
日新報)》를 접수하여 해방을 알리는 호외를 몇백만장 인쇄하여 서울을
비롯한 전국 각지에 배포하게 하고, 여운홍에게는 경성방송국을 접수하
여 한국어뿐만 아니라 영어로 해방을 세계에 알리도록 했다. 장권에게는
이미 해방되었을 때의 치안문제에 대한 준비를 하도록 지시해놓고 있었
다고 한다.[17)

여운형은 경성지방법원의 백윤화(白允和) 검사를 통역으로 대동하고,
8월15일 오전 6시 반쯤에 나가사키와 함께 필동의 정무총감 관저[지금의
코리아 하우스]에 도착했다. 그런데 이날의 여운형과 엔도의 회담내용에
대해서는 기록에 따라 약간의 차이가 있다. 엔도, 니시히로, 나가사키 등
의 회고담을 토대로 하여 적은 모리다(森田芳夫)의 서술은 다음과 같다.

여운형과 대좌한 엔도는 다음과 같이 말했다.

"오늘 12시에 포츠담선언 수락 조칙이 발표된다. 적어도 17일 오후 2
시쯤까지는 소련군이 서울에 들어올 것이다. 소련군은 먼저 일본군의 무
장해제를 할 것이다. 그리고 형무소에 있는 정치범을 석방할 것이다. 그때
에 조선민중은 부화뇌동하여 폭동을 일으키고 두 민족이 충돌할 위험이
있다. 이러한 불상사를 방지하기 위하여 미리 형무소의 사상범과 정치범
을 석방하려고 한다. 연합군이 들어올 때까지 치안유지는 총독부가 맡겠
지만 측면에서 협력해 주기 바란다."

여운형은 "기대에 부응하도록 노력하겠다"라고 대답했다. 이때에 경
무국장 니시히로가 들어와서 합석했다. 니시히로는 사상범이나 정치범,
그리고 특히 청년학생들이 경거망동하지 않도록 미리 설득해 줄 것을 부

---

17) 呂運弘, 『夢陽 呂運亨』, 靑廈閣, 1967, pp.134~135.

탁했다. 엔도는 "안재홍씨에게도 같이 치안유지에 협력하도록 전해달라"고 말하고는 자리를 떴고, 니시히로와 여운형 사이에 구체적인 대화가 계속되었다. 니시히로는 여운형에게 "치안유지에 필요하다면 조선인 경찰관을 당신 휘하로 이관해도 좋다"라고 말했다. 여운형은 식량사정에 대하여 물었고, 니시히로는 "10월까지는 걱정없다"라고 대답했다. "치안유지법 위반으로 경찰서와 헌병대에 구금되어 있는 사람들을 석방해 주기 바란다"는 여운형의 요구에 니시히로는 "그것은 물론이다. 형무소에 있는 사람들까지 석방하니까"라고 대답했다. 여운형이 "집회의 금지를 해제해 주기 바란다"라고 말하자 니시히로는 집회자유의 보장을 약속했다. 또한 여운형은 "석방자들에게 성심으로 건국에 노력하도록 한마디 하겠다"라고 말했다. 회담을 마치고 일어서면서 여운형은 니시히로에게 "건강을 빈다"면서 손을 내밀었다.[18]

엔도가 안재홍에게도 같이 치안유지에 협력하도록 전해달라고 말한데는 그럴만한 곡절이 있었다. 1944년7월에 송진우를 찾아가서 민족유신회 같은 것을 만들어 합법운동을 벌일 것을 제안했던 안재홍은 12월 상순부터는 총독부와 일본군 간부들을 상대로 첫째, 민족자주, 둘째, 호양협력, 셋째, 마찰방지를 원칙으로 하고 언론과 행동의 자유를 달라는 교섭을 벌였다. 그리하여 1945년5월하순에는 여운형과 안재홍이 함께 요정 백운장(白雲莊)에서 경무국장 니시히로를 비롯한 일본인 몇 사람과 회담을 가졌다. 니시히로가 두 사람의 주장을 수용할 태도를 보이자 안재홍은 "우리들 소수의 의사만으로는 결정할 수 없는 일이므로 민족대회를 서울에서 소집하여 그 결의를 밟지 않고서는 정식으로 공작을 추진할 수 없다"라고 말했다. 민족대회 문제는 그 뒤에 아무 진전이 없다가, 8월 들어 원자폭탄 투하와 소련의 대일전 참전으로 상황이 급박해지자 조선총독부는 다시 여운형과 안재홍을 찾았다. 이때의 일을 안재홍은 "당시

---

18) 森田芳夫, 앞의 책, pp.69~70.

많은 지우(知友)가 의구불안 중에 나에게 손을 떼고 물러나라고 하였으나, 유혈방지 한가지만이라도 나는 일관되게 역설하였고 그것이 건국준비위원회가 출현된 주요과제의 한 항목이었다"라고 기술했다.[19]

한편 1935년 이후로 운동일선에서 이탈하여 광산 브로커 일을 하고 있던 서울파 공산당 출신의 정백(鄭栢)은 이때의 일에 대해 "표면운동으로는 여운형, 안재홍, 정백 등이 패퇴하여 가는 총독부 적진의 최후 발악인 박해와 음모를 역용하면서… 민족대회 소집을 운행하다가 적의 저지를 받고 말았다"라고 썼다. 그리고 8월15일이 되기 5일 전부터 일본항복설이 유력하게 전파됨에 따라 "민족대회 관계의 여운형, 안재홍은 8월12일에 석방된 정백과 함께" 독립에 대한 구체적 정책수립을 준비했다는 것이다. 정백은 두주일 전인 7월하순에 조동호(趙東祜), 이영(李英), 최원택(崔元澤) 등과 함께 공산당재건 준비를 모의하다가 검거되었다.[20] 이러한 기술들은 이때의 민족대회 소집 논의가 건국준비위원회의 배경이 되었음을 짐작하게 한다.[21]

미군정의 기록들에 따르면, 여운형이 자신들의 요청을 수락하자 아베 노부유키(阿部信行) 총독은 여운형에게 활동자금으로 2,000만엔을 주었다. 그리고 공공집회를 열고, 신문과 라디오 및 공공시설을 이용하고, 일본비행기로 선전 전단을 살포할 수 있는 권리도 주었다.[22]

박석윤을 엔도에게 추천했던 최하영은 "총독부는 건준에 430만달러 정도의 자금을 내놓았다. 그러나 그중 250만달러만 쓰이고 나머지 돈은 행방을 알 수 없게 되어 당국이 그 내막을 조사하려 하자 박씨(박석윤)는

19) 安在鴻, 「八·一五 당시의 우리 政界」, 『民世安在鴻選集2』, pp.465~472.
20) 鄭栢, 「八月十五日朝鮮共産黨組織經過報告書」, 『朝鮮共産黨文獻資料集(1945~46)』, 翰林大學校아시아文化硏究所, 1993, pp.6~7.
21) 金仁植, 「송진우: 한국민주당의 〈중경임시정부 절대지지론〉」, 《한국근현대사연구》 제24집, 한울, 2003, pp.129~132 참조.
22) C. Leonard Hoag, *American Military Government in Korea : War Policy and the First Year of Occupation 1941-1946* (mimeographed), Department of Army, 1970, pp.471~472; 『駐韓美軍史(1)』(FUSAFIK), p.198.

월북해 버렸다는 설이 있다"라고 술회했다.[23] 1945년의 달러화와 엔화의
공정환율은 1달러가 15엔이었다.[24] 여운형이 총독부의 정치자금을 받았
느냐의 문제는 이내 격심한 논쟁거리가 되었다.

조선총독부가 여운형에게 치안유지를 의뢰한 것은, 17일이면 서울에
소련군이 들어올 것이라고 한 엔도의 말에서 짐작할 수 있듯이, 한반도
전체를 소련군이 점령할 것으로 예상했기 때문이었다. 이때까지는 조선
총독부는 미군과 소련군이 한반도를 분할점령한다는 사실은 예상하지
못하고 있었다. 조선총독부의 통역관이던 오다 야스마(小田安馬)는 급
진적인 사상을 가진 여운형이 학생들 사이에 인기가 있었으므로 여운형
의 협력을 얻으면 가장 염려되는 학생들의 과격한 시위행동을 자제시킬
수 있을 것으로 총독부 간부들은 기대했다고 증언했다. 또한 소련군이
한반도를 점령하게 되면 진보적인 한국인을 등장시킴으로써 소련과의
접촉을 원활히 할 수 있을 것으로 생각했을 것이다.[25]

소련군이 곧 서울에 진주한다는 총독부의 정세판단은 여운형의 행동
에도 중대한 영향을 미쳤다. 여운형은 엔도와의 회담을 마치고 돌아오는
길에 계동의 장일환(張日煥) 집에 묵고 있는 정백을 만나서 그와 함께 자
기 집으로 돌아왔다. 돌아와서는 또 건넌방에서 20분 이상이나 둘이서만
이야기를 나누었다. 대기하던 여운홍이 "방송국을 접수할까요?"하고 묻
자 여운형은 정세가 달라졌다면서 모든 계획을 변경해야 한다고 말했다.
방송도 영어로 할 필요가 없으니까 서두르지 말고 신중히 일을 추진해야
한다고 했다.[26] 이때의 여운형의 행동에 대해 뒷날 여운홍은 "본래도 사회
주의적 경향을 가진 양반이, 더군다나 소련군이 여기 들어온다니까 정백
이를 우선 만나서 그 이야기를 한다고 그런 모양이다"라고 술회했다.[27]

23) 崔夏永, 앞의 글, p.128.
24) 日本銀行, 『日本銀行百年史』, 日本銀行, 1964, p.130, p.141.
25) 『駐韓美軍史(1)』(HUSAFIK), pp.5~6.
26) 呂運弘, 앞의 책, p.136.
27) 李庭植, 「呂運亨과 建國準備委員會」, 《歷史學報》 第134·135合輯, 1992年, p.45에서 재인용.

그는 또 "엔도의 이러한 말은 해방이 된 그날로부터 여러 가지 혼란의 원인으로 되었으며 그것은 특히 형님의 심경에 많은 변동을 일으키게 하였는데, 이것은 극히 중요한 문제가 아닐 수 없었던 것이다"라고도 적었다.[28]

3

원서동의 송진우 집에서 8월14일 밤을 송진우와 같이 지낸 김준연은 15일 아침 10시쯤 정백을 찾아가는 길에 창덕궁경찰서 앞에서 여운형을 만났다.

"고하는 어떻게 하오?"

"안나서겠다 합니다.… 나 역시 고하와 같은 심경입니다."

"그러면 좋소. 나 혼자 나서겠소. 공산혁명으로 일로 매진하겠소."[29]

김준연의 이러한 술회는 뒤에 여운형을 비판하는 말로 유명해졌는데, 이 무렵 새로운 조국을 건설하기 위해서는 공산주의자들과 손을 잡아야 한다고 생각하고 있던 여운형은 며칠 뒤면 소련군이 서울에 진주한다는 말을 듣고 그러한 결심을 더욱 굳혔던 것 같다. 여운형의 측근이던 이동화(李東華)는 다음과 같이 증언했다.

　　해방 전에 여운형이 극좌적인 그룹들하고 손을 잡고 항일투쟁을 했다는 것도 있거니와 해방직후에 우리들은 역시 코뮤니스트들하고 손을 잡아야 새로운 조국을 건설할 수 있을 거다.… 그렇게까지 생각을 했는데, 또 그런 생각을 간단히 할 수 있었다고 하는 것은 과거에 항일투쟁을 같이 해왔다고 하는 이유뿐만 아니고, 역시 새로운 국가

28) 呂運弘, 앞의 책, p.137.
29) 金俊淵, 「나만이 아는 秘密」, 『獨立路線(第六版)』, pp.264~265.

라고 하는 것은 진보적인 방향에 서야 한다, 또 진보적인 방향에서 새로운 국가를 건설하려면 역시 코뮤니스트하고 손을 잡는 것이 필요하지 않겠는가, 이런 생각도 막연히 하고 있었다.[30]

이러한 이념적인 고려에서뿐만 아니라 조직기반이 없는 여운형으로서는 자신의 정치활동을 강화하기 위해서는 공산주의자들과의 제휴가 불가피했다.[31]

여운형은 이여성(李如星), 김세용(金世鎔), 이강국(李康國), 박문규(朴文圭), 양재하(梁在廈), 이상백(李相佰) 및 자신의 사돈이며 측근인 이만규(李萬珪) 등 건국동맹(建國同盟) 그룹을 운니동의 송규환 집으로 급히 불러 모았다. 이들은 얼마 전부터 이 집에 함께 묵으면서 해방에 대비하여 각 분야의 과제에 대한 검토작업을 하고 있었다.[32] 이들은 먼저 지금부터 착수할 활동을 엔도와 약속한 대로 치안유지에 한정할 것인가, 아니면 새로운 국가건설을 위한 정치활동까지 할 것인가 하는 문제를 집중적으로 토의했다. 그 결과 두가지 이유로 정치활동까지 하기로 결정했다. 첫째는 해방과 더불어 벌떼같이 일어날 정치열을 치안유지 활동만으로는 만족시킬 수 없을 것이고, 둘째는 치안유지에 한한다면 친일분자를 배제하기 어려울 것이고, 한번 치안유지활동에 참가한 친일분자는 나중에 정치활동에도 참가하려고 할 것인데, 그때 가서 이들을 배제하기는 어려울 것이기 때문이었다.[33]

여운형은 앞으로 송규환의 집은 기획처가 되고 별도로 안재홍과 딴 장소를 정하여 그곳을 실행부가 되게 하여 이곳에서 기획한 것을 그곳에서 실행하게 하겠다고 말하고, 연락책임은 자기가 맡겠다고 했다.[34]

---

30) 이정식, 『여운형』, 서울대학교출판부, 2008, pp.526~527에서 재인용.
31) 김남식, 『南勞黨硏究』, 돌베개, 1984, p.43.
32) 呂運弘, 앞의 책, p.133.
33) 李萬珪, 『呂運亨先生鬪爭史』, 民主文化社, 1946, p.190.
34) 위의 책, pp.189~190.

여운형은 평소에 큰 일이 있을 때에 정치운동에 내세울 인물로 송진우, 안재홍, 조만식(曺晩植), 박헌영(朴憲永), 허헌(許憲)을 생각하고 있었다고 한다.[35] 이들 가운데 8월15일 현재 서울에 있는 사람은 송진우와 안재홍뿐이었다. 여운형은 송진우와의 협조가 반드시 필요하다고 생각했다. 그는 이여성을 송진우에게 보내어 협력을 설득하게 했으나 송진우는 응하지 않았다. 그러자 여운형은 이날 오후에 직접 반바지에 헬멧을 쓴 차림으로 송진우의 집을 찾아갔다. 송진우의 집은 여운형의 집에서 그다지 멀리 떨어져 있지 않았다.

이날 송진우의 집은 잔칫집처럼 인성만성했다. 삼배 고의적삼을 입은 송진우는 연방 호쾌한 웃음을 터뜨리고 있었다. 여운형은 송진우에게 "우리 사이에 다소 견해차가 있다손 치더라도 건국이라는 국가적 대사를 위해서 허심탄회한 태도로 서로 협력하자"고 말했고, 그러나 송진우는 "경거망동을 삼가라. 중경임시정부를 지지해야 한다"라고 말하면서 협력할 것을 거부했다.[36]

마침내 두 사람은 언성이 높아지고 분위기가 거칠어졌다. 여운형이 단념하고 돌아간 뒤에 이 광경을 옆에서 지켜본 신도성(愼道晟)이 송진우에게 그렇게까지 할 필요는 없지 않느냐고 말하자 송진우는

"신군, 자네는 아무것도 몰라. 저 사람은 공산당 앞잡이야!"

하고 단호히 말했다고 한다.[37] 송진우는 자리를 피했던 동지들에게 여운형과 나눈 대화내용을 설명하면서 "몽매에도 그립던 민족성업은 거족적이라야 한다.… 그러나 몽양이나 민세도 그렇거니와 그 주위가 문제다. 그 사실을 몽양에게 언급했으나 불응한다"라고 말했다고 한다.[38]

그러나 그 자리에 모인 인사들은 이대로만 있을 것이 아니라면서, 여

---

35) 같은 책, p.203.
36) 같은 책, p.204; 呂運弘, 앞의 책, p.246.
37) 愼道晟, 「韓民黨創黨①」, 《朝鮮日報》 1981년2월23일자, 「轉換期의 內幕(33)」.
38) 李仁, 「日帝末葉의 나의 受難」, 金鳳基·徐容吉 編, 『愛山餘滴 第1輯』, pp.138~140; 李仁, 앞의 책, p.145.

운형이나 안재홍과 친분이 있는 이인에게 두 사람을 만나서 절충해보라고 권유했다.[39] 한편 여운형쪽에서는 일부 청년들이 여운형이 송진우의 존재를 너무 과대시한다고 불평하기도 했다.[40]

8월15일 오전의 서울의 거리는 쥐죽은듯이 조용했다. 정오가 되어 라디오에서 흘러나오는 일본천황의 육성은 잡음이 많아서 분명히 알아들을 수 없었지만 항복선언이라는 것은 쉽게 알아차릴 수 있었다.

한시간 뒤인 오후 1시에 상징적인 한 행사가 있었다. 의친왕(義親王) 이강(李堈)의 차남인 이우(李鍝)의 장례식이 동대문 운동장에서 거행된 것이다. 서른네살인 이우는 일본군 육군 중좌로서 히로시마(廣島)에 있는 서부군관구 사령부의 고급 참모로 있었는데, 8월6일 아침에 말을 타고 출근하는 도중에 원자폭탄을 맞아 이튿날 사망했고, 유해는 8월14일에 서울로 운구되었다. 일본육군장으로 치러진 장례식에는 조선군사령관을 비롯하여 조선총독, 정무총감 등이 참석했다.[41] 제국주의 일본이 패망하는 날에 바로 그 일본에 의하여 패망한 대한제국 황족 후예의 장례식이 일본인들에 의하여 치러졌다는 사실은 참으로 아이러니컬한 일이었다.

여운형은 오후 4시에 석방되는 정치범들을 맞이하러 몇몇 동지들과 함께 서대문 형무소로 갔다. 그러나 이날은 석방수속이 끝나지 않아서 그냥 돌아와야 했다.

여운형은 8월15일 저녁에 안재홍과 정백 및 이만규, 이여성, 이상백, 최근우(崔謹愚) 등 건국동맹 인사들과 함께 자기집 가까이에 있는 재력가 임용상(林龍相)의 양옥집에서 건국준비위원회(建國準備委員會: 약칭 建準)를 발족시켰다.[42] 건국준비위원회라는 이름은 안재홍이 지었다.[43] 위

---

39) 李仁, 위의 책, pp.145~146.
40) 李萬珪, 앞의 책, p.204.
41) 金乙漢, 『여기 참사람이 있다: 新聞人이 본 現代史』, 新太陽社, 1960, pp.40~43; 森田芳夫, 앞의 책, p.75.
42) 李基炯, 『몽양 여운형』, 실천문학사, 1984, p.190.
43) 安在鴻, 「八・一五 당시의 우리 政界」, 『民世安在鴻選集 2』, p.472.

원장은 여운형 자신이 맡고, 부위원장에는 안재홍이 추대되었다.

8월15일 오후에 여운형이 직접 일본 헌병대에 가서 신병을 인수해 온 그의 자금후원자 이임수(李林洙)의 행동이 퍽 인상적이다. 이임수는 강원도 춘천의 개업의였다. 그는 여운형의 심부름을 하고 저녁에 돌아온 아들 이란(李欄)을 통하여 여운형 주변에 모인 사람들의 이야기를 듣고는 "큰일 났다. 전부 공산주의자가 포위하고 있구나"라고 말하면서 아들을 앞세워 임용상의 집으로 갔다. 방이나 마루나 마당이나는 사람들로 가득 차 있었으므로 그는 여운형을 그 집 화장실로 끌고 가서 따졌다.

"왜 이렇게 좌익만 만납니까? 주의자 서클은 안됩니다."

그러나 여운형은 이임수의 걱정을 대수롭지 않게 받아 넘겼다.

"해방이 되었다고 나를 찾아오는 사람을 내쫓겠소? 해방된 이 마당에 좌익 우익이 어디 있소. 양심적인 사람이면 다 손잡아야지. 남관(이임수의 호)도 우익이라고 생각되는 사람들을 보내시오. 내 얼마든지 만나주고 같이 일하리다."

그리하여 이임수는 여운형과 가까운 사이이면서도 건준의 활동에는 가담하지 않았다.[44] 이렇듯 건준 결성을 실제로 주도한 사람들은 좌익인사들이었다.

4

좌익인사들의 또 하나의 움직임은 8월15일 밤에 같은 계동의 홍증식 집에서 열린 재경혁명자대회였다. 모인 사람들은 거의가 일본헌병대와 경찰서에서 이날 석방된 공산주의자들이었다. 이들은 여운형이 조선

---

44) 李基炯, 앞의 책, pp.190~191; 李欄 口述, 「해방 전후의 여운형: 이란(李欄)씨의 회고」, 이정식, 앞의 책, pp.738~739, p.742.

충독부로부터 약속받은 5개항을 중심으로 앞으로의 대책을 숙의했다.[45] 혁명자대회에 이어 7월 하순에 공산당재건준비를 모의하다가 검거되었던 조동호, 이영, 정백, 최원택, 정재달(鄭在達) 5명에 서중석(徐重錫), 홍남표(洪南杓), 이승엽(李承燁), 최용달(崔容達)을 더한 9명이 별도로 공산당 재건을 위한 회의를 열었다. 이 회의는 종로에 있는 장안(長安)빌딩의 종로사진관 자리에서 밤을 새워 진행되었다고 한다.[46] 회의에서는 또 이정윤(李廷允)과 이현상(李鉉相)을 추가하여 11명을 당간부로 결정했다. 이들은 각각 화요회계, ML계, 경성콤그룹 등 지난날의 공산주의 운동 계파의 대표급 인물들이었다. 당의 명칭은 조선중앙공산당으로 결정하고 각 부서와 그 책임자도 결정했다. 책임비서로는 조동호를 선출하고, 조직부는 정재달, 선전부는 정백이 책임을 맡았다. 그리고 이들을 포함한 11명 간부 전원으로 중앙위원회를 구성했다.[47] 이들은 장안빌딩에 간판을 내걸었으므로 뒤이어 결성되는 박헌영(朴憲永) 중심의 재건파공산당과 구별하여 장안파공산당으로 불리게 되었다. 건준의 결성모임에 참여했던 정백은 이 공산당 재건회의에도 참여하여 회의를 주재했다.[48]

한편 이날 동대문 밖 최익한(崔益翰)의 집에 모인 일단의 공산주의자 그룹은 고려공산당 조직위원회를 조직했다. 일본 와세다대학(早稲田大學)에서 경제학을 수학한 최익한은 사회주의 이론가로서 조선공산당 조직부장, 선전부장 등으로 활동하다가 7년 동안 옥고를 치렀다. 석방된 뒤에는 친일단체의 간부로 동원되기도 했고, 1944년11월까지 3년 동안 자기 집에서 주류소매업을 했다. 이 고려공산당 조직위원회는 이튿날 장

45) 鄭栢, 앞의 글, p.7; 李萬珪, 앞의 책, p.229; 民主主義民族戰線 編, 『朝鮮解放一年史(朝鮮解放年報)』, 文友印書館, 1946, p.3.
46) 김남식, 앞의 책, p.17.
47) 鄭栢, 앞의 글; 《革命者新聞》 1945년10월4일자, 「革命日誌」, Chung-Sik Lee, ed., *Materials on Korean Communism 1945-1947*, Center for Korean Studies, University of Hawaii, 1977, p.152; 《戰線》 제4호(1945년10월31일)에는 장안파공산당이 결성된 것은 8월16일이라고 했다.
48) 鄭栢, 앞의 글, pp.7~8.

안파공산당과 합류하고, 경성지구위원회를 조직했다.[49]

8월16일부터 서울은 해방의 흥분으로 들끓었다. 수많은 사람들이 거리와 골목을 가득 메우고 태극기를 만들어 행진하기 시작했다. 건준은 서둘러 다음과 같은 전단을 만들어 서울시내에 뿌렸다.

조선동포여!

중대한 현 단계에 있어 절대로 자중과 안정을 요청한다. 우리들의 장래에 광명이 있으니, 경거망동은 절대의 금물이다.

제위의 일어일동(一語一動)이 민족의 휴척[休戚: 안락과 근심걱정]에 지대한 영향있는 것을 명심하라!

절대의 자중으로 지도층의 포고에 따르기를 유의하라!

8월16일

조선건국준비위원회[50]

같은 무렵에 해방된 조선에 곧 동진공화국(東震共和國)이 수립된다는 전단이 뿌려지고 요소요소에 동진공화국에 대한 벽보가 나붙었다. 미국의 이승만과 중국의 김구와 소련의 김일성(金日成)이 국내의 여운형과 손을 잡고 동진공화국을 세운다는 내용이었다. 동진공화국 소문은 국내는 물론 만주의 연변(延邊) 등지에까지 빠르게 유포되었다. 동진공화국의 대통령은 이승만이고, 총리대신은 김구, 육군대신은 김일성, 외무대신은 여운형, 그 밖에는 미정이라는 벽보도 있었다.[51]

장안빌딩 앞에는 이른 아침부터 흥분한 군중이 몰려들었다. 빌딩 안

49) 鄭栢, 앞의 글, p.8; 《戰線》 1945년10월31일자, 「黨統一促進에 대한 略報」, 沈之淵, 『朝鮮革命論研究: 해방정국논쟁사 2』, 실천문학사, 1987, pp.152~153.

50) 《每日新報》 1945년8월17일자, 「傳單發佈」.

51) 森田芳夫, 앞의 책, p.81; 崔永禧 著, 『격동의 해방3년』, 翰林大學校아시아文化硏究所, 1996, p.6; 강원용, 『역사의 언덕에서: 젊은이에게 들려주는 나의 현대사 체험(1) 엑소더스』, 한길사, 2003, p.185; 김형수, 『문익환 평전』, 실천문학사, 2004, p.234; 『駐韓美軍史(1)』(HUSAFIK), pp.202~203.

에서 열리고 있는 회의는 장안파공산당이 결성된 사실을 공표하는 재경 혁명자대회로 소집된 회의였던 것 같다.[52] 이날 아침에 현장에 갔던 고준석(高峻石)은 이때의 상황을 다음과 같이 기술했다. 몰려든 군중은 그 집회에 열광적인 관심을 가지고 있었다. 회의장은 초만원이었다. 누군가가 연설을 하고 있었으나 회의장에 들어가지 못한 군중이 소란을 피워서 연설은 중단되었다. 군중이 갑자기 장안빌딩에서 쏟아져 나와 안국동쪽으로 달려갔다. 군중은 덕성여자실업학교 교정으로 밀려들어갔다. 주최자쪽인 듯한 사람이 연단에 올라가서 "지금부터 재경혁명자대회를 개최한다"라고 말하고 한 노혁명가를 소개했다. 노혁명가는 전날밤의 공산당 재건회의에 참석했던 홍남표였다. 홍남표가 열변을 토하고 있을 때에 아침에 서대문 형무소나 각 경찰서유치장에서 석방된 정치범들이 연설장으로 들어왔다. 그들이 돌아가고 얼마 지나지 않아 군중이 다시 한꺼번에 교문으로 뛰쳐나갔다. 오후 1시에 소련군이 서울역에 도착한다는 말이 전해졌기 때문이다. 이렇게 하여 재경혁명자대회는 중단되었다.[53]

여운형은 8월16일 오전 9시에 이강국과 최용달을 대동하고 나가사키와 함께 서대문 형무소에 가서 정치범 석방에 입회했다. 독립문에서 형무소에 이르는 큰길에는 출감자들을 환영하는 플래카드를 든 군중들의 물결이 넘쳐흘렀다. 이때에 석방된 수감자들은 서울에서만 1만명이 넘었다.[54] 석방된 정치범이나 사상범들은 거의가 일본의 식민지 정책에 마지막까지 저항하던 공산주의자들이었다. 오전 11시부터 출옥한 정치범들과 사상범들을 선두로 각 사상단체들의 시위행진이 종로에서 있었다. 급조한 태극기를 꽂은 트럭과 자동차와 전차마다 사람들이 빼곡히 타고 독립만세와 해방만세를 외쳤다.[55]

---

52) 김남식, 앞의 책, p.17.
53) 高峻石, 『朝鮮 1945-1950 革命史への證言』, 社會評論社, 1985, pp.32~35.
54) HQ, USAFIK, G-2 Periodic Report no.4, (1945.9.14.), p.4; 國防部戰史編纂委員會 編, 『韓國戰爭史(第1卷) 解放과 建軍』, 國防部戰史編纂委員會, 1968, p.46에는 1만1,000명이라고 했다.
55) 森田芳夫, 앞의 책, p.77.

만세를 부르는 서대문 형무소 출옥자들과 환영나온 사람들.

　정오쯤이 되자 여운형의 집과 인접한 휘문중학교 교정에도 군중이
모여들었다. 여운형을 보러 온 사람들이었다. 여운형은 이들 앞에서 열
변을 토했다. 그는 먼저 전날 아침에 엔도를 만나서 나눈 대화 내용을
설명했다.

　여운형은 엔도가 "지나간 날 조선과 일본 두 민족이 합한 것이 조선
민중에게 합당하였는가 아닌가는 말할 것이 없고, 다만 서로 헤어지는
오늘날을 당하여 마음 좋게 헤어지자"라고 말하고 "오해로 말미암아 피
를 흘리든지 불상사가 일어나지 않도록 잘 지도하여 달라"고 요청하기
에, 자기가 다음과 같은 다섯가지 요구조건을 제시하여 그 자리에서 응
낙을 받았다고 말했다.

　첫째로, 전 조선 각지에 구속되어 있는 정치경제범을 즉시 석방하라.

　둘째로, 집단생활인 만치 식량이 제일 문제이니 3개월(8, 9, 10)분의 식
량을 확보하여 명도하라.

8월16일에 휘문중학교 교정에 모인 젊은이들과 여운형.

　셋째로, 치안 유지와 건설사업에 있어서 간섭을 하지 말라.

　넷째로, 조선내의 민족해방의 모든 추진력이 되는 학생훈련과 청년조직에 대하여 간섭을 하지 말라.

　다섯째로, 전 조선 각 사업장에 있는 노무자를 우리의 건설사업에 협력시키며, 아무 괴로움을 주지 말라.[56]

　그리고 나서 그는 다음과 같이 덧붙였다.

　"이것으로 우리 민족해방의 첫걸음을 내어 디디게 되었으니, 우리가 지난날의 아프고 쓰렸던 것은 모두 다 잊어버립시다. 그리하여 이 땅에다 참으로 합리적인 이상적 낙원을 건설하여야 합니다.… 백두산 아래에서 자라난 우리 민족의 힘을 세계 신문화 건설에 바칩시다.…"[57]

---

56) 《每日新報》 1945년8월17일자, 「呂運亨氏講演」.
57) 위와 같음.

그것은 이미 일본인들에게 약속한 치안유지 차원의 연설이 아니었다.

여운형이 연설을 시작하고 20분쯤 되었을 때에 덕성여자실업학교에서와 꼭 같은 사태가 벌어졌다. 누군가가 장내로 헐레벌떡 뛰어들면서 "오후 1시에 소련군이 도착한다"하고 외치자, 군중은 갑자기 혼잡을 이루면서 일제히 서울역으로 몰려갔다. 연설을 하다말고 집으로 돌아온 여운형은 심부름 하는 이란을 시켜 러시아어를 통역할 박우천(朴宇天: 본명 朴亨權)을 급히 불러오게 했다. 박우천은 하얼빈에서 백계 러시아인들과 변호사로 일하다가 1945년4월에 귀국해 있었다.[58]

5

조선총독부기관지《경성일보(京城日報)》주필이었던 나카야스 요사쿠(中保與作)의 술회에 따르면, 이날의 상황은 다음과 같았다. 이날 이른 아침부터 "소련군이 이미 원산을 출발했다"라고 외치며 큰길을 지나가는 사람이 있었다. 거리에는 붉은 기가 여기저기 건물 창문에 내걸렸다. "오후1시 소련군 입성", "가라 경성역으로", "소련군 만세" 등의 벽보가 전신주며 판자벽이며 건물 유리창이며에 나붙었다. 오토바이가 붉은 기를 흔들면서 "혁명이다. 혁명이다"하고 외치고 지나갔다. 여기저기에서 쏟아져 나온 사람들은 홍수가 되어 서울역으로 밀려갔다.[59]

그러나 소련군은 나타나지 않았다. 이러한 소련군 환영소동은 함흥(咸興), 대전(大田), 대구(大邱), 부산(釜山)에서도 있었다. 서울의 소련영사관에는 소련군의 도착시기를 묻는 전화가 계속 걸려왔다.[60]

서울주재 소련영사관 사람들의 행동도 수수께끼였다. 일본인들은 소

58) 李欄 口述, 「해방 전후의 여운형: 이란(李欄)씨의 회고」, 이정식, 앞의 책, pp.738~739, pp.743~744.
59) 中保與作, 『新朝鮮의 政治情勢』, 協同出版社, 1946, pp.14~15.
60) 森田芳夫 著, 앞의 책, p.83; 파냐 샤브쉬나 지음, 김명호 옮김, 『1945년 남한에서』, 한울, 1996, p.74.

8월16일 오후에 소련군이 도착한다는 소문을 듣고 서울역으로 몰려나온 서울 시민들.

런이 대일선전포고를 하고 나서도 이들을 구금하지 않고 있었는데, 영사 폴리안스키(Alexander S. Poliansky)는 8월15일 오후에 경성중앙전화국을 통하여 원산(元山)역장에게 소련군이 원산역을 통과했는지 않았는지를 확인해주도록 신청했다. 폴리안스키는 소련군은 오늘(8월15일) 오후 5시쯤까지, 늦어도 오후 8시까지는 서울에 올 예정이라고 말하고 돌아갔다.[61]

　이 사실은 바로 조선총독부에 보고되었을 것은 말할 나위도 없다. 경성보호관찰소장 나가사키는 이른바 내선일체(內鮮一體) 운동자금으로 가지고 있던 60만엔을 풀어 야마토주쿠(大和塾) 회원인 사상 전향자들로 하여금 군중들을 동원하여 일본인 주거지에 들어가지 말고 서울역으로 몰려가게 했다고 회고했다. 소련군이 오지 않는 것이 알려진 뒤에 야마토주쿠의 회원들은 군중의 선두에 서서 그들을 한국인들이 사는 종로쪽으로 끌고 다니다가 흐지부지 해산시켰다.[62] 비록 소련군은 나타나지 않았지만, 이날의 소련군 환영소동은 일반대중의 친소분위기를 조성하는 데 크게 기여했다. 나가사키가 그러한 일을 꾸민 동기는 서울에 거주하

61) 『駐韓美軍史(1)』(HUSAFIK), p.203; 遞信部, 『電氣通信史資料(Ⅱ) 日本電氣電信公社 編, 外地海外電氣通信史資料 朝鮮之部 2』(年度未詳, 등사본), p.566.
62) 李庭植, 「〈8.15미스테리〉蘇聯軍進駐說의 震源」,《新東亞》1991년8월호, p.433.

는 일본인들을 흥분한 조선인들로부터 보호하고자 한 것이었다.[63]

이러한 분위기 속에서 8월16일 오후 3시에 경성방송국에서 방송된 건준 부위원장 안재홍의 라디오 연설은 민중을 열광시켰다. "지금 해내 해외 3천만 우리 민족에게 고합니다"라는 말로 시작한 안재홍의 방송연설은 일반국민에게 독립정부 수립에 즈음한 정책발표와 같은 느낌을 주었다. 그는 먼저 건준의 결성 경위를 다음과 같이 설명했다.

1945년8월16일에 군중앞에서 연설하는 안재홍.

"오늘날 국제정세가 급격하게 변동되고, 특히 조선을 핵심으로 한 전 동아의 정세가 급박하게 변동되는 이때에 우리들 조선민족으로서의 대처할 방침도 매우 긴급 중대함을 요하는 터이므로, 우리들 각계를 대표한 동지들은 여기에서 조선건국준비위원회를 결성하고, 신생 조선의 재건설 문제에 관하여 가장 구체적, 실제적인 준비공작을 진행키로 합니다.…"

안재홍은 조선민족은 지금 새로운 중대한 기로에 서 있다고 말하고, 당면 문제는 조선과 일본 양 민족이 자주호양(自主互讓)의 태도를 견지하여 추호라도 마찰이 없도록 하는 것, 곧 일본인 거주자들의 생명 재산을 보장하는 것이라고 강조했다. 안재홍은 이어 건준 소속의 경위대(警

---

63) 長崎祐三, 「コケシと時計」, 森田芳夫 編, 『須江杢二郎さんを偲ぶ』, 學習院大學東洋文化硏究所, 1958, pp.38~40.

衛隊) 신설, 정규군 편성, 식량 확보, 물자배급 유지, 통화 안정, 쌀 공출, 정치범 석방, 대일협력자 대책 등을 구체적으로 언급함으로써 흥분한 일반국민들로 하여금 마치 정권이 한국인의 손에 넘어온 듯한 착각을 느끼게 했다.[64] 이 방송은 처음에 여운형이 하기로 되었던 것을 안재홍이 대신한 것이었다. 조선총독부는 황급한 나머지 안재홍의 방송내용을 사전에 검열하는 것을 잊고 있었다.

건준의 가장 시급한 과제는 조선총독부 경찰이 사실상 포기한 치안유지 체제를 정비하는 일이었다. 이 일의 책임을 맡은 장권은 8월16일 오후에 휘문중학교 강당에서 일반체육무도계 대표, 각 중학교의 체육담당 교사, 전문학교 이상의 학생대표를 모아 건국청년치안대를 조직했다.[65] 치안대는 여운형의 직속이었고, 본부는 풍문학교(豊文學校)에 두었다. 치안대는 청년과 학생 2,000명을 동원하여 밤낮으로 서울의 치안확보를 위하여 노력하는 한편 지방별, 직장별 치안대를 조직하게 하여 각각 그 지역의 치안을 담당하고 중요자료와 수원지 등 공공시설을 경비하게 했다. 또한 지방 치안대를 조직하기 위해 전문학교 이상의 학생 100명을 각지에 파견했다. 지방에 따라서는 지방유지들이 본부에 와서 자기들이 조직해 놓은 단체의 승인을 받아가는 사례도 있었다. 그리하여 전국적으로 162개의 지방 치안대가 조직되었다.[66] 치안대의 활동을 측면에서 지원하는 기관으로 자위단(自衛團)과 자경단(自警團)이 있었다.[67]

장권의 치안대 이외에도 치안대나 보안대를 자처하는 단체가 우후죽순처럼 나타났다. 이들에 의한 '접수'가 바로 시작되었다. 이들은 건준의 지시를 받았다면서 신문사, 방송국, 경찰서, 학교, 군수회사, 철도, 병원, 백화점 등 일본인들이 관리하는 중요기관을 차례로 접수하기 시작했다.

---

64) 《每日新報》 1945년8월17일자, 「安在鴻氏放送」.
65) 李萬珪, 앞의 책, p.194.
66) 위의 책, pp.194~195.
67) 李景珉, 『增補 朝鮮現代史の岐路』, 平凡社, 2003, p.92.

그리하여 서울시내 10개 경찰서도 본정(本町) 경찰서와 용산 경찰서 이외에는 모두 「조선건국준비위원회 ○○경위대」로 간판이 바뀌었다.[68] 한편 건국동맹은 이날 종로의 YMCA회관에 본부 사무실을 개설했다.[69]

이때의 치안대의 활동과 관련하여 신도성은 "건준 산하의 치안대라는 것이 완장을 두르고 다니며 어느 정도 질서를 잡기도 하였으나, 거기에도 불량배 같은 것이 끼어들어 일본인들의 재산을 약탈하는 등 매우 소란스러웠다"라고 술회했다.[70] 이러한 행동은 패전의 울분에 쌓여 있는 일본군의 젊은 참모들을 자극하는 행동이 아닐 수 없었다.

건준은 8월17일에 간부진의 인선을 발표했다. 총무부장에는 최근우, 조직부장에는 정백, 선전부장에는 조동호, 선전부 차장에는 최용달, 경무부장에는 권태석, 재정부장에는 이규갑(李奎甲)이 선임되었다.[71] 최근우는 2·8독립선언의 주동자의 한 사람이었고 1919년에 여운형이 일본정부의 초청으로 도쿄를 방문했을 때에 동행했던 여운형의 핵심 측근이었다. 그는 뒤에 '만주국'의 안동성 민정청(民政廳) 사무관, 협화회(協和會) 안동성 사무장 등을 지냈다. 3·1운동 직후에 국내에서 선포된 한성정부(漢城政府)의 산파역을 했었고 상해로 망명하여 임시정부에서 활동했던 이규갑은 안재홍과 함께 신간회운동에 참여했던 목사였다. 그리고 나머지 정백, 조동호, 최용달 세 사람은 8월15일 저녁부터 16일 새벽에 걸쳐서 결성된 장안파공산당의 핵심간부들이었고, 권태석은 서울계의 공산당 출신이었다.

6

소련군이 서울에 진주할 것이라는 예상 아래 좌익 인사들이 주축이

---

68) 中保與作, 앞의 책, p.15; 森田芳夫, 앞의 책, p.81.
69) 『朝鮮年鑑』(1947年版), 朝鮮通信社, 1946, p.373.
70) 愼道晟, 「韓民黨創黨②」, 《朝鮮日報》 1981년2월25일자, 「轉換期의 內幕(34)」.
71) 『朝鮮解放一年史』, p.80.

되어 서둘러 결성한 건준은 국민들의 정치적 열광을 수렴하여 합리적인 통제력을 발휘하기에는 능력에 한계가 있었다. 우선 부위원장 안재홍이 건준이 결성된 이튿날로 사퇴를 결심할 정도로 불만이었다. 그는 이때의 일을 다음과 같이 썼다.

나는 건준 성립된 8·15 당일부터 철야하는 동안 거의 38시간을 통하여 좌방제씨(左方諸氏: 좌익인사들)가 나의 의도하는 건준과는 딴판으로 각각 독자적인 의도에서 잠행공작을 하고 있는 것을 똑똑히 본 까닭에, 16일 조조(早朝)이면 급류용퇴[急流勇退: 벼슬자리에서 제때에 쾌히 물러남], 곧 결별할 것을 내심 결의하였으나, 위원장 몽양 여운형씨 외의 정백씨 및 그 밖의 요인이 사정을 설명하고 협동을 역설하므로 나는 내심 품었던 사의를 뒤집어 최후의 순간까지 내 뜻을 고집하고 전술한 3항의 취의(趣意)를 관철케 하기로 결심하였다. …72)

그가 말한 '3항의 취의'란 자신이 건준에 참여한 이유를 말하는 것이었다. 그것은 첫째 민족적 자중으로 대량유혈을 방지하고, 둘째 현존하는 시설과 기계와 계획문서 등 일체를 완전히 보관하여 독립정부에 인계하며, 셋째 그 독립정부로는 중경의 임시정부를 최대한으로 지지하여 해내외의 혁명세력으로 적정한 보강 확충을 하게 하자는 것이었다. 그리하여 "나는 공산계열에 대하여 민족주의자의 지도자가 제1선에 나서도록 하고 공산계열은 차라리 차위(次位)에서 협동하기를 제안하였으나 성취치 못하였다"는 것이다. 그리고 그 이유에 대해 안재홍은 "여몽양은 대체로 공산당측의 진언에 이끌리고 민족주의자로서는 이 일에 참획한 자가

---

72) 《每日新報》 1945년8월18일자, 「建國準備委員會呂運亨委員長談」.

자못 빈곤하였다"라고 썼다.[73) 이처럼 해방정국을 주도한 건준은 결성 이튿날로 부위원장 안재홍이 사퇴를 결심할 정도로 공산주의자들에게 휘둘렸다.

한편 8월15일 오후에 송진우 집에 모인 동지들로부터 여운형과 안재홍을 만나보라는 권유를 받은 이인은 이튿날 아침 일찍 임용상의 집으로 두 사람을 찾아갔다. 여러 가지 이야기 끝에 이인은 여운형에게 우선 송진우와 다시 협의할 것을 권했고, 여운형은 그러마고 대답했다.[74) 여운형은 이인과의 약속대로 8월17일 오후에[75) 다시 송진우의 집을 찾아갔다. 그러나 두 사람의 입장은 달라지지 않았다. 송진우는 일본이 물러간 뒤에 해외에 있는 선배들이 돌아와서 정권을 인수받아야 한다고 거듭 주장했고, 여운형은 "그러면 국내는 진공상태로 둘 생각이오?"하고 반박했다. 송진우는 여운형에게 다음과 같이 말했다고 한다.

"몽양은 내가 보기에 공산주의자가 아니오. 그러나 자칫하면 그들에게 휘감기어 공산주의자도 못되면서 공산주의자 노릇을 하게 될 위험성이 없지 않소.…"

송진우의 이러한 말에 여운형은 "내가 무엇이 되든 두고 보시오"라고 말하고 일어났다고 한다.[76)

송진우의 이러한 태도는 제국주의 일본으로부터 해방된 바로 그 시점에서 그가 공산주의자들을 어떻게 인식하고 있었는가를 보여 주는 것이어서 눈여겨볼 만하다. 송진우는 독립운동 기간의 경험을 통하여 공산주의자들과는 그들의 주장이나 요구를 받아들이지 않는 한 타협이 불가능하다는 것을 인식하고 있었던 것 같다. 이점은 새로운 국가를 건설하는

---

73) 安在鴻, 「民政長官을 辭任하고」, 『民世安在鴻選集2』, pp.259~261.
74) 李仁, 앞의 책, pp.145~146.
75) 李仁은 呂運亨이 宋鎭禹를 찾아간 것이 8월16일 오후라고 했으나(李仁, 위의 책, pp.145~146), 여기서는 『古下宋鎭禹先生傳』의 서술(pp.308~309)을 따른다. 呂運亨의 일정상 16일에 宋鎭禹를 찾아갔을 개연성은 희박하다.
76) 『古下宋鎭禹先生傳』, pp.308~309.

데는 공산주의자들과의 협력이 필요하다고 생각하는 여운형의 인식과는 상충되는 것이었다. 그리하여 송진우는 여운형에게 협력의 조건으로 공산주의자들의 배제를 거듭 요구한 것이었다.

건준의 간부인선을 확정하고 나서 여운형은 다음과 같은 담화를 발표했다.

"조선에는 지금 묵은 정권이 물러가려 하고 있는데, 새 정권은 아직 서지 않고 또 갑자기 설 수도 없습니다. 그러나 정권이 물러가고 대중이 헤매는 이때에 가장 걱정되는 것은 대중이 형편없이 날뛰는 것이고 가장 필요한 것은 대중을 잘 이끌어 가면서 역량을 살리고 잘 육성하여 나가는 일입니다. 이 사명을 띠고 나온 것이 조선건국준비위원회입니다. 그리고 이 건국준비에 가장 필요한 것은 첫째 치안을 유지함이요, 둘째는 모든 건국의 요소되는 힘과 자재(資財)와 기구(器具) 등을 잘 보관하고 육성하여 새로 탄생되는 국가를 되도록 건전하게 건설하자는 것입니다.…"

그는 이어 건준은 대중의 식량 확보에 최대한의 노력을 하고 있고, 또 교통, 통신, 금융기관에 대해서는 대책을 강구하고 있지만, 상당한 난관이 예측된다고 말했다. 그러고는 이 과도기를 순조롭게 넘기기 위해서는 목적 여하를 불문하고 모두 건준의 산하에 통일적인 행동을 취할 것을 촉구했다.[77]

이날 건준은 또 국민들에게 (1) 어느 기간까지 우리는 자발적으로 자치수단을 강구해야 한다. (2) 이 자치수단은 가장 신속하고 가장 효과적인 방법을 선택해야 한다. (3) 이 자치수단은 어디까지나 평화적이라야 한다. (4) 모든 공사기관(公私機關)의 기능을 확보하기 위하여 소속인원은 현재의 직장을 엄수하여야 한다. (5) 각자는 각기 직장에서 적극적으로 건국준비위원회의 공작에 협력해야 한다는 5개항의 「건국준비위원회

77)《每日新報》1945년8월18일자,「建國準備委員會呂運亨委員長談」.

「지령」을 발표했다.[78] 이러한 여운형의 담화나 건준의 「지령」은 여운형의 사진과 함께 건준의 기관지가 되어 있는《매일신보》에 크게 보도되었다. 이러한 서울의 움직임과 병행하여 전국 각지에서 자치수단으로 지방 건준이 급속히 조직되어 나갔다. 개중에는 서울에 와서 「○○건준지부」의 승인을 받아가는 지방 건준도 많았다. 그리하여 8월 말까지 전국에 건준 지부가 145개소가 조직되었다.[79] 해방 당시의 남북한의 시군(市郡)의 수가 247개였던 것을 감안하면 건준의 확장기세가 어떠했는가를 짐작할 수 있다.

그러나 건준의 활동은 이내 일본군의 맹렬한 반발에 부딪쳤다. 정무총감 엔도와 여운형의 교섭에 대해 사전협의가 없었던 것에 격분한 일본군의 젊은 참모들은 조선총독부에 항의하고 앞으로는 군이 치안을 맡겠다고 나섰다. 패전 당시에 한국에는 23만258명의 일본군이 주둔하고 있었다.[80] 그리하여 8월16일에 총독부와 조선군 사이에 「정치운동취체요령」이 책정되고, 같은 날 조선군관구사령부는 「관내 일반민중에게 고함」이라는 포고문을 통하여 인심 교란과 치안 방해행위에 대해서는 군이 단호히 조치하겠다고 경고했다.[81] 이어 조선총독부는 일본군의 강력한 요청에 따라 8월20일에 모든 한국인단체의 책임자를 종로경찰서에 불러 모으고, 정치 또는 치안유지 단체는 그날 오후 5시까지 간판을 떼고 즉시 해산하도록 명령했다. 건준의 총무부장 최근우는 박석윤과 함께 엔도를 찾아가서 일본군의 태도는 약속과 다르다고 항의하고, 일본군 사령부의 참모장 등과 격렬한 논쟁을 벌인 끝에 건준의 명의만은 유지할 수 있게 되었다.[82]

---

78)《每日新報》1945년8월18일자, 「建國準備委員會指令」.
79) 李萬珪, 앞의 책, p.210;「朝鮮解放一年史」, p.81.
80) 森田芳夫, 앞의 책, p.24.
81) 위의 책, p.103.
82) 같은 책, p.104; 李榮根, 「八·一五解放前後のソウル① 建國準備委員會」,《統一朝鮮新聞》1970年8月15日字. 번역문은「呂運亨〈建準〉의 좌절」,《月刊朝鮮》1990년8월호, pp.445~446.

한편 엔도는 나가사키로 하여금 8월17일 저녁에 여운형에게 접수는 연합국에 의하여 이루어져야 할 것이므로 건준의 활동은 치안유지 협력에 그치도록 전하게 했다. 또 8월18일 오후에는 니시히로가 나가사키와 백윤화 검사와 함께 안재홍을 만나서 8월16일에 한 안재홍의 방송내용의 문제점을 지적하고 건준의 해체를 요구했으나, 안재홍은 이를 거부했다.[83]

83) 森田芳夫, 앞의 책, p.81.

2. 조선공산당의 재건과 건준의 분열

1

여운형은 8월18일 밤11시에 테러를 당했다.[84] 여운형을 테러한 괴한들의 정체는 밝혀지지 않았다. 여운형이 경기도 양평(楊平)의 시골집으로 가서 요양하는 동안 위원장의 일은 부위원장 안재홍이 대행했는데, 그러는 동안 건준은 심각한 혼선과 내부갈등을 겪었다.

첫째는 우파 민족주의자들이 건준의 확대 개편을 위한 전국유지자대회를 열 것을 요구하고 나온 것이었다. 안재홍과 일부 간부들은 이에 찬성하고 서울 거주자들만의 경성유지자대회를 열기로 합의했다. 그리하여 135명의 대표자 명단이 신문에 발표되기까지 했다.[85] 그러나 이 계획은 여운형을 포함한 건준 내부 좌익계열의 강력한 반대로 성사되지 못했다. 여운형은 부득이하여 회의를 열어야 한다면 그 회의에는 의견 제출권만 주고 결의권은 주지 말라고 했다.[86]

둘째로 강낙원(姜樂遠), 유억겸(兪億兼) 일파가 청년들을 모아 보안대를 따로 조직해 가지고 건준 치안대에 들어오겠다고 요청한 것을 안재홍이 허락한 데서 비롯된 알력이었다. 그들이 들어오면 여운형의 직속으로 되어 있는 장권의 부하들과 마찰을 일으킬 것이 예상되었기 때문이다. 여운형은 이것도 거부했다.[87]

셋째는 여운형이 신뢰하는 고경흠(高景欽), 정백, 윤형식(尹亨植) 등 건준의 공산주의자 간부들이 여운형에게 상의도 없이 8월21일에 휘문중학교

---

84) 李萬珪, 앞의 책, p.213. 그러나 中保與作은 여운형이 극도의 피로 때문에 입원한 것이 테러를 당했다고 와전되었다고 기술했다(中保與作, 앞의 책, p.20). 여운형 자신은 8월25일에 건준간부들에게 일사병 같은 병세로 정양을 위해 시골에 가 있었다고 말했다(李萬珪, 앞의 책, p.213).

85) 《每日新報》 1945년9월1일자, 「各界各層을 網羅한 百三十五氏招請」.

86) 李萬珪, 앞의 책, pp.216~217; 李仁, 앞의 책, pp.146~147.

87) 李萬珪, 위의 책, pp.217~218.

강당에서 건준의 경성지회(京城支會)를 조직하고 경성지회위원을 선거할 전형위원 15명까지 선정하여 물의를 일으킨 것이었다.[88] 여운형은 낭패했다. 이때의 일을 이만규는 "안에서는 일마다 불통일로 이러한 큰 문제를 만들어 내고, 밖에서는 간부 몇몇 사람을 내쫓아야 할 것을 안하고 있다고 좌우양익에서 비난이 들어오니 실로 곤란하였다"라고 기술했다.[89]

건준의 이러한 내부갈등은 한국 공산주의자들의 해묵은 분파주의에 기인하는 것이었다. 장안파공산당은 활발히 움직였다. 8월17일에는 형무소에서 석방된 공산주의자들과 함께 재경혁명자대회를 열고, 이튿날에는 외곽조직으로 소설가 김남천(金南天)을 위원장으로 하는 조선공산주의청년동맹을 결성하고, 전국각도의 조직을 서둘러 평안남도에 현준혁(玄俊赫), 황해도에 김덕영(金德永)을 책임자로 임명했다. 그리고 현재의 혁명단계를 프롤레타리아 혁명으로 규정하는 내용의 「정강」 「정책」도 발표했다. 그것은 정백이 기초한 것이었다.[90]

그러나 장안파공산당의 이러한 움직임은 광주(光州)의 한 벽돌공장에서 숨어 지내던 경성콤그룹의 지도자 박헌영이 서울에 나타나면서 제동이 걸렸다. 8월17일에 광주를 출발한 박헌영이 전주(全州)에서 측근 김삼룡(金三龍)을 만나서 같이 서울에 도착한 것은 8월18일 저녁나절이었다.[91] 서울에서는 8월15일부터 "박헌영 동무는 빨리 나타나서 우리들의 지도에 당하라"는 벽보가 거리에 나붙었다.[92]

박헌영은 서울에 도착하자마자 홍증식의 집으로 경성콤그룹 멤버들을 불러 모았다. 이들은 거의가 지하에서 나름대로 활동을 계속했거나 검거되어서도 전향하지 않은 공산주의자들이었다. 회의에서는 조선공산당

88) 같은 책, p.218.
89) 《每日新報》 1945년9월1일자, 「委員會京城支部會의 發足」.
90) 鄭栢, 앞의 글, p.8.
91) 중앙일보특별취재반, 『秘錄조선민주주의인민공화국』, 1992, 中央日報社 p.281; 박헌영, 「자필 이력서」, 이정박헌영전집편찬위원회 편, 『이정박헌영전집②』, 역사비평사, 2004, p.59.
92) 金午星, 『指導者群像』, 大成出版社, 1946, p.19.

재건준비위원회 결성문제,《해방일보(解放日報)》창간문제, 장안파 흡수공작문제 등이 논의되었다.[93] 이들은 장안파공산당을 운동탈락자, 유휴분자, 변절자로 치부했다.

박헌영은 이어 소련영사관의 부영사 샤브신(Anatoli I. Shabshin)을 찾아가서 한반도 정세와 장래의 운동에 대해서 논의했다. 박헌영은 지하생활을 하는 동안에도 샤브신과 비밀히 연락을 해왔다. 서울에 나타난 박헌영이 가장 먼저 착수한 작업은 「현정세와 우리의 임무」라는 문

광주 벽돌공장에 피신해 있다가 재건파공산당을 결성한 박헌영.

서를 작성한 것이었다.[94] 그것이 유명한 「8월테제」였다. 「8월테제」는 소련군의 진주를 전제로 한 것이었다. 그리하여 「8월테제」는 제2차 대전 종결에 대해서도 다른 연합국에 대한 언급은 없이 "세계혁명의 등대, 국제 프롤레타리아의 조국, 지구의 5분의 1을 차지하는 소련"이 승리한 결과라고 말하고, 그런데도 일본군대는 "지금 붉은 군대가 서울로 진입하는 것에 대비하여 전투를 전개하기 위한 책동을 하고 있다"고 비난했다.[95]

「8월테제」의 핵심적인 이론은 한국혁명의 현단계는 부르주아민주주의 혁명단계라고 규정한 것이었다. 따라서 "이 혁명의 가장 중요한 과업은 완전한 민족적 독립의 달성과 농업혁명의 완수이다"라고 주장했다. 그러나 그러면서도 "조선민족부르주아지는 어떤 희생을 치르더라도 자

93) 박헌영, 「자필이력서」, 『이정박헌영전집②』, p.59; 박갑동, 『朴憲永』, 인간사, 1983, pp.88~89.
94) 중앙일보특별취재반, 앞의 책, pp.280~284; F.샤브시나 꿀리꼬바, 「역사인물회고: 소련의 여류 역사학자가 만난 박헌영」, 《역사비평》 1994. 여름, p.179; 안재성, 『이관술 1902~1950』, 사회평론, 2006, p.165.
95) 박헌영, 「현정세와 우리의 임무」, 『이정박헌영전집②』, p.49.

기의 친일적 성향을 숨기려 하고 있다.… 우리의 과업은 이들과 비타협적 투쟁을 전개하면서 노동자, 농민, 소부르주아지 등 혁명적 대중의 선두에 서는 것이다"라고 투쟁방향을 천명했다.[96] 그런데 「8월테제」는 1928년12월에 코민테른[국제공산당] 집행위원회가 발표한 「한국문제에 대한 결의」, 이른바 「12월테제」[97]의 내용을 해방이후의 실정을 감안하여 약간 바꾸었을 뿐 골격은 거의 그대로 번안한 것이었다.[98]

그런 한편으로 「8월테제」는 장안파공산당을 다음과 같이 비판했다.

탄압의 시기에는 기득의 영예에 만족하던 이런 자들은 합법적 운동의 시기, 곧 1945년8월15일에 하부조직의 창설이나 아무런 준비도 없이 '조선공산당'을 조직하여 당 중앙위원회를 선출하기까지 하고 유해한 전통적인 파벌활동을 반복하여 인민운동의 최고지도자가 되려고 희망하였다. 그들은 흔들림없이 오래 전부터 지하운동을 진행하고 있는 충실한 공산주의자들의 믿음직한 그룹이 있다는 것을 알면서 이렇게 행동했던 것이다. 이런 결과로 조선공산주의운동은 분열되었다.[99]

「8월테제」는 마지막으로 인민정권의 수립을 위한 투쟁을 전개해야 한다고 다음과 같이 주장했다.

(우리는) 기본적 민주주의적 여러 가지 요구를 내세우고 이것을 철저히 실천할 수 있는 인민정부를 수립하여야 한다. 그러므로 반민주주의적 경향을 가진 반동단체에 대해서는 단호하게 투쟁하여야 한

---

96) 위의 글, p.50.
97) 村田陽一 編譯, 『コミンテルン資料集(4)』, 大月書店, 1981, pp.487~495 참조.
98) 서중석, 『한국현대민족운동사연구』, 역사비평사, 1991, p.236.
99) 박헌영, 「현정세와 우리의 임무」, 『이정박헌영전집②』, p.51.

다. "정권을 인민대표회의로"라는 표어를 걸고 진보적 민주주의를 위한 투쟁을 할 것이다.…[100]

장안파공산당은 8월19일에 박헌영에게 중앙의 요직에 취임할 것을 요청했으나 박헌영은 이에 응하지 않고, 오히려 장안파공산당의 해체를 주장했다.[101]

박헌영은 이튿날 명륜동(明倫洞)의 김해균(金海均) 집에서 경성콤그룹을 조선공산당 재건위원회로 개칭하고, 「8월테제」를 당의 잠정적 정치노선으로 채택했다. 이른바 재건파공산당의 출현이었다.

2

재건파공산당이 출현함으로써 위기에 봉착한 장안파공산당은 8월22일에 간부회의를 열고 당이 조직상 원칙에 위반되므로 재경열성자대회를 열어 당조직문제를 결정하기로 하고 정재달, 정백, 서중석, 이정윤, 이승엽 5명을 대회소집위원으로 선임했다. 그러나 책임비서 조동호를 비롯하여 홍남표, 정재달, 이승엽, 최원택 등 화요회계는 박헌영의 요구를 받아들여 장안파공산당의 해산을 주장하면서 탈퇴해버리는가 하면, 경성지구위원회와 청년동맹은 당의 해산을 반대했다. 해산결의에 참가했던 이영은 해산결의를 취소했다. 당내의견이 통일되지 않은 속에서 9월1일에 경성지구위원회 주최로 열린 재경열성자대회는 당을 존속하기로 결의했다.[102]

한편 건준은 8월22일에 기구를 12부1국제로 확대하고 8월25일에는 새로이 건준의 목적과 활동방향을 천명하는 「선언」과 「강령」을 채택했다. 개편된 기구는 경무부를 치안부로 개칭하고, 식량부, 문화부, 교통부,

---

100) 위의 글, p.55.
101) 《戰線》 제4호, 1945년10월31일자, 「黨統一促進에 대한 略報」.
102) 鄭栢, 앞의 글, p.9.

건설부, 기획부, 후생부, 조사부와 서기국을 신설하는 한편 위원도 7명에서 32명으로 크게 늘렸다. 신임 위원에는 김교영(金教英), 유석현(劉錫鉉), 홍기문(洪起文) 등의 안재홍계뿐만 아니라 김준연, 이용설(李容卨), 함상훈(咸尙勳), 김약수(金若水) 등의 우파 민족주의 인사들도 포함되기는 했지만, 두드러진 특징은 정백, 권태석, 이강국, 최익한, 고경흠, 최성환(崔星煥) 등 공산당인사들이 대거 선임된 것이었다. 그러나 새로 선임된 김준연, 이용설, 함상훈, 홍기문은 아예 참여하지도 않았다.

시골에서 요양 중이던 여운형은 8월25일에 집행위원들 앞에서 다음과 같은 연설을 했다.

"지금 우리가 할 일이 정부조직이 아니고 또 어떠한 기성세력을 형성하려는 것도 아니니, 물론 무슨 정권의 쟁탈도 아닙니다. 다만 신정권이 수립될 때까지의 준비를 위한 것과 치안을 확보하는 것뿐입니다. 과언묵행(寡言黙行)이 오직 이 실행에 있습니다.…"

그러면서 그는 또 이 자리에서 "나는 임무를 마치면 농촌으로 가겠습니다"라는 말도 했다.[103]

그러나 사흘 뒤인 8월28일자로 발표된 건준의 새 「선언」은 여운형의 이러한 소회와는 사뭇 다른 전투적인 내용이었다. 이만규는 그것이 여운형이 직접 작성했다고 할 만큼 그가 내용을 대폭 수정했다고 했는데,[104] 이러한 모순은 조선공산당의 재건이라는 엄중한 상황변화가 반영된 것이었음은 쉽게 짐작할 수 있다.[105] 「선언」은 건준의 성격을 다음과 같이 천명했다.

본 준비위원회는 우리 민족을 진정한 민주주의 정권으로 재조직하기 위한 새 국가건설의 준비기관인 동시에, 모든 진보적 민주주의

---

103) 李萬珪, 앞의 책, p.215.
104) 위의 책, p.210.
105) 이정식, 앞의 책, pp.522~524.

적 제세력을 집결하기 위하여 각층각계에 완전히 개방된 통일기관이요 결코 혼잡된 협동기관은 아니다. 왜 그런고 하면, 여기에는 모든 반민주주의적 반동세력에 대한 대중적 투쟁이 요청되는 까닭이다. 과거에 있어서 그들은 일본제국주의와 결탁하여 민족적 죄악을 범하였고 금후에도 그들은 해방조선을 그 건설도중에서 방해할 가능성이 있나니, 이러한 반동세력 즉 반민주주의적 세력과 싸워 이것을 극복 배제하고 진정한 민주주의의 실현을 위하여 강력한 민주주의 정권을 수립하여야 할 것이다.…

「선언」은 결론으로 강력한 민주주의 정권의 수립 절차와 그 정권의 성격을 다음과 같이 설명했다.

이 정권은 전국적 인민대표회의에서 선출된 인민위원으로서 구성될 것이며 그동안 해외에서 조선해방운동에 헌신하여온 혁명전사들과 특히 그의 지도적인 집결체에 대하여는 적당한 방법에 의하여 전심적(全心的)으로 맞이하여야 할 것은 물론이다.…[106]

그것은 공산주의국가에서 보는 정부 수립 절차를 분명히 한 것이었다. 재건파공산당을 발족시킨 박헌영 그룹은 전국적인 조직을 갖춘 건준을 인민공화국으로 개편하는 작업에 착수한 것이었다. 우익정파들이 주장하는 중경임시정부의 봉대문제와 관련해서는 "적당한 방법에 의하여 전심적으로 맞이하여야 할 것"이라고 애매하게 언급한 것이 눈길을 끈다.

새로 제정된 「강령」은 다음과 같았다.

(1) 우리는 완전한 독립국가의 건설을 기함.

(2) 우리는 전 민족의 정치적, 사회적 기본 요구를 실현할 수 있는 민주주

---

106) 李萬珪, 앞의 책, pp.211~212.

의정권의 수립을 기함.

(3) 우리는 일시적 과도기에 있어서 국내질서를 자주적으로 유지하며 대중생활의 확보를 기함.[107]

우파 민족주의자들과 안재홍이 합의한 135명의 경성유지자대회(건준 확대위원회)안이 여운형에 의하여 거부된 것은 재건파공산당의 출현에 따른 건준의 좌경화가 돌이킬 수 없는 국면에 이르렀음을 보여 주는 것이었다.

건준의 「선언」이 발표된 뒤에 안재홍은 양평으로 요양 중인 여운형을 찾아갔다. 모든 일을 흉금을 터놓고 상의해보려는 생각에서였다. 그런데 최용달과 정백이 행여나 여운형이 안재홍의 설득에 넘어갈까 하여 뒤쫓아 감으로써 여운형과 안재홍의 회담은 아무런 성과도 없었다.[108]

3

어런더런한 분위기가 계속되는 상황에서 한반도를 미군과 소련군이 남북으로 분할하여 점령한다는 뉴스가 전해진 것은 8월24일에 이르러서였다. 이 날짜 《매일신보》는 《도메이 통신》의 도쿄발 기사로 "한국은 독립정부가 수립될 때까지 미국과 소련의 분할 점령아래 두고 각각 군정이 실시될 것으로 보인다"고 보도했다.[109]

8월26일에는 일본어 신문 《경성일보(京城日報)》도 같은 내용의 뉴스를 전했다. 그러나 이때의 보도에는 38도선은 언급되지 않았다.[110]

한편 조선총독부는 8월22일에 본국정부의 내무차관으로부터 일본군의 무장해제 담당구역을 북위38도 이북은 소련군, 이남은 미군이 될 전

---

107) 위의 책, p.213.
108) 「夢陽 呂運亨씨의 追憶」, 『民世安在鴻選集 2』, p.205.
109) 《每日新報》 1945년8월24일자, 「朝鮮은 蘇軍과 米軍」.
110) 《京城日報》 1945년8월26일자, 「南鮮は米, 北はソ. 夫れ夫れ分割占領」.

망이라는 예고전보를 받았고, 8월29일에는 정식 통보를 받았다.[111]

이보다 앞서 8월18일에 여의도 비행장에 내린 광복군 국내정진대가 영등포 일대에 뿌린 전단에도 미군이 진주한다는 내용이 들어 있었으므로, 일본군이나 조선총독부 간부는 서울에 미군이 진주할 것이라는 사실을 짐작할 수 있었을 것이다. 다만 그 사실이 한국 지도자들에게 얼마나 널리 알려졌는지는 분명하지 않다. 건준 인사들이나 조선공산당은 8월 말까지도 서울에 소련군이 진주할 것으로 믿고 있었다.[112]

이와 관련하여, 8월20일에 미군 B-29 폭격기가 서울 상공에 날아와서 웨드마이어 장군이 서명한 전단을 뿌리고 갔는데, 전단의 내용은 9월3일에 남한 지역에 미군이 진주할 것이라는 포고였다는 기록이 있다.[113] 그러나 앞에서 보았듯이 트루먼(Harry S. Truman) 대통령이 38도선을 경계로 한반도를 미소가 분할 점령할 것과 맥아더(Douglas MacArthur)를 연합군사령관으로 임명할 것을 스탈린(Iosif V. Stalin)의 동의를 얻어 영국과 중국정부에 통보한 것이 8월16일이었고, 또 한국에 진주할 미군은 오키나와(沖繩)에 있던 미 제24군단이었기 때문에 중국전구 사령관인 웨드마이어 명의의 전단이 8월20일에 이르러 서울일원에 뿌려졌을 개연성은 희박하다.

한국을 미군과 소련군이 분할점령한다는 뉴스는 한국인들에게 여간 큰 충격이 아니었다. 그리고 그것은 계파별로 모여 정당결성 작업을 추진하고 있던 우익 민족주의자들을 크게 고무시켰다. 이들 가운데 가장 먼저 활동을 시작한 사람들은 허정(許政)과 장덕수(張德秀) 등 미국유학파들이었다. 허정은 8월16일에 보성전문학교로 장덕수를 찾아가서 정당결성 문제를 논의했다. 두 사람은 집권을 목표로 하지 않고, 일부 계층이

111) 山名酒喜男, 「終戰前後に於ける朝鮮事情槪要」, 森田芳夫·長田かな子 編, 『朝鮮終戰の記錄 資料篇(一)』, 巖南堂書店, 1979, p.18.
112) 李庭植, 「呂運亨과 建國準備委員會」, pp.48~50.
113) 森田芳夫, 앞의 책, p.266; 高峻石, 앞의 책, p.37.

나 파벌만을 대표하지 않는 정당을 만들어야 한다는 데 의견이 일치했다. 미국에 유학할 때부터 임시정부와 이승만을 지지해왔던 이들은 새로 조직되는 정당은 임시정부를 맞이할 기반을 닦는 준비기관의 역할을 수행해야 한다고 생각했다. 그리하여 장덕수는 지도급 인사들을 만나고 허정은 동년배들을 만나보기로 했다.[114]

장덕수는 이날 바로 여운형을 찾아갔다. 여운형은 평소의 지론대로 중경의 임시정부를 유일한 정통정부로 맞이하는 데는 부정적이었다.[115] 여운형은 장덕수에게 건준사업에 협동할 것을 권했다.[116]

장덕수는 송진우와 김성수를 만나고 안재홍도 만났다. 송진우는 의견이 달랐다. 그는 임시정부의 환국을 서둘러 그들을 추대하면 되고 새로 정당을 조직할 필요는 없다고 했다. 김성수는 《동아일보》 복간준비와 보성전문학교를 명문대학으로 발전시키는 일에 더 열의를 가지고 있었다. 가장 적극적인 반응을 보인 사람은 건준 부위원장 안재홍이었다.[117]

이인도 부지런히 움직였다. 여운형과 송진우의 중재에 실패한 이인은 8월17일 오후 1시에 반도호텔에서 연합군환영준비회와 임시정부환영준비회를 발족시켰다. 회의는 위원장에 권동진(權東鎭), 부위원장에 이인, 사무장에 조병옥(趙炳玉)을 선출했으나, 권동진이 와병 중이어서 이인은 다시 위원장으로 선출되었다. 이인은 이어 8월19일 밤에 같이 자던 원세훈(元世勳)과 조병옥에게 환영준비위원회를 모체로 임시정부의 기반이 될 정당을 만들자고 제의했다. 이인은 건준이 독주하는 것은 자기들이 조직이 없는 것을 무시하기 때문이라고 생각했던 것이다.[118]

원세훈은 이미 독자적으로 8월18일에 한학수(韓學洙), 송남헌(宋南憲) 등과 함께 사회민주주의적 강령을 내걸고 고려민주당(高麗民主黨)

114) 許政, 『내일을 위한 證言 許政回顧錄』, 샘터, 1979, pp.95~96.
115) 위의 책, pp.96~97.
116) 李萬珪, 앞의 책, p.205.
117) 許政, 앞의 책, pp.98~99; 李敬南, 『雪山 張德秀』, 東亞日報社, 1981, pp.300~301.
118) 李仁, 앞의 책, pp.146~148.

을 창당해놓고 있었다. 그러나 고려민주당은 8월20일에 모든 정치단체는 해산하라는 일본군의 명령에 따라 정당의 간판을 내렸다.[119]

건준을 전국유지단체로 확대 강화하기 위해 노력하던 김병로 그룹은 건준과의 합동을 포기하고 고려민주당 인사들을 통합하여 8월28일에 오성학교 강당에서 조선민족당(朝鮮民族黨)을 창당했다. 여기에는 원세훈, 조병옥, 함상훈, 나용균(羅容均) 등과 일찍이 사회주의 운동을 했던 김약수도 참여했다.[120]

또 하나의 그룹은 8월29일에 안국동의 윤보선(尹潽善) 집에서 별도의 정당결성 회의를 열었다.[121] 이 자리에는 허정, 장덕수, 백남훈(白南薰), 김도연(金度演), 구자옥(具滋玉), 유억겸, 윤치영(尹致暎) 등과 함께 건준 부위원장 안재홍도 참석했다. 참석자들은 장덕수가 작성한 정강 정책 초안을 놓고 토의를 벌였다. 당명은 중국국민당을 염두에 두고 한국국민당(韓國國民黨)으로 정했다.[122]

마침내 여운형은 8월31일에 급히 건준의 집행위원회를 소집하고 사직을 선언했다. 각부 간부들은 통일이 안된 책임은 자기들에게 있다면서 총사직을 단행했고, 그러자 안재홍도 사표를 제출했다. 이 총사직 문제는 확대위원회에서 처리하기로 하고, 9월2일 오후 5시에 확대위원회를 소집했다.[123] 총사직 문제로 어수선한 분위기에서 안재홍이 9월1일에 결성된 조선국민당(朝鮮國民黨)의 당수로 추대되었다는 신문보도는 건준을 긴장시켰다. 특히 조선국민당은 중경임시정부를 절대 지지할 것을 표명하고 나옴으로써 건준을 더욱 당혹하게 했다.[124]

119) 위의 책, p.149.
120) 李起夏, 『韓國政黨發達史』, 議會政治社, 1961, p.58.
121) 尹潽善, 『救國의 가시밭길 나의 回顧錄』, 韓國政經社, 1967, p.45.
122) 李起夏, 앞의 책, p.58; 許政, 앞의 책, pp.99~100.
123) 李萬珪, 앞의 책, pp.218~219.
124) 위의 책, pp.219~220; 《每日新報》 1945년9월2일자, 「朝鮮國民黨을 結成」.

3. "행복은 당신들의 수중에 있다"

1

소련군 제25군 군사회의 위원으로서 1945년8월부터 1948년12월까지 북한에 머물면서 북한정권 창출의 산파역을 맡았던 레베데프(Nikolai G. Lebedev) 소장은 "북한의 역사는 소련군의 진주에서부터 시작되었다"라고 말했다.[125] 그만큼 북한의 국가형성은 소련군의 주도 아래 추진되었다. 그리고 그 작업은 전격적이고 단호했다.

전후의 한국처리문제에 대한 소련의 정책은 소련공산당 중앙위원회가 발행하는 《공보(公報)》 1945년8월1일자에 실린 「한국의 국내외 정세에 대하여」라는 장문의 보고서에 포괄적으로 표명되었다. 보고서는 먼저 한국이 소련의 안보상 어떤 위치에 있는가를 다음과 같이 설명했다.

한국의 군사 전략적 의의는 무엇보다도 만주 및 소련과 국경을 접하고 있는 그 지리적 조건에 규정된다. 일본은 한국을 작전근거지로 사용하여 1931년에 만주를 합병했으며, 그 뒤 일본 제국주의가 소련에 대한 전쟁을 준비하면서 한국의 군사 전략적 의의가 더욱 증대했다. 일본 권력은 "북쪽 국경을 수호하라"는 슬로건으로 자신의 반소비에트적 군사 준비를 속이고 있다. 새로운 철도의 건설, 한국 북동쪽 항구들의 건설과 재건, 군수공업 성장의 강화, 한국 주민들에 대한 반소비에트 선전 —— 이 모든 것들이 일본 군부에 의해 성숙하고 있는 계획들을 증명한다.

보고서는 이어 한국의 지리와 러일전쟁 이후에 일본의 식민지로 전락

---

125) 레베데프 證言, 중앙일보특별취재반, 『秘錄조선민주주의인민공화국』, p.64.

하기까지의 한반도를 둘러싼 열강의 각축관계를 설명하고, 한국이 일본에 어떤 군사적 및 경제적 의미가 있는지를 지적했다.

특히 흥미로운 것은 한국민족해방운동에 관한 서술의 대부분을 대한민국임시정부 산하의 정당과 인물에 할애한 점이다. 임시정부는 1937년 이후에 내부갈등으로 많이 변화하기는 했지만, 기본적으로는 중국 망명 한국인들의 보수적인 성향을 대변한다고 이 보고서는 설명했다. 보수적인 한국독립당의 지도자인 김구는 중국국민당의 반동분자들로부터 영향을 받고 있고 장개석 정부의 보조금을 받고 있다고 말하고, 조소앙은 김구보다는 덜 반동적이지만 친미적이라고 기술했다. 그리고 이승만에 대해서는 국제회의에서 "한국을 소련의 영향권으로 집어넣는" 안을 결정했다고 비판성명을 냈던 "반소련 성향으로 유명한" 인물로 평가했다.[126] 이승만에 대한 이러한 언급은 1945년4월에 샌프란시스코에서 열린 국제연합창설회의에서 이승만이 터뜨린 얄타밀약설 성명을 지칭하는 것이었을 것이다.

보고서는 또 미국의 한반도에 대한 이해관계에 대하여 다음과 같이 분석했다.

미국, 영국, 중국 3국 지도자들이 1943년에 카이로에서 대일전의 승리 이후 적당한 시기에 한국에 독립을 허여하기로 한 결정은 외국에서 한국의 장래와 그 정치체제에 대한 많은 반향과 추측을 불러일으켰다. 특별히 미국에서 이 문제가 광범위하게 논의되고 있다. 일본이 한국을 점령할 때까지 미국인들은 그곳에서 대단히 중요한 경제적 이해관계를 가지고 있었기 때문에 이 점은 당연하다. 한국 광산업의 대부분은 미국인들의 수중에 있었으며, 한국의 금광은 모두 미국인 소유였다. 그들은 한국에 종교 선교단, 자선 시설, 다양한 학교 등의 연

---

126) 김성보, 「소련의 대한정책과 북한에서의 분단질서 형성 1945~1946」, 역사문제연구소 편, 『분단 50년과 통일시대의 과제』, 역사비평사, 1995, pp.57~60 참조.

결망을 가지고 있었다. 현재 그들은 한국으로 돌아갈 좋은 기회를 기다리고 있다.

보고서는 마지막으로 전후 한국처리문제와 관련하여 다음과 같은 결론을 내렸다.

첫째로 미국은 한국에 대해 큰 이해관계를 가지고 한국에서 우월한 영향력이 보장될 수 있는 제도를 세울 준비를 하고 있다.

둘째로 중국국민당 집단은 스스로를 위해 장래의 한국의 운명을 결정하는 데 적극적인 역할을 할 것을 보장받기 위해 애쓰고 있다. 이 집단은 미국과 비밀히 교섭을 유지하고 있다. 대체로 중국국민당과 미국은 한국문제 결정에서 소련의 역할을 최대한 약화시키려 한다.

셋째로 미국, 영국, 중국이 한국에 독립을 허여하기까지 국제적 후견(오페카)을 실행하려는 계획을 하고 있다.

넷째로 소련의 참여 없이 한국문제를 결정하는 것은 불가능하다.[127]

소련의 극동군 총사령관 바실레프스키(Alexandr M. Vasileveskii) 원수는 8월18일에 만주와 한국의 주요 도시에 정규부대보다 먼저 이동할 수 있는 기동부대와 공수부대를 보내어 점령하도록 명령했다. 이들 부대에는 점령한 도시의 행정조직을 담당하기 위해 특별히 선발된 장교들이 배치되었다.[128]

8월16일에 청진(淸津)을 점령한 태평양함대의 해병여단 9,000명가량이 청진항을 출발하여 원산(元山)에 상륙한 것은 8월21일이었다.[129] 같은 날 제393사단 선발대가 함흥(咸興)에 도착했고, 본대는 8월24일에 진주

---

127) 위의 글, pp.57~60에서 재인용.
128) Erik van Ree, *Socialism in One Zone: Stalin's Policy in Korea 1945-1947*, p.66.
129) 森田芳夫, 앞의 책, p.166; 김기조, 『한반도 38선 분할의 역사』, p.319.

했다. 먼저 남부분단의 샤닌(G. I. Shanin) 소장 일행이 도착하고, 이어 제25군사령관 치스차코프(Ivan H. Chistiakov) 대장이 사령부가 있는 만주의 연길(延吉)로부터 비행기로 함흥에 도착했다.

이때의 치스차코프의 행동은 북한에 진주한 소련군사령부의 최초의 정식행동이었다는 점에서 눈여겨볼 만하다. 치스차코프는 함흥의 비행장 건물 안에서 일본군 제34군사령관과 만나 일본군의 무장해제에 대하여 협의하고, 시내로 들어가서 함경남도 지사 기시 유이치(岸勇一) 및 도청 간부들과 행정권 이양문제를 협의했다. 치스차코프는 먼저 "조선인이든 일본인이든 현재의 직장을 이탈하는 자는 교수형에 처한다"고 엄명하고, 행정권 이양교섭은 샤닌 장군에게 맡겼다. 교섭은 30분만에 끝났다. (1) 관내의 치안유지는 물론 행정사무는 종래대로 지사와 그 부하직원이 집행하고, (2) 인심을 교란하거나 치안을 문란하게 하는 자는 엄벌에 처하며, (3) 공장, 사업장, 광산 등은 조업을 계속하고, (4) 물자를 관외로 방출하지 않도록 한다는 등에 합의하고 기시 지사와 샤닌 장군 연명으로 이튿날 발표하기로 했다. 행정권이양의 발표가 있을 것이라는 것을 함흥방송국을 통하여 예고까지 했다. 그러나 발표는 갑자기 중지되었다.

2

소련군의 진주에 앞서 함흥에서는 8월16일에 석방된 송성관(宋成寬) 등과 그 밖의 공산주의자들이 그날 밤으로 함경남도 인민위원회좌익(咸鏡南道人民委員會左翼)을 조직했다가 바로 함경남도 공산주의자협의회를 결성하고 맹렬히 활동을 시작했다. 또 이들과는 별도로 도용호(都容浩), 최명학(崔明鶴) 등을 중심으로 건국준비위원회 함경남도지부가 결성되었다. 이 두 단체 대표들이 이날 오후에 치스차코프를 찾아가서, 두 단체가 합동으로 조선민족 함경남도집행위원회를 결성했다면서 행정권을 비롯한 모든 권한을 이 집행위원회에 이양하라고 요구했다. 행정권 이양

발표가 중지된 것은 그 때문이었다.

이날 저녁 9시에 함흥의 행정, 산업, 경제, 금융, 교통, 신문, 통신 등의 대표자들이 소련군사령부에 소집되었다. 이 자리에 치스차코프가 조선민족 함남집행위 간부인 도용호, 최명학, 송성관 세 사람을 대동하고 나와서 다음과 같은 요지의 선언문을 읽었다.

"오늘 도용호를 위원장, 최명학을 부위원장으로 하는 조선민족 함경남도집행위원회가 설립되었다. 소련군의 명령 아래 동 집행위원회가 함경남도의 치안과 행정 일체를 담당한다. 헌병과 경찰관은 무장을 해제한다. 관공서나 공공물은 위원회가 인계한다. 위원회는 일본인을 억압해서는 안된다. 일본인의 생명과 재산은 소련군 및 위원회가 보장한다. 신정부의 법규에 따를 것. 공장설비 등을 파괴하는 행위는 엄중히 처벌한다. 그것을 철거한 경우에는 원위치에 가져다 놓을 것."

이어 도용호와 최명학을 신정부의 대표자로 소개했다. 기시 지사와 우체국장과 일본질소비료 흥남본부장은 그 자리에서 인계서에 서명해야 했다. 기시 지사가 자기는 총독에 의하여 임명되었으므로 총독의 명령이 없이는 서명할 수 없다면서 서명을 거부하자, 치스차코프는 "치스차코프 대장의 명령으로 서명했다고 쓰라"고 말했다. 이처럼 북한에 진주한 소련군은 총독부를 상대하지 않고 도(道)별로 행정권을 접수했다. 이날 밤 조선민족 함남집행위원회는 공산주의자협의회와 건국준비위원회가 각각 11명씩의 위원을 내어 철야회의로 앞으로의 활동방향을 논의하고 각 기관의 접수위원을 결정했다. 조선민족 함남집행위원회는 8월30일에 함경남도인민위원회로 개칭되고, 민간 건물에 있던 사무소는 도청으로 옮겨졌다.[130]

치스차코프의 이러한 행동은 소련군의 한국 진주가 너무 급작스러웠고, 따라서 군사점령에 대한 사전준비가 없었음을 말해 준다. 그러므로

---

130) 森田芳夫, 앞의 책, pp.168~172.

치스차코프의 행동은 임기
응변일 수밖에 없었다. 실
제로 치스차코프가 제1방
면군 사령관 메레츠코프
(Kirill A. Meretskov) 원수
로부터 제25군이 북한점령
군으로 선정된 사실을 통
고받은 것은 8월25일이었
다. 이때에 치스차코프는
제25군사령부를 9월1일
안으로 함흥이나 평양(平
壤)으로 옮기라는 명령을
받았는데, 그는 사령부 소
재지로 평양을 택했다.[131]

8월26일에 평양에 도착한 소련 제25군사령관 치스차코프 대장.

치스차코프는 8월26일
에 평양에 도착했다. 평양
에는 이미 8월24일 오후 2시에 카멘슈코프(Kamenchikov) 소령이 이끄
는 선발대가 대형수송기 3대로 평양에 진주했고, 오후 5시에는 평원선 기
차로 2개 연대 병력이 도착했다. 이어 8월26일에는 3,000~4,000명의 본대
가 진주했다.

공산주의자들의 활동이 활발한 함흥과는 대조적으로 평양은 "한국
의 예루살렘"이라고 일컬어졌을 만큼 기독교의 도시였다. 8월15일에 전
국에서 처음으로 일본인들의 평양 신사(神社)가 불탄 것은 신사참배 강
요로 쌓인 평양 시민들의 울분이 표출된 것이었다.[132]

---

131) Erik van Ree, op. cit., p.91.
132) 森田芳夫, 앞의 책, p.182.

평안남도건준 위원장 조만식. 그는 머리에 붕대를 두르고 다녔다.

평양에는 소련군의 진주에 앞서 신사참배에 저항하다가 옥사한 주기철(朱基澈) 목사의 산정현(山亭峴)교회 장로이자 전국적으로 알려진 민족주의 지도자 조만식(曺晚植)을 중심으로 평안남도 건국준비위원회가 결성되어 있었다. 평안남도 건준은 서울의 여운형 및 송진우와 연락하면서,[133] 치안유지에 주력했다.[134] 한편 공산주의자들도 8월15일에 경성제국대학 출신의 현준혁(玄俊赫)을 위원장으로 하는 조선공산당 평안남도지구위원회를 조직하고 "일본인의 생명을 보호하라"는 전단을 뿌리는 등 선전활동을 벌였다.[135]

평양에 도착한 치스차코프는 철도호텔을 숙소로 정하고 그날로 활동을 개시했다. 먼저 일본군 평양사관구(平壤師管區) 사령관 다케시타 요시하루(竹下義晴) 중장을 철도호텔로 불렀다. 치스차코프는 다케시타에게 평양사관구 일본군의 무장해제에 관련된 사항을 지시했다.[136] 이어 치스차코프는 평안남도 건준과 공산당 간부들을 함께 소집했다. 조만식은 치스차코프를 만나자마자 "소련군은 점령군이냐, 해방군이냐?" 하고 따지듯이 물었다.[137] 그것은 소련군이 진주하면서 도처에서 강간과

133) 『古下宋鎭禹先生傳』, p.303; 呂運弘, 앞의 책, p.145.
134) 이승현, 「해방직후 북한우익의 노선과 활동」,《國史館論叢》54輯, 國史編纂委員會, 1994, p.182.
135) 森田芳夫, 앞의 책, p.182.
136) I. M. 치스차코프, 「第25軍의 戰鬪行路」, 蘇聯과학아카데미 編, 『朝鮮의 解放』, 國土統一院, 1988, pp.63~65; Erik van Ree, op. cit., p.91.
137) 레베데프 證言, 『秘錄조선민주주의인민공화국』, p.59, p.91.

약탈을 자행하고 있는데 대한 항의였다.[138] 평양부(平壤府)가 급히 유곽과 술집을 신설한 것도 그러한 사태에 대비한 것이었다.[139] 치스차코프는 조만식에게 "소련군이 온 목적은 조선해방이다"라고 대답한 다음, "나는 순수 군인이니까 정치적인 문제는 이틀 뒤에 정치전문가인 레베데프 소장이 오면 그에게 물으라"고 잘라 말했다.[140]

이 자리에서 치스차코프는 우익인사 15명, 좌익인사 15명(뒤에 각각 16명)으로 구성되는 위원회에 평안남도의 행정을 맡기겠다고 말했다. 이 것은 전날 함흥에서 결성된 조선민족 함경남도집행위원회 구성과 같은 방식이었다. 치스차코프가 누가 위원장으로 적임자이겠느냐고 묻자, 모인 사람들 모두가 조만식을 천거했다. 부위원장은 평남건준의 부위원장 오윤선(吳胤善)과 조선공산당 평남지구위원장 현준혁이 맡기로 결정되었다.[141]

그러나 회의분위기는 함흥에서와는 달리 순조롭지 않았다. 치스차코프는 "이제부터는 도의 모든 행정에서 공산당의 지도를 받으라"고 말했다가 우익인사들의 반발에 부딪혀 "공산당과 협력하라"고 발언을 수정해야 했다.[142] 치스차코프는 뒷날 이때의 일을 다음과 같이 기술했다.

> 짧은 대화를 해보고 나는 이곳에는 군사회의 동지들이 없이 나와 라닌(V. M. Lanin) 중령[제25군사령부 작전부장 대리]만으로는 처리할 수 없을 만큼 문제가 많고 복잡하다는 것을 알았다. 그리하여 나는 곧 연길로 비행기를 보내어 8월28일에 레베데프 장군을 수석으로 하는 군사회의 위원들을 평양으로 데려오게 했다.…[143]

---

138) 金昌順, 『北韓十五年史』, 知文閣, 1961, p.44.
139) 森田芳夫, 앞의 책, p.183.
140) 레베데프 證言, 『秘錄조선민주주의인민공화국』, p.59.
141) 曺圭河·李庚文·姜聲才, 『南北의 對話』, 고려원, 1987, pp.153~155.
142) 吳泳鎭, 『하나의 證言』, 中央文化社, 1952, pp.112~124.
143) I. M. 치스차코프, 「第25軍의 戰鬪行路」, 『朝鮮의 解放』, p.66; Erik van Ree, op. cit., pp.91~92.

치스차코프는 레베데프와 한국인 대표들의 정식 회의일을 8월29일로 정했다. 그는 또 이날 밤에 조만식, 현준혁 등 한국인사들과 후루카와 가네히데(古川兼秀) 평안남도 지사를 비롯한 도오모토(堂本) 경찰부장 등 평양의 유력인사들을 불러 모았다. 이 자리에서 치스차코프는 다음과 같은 요지를 발표했다. (1)일본군대는 일본천황의 명령으로 항복했기 때문에 26일 오후 8시에 평안남도의 일본정부는 소멸했으며, 조만식을 위원장으로 하는 한국인 위원회에 전권을 인계한다. (2)모든 일본인 관리는 퇴임한다. 일본인 가운데 기술자 및 한국인이 할 수 없는 기능을 가진 사람은 현상을 유지한다. (3)일본군은 모두 포로로 처우한다. (4)식량배급은 종래대로 실시하고 일본인에게 감배하지 않는다. (5)일본인과 한국인은 사이좋게 제휴하고, 만일 문제가 있으면 소련군에 신고한다. (6)노무자의 태업은 금지한다. (7)민간인이 소지한 총기는 모두 회수한다. (8)신정권이 각도에 설립된 뒤에 통일된 정부를 만든다. 다만 신정부의 소재지는 서울에 한하지 않는다.[144]

조만식과 현준혁을 비롯한 한국인 지도자들은 백선행(白善行)기념관으로 자리를 옮겨 위원회 조직에 착수했다. 이때에 위원회의 명칭을 두고 평남건준인사들은 평안남도 정치위원회로, 공산주의자들은 평안남도 인민위원회로 맞서다가 투표 끝에 평안남도 인민정치위원회로 결정되었다.[145]

평안남도 행정권은 8월27일에 평남인민정치위에 이양되었다. 조만식은 오후 5시에 도청의 신구직원이 모인 자리에서 훈시를 했다. 평양방송국에서는 이날부터 일본어 방송이 사라지고,《평양매일신문(平壤每日新聞)》은 최종판을 한글로 낸 뒤에 29일에《관서인민신보(關西人民新報)》로 제호를 바꾸었다.[146]

144) 森田芳夫, 앞의 책, pp.184~185.
145) 李允榮, 『白史李允榮回顧錄』, 史草, 1984, pp.105~106.
146) 森田芳夫, 앞의 책, pp.185~186.

소련군은 평양점령과 함께 38도선을 경계로 남과 북을 단절시키는 조치를 취했다. 먼저 8월24일에 경원선(京元線), 8월25일에 경의선(京義線)의 철도운행을 중단시키고, 38선에 인접한 금천(金川), 연천(連川), 평강(平康), 양양(襄陽) 등지에 경비부대를 배치하여 남과 북의 교류를 통제했다.[147] 치스차코프는 8월27일 오전 10시까지 38도선 이북에 있던 일본군 장성 7명은 출두시킨 다음, 이튿날 이들을 모두 연길로 이송했다.[148]

황해도에는 8월25일에 30명의 소련군 선발대가 진주했다. 이 부대는 비행기로 평양에 와서 철도편으로 해주(海州)로 이동했다. 소련군은 해주와 토성(土城) 사이의 철도를 38도선에서 차단하고, 주로 물자가 남한으로 유출되는 것을 감시했다.

이에 앞서 해주에서는 8월17일에 정치범과 경제범이 석방된 데 이어 8월20일에는 기독교인인 김응순(金應珣)을 위원장으로 하는 건준 황해도 지부가 결성되고, 동시에 김덕영(金德永)을 위원장으로 하는 조선공산당 황해지구위원회도 발족했다. 선발대와 같이 온 소련군 정치장교의 주선으로 건준 황해도지부는 황해도 인민정치위원회로 개편되었는데, 위원회의 간부는 대체로 민족주의 인사들이고 공산주의자는 한두 사람 포함되어 있었다.[149] 이 정치장교의 명령에 따라 쓰쓰이 다케오(筒井竹雄) 황해도지사는 9월2일에 도행정을 황해도인민정치위에 이양했다. 그러나 건준계가 우위인 이 기구에 불만을 가진 공산당은 그날로 우파의 두 간부를 구타하여 중상을 입히는 사건이 발생했다. 그리하여 위원회는 9월4일에 총사직할 것을 소련군에 통고했고, 소련군은 하는 수 없이 도지사에게 당분간 행정을 계속하라고 지시했다.

---

147) 曺圭河·李庚文·姜聲才, 앞의 책, pp.60~61; 김광운, 『북한 정치사 연구 I 건당·건국·건군의 역사』, 선인, 2003, p.54.
148) 森田芳夫, 앞의 책, p.184.
149) 위의 책, pp.178~179; 森田芳夫·長田かな子 編, 『朝鮮終戰の記錄 資料篇(一)』, pp.299~300.

9월3일쯤부터 소련군 본대가 해주, 사리원(沙里院), 재령(載寧), 안악(安岳), 장연(長淵) 등지에 진주했다. 9월8일에 치스차코프가 해주에 온 뒤에 공산당 황해지구위원장 김덕영을 위원장으로 하는 황해도 인민위원회가 성립되고, 9월13일에 도지사가 행정권을 이 위원회에 다시 이양했다. 격분한 우파의 해주보안대가 9월16일 새벽에 인민위원회 본부를 습격하여 세 사람을 살해하고, 좌파가 반격에 나서서 시가전이 벌어졌다. 결국 보안대 간부가 남한으로 피신하고 보안대 대신에 공산당이 치안대를 조직하고 해주경찰서를 점거했다.[150]

평안북도에는 8월27일에 소련군 선발대가 진주했고, 8월30일에 치스차코프가 비행기로 신의주(新義州)에 도착했다. 신의주에는 8월15일 오후 2시에 민족주의계의 이유필(李裕弼)을 위원장으로 하여 신의주자치위원회(치안유지회)가 결성되어 있었는데, 소련군이 진주하자 대부분의 위원들이 하룻밤 사이에 공산당이 되었다.[151] 치스차코프는 평안북도자치위원회를 평안북도 임시인민정치위원회로 개칭한 다음 이튿날 오전 10시에 일본인 및 한국인 유력자들을 불러 모으고 이 위원회가 도행정을 인수한다고 선명했다.[152]

대일선전포고와 동시에 소련군이 진격해왔던 함경북도에서는 9월 말이 되어서야 나진의 실업가 이창인(李昌仁)을 위원장으로 하는 함경북도 인민위원회가 청진에 설립되었다고 한다.[153]

3

제25군 군사회의 위원 레베데프 소장은 8월28일 저녁에 28명의 소련

---

150) 森田芳夫, 앞의 책, pp.180~181.
151) 咸錫憲, 「내가 맞은 8·15」, 《씨알의 소리》 25호, 씨알의소리사, 1973.8., p.46.
152) 森田芳夫, 앞의 책, pp.188~190.
153) 위의 책, p.163.

계 한인들을 이끌고 평양에 도착했다.[154] 레베데프와 함께 평양에 온 소련계 한인들 가운데는 소련점령 기간 동안 민정사령부 수석통역관 역할을 맡았던 강 미하일(Kang Mikhail) 소령과 다수의 문필가들이 포함되어 있었다. 이 문필가 그룹은 뒷날 평양역 건너편에 소련군출판사(Soviet Army Press Company)를 내고 선전 활동을 담당했다.[155]

조만식을 비롯한 평남인민정치위원회의 간부들은 치스차코프가 약속한 대로 8월29일에 레베데프와 회담했다. 레베데프가 조만식에게 북한의 전반적인 상황을 말해달라고 하자 조만식은 친일파의 준동, 산업활동의 중단, 식량부족, 토지제도의 미비, 문맹자문제 등이 산적해 있다고 설명했다. 레베데프가 어떻게 했으면 좋겠느냐고 묻자 조만식은 서슴없이 기본정치노선은 민주주의여야 하고, 자본주의에 입각한 경제제도를 채택해야 하며, 교육을 통해 인민을 깨우쳐야 하고, 피압박민족의 한을 자주독립국가 건설로 풀어야 하는데, 이 모든 것을 위해서는 언론, 집회, 결사의 자유가 보장되어야 한다고 주장했다. 레베데프는 조만식의 정치적 식견이 뛰어나다는 것을 느꼈으나 동시에 조만식이 "반동적 견해"를 가지고 있음을 알아차렸다.[156] 대화가 이어지는 동안 안락의자에 기대어 두 눈을 지그시 감고 입을 다문 채 이따금 수긍의 표시로 고개를 끄덕이기도 하고 반대의 표시로 고개를 옆으로 젓기도 하는 조만식의 태도가 레베데프는 몹시 비위에 거슬렸다고 한다.[157] 이 회담은 조만식과 소련군의 관계가 순탄하지 않을 것임을 예고했다.

레베데프는 회담의 결과를 치스차코프에게 보고하고 다른 고위 장교들에게도 알렸다. 치스차코프는 참모들과 장시간 토의한 끝에 부사령관 라구친(Lagutin)에게 군사업무를 전담할 책임을 맡겼다. 그렇게 함으로

---

154) I. M. 치스차코프, 「第25軍의 戰鬪行路」, 『朝鮮의 解放』, p.67; Erik van Ree, *op. cit.*, p.92.

155) Erik van Ree, *op. cit.*, p.92; 『秘錄조선민주주의인민공화국』, pp.178~180.

156) 레베데프 證言, 『秘錄조선민주주의인민공화국』, pp.91~92.

157) Erik van Ree, *op. cit.*, pp.92~93; I. M. 치스차코프, 「第25軍의 戰鬪行路」, 『朝鮮의 解放』, p.69; 『秘錄조선민주주의인민공화국』, pp.92~93.

북한정권 창출작업을 주도했던 소련 제1극동방면군 군사회의 위원 슈티코프(왼쪽)와 소련 제25군 군사회의 위원 레베테프 소장.

써 자신이 민정업무에 더 깊이 관여할 수 있을 것으로 생각한 것이다.

평안남도 도청 청사는 소련군사령부가 사용하게 되었다. 치스차코프 사령관의 포고문이 북한주민들에게 널리 알려진 것은 이때부터였다. 원래 이 포고문은 제25군 사령부가 연길에 있던 8월15일자로 작성된 것이었지만,[158] 언제 어느 지역에 뿌려졌는지는 분명하지 않다. 뒤에 각종 문헌에 수록된 포고문에는 포고한 날짜가 들어있지 않다.

　　조선인민들에게!

　　조선인들이여! 소련 군대와 동맹국 군대들은 조선에서 일본약탈자들을 구축하였다. 조선은 자유국이 되었다. 그러나 이것은 오직 신조선사의 첫 페이지가 될 뿐이다. 화려한 과수원은 사람의 노력(勞力)과 고려(顧慮)의 결과이다.… 조선인들이여! 기억하라! 행복은 당신들의 수중에 있다. 당신들은 자유와 독립을 찾았다. 이제는 모든 것이

---

158) 김학준, 『북한의 역사(제1권)』, p.703 주 87).

죄다 당신들에게 달렸다. 소련 군대는 조선인민이 자유롭게 창조적 노력에 착수할 만한 모든 조건을 지어주었다. 조선인민 자체가 반드시 자기의 행복을 창조하는 자로 되어야 할 것이다.…[159]

포고문은 한국인들의 해방의 기쁨을 한껏 고무하는 것이기는 했으나, 한국에 대한 정책을 구체적으로 표명한 것은 없었다. 구체적인 것은 기업가에게 재산보호와 기업소의 정상조업을 보장하고 노동자에게 노동을 계속할 것을 촉구한 것뿐이었다. 그러나 치스차코프의 이 포고문은 뒷날 38도선 이남지역에 미군정을 실시한다는 것을 선포한 맥아더(Douglas MacArthur)의 위압적인 「태평양 미국육군총사령부 포고」(제1호)와 대비되면서 좌익들의 선전자료로 이용되었다. 치스차코프의 포고문은 남한에서도 조선공산당 기관지《해방일보(解放日報)》1945년10월 31일자에 전문이 크게 실려 일반 국민에게 널리 알려졌다.

치스차코프는 민정업무를 착수하면서 몇 가지 결정을 내렸다. 소련군 간부들은 한국은 전문가가 절실히 필요한 가난한 나라라는 것을 깨달았다. 먼저 전쟁 피해를 복구하는 데 도움을 줄 수 있는 소련군 안의 전문가 명단을 작성하게 했다. 패전이 불가피해지자 일본은 북한에 있는 많은 산업시설을 파괴했기 때문이다. 다음은 산업상황을 조사하기 위한 조사단을 구성하는 일이었다. 지역 인민위원회 인사들이 이 조사단에 참가했다. 사회개혁이 시급하다는 결론이 도출되었다. "혁명적 개혁에 관한 소련의 경험"을 옮겨오는 방법을 찾아야 했다. 그리고 위의 모든 논의는 제1극동방면군 군사회의에 보고되었다. 이러한 조치에 따라서 8월 하순에 경제 및 행정 전문가들이 소련으로부터 도착하기 시작했다.[160]

북한에 공산주의 정권을 수립하는 데 결정적인 역할을 한 소련인은

159) 『朝鮮中央年鑑 1949年版』, 朝鮮中央通信社, 1949, pp.57~58.
160) Erik van Ree, op. cit., p.93.

제25군 사령관 치스차코프와 제25군 군사회의 위원 레베데프, 그리고 이 두 사람을 지도하는 위치에 있던 제1극동방면군 군사회의 위원 슈티코프(Terentii F. Shtykov) 세 사람이었다.

평양에 왔을 때에 치스차코프는 마흔다섯살이었다. 농민의 아들로 태어난 그는 러시아혁명 뒤에 붉은 군대 병사로 내전에 참가했다. 제2차 세계대전 전에 연해주군관구의 대령의 지위에 있던 그는 독소전쟁에 참가하여 여단장, 사단장, 군단장으로 승진하고, 마지막으로 제6군 사령관이 되었다. 그곳에서 대일전을 위해 제25군으로 옮겨왔다. 그는 평범한 군인이었다.[161]

치스차코프 밑에서 정치회의 위원으로 활동한 레베데프는 치스차코프의 평가에 따르면, "주목할 만한 정치공작자"였다. 정치회의 위원이란 정치담당 부사령관에 해당하는 존재였다. 레베데프는 1939~1940년의 대핀란드 전쟁에 참가했고, 그 뒤에 극동으로 와서 제25군 군사회의 위원으로 일해 왔다. 그는 대핀란드전쟁 때부터 슈티코프를 알고 있었고, 북한에 있던 3년 남짓한 동안은 슈티코프의 직접 지도 아래 일했다. 다음과 같은 그의 술회는 북한정권의 수립과정에서 소련의, 아니 슈티코프의 역할이 얼마나 결정적이었는가를 웅변으로 말해 준다.

"새로운 인민의 조선 건설에서 조선의 동지들에게 직접 원조를 해준 소련인, … 당과 국가의 활동에서 개인적인 풍부한 경험을 조선의 동지들에게 나누어 준 소련인을 말한다면 나는 누구보다도 먼저 체렌치 슈티코프를 들고 싶다. 그가 조선에 있든 군관구 사령부에 있든 모스크바에 있든 관계없이, 그가 관여하지 않고는 당시의 북조선에서 단 하나의 조치도 취해질 수 없었다."[162]

161) 和田春樹, 「ソ連の朝鮮政策―1945年8~10月―」, 《社會科學研究》 第33卷 第4号, 東京大學社會科學研究所, 1991, p.115.
162) 위의 글, pp.115~116; N. G. 레베데프, 「遂行해야 할 義務를 自覺하며」, 『朝鮮의 解放』, p.104~105.

슈티코프는 뒤에 미소공동위원회의 소련쪽 수석대표로 1946년과 1947년에 서울에 왔고, 북한정권 수립 뒤인 1948년부터 6·25전쟁 발발 직후인 1951년까지 북한주재 초대 소련대사로 있었다. 슈티코프는 대장의 지위에까지 올랐으나 본래는 군인이 아니었다. 레닌그라드의 노동자 출신으로서 스무살 나던 1927년에 소련공산당에 입당한 그는 스탈린(Iosif V. Stalin)의 충실한 부하로 잔뼈가 굵어진 사람이었다. 독소전이 시작되자 서부방면군, 레닌그라드방면군의 군사회의 위원을 역임하고, 1943년부터 메레치코프 밑에서 볼호프(Volkhov)방면군, 카렐리아(Karelia)방면군의 군사회의 위원으로 활동하다가 같이 극동으로 배치되었다. 두 사람은 레닌그라드 해방 축하의 예포소리를 크레믈린의 스탈린 집무실에서 들었다.[163] 슈티코프와 레베데프가 대핀란드 전쟁에서부터 호흡을 맞추어왔던 사실은 기억해 둘만하다. 슈티코프도 원래는 한국문제에 대해서는 백지였다. 이 무렵 그는 메레치코프와 함께 만주처리문제에 골몰했다.

---

163) 和田春樹, 앞의 글, pp.116~117.

4. 이승만에 대한 소련의 경계

1

소련군의 진주로 한반도의 공산화가 한결 현실적으로 다가오고 있다고 판단한 이승만은 귀국을 서둘렀다. 종전 이전에 이승만이 기대한 것은, 8월3일에 미 육군참모총장 마셜(George C. Marshall) 장군에게 보낸 편지에서 밝혔듯이, 마닐라로 가서 단파방송을 통하여 국내동포들의 봉기를 선동하고 연합군과 함께 귀국하는 것이었다. 그러나 일본의 포츠담선언 수락뉴스를 듣고 이러한 계획은 단념할 수밖에 없었다. 그는 8월10일에 전쟁부에 귀국을 요청했다.[164]

이승만은 8월15일에 일본이 정식으로 항복했다는 소식을 듣자 임병직(林炳稷), 장기영(張基永), 한표욱(韓豹頊) 부부 및 그 밖의 몇몇 측근들과 워싱턴의 한 음식점에서 점심을 함께 들면서 앞으로의 일을 상의했다. 이승만은 일본이 패전한 데 대해 기쁨을 감추지 못하면서도 소련이 어떻게 나올지가 걱정이라고 말하고, "미국이 일을 지혜롭게 처리하지 못하면 한반도에서 민족주의자와 공산당 간에 피를 흘리게 될지 모른다"고 걱정했다.[165] 이처럼 이승만은 조국이 해방되던 그날 공산당과의 내전의 가능성을 우려했다.

이승만은 당장 활동을 시작했다. 바로 그날로 그는 트루먼, 스탈린, 장개석 세 사람에게 승전 축하 전보를 쳤다. 트루먼에게 보낸 전보에서는 27년 전에 3·1운동으로 수립된 대한민국임시정부는 미국의 제도를 모방했다는 점을 강조했다.

---

164) "Request of Syngman Rhee to go into Korea", 정병준, 『우남 이승만 연구』, p.428.
165) 한표욱, 『이승만과 한미외교』, pp.37~38.

각하. 우리는 대한이 일본의 노예로부터 해방된데 대하여 마음에 깊이 박힌 감사를 각하와 미국인에게 표시합니다. 미국 군인의 용기와 과학적 천재기능을 대표한 미국 군력과 공업적 위력으로 인하여 일본은 무릎을 꿇고 항복하였습니다.… 대한 사람은 우리에게 메어 있던 쇠줄을 벗게 된데 대하야 미국에 영구한 감사를 가집니다. 27년 전 대한이 일본에 대항하는 혁명이 일어났을 때에 우리의 민국정부는 미국제도를 모방하였나이다. 그러나 우리는 무기가 없었으므로 일본의 야만적 행위에 계속 희생이 되어 왔습니다. 오늘 미국이 승리하였음에 각처에 있는 대한인의 기쁨과 감사함은 한이 없고 또한 일치하게 표시됩니다.[166]

스탈린에게 보낸 축전에서는 일본이 빨리 항복하게 된 "큰 조건" 가운데 하나가 스탈린의 지도력과 소련군의 용기라고 말하고 있어서 흥미롭다.

대한민국임시정부의 워싱턴 공식 대표이자 대한민국임시정부의 초대 대통령으로서 저는 각하와 위대한 소비에트 연방이 거둔 최후의 승리와 세계 평화의 복구를 진심으로 축하드립니다. 우리 대한민국임시정부는 각하의 용감한 영도력과 소비에트군대의 영웅적인 행동을 세계의 경배의 대상이자 대일전 승리의 위대한 요인으로 칭송합니다. 평화를 사랑하고 소비에트연방에 변치 않는 호의를 갖고 있는 3천만 한국인이 건설한 통일 민주주의 독립국가 한국이 소비에트공화국과 극동 아시아의 평화와 안보를 지키는 안전장치가 될 것이라고 확약합니다.[167]

---

166) 《주미외교위원부통신》(제115호), 1945년8월15일자, 『대한민국임시정부자료집(19) 주미외교위원부 I 』, p.510.
167) 「李承晩이 Stalin에게 보낸 1945년8월15일자 전보」, 『대한민국임시정부자료집(43) 서한집 II 』, p. 399.

앞으로 한국이 극동과 소련에 대한 평화와 안전을 보장할 것이라고 말한 것은 소련의 안전보장상의 고려사항을 이승만이 정확히 인식하고 있음을 보여 주는 것이었다. 이 시기의 소련의 극동정책의 기본원칙은 한반도가 소련에 대한 침략의 기지가 되어서는 안된다는 것이었다.

장개석에게 보낸 축전에서는 한국과 중국은 "동일한 전후문제가 있으므로" 밀접한 협력이 필요하다는 점을 강조했다.

각하. 공통 적국인 일본의 완전한 항복과 세상평화의 회복됨에 대하여 우리의 성심껏 축하를 받기를 바랍니다. 각하의 과단한 지도와 중국 군인의 애국적 용맹심은 세상이 부러워하는 것입니다. 우리는 각하의 대성공을 자랑합니다. 중국과 대한은 동일한 전후 문제가 있으므로 밀접한 협력이 필요합니다. 우리는 우리의 모든 후원을 담보합니다.[168]

영국의 애틀리(Clement Attlee) 수상에게는 며칠이 지난 8월21일에 전보를 쳤다. 애틀리에게는 한국이 제2의 폴란드가 되지 않게 협조해 줄 것을 특별히 부탁했다.

한국이 또다른 폴란드가 되는 사태를 방지하기 위하여 각하께서 중재해 주시기를 간곡히 요청 드립니다. 명목상의 독립이라는 미명 아래 한국을 노리개로 이용하려는 노력들이 집중적으로 이루어지고 있습니다. 우리는 트루먼 대통령과 장개석 총통이 이 책략에 공감하지 않는다는 사실을 알고 있습니다. 우리는 각하께서 자유를 사랑하는 3천만 대한민국 국민을 위하여 개입해 주시고, 그들이 극동의 평화 안전판으로서 독립된 통일 민주주의 국가를 건설하도록 도와주시기를

168) 《주미외교위원부통신》(제115호), 1945년8월16일자, 『대한민국임시정부자료집(19) 주미외교위원부 I 』, p.511.

부탁드립니다.[169)

《주미외교위원부통신》 제115호에는 또 김구와 이청천이 서안에서 연명으로 보낸 영문전보와 함께 "조선정신을 유지하자"라는 논설이 실려 있다. 이 논설은 임시정부를 한층 더 후원하고 귀국한 뒤에 임시정부가 정식 정부가 되도록 전력을 기울일 것을 강조한 것이었는데,[170) 그것은 임시정부에 대해 일치단결의 지지를 당부한 김구와 이청천의 전문에 호응하는 내용이었다. 이 글은 임시정부가 정식정부가 된 뒤에 일반선거를 실시해야 한다고 주장했다. 임시정부의 승인과 일반선거의 실시가 이루어져야 "우리는 자유로 주의주장을 발표할 수 있을 뿐만 아니라 동족 간에 피흘림을 막을 수 있게 된다"[171)고 이 논설은 주장했다.

이승만이 스탈린에게 우호적인 축전을 보낸 것은 물론 외교적인 제스처였다. 따라서 이승만을 한국의 대표적인 반공 반소 인물로 간주하고 있는 소련당국의 태도에는 변함이 없었다. 8월15일자로 발행된 소련의 국제문제 정보지《노보에 브레미야(*Novoye Vremiya* : 새시대)》(제6권 제16호)에 실린 야로보이(B. Yarovoi) 명의의 「한국, 그 과거와 현재」라는 서평은 앞에서 본 소련공산당 중앙위원회 기관지《공보》1945년8월11일자에 실린 「한국의 국내외 정세에 대하여」에 이어 더욱 엄중하게 이승만에 대한 경계심을 드러낸 것이었다.

야로보이의 서평은 1942년부터 이승만을 돕고 있는 올리버(Robert T. Oliver) 박사가 1944년9월에 출판한 팸플릿 『한국: 잊어버린 나라 (*Korea : Forgotten Nation*)』에 관한 것이었다.[172)

---

169) 「李承晩이 Attlee에게 보낸 1945년8월21일자 전보」『대한민국임시정부자료집(43) 서한집 II 』, p.399.
170)《주미외교위원부통신》(제115호), 1945년8월16일자, 『대한민국임시정부자료집(19) 주미외교위원부 I 』, p.511.
171) 위와 같음.
172) 和田春樹, 앞의 글, pp.105~106; Erik Van Ree, *op. cit.*, pp.71~73.

이 팸플릿은 이승만의 권유와 지원으로 집필된 것이었다. 이승만은 앞에서 본 대로 1944년1월에 켄터키주 애쉴런드(Ashland)에서 열린 한국승인대회에서 카이로선언 뒤에 한국은 더 이상 "잊어버린 나라"가 아니라고 역설하면서 임시정부의 승인을 촉구했었다.[173] 그는 또한 이 팸플릿의 서문을 썼다.[174] 그러므로 이 서평은 사실상 이승만에 대한 평가라고 할 수 있었다.

이승만의 전후한국정책구상을 소개한 올리버의 저서 「한국: 잊어버린 나라」.

야로보이는 먼저 올리버가 중경의 대한민국임시정부를 "한국인민의 권위있는 공식 대표"라고 말하고, 그러한 임시정부의 주미대표인 이승만을 부각시키고 있다고 비판했다. 그는 이승만이 전쟁기간 중에 여러 차례 반소적인 성명을 발표했고, 지금은 자기 조국의 진정한 해방에 반대하면서 가상적인 소련의 위협을 운위하고 있다고 주장했다.[175]

올리버의 책에서 매우 주목되는 점은 이승만이 전후 한국정부의 경제정책의 대강으로 다음과 같은 여섯가지를 발표했다고 소개한 대목이다.
(1) 토지의 회복: 일본인 소유의 대규모 토지를 몰수하여 국민들에게 10~12에이커[1만2,000~1만4,000평] 규모로 분배.
(2) 일본으로부터 반환된 금보유량에 기초를 둔 한국의 금융제도 회복.

---

173) Congressional Record, The House of Representatives, Feb. 7, 1944. "The Korean Movement", Extension of Remarks of Hon. J. Harry McGregor.
174) Robert T. Oliver, *Korea: Forgotten Nation*, Public Affairs Press, 1944, pp.7~8; Robert T. Oliver, *Syngman Rhee and American Involvement in Korea*, p.17; Robert T. Oliver, *The Way It Was–All The Way*(unpublished), p.25.
175) 和田春樹, 앞의 글, pp.105~106; Erik van Ree, *op. cit.*, p.71.

(3) 수산업, 견직업, 제조업을 억압했던 일본의 규제 철폐.

(4) 한국 철도의 환수. 군사용으로 건설된 현재의 도로체계를 민간의 여행과 상업을 위한 도로체계로 발전시킬 것.

(5) 가내 도축의 규제 및 그 밖에 대부분의 식량을 일본으로 수출하도록 규정한 모든 법률의 폐지.

(6) 한국인에 대한 근대적 기계공학 교육. 공작기계, 석유제품, 기계류, 자동차와 그 밖의 수송수단, 철도차량과 설비, 의약품, 서적, 전화와 라디오, 그리고 모든 종류의 근대기구를 미국으로부터 수입.[176)

2

올리버는 이승만의 이러한 계획을 소개한 다음 한국인들이 자유경제체제 아래에서 자신들이 만든 법에 의한 통치를 받고 기만적인 식민정책의 착취의 촉수로부터 해방된다면, 종전 뒤에 그들의 능력과 자원에 상응하는 번영을 누릴 것이라고 기술했다.[177) 그러나 그는 한국이 근대적인 경제사회체제로 전환하는 일은 쉽지 않을 것이라고 내다보았다. 그는 한국이 식민지 지배로 말미암아 극복하기 어려운 도덕적, 직업적, 지적 피해를 입었다고 말하고, 그러므로 외국의 이해관계자들에 의한 자본투자 및 기업경영의 지원과 함께 모든 망명지도자들의 지도력이 절실히 필요하다고 강조했다. 올리버는 또 한국의 근대화 과정에서 제기될 수 있는 문제로 상당한 자본 및 외국 전문가의 필요성과 함께 한국의 농업문제의 심각성도 지적했다.[178)

이러한 올리버의 소론에 대해 야로보이는 히틀러의 폭정에서 해방된 동유럽 나라들의 농업문제 해결의 보기를 들어 반박했다. 연합국의 적절

---

176) Robert T. Oliver, *Korea: Forgotten Nation*, p.86.
177) *ibid.*
178) *ibid.*, p.108.

한 정책을 동반하는 공권력에 의하여 농민에 대한 토지분배가 이루어질 때에 농촌주민의 이농 없이 농업을 빨리 발전시키는 데 필수적인 조건이 조성될 수 있다고 야로보이는 주장했다. 그는 결론적으로 "한국은 지리적으로나 경제적으로나 대륙에 연결되어 있다"고 강조하고, 자신들의 풍부한 자원과 "연합국들, 그리고 무엇보다도 대륙에 있는 강력한 이웃 나라들"의 지원을 통하여 대륙국가로서만 번영할 수 있다고 단언했다.179)

야로보이의 이 서평은 이승만 개인에 대한 소련의 경계심뿐만 아니라 한국의 장래에 대한 소련의 의도를 시사하는 것이어서 꼼꼼히 천착해 볼 가치가 있다. 그것은 소련은 단지 신탁통치 4개국의 일원의 위치를 받아들이려고 생각하고 있지 않다는 것을 말해 주는 것이었다.180)

이승만의 동향에 대한 소련정부 당국자들의 관심과 비판은 특별했다. 8월23일에 외무부 제2극동국장 주코프(D. A. Zhukov)가 외무인민위원회 부의장 비신스키(Andrei Vyshinsky)와 소비에트 정보국장 로조프스키(S. A. Lozovskii)에게 제출한「조선인 정치가 이승만의 특징」이라는 보고서는 "조선인 정치망명가들 가운데 이승만은 가장 반동적인 인물이다. 그는 최근에 한번도 아니고 여러 번에 걸쳐서 미국에 반소비에트적인 성명들을 제출했다"라고 비판했다. 이 보고서는 이승만이 스탈린에게 보낸 축전과 관련하여 작성된 것으로 보이는데, 이승만에 대한 이러한 평가는 여러 자료에서 눈에 뜨인다.181)

이승만은 8월18일에 조소앙이 김구와 공동명의로 트루먼 대통령에게 보낸 편지를 백악관으로 보내고, 8월20일에는 번즈(James F. Byrnes) 국무장관에게 면담을 요망하는 편지를 썼다.

한국의 상황에 대하여 장관과 논의할 수 있는 기회를 허락해 주실

---

179) Erik van Ree, *op. cit.*, p.72.
180) *ibid.*, pp.72~73.
181) 김성보, 『남북한 경제구조의 기원과 전개』, 역사비평사, 2000, pp.118~119.

것을 정중하게 부탁드려도 되겠습니까? 또한 새롭게 자유를 되찾은 데 대한 한국인들과 대한민국임시정부의 깊은 감사를 이번 기회를 통하여 장관께 거듭 말씀드리고자 합니다. 저는 우리 정부의 지시에 따라 이미 이러한 감사의 인사를 대통령에게 보냈습니다.[182]

그러나 한국에 대한 미국의 기존 정책이 변경되지 않는 한 국무장관의 긍정적인 회답은 기대하기는 어려운 일이었다.

한국을 둘러싼 국제정세는 날로 심각해지고 있었다. 이승만은 한반도가 미국과 소련에 의하여 분할점령된다는 말을 듣고 여간 걱정스럽지 않았다. 그는 8월21일에 트루먼과 장개석에게 급히 전보를 쳤다. 장개석에게 친 전보의 내용은 다음과 같았다.

독립을 위장하여 한국을 괴뢰로 이용하려는 계획이 진행되고 있습니다. 각하께서 트루먼 대통령에게 이 계획을 채택할 필요가 없다고 권고해 주십시오. 한국에 완전한 독립을 부여하지 않는 어떤 계획도 모두 한국국민은 받아들이기를 원하지 않습니다. 우리는 각하에게 삼가 보장합니다. 단결되고 민주적인 독립 한국은 장차 귀국의 충실한 맹방이 될 것입니다.[183]

장개석은 이승만의 전보를 허투루 받아들이지 않았다. 그는 8월24일에 "민족주의의 완성으로 국제평화를 유지하자"라는 연설을 통하여 한국독립에 대한 지지를 다음과 같이 표명했다.

"(중국의) 일본에 대한 항전은 중국 자체의 자유와 평등을 위한 투쟁일 뿐만 아니라, 또한 한국의 해방과 독립을 위한 분투였다. 오늘 이후 우

---

182) 미국무부문서 895.01/8-2045, Syngman Rhee to Byrnes, Aug. 20, 1945, (*Internal Affairs of Korea 1945~1949*).
183) 石源華 編著, 『韓國獨立運動與中國』, p.559.

리는 더욱 똑같은 종지(宗旨) 아래 모든 관계된 맹방과 공동으로 민족독립과 평등의 원칙을 존중하며 그들이 마땅히 획득해야 할 지위를 영원히 보장한다."[184]

8월 들어 잇달아 보낸 편지와 전보에 대하여 백악관으로부터 아무런 회답이 없자 이승만은 8월27일에 또다시 트루먼에게 전보를 쳤다. 이승만은 이 전보에서 빨리 한국으로 돌아가서 미국 당국에 봉사하고 싶다면서 자기를 위해 출국 허가를 해 주도록 해당 기관에 지시해 달라고 간청했다. 이승만의 전문은 이승만이 귀국을 그토록 서둔 이유가 무엇이었는지를 짐작하게 한다.

한국 국민들은 오로지 미군만을 한국의 점령군으로 환영하고 있습니다. 한국 국민들은 단일민족인 자국민을 분열시켜 피비린내 나는 내전을 초래할 공동 신탁통치나 공동 위원단에 전적으로 반대합니다. 미국인의 생명과 미국인의 자금을 희생한 결과 일본 군국주의가 패배하였고, 이 세계의 일부 지역이 민주주의를 안전하게 지킬 수 있게 되었습니다. 각하께서 한국의 완전한 독립을 주장해 주시기를 간청합니다. 독립된 민주주의 국가로서의 제 조국의 미래는 대통령 각하의 손에 달려 있습니다.…[185]

이승만은 9월7일에야 국무부의 발렌타인(Joseph W. Ballantine) 극동국장으로부터 다음과 같은 극히 의례적인 짧막한 편지를 받았다.

이승만 박사에게. 백악관의 지시로 귀하께서 대일전 승리와 한국 문제의 여러 측면에 관하여 보내신 8월15일, 21일, 28일의 전보와 8월

---

184) 胡春惠 著, 辛勝夏 譯, 『中國안의 韓國獨立運動』, p.288.
185) 「李承晩이 Truman에게 보낸 1945년8월27일자 전보」, 『대한민국임시정부자료집(43) 서한집Ⅱ』, p.400.

8일, 18일에 보내신 편지가 접수되었음을 확인해 드립니다. 국무차관을 대신하여 극동국장 발렌타인 올림.[186)

발렌타인의 이러한 편지를 받고 평생을 조국의 독립운동에 바쳤다고 자부하는 이승만이 느끼는 모멸감이 어떠했을까는 상상하기에 어렵지 않다. 그러나 그는 절망하지 않았다. 이승만의 귀국을 위하여 미국인 친구들도 지원에 나섰다. 한미협회의 더글라스(Paul F. Douglas) 아메리칸대학교(American University) 총장, 스태거스(John Staggers) 변호사, 언론인 윌리암스(Jay J. Williams) 세 사람은 8월22일에 연명으로 트루먼 대통령에게 편지를 보내어 이승만의 귀국을 청원했다. 이들은 편지에서 미국정부가 이승만이 즉시 귀국하는데 필요한 모든 도움을 제공하기를 바란다고 말하고, 이승만과 한국인의 열망에 대한 더 이상의 냉대를 그만두어야 한다고 주장했다. 세 사람의 편지는 또한 지난 27년간 한국인들이 유일한 정부로 인정해온 중경임시정부를 승인하지 않는다면 혼란과 유혈사태가 벌어질 수 있다고 경고하고, 다음과 같은 일화를 소개했다.

이러한 모든 상황은 이 박사가 한국에 들어감으로써 회피될 수 있을 것입니다. 그는 한민족이 펼친 기나긴 투쟁의 살아 있는 상징입니다. 우리는 국무부에 제출할 증거들을 수집하면서 전세가 호전된 뒤에 한국에서 귀환한 다수의 선교사들과 한 남자를 만났습니다. 그들은 이 박사가 한국인들의 가슴속 가장 앞자리에 자리하고 있다고 말했습니다. 심지어 일단의 선교사들이 송환을 기다리던 수용소에서, 사슬에 묶여 수감된 여러 명의 한국인 '죄수'들이 "이 박사가 아직도 우리를 위하여 미국에서 활동하고 계십니까?"하고 묻더라고 합니다. 선교사들이 그렇다고 하자 그들의 얼굴에 행복감이 떠올랐다고 합니

---

186) 미국무부문서 895.01/8-1845, Ballantine to Syngman Rhee, Sept. 7, 1945, (*Internal Affairs of Korea 1945~1949*).

다. 그들은 일본인들의 고문과 박해를 이제 더 잘 견딜 수 있을 것입니다.[187]

이승만은 8월28일에 마닐라에 있는 맥아더 장군에게 전보를 쳤다. 그는 자신이 빨리 귀국하여 미군과 협조할 수 있도록 맥아더가 트루먼에게 건의해 주기를 부탁했다.

한국에 있는 일본인들이 미국의 지휘관에게 항복해야 한다는 장군의 명령은 우리에게 새로운 희망과 용기를 주었습니다. 그리고 우리 민족의 마음을 장군에게 말씀드릴 수 있게 된 데 대하여 감사의 말씀을 드립니다. 우리는 공동점령 또는 신탁통치에 반대합니다. 만약 점령이 필요하다면, 미국인들이 흘린 피와 그들이 들인 비용의 대가로 미군만의 단독 점령을 환영합니다. 대일전쟁은 민주주의를 위하여 세계를 안전하게 하기 위한 것이었습니다. 왜 우리가 러시아로 하여금 한국에 들어와서 공산주의를 확립하고 한국에서 유혈내전의 씨앗을 뿌리도록 허락해야 합니까? 우리의 유일한 희망은 극동의 평화를 위하여 트루먼 대통령과 장군께서 단일한 통일 민주주의 독립 한국을 주장해 주시는 데 있을 뿐입니다. 이 중요한 시점에서 트루먼 대통령에게 본인을 한국에 들여보내어 그곳에서 어떤 자격으로라도 미군과 협력하고 지원할 수 있게 해주시기를 요망합니다.[188]

같은 날 OSS의 부국장 굿펠로(Preston M. Goodfellow) 대령은 국무부 극동국장 발렌타인을 방문했다. 이승만은 김구로부터 중경에 와서 한

187) 미국무부문서 895.01/8-2245, Korean American Council to Truman, Aug. 22, 1945, (*Internal Affairs of Korea 1945~1949*).
188) Syngman Rhee to MacArthur, Aug. 28, 1945, 『大韓民國史資料集(28) 李承晩關係書翰資料集 1 (1944~1948)』, pp.35~38.

국에 관한 장래계획을 논의했으면 좋겠다는 통지를 받고, 중경행에 대한 교섭을 굿펠로에게 부탁한 것이었다. 굿펠로는 발렌타인에게 정부가 이승만의 중경행을 긍정적으로 생각한다면 이승만이 정식으로 중경행을 요청할 수 있을 것이고, 그렇지 않다면 취소할 것이라고 말했다. 굿펠로는 정부가 정보를 얻기 위해 몇몇 관리들을 이승만과 동행시켜서 이승만 및 김구와 접촉을 유지하는 것을 원할지 모른다고 말했다. 굿펠로는 이승만의 중경행이 미국에 도움이 되는 이유는 이승만이 "다른 한국 지도자들보다 더 미국적인" 견해를 가지고 있기 때문이라고 주장했다.[189]

이승만은 야심적인 행사를 준비했다. 그것은 한국에 협조적인 인사들을 초청하여 '한국해방의 밤(Korea's Liberation Night)' 만찬연설회를 개최하는 일이었다. '한국 해방의 밤' 만찬연설회는 8월30일 저녁에 열렸는데, 만찬연설회에는 130명가량의 인사들이 모였다. 한국해방을 축하하는 연설이 이어진 가운데 필리핀의 외교관이자 언론인이기도 한 로물로(Carlos P. Romulo) 장군과 뉴욕에서 온 가톨릭 해외 선교부(Catholic Foreign Mission)의 월쉬(Walsh) 대주교의 연설은 ABC방송을 통하여 전국에 방송되었다.[190] 이 만찬연설회는 워싱턴 지식인 사회에서의 이승만의 영향력을 보여주는 마지막 행사였다.

189) 미국무부문서 895.01/8-1545, Ballantine, "Trip to Chungking by Dr. Syngman Rhee", Aug. 28, 1945, (Internal Affairs of Korea 1945~1949).
190) Syngman Rhee to Oliver, Sept. 5, 1945, 『大韓民國史資料集(28)』, p.39.

참고문헌

1. 연대기, 정부기록, 지방지, 신문, 잡지 등

國史編纂委員會, 『韓國獨立運動史 資料⑴ 臨政篇 I』, 國史編纂委員會, 1970.

——————, 『韓國獨立運動史 資料(22) 臨政篇Ⅶ』, 1993.

——————, 『韓國獨立運動史 資料(23) 臨政篇Ⅷ』, 1993.

——————, 『韓國獨立運動史 資料(24) 臨政篇Ⅸ』, 1994.

——————, 『韓國獨立運動史 資料(25) 臨政篇Ⅹ』, 1994.

——————, 『韓國獨立運動史 資料(26) 臨政篇ⅩI』, 1994.

——————, 『韓國獨立運動史 資料(27) 臨政篇ⅩⅡ』, 1994.

——————, 『大韓民國史資料集(28) 李承晚關係書翰資料集 1』, 1996.

국사편찬위원회, 『대한민국임시정부자료집⑴ 헌법·공보』, 국사편찬위원회, 2005.

——————, 『대한민국임시정부자료집⑶ 임시의정원Ⅱ』, 2005.

——————, 『대한민국임시정부자료집⑷ 임시의정원Ⅲ』, 2005.

——————, 『대한민국임시정부자료집⑸ 임시의정원Ⅳ』, 2005.

——————, 『대한민국임시정부자료집⑹ 임시의정원Ⅴ』, 2005.

——————, 『대한민국임시정부자료집⑻ 정부수반』, 2006.

——————, 『대한민국임시정부자료집⑼ 군무부』, 2006.

——————, 『대한민국임시정부자료집⑽ 한국광복군 I』, 2006.

——————, 『대한민국임시정부자료집⑾ 한국광복군Ⅱ』, 2006.

──────, 『대한민국임시정부자료집(12) 한국광복군Ⅲ』, 2006.

──────, 『대한민국임시정부자료집(13) 한국광복군Ⅳ』, 2006.

──────, 『대한민국임시정부자료집(14) 한국광복군Ⅴ』, 2006.

──────, 『대한민국임시정부자료집(16) 외무부』, 2007.

──────, 『대한민국임시정부자료집(19) 주미외교위원부Ⅰ』, 2007.

──────, 『대한민국임시정부자료집(20) 주미외교위원부Ⅱ』, 2007.

──────, 『대한민국임시정부자료집(22) 대중국외교활동』, 2008.

──────, 『대한민국임시정부자료집(25) 중국의 인식』, 2008.

──────, 『대한민국임시정부자료집(34) 한국독립당Ⅱ』, 2009.

──────, 『대한민국임시정부자료집(35) 한국국민당Ⅰ』, 2009.

──────, 『대한민국임시정부자료집(37) 조선민족혁명당 및 기타정당』, 2009.

──────, 『대한민국임시정부자료집(42) 서한집Ⅰ』, 2011.

──────, 『대한민국임시정부자료집(43) 서한집Ⅱ』, 2011.

國家報勳處, 『國家有功者功勳錄(9)』, 國家報勳處, 1991.

──────, 『海外의 韓國獨立運動史料(Ⅴ) 中國篇①』, 國家報勳處, 1992.

──────, 『NAPKO PROJECT OF OSS: 海外의 韓國獨立運動史料(ⅩⅩⅣ) 美洲篇⑥』, 國家報勳處, 2001.

──────, 『OSS(Office of Strategic Service): 海外의 韓國獨立運動史料(30) 美洲篇⑧』, 2005.

國防部戰史編纂委員會, 『韓國戰爭史: 第1卷 解放과 建軍〈1945~1950.6.〉』, 國防部戰史編纂委員會, 1968.

遞信部, 『電氣通信史資料(Ⅱ) 日本電氣電信公社 編, 外地海外電氣通信史資料 朝鮮之部2』 (年度未詳, 등사본).

『국외항일운동유적(지) 실태조사보고서Ⅰ』, 문화관광부·독립기념관·한국근현대사학회, 2002.

독립운동사편찬위원회 편, 『독립운동사(6) 독립군전투사(하)』, 독립유공자사업기금운용위원회, 1975.

國學振興硏究事業推進委員會, 『韓國獨立運動資料集(三) 趙素昻篇』, 韓國精神文化硏究院, 1997.

韓國精神文化硏究院, 『韓國獨立運動史資料集』, 博英社, 1983.

韓國放送史編纂委員會, 『韓國放送史』, 한국방송공사, 1977.

중앙일보특별취재반, 『秘錄조선민주주의인민공화국』, 中央日報社, 1992.

韓光班學兵同志會, 『長征六千里: 韓光班學兵三十三人의 抗日鬪爭記』, 韓光班學兵同志會, 1979.

鄭栢, 「八月十五日朝鮮共産黨組織經過報告書」, 『朝鮮共産黨文獻資料集(1945~46)』, 翰林大學校아시아文化硏究所, 1993.

蘇聯科學아카데미, 『朝鮮의 解放』, 國土統一院, 1989.

『朝鮮年鑑』(1947年版), 朝鮮通信社, 1946.

民主主義民族戰線, 『朝鮮解放一年史(朝鮮解放年報)』, 文友印書館, 1946.

秋憲樹 編, 『資料 韓國獨立運動(1)』, 延世大學校出版部, 1971.

─────, 『資料 韓國獨立運動(2)』, 延世大學校出版部, 1972.

金正明 編, 『朝鮮獨立運動 II 民族主義運動篇』, 原書房, 1967.

─────, 『朝鮮獨立運動 V 共産主義運動篇』, 原書房, 1968.

Records of the Department of State Relating to Internal Affairs of Korea 1945~1949, Department of State decimal file 895.

U. S. Department of State, Foreign Relations of the United States 1942, vol. III., 1961.

────────────────, Foreign Relations of the United States 1943, vol. III., 1961.

────────────────, Foreign Relations of the United States 1942 China, 1956.

────────────────, Foreign Relations of the United States 1943 China, 1957.

────────────────, Foreign Relations of the United States Conference at Malta and Yalta 1945, 1955.

────────────────, Foreign Relations of the United States, Conferences at Cairo and Teheran 1943, 1961.

────────────────, United States Policy Regarding Korea, 1834~1950, 한림대학

아시아문화연구소, 1987.

U. S. Department of Defence, *The Entry of the Soviet Union into the War against Japan: Military plan, 1941~1945*(mimeograph, 1955).

『駐韓美軍史(1)』(*History of the United States Armed Forces in Korea*), 돌베게影印版, 1988.

村田陽一 編譯, 『コミンテルン資料集(4)』, 大月書店, 1981.

日本銀行, 『日本銀行百年史』, 日本銀行, 1964.

中央研究院近代史研究所, 『國民政府與韓國獨立運動史料』, 中央研究院近代史研究所, 1988.

秦孝儀 主編, 『中華民國重要史料初編: 對抗戰時期 第三篇 戰時外交(三)』, 中國國民黨中央委員會黨史委員會, 1981.

《太平洋週報》《新韓民報》《북미시보》《독립》《每日新報》《京城日報》《戰線》《國民報》《國民報-태평양주보》《주미외교위원부통신》《新韓民報》《特高月報》《朝鮮義勇隊朝鮮義勇隊三週年紀念特刊》《解放日報》《大公報》《새한민보》《獨立新聞(中文版第二号)》《東亞日報》《우리通信》《태평양주보》*The New Korea*.

독립기념관 소장문서 A00893, 도893-1, Rhee to Kim, Aug. 14, 1942.

독립기념관 소장문서 도1235, "Congressional Record", May 25, 1942.

독립기념관 소장문서 도1224, 「여러분 앞에 드림」, 1942년5월9일.

독립기념관 소장문서 A01148, Letter of Syngman Rhee, Jul. 17, 1942.

독립기념관 소장문서 도1186, 「재미한족연합회 부위원장 김병연에게 보낸 1942년7월28일자 주미외교위원부 공문」.

독립기념관 소장문서 도1244-2, 조선민족혁명당, 「반드시 알아야 할 것」.

독립기념관 소장문서 도1231, Haan to Hull, Jul. 3, 1942.

독립기념관 소장문서 도1198, 「李承晩에게 보낸 韓族聯合會執行委員部의 1942년7월10일자 公文」.

독립기념관 소장문서 도888, 「李承晩이 金乎에게 보낸 1942년6월10일자 公文」.

독립기념관 소장문서 도1182-2, 「주의할 사실」, 1942년12월10일.

독립기념관 소장문서 도1182, "Syngman Rhee to Choon Har Kim", Dec. 2, 1942.

독립기념관 소장문서 도1074, United Korean Committee to Korean Commission, Feb. 13, 1943.

독립기념관 소장문서 도1084, United Korean Committee to Korean Commission, Feb. 19, 1943.

독립기념관 소장문서 도1198, 「한족연합위원회 집행부 위원장이 李承晩에게 보낸 1942년7월 10일자 공문」.

독립기념관 소장문서 도1122, Telegram from Sidai Hahn, Won Soon Lee and Wonyong Kim to Kim Koo, May 7, 1943.

독립기념관 소장문서 도1131, Telegram from L.A. UKC to Tjosowang, Jul. 22, 1943.

독립기념관 소장문서 도984, Report of UKC in America, Washington Office of Secretary of Public Relations, Jun. 5, 1944~Feb. 5, 1945.

독립기념관 소장문서 도1002, J. Kyuang Dunn to UKC Hawaii & UKC Los Angeles, Jun. 20, 1944.

독립기념관 소장문서 도1461, Syngman Rhee's Letter, May 24, 1944.

독립기념관 소장문서 도917, Sidai Hahn to Kim Koo, Jun. 13, 1944.

독립기념관 소장문서 도915, Sidai Hahn to Kim Koo, Jun. 14, 1944.

독립기념관 소장문서 도916, Sidai Hahn to Kim Koo Jun. 16, 1944.

독립기념관 소장문서 도917, Sidai Hahn to Kim Koo, Jun. 19, 1944.

독립기념관 소장문서 도919, Umhangsup to Press New Koreans, Jun. 24, 1944.

독립기념관 소장문서 도1456, Warren Y. Kim to Robert T. Oliver, Jul. 31, 1944.

독립기념관 소장문서 도990, J. Kyuang Dunn to UKC Honolulu & UKC Los Angeles, Jul. 31, 1944.

독립기념관 소장문서 도1462, Commission-UKC Washington Office Meeting, Jul. 5, 1944.

독립기념관 소장문서 도995, J. Kyuang Dunn to UKC Honolulu & UKC Los Angeles, Jul.

6, 1944.

독립기념관 소장문서 도995, J. Kyuang Dunn to UKC Honolulu & UKC Los Angeles, Jul. 26, 1944.

독립기념관 소장문서 도920, Umhangsup to Press New Koreans, Jul. 18, 1944.

독립기념관 소장문서 도921, UKC to Kim Koo, Jul. 24, 1944.

독립기념관 소장문서 도922–1, Sidai Hahn to KimKiusic Kim Yaksan, Jul. 24, 1944.

───────────────, Sidai Hahn to Korean Independence Party, Jul. 24, 1944.

독립기념관 소장문서 도981, J. Kyuang Dunn to Hawaii UKC & Los Angeles UKC, Sep. 16, 1944

독립기념관 소장문서 도5–1, 「재미한족전체대표회회록」, 재미한족연합위원회, 1944.

한국학중앙연구원소장문서 970036–2, J. Kyuang Dunn, Kilsoo K. Haan, "Joint Tentative Memo", Dec. 1942.

한국학중앙연구원소장문서 970036–3, Letter from Syngman Rhee to Won Soon Lee, Jan. 5, 1943.

한국학중앙연구원소장문서 970036–3, Jacob Kyuang Dunn to Cordell Hull, Jun. 13, 1942.

한국학중앙연구원소장문서 970034–3, Syngman Rhee to Warren Y. Kim, Oct. 26, 1944.

한국학중앙연구원소장문서 970036–3, Sidai Hahn to KOPOGO, Nov. 28, 1944.

SWNCC 115, Apr. 23, 1945.

SWNCC 115/1, May 31, 1945.

SWNCC 115/2, Jun. 4, 1945.

Notter Papers, Box 63, "T317 Korea: Economic Development & Prospects",(1943.5.25.).

Goodfellow File, Hoover Institute of Stanford University.

2. 개인자료, 문집, 회고록, 전기 등

Syngman Rhee, *Japan Inside Out: The Challenge of Today*, Flenning H. Revell

Company, 1941.

───────, "Memorandum of The Conversation with Dr. T. V. Soong", June 13.

"Address of Dr. Syngman Rhee", *Korean Liberty Conference*, The United Korean
Committee in America, 1942.

Young Ick Lew et al. eds., *The Syngman Rhee Correspondence in English,
1904~1948*, vol. 1, Institute for Modern Korean Studies,
Yonsei University, 2009.

Robert T. Oliver, *Syngman Rhee: The Man Behind the Myth*, Dodd Mead and
Company, 1960.

───────, *Syngman Rhee and American Involvement in Korea 1942-1960*,
Panmun Book Company, 1978.

───────, *Korea-Forgotten Nation*, Public Affairs Press, 1944.

───────, *The Way It Was—All The Way: A Documentary Accounting*
(unpublished).

───────, "Korea Now Plays Key Role in Pacific", *The Washington Post*,
Jul. 30, 1994.

Henry Chung, *Syngman Rhee: Prophet and Statesman*, The Korean American
Council, 1946.

리 푸란세스카 지음, 조혜자 옮김, 『대통령의 건강』, 촛불, 1988.

白凡金九先生全集編纂委員會 編, 『白凡金九全集(5)』, 대한매일신보사, 1999.

───────, 『白凡金九全集(6)』, 1999.

───────, 『白凡金九全集(7)』, 1999.

金 九, 「中國抗戰 제5년을 당하야 國內外同志同胞에게 告함」, 《光復》 第1券第3期, 韓國光
復軍司令部政訓處, 1941년5월15일호(국한문판).

───, 「원단을 맞아 해내외동포에게 고하는 글」, 《光復》 제2권제1기(1942.1.20.).

金 九, 『白凡金九自叙傳 白凡逸志』(親筆影印版), 集文堂, 1994.

도진순 주해, 『김구자서전 백범일지』, 돌베개, 1997.

강원용, 『역사의 언덕에서: 젊은이에게 들려주는 나의 현대사 체험(1) 엑소더스』, 한길사, 2003.

古下先生傳記編纂委員會 編, 『古下宋鎭禹先生傳』, 東亞日報社出版局, 1965.

金文澤, 「回顧光復軍時期」, 《한국독립운동사연구》 제2집, 독립기념관 독립운동사연구소, 1988.

金秉豪·宋志英, 「重慶特信(2)」, 《新韓民報》 1945년11월2일자.

金祐銓, 「光復軍日記」, 《한국독립운동사연구》 제3집, 독립기념관 한국독립운동사연구소, 1989.

金乙漢, 『여기 참사람이 있다: 新聞人이 본 現代史』, 新太陽社, 1960.

金俊燁, 『長征(1) 나의 光復軍時節(上)』, 나남출판, 1993.

──────, 『長征(2) 나의 光復軍時節(下)』, 나남출판, 1993.

金俊燁 編, 『石麟 閔弼鎬』, 나남출판, 1995.

金俊淵, 『獨立路線(第六版)』, 時事時報社出版局, 1959.

金午星, 『指導者群像』, 大成出版社, 1946.

金學奎, 「白波自敍傳」, 《한국독립운동사연구》 제2집, 독립기념관 한국독립운동사연구소, 1998.

金學鐵, 『최후의 분대장: 金學鐵 자서전』, 문학과지성사, 1995.

金弘壹, 『大陸의 憤怒』, 文潮社, 1972.

南坡朴贊翊傳記刊行委員會, 『南坡朴贊翊傳記』, 乙酉文化社, 1989.

도산안창호선생기념사업회·도산학회 편, 『미주국민회자료집(21)』, 景仁文化社, 2005.

박갑동, 『朴憲永』, 인간사, 1983.

朴順東, 「侮蔑의 時代」, 《新東亞》 1965년9월호.

朴英晩, 『光復軍(運命篇)』(上), 協同出版社, 1967.

薛義植, 『解放以後』, 東亞日報社, 1947.

샤브시나 꿀리꼬바, 「역사인물회고: 소련의 여류 역사학자가 만난 박헌영」, 《역사비평》 1994.

愼道晟, 「韓民黨創黨①」, 《朝鮮日報》 1981년2월23일자, 「轉換期의 內幕」(33).

———, 「韓民黨創黨②」, 《朝鮮日報》 1981년 2월 25일자, 「轉換期의 內幕」(34).

안병무, 『七佛寺의 따오기』, 범우사, 1988.

安在鴻選集刊行委員會 編, 『民世安在鴻選集 2』, 知識産業社, 1983.

양우조·최선화 지음, 김현주 정리, 『제시의 일기』, 혜윰, 1999.

呂運弘, 『夢陽 呂運亨』, 靑廈閣, 1967.

夢陽呂運亨先生全集發刊委員會 編, 『夢陽呂運亨全集 1』, 한울, 1991.

吳泳鎭, 『하나의 証言』, 中央文化社, 1952.

尹潽善, 『救國의 가시밭길: 나의 回顧錄』, 韓國政經社, 1967.

李敬南, 『雪山 張德秀』, 東亞日報社, 1981.

李基炯, 『몽양 여운형』, 실천문학사, 1984.

李萬珪, 『呂運亨先生鬪爭史』, 民主文化社, 1946.

李範奭, 「光復軍」, 《新東亞》 1969년 4월호.

李榮根, 「八·一五解放前後のソウル① 建國準備委員會」, 《統一朝鮮新聞》 1970年 8月 15日字.
　　　 번역문은 「呂運亨〈建準〉의 좌절」, 《月刊朝鮮》 1990년 8월호.

李 仁, 『半世紀의 證言』, 明知大學校出版部, 1974.

———, 「日帝末葉의 나의 受難」, 金鳳基·徐容吉 編, 『愛山餘滴 第1輯』, 世文社, 1961.

리원순, 「우리의 림시정부와 대미외교」, 《太平洋週報》 1941년 4월 19일호.

李元淳, 『世紀를 넘어서: 海史 李元淳自傳』, 新太陽社, 1989.

李允榮, 『白史 李允榮回顧錄』, 史草, 1984.

이정박헌영전집편찬위원회 편, 『이정박헌영전집②』, 역사비평사, 2004.

林炳稷, 『林炳稷回顧錄』, 女苑社, 1964.

張基永, 「OSS의 韓國人」, 《新東亞》 1967년 9월호.

———, 「李博士와 함께한 半生」, 『激浪半世紀 1』, 江原日報社, 1988.

張錫潤, 『먹구름이 일고 간 뜻을 깨닫고: 張錫潤의 격랑 한 세기의 증언』(未刊行組版本).

張俊河, 『돌베개』, 禾多出版社, 1982.

재미한족연합위원회 편, 『해방조선』, 재미한족연합위원회 집행부, 1948.

정정화, 『녹두꽃』, 未完, 1987.

曹圭河·李庚文·姜聲才,『南北의 對話』, 고려원, 1987.

趙擎韓,『白岡回顧錄: 國外篇』, 韓國宗敎協議會, 1979.

조동걸,『독립군의 길따라 대륙을 가다』, 지식산업사, 1994.

崔夏永,「政務摠監, 韓人課長呼出하다」,《月刊中央》1968년8월호.

太倫基,『回想의 黃河』, 甲寅出版社, 1975.

파냐 샤브쉬나 지음, 김명호 옮김,『1945년 남한에서』, 한울, 1996.

韓豹頊,『이승만과 한미외교』, 중앙일보사, 1996.

─────,「李承晚博士 滯美40年: 알려지지 않은 逸話들」,《雪南會報》제3호, 建國大統領李
　　　承晩博士記念事業會, 1994.

咸錫憲,「내가 맞은 8·15」,《씨알의 소리》25호, 씨알의소리사, 1973.

許政,『내일을 위한 證言 許政回顧錄』, 샘터, 1979.

홍선표 편,『재미한족연합위원회 회의록』, 연세대학교출판부, 2005.

Andrei Gromyko, *Memoirs*, Doubleday, 1989.

Anthony Eden, *The Eden Memoirs: The Reckoning*, Cassell & Company LTD, 1965.

Cordell Hull, *The Memoirs of Cordell Hull*, vol. I. II., Macmillan Company, 1948.

"Dong Ji Hoi withdraws from UKC and Recalls Pacific Weekly Publication", *The Korean National Herald: Pacific Weekly*, Dec. 29, 1943.

Edgar Snow, *Journey to the Beginning*, Random House, 1958.

Elliott Roosevelt, *As He Saw It*, Duell, Sloan and Pearce, 1946.

Harry S. Truman, *Memoirs of Harry S. Truman*, vol. I., *Years of Trial and Hope*, Doubleday & Company, 1955.

──────────, *Memoirs of Harry S. Truman*, vol. II., *Years of Trial and Hope*, Doubleday & Company, 1956.

Refound Shin, "Korean Commission in Washington D.C. to be Reorganized", *Korea Independence*, Aug. 9, 1944.

Stanley K. Hornbeck, "Memorandum", July 12, 1940.

Thomas N. Moon & Carl F. Eifler, *The Deadliest Colonel*, Vantage Press, 1975.

Winston S. Churchill, *The Second World War: Triumph and Tragedy*, Houghton
　　　　Mifflin, 1953.

高峻石, 『朝鮮 1945-1950 革命史への証言』, 社會評論社, 1985.

長崎祐三, 「コケシと時計」, 森田芳夫 編,, 『須江杢二郎さんを偲ぶ』, 學習院大學東洋文化研
　　　　究所, 1958.

田中義一 傳記刊行委員會, 『田中義一傳記(下)』, 原書房影印版, 1981.

中保與作, 『新朝鮮の政治情勢』, 協同出版社, 1946.

司馬璐, 「鬪爭十八年」, 심지연, 『朝鮮新民黨研究』, 동녘, 1988.

『蔣介石秘錄(14) 日本降伏』, サンケイ新聞社, 1977.

3. 연구논저 - 단행본

강만길, 『증보 조선민족혁명당과 통일전선』, 역사비평사, 2003.

고정휴, 『이승만과 한국독립운동』, 연세대학교 출판부, 2004.

김광운, 『북한 정치사 연구 I : 건당·건국·건군의 역사』, 선인, 2003.

김기조, 『한반도 38선 분할의 역사』, 한국학술정보, 2006.

김남식, 『南勞黨研究』, 돌베개, 1984.

김성보, 『남북한 경제구조의 기원과 전개』, 역사비평사, 2000.

김승태·박혜진 편, 『내한선교사 총람 1884~1984』, 한국기독교역사연구소, 1996.

金元容, 『在美韓人五十年史』, Reedley, 1959.

金昌順, 『北韓十五年史』, 知文閣, 1961.

김학준, 『북한의 역사(제1권)』, 서울대학교출판부, 2008.

김형수, 『문익환 평전』, 실천문학사, 2004.

盧景彩, 『韓國獨立黨研究』, 新書苑, 1996.

다카사키 소지 지음, 이규수 역, 『식민지조선의 일본인들』, 역사비평사, 2006.

서대숙 지음, 서주석 옮김, 『북한의 지도자 김일성』, 청계연구소, 1989.

서중석, 『한국현대민족운동사연구』, 역사비평사, 1991.

宋南憲, 『解放三年史 1945-1948 I』, 까치, 1985.

신복룡, 『한국분단사연구 1943~1953』, 한울, 2001.

愼鏞廈, 『백범김구의 사상과 독립운동』, 서울대학교출판부, 2003.

沈之淵, 『朝鮮革命論研究: 해방정국논쟁사2』, 실천문학사, 1987.

──, 『잊혀진 革命家의 肖像: 金枓奉研究』, 인간사랑, 1993.

C. L. 호그 지음, 심복룡·김원덕 옮김, 『한국분단보고서(상)』, 풀빛, 1992.

안재성, 『이관술 1902-1950』, 사회평론, 2006.

F. 프라이텔·A. 브린클리 저, 박무성 옮김, 『미국현대사, 1900~1981』, 문맥사, 1897.

俞炳殷 著, 『短波放送連絡運動: 日帝下京城放送局』, KBS文化事業團, 1991.

역사문제연구소 편, 『분단50년과 통일시대의 과제』, 역사비평사, 1995.

이광린, 『올리버 알 에비슨의 생애』, 연세대학교출판부, 1993.

李起夏, 『韓國政黨發達史』, 議會政治社, 1961.

이완범, 『삼팔선 획정의 진실』, 지식산업사, 2001.

이주영 외, 『미국현대사: 진주만기습에서 클린턴 행정부까지』, 比峰出版社, 1996.

이정식 면담·김학준 편집해설, 『혁명가들의 항일회상』(개정판), 민음사, 2005.

이정식, 『대한민국의 기원』, 일조각, 2006.

──, 『여운형: 시대와 사상을 초월한 융화주의자』, 서울대학교출판부, 2008.

李炫熙, 『柳一韓의 獨立運動硏究』, 동방도서, 1995.

와다 하루키 지음, 이종석 옮김, 『김일성과 만주항일전쟁』, 창작과비평사, 1992.

정병준, 『우남 이승만 연구: 한국 근대국가의 형성과 우파의 길』, 역사비평사, 2005.

정용욱, 『해방 전후 미국의 대한정책』, 서울대학교출판부, 2003.

정일화, 『카이로선언』, 선한약속, 2010.

최기영, 『식민지시기 민족지성과 문화운동』, 한울, 2003.

崔永禧, 『격동의 해방3년』, 翰林大學校아시아文化硏究所, 1996.

韓詩俊, 『韓國光復軍硏究』, 一潮閣, 1993.

胡春惠著, 辛勝夏譯, 『中國 안의 韓國獨立運動』, 檀國大學校出版部, 1978.

홍선표, 『재미한인의 꿈과 도전』, 연세대학교출판부, 2011.

Arthur M. Schlesinger, Jr. ed., *The Almanac of American History*, Putnam Publishing Group, 1983.

Bruce Cumings, *The Origins of the Korean War* vol. I., *Liberation and the Emergence of Separate Regimes 1945~1947*, Princeton University Press, 1981.

Bradley F. Smith, *The Shadow Warriors: OSS and the Origins of the C.I.A*, Basic Books, Inc., Publishers, 198

Corey Ford, *Donovan of OSS*, Little, Brown & Company, 1970.

C. Leonard Hoag, *American Military Government in Korea: War Policy and the First Year of Occupation 1941~1946*(draft manuscript), Department of the Army, 1970.

Erik van Ree, *Socialism in One Zone: Stalin's Policy in Korea 1945–1947*, Berg, 1989.

James I. Matray, *The Reluctant Crusade: American Foreign Policy in Korea, 1941~1950*, University of Hawaii Press, 1985.

John Earl Haynes and Harvey Klshr, *Venona: Decoding Soviet Espionage in America*, Yale Nota Bene book, 2000.

John Earl Haynes, Harvey Klshr and Alexander Vassiliev, *Spies: The Rise and Fall of the KGB in America*, Yale University Press, 2009.

Len Giovannitti and Fred Freed, *The Decision to Drop the Bomb: A Political History*, Coward–McCann, Inc, 1965.

Maochun Yu, *OSS in China: Prelude to Cold War*, Yale University Press, 1996.

Michael C. Sandusky, *America's Parallel*, Old Dominion Press, 1983.

Robert E. Sherwood, *Roosevelt and Hopkins: An Intimate History*, Harper & Brothers, 1950.

Roy E. Appleman, *United States Army in Korean War: South to the Naktong North to the Yalu*, Department of the Army, 1961.

山岡道男, 『太平洋問題調査會硏究』, 龍溪書舍, 1997.

森田英之, 『對日占領政策の形成: アメリカ國務省 1940–1944』, 葦書房, 1982.

森田芳夫, 『朝鮮終戰の記錄』, 巖南堂書店, 1967.

森田芳夫・長田かな子 編, 『朝鮮終戰の記錄 資料篇(一)』, 巖南堂書店, 1979.

伸晃, 『黙殺(下): ポツダム宣言の眞實と日本の運命』, 日本放送出版會, 2000.

五白旗頭眞, 『米國の日本占領政策(上)』, 中央公論社, 1985.

李景珉, 『增補 朝鮮現代史の岐路』, 平凡社, 2003.

入江昭, 『日米戰爭』, 中央公論社, 1978.

長田彰文, 『世界史の中の近代日韓關係』, 慶応義塾大學出版會, 2013.

長谷川毅, 『暗鬪: スターリン, トルーマンと日本降伏』, 中央公論社, 2006.

徐友春 主編, 『民國人物大辭典』, 河北人民出版社, 1991.

石源華, 『韓國獨立運動與中國』, 上海人民出版社, 1995.

楊昭全等 編, 『關內地區朝鮮人反日獨立運動資料匯編(下)』, 遼寧民族出版社, 1987.

李萱・李占領 責任編輯, 『民國職官年表』, 中華書局, 1995.

4. 연구논저 – 논문

고정휴, 「샌프란시스코회의(1945)와 얄타 밀약설: 이승만의 반소·반공노선과 관련하여」,
　　연세대학교 국학연구원 편, 『미주한인의 민족운동』, 혜안, 2003.

———, 「이승만의 『일본내막기』 집필 배경과 내용 분석」, 송복 외 지음, 『이승만의 정치사
　　상과 현실인식』, 연세대학교 출판부, 2011.

金光載, 「韓國光復軍의 活動研究: 美戰略諜報局(OSS)과의 合作訓練을 중심으로」, 東國
　　大學校 박사학위논문, 1999.

———, 「韓國光復軍의 韓美合作訓練」, 《한국민족운동사연구》 25, 한국민족운동사학회,
　　2000.

김성보, 「소련의 대한정책과 북한에서의 분단질서 형성 1945~1946」, 역사문제연구소 편,
　　『분단 50년과 통일시대의 과제』, 역사비평사, 1995.

金祐銓, 「韓國光復軍과 美國 OSS의 共同作戰에 관한 研究」, 朴永錫敎授回甲紀念論叢刊
　　行委員會, 『韓民族獨立運動史論叢』, 探究堂, 1992.

金榮範, 「朝鮮義勇隊研究」, 《한국독립운동사연구》 제2집, 독립기념관 한국독립운동사연구소, 1988.

金仁植, 「송진우: 한국민주당의 〈중경임시정부 절대지지론〉」, 《한국근현대사연구》 제24집, 한울, 2003.

方善柱, 「美洲地域에서 韓國獨立運動의 特性」, 《한국독립운동사연구》 제7집, 독립기념관 한국독립운동사연구소, 1993.

───, 「아이플러機關과 在美韓人의 復國運動」, 『解放50周年 世界속의 韓國學: 仁荷大學校40周年紀念 第2回 韓國學國際學術會議論文集』, 仁荷大學校韓國學研究所, 1995.

───, 「대한민국임시정부와 미국」, 『대한민국임시정부와 독립운동: 대한민국임시정부수립 80주년기념 국제학술회의 논문집』, 1999.

裵慶植, 「중경시기 '반한독당세력'의 임시정부 개조운동」, 한국근현대사학회 편, 《대한민국임시정부수립80주년 기념논문집(상)》, 國家報勳處, 1999.

안종철, 「식민지시기 평양지역 윤산온(George S. McCune) 선교사의 활동과 그의 가족의 한국학 연구」, 《한국기독교역사연구소 소식》 제70호, 한국기독교역사연구소, 2005.

廉仁鎬, 「朝鮮義勇軍研究」, 國民大學校 박사학위논문, 1994.

───, 「1940년대 재중국 한인 좌파의 임시정부 참여: 朝鮮民族革命黨 사례를 중심으로」, 『대한민국임시정부수립80주년기념논문집(하)』, 國家報勳處, 1999.

俞炳殷, 「日帝末 「短波盜聽事件」의 全貌」, 《新東亞》 1988년 3월호.

이상근, 「고려인 중앙아시아 강제이주과정 및 정착과정」, 《國史館論叢》 제103집, 國史編纂委員會, 2003.

이상돈, 「해외서평: 앨저 히스의 거울전쟁」, 《시대정신》 제27호, 2004 겨울.

이승현, 「해방직후 북한우익의 노선과 활동」, 《國史館論叢》 54輯, 國史編纂委員會, 1994.

李用熙, 「38線劃定新攷: 蘇聯對日戰參戰史에 沿하여」, 『李用熙著作集(1) 韓國과 世界政治』, 民音社, 1987.

이주천, 「앨저 히스 간첩사건에 대한 연구사적 검토」, 《미국사연구》 제22집, 한국미국사학회, 2005.

李庭植, 「'8·15미스테리' 蘇聯軍進駐設의 震源」, 《新東亞》1991년8월호.

──, 「呂運亨과 建國準備委員會」, 《歷史學報》第134·135合輯, 1992年.

정병준, 「광복 직전 대한민국임시정부의 민족통일전선」, 《백범과 민족운동연구》 제4집, 백
범학술원, 2006.

──, 「카이로선언과 연합국의 대한정책」, 『대한민국임시정부와 카이로선언: 대한민국
임시정부 수립 제95주년 기념학술회의 논문집』, 단국대학교, 2014.

정용욱, 「태평양전쟁기 미국 전략공작국(OSS)의 한반도 공작」, 《백범과 민족운동연구》 제
4집, 백범학술원, 2006.

정지민, 「해방전후 랭던의 한국문제인식과 미국의 정부수립정책」, 《韓國史研究》119, 한국
사연구회, 2002.

鄭晋錫, 「日帝末短波放送事件으로 獄死한 신문기자 文錫俊·洪翼範」, 《月刊朝鮮》2007년
4월호.

조덕천, 「카이로회담의 교섭 및 진행에 관한 연구」, 『대한민국임시정부와 카이로선언: 대한
민국임시정부 수립 제95주년 기념학술회의 논문집』, 단국대학교, 2014.

韓洪九, 「華北朝鮮獨立同盟의 조직과 활동」, 서울大學校 석사학위논문, 1988.

호춘혜, 「중한문화협회의 창립과 한국의 항일독립운동」, 대한민국임시정부 옛 청사관리처
편, 김승일 역, 『중국항일전쟁과 한국독립운동』, 시대의 창, 2005.

稻生典太郎, 「『田中上奏文』をめぐる二三の問題」, 日本國際政治學會 編, 『國際政治 日本外
交史の諸問題 I』, 有斐閣, 1964.

麻田貞雄, 「原爆投下の衝撃と降伏の決定」, 細谷千博·入江昭·後藤乾一·波多野澄雄 編,
『太平洋戰爭の終結: アジア·太平洋の戰後形成』, 柏書房, 1997.

山名酒喜男, 「終戰前後に於ける朝鮮事情概要」, 森田芳夫·長田かな子 編, 『朝鮮終戰の記
錄 資料篇(一)』, 1979.

山本和人, 「アメリカ貿易政策の變遷: 武器貸與法とその實施過程をめぐって」, 《世界經濟評
論》, 世界經濟研究會, 1982年6月号.

吳忠根, 「朝鮮分斷の國際的起源」, 《國際政治》第92号, 日本國際政治學會, 1989.

五百旗頭眞,「カイロ宣言と日本の領土」,《廣島法學》第4券第3・4合併号, 廣島大學法學會, 1981년3월.

原覺天,「太平洋問題調査會のアジア研究と日本(VI)」,《アジア經濟》, アジア經濟研究所, 1978年9月号.

井上久士,「抗戰期の國共關係と國共交渉」, 石島經之・久保亨 編,『重慶國民政府史の研究』, 東京大學校出版會, 2004.

鐸木昌之,「忘れられた共産主義者たち: 華北朝鮮獨立同盟をめぐって」《法學研究》4号, 慶應義塾大學法學研究會, 1984.

和田春樹,「ソ連の朝鮮政策: 1945年8~10月」,《社會科學研究》第3卷4号, 東京大學社會科學研究所, 1991.

「田中義一の上奏文」,《中國》, 中國の會, 1065년1월호(No. 14).

董晏明,「抗日戰爭時期土橋場에 駐在하고 있던 韓國臨時政府와 僑民」,《九龍文史》第七期, 市政協九龍坡區委員會 文史工作委員會, 1995年9月.

A. Mitchell Palmer, "The Case Against the 'Reds'", in David B. Davis ed., *The Fear of Conspiracy*, Cornell University Press, 1971.

An Jong-chol, "Making Korea Distinct: George M. McCune and His Korean Studies", *Seoul Journal of Korean Studies*, vol. 17, Seoul National University, 2004.12.

Clarence N. Weems, "Washington's First Steps Toward Korean-American Joint Action(1941~1943)",『韓國獨立運動에 關한 國際學術大會論文集』, 韓國獨立有功者協會, 1988.

─────, "American-Korean Coorperation(1941~1945), Why Was It So Little So Late?",『韓國獨立運動에 關한 國際學術大會論文集』, 韓國獨立有功者協會, 1988.

David Holloway, "Jockeying for Position in the Postwar World—Soviet Entry into the War with Japan in August 1945", Tsuyoshi Hasegawa ed., *The End of The Pacific War: Reappraisals*, Stanford University Press,

2007.

Mark J. Gayn, "Japan's Blueprint", *The Washington Post*, Apr. 10, 1941.

찾아보기

ㅊ